唐史原来超有趣

赵君◎编著

中国华侨出版社

图书在版编目（CIP）数据

唐史原来超有趣 / 赵君编著 .—北京：中国华侨出版社，2016.5
ISBN 978-7-5113-6063-2

Ⅰ . ①唐… Ⅱ . ①赵… Ⅲ . ①中国历史—唐代—通俗读物 Ⅳ . ① K242.09

中国版本图书馆 CIP 数据核字（2016）第 112979 号

唐史原来超有趣

编　　著：	赵　君
出 版 人：	方　鸣
责任编辑：	普　约
封面设计：	中英智业
文字编辑：	关　关
美术编辑：	王玲玲
经　　销：	新华书店
开　　本：	720 毫米 ×1040 毫米　1/16　　印张：26　　字数：385 千字
印　　刷：	北京德富泰印务有限公司
版　　次：	2016 年 7 月第 1 版　2020 年 6 月第 3 次印刷
书　　号：	ISBN 978-7-5113-6063-2
定　　价：	59.00 元

中国华侨出版社　北京市朝阳区静安里 26 号通成达大厦 3 层　　邮编：100028
发 行 部：（010）88866779　　传　真：（010）88877396

如发现印装质量问题，影响阅读，请与印刷厂联系调换。

前 言

俺曾见金陵玉殿莺啼晓，
秦淮水榭花开早，
谁知道容易冰消。
眼看他起朱楼，
眼看他宴宾客，
眼看他楼塌了。
这青苔碧瓦堆，俺曾睡风流觉，
将五十年兴亡看饱。
那乌衣巷不姓王，
莫愁湖鬼夜哭，
凤凰台栖枭鸟。
残山梦最真，旧境丢难掉，
不信这舆图换稿。
诌一套《哀江南》，放悲声唱到老。

——清·孔尚任《桃花扇·哀江南》

一出《桃花扇》，唱尽兴亡沧桑、黍离之悲，虽是明朝遗臣的心声，又何尝不是大唐遗响的泛音？遥想当年，"日围赫赫是长安，大明宫阙开云端"，现而今"三川梗塞两河闭，大明宫殿生蒿莱"。何处再见那李白自称酒中仙的酒肆；何处再见那"天地为之久低昂"的公孙大娘剑器舞；何时重温那"观者莫不扼腕踊跃凛然震竦"的《秦王破阵乐》；何时重见那白居易在"千歌百舞不可数"中最爱的《霓裳羽衣舞》？

这是一个让人心驰神往的巅峰王朝，这是一个让人无限向往的黄金时代，这是一个气势磅礴的帝国时代。它无比壮丽、无比辉煌，无比炫目：

千年前，秦王李世民执长刀、跨六骏，劈开一个新的时代；

千年前，皇后武则天建明堂、封泰山，登临全天下的巅峰；

千年前，明皇李隆基杀韦后、诛太平，打造最繁华的盛世。

打开那一扇通往唐朝的窗户，见那一骑的风采自战火中走来，用开明豁达的襟抱和英雄天纵的才华，编织了大唐江山的辉煌开篇，"兼听则明，偏信则暗"，将天下英雄尽收彀中；听见那一声爽朗的笑声，面对叛乱者"杀姊屠兄，弑君鸩母，人神之所同嫉，天地之所不容"的指责和谩骂，她微笑着细读檄文，叹息着："宰相之过也。人有如此才，而使之流落不偶乎！"正是这样的王者气度，使得大唐王朝在一位娇媚女子的手中真正走向了辉煌。

忽而，长安市上的酒香萦萦绕绕，吹开了门外的卷帘。一壶酒、一杯茶让整个都市馨香四溢，香气中带着兴旺与繁华，延伸到扬州、蜀州，"扬一益二"成为世间佳话；挥洒至敦煌，开启了古老的文明；漂洋过海，让东西方的文明交汇。

然而，唐朝亦未能脱离盛极而衰的历史规律。一阵阵"渔阳鼙鼓逦地来"，一场大乱结束了开元盛世的绚丽，留下"流血涂野草，豺狼尽冠缨"的满目疮痍，虽然痼疾缠身、日薄西山，但仍然有新的发展留给后人，募兵制、两税法的光辉一直照耀到整个宋朝。

唐朝人喜欢外来文化，穿胡装、听胡乐、观胡舞、吃胡食是全社会的风尚，"胡音胡骑与胡妆，五十年来竞纷泊"，是唐朝人百无禁忌的自信和海纳百川的胸怀。

唐朝人喜欢逛夜市，不理睬朝廷的禁令，在夜幕降临之后走出家门，到胜业坊买蒸饼，到颁政坊吃馄饨，去崇仁坊看那"昼夜喧呼，灯火不绝"的夜景，是唐朝人享受的热闹与繁华。

唐朝人喜欢好诗，白居易初到长安，被人嘲笑"长安百物皆贵，居大不易"，待展示出"野火烧不尽，春风吹又生"的千古名句后，又被连连赞叹："有句如此，居天下亦不难。"这是唐朝人对文化的尊重与推崇。

唐朝人喜欢游玩，在春和景明的好天气里，带上家人到乐游原和曲江池边游览美景，"倾国妖姬云鬓重，薄徒公子雪衫轻"，是唐朝人的自在逍遥和开朗奔放。

千年以降，这一切都已烟消云散，"曲终人不见，江上数峰青"，唯留下点点遗迹，数声叹息，和史书里、诗作中那充满怅惘的回忆与凭吊。然后，就有了这部书，将唐朝三百年的那些鼎盛与衰败、和平与动荡、文明与沦丧一一收录，展示尊前。

书写一部历史，是为了与历史中的人物身影交错，携手同游，共经盛世兴衰的波澜，体味人生的豪迈与遗憾，捕捉人性中的善与恶。本书以正史为蓝本，汇集多年来历史学者的研究成果，去粗取精、削繁就简，用轻松的语言进行阐释，竭尽所能地将那漫漫三百年的历史完整全面地呈现出来。在尊重史实的基础上，以风趣幽默而又不乏智慧的语言，调侃轻松却不失庄重的语调，讲述大唐过往，并试图进入到历史事件的背后，深度挖掘历史人物内在的真实情感，用历史事件来展现人性的复杂，透过历史的迷雾，以人性洞察历史，还原历史真相。

目 录

第一卷　高祖开国，旭日初升的曙光

第一章　隋末乱世，群雄逐鹿的舞台 ········· 2
　　乱世风云的前奏 ········· 2
　　大运河淹没了什么 ········· 3
　　折在辽东的铁杖 ········· 5
　　先下手为强 ········· 7
　　灭亡指日可待 ········· 9

第二章　代隋立唐，从唐公到唐皇 ········· 11
　　杨花谢了李花开 ········· 11
　　"半仙"的力量 ········· 13
　　雀屏选婿 ········· 15
　　起兵，只是时间问题 ········· 17
　　造反与等死，请自由选择 ········· 19
　　起兵的帷幕已拉开 ········· 21
　　晋阳兵变：大业的开端 ········· 23

第三章　一统天下，锋不可当的大唐马刀 ········· 24
　　风云迭起，李氏并不孤独 ········· 24
　　打扫干净后院 ········· 26
　　刘文静"谋反案" ········· 28
　　父皇，别撒娇 ········· 30
　　瓦岗寨的故事 ········· 32
　　谁都挡不住我 ········· 34
　　优待俘虏有好处 ········· 37

第四章　玄武门之变，兄弟之血铺就登基之路 ········· 39
　　不要迷恋哥，哥不是传说 ········· 39
　　瀛洲主人李世民 ········· 42
　　再逼我，就把你吃掉 ········· 43

夫人出马，比男人更有效 ··· 46
　　"被迫"政变 ·· 48
　　兄弟相争，秦王登极 ··· 50
　　成功的皇帝，失败的父亲 ··· 53

第五章　贞观之治，光照百代的盛世牡丹 ······························· 55
　　"一日之恶"与"三年之善" ·· 55
　　蛋糕的切法 ·· 57
　　一头是吏治，一头是军制 ·· 60
　　织一张遍被天下的网 ·· 63
　　治世，以人为本 ·· 65
　　天下英雄入吾彀 ·· 67
　　法制精神的光芒 ·· 69
　　节俭，成就生活之美 ·· 71

第六章　太宗群臣，托起盛世羽翼的风 ·································· 73
　　君臣的一段理想"婚姻" ··· 73
　　我并不只会惧内 ·· 75
　　一山二虎的幸福生活 ·· 78
　　通过男人掌控天下的女人 ·· 80
　　皇帝的大舅子也得有才 ··· 82
　　请君暂上凌烟阁 ·· 85

第七章　太宗子女，帝王之家的辛酸与无奈 ···························· 87
　　离经叛道的太子 ·· 87
　　有个聪明的弟弟未必是好事 ··· 89
　　有个太蠢的弟弟更不是好事 ··· 92
　　鹬蚌相争，渔翁得利 ·· 94
　　做明君不难，难的是一辈子做明君 ······························· 96

第二卷　女主临朝，波澜起伏中成长

第一章　二圣争锋，从尼姑到皇后的心路历程 ······················· 100
　　"妻管严"也可以是明君 ··· 100
　　盛世也有人造反 ·· 102
　　少女武则天 ·· 104
　　一个乳名引发的血案 ·· 105
　　从尼姑到皇后 ··· 109
　　废王立武 ··· 111

废后风波 ··· 113
　　双悬日月照乾坤 ·· 115

第二章　武周革命，光芒胜过太阳的明月 ·· 117
　　两度登基的唐中宗 ··· 117
　　没有存在感的唐睿宗 ·· 119
　　在沉默中爆发 ··· 121
　　造反，继续造反 ·· 124

第三章　一代女皇，日月当曌 ·· 126
　　女皇不是梦 ·· 126
　　改变命运的独木桥 ··· 128
　　名相狄仁杰 ·· 131
　　皇帝搬家 ··· 133
　　大兴佛教 ··· 135

第四章　李武之争，女皇的困境与努力 ··· 137
　　儿子与侄子的抉择 ··· 137
　　把太子还给你 ··· 140
　　拉拉勾，做朋友 ·· 142
　　男宠政治 ··· 144
　　神龙政变 ··· 147
　　从皇帝变皇后 ··· 149

第五章　韦后乱政，搅乱盛世间的空隙 ··· 152
　　我李显又回来了 ·· 152
　　武则天的粉丝 ··· 154
　　安乐公主不安乐 ·· 156
　　杀儿子为大臣报仇 ··· 158
　　毒杀中宗 ··· 160
　　玉殒大明宫 ·· 162

第三卷　盛极而衰，惊心动魄的拐点

第一章　开元盛世，登上大唐王朝的巅峰 ·· 166
　　皇权与相权的博弈 ··· 166
　　不是只有刘备才会哭 ·· 167
　　十事要说说时事 ·· 169
　　宋璟也是个好宰相 ··· 171
　　大唐不差钱 ·· 174

让纸币飞 ··· 177
　　到欧洲去赚钱 ·· 178

第二章　文化艺术，缤纷绚丽的大唐扇面 ·· 179
　　孔子、老子和佛祖 ·· 179
　　唐装其实不是"唐装" ·· 181
　　艺术也疯狂 ··· 182
　　爱喝酒，爱喝茶，爱写诗 ·· 184

第三章　诗文传世，绣口吐出的盛唐 ·· 185
　　唐传奇，大唐的传奇 ··· 185
　　诗人不只是作诗的人 ··· 187
　　大漠外，雄浑音 ·· 189
　　"诗仙"李白 ··· 191
　　死可以，浪漫范儿不能变 ·· 196
　　"诗圣"杜甫 ··· 198

第四章　八方来朝，旷世画卷传宇内 ·· 201
　　兼容并包是一种气度 ··· 201
　　鉴真东渡不容易 ·· 202
　　学成回国更不容易 ·· 206
　　中外第一城 ··· 209
　　天威播四海 ··· 211

第五章　奸臣当道，巅峰背面的陡坡 ·· 212
　　找工作是一门学问 ·· 212
　　二张争相 ··· 214
　　风度得如九龄否 ·· 216
　　张九龄与李林甫 ·· 218
　　漂亮女人是会骗人的 ··· 222
　　奸臣也能变法 ·· 224
　　马不能随便叫，人更不能随便叫 ··· 228
　　李林甫陷害异己 ·· 231
　　文盲的好处 ··· 235

第六章　多情贾祸，爱江山又爱美人 ·· 237
　　儿媳妇与妃子的关系 ··· 237
　　鸡犬登天 ··· 239
　　李林甫四面楚歌 ·· 241
　　相见争如不见 ·· 243

第七章　长恨悲歌，此恨绵绵无绝期 …… 246
　　好话一箩筐 …… 246
　　一个都不能多 …… 249
　　反了就是反了 …… 252
　　牛不能随便吹 …… 255
　　误信奸妄，自毁长城 …… 259
　　哥舒翰也守不住潼关 …… 261
　　被牺牲的女人 …… 263

第八章　乱世登基，走出战乱的艰辛之路 …… 266
　　自由的味道真好 …… 266
　　"被"太上皇 …… 268
　　收复两京 …… 270
　　归义王不义 …… 273
　　这个句号不很圆 …… 276

第九章　新朝开篇，从阴影中重新站立 …… 279
　　认清敌人的朋友 …… 279
　　刺客不只刺皇帝 …… 280
　　太舒服了就会不太舒服 …… 283
　　国家也需要理财顾问 …… 286

第四卷　夕阳西下，无可挽回的衰败

第一章　昙花一现，再建盛世的努力 …… 290
　　搬起石头砸自己的脚 …… 290
　　天上掉宰相 …… 292
　　一年两次，轻松交税 …… 295
　　同行是冤家 …… 296
　　削藩不成蚀把米 …… 299
　　猫尾巴不能踩 …… 301

第二章　永贞革新，乌云正在逼近 …… 303
　　瘫痪也不能阻挡登基的脚步 …… 303
　　天黑请闭嘴 …… 305
　　新皇帝，新风尚 …… 307
　　二王八司马 …… 309
　　谁杀死了皇帝 …… 311

第三章　元和中兴，朝廷对藩镇的短暂胜利……314
　　第三天子………………………………………… 314
　　别逼朝廷对付你………………………………… 316
　　削藩并不难……………………………………… 318
　　失败的成功暗杀………………………………… 320
　　夹缝中的宦官…………………………………… 323
　　亦仙亦魔白居易………………………………… 325
　　一死成谜………………………………………… 327

第四章　甘露之变，扫除宦官的失败努力……330
　　宦官专权是怎样形成的………………………… 330
　　他也曾经有理想………………………………… 332
　　零分作文………………………………………… 335
　　泄密的代价是丢了性命………………………… 337
　　这个医生是危险人物…………………………… 339
　　苦涩的甘露……………………………………… 341

第五章　会昌中兴，在困局之中异军突起……343
　　不得不死的太子………………………………… 343
　　被女人推上皇位………………………………… 345
　　一朝天子一朝臣………………………………… 347
　　游戏皇帝的治世………………………………… 350
　　大权是我的，你不能抢………………………… 352
　　唐武宗拆寺……………………………………… 355

第六章　宣宗之治，最后的希望之光……357
　　装傻装出来的皇位……………………………… 357
　　姓牛还是姓李…………………………………… 359
　　小太宗…………………………………………… 362
　　朕不是软柿子…………………………………… 364
　　把寺庙再建起来………………………………… 367

第七章　盛世末路，起义蜂起的乱局……369
　　宦官选天子……………………………………… 369
　　众人皆醒我独醉………………………………… 371
　　唐懿宗：掏空国库的感觉真好………………… 373
　　一切为了回家…………………………………… 374
　　骨灰级玩家唐僖宗……………………………… 377
　　又一个专权的宦官……………………………… 380
　　不靠谱的招安…………………………………… 382

满城尽带黄金甲 ··· 385

　　皇帝的避难所 ··· 387

第八章　日落长安，众叛亲离的大唐残照 ············· **389**

　　冷庙烧香 ··· 389

　　被挖墙脚的杨复恭 ·· 390

　　喝酒喝出仇人来 ··· 392

　　被宦官囚禁的皇帝 ·· 394

　　二虎相争，朱温得利 ··· 397

　　哀皇帝，很悲哀 ··· 399

　　帝国日落 ··· 401

第一卷

高祖开国,旭日初升的曙光

第一章 隋末乱世，群雄逐鹿的舞台

乱世风云的前奏

公元626年在中国的历史上可以说是一个让人值得回味的年份。这一年是唐高祖李渊开始他统治的第九年。也是在这一年，刚建立不久的唐王朝迎来了一场惊天巨变，高祖次子、秦王李世民在玄武门设伏杀死了大哥太子李建成和四弟齐王李元吉，然后逼宫夺位，登基为帝。这场骨肉厮杀的惨剧虽然震惊朝野，却丝毫不令人感到陌生，因为就在仅仅二十几年前，隋炀帝杨广也是阴谋夺取了太子之位，然后逼宫夺位，临朝称帝，建立偌大功业，耗费偌大国力，覆灭偌大江山。一场血案可以使一个朝代湮灭，比如隋朝；一场血案也可以使一个人在历史上留下千古骂名，比如隋炀帝杨广。而此时发生在玄武门的这次夺位之战将给大唐王朝带来怎样的命运，谁都不得而知。

历史，宛如一轮明月，从北周到隋朝，从李渊开国到朱温建立后梁，阴晴圆缺，总有它的定数。"人事有代谢，往来成古今"，而大唐，从隋末战争开始就像一弯散发着微弱光芒的月牙缓缓浸润成一轮圆月。然后经历了贞观之治和开元盛世的繁华，经历了安史之乱和唐末战争的变迁，最终以末代皇帝李柷的一杯毒酒回归混沌的原点。这风风雨雨三百年，留给世人的是惊叹，是向往，也是无数的失落和追忆。而在这风云际会的三百年中，一切的兴衰荣辱，一切的悲欢离合，要从一个皇帝和他的暴政开始说起。

唐之兴，兴于隋。隋朝这个短命的王朝从开国之君隋文帝暴毙身亡，杨广登基称帝开始，就注定了它走向穷途末路的悲剧。历史最具魅力之处就是它时时刻刻都充满了巧合，虽然隋炀帝杨广毁灭了隋朝，然而正是在颓然倾倒的大隋废墟的滋养之下，才开出了光辉炫目的大唐盛世牡丹，回首遥望，于杨广、于杨氏家族来说，却不知应当是悲是喜。

唐朝的开国之君李渊长于隋朝，从血缘关系上来说，李氏家族和杨氏家族有着莫大的联系，唐高祖李渊与隋炀帝杨广是拥有同一个外祖父的表兄弟，也算得上是骨肉至亲。李、杨两家的荣辱兴衰就如两条线，交织出隋末那英雄辈出的岁月，因此说到唐朝的开创，说到李渊的建国，就不得不提及杨广和那昙花般盛开骤谢的隋朝，提及那段传奇般的往事。

将杨广和李渊联系起来的是一个女人，而这个女人就是历史上著名的独孤皇后。独孤皇后是北周重臣独孤信的女儿，地位十分尊贵，独孤家族对杨坚建立隋朝提供了极大的助力，因此杨坚始终对独孤皇后十分尊重，以致到了"惧内"的程度，甚至曾经因为独孤皇后的善妒而离宫出走。不过，除了嫉妒心稍强之外，独孤皇后并没有倚仗家族势力而变得虚荣自大、恃强凌弱，相反，她性格温婉，仁孝淑德，称得上是一位不可多得的好皇后。

据说，当时幽州总管阴寿向上报称，在与突厥的互市中，有一匣价值不菲的明珠，其他人都无力购买，于是劝独孤皇后买下这稀世珍宝。但以国家为重的独孤皇后却回答道："非我所需也。当今戎狄屡寇，将士罢劳，未若以八百万分赏有功者。"意思是与其花重金买下这匣宝珠，不如将钱用来犒赏为国为民献力的将士，可见她的仁爱之心。

隋炀帝杨广就是这位独孤皇后的亲生嫡子，而李渊则是独孤皇后的四姐之子。就是这个在历史上连名字都没有留下的女子，用她的一生大大影响了整个隋朝的命运，隋朝的诞生和兴盛，隋朝的衰弱和灭亡，都和这位奇女子有着千丝万缕的联系。是她，被城府颇深的杨广蒙蔽了双眼，将储君的筹码押在了后来的亡国之君隋炀帝的身上；也是她，保护和培养着她的外甥李渊，为他后来晋阳起兵创下伟业打下了基础。

乱世与盛世相交迭，统一与分裂相轮替，这似乎是一条无法改变的规律。细读中国历史，历朝历代都是在纷乱和统一中完成它的征程的。从东汉末年开始，中国的社会就一直处于动乱之中，魏、蜀、吴三分天下之后，由西晋王朝短暂地统一了南北。西晋灭亡之后，中国大地总体上分成了南北两块，并且这个状态一直持续到了北周末年。隋文帝杨坚继秦始皇、汉高祖和晋武帝之后创立了隋王朝，再一次统一了南北。

公元581年，杨坚取代了北周的末代皇帝周静帝宇文阐，顺利登上了皇帝的宝座，建立了隋朝。在隋文帝的统治之下，中国的军事、政治、经济等诸方面都有了长足的发展，社会稳定，经济繁荣，整个国家焕发出勃勃生机。据《隋书》记载，当时隋朝"仓廪实，法令行，君子咸乐其生，小人各安其业，强无陵弱，众不暴寡，人物殷阜，朝野欢娱"。这就是所谓的"开皇之治"，也是隋文帝在历史上不能被抹去的功绩。

而此时的李渊只是一个默默无闻的青年，因为杨家主宰了天下，他作为皇亲国戚也得以进入宫廷担任千牛备身之职，保卫隋文帝的安全。如果不是后来表弟杨广的弑父夺位、倒行逆施，毁掉了杨氏江山，李渊或许一辈子都会以皇亲国戚的身份享受着尊荣，平淡无奇地渡过自己的一生。

然而历史就在任何人都没有预料的时刻悄无声息地发生了转折，将两个年轻人导向了截然不同的人生之路，也将整个时代导向了截然不同的历史道路。正当隋文帝雄心不已、殚精竭虑地为帝国打下雄厚的基础，以期大隋王朝千秋万代，生生不息之时，却没有想到，在他的身后，一场以皇位为斗争中心的骨肉厮杀即将悄然上演，而此时已经外放为官的李渊却在岐州静静等待着机会的到来。

大运河淹没了什么

仁寿四年（公元604年）七月十三日，隋文帝杨坚崩逝于大宝殿，时年六十四岁。关于隋文帝，范文澜先生有一段十分精确的评价："隋文帝主要的功绩，在于统一全国后，实行各种巩固统一的措施，使连续三百年的战事得以停止，全国安宁，南北民众获得休息，社会呈现空前的繁荣。秦始皇创秦制，为汉以后各朝所沿袭。隋文帝创隋制，为唐以后各朝所遵循。秦、隋两朝都有巨大的贡献，不能因为历年短促，忽视它们在历史上的作用。"纵观隋文帝的一生，范先生的这段评价还是十分中肯的。

历史上"子不类父"的现象比比皆是，比如隋文帝杨坚和他的儿子杨广，比如唐太宗李世民和他的儿子李治。仁寿四年七月二十一日，在隋文帝死后第八天，杨广在仁寿宫登上帝位，改元大业，史称隋炀帝。

隋炀帝即位不久，就将目光投向了他的亲兄弟——杨勇和杨谅的身上，任何一个皇帝都不能容忍威胁其皇权之人的存在，谋兄弑父才夺得皇位的杨广自然也并不例外。可笑而又可悲的是，由于隋文帝的五个儿子都是正宫皇后所生，所以杨坚天真地认为这样就不会发生为争夺帝位骨肉相残的惨剧。但理想和现实总是有差距的，人一旦陷入权力争夺的旋涡之中，即使是骨肉至情，也难以抵挡对权力的欲望。事实上，这五子不仅没有相亲相爱，共保大隋千秋盛业，反而互相厮杀，不得善终。

杨广首先要除掉的是废太子杨勇。杨勇虽然是嫡长子，但自古废太子都从无好下场。被废之后，杨勇曾经多次试图向隋文帝辩解，但都无果而终。隋文帝崩逝之后，杨广遂矫诏将其缢死。杨广与杨勇兄弟二人虽然是骨肉至亲，但性格却大相径庭。杨勇的性格真实，不会委曲求全，他错就错在身在帝王家政治手段却不够强硬。比之杨勇，杨广似乎是为残酷的政治所生，于是，这场夺位之战最终以杨广的胜利而告终。

杨勇死后，杨广又着手处理掉了弟弟杨谅。所有障碍都已清除，天下，就在他的掌握之中。接下来，在公元604到605年的不到一年的时间里，杨广下令做了几件大事，隋朝也在他的不知节制、不考虑后果的大肆动作之下，一步步走向混乱和灭亡。

首先，隋炀帝下令在当年秦始皇的基础上继续修建长城。长城修建好之后，为了保护长安、洛阳等地的安全，不受外敌入侵，杨广下令从龙门开始开挖一条长两千多里的壕沟。这条壕沟起于龙门，途经河南、陕西诸地，极为壮观。为了修建这条长壕，朝廷下令在民间征调了数十万的男丁，一时间怨声载道。接着，隋炀帝又马不停蹄地开始营建东都洛阳。

当时术士章仇太翼向隋炀帝进言道，大兴与皇帝的五行相克，只有在洛阳兴建新的都城方能保大隋千秋之业。听信了术士之言的隋炀帝立即开始了行动。大业元年（公元605年），隋炀帝命尚书令杨素等人在距洛阳旧城八十余里的地方兴建东都。这浩大的工程仅在十个月内就完成，原因是自从命令下达后的每个月，都有两百万的丁夫被征召来修城。

"成由俭，败由奢"，这是一向以勤俭自居的隋文帝对自己，也是对后代的忠告，在他即位之初就宣布"犬马服玩，不得献上"。而且他也做到了"其自奉养，务为俭素，乘舆御物，故弊者随宜补用；自非享宴，所食不过一肉；后宫皆服浣濯之衣"。而杨广刚一即位就将父亲的忠告抛诸脑后，大兴土木。

在营造洛阳宫殿的过程中，天下的奇材异石，都以各种不同的方式运往东都洛阳，许多服役的丁夫都活活累死在半路上。除了营建洛阳城之外，隋炀帝又下令在洛阳之西修建了显仁宫和西苑，极尽奢侈之能事。这些工程无休无止，使得天下百姓苦不堪言，顿时民怨沸腾。

西苑面积庞大，占地二百亩有余。西苑之中又有海，在海上还有人力修造的三个仙岛。仙岛之上，亭台楼阁更是数不胜数。沿海北面的龙鳞渠，又有别院十六座，院内陈设奢华，更不待言。宫殿修建好之后，隋炀帝经常携妃嫔在宫中游玩。而此时，在他心中，念念不忘的还是他的兴起之地，那陪伴了他近十年的地方——扬州。

历史上对于大运河的开挖可谓是毁誉参半。总的来说，隋末大运河的开凿不能说与隋炀帝方便游幸江南的私人目的毫无关系，但从宏观角度来看它确实促进了南北文化的交融和经济的发展。兴建于隋末的大运河对中国后来的发展有着不可忽视的作用，因此唐人皮日休作诗为大运河鸣冤："尽道隋亡为此河，至今千里赖通波。若无水殿龙舟事，共禹论功不较多。"

隋炀帝时期开凿的大运河以洛阳为中心，分为通济渠、山阳渠、永济渠和江南河四段，且沿河都有为皇帝修建的行宫。这项工程耗费民力数百万，不少百姓都因为修建大运河而牺牲了自己的家庭甚至是生命。据记载，由于大运河的开凿工程浩大而且时间极为紧迫，因所征的男丁不足竟然将成年妇女抓来服役。

大运河的开通带来了南北交通的便利，也给隋炀帝的享乐提供了便利的条件。隋炀帝自大业元年登基到大业十四年（公元618年）被弑于江都这短短的十几年内，曾三下江都，到其他地方游玩更是数不胜数，共计出行十一次。而且每次出游都是"从行宫掖，常十万人，所有供需，皆仰州县"，因此沿途各地的官员常常为了满足皇帝的私欲、保住自己的前途而拼命地压榨百姓。

唐代李敬方有诗云："汴水通淮利最多，生人为害亦相和。东南四十三州地，取尽脂膏是此河。"可见当时为了大运河的开凿和隋炀帝的游兴，百姓受到的盘剥是多么严重。因此，隋炀帝的出行不仅没有像后来的乾隆皇帝下江南一样留下美名，反而和后来的出征辽东一样被世人唾弃，留下了千古骂名。就在隋炀帝忙于享乐的时候，百姓已经被逼到了末路，民间的起义之师也在此时悄悄酝酿，一场大的战乱即将爆发。

治世和乱世往往只有一步之遥，而这二者之间的关系是非常微妙的，一旦处理不好就可能留下千古骂名，而隋炀帝杨广就是一个鲜明的例子。杨广做这些事情的初衷也许并不恶劣，他希望建立属于自己的一代伟业，甚至超过汉武帝等在他之前的许多皇帝。

但是他理想中的大业似乎只属于他自己，跟天下臣民的死活毫无关系。他下令筑长城、兴建宫殿、开挖大运河和大肆游幸之时已经将民力滥用到了枯竭的程度，百姓已然不堪重负、民不聊生。许多朝代的灭亡都验证了一个真理，那就是官逼民反，如果没有被逼到绝境，但凡有一条活路，谁不愿意做个良民安享太平呢？是杨广，这个偏执的、一心想建立一个只属于自己的盛世的皇帝，亲手埋葬了自己的王朝。

折在辽东的铁杖

隋之亡，亡于征辽东。

隋文帝勤于国事、宵衣旰食，给杨广留下了一个相对富足的国家，然而富裕的国库却给隋炀帝的东征西讨、穷兵黩武创造了条件。一直向往成为千古之帝的杨广心中一直有着这一个伟大的理想，《隋书·帝纪》称其"慨然慕秦皇汉武之事"，他的梦想就是超过武功显赫、创造大汉盛世的汉武帝刘彻。于是在他即位之初，就开始了一系列的对隋朝周边各国的军事和外交活动。

这些活动包括大业元年以突厥之兵突击契丹和南下攻打林邑（今越南中部）；大业三年迎接突厥启民可汗来朝；收复西突厥；大败吐谷浑，等等。虽然，新帝即位之初应当与民休息，暂不言战，但隋炀帝的这些军事外交活动对隋朝的发展或多或少都产生了一些积极的影响。然而其后隋朝对辽东发动的三次大战，却几乎使这个国家耗尽了所有的气力，更使隋炀帝众叛亲离，看似繁盛一时的大隋江山的崩塌和灭亡已经触手可及。

当时在朝鲜半岛上分布着三个国家，分别是百济、新罗和高句丽，而被隋炀帝视为"眼中钉""肉中刺"的高句丽位于朝鲜半岛的北部，是朝鲜半岛上势力最强的国家。隋朝和高句丽的关系可以说是十分微妙的，高句丽因国力的逐渐上升不甘臣服于中原大国，杨坚建立隋朝之后，高句丽王曾联合靺鞨试图侵扰辽西，但遭到了隋朝军队的强烈反击。迫于隋朝强大的实力，高句丽国王高元遂遣使向隋文帝谢罪，甚至称自己为"高句丽粪土臣高元"，所以这件事也就不了了之了。

而一心想一统天下的隋炀帝却认为高句丽"眷彼华壤，翦为夷类"，因此想要收复西晋时期失去的辽东故地。公元607年八月，高句丽王派使者出使东突厥却没有派人出使隋朝，这一点让隋炀帝十分不满。这时，大臣裴矩向隋炀帝建议向高句丽下最后通牒，倘若辽东还不派人来朝，就发兵攻打高句丽。因为裴矩在处理西域和吐谷浑的问题上建有大功，隋炀帝这次也听取了他的意见。从某种程度上来说，是裴矩将固执的隋炀帝引向了三征高句丽的歧途。

但让人诧异的是，小小的高句丽国根本没把隋朝的威慑放在眼里。高句丽王迟迟不肯来朝令隋炀帝愤怒不已，于是下令东征。就在隋炀帝决定东征的那一刻，他和隋朝的命运也将发生巨大的转折。

东征的命令下达之后，全国上下都开始为即将到来的战争忙碌起来。为了扩充水军，朝廷在东莱（今山东莱州）海口督造了三百艘战船，其他如兵车、战车等更是数不胜数。隋炀帝更是在淮河和长江以南征集了弓箭手三万人、突击手五万人，还将洛口仓和黎阳仓的粮食调到涿郡以备战争之需。为了准备这次大战，隋炀帝可谓是倾尽全国之力。他一心想在武功上比肩汉武帝，却不知道长期的战争势必会带来国库的空虚，不仅伤财而且劳民，长此以往，百姓失去了活路，必将民心骚动、天下大乱。

当时为辽东备战的民夫由于长期没日没夜地为朝廷赶制战船，死亡率极高，几乎达到了百分之四十。隋朝的劳役十分严重，这些劳役不仅是无偿的，百姓还要自己承担为朝廷工作时所需的口粮等，所以不少民夫都忍受不了这样的"酷刑"，四处流亡，这些人也成为后来农民起义的一部分力量。

大业八年（公元612年），隋朝百万大军在涿郡聚集，二十四军分为左右两翼开始向辽东进发。祭拜过祖先和诸路神灵之后，作为大军统帅的隋炀帝亲自率领六军尾随在大军之后。这次出征的规模相当宏大，旌旗连绵，大军首尾相连，几乎达到了一千余里。除了二十四军陆军之外，大将来护儿还带领水军从东莱出发，直指平壤。

出发前的隋炀帝可谓是意气风发，信心满怀。隋军的强大和高句丽的弱小形成了强烈的对比，高句丽想要反抗隋军可谓是以卵击石，这场战争的结果似乎早就可以预料得到。但事情并不像想象中那样发展顺利，隋军从渡过辽河之时就开始了它的悲剧。

因为之前为渡河打造的浮桥长度不够，隋军在渡河的时候受到了高句丽军的袭击。面对这种情况，重新建造浮桥已经来不及了，隋朝将士虽然艰难向前，但还是抵抗不住高句丽军的长枪。这时一个人站了出来，他就是隋朝的一位传奇人物，左屯卫大将军麦铁杖。

这位麦铁杖可谓是隋朝的一位奇人，他骁勇善战，走路速度堪比飞马，传说一日可行五百里。早年的麦铁杖以打家劫舍为业，后被广州刺史收为府中的杂役。然而，当上官府杂役之后的麦铁杖根本不习惯这种日子，过惯了自由生活的他依旧每天晚上行走一百多里到邻近的县镇干自己的老本行——打劫。

纸包不住火，麦铁杖最终还是被人认出，离开了刺史府。后来，他一直都在江东流浪，隋朝平定江东之时，杨素发现了麦铁杖的才华并重用了他，麦铁杖也不负重望，在平定过程中立下了大功。之后，成阳公李彻将麦铁杖调到了大兴，他就一直跟着杨素南征北战，立下了不少战功，隋炀帝杨广也十分看重他。这次隋炀帝下令东征，麦铁杖就主动请缨担任了大军的前锋。

麦铁杖看到隋军渡河之时遇到了这种情况，就单枪匹马冲到了河岸边，随后虎贲郎将钱士雄和孟叉也跟了上来，这三人与岸上的高句丽兵展开了殊死搏斗。虽然这三人都武艺高强，但无奈岸上的高句丽士兵越来越多，后面的隋军也无法接应他们。寡不敌众，麦铁杖终于实现了他临行前的誓言，以身殉国，战死沙场。

麦铁杖的死让隋炀帝痛心不已，他下诏追赠麦铁杖为光禄大夫、宿国公，并对他有"节高义烈，身殒功存"的评价。经过重重阻碍，隋军最终还是渡过了辽河，顺利地对辽东城（今辽宁省辽阳市）形成了包围。

"兵者，诡道也"，事实上，隋炀帝一开始就犯了一个错误。战阵还没开始之前，他就下令三军，一旦高句丽投降就要立即安抚他们，切不可轻举妄动。高句丽军正好利用了隋军的这个弱点，多次假装来降，弄得隋军烦不胜烦，战斗力锐减。历时两个多月，辽东城依然久攻不下。

陆军在辽东城前疲惫不前，来护儿率领的水军情况也不容乐观。按照一开始的计划，在陆军渡辽河攻打辽东的时候，由大将来护儿带领水军沿大同江而上，直击平壤。高句丽国虽然国力远远比不上隋朝，但还是坚守自己的城池，殊死抵抗，平壤城久攻不下。来护儿的水军在平壤城战败之后，三十多万陆军也在宇文述等人的带领下来到了平壤城下。时间一天天过去，平壤却坚如磐石，怎么攻也攻不下来。

此时，隋军的危机来了，粮草渐渐不够了。无奈，隋军只好向后撤退，以图再进。然而高句丽军在隋军支撑不住开始撤退之时，在清川江重击了隋军。毫无准备的隋军乱了阵脚，士兵四处逃散，一时间死伤无数。

大业八年（公元612年）七月二十五日，隋炀帝回到了出发地——涿郡，隋朝大军在出征之时何止百万，而这一战"资储器械巨万计，失亡荡尽"，最终回来的只有区区二千七百余人，初征辽东以惨败告终。就在隋炀帝遥望远方，暗暗下定决心一定要收回这块土地之时，他却没有意识到，一场更大的危机正等待着他。

先下手为强

隋炀帝并不甘心于第一次东征的失败。尽管国家已经被他折腾得岌岌可危，回到都城后的几天之内，他又下令将洛阳仓、黎阳仓、太原仓等仓库的粮食运到望海屯储备，并命尚书樊子盖留守涿郡。第二年，也就是大业九年，隋炀帝又一次下令全国的军队迅速在涿郡集合，开始对高句丽发动第二次进攻。

就在隋炀帝积极准备第二次东征的时候，国内的起义军已经逐渐发展起来。但为了自己心中的"千秋伟业"，隋炀帝根本无心顾及国内这些小叛乱。出征之前，他命代王杨侑和越王杨侗分别留守大兴和洛阳，而此时的两位皇孙年龄均只有十岁左右。隋炀帝这一去，等于是将庞大的帝国交到两个孩童的手中，真可谓是荒唐之至。

第二次东征进展顺利，陆军很快就抵达了辽东城下，此后战争又一次陷入了苦苦焦灼的状态之中。这一次，隋炀帝没有再对高句丽讲什么仁义道德，也没有谈什么来降不杀，几乎是动用了一切可以破城的手段。隋朝将士在辽东城下殊死搏斗，有人却在隋炀帝的身后烧了一把火，这个人便是时任礼部尚书，大名鼎鼎的杨素的儿子——杨玄感。

杨玄感，弘农华阴人，隋朝重臣杨素的儿子，相貌酷似其父，喜读书又善于骑射，可以算得上是个文武全才。世多"小时了了，大未必佳"的神童，如众所周知的方仲永，而杨玄感却与他们完全相反。据记载，杨玄感幼时十分愚钝，周围人都觉得他形神呆滞，成不了大器。但他的父亲杨素却认为"此儿不痴"，事实上，长大后的杨玄感确实是一个才貌出众的青年。

隋文帝时期，因为父亲杨素非常受到皇帝的倚重，杨玄感也得以入朝为官。杨玄感年轻时就颇有才干，在他担任郏州刺史之时，便将州府之事处理得井井有条，深得当地民众的爱戴。杨家父子同朝为官，杨玄感甚至在一个时期与父亲杨素同时官居二品，这在当时也算得上是一件奇事了。后来隋文帝觉得这样做不大妥当，不仅父子之间不好相处，还容易给人留下话柄，遂将杨玄感降了一级，对此杨玄感也无任何异议。

杨家名满天下，在政治上有得天独厚的条件。当年，杨素在宇文述的鼓动下帮助杨广夺位成功，隋炀帝登基之后也给了杨家很大的恩赏。但猜忌心严重的隋炀帝渐渐对杨家产生了怀疑，于是让杨素担任一些徒有虚名却没有实权的职位。杨素因为在炀帝朝的不得志而抑郁不已，逐渐重病缠身。

　　在他重病期间，隋炀帝不间歇地派人去他府中探望他的病情，实际上是希望他早点离开人世。杨素又何尝不知道皇帝的心思？所以他在临死之前曾说："我又何尝不想早点死呢？"隋炀帝本人也暗中说过："即使杨素不死，杨家也迟早有一天会被灭门的！"

　　杨素过世之后，杨玄感拜鸿胪寺卿，升礼部尚书，一时身居要职。然而，事实的真相往往被掩盖在表面的浮华之下，暗中却是云谲波诡。父亲杨素的死让杨玄感对隋炀帝心生怨恨，不仅如此，隋炀帝对杨家的猜忌心也越来越重，杨玄感对于自己的前途和命运产生了严重的危机感。

　　"先发制人，后发制于人"，每日活在危机感之中的杨玄感决定趁着皇帝忙于辽东之战，朝局混乱之时发动政变，拯救自己于万一。大业九年春，隋炀帝第二次发兵辽东，而此时杨玄感正在黎阳（今河南浚县东南）为皇帝东征督粮。已经决定起兵的他见这是个机会，遂故意将漕粮囤在黎阳并召集故友，声称大将来护儿谋反，于六月三日在黎阳城发动起义。

　　当时杨玄感的谋士李密为他出了三条计策，从这三条计策中不难看出李密的政治才华，甚至他具有在后来的大起义中独当一面的能力也由此可见一斑。这三条计策分别是：先发兵东北，切断隋炀帝从辽东回来的道路，使隋朝东征大军陷入前后夹击的困境，这样便可以不战而胜，此为上策；其次是向西行进，夺取长安，长安为先要之地，以此为据点再慢慢夺取天下，此为中策；最后是用兵直接袭击洛阳城，此为下策。杨玄感一是求胜心切，再加上杨家的家眷此时都在洛阳，他便采取了下策，决定直接发兵洛阳。

　　事实上，早在杨玄感起兵之前，百姓对隋朝的暴政早已经怒不可遏，民间已经自发形成了不少起义军。在杨玄感带兵开往洛阳的时候，各地军队纷纷来投，等到部队到达洛阳，数量已经达到十万不止。起义军将洛阳城团团围住，但此时负责防守的是民部尚书樊子盖，他下令全城百姓严阵以待，齐心守城，两军僵持多时。

　　洛阳告急的消息传出之后，刑部尚书卫玄率领数万援军向洛阳挺进。杨玄感见卫玄率两万精兵来援，假装不敌，败下阵来。卫玄不知是计，遂中了杨玄感的埋伏，全军覆没。卫玄不服，几天之后双方又进行了一次大战，杨玄感又大败卫玄军并抓获俘虏八千余人。

　　连续的胜仗让杨玄感兴奋不已，但卫玄却没有因出师不利而放弃对起义军的镇压。在之后的时间里，双方共交战十几次，损失都颇为惨重。正当杨玄感军疲于战斗之时，驻扎在洛阳城内的樊子盖乘机杀出城来，斩杀了杨玄感军数百人。

　　这场夺城之战就这样僵持着，杨玄感军虽然胜多败少，但对于防守严密的洛阳城也只能望洋兴叹。听说杨玄感在黎阳起兵造反，并且叛军即将对东都构成威胁的消息，隋炀帝坐不住了。他不得不放弃辽东的大好形势，命令大军火速回军平息叛乱。而高句丽军又在撤退的隋军后放"冷箭"，隋军又一次损失惨重。

　　在回军途中，隋炀帝就命武贲郎将陈棱率兵攻打黎阳。黎阳是杨玄感的根据地，隋炀帝这么做，可谓是切断了杨玄感的后路。与此同时，他还下令屈突通在河阳召集军队，由此向洛阳进发。除了这两路部队之外，大将宇文述和来护儿也分别率兵前往东都平叛。

如此一来，杨玄感可谓是四面楚歌。此时，他如果率主力部队突击或许还能获得一线生机，但他偏偏听信了谋士李子雄的建议，将起义军分为两路，分别对抗卫玄和屈突通的军队。兵力一分散，势力便大不如前，两路军队都不敌对手，纷纷败下阵来。而此时，隋朝的多方部队已经互相得到了接应，包围圈就此形成。

洛阳已经无望，杨玄感又转向长安，以图占据长安地势，日后再图天下。倘若此时杨玄感一心拿下长安，大事尚有可为，但他在弘农宫（今河南灵宝）又停下了前进的脚步。当时，隋炀帝在弘农宫建有行宫，而弘农是杨玄感的故乡，杨玄感行军至此，弘农宫的百姓纷纷劝他打下弘农宫作为新的根据地。

说起来容易做起来难，决定攻占弘农宫的杨玄感率大军攻城三天，城池却岿然不动。大好的战机又一次被贻误，此时，宇文述的部队已经跟了上来。杨玄感无奈之下只得放弃弘农宫，继续向西挺进。由于和追兵相距太近，杨玄感这一路可谓是且行且打，战士们已经承受不了这样的作战强度，军队战斗力日益降低。

至董杜原时，杨玄感军被宇文述的部队打得惨不忍睹。见大势已去，杨玄感只得和其弟杨积善率十余骑突围，但已经穷途末路，无处可逃。逃到葭芦戍的杨玄感已自知是强弩之末，他不愿被隋军擒获受辱，遂求杨积善将自己杀死。杨氏一族后被隋炀帝所灭，这场轰轰烈烈的政变就以如此惨痛的结果完成了它的征程。

虽然这是一场以失败告终的起义，但在隋朝末年却大大地震动了人心，催进了当时的农民起义，隋朝的统治也因为这场叛乱而更加岌岌可危，甚至可以说是杨玄感的叛变直接导致了第二次东征的失败。至此之后，隋朝一蹶不振，各地起义军风起云涌。

此时的隋炀帝已经被辽东的战争冲昏了头脑，根本没有想到自己的国家已经乱成了一锅粥。在他心中只有一个目标，就是继续东征，无论付出什么代价。

大业十年（公元614年），平息了杨玄感叛乱的隋炀帝又下令第三次进攻辽东。这次的战争像前两次一样，在开始进行得十分顺利，大将来护儿的水军在卑沙城大败高句丽军后来到了平壤城，胜利就在眼前。经过三次大战，高句丽终于抵抗不住隋朝的压力，国王高元又一次遣使向隋朝乞降，并将隋朝的叛将斛斯政主动交由隋军处置。

而此时，国内的农民起义已经逐渐声势浩大，大隋江山岌岌可危。辽东一投降，隋炀帝刚好借机班师回朝去处理国内的叛乱。第三次东征就这样以隋朝"胜利"而告终了。

灭亡指日可待

如果说三征辽东的失败是在客观上给隋朝带来了毁灭性的打击，那么发生在公元615年的雁门之战，则是从主观上彻底挫败了不可一世的隋炀帝。经历了雁门之围，曾经雄心勃勃的隋炀帝意识到自己既不是千古明君，也不是常胜不败的英雄，比肩汉武帝更是遥不可及的一个梦，他的自信心和自尊心丧失殆尽，从此一蹶不振。雁门，成为了隋炀帝，甚至是整个隋朝大业之梦破碎的地方。至此，隋朝这个盛极一时的王朝便一步步走向了溃败的边缘，再也没有回转的余地。

突厥一直以来就是隋朝的心腹大患，既不能发兵一次性将它平定下去，也无法收买安抚，是个让人头疼的大麻烦。隋朝廷曾经试图以"突厥打辽东"这个一举两得的办法来瓦解突厥的势力，最后将其消灭，但并没有成功。征辽战役的失败让隋朝元气大伤，而突厥始毕可汗的实力却在此时悄然增长。眼见隋朝内忧外患相交织，始毕可汗感觉到和隋炀帝一较高下的机会到来了。

大业十一年（公元615年）八月，隋炀帝杨广照旧乘着銮驾，带着仪仗，浩浩荡荡地前往塞北巡游。但不久之后，他意外地收到了远嫁突厥的隋朝义成公主的急报，称始毕可汗阿史那咄吉已经集结十万铁骑在边境伺机而动，可能会对皇上造成威胁，劝隋炀帝加以防范。但隋炀帝认为突厥的实力不足为惧，而且在边境屯兵给隋朝造成威胁是其一贯的伎俩，所以并没有十分在意。

八月十三日，隋炀帝的銮驾顺利地抵达了塞北边境——雁门。到了雁门之后，他并没有看见任何风吹草动，一切都和往常一样。面对这样的情况，隋炀帝更加肯定始毕可汗只是故弄玄虚而已，根本不敢出兵来犯，因此便放松了警惕。但出乎隋炀帝意料的是，第二天，突厥的骑兵部队就以迅雷不及掩耳之势包围了雁门城并占领了雁门郡治下的三十九个城池，雁门郡城告急。

此时，雁门郡已经被突厥人包围，援军又没有到来，只能据城坚守。隋炀帝马上下令将士将城内的民居拆除，拿这些材料来修建防御工事，抵抗突厥人猛烈的进攻，但让所有人不安的是，雁门城内储存的粮食仅仅够全部军民食用二十天。二十天后，如果这场危机还没有解除，雁门郡将不攻自破，而城内包括隋炀帝在内的所有人都有可能在突厥人的刀下丧生。

面对如此危急的情况，隋炀帝马上召集了随行的大臣们商讨对策。隋炀帝的心腹宇文述率先站了出来，他认为应该立即组织一支精兵部队来掩护皇帝突围，但被大臣苏威否决。苏威和樊子盖等人认为皇帝是社稷之君，万乘之主，突围之法太过冒险，一旦被俘，后果不堪设想，不到迫不得已是万万不可行的。

樊子盖向隋炀帝建议，过去战争太过于频繁，因此伤了民心。现在只有皇帝下令不再征辽东并以重金嘉奖守城将士，收回军心，假以时日，定能破突厥之围。面对大臣们的各种建议，隋炀帝也是一筹莫展，难以抉择。这时，内史侍郎萧瑀向隋炀帝提议，是否可以让始毕可汗阿史那咄吉的妻子义成公主想办法劝说他退兵。

萧瑀提出这样的建议是有原因的。和亲是历朝历代中央政权和边境少数民族政权交往的有效途径之一，而隋炀帝的堂妹义成公主就是出于这样的原因才嫁到突厥。和中原地区不同，在一些少数民族地区女性的地位比较高，因此义成公主虽是女流之辈，但作为阿史那咄吉的妻子，她在突厥还是有一定的地位的，可以参与商议军国大事。

听了萧瑀的建议，隋炀帝马上派出密使从小路火速前往突厥，希望能够求得义成公主的帮助。为了保证万无一失，隋炀帝还昭告天下，命各郡各县率兵前来勤王救驾，解救雁门之围，并许以重赏。

两路兵马派出之后，情况渐渐有了好转。一方面，义成公主接到隋炀帝的求援，马上就给始毕可汗送了一封假情报，称突厥边境告急，劝他赶紧率军回来解救。另一方面，在隋炀帝的号召下，各地的勤王之师也陆陆续续向雁门郡开来，就连后来的唐太宗李世民也在其中大展拳脚。

隋朝的援军声势浩大，始毕可汗心中也生出一丝恐惧，再加上义成公主的"情报"，一贯秉持"打不赢就跑"态度的他马上下令撤兵。形势陡然间发生了如此大的转变，隋朝虽然不战而胜但是也颜面尽失。突厥方面一撤兵，隋炀帝为了挽回面子，便掉转头来开始追击，但也没有收到多少成效，只俘虏了一些老弱残兵。

发生在雁门的这场战事就像是一场梦，来得毫无征兆，走得更是毫无痕迹，但这一切给隋炀帝带来的却是难以言喻的失落。自从登基以来，杨广一直想成就一番大业，但却一直在失败，从来没有享受过成功的喜悦。如今辽东未平，突厥又蠢蠢欲动，国内也是民变四起，他自己无一日不在受着天下人的责难，这一切几乎让隋炀帝丧失了所有的尊严和自信。自此，隋炀帝一步步走向了消极和保守，他从内心深处否定了自己，而他的消沉也带领整个王朝走向末路。

事实上，雁门之围真正给隋朝带来的巨大影响并不是来源于他本身，而是在于隋炀帝当初下诏之前的那个承诺。大业十一年九月，回到太原的隋炀帝不顾群臣的反对，放弃大兴城，回到了东都洛阳。

回到洛阳之后，就到了论功行赏的时候。按照原来的诏令，凡是在雁门守卫战中立下战功的士兵和百姓都能直接获得六品的官衔，并能到一百匹绸缎的赏赐，而其余的有官职在身的官员则是按功逐级晋升。但事实上，隋炀帝并没有履行当初的承诺，本来参加守城的一万七千名士兵全都应该受到嘉奖，但隋炀帝只答应给其中的一千五百个人赏赐，赏赐的内容也大打折扣。

隋炀帝这样的态度让所有将士不满，皇帝是天下人的表率，居然如此不信守承诺，朝廷的公信力何在？处于危险之时便假言悬赏让人替他卖命，危机解除之后便翻脸不认人，这样的君主以后还有谁会对他忠心耿耿呢？

眼见皇帝让天下人寒了心，民部尚书樊子盖又一次站了出来。他上书坚持要求隋炀帝按照当初的承诺给守城将士应有的赏赐，但却以"妄图收买军心"被皇帝驳回，樊子盖后，再也无人敢提及此事。不仅如此，隋炀帝又萌发了再征辽东的想法。从此之后，隋炀帝在天下人眼中威信全无，民心尽失，在他的统治之下，隋朝的灭亡指日可待了。

第二章　代隋立唐，从唐公到唐皇

杨花谢了李花开

"大江东去，浪淘尽，千古风流人物"，在隋末这个群雄四起，英雄辈出的年代，多少人匆匆地来又匆匆地去，甚至没能来得及留下属于自己的篇章就被历史的洪流淹没。从隋炀帝登基实施他的暴政，农民大起义揭开序幕开始，隋朝末年的这段历史就犹如一团乱麻。拨开历史的迷雾，透过历史的尘埃，或许可以在这段混乱的历史中理出一条主线，这条主线就是两个家族的兴衰荣辱，一个是大隋皇室杨氏家族，一个是后来的大唐皇室李氏家族。

"桃李子，莫浪语，黄鹄绕山飞，宛转花园里。"

当这首《桃李章》在东都广为流传的时候，隋炀帝杨广还在兴致勃勃地在全国各地游兴，为他一手创造的"盛世宏图"而沾沾自喜。

大业十一年（公元615年）的三月五日，隋朝的历史上发生了一件大事，明公李穆一家被满门抄斩。而这一切的起因都是因为一句在当时流传甚广的谶语——"杨氏将灭，李氏将兴"。

这句谶语的来源是一个梦，相传早在隋文帝时期，杨坚就曾在梦中梦到都城被洪水淹没，随后便决定在原来的长安城旁另选新址营造都城。后来解梦之人认为梦中的洪水对现实有象征意义，于是名字里带水的人便开始被怀疑是后来要夺取杨家天下之人。

也有一说是这场梦是隋炀帝所做，但梦的内容却不尽相同。传说在隋炀帝的这个梦中，也是大水以滔天之势冲向了都城。当整个长安都陷入汪洋大海之时，只有栽种在城头的三棵李树安然无恙，并且树上果实累累，生机盎然。隋炀帝惊醒之后，马上召术士进宫为他解梦。术士安伽陀向隋炀帝分析道，可能是李姓之人将祸乱天下，于是"杨氏将灭，李氏将兴"的谶语便传了出来。

虽然这些传说或许都有后世附会之嫌，但这句谶语在当时流传甚广，不少人，比如李密和李渊都在这上面做过文章，向天下人暗示自己是拯救天下苍生于水火的真命天子。

一句流言可以成就一个人，一句流言也可以使一个人死无葬身之地，这就是流言的威力。无论这个梦是谁做的，在这个梦中都有两个关键点，一是李姓之人，二是人名之中有水的人。如今回过头来去看那段历史，当时可以被怀疑的李姓人士除了李穆、李浑更有李密；名字带水的除了李浑、李敏（乳名洪儿），更有李渊，为什么隋炀帝偏偏灭了李穆一族呢？这就要从李穆的儿子李浑和当时的权臣宇文述两人间的纠葛开始说起。

说起明公李穆，可谓是隋朝的开国功臣。当年李穆助隋文帝建国，富贵荣华集于一身，为世人所钦羡。李穆更是被隋文帝封为司徒，一门上下都受到了皇帝的恩宠，几乎达到了人人为官的地步。明公之后，李家虽说大不如前，但也还算得上是朝中的大族。

本来一切相安无事，杨广继续做他的皇帝，李家人继续做杨家的臣子，但事情出就出在明公李穆的那个爵位上，从某种程度上可以说是这个曾经让人羡慕的爵位毁了李浑一家。

李穆死后，他的爵位没有传给儿子，而是传给了嫡孙李筠。李筠继承了祖父的爵位之后便有些得意忘形，这让身为叔父的李浑十分不满。然而李浑的爵位不如侄子李筠，于是他在表面上忍气吞声，但暗中却与另一个侄子李善衡联手杀了李筠并嫁祸给了别人。

然而李穆的子嗣众多，李筠死了，爵位的继承者也不一定是李浑。急于想获得爵位的李浑想到了隋炀帝身边的红人，自己的妹夫——宇文述，希望他能帮助自己顺利地继承父亲的爵位。为了得到宇文述的支持，李浑许诺：一旦自己继承了爵位，他将把李家每年田赋的一半作为报答送给宇文述。一向贪图享乐的宇文述见钱眼开，便答应李浑在皇帝面前为他美言几句。

事情发展得很顺利，李浑在隋炀帝的支持下如愿以偿获得了爵位，也如约每年都将许诺给宇文述的钱财送到他府上。但几年之后，李浑却突然违反了自己的诺言，再也没有给宇文述送过任何东西。此时李浑的地位已经今非昔比，宇文述虽然对他的举动怒火中烧，但却敢怒不敢言。虽说他跟李浑是亲戚，但此时对金钱的欲望和遭到背叛的愤怒已经战胜了一切，宇文述决定暗中报复李浑，将李家欠自己的都拿回来。

而在此时，由于"李氏将兴"的流言，隋炀帝已经对身为右骁卫大将军的李浑逐渐产生了猜忌之心。于是，宇文述趁机对皇帝暗示，李浑的名字中带水，而且李家的孙子李敏小名叫作洪儿，也带有水字。现在民间又流传"李姓的人将当皇帝"，李浑如今担任着右骁卫大将军之职，位高权重，一旦谋反，后果不堪设想。

本来就猜忌心重的隋炀帝此时坐不住了，再加上有杨玄感谋反的前车之鉴，更加重了他对李浑一家的怀疑。"欲加之罪，何患无辞"，很快李浑一家就以"意欲谋反"之罪被抓了起来。但"谋反"之罪没有证人证词便成立不了，为了满足自己的复仇之心，宇文述决定将李浑一家赶尽杀绝。

到了这样的关键时刻，宇文述的目光投向了一个女人，这个女人便是李敏的妻子——宇文娥英。提起宇文娥英也可说的上是血统纯正，身份高贵。她的父亲是北周皇帝宇文赟，母亲是隋文帝的女儿，也就是当时北周的皇后杨丽华。然而，这位身份显贵的公主这次也没能逃脱"谋反"的罪名，和李家人一起被抓进了监狱。

诡计多端的宇文述决定让李家人自己"承认"自己的谋反之罪，他对宇文娥英说："李家一门谋反之事已经查实，当今皇上是你的亲舅舅，只要你肯如实地交待出事情的始末，他肯定会念在血肉至亲的份上放你们一条生路的。倘若不然，李家一旦被灭，你也逃不过一死。"

这位公主可能是远离政治战场太久，居然听信了宇文述的一派胡言，她不知道，李家几十口人的性命就掌握在她的一念之间。在宇文述的"好言劝说"下，原本不知所措的宇文娥英似乎看到了一线生机，于是按照宇文述的指示，宇文娥英承认了李浑和李敏曾经谋划过叛乱，并商量废掉杨广、拥立李敏登上帝位。

拿到宇文娥英亲手写下的证言之后，隋炀帝大怒不止，当即下令灭了李氏一族。主动坦白的宇文娥英也没有逃过一劫，几个月后便被毒酒赐死。李氏一族覆灭后，这件血案的始作俑者宇文述也没有得到什么好下场，虽然隋炀帝因为此事而被宇文述的"忠心不二"深深感动，但不久之后宇文述就死在了宇文家族之人的手中。

曾经煊赫一时的李穆一族就这样被灭了门，这件事也让天下人震动不已。这场灾难让李浑一家命丧黄泉，却让天下人更清楚地认识到了隋炀帝的昏庸无道。此时，身在外地的李渊身为李姓之人，也在"杨氏将灭，李氏将兴"的流言中感觉到了不安，对隋炀帝的警惕心也提高了不少。

"半仙"的力量

和隋炀帝杨广一样，唐朝的开国皇帝——李渊也是北周贵族出身。他于北周武帝天和元年（公元566年）出生于长安，祖父李虎是北周的八柱国之一。当年李虎和宇文泰等人一手创建了北周的天下，后被追封为唐国公，可谓是荣宠集于一身，为世人所钦羡。

这一支李氏到了唐高宗时期超越了原来所认定的祖先汉朝名将李广，而直接追溯到了老子李耳的身上，这显然是李唐王朝的统治者为了给自己寻求一个更加高贵的出身，刻意附会而来。事实上，在李渊的身上流淌着鲜卑族的血液，这股少数民族血液来自他的母亲，也就是北周贵族独孤信的女儿独孤氏。

李渊幼年丧父，七岁时，他便承袭了父亲唐国公的爵位。由于父亲去世得早，年幼的李渊从小就养成了一种较为独立的性格，和其他的贵族子弟相比，他为人"倜傥豁达，任性真率，宽仁容众，无贵贱咸得其欢心"，更没有沾染上贵族子弟的恶习。当时有个叫史世良的人，十分善于摸骨相面。他曾在给李渊相面之后，对他说道："公骨法非常，必为人主。愿自爱，勿忘鄙言。"李渊听了之后大喜过望，从此更加注重自己的言行举止。

杨家的地位在北周时期原本不如李家，但如今杨家成了帝王之家，再加上李渊父亲早逝，李家的地位就逐渐衰落了下来。隋文帝代周建隋之后，年轻的李渊得以进入宫廷担任皇帝的近侍，即当时所说的千牛备身，任务是保护隋文帝的安全。

隋文帝为人十分勤勉，常常为了朝政耽误了休息的时间。作为他的侍卫，李渊的工作看似轻松，其实却十分辛苦。隋文帝的独孤皇后与李渊的母亲是亲姐妹，因此她对这个外甥十分喜爱。李渊虽然幼年丧父，但姨妈独孤皇后对他关怀备至，因此李渊和杨氏家族的感情很深。凭借着和隋朝皇室的深厚关系和自身拥有的才华，李渊的仕途一直都走得比较顺利，并很快就得到了朝廷的器重。

在担任千牛备身的几年时间内，李渊的表现不错，于是隋文帝决定派他到地方上去历练历练，以便增长李渊的才干，更好地为国家效力。离开了京城的李渊先后担任过谯州刺史、陇州刺史和岐州刺史等官职。李渊性格豁达，对人也十分和善，他为官所到之处，百姓都交口称赞。他又喜欢广交朋友，结纳豪杰，因此朝野上下都对他赞叹不已。

在李渊外放为官的期间内，晋王杨广凭借他的狼子野心顺利地排挤掉了自己的哥哥太子杨勇，继承了隋文帝的帝位。隋炀帝即位之初，李渊正在楼烦郡担任太守，后又被隋炀帝召回朝中任殿内少监一职。在这段时间内，隋炀帝可以说对李渊还是比较信任的。

隋炀帝在出征辽东之时，还将督运粮草的重担交给了时任卫尉少卿的李渊。隋炀帝二征辽东时，杨玄感在黎阳起兵叛乱，李渊遂奉命在弘化郡担任留守并掌管着关右诸军，此时的他已开始逐渐掌握了一些兵权。

连年的暴政使得隋末农民起义爆发，天下大乱，隋炀帝对自己的统治越来越力不从心。再加上年龄的增长和四起的流言，他的猜忌心越来越重。李浑一家被灭之后，隋炀帝的目光便转移到了其他的李姓贵族身上，这中间，当然包括了在外地做官的李渊。

隋炀帝对于李渊的猜忌甚至一度达到了希望除之而后快的程度。据说有一次，隋炀帝急召李渊去他的行在觐见，李渊惧怕隋炀帝，因此称病没有前去。隋炀帝对于李渊的推脱十分不满，马上召来在宫中为嫔的李渊的外甥女王氏前来询问。隋炀帝问王氏道："你舅舅为何迟迟不肯入宫呢？"王氏低头回答道："舅舅因为得了病所以没能前来。"隋炀帝听言，说道："病了怎么还没有死？"

其实，李渊也逐渐感觉到了隋炀帝对自己的猜忌。为了打消隋炀帝心中的怀疑，他开始纵情声色，酗酒、受贿、游荡于青楼楚馆之间，竭力地掩盖自己的真实行为。不仅如此，李渊还收集了众多的钱财和珍贵的玩物，不停地向隋炀帝进献。自秽这一保命的招数在历朝历代已经屡见不鲜，但隋炀帝还是被眼前的景象迷惑了。他开始认为李渊不过就是个酒色之徒，根本不会对自己造成多大的威胁，不必太过担心。

顺利逃过一劫的李渊从此迎来了他的春天，因为隋炀帝对他的怀疑慢慢变淡，他的官运更加亨通。大业十一年，李渊奉朝廷之命前往山西镇压当地的农民起义。隋朝的平叛大军在李渊的率领下抵达龙门之时，受到了农民起义军首领毋端儿的猛烈攻击。李渊当即率兵迎战，将毋端儿打得落荒而逃，他也因此官至右骁卫大将军并任太原道抚慰大使。

李渊在隋朝末年为稳定河东的局势作出了非常大的贡献，这一点是不容置疑的。当时在山西境内聚集着一群人数多达十万的农民起义军，这支起义军的首领名叫魏刀儿，又有个名号叫作历山飞。来到山西的李渊马上率军前去征讨，但隋军只有区区五六千人，如何与历山飞庞大的起义部队相抗衡呢？

两军在河西雀鼠谷口相遇了，为了以少胜多，李渊心生一计。他下令隋军分成两部分，一部分是精锐的骑兵，由李渊本人亲自率领，埋伏在部队两侧；一部分是老弱病残的将士，由他们举着旗帜，负责运送粮草和辎重在中间缓缓前行。农民起义军毕竟不是正规军队，看见中间部队旌旗飘扬，马上就中计了，遂对其发起进攻。

一切都在李渊的掌握之中。老弱部队不敌强横的农民军，纷纷败下阵来，农民军见隋军丢下辎重，顿时蜂拥而上，相互争夺，局势一片混乱。时机已经成熟，李渊即率精锐部队从左右两翼围攻上去，大败历山飞的农民军。面对强大的李渊，历山飞再无力抗争，数万人被收编。这一战，以少胜多，从此也可以看出李渊卓越的军事才能。

河东地区一直以来都是受到突厥威胁较为严重的地区，而且突厥的骑兵勇猛善战、居无定所，实在不好对付。通过多次观察，根据突厥人的生活习惯和作战特点，李渊也逐步制订了属于自己的作战方案。他在自己的部队中挑选出了许多长于骑射的士兵，模仿突厥骑兵在边境巡视。这些骑兵在李渊的授意下只在边境策马游猎，遇到突厥的骑兵也不主动出击。突厥骑兵见到如此情况，反而不敢轻举妄动。

李渊本人的武功也十分了得，尤以骑射为世人所称赞。他曾因为高超的箭法得以"雀屏中选"，娶到了定州总管窦毅的女儿，为他后来政治生涯的崛起打下了良好的政治基础。除了用"掩人耳目"的办法威慑突厥军队之外，为了解除隋朝将士对突厥骑兵的畏惧心理，李渊还曾亲自率军主动攻击突厥人，斩杀敌军千余人，还缴获了大批的物资，这样的胜利对于稳定军心起到了非常大的作用。

大业十三年，公元617年，这一年可以说是李家和杨家命运开始逐渐发生逆转的年份。就是在这一年，李渊被任命为太原留守。而此时，农民起义的战火已经在各地点燃，各地的有识之士都纷纷举起大旗反抗隋炀帝的暴虐统治，隋朝的统治已经是日薄西山。而李渊，也即将在隋末的历史上翻开属于自己的一页，在这乱世风云中焕发出夺目的光彩。

雀屏选婿

在历史的风云变幻中，吸引人目光的不仅是那些站在风口浪尖的英雄豪杰。随着时光的流转，不少女性都以这样或是那样的姿态深深定格在那些让人熟悉的画面里，让后人对她们发出"巾帼不让须眉"的赞叹。

唐高祖李渊的妻子——窦氏就是这样一位传奇女性。如果说，没有独孤皇后就没有隋文帝的一统天下。那么，回望隋末唐初的那段历史，没有窦氏，或许就没有后来李渊的乱世崛起，也就没有大唐王朝的开国盛世。

窦氏和李渊的姻缘来自于那场历史上著名的"雀屏中选"。

当年定州总管窦毅在城中为自己的爱女择婿，他在屏风上画了两只孔雀，对前来参选的人言道，倘若谁能射中孔雀的两只眼睛，便将女儿许配给他。这场招亲在当时引起了不小的轰动，许多人前来应选。后来，择婿许婚被称为"雀屏中选"，也是出于这个典故。那么，为什么窦毅要用这种独特的方式为自己的女儿选择丈夫呢？这就要从窦氏自身的传奇色彩说起。

窦氏的父亲是隋朝定州总管、神武公，母亲则是北周皇帝宇文泰的女儿襄阳长公主，出身十分高贵。史书记载窦氏出生之时，头发就垂及颈项，三岁之后，更是发长及地，因此人人称奇。再加上窦氏从小就聪明伶俐，读《女诫》《周礼》等经书甚至可以过目不忘。所以，当时她的舅舅，也就是北周武帝宇文邕对她非常疼爱，从小就将她像公主一样养在皇宫之中，并且常常让她伴随左右。

更让人惊叹的是，窦氏小小年纪，就对政治有着极强的敏感度和独到的见解。当时北周想收复江南和北齐，一统天下，所以和突厥的关系比较微妙。为了获得突厥的支持，武帝宇文邕便以"和亲"为由，迎娶了突厥的公主做自己的皇后。但这场婚姻是以政治做基础的，毫无感情可言，所以宇文邕并不十分宠爱这位突厥公主，经常冷淡她。年幼的窦氏眼见了这一切，她对舅舅言道："如今国家尚未稳定，突厥的支持对我们来说还是十分重要的。您一定要善待突厥来的皇后，这样，统一大业就指日可待了。不然，日后大乱，民不聊生，请舅舅为天下苍生设想！"她小小年纪就有如此高的政治智慧，宇文邕听见窦氏的话大吃一惊，认定她不同于其他的女子，以后必有她的作为，于是对窦毅说："此女才貌不凡，不可妄以许人。"

窦氏不仅有颇高的政治智慧，还非常地有胆有识。后来隋文帝杨坚取代北周，建立了隋朝，窦氏闻讯大哭，怒道："恨我非男子，不能救舅家祸。"她这一言让窦毅震惊不已，但后来的确是她的丈夫和儿子夺得了杨家的江山。从某种程度上来说，窦氏的这句"妄言"也是一语成真了吧。

因为女儿非同一般，所以窦毅从小就对她宠爱有加。时间慢慢过去，窦氏也终于长成了一个才貌双全的大家闺秀，但窦毅听从宇文邕的话，并不肯将她轻易嫁人。在窦毅的心中，这个女儿一定会给她未来的夫家带来莫大的光荣。为了给女儿寻找一个可以与之相配的夫婿，窦毅只得设了雀屏选婿，但前来参选的公子数十人，竟无一人能够射中。

这时，还只是个宫廷侍卫的李渊闻讯赶来，搭箭拉弦，一下便射中了两只孔雀的眼睛。窦毅见状大喜过望，随后又得知他是前朝八柱国之一李虎的孙子，前途不可限量，更是喜不自禁，便将女儿许配给了李渊。婚后的李渊和窦氏十分恩爱，窦氏从小长在皇宫之中，非常喜爱读书，而且对于书法也十分擅长。她模仿李渊的笔迹，几乎达到了乱真的地步。因此她常常帮丈夫处理公文，可以说是开了唐朝女性协助丈夫处理政事的先河。

窦氏虽然身份高贵，但却贤良淑德，成婚之后对长辈十分恭顺。李渊早年丧父，母亲独孤氏便承担起一切的家事。因为多年的辛苦操劳，年老之时，独孤氏便落下了一身的病。窦氏过门后，主动承担了照顾母亲的责任，经常是衣不解带，日夜陪伴在左右，这让独孤氏和李渊都十分感动。除此之外，窦氏对丈夫李渊也可谓是关怀备至，后来也帮助丈夫度过了不少的难关。

可以说，如果没有窦氏，李渊可能无法在那段被嘲笑、被怀疑、被猜忌的时光中坚定自己的信念；如果没有母亲窦氏从小潜移默化的影响，李世民或许也无法从小就养成了较高的政治素养，最后成为千古一帝。

史书记载，高祖李渊"高颜面皱"，长相奇特。一次朝会，隋炀帝看到李渊就当众笑话他是"阿婆面"，意思是说他长得像老太太。李渊听后觉得自己受到了侮辱，心中十分气恼，回到家中便独自垂泪。窦氏见状，便询问他为何神伤。

李渊将事情的始末告诉了她，并说："皇上如此奚落我，肯定是轻视我，前程定将不保了。这该如何是好呢？"见丈夫如此难过，窦氏便劝他："这是好事，应当庆贺，又何必悲伤呢？"李渊不解，窦氏又言："你的封号是'唐'，'唐'者'堂'也，阿婆即是堂主，那你就是唐国之主了。"

这个解释虽说有些牵强附会，但却给当时心情极度失落的李渊带来了重新振作的信心。但窦氏的这句话在后来又得以实现，可见她的政治智慧从某种程度上已经超过了当时的李渊，这或许也和她从小长在深宫，因而熟谙政治的经历有关。以她的观察力，似乎预见了杨家的天下即将不保，所以才用这样的话来劝说丈夫。在她内心之中，当年为舅家报仇的怒火也许一直都没有熄灭。

时间一天天地过去，窦氏就一直这样不离不弃地陪伴在李渊的身边，照顾李渊，安慰李渊，还以她高超的智慧充当着丈夫的政治顾问。因为有了窦氏的帮助，李渊才一次又一次地逃出险境。

李渊为人豁达，又爱结交各类的英雄豪杰，窦氏唯恐他锋芒过露，便劝他说："当今皇上无道，而且猜忌成性，度量狭小。如今相公你羽翼尚未丰满，不宜太过招摇，以免给自己招来灾祸。"

李渊爱好武功，骑射功夫更是了得。他在扶风担任太守之时，有人向他进献了几匹骏马，李渊自是爱不释手。窦氏见状便对他说："当今皇上也喜爱良马猎鹰，现在正在四方征求。你何不将这几匹马进献给皇上？倘若不献，留着为人所知也是个祸害。"李渊因为舍不得，没有听窦氏的话。果不其然，不久之后，李渊便受到了皇帝的责难。

然而天不假年，窦氏不久就得了疾病，后死于涿郡，年仅四十五岁，就这样结束了她传奇的一生。窦氏与李渊育有四子一女，分别是李建成、李世民、李玄霸和李元吉，女儿则是后来的平阳公主。窦氏早年就偏爱李世民，所以李世民和母亲的感情颇深，后来他曾对臣下感言道："朕今生所后悔之事，就是无法报答母亲的养育之恩。"

然而，窦氏此时已经离开了人世，再也无法看到李家父子建立不朽盛世的那一天了。李渊称帝之后，追封窦氏为太穆皇后，史称"太穆窦皇后"。李渊后来虽拥有三宫六院，但因为怀念妻子，一直都没有再立过皇后。

起兵，只是时间问题

大业十三年（公元617年），李渊升任太原留守。太原，是隋朝西北的边防重镇，此处"控带山河，踞天下之肩背，为河东之根本"。不仅如此，隋朝在这里储备了充足的军用物资，军事地位十分险要。就是在这里，李渊将要迈出历史性的一步，天下，将要在李家人的手中峰回路转，柳暗花明。

关于晋阳起兵，历史上一直都是疑雾重重，那么事情的真相究竟如何呢？真是"李渊只是凭借自己的贵族身份和儿子李世民的努力当上了皇帝"吗？李渊和李世民在晋阳起兵中究竟各自充当了什么样的角色？

可以说，李渊作为唐朝的开国之君在历史上得到的评价是很低的，《资治通鉴》中甚至有言："高祖所以有天下，皆太宗之功。"所有的功劳都是李世民的。至今很多人都认为李渊才华平平，甚至李建成、李元吉等人都是这场惊天动地的起义中的配角，只有秦王李世民才是真正的王者。所谓"成者王，败者寇"，虽然李渊拉开了唐朝盛世的帷幕，但还是在玄武门之变中输给了自己的儿子李世民，所以夹在千古暴君隋炀帝和古今一帝唐太宗之间的李渊在历史上得到这样低的评价也就不奇怪了。

但掩饰终究改变不了事实，根据温大雅的《大唐创业起居注》，基本上可以还原一个真实的李渊，一个胸怀大志却善于隐忍，勇武干练又足智多谋的李渊。李渊的政治和军事才华，在前面的叙述中已经可见一斑。以李渊多年的政治经历，可以说是对朝局，对天下都了然于心。

事实上，在杨玄感起兵反隋的时候，就有人劝过李渊，让他趁此机会夺取天下。李渊来到太原之后，当时的鹰扬府司马许世绪也曾经对李渊说："天下盛言'杨氏将灭，李氏将兴'，唐公你手握太原郡、马邑郡、楼烦郡等五郡的兵马，如果起兵，定能成就大业！"

据说，早在大业十一年李浑一家被灭门之后，李渊的好友，当时的河东抚慰副使夏侯端就对他说过："天下方乱，能安之者，其在明公。但主上晓察，情多猜忍，切忌诸李，强者先诛，金才（即李浑）既死，明公当非其次？"意思是李浑已死，下一个被怀疑的对象或许就是李渊，因此让他早做准备。

对于这一点，李渊心里也是十分赞同的，但他认为时机尚未成熟，迟迟都没有起兵。夏侯端还对他说过，经过他的观察，如今帝星不稳，晋阳上空却有异像，对应的就是李渊。听了夏侯端的话，李渊虽然十分心动，但起兵毕竟是件大事，一旦失败，杨玄感一家就是个血淋淋的例子。再加上自己的一切都是隋朝的皇室所给予的，所以说，李渊对隋室,对杨家的感情是非常复杂和微妙的,这或许也是他一直都没下定决心的原因之一。

认清局势后的李渊在接下来的几年内,一直都韬光养晦,甚至用自秽的方法掩藏自己的行为,以此来获得隋炀帝的信任,为起兵争取时间。他也曾经对雄心勃勃的李世民说:"依我看来,杨家的气数已尽,覆灭只是迟早的事。我之所以一直没有起兵,是因为你们兄弟都未齐,而且时机也尚未成熟。"

所以说,李渊对于起兵反隋一直都有一个清醒的认识,并不如《新唐书·太宗本纪》中所记载的"高祖起太原,非其本意,而事出太宗",是被李世民和裴寂所逼迫的。然而,晋阳起兵李渊虽是总领全局者,刘文静、裴寂、李世民、李建成等人也都是重要的参与者,其中李世民起到的作用尤为大,这一点,也是毋庸置疑的。

晋阳起兵开始于一次在大牢中的深夜密谈,谈话双方分别是唐国公李渊的次子李世民和当时的晋阳令刘文静。

刘文静,字肇仁,出生于官宦世家,祖父做过刺史,父亲因为为隋朝作战而死于沙场,后被追授了开府仪同三司的头衔。父亲死后,刘文静便袭了父亲的职位,但直到五十岁才当上晋阳令。隋末,天下大乱,群雄四起,时为晋阳令的刘文静也因为被李密在瓦岗造反的事所牵连而被捕入狱。

刘文静虽然官职不高,但却颇有见识。他曾对他的朋友、晋阳宫监裴寂说:"时事可知,吾二人相得,何忧贫贱!"认为他与裴寂在乱世之中必然会有一番作为。通过好友裴寂的引荐,刘文静结识了唐国公的次子李世民,并认定他以后必定成就非凡。刘文静不俗的谈吐和非凡的见识也吸引了年轻气盛的李世民,他被捕入狱之后,李世民便亲自到牢中来看望他,两人就当今天下之事进行了一番长谈。

当时,李世民看着刘文静叹息道:"如今天下大乱,我们该如何是好呢?"刘文静言道:"天下大乱,只有拥有刘邦、刘秀这样才能的人才能平息战乱,救天下苍生于水火。除此以外,别无他法。当今皇上远在江都,东都洛阳又被李密包围,义军四起。倘若有一人能够振臂一呼,天下之人必将听从他的号令。天下乱民收归己用,只要善于经营,取代杨家,夺取天下也并非难事。"李世民点头赞叹,刘文静接着说:"在下在晋阳为官多年,据我所知,太原的乱民中有不少就是英雄豪杰,倘若有人能够领兵起事,加上唐公手下的数万大军,便可以号令天下,直捣长安,成就大业。"

刘文静的看法和李世民不谋而合,但他又怕父亲不答应起兵。于是,李世民找到了晋阳宫监裴寂。裴寂和李渊交情很深,在李世民的劝说下答应帮他劝李渊起兵反隋。就在此时,李渊因为在马邑郡战败,就要被隋炀帝押赴江都问罪,生死悬于一线。李世民趁机向父亲进言道:"当今皇上无道,天下百姓苦不堪言。如今在晋阳四处都是流民,您不要拘于小节,起兵才是转危为安的唯一途径。如若不然,我们全家都要性命不保。"

李渊听李世民所言,大惊亦大怒,呵斥道:"汝安得为此言,吾今执汝以告县官!"沉思片刻又说:"吾岂忍告汝,汝慎勿出口!"第二天,李渊和李世民又进行了一次长谈,听了李世民的恳切之言,最后李渊道:"吾一夕思汝言,亦大有理。今日破家亡躯亦由汝,化家为国亦由汝矣!"勉强答应起兵。

《新唐书·高祖本纪》中对晋阳起兵之前的记载也是:"高祖子世民知隋必亡,阴结豪杰,招纳亡命,与晋阳令刘文静谋举大事。计已决,而高祖未之知,欲以情告,惧不见听。"如此一来就将李渊的功劳全部抹去,在这里,他只是一个被逼迫的傀儡而已。如前所述,身处乱世的李渊不可能对自己家族的未来没有考虑也不可能毫无准备,将士驻扎在太原的兴国寺内，并命自己的亲信刘弘基和长孙顺德统领这支部队。

对于李渊的种种行为，王威和高君雅渐渐产生了怀疑。高君雅认为刘弘基和长孙顺德是征辽战争的逃兵，按律当斩，根本没有资格统领军队，遂下令将这二人扣押。此时，武士彟劝他道："刘弘基和长孙顺德都是唐国公的贵客，大人您扣押他们一定会惹怒唐公，到时候局面可就没法收拾了。"听了武士彟的话，高君雅也觉得颇有道理，于是就收回了命令。

此时的李渊也知道纸包不住火，起兵大计迟早有一天会被高君雅和王威发现，到时候后果无法想象。因此，除了加快准备起兵之外，李渊还马不停蹄地催回了在河东郡的李建成兄弟和在大兴的女婿柴绍帮助自己成就大业。

起兵的帷幕已拉开

经过李渊、李世民、刘文静等人的不懈努力，到了这一年的五月份，起义兵马的召集已经取得了很大的进展。事情顺利的背后也有着很大的隐忧，虽然王威和高君雅方面有武士彟来掩饰，但随着时间的发展，王、高二人也渐渐看清了李渊等人的真实意图。

王威和高君雅来晋阳之前就担负了为隋炀帝监视李渊行动的重要使命，一般来说，皇帝派出的钦差都有先斩后奏的权力。如今，王、高二人觉察到了李渊等人的"不轨"行为，经过商讨，他们决定在晋阳祠祈雨的时候将李渊等人抓捕起来。

但出乎意料的是，他二人的计划被一个名字叫作刘世龙的乡长发现了。这个刘世龙虽然只是个小小的乡长，但曾经却是在拜见太原的最高长官的时候受到了留守李渊热情的款待，因此他一直对李渊怀有感激之心，不知道该如何报答。所以，这次他得知王威和高君雅要谋害李渊之后，便火速将这个消息告诉了李渊。

得知消息后的李渊决定先下手为强，略加思索，一个计划便在他脑海中诞生了。五月十五日的上午，李渊等人还是像往常一样在太原府的衙门里办公，一切都十分平静。就在此时，刘文静和开阳府司马刘政会慌慌张张地走进了衙门，声称有要事要向李渊禀报。李渊故作镇定，让王威去接状纸，但刘正会却说这份状纸只能让李渊一人看。李渊假装诧异地接过状纸，打开一看，却是举报王威和高君雅暗中勾结突厥。历朝历代，勾结外敌都是不赦的死罪，李渊看过状纸后大怒，下令将他二人马上逮捕起来，投入监狱等待判决。

高君雅此刻才得知自己的计划被暴露，于是大喊起来："我们没有通敌！分明是你这个奸贼找借口要害死我们！"但此时，无论高君雅和王威做什么都是于事无补，因为四周环绕的都是李渊的人。逮捕了王威和高君雅之后，李渊马上下令告知晋阳城中的百姓，说副留守王威和高君雅通敌叛国，突厥人不日就要来攻打晋阳城。李渊还命李世民率兵封锁了晋阳城内的所有街道，一时间，整个晋阳都沉浸在一种恐怖而又肃杀的氛围之中。

虽然，城中的百姓都对李渊信任备至，相信他所说的一切都是真的，但李渊等人自己心里明白，"通敌"只不过为了除掉王威和高君雅两人的一个计谋，一旦突厥人没有像他们所说的那样来攻打晋阳，那么一切的事情都会败露。到时候在百姓之中会掀起怎样的波澜，晋阳的百姓还会不会再信任李渊，这些都不得而知。

但是在这个万分凶险的时刻，上天又给了李渊一个机会，或许李渊是命中注定要担负起推翻隋朝建立一个属于自己的天下的重要使命。两天之后，数万突厥部队像预料好的一样冲向了太原。

这一刻，所有人都相信是王威和高君雅投敌叛国，而留守李渊，只是履行了一个朝廷命官应有的职责。突厥兵一来，李渊就立刻下令将"叛贼"王威和高君雅斩首示众。一切都是那么地巧合，似乎连老天都在帮助李渊，这一招"借刀杀人"用的是毫无破绽，而隋炀帝的亲信王威和高君雅却成了李渊起兵刀下的祭品。

王威和高君雅这两个障碍除去了，李渊便腾出手来对付前来攻打晋阳城的突厥人。通过这次战争，可以再一次清楚地感受到李渊出众的军事才华和领导才能。早在三国时期，足智多谋的诸葛亮便利用了"空城计"使兵力不足的蜀军不战而胜。到了隋末，李渊也如法炮制，他下令将晋阳城所有的城门都打开，静静地等待着突厥兵的到来。不出李渊所料，突厥的军队看到晋阳城城门大开，便怀疑城中是否有诈，都不肯轻易进城。虽然突厥军队不敢进城，但也没有就此罢休，而是驻扎在城外并且不时地派骑兵前来巡视。

"空城计"虽然唬住了突厥人，但时间一久，必然会被识破。为了先发制人，李渊即刻派部下王康达率领一千人主动向突厥人挑战。但不幸的是，王康达的部队根本抵抗不了强大的突厥骑兵，双方交战不久，隋军就被打得大败，几乎是全军覆没。

见硬拼不起作用，李渊便下令全军在夜间秘密地离开晋阳城，到了第二天，晋阳城的军队都高举战旗浩浩荡荡地回到了城中。不知情的突厥人还以为是隋朝派来的援军到了，便无可奈何地退兵了。危机解除了，不到半个月，李建成、柴绍等人也火速赶到了晋阳，而李渊的另一个庶出的儿子李智云却因为没有得到传唤，在起兵之后便被当地的官员杀害了。

事情发展到了这里，可以说是"万事俱备，只欠东风"了。但此时李渊还要面对一个巨大的问题，那就是盘踞在附近的东突厥。如果现在起兵，李渊必然在抵抗隋朝军队的同时还要顾及到突厥势力，这样两面作战对于起义军来说是非常不利的。为了安抚突厥，经过起义军内部领导阶层的商议，作出了一个重要的决定，那就是结盟。从这个决策来看，李渊等人对当时的利害关系看的是十分清楚的。

李渊所说的结盟和前面提到的刘武周投靠突厥是不一样的，结盟只是双方借助彼此的势力彼此依靠，而不是互相领导，并没有上下级之间的关系。李渊当时作这个决定是十分理智的，既可以保护自己的后方不受袭击，又可以借助突厥的声势，增加自己的兵力，可谓是一举多得。

决定和东突厥结盟之后，李渊马上给始毕可汗送去了一封亲笔书写的信函。这封信函语言十分恭敬。李渊在信中称愿意和对方结为姻亲，并将给始毕可汗献上大批金银珠宝，条件是始毕可汗同意他起兵去江都迎隋炀帝回大兴。

看到李渊的来函，始毕可汗大喜过望，并且非常支持李渊自己称帝，而不是按李渊的说法将隋炀帝从江都接回大兴。因为对于隋炀帝其人，始毕可汗也是十分了解的，一旦李渊起兵将隋炀帝从江都迎回，隋炀帝一定会立刻将李渊处死，那么下一个遭殃的肯定就是支持李渊起兵的自己。与其日后遭受隋炀帝的反攻，还不如索性支持李渊称帝，但条件是李渊必须向刘武周一样向自己称臣。

面对这样的态度和答复，李渊等人都在心中默默欣喜，李建成、刘文静等人都劝李渊听从始毕可汗的建议，一来不用再受杨家的束缚，二来恐怕违反了突厥的意思，支持就会转变为对抗了。此时此刻，李渊又一次展现了他的政治智慧，他并非不想称帝，起兵不就是为了建立李家的王朝吗？但是一旦过早称帝，便要向突厥称臣，这必然会受到天下人的责难。而且历史上不少起义军首领就是因为过早地称帝，从此便走向了末路，这些都是前车之鉴。

接下来，李渊便和始毕可汗商议，放弃迎回隋炀帝的计划，但是自己不称帝，而是决定拥立皇孙杨侑为皇帝，遥尊隋炀帝为太上皇。虽然和预期的不尽相同，但面对李渊主动求和的态度和献上的大批财富，始毕可汗也同意了李渊的建议。盟约达成之后，李渊便派出刘文静出使，向始毕可汗借兵。

兵马已经准备齐全，李渊定下了"尊隋"的旗号，并制定了几条基本策略。首先，拥立隋炀帝的孙子代王杨侑为帝，遥尊在江都的隋炀帝为太上皇；其次，起义军采用红白两色旗帜，一是为了自己行军便利，二是为了讨始毕可汗的欢心（白色是突厥旗帜的颜色）。到此为止，中国历史上著名的晋阳起兵已经缓缓地拉开了它的帷幕。

晋阳兵变：大业的开端

大业十三年（公元617年），起兵诸事都已经准备妥当。六月五日，李渊宣布在晋阳起兵，并向太原各个郡县发布了公告，号召各郡县听从他的指令，一起拯救天下苍生。在起兵前的誓师大会上，李渊历数了隋炀帝的诸多罪状，并声称自己要拯救天下万民于水火之中。自此，晋阳起兵正式开始，李家父子也即将踏上建立千古伟业的历史征程。

虽然打的是"尊隋"的旗帜，但是对于李渊起兵的真实目的，天下大部分人都是心知肚明的。尽管如此，面对隋炀帝的暴虐统治，很多人还是赞同了李渊的做法。再加上李渊起兵之后，便下令打开太原的官仓，救济了许多当地的穷苦百姓。于是，越来越多的人都前来加入李渊的起义大军，起义军的声势便逐渐壮大了起来。

有支持的当然就有反对的，西河郡就是其中一个鲜明的例子。西河郡是太原的大郡，也是太原通往长安的重要通道，可以说地理位置十分重要。面对西河郡的公然反抗，李渊决定杀鸡儆猴。他马上下令，命李建成、李世民等人率兵攻打西河郡。可贵的是，李家的军队一路上对百姓都十分尊重，甚至可以说是秋毫无犯。如此一来，李家的军队在山西就获得了很大的声誉，不少人都称他们为仁义之师。

虽然西河郡公然反抗李渊起兵，但在仅仅五天的时间内就被气势高昂的李家军攻破了，郡丞高德儒也被李世民扣押。城池一被攻破，整个西河郡就陷入了恐慌之中。这又是为什么呢？因为在隋末乱世，抵抗失败后惨遭屠城是一种很常见的现象，西河郡的百姓十分担心李家军也会沿用此惯例进行屠城。但为了稳定民心，李世民只下令处斩了西河郡郡丞高德儒，并没有伤害到西河郡其他无辜的百姓。

西河郡一役，李家军向天下展现了自己的风范，他们是"清君侧"的仁义之师，绝不会不守信用，滥杀无辜。西河郡大胜的消息传来，李渊本人也十分赞赏李世民的做法，一项沉稳谨慎的他也无比兴奋地言道："以此行兵，虽横行天下可也。"

六月十四日，李渊宣布在太原成立大将军府，自己任大将军，封刘文静为司马，裴寂为长史。随后又下令成立三军，封世子李建成为陇西公，左领军大都督，统领左三统军；次子李世民为敦煌公，右领军大都督，统领右三统军；剩下的中军则由自己亲自领导。随后又封李元吉为太原郡守，命他留守太原，稳定后方。至此，李唐王朝的政治军事机构可以说是初步形成了。

六月十八日，始毕可汗的使者康鞘利给李渊带来了一千匹战马，还表示如果李渊需要，始毕可汗愿意出兵助李家军一臂之力。面对始毕可汗的主动示好，老谋深算的李渊马上冷静了自己的头脑。天下没有白吃的午餐，为了摆脱日后不必要的麻烦，李渊决定打发掉这个康鞘利。

李渊极其谦卑地对康鞘利说，如今大事未成，自己囊中也十分羞涩，只能先留下五百匹战马，剩下的是否可以以后再付钱。手下人对李渊的做法都十分不解，李渊在突厥使者走后对他们解释道:"突厥人这次来只是为了试探我们的实力,倘若我们爽快地买下了这批战马,他们必然会认为我们财力雄厚,便会让我们买下他们更多的战马。到时候,所有的钱都买了战马,打仗的军需粮草都会成为问题。"听了他的解释,众人都心下暗服。

事情发展到了这里,晋阳起兵已经打下了非常稳固的基础,接下来要做的就是一步步向长安挺进了。七月,李渊亲自率领了三万大军向霍邑进发。在霍邑,他遭遇了隋朝将领宋老生的部队。听闻李渊率兵来攻,宋老生带了两万精兵前来抵抗,但终不敌李渊。攻下了霍邑之后,李家军又马不停蹄地占领了临汾和绛郡等城池,一路势如破竹,最终抵达了龙门。

到达龙门之后,李渊下令将手下的军队分为两部分,由主力部队渡过黄河夺取关中,另一支军队由此向河东进发,阻击驻扎在那里的隋朝大将屈突通的部队。兵分两路后,李渊马上率主力部队向河东进发,并在这里顺利地渡过了黄河。与此同时,王长谐和刘弘基的部队也夺下了韩城,并南下切断了蒲津桥。渡过黄河之后,李渊率部占领了永丰仓等官仓,而此时万年、醴泉等地的官员都表示愿意归降于他。不仅如此,听闻唐国公兵至,不少豪强子弟、江湖英雄都纷纷来投,李家军一时间又壮大了不少。

旗开得胜的李渊决定一鼓作气,直捣长安。他下令,命世子李建成率军驻扎在永丰仓,守住潼关这个咽喉。李世民等人则率大军由高陵、泾阳、武功、鄠县等地一路向长安进发。更为喜人的是,在行军的过程中,前来投奔的官民数不胜数,到了泾阳,部队人数已经达到了九万人。在这之后,李世民等人的军队又和李神通和后来的平阳公主的"娘子军"汇合,声势更加浩大。

十月,李家二十万大军顺利地在长安城外汇合,准备攻城。而此时,留守长安的正是隋炀帝的孙子——代王杨侑,辅佐的大臣则是刑部尚书卫玄和左翊卫将军阴世师等人。李家大军的到来让驻守在长安城里的人慌了手脚,卫玄见大事不妙,又没有办法解决,竟然一病不起,最后死在了家里。卫玄一死,阴世师等人只好勉为其难,督军守城。

十一月,万事已然具备,李渊于是下令大军攻城。自从隋炀帝离开长安后,城中本来就守备不足,再加上李家诸军士气勃勃,不日就拿下了长安城,阴世师、骨仪等人被杀。此时,镇守在河东的屈突通闻得长安城破,即刻下令驻扎在河东的隋军向洛阳撤退。然而这一切都在李渊的预料之中,屈突通部在撤退的过程中遭到了刘文静所率领部队的围追堵截,一时间溃不成军。最后,大将屈突通被刘文静所俘,押解长安。到达长安之后,李渊认为他是个将才,所以并没有杀他,而是将他任命为兵部尚书。

夺取长安之后,十二月,李渊又派人去巴蜀之地招降。按照起义一开始制定的"尊隋"的旗号,李渊在取得了以长安为中心的大片疆土后并没有直接称帝,而是拥立了当时的代王杨侑为帝,并遥尊远在江都的隋炀帝为太上皇。傀儡皇帝杨侑在李渊的扶持下登基后,改大业十三年为义宁元年,而关中,从此就掌控在了李渊手中。

第三章 一统天下,锋不可当的大唐马刀

风云迭起,李氏并不孤独

大业十四年(公元618年)三月,隋炀帝杨广在江都被宇文化及等人设计杀害,到

此为止，隋朝的统治可以说是名存实亡。就在这一年，李渊所率领的军队已经攻占了长安并拥立了隋炀帝的孙子杨侑为帝。因为军事上的接连胜利，李氏集团在此刻获得了极大的政治主动权。不久，李渊在众臣的劝说下，终于接受了隋帝杨侑的"禅让"，在长安的太极殿登基称帝，是为唐高祖。改隋恭帝（杨侑）义宁二年为武德元年，并立长子李建成为皇太子，封次子李世民为秦王，四子李元吉为齐王。

公元618年是隋末唐初历史上的一个重要转折点，在隋炀帝死亡的前后，全国有三个新生的隋朝政权，分别是长安的杨侑（由李渊拥立），江都的杨浩（由宇文化及等拥立）和洛阳的杨侗（由王世充拥立）。李渊一开始没有急于称帝是考虑到隋炀帝还身在江都并没有死亡，所谓"百足之虫死而不僵"，隋朝皇室在当时毕竟还是正统，对天下还是有一定的号召力的，如果过早称帝只会成为各方势力攻击的靶子。

因此，虽然李渊、王世充等人无不十分渴望推翻隋王朝，建立一个属于自己的天下，但却大都迟迟不肯行动，只是打着"尊隋"的幌子，扶植一个傀儡皇帝，自己甘于隐藏在幕后。而一旦隋炀帝被杀，就纷纷撕下"伪善"的面具，露出了自己的真面目，废掉先前所拥立的隋朝皇室，将利益收归己有。

隋炀帝一死，李渊首先看清楚了大势所趋，他并不想把自己卷入一场毫无意义的争夺隋室正统地位的斗争中去，所以就马上建国称帝。

清代著名学者王夫之先生对于李渊在隋炀帝被弑前后的表现也有一段评述，他说：

"……宇文化及遂弑杨广于江都。广已弑，代王不足以兴，越王侗见逼于王世充，旦夕待弑。隋已无君，关东无尺寸之土为隋所有，于是高祖名正义顺，荡夷群雄，以拯百姓于凶危，而人得主以宁其父子，则其视杨玄感、李密之背君父以反戈者，顺逆之分，相去悬绝矣。"

可见，在古人的心中，是否名正言顺，在道德层面会给统治者带来很大的差别。

事实上，唐政权在当时也只不过是一方割据势力，并没有受到天下人的认同。对于一个新生政权来说，李唐王朝仍然潜藏着许多危机。就在李渊称帝的同年九月，宇文化及也仿照李渊的做法将杨浩毒死，在魏州自立为王，建立了许国，年号天寿。在这之后，盘踞洛阳的王世充也将傀儡皇帝杨侗废除，自己当上了皇帝，国号郑，改元开明。

除了上述两个和李唐政权一样是先依靠拥立隋朝皇室，其后再建立政权的割据势力之外，这一时期，各地建立了大大小小、数不胜数的政权。似乎在隋末唐初这个混乱的年代，建国称王也成为了一种人人追逐的时尚。在这些新生政权中，较为重要的有：

魏：前身是翟让所领导的瓦岗寨，后由李密统领。建立魏国，年号永平，地在巩（今河南巩县）；

秦：薛举父子于大业十三年（公元617年）在陇右建立，国号秦，年号秦兴。建都金城，后迁都天水（今甘肃天水）；

凉：由甘肃人李轨于唐武德元年建立，年号安乐，史称大凉；

定杨：河间刘武周大业十三年在马邑起兵，杀太守王仁恭后投靠突厥。突厥可汗封其为"定杨可汗"。后刘武周称帝，成为了西北地区较大的割据势力；

夏：窦建德于大业十四年建立，国号夏，年号五凤，定都乐寿；

梁：兰陵人萧铣所建，国号梁，改元鸣凤，雄踞南方。

除上述政权之外还有杜伏威建立的楚，李子通在江都建立的吴，林士弘在豫章建立的楚，梁师都在陕西建立的梁，刘黑闼在洺州建立的汉，徐元朗建立的鲁以及辅公祏在丹阳建立的宋，等等。

从上面列举的各个政权来看，隋末可谓是政权林立，而李唐政权也不过只是其中之一而已。面对这种格局混乱、群雄逐鹿的复杂形势，对于雄心勃勃的李氏家族来说，统一战争势在必行。然而隋失其鹿，各派势力都凭借着自身的力量在这个乱世中获得属于自己的地位，李渊想要统一又谈何容易？

当时李唐政权所在的关中地区是全国政治经济的中心，而且地势险要，亦守亦攻，战略位置十分重要。所以，为了统一大业的顺利进行，先稳定关中，再逐步发展自己的势力是首要之务。再加上对全国各方势力的深入研究，李渊等人认为必须先消除西北面的势力，这样才能建立稳固的后方，日后再徐图南下，一统天下。

"降李密，擒世充，斩建德，俘萧铣，皆义所可谓，仁所必胜也，天下不归唐，而尚谁归哉？"（王夫之《读通鉴论》）

凭借自身的势力和手下的精兵良将，这场统一大战前前后后共历时七年（除梁师都在贞观二年被灭）。在经历了浅水原之战、下博之战、虎牢之战和洺水之战等众多为人所称道的大战后，这场战争终于在打败江南的萧铣后完成了它漫长的征程。李唐政权最终也得以在这个混乱的格局中脱颖而出，基本统一了全国，再现了一个大帝国的风云盛世。

那么，李唐政权又是如何在群雄割据的艰难局面中统一了天下？李渊、李世民、李建成等人以及唐朝的开国功臣们在这场统一大战中各自扮演了什么样的角色，起到了什么样的作用？对于那段尘封已久的风云岁月，多少人都心向往之，而在这一刻，所有的历史真相正迎面走来……

打扫干净后院

根据既定的先西北，再中原，后江南的统一策略，唐高祖李渊的目光首先落在了盘踞在陇右（今甘肃、天水一带）的薛举父子的身上。

薛举原本是金城府的校尉，家业雄厚，而他本人又喜结交英雄豪强，在当地也算得上是赫赫有名。隋末，农民起义爆发，天下大乱，大业十三年（公元617年），陇山以西也爆发了声势浩大的农民起义。四月，校尉薛举奉命率兵前去征讨暴乱的农民军，但一直野心勃勃的他途中却和儿子薛仁杲等人商议，趁机劫持了金城令郝瑗，率众举兵反隋。薛举父子起兵之后，将金城的官员全部囚禁起来，并下令开仓放粮，救济穷苦的百姓，尽收民心。

其后，薛举自封为西秦霸王，改元秦兴，建立了薛秦政权。薛举称王之后，秦军趁势攻占了抱罕（今甘肃临夏），岷山的羌族首领钟利俗也率部来投，秦军顿时声势大振。薛举见局势大好，便封其子薛仁杲为齐王，又陆续攻占了西平、浇河等地，陇西之地几乎是尽收薛氏囊中。

大业十三年七月，薛举在金城称帝，国号秦，又立其子薛仁杲为皇太子，开始了他对西北地区的统治。建国之后，薛举派薛仁杲攻克了天水，并将都城迁来此地。此后，又遣薛仁杲攻打扶风，兼并了唐弼的十万大军，此时秦军已"举势益张，军号三十万，将图京师"。

就在此时，李渊的唐军攻占长安还不到一个月，还没有站稳脚跟，薛仁杲就奉命亲率十万秦军围攻扶风，想和李渊相抗以争夺天下。在薛举的强大威胁之下，李渊命李世民率军前去迎战。李世民不负所望，大败敌军，"斩首数千级，追奔至陇坻而还"。扶风一战，大大挫败了薛举的锐气，也有效地巩固了新生的李氏政权。但此后，薛举东进之心不死，一直在蓄积势力，等待时机再图长安。

武德元年（公元618年）五月，李渊在长安称帝建立了唐王朝，六月，薛举就率兵进入了泾州,随后又经过豳州和岐州一带,直逼高墌（今陕西长武县北部）。闻讯之后,唐高祖命秦王李世民为西讨元帅,率八路大军前往高墌抗击秦军,随行的还有当时的长史刘文静和司马殷开山。

唐朝此时虽然是刚建国不久,但已经拥有了关中、山西和巴蜀的广大地区,同时又占有了长安府库和永丰粮仓,军械粮草等储备都十分充足。从兵力、财力等各个方面来看,唐军的实力都远远超过了薛举的秦军。再加上李渊攻占长安后下令废除了隋朝一系列的严刑峻法,稳定了民心,使大后方得以巩固。

相比之下,薛举父子所在的陇右地区既是隋朝的牧监所在之地,又是当年隋朝防御突厥和吐谷浑来袭的重要阵地。这里民风彪悍,人人善骑射,尚武之气十分浓厚,因此秦军内骁勇善战之士颇多,且薛举父子自己也是猛将。

但陇右地区民族成分复杂,各地区之间的矛盾十分尖锐。再者,此地人口稀疏,据载,天水、陇西、金城等郡合计户数也不超过七万。而且生产生活水平比较落后,粮草等战略储备不够充足,所以秦军根本承担不了长期抗战,只能选择速战速决。

李世民深知对方的情况,知道薛举想快速出击,尽快解决战斗。为了"以己之长,攻彼之短",他在率领大军到达高墌之后,便下令军队就地驻扎并开始修建战壕,加强防御工事,并没有和薛举的军队展开正面交锋,希望以此拖垮后勤补给不充足的薛举的军队。不巧的是,李世民来到高墌之后不久便感染了严重的风寒,不能再指挥军队作战,于是他便将军队暂时托付给了部下刘文静和殷开山,并嘱咐他们道："此战薛举是孤军深入,现在已经是兵马疲惫,粮草匮乏。倘若他前来挑战,你们切记不可迎战,只要拖住他等我康复了再做打算。"

但殷开山和刘文静并没有听从李世民的指示,唯恐久不出战会被对方看轻,灭了唐军威风。因此他们不顾李世民的嘱咐,贸然领兵出战,结果在浅水原大败于薛举,八路大军损失了近一半,将领刘弘基、慕容罗睺等人也被薛举俘获。无奈之下,李世民只得下令大军退守长安。得知高墌城被攻陷之后,李渊大怒,将刘文静等人罢官留待查看。由于刘文静、殷开山等人的疏忽,第一次的征薛之举就以唐军的惨败而告终了,这次战败也是李世民军事生涯中少有的一次败绩。

唐武德元年八月,大获全胜的薛举想乘胜追击,一举攻占长安。但天意弄人,在大军出征前,薛举却一病而亡,由其子薛仁杲即位。薛举的猝死,沉重地打击了秦军高昂的士气,也暂时中断了秦军火速进军关中的进程,李唐政权也因此获得了一个喘息的机会。但好景不长,薛仁杲即位后不久,便继承了父亲薛举的遗志,率兵攻打陇州,长安城一时面临着严峻的考验。

眼见秦军虎视眈眈,李渊遂命李世民为大元帅,再次出兵攻打薛仁杲。九月,李世民又一次率军出征,和上次一样,面对薛仁杲的多次挑战,李世民依旧是闭门不出。对于李世民的这种"避而不战"的做法,手下的将领都十分不解。他们认为薛仁杲气焰如此嚣张,应给予反击,否则我军的士气必然会受到打击,因此他们纷纷向李世民请求出战。

面对这样的情况,一向处事沉稳的李世民心平气和地向诸将言道："我军刚刚战败,将士们的士气都十分低落,而敌军此时是气势高涨,此时贸然出兵对我们是十分不利的。我们现在只能坚守城门,以守为攻,等到我军重获士气而敌军放松警惕之时,便可以一举击败他们。传令下去,今后谁再敢言出战之事,立斩不殆!"众将听李世民此言,都心下暗服。

时间一天天过去,在李世民的坚持下,两军僵持长达两个月之久。到了十一月,秦军粮草殆尽,再加上薛仁杲本人年轻气盛,和众多大将都合不来,秦军将领梁胡郎等人见势都纷纷向李世民投降。看到敌军将领来降,李世民知道在薛仁杲的军队已经出现了内部分化。时机成熟,李世民于是命部将梁实率军驻扎在浅水原,伺机引薛仁杲出战。

看到久久不动的李世民终于派梁实在浅水原驻扎,薛仁杲按捺不住了,他即刻派大将宗罗睺率领秦军的精锐部队在浅水原猛攻梁实。遵照李世民的指示,唐军虽然是人马断水数日,但梁实依旧坚守不出。就这样相持了数日,李世民认为宗罗睺急攻不下,战机已然成熟,便趁敌军疲乏之际,命大将庞玉率军在浅水原之南严阵以待。待宗罗睺再来之时,唐军从天而降,斩秦军首数千级,将宗罗睺打得大败而逃。李世民率两千精兵乘胜追击,在泾水南岸和秦军相遇,秦军将领浑干在阵前倒戈降唐。薛仁杲见状,只得率军撤退。

李世民见薛仁杲退兵城内,遂率军围城,薛仁杲见大势已去,只得献城降唐,并将手中万余将士都交归于唐所有。自此,薛秦政权覆灭,唐王朝夺得了秦、陇两地,可以说关中西面的威胁已经消除了一大部分。

刘文静"谋反案"

征讨薛举父子的大胜让唐高祖李渊大喜过望,他即刻封此战的第一功臣李世民为太尉,并让他担任陕东道行台尚书一职,进驻长春宫。而此次随军出征的刘文静虽然之前因为作战不利被贬为庶民,但第二次征薛的胜利也使得他能够官复原职,继续留在皇帝身边效力。

但好景不长,到了武德二年(公元619年),刘文静就因"谋反"罪被下令处死。

刘文静的死在当时引起了很大的震动,也是因为这件事,唐高祖背上了"谋杀功臣"的罪名。那么,事情的真相又是如何呢?真的如刘文静死前所叹的"鸟尽弓藏"一样,唐高祖仅仅是因为他已经没有利用价值而且功高盖主就将他杀害吗?

刘文静,字肇人,祖籍彭城,后迁至京兆武功。史书记载其"伟姿仪,有器干,倜傥多权略",是个才貌双全之人。他在太原担任晋阳令的时候便胸怀大志,在狱中和李世民的那番谈话几乎堪比诸葛亮的"隆中对"。可以说,刘文静是唐王朝得以建立的重大功臣,没有他,唐王朝的建立有可能会遭遇更多的阻碍。

作为开国功臣,李渊称帝之后,刘文静当然也得到了很多赏赐并得到了皇帝的重用。然而,当年晋阳起兵的另一个核心人物裴寂却更加受到李渊的尊敬和重用,李渊甚至在谈话时多次让裴寂坐上龙床,还公开赞叹裴寂是开国的第一功臣,这样的差距让自视甚高的刘文静有一种难以言喻的失落感。

面对朝廷种种不公平的待遇,刘文静心中的不满与日俱增,他认为裴寂才干和功劳都在自己之下,而所处的地位和受到的尊重却远远在他之上。其实,刘文静和裴寂的关系一开始是不错的,在晋阳的时候他二人就是好友。但昔日的好友在权力和荣耀面前逐渐成为了对手,刘文静渐渐地将对李渊和朝廷的不满转移到了裴寂身上,两人闹起了意气之争,只要裴寂以为是,他必以为非。

刘文静的抑郁和不满是显而易见的,但事情的导火索却出在了一个女人的身上。原来,刘文静有一个小妾,这个小妾因为得不到夫君的宠爱便日夜怀恨在心,想伺机报复。一次,刘文静和弟弟刘文起喝酒聊天,因为心绪不佳,刘文静喝得大醉。酒醉后的他开始将心中的不满大声宣泄出来,随后便拔出剑来向房柱砍去,并叫道:"必当斩裴寂之首!"不巧的是,刘文静的举动被他的小妾清清楚楚地看在了眼里。小妾一看机会来了,便将所见所闻一五一十地告诉了自己的哥哥,并怂恿他去告发刘文静。

不久之后，刘文静就以"谋反"罪被捕入狱，主持这桩案件审理工作的便是事件的另一个当事人裴寂和当时的中书令萧瑀。

面对突如其来的事件，刘文静表现得很冷静，他认为朝廷待自己不公，起义之初，他是司马，裴寂是长史，二人的地位还算相当。而如今他的功劳并不比裴寂小，但地位却远远在裴寂之下。刘文静承认心中对此确实有怨言，可能酒后失言发了几句牢骚，但绝对没有谋反的意思。

当时的宰相李纲和萧瑀等人都认为刘文静最多只是酒后失言，并没有什么谋反的迹象，不应以"谋反"罪论处。李世民也认为："义旗初起，先定非常之策，始告寂知，及平京城，任遇悬隔，止以文静为觖望，非敢谋反。"但裴寂却对唐高祖说："刘文静才略甚高，不是常人所能攀比的。他这个人又心高气傲，手段阴险。他口吐狂言，已经露出了将要谋反的迹象。如今天下未定，危机四伏，如果不趁机将他杀了，放虎归山，日后定后患无穷！"

武德二年（公元619年）八月，李渊终于下令以谋反的罪名处死刘文静，他的弟弟刘文起也因参与此事一同被处死。临刑前，刘文静抚胸长叹道："高鸟逝，良弓藏，故不虚也！"（《旧唐书·卷五十七》）

轰动一时刘文静案就以开国功臣刘文静被诛而告终了，但这件事给予后人的思考却没有终结。关于这个案件，一直以来都是疑雾重重、众说纷纭，已经成为了唐代历史上的一桩疑案。纵观这个案件的始末，疑问主要集中在两点，一是刘文静到底有没有谋反，二是唐高祖到底是出于什么原因在没有任何确切证据的情况下就下令处死刘文静呢？

从当年晋阳起兵的四个核心人物的关系来看，李渊和李世民是父子关系，这是没有什么可值得怀疑的。李渊和裴寂是故交，关系十分密切，而刘文静和李世民因为意气相投，关系也十分融洽。唐朝建立之后，李渊成为了天下之主，这四人之间又陡然增加了一层君臣关系。但对于李渊和裴寂来说，这二人的君臣关系之间还是掺杂着很大成分的私人情愫的，这也是为什么裴寂虽然才能不如刘文静却更被李渊看重的重要原因之一。

也许是因为皇帝李渊没有处理好公私关系，刘文静心中有些怨气也是可以理解的。但一贯聪敏的刘文静这次却没有看清局势，他和李渊的关系既然不能和裴寂相比，却执着于意气之争、争强好胜，终于引来了杀身之祸。

其实，从种种迹象来看，刘文静"谋反"是不成立的，至少可以说是毫无证据的。他在被捕后自己也承认是因为心中有怨气并且酒后失言。而且从刘文静事发之后的平静态度来看，他可能认为这只是件小事，根本不必太过担心，所以没有给予足够的重视。再者，如果他真的意图谋反，又怎会在家大肆声张，使得人尽皆知？

在这件案件中，真正认为刘文静谋反的其实只有裴寂一个人，但裴寂作为事件的当事人，参与到案件中来本来就不合情理，他的说法就更不应当作为断案的依据了。除了与刘文静关系甚笃的李世民之外，当时认为刘文静无罪的大有人在，其中首推丞相李纲和中书令萧瑀。从史书上对这两人的记载来看，李纲和萧瑀都是不畏权势，敢于言事之人，他们和刘文静也并无私交。

既然刘文静的"谋反"根本没有确凿的证据，那么一向处事小心谨慎的唐高祖难道仅仅听信了裴寂的一面之词，就草率地决定处死开国功臣吗？他对刘文静和裴寂的态度问题和私人感情因素有关，他给予这两人的待遇是不公平的。但尽管如此，作为一国之君，李渊应该不会完全只根据个人感情和大臣之间的私人纠纷来判定一个人是否有"谋反"大罪。这样来看，刘文静案的背后必然隐藏着一些不容易让人察觉的重要原因。

刘文静案从表面看来不过是因为刘文静和裴寂之间的龃龉而心怀不满、酒后失言，为什么会突然上升为"谋反"大案呢？

事实上，刘文静案并不那么简单，它背后隐藏的矛盾和斗争是十分复杂的。首先，刘文静对于裴寂的不满从根本上来说是对朝廷、对李渊的不满，只是因为李渊是皇帝，所以他才将怨恨转移到了裴寂的身上。

成就大业之后谋杀功臣，根本不足为奇，历史上著名的汉高祖刘邦和明太祖朱元璋就是两个十分鲜明的例子。但对于此时的李渊来说，国家根本还不够稳定，也没有到"狡兔死""众鸟尽"的地步，正是需要人才的时候，他不会因为嫉贤妒能而杀害刘文静。即使真是李渊要剿杀功臣，以李渊麾下猛将如云、谋士如雨的形势，功臣之中才能高于刘文静的大有人在，李渊何以只杀了刘文静一人呢？

其实，刘文静和裴寂两人矛盾背后隐藏的是李渊父子之间关于皇权的矛盾，这也是刘文静最终被冤屈致死的根本原因。刘文静和秦王李世民的关系十分密切，可以说是李世民的心腹，李世民登基之后的贞观三年（公元629年），还下令为刘文静平反。

李世民和刘文静一样都是属于颇有才华又自视甚高，认为"我命由我不由天"的人。李世民在刘文静案发后公然为刘文静辩解，正好暴露了他内心对于自己功劳卓著却得不到太子之位的不满，所以这不仅没有帮助到刘文静，从某种程度上来看，还更加坚定了李渊下令处死刘文静的决心。

事实上，在晋阳起兵之后，虽然知道自己并非长子，李世民还是一直注重对自己势力集团的培养，而这些，李渊肯定是看在眼里的。为了防止以后发生兄弟之间为争夺权位而互相谋杀的惨剧，李渊不惜背上"谋杀功臣"的罪名将刘文静定罪，目的是"杀鸡儆猴"，给蠢蠢欲动的李世民一个警示，不要认为有才能有功勋便可以任意妄为。

李渊的目的达到了，在刘文静一案中，受到最大震动的当属秦王李世民。但李渊万万没有想到的是，这件事引发的结果和他的初衷截然相反。刘文静的死可以说是李渊和李世民父子关系开始发生质变的一个重要原因，李世民终于明白他与皇帝不仅有父子关系，还有君臣关系。

感觉到危机的李世民并没有停下夺权的脚步，反而更坚定了自己心中的信念，他深刻地认识到倘若不获得最高权力，自己的生死荣辱就只能掌握在别人的手中，刘文静的今天或许就是自己的明天。随着刘文静案的终结，李渊父子之间的矛盾也逐步激化，这也为李世民日后以暴力夺取政权而发动玄武门之变埋下了隐忧。

父皇，别撒娇

经历了刘文静之死后，李世民很长一段时间都沉浸在悲痛之中。但随着时间的推移，他也逐渐平复了自己的心情。聪慧过人的他清楚地认识到根基还不够稳固的唐王朝需要他，而他也需要建立更多的功勋来巩固自己的地位、增强自己的影响力，为了日后在皇位斗争中能够展翅高飞积蓄力量。

唐武德二年（公元619年）十月，身在长春宫的李世民意外地收到了父亲李渊的一封手敕。这封手敕由当时的中枢侍郎唐俭亲自送达，上面所写的内容是："贼势如此，难与争锋，宜弃河东之地，仅守关西而已。"表面上李渊是告知李世民他决定要主动放弃河东之地，而事实上是想借此用"激将法"让李世民主动请战，去收拾裴寂在山西留下的烂摊子。

为什么李渊会突然给李世民送来这样一份敕书呢？事情的始末还要从当年晋阳起兵之前那个给李家起兵带来"借口"的刘武周身上说起。大业十三年（公元617年），刘武周在马邑起兵，然后便投靠了突厥，当上了"定杨可汗"。在这之后，他又收编了易州农民起义军首领宋金刚的部队，一时声势浩大。宋金刚多次劝刘武周"入图晋阳，南向以争天下"，再加上手下有尉迟敬德这样的大将，刘武周便下定决心和李渊一争高低。

武德二年（公元619年）四月，刘武周率兵南下，占领了榆次，后来又到了并州。虽然刘武周的军队声势浩大，但也没能抵挡住齐王李元吉的抗击，只得暂时退兵，以图日后再战。五月，刘武周卷土重来，一路攻占了平遥、介州等地。得知刘武周来犯的消息后，李渊马上派左武卫大将军姜宝谊和行军总管李仲文前去迎战，但这二人将才平平，最后都被敌军所俘。

此时正值刘文静案的审理阶段，裴寂主动请缨，希望李渊能同意他领兵前去山西，希望以军功来压刘文静一头，但是事实证明，裴寂的才能确实不如刘文静。九月，裴寂如愿以偿地率兵来到了山西，但他的到来使得山西战场进一步恶化，最终到了不可收拾的地步。度索原一战使得唐军几乎全军覆没，整个山西几乎全境失守，裴寂只得逃回晋州，以避锋芒。

度索原之战后，刘武周又进一步向并州逼来，齐王李元吉携妻带子放弃太原，连夜逃回了长安。宋金刚趁势又火速占领了龙门，唐仅保有晋西南一隅之地，时局万分紧张。但是李渊与裴寂的交情的确不可小视，裴寂连遭败绩，造成了如此险恶的局势却没有受到处罚，李渊还借故以谋反的罪名杀死了与裴寂不合的刘文静，因此《旧唐书》会评论说"诛文静则议法不从，酬裴寂则曲恩太过"。

虽然李渊没有处罚裴寂，但是显然也不能再任用裴寂来指挥收复山西失地，于是李渊的目光转向了战功赫赫、少有败绩的李世民，但是草率处死刘文静给他父子二人之间带来了不小的隔阂。李渊既不想向李世民低头，又希望李世民带兵出征为他收复失地。"知子莫若父"的李渊十分了解李世民的个性，于是他便策划了之前提到的那封手敕，想以"激将法"逼李世民主动请战。

接到父亲敕书的李世民心情十分复杂，原本亲密无间的父子之间如今连这样的小事都要用心机、使计谋。但李世民心里清楚，对于李家来说，放弃山西就等于放弃了天下，而没有了天下，自己之前所付出的全部努力都将付诸东流，自己远大的抱负也就更无从谈起了。

于是，李世民只得按照李渊的意思上表表示："太原，王业所基，国之根本，河东殷实，京邑所资。若举而弃之，臣窃愤恨。愿假精兵三万，必能平殄武周，克复汾晋。"李世民的主动请战令李渊十分满意，他马上下令将关中兵马悉数拨给李世民，并亲自到长春宫给李世民送行。

武德二年（公元619年）十一月，秦王李世民率领大军渡过了黄河，驻扎在柏壁，与浍州的宋金刚对峙。唐初历史上著名的柏壁之战即将上演，而此时的李世民只有二十二岁。

虽然年轻，但李世民对于打仗确实经验丰富、有勇有谋。他深知宋金刚军"人性劲悍、习于戎马"，战斗力虽强但却粮草不足，迫切需要速战速决，尽快解决战斗。于是，李世民便反其道而行之，想要拖垮对手。所以，来到柏壁后的李世民并没有召集部下展开战斗，而是先着手安抚住在裴寂的连连败绩之下已经浮动不安的民心，号召百姓恢复生产，并将百姓们的余粮买下充作军粮。

武德二年（公元619年）十二月，唐朝方面派出大将李孝基、独孤怀恩和唐俭率军攻打夏县，而宋金刚则派出名将尉迟敬德迎战。尉迟敬德和吕崇茂联手将唐军打得大败，但在回浍州的途中遇到了李世民派来的秦叔宝和殷开山。双方在美良川展开了大战，唐军在秦叔宝的率领下斩获敌军两千余人。尉迟敬德只得率骑兵退到蒲坂，但李世民却亲自率三千骑兵前来将其击溃，最终只有尉迟敬德只身得以逃脱。

此役之后，唐军诸将都十分兴奋，纷纷请求李世民趁机和宋金刚展开决战，毕其功于一役。但此时的李世民以同龄人少有的冷静稳定住了局面，他认为速战速决并不有利于唐军，而"坚壁挫锐"才是万全之策，于是他对手下人说：

"金刚悬军千里，深入吾地，精兵骁将，皆在于此，武周自据太原，专倚金刚以为捍蔽。金刚虽众，内实空虚，虏掠为资，意在速战。我坚营蓄锐，以挫其锋；分兵汾、隰，冲其心腹，彼粮尽计穷，自当遁走。当待此机，未宜速战。"

其实，如果想要控制对手、不战而胜，最好的方法就是断其后路。当时晋州以北虽然只有浩州在唐军手中，但浩州却是晋西南的交通要塞，也是刘武周军粮运输的重要通道。为了切断刘武周的粮道，李世民派刘弘基和张纶率军进入西河。刘武周闻讯后马上率军来攻打浩州，但却被李仲文所率领的唐军击败，死伤千余人。另一方面，宋金刚的部队在晋西南始终没有和唐军主力交战，遇到这种情况，将士们也日益疲惫，士气低落了下来。

逐渐掌握了主动权的唐军又从浩州渡过汾水，占领了位于平遥、介休之间的张难堡，彻底切断了刘武周在东部的运输通道。无奈之下，宋金刚只能下令北撤。李世民见战机已经成熟，立即率军跟了上去，在吕州大破敌军。宋金刚败后撤军，李世民乘胜追击，日夜兼程，到了高壁岭的时候，将士们都已经疲惫不堪。

手下人向李世民请示是否可以就地驻扎等候粮食和后援部队，李世民道："功难成而易败，机难得而易失，必乘此势取之。"意思是战机不能耽误，于是下令继续赶路，手下人见状只得跟着他昼夜行军，即使一天没有进食也毫无怨言。

经过多日的追逐，唐军终于在雀鼠谷和宋金刚相遇，唐军"一日八战，皆破之，俘斩数万人。夜，宿于雀鼠谷西原，世民不食二日，不解甲三日矣，军中只有一羊，世民与将士分而食之"，可见李世民的领兵之道。

在这之后，宋金刚部又在介休和唐军进行了决战，但此时的宋金刚已经是强弩之末了。宋金刚手下的名将尉迟敬德也在此时降唐，李世民大喜过望，封他为右一府统军。刘武周听得宋金刚大败的消息，马上放弃了并州逃向了突厥，宋金刚本来想收回残部后再战，但无奈手下无人听命，他也只能逃亡突厥，后二人都为突厥所杀，不得善终。

这一战，李世民不仅将刘武周所占领的失地全部收回，还肃清了关内其他的残余势力，解除了李唐政权在西北部所受到的威胁。也正是因为这一战，年仅二十四岁的李世民建立了不朽的功勋，一时间"河东士庶歌舞于道，军人相与为《秦王破阵乐》之曲"。天下重新归为一统的时代就在眼前了。

瓦岗寨的故事

瓦岗寨，一个曾经让人为之神往的地方，在那个战乱纷飞的年代，多少英雄豪杰聚集在此，希图杀豪强、除恶霸，拯救苍生，建立太平盛世。然而事物总有一个兴衰的过程，瓦岗寨在翟让和李密的手上风生水起，但随着内乱的发生，曾经兴盛一时的瓦岗寨也无奈地走向了末路。

瓦岗寨是隋朝末年众多农民起义军中声势较为浩大的一支，创始者是东郡韦城人翟让，驻扎的地点是韦城的一个地势险要的小山岗上，因此被称为瓦岗军。翟让时期的瓦岗军只是一支锄强扶弱的农民起义军，没有明确的政治目标和前进的道路规划。

大业十二年（公元616年）十月，李密的到来使瓦岗军发生了质的变化。经过了一系列的抗争，在李密的领导下，瓦岗军日益壮大，李密也因此获得了较高的威望。大业十三年（公元617年）二月，李密在翟让等人的推举下，成为了瓦岗寨的新领袖。

掌权之后，李密宣布改元永平，建立了属于自己的政权，并分封了群臣。一时间，瓦岗寨在天下反隋人士中取得了颇高的声望，各路起义军纷纷来投，拥有秦叔宝、程咬金等一干名将并且兵强马壮的瓦岗军成为了当时最强大的一支反隋力量。

大业十三年（公元617年）四月，李密率军攻占了洛仓，并对洛阳城形成了有效地包围。眼见时机成熟，李密发布了讨隋檄文，明确宣布要推翻隋王朝。就在瓦岗寨的鼎盛时期，李密作出了一个错误的决定，正是这个决定让这支起义军从团结走向了分裂，从昌盛走向了末路。而这个让瓦岗军从此走上下坡路的决定就是，李密没有听从谋士柴孝和先进攻长安的建议，而是固执地要先攻下洛阳城然后再图进取。

洛阳城是隋朝的中心城市，城池坚固，而且隋朝在这里驻有重兵，要攻下它谈何容易！但固执的李密还是率兵来到了洛阳城下，之后他便会明白洛阳城是片泥沼，瓦岗军就要深陷其中，无路可退。从九月开始，李密的军队就和王世充的十万联军隔水相对，一场混战就要拉开帷幕，而就在此时，李渊已经率领着他的部队朝长安走去。历史往往充满了变数，一个不同的选择就让李渊和李密从此南辕北辙，一个日后坐拥了天下，另一个却不得善终。

在与王世充的交战中，李密的瓦岗军是胜少败多，几次大战之后，损失十分惨重，连谋士柴孝和也在一次夜战中落水身亡。无奈之下，李密只得率军渡过洛水，退到了月城。但王世充随后就领军追了上来，将月城团团围住。最后李密用了"围魏救赵"的险招，派兵攻打了王世充的大营，才暂时解除了月城的危机。然而月城之战后，王世充并没有放弃对李密的围攻，瓦岗军就此陷入了一种两难的境地，想退却无路可退，想打又无法彻底将对手打败。

就在这场拉锯战进行得如火如荼的时候，李密万万没有想到，瓦岗寨的内部发生了混乱。这场内乱的发起者就是瓦岗寨的创始者，曾经的领袖——翟让。李密的位置本来就是翟让当年主动让出来的，但随着队伍的一天天壮大，翟让等人对于权力的欲望也一天天增长起来。翟让手下有个司马叫王儒信，他曾不止一次劝说翟让取代李密的位置，如此一来就能借着翟让的势力获得更高的地位。就连翟让的哥哥，当时的柱国翟弘也对翟让说："天子汝当自为，奈何与人！汝不为者，我当为之！"

至于翟让本人当时有没有夺回大权的想法，现在已经不得而知了，或许在这么多人的"劝说"之下，他可能对此也是很有想法的。无论如何，就在翟让还没有采取行动的时候，他意图取代李密的消息已经通过各种途径传到了李密的耳中，于是李密决定先下手为强。

思考良久，李密决定设一场"鸿门宴"，将翟让和他的亲信们一网打尽。这天，李密设宴款待翟让、翟弘、单雄信和徐世勣等人，宴会还没有开始，李密便说道："今天都是自己人，侍卫们都可以退出去了。"虽然李密如此说，但单雄信等人都没有听命让自己的侍卫退出。眼见计划进行不下去了，房彦藻站出来说道："天气如此寒冷，我们在此饮酒，也该让侍卫们共饮一杯才是。"翟让没想到其中有诈，便下令手下的将士都退了出去。

此时，李密拿出了一把弓交给翟让。这是一把好弓，翟让拿到之后简直是爱不释手，在李密的授意下，他便将这张弓拉了开来。就在翟让拉开弓的那一刻，李密手下的蔡建德立刻抽出刀，一刀将翟让砍死。参加这场宴会的除了此时在外饮酒的单雄信和徐世勣，无人得以逃脱，都成了李密的刀下鬼。

这场内乱虽然以李密的绝对胜利而告终，但兔死狐悲，大家在为李密效力的同时都会不由自主地想起死去的翟让。在这之后，瓦岗军虽然表面依旧声势浩大，但事实上，李密的部下们已经逐渐离心离德。

诛杀了翟让之后，李密继续和老对手王世充展开争夺。大业十三年（公元617年）的十二月，李密和王世充在洛水边进行了一场决战，结果王世充大败，退回了洛阳城，再也不肯出战。此时的瓦岗军虽然接连取得了胜利，但如此漫长的作战过程使得将士们的士气大减。就在双方僵持不下的时候，一个人的出现打破了此时的尴尬局面，这个人就是宇文化及。

宇文化及在江都发动兵变，谋杀了隋炀帝后，便马上率军西归，此时正在一步步地向洛阳逼来。而在此时，王世充已经拥立了越王杨侗为帝，在洛阳城内建起了自己的小朝廷。来势汹汹的宇文化及让杨侗等人十分惊恐，在这种危急的时刻，他们决定先放弃和李密的斗争，希望双方能够联合起来抵抗宇文化及。其实，李密此时也正有此意，因为宇文化及一来，驻扎在城外的他必将受到夹击。

在自身利益得到满足的前提下，前一刻还是仇敌的两方一拍即合。杨侗下令授予李密太尉、尚书令等官职，并承诺一旦击退宇文化及就让李密入朝辅政。暂时获得安全的李密率瓦岗军在童山和宇文化及大战了一天一夜，最终以李密的胜利结束了战斗。被打败的宇文化及只好改变策略，率领剩下的将士北上。

结束和宇文化及的争斗后，李密原本以为可以进入洛阳成为辅臣。但此时，王世充已经发动政变夺取了大权，眼看求和无望，李密只能返回自己的驻地。李密绕了一大圈最终又回到了原点，但经历了这么多的变故，此时瓦岗寨已经不再是从前的瓦岗寨。对峙虽然还在继续，但双方的实力已经发生了巨大的逆转。在第二年九月的偃师大战中，瓦岗军一败涂地，再也无力继续和王世充抗争了。

离开了洛阳，李密和亲信王伯当无路可走，无奈之下只得率领残部投了李渊。李渊对前来投诚的李密相当客气，封他为光禄卿，并赐予他邢国公的爵位。然而，高官厚禄并不能满足李密的野心。不久之后，他渐渐萌发了叛离的想法。

李密主动向李渊请命，前往关东招抚自己原来的部下，李渊一开始并没有对他的请求产生怀疑，于是派王伯当和他一同前往。但等到李密到达稠桑驿的时候，李渊好像突然感觉到了不安，于是马上派使者去将李密等人召回。

李密见朝廷派来了使者，大为恐慌，以为自己的形迹已经败露。被逼到绝境的李密一不做二不休，将李渊派来的使者杀死，率军前去投靠伊州刺史张善相，想重新起兵。但当李密逃至熊耳山的时候，就被唐朝的将领盛彦师斩杀，王伯当也没能逃过此劫。

从李密一生的经历来看，不得不承认他是个不可多得的人才。他带领着瓦岗军在隋朝末年创造了一个奇迹，一个让无数后人回想起来都为之动容的奇迹。瓦岗寨，从一个小小的以扛着锄头和渔叉的农民为基础的起义军，在如此短的时间内迅速成长成一支实力强劲的军事力量。造化弄人，瓦岗寨的没落让世人为之叹惜，但那无数英雄豪杰共同创造的让人为之振奋的时代却给后人带来了无数的向往和追寻。

谁都挡不住我

自洛阳城一战大败李密之后，王世充便逼皇泰帝杨侗"禅位"于他，改元开明，在洛阳城里当起了皇帝。了解一下王世充的身世和他在洛阳称帝之前的经历，才能更深入地理解他为什么能在隋末乱世成为一方霸主但最终却被李唐王朝所灭。

王世充，字行满，他的家庭背景比较复杂，其父王收并非汉人，因幼年丧父，随母改嫁后才从继父姓王，后来官至汴州长史。王世充可能是因为带有西域血统，长着一头卷发，而且声音也比较尖细，和一般的中原人很不一样。王世充颇为好学，读过许多书，对于兵法尤为喜爱，是个城府很深又有权谋之人，而且他文笔也颇为出众，对律法相当精通，可以说是个文武全才。

早在隋文帝时期，王世充便开始在禁军之中崭露头角，很快就升任兵部员外郎。隋炀帝即位之后，又任命他为江都郡丞，前去镇压农民起义，王世充从此发迹。因为镇压起义有功，王世充很快便取得了隋炀帝的信任，随后升为江都通守。隋炀帝死后，天下无主，王世充便在洛阳拥立越王杨侗为帝，改元皇泰。王世充则被封为郑国公，和段达、元文都、皇甫无逸等七个人并称为"七贵"，煊赫一时。其后，王世充和李密展开了殊死决斗，后又发动政变，剪除异己，夺取了杨侗的帝位，成为了洛阳城的最高统治者。

总的来说，王世充是一个才华横溢又野心勃勃的人。他为人处世比较圆滑，又善于奉承上司，这也给他前期的仕途加分不少。由于皇帝的赏识，王世充在隋炀帝时期，可以说对隋朝还是比较忠诚的。但他并不是一个传统意义上的忠臣，随着局势的发展，他也逐渐感觉到天下将乱，于是慢慢开始培养自己的势力，为日后的崛起做准备。可以说，王世充的这股军事力量是在对隋朝的忠诚和背叛徘徊之间逐渐成长起来的。

当上皇帝之后的王世充趁着唐军在关东和窦建德交战的时候，占领了李唐在河南的部分领土，中原地区转眼变成了王世充的天下。然而洛阳是兵家必争之地，一心想统一全国的李唐政权又怎么会眼睁睁地看着洛阳城一直被王世充所占据着呢？

武德三年（公元620年）五月，秦王李世民在平定了刘武周之后回到了长安，等待着他的将是又一场激战。七月，李渊命李世民率大军前去洛阳攻打王世充，这一战非常关键，如果能够击败王世充，夺取洛阳城，统一中原就指日可待了。

七月，李世民已经兵至新安。王世充闻讯，马上派遣出他的兄弟、子侄等嫡系部队分别在洛阳五城和外围的襄阳、怀州、虎牢等要塞驻扎，而他自己则亲自率领三万精兵，抵抗李世民的进攻。和以往对付薛举和刘武周采取的策略不同，李世民这次采用的是主动出击的攻坚战。不久之后，唐军就包围了慈涧，王世充闻讯马上率兵前来解围。

这一战打得十分艰苦，李世民几乎是和王世充的部队正面交锋，第二天，唐军终于以绝对优势攻克了慈涧，王世充则率兵退回了洛阳城内。见王世充退却，李世民马上率领大军围攻洛阳城。李世民深知洛阳城池坚固又是王世充囤集重兵之地，短时间内难以攻下。于是他决定先攻占洛阳周围的城市，扫清外围之后再将洛阳城一举拿下。

确定了战略的基本方针，李世民马上派出行军总管史万宝进军龙门，行军总管刘德威进军河内，右武卫将军王君廓到洛口切断敌军的粮道，自己则亲率主力军驻扎在北邙山。经过了七个月艰苦的外围作战，唐军先后攻占了龙门、洛口等军事要地，同时也切断了王世充的粮道和外援。在这些外围战斗中，唐军胜多败少，导致王世充辖内数十个州县纷纷主动降唐。

就在战机即将要成熟的关键时刻，突厥处罗可汗却派兵开始进犯唐朝的并州、原州等地，一时间，唐政权在中原的统一大业受到了威胁。而洛阳城久攻不下也使得前线的将士身心俱疲，刘弘基等人都向李世民请求班师回朝，李渊也给李世民下了密令，令他撤兵。但李世民却坚持自己的想法，力排众议，并最终劝服了李渊。

在唐军的紧逼之下，洛阳城几乎成为了一座孤城，城中粮食短缺，闹起了严重的饥荒。这样的局面让王世充一时不知如何是好，无奈之下，只得派出使者向窦建德求援。此时在黄河流域，除了李渊和王世充所建立的政权之外，还盘踞着另外一股力量，那就是窦建德建立的夏朝，这三方在中原地区形成了三足鼎立的局势。

说起窦建德，也算得上是个传奇人物。他本是贝州漳南的一个普通农民，为人十分守信用且仗义疏财。窦建德曾经做过里长，后来又在隋炀帝征辽东时担任两百人长的职务，成为了替朝廷效力的一名军官。窦建德见多识广又颇具豪气，在当地农民中具有很高的威信。

隋炀帝三征辽东，倒行逆施，弄得天下百姓苦不堪言，贝州也不例外。自征兵开始的那天，百姓们心中就有一股怨气，对东征的抵触情绪很大。后来漳南地区洪水泛滥，朝廷并没有因此而免除当地的兵役，遭受洪水灾害而幸存下来的百姓还要因为征兵而妻离子散，窦建德的同乡孙安祖就是其中一个。

孙安祖因洪水灾害弄得家破人亡，于是向漳南县令求情，希望免除自己的兵役。但漳南县令不仅不同情孙安祖，反而下令将他拖出去痛打一顿。面对这样的情景，走投无路的孙安祖只得杀了县令，投奔窦建德。

窦建德是个胸中颇有见地的人，他深知皇帝不顾百姓死活执意东征势必会弄得天下大乱。乱世之中，唯一的生存之道就是建立属于自己的一方势力，所以，他明知孙安祖是杀害朝廷命官的要犯，还是义无反顾地收留了他。洪水过去之后，贝州又开始遭受严重的饥荒，窦建德劝孙安祖在高鸡泊为盗，并招纳了许多逃兵和英雄好汉，而他自己只是暗中和孙安祖保持着联系，并没有落草为寇。

但好景不长，不久之后，窦建德就因被朝廷怀疑和强盗有往来而全家惨遭杀害。窦建德被逼上梁山，投奔了在贝州为盗的高士达。因为窦建德在当地颇负盛名，高士达见他来投，马上封他为司兵。其后，孙安祖在与当地匪盗张金称的争斗中丧生，手下数千人都归顺了窦建德。加上窦建德为人诚恳，肯与手下人同生共死，很多人都愿意为他效力。

窦建德等人在贝州的势力一天天壮大起来，终于引起了隋廷的重视。大业十二年（公元616年），隋炀帝派大军前来征讨，结果大败而还。随后，朝廷又派了大将杨义臣前来，由于高士达的失误，起义军战败，高士达也战死沙场。面对惨败，窦建德没有灰心，而是收拾了残部，回到了旧地并自称为将军，继续与隋朝对抗。

由于自身的才华和个人魅力，越来越多的人前来投奔窦建德，于是他的势力又重新扩张起来。隋炀帝死后，他便自称为夏王，并在乐寿筹建了自己的宫殿。李渊称帝后，窦建德改年号为五凤，建立了夏国，和李渊建立的唐以及王世充建立的郑相对抗。

随着时间的发展，唐朝的势力逐渐壮大，所谓"唇亡齿寒"，窦建德也感到危机向自己逼来。窦建德的中书舍人刘彬曾向他建议，应联合王世充抗击李唐，以免在唐灭郑后威胁到自身的安全，然后再伺机灭了王世充，夺取天下。

听得洛阳城被围，窦建德立即率领十余万大军前去营救王世充，在攻克了管州、荥阳等地后，驻扎在了成皋以东。为了"毕其功于一役"，将王世充和窦建德一网打尽，李世民接受了刺史郭孝恪等人的建议，决定兵分两路，命齐王李元吉和大将屈突通率军继续守在洛阳城下，自己则亲自率领三千余精兵前往虎牢阻击窦建德的援军。

窦建德和李世民的军队相持将近一个月，败多胜少，更为严峻的是，后方运送军粮的通道也被唐军截断。由于粮草日渐减少，将士思归，眼见军心就要涣散，思考良久之后，窦建德决定在唐军粮草将尽之时，乘牧马之机袭击虎牢。然而，他的计划很快就被李世民所知晓。足智多谋的李世民决定将计就计,在五月初一这一天在河渚之地牧马来引诱敌军。

窦建德率大军从板渚出发,被早早埋伏在那的唐军袭击,一时溃不成军,大败而逃。李世民乘胜追击,斩杀三千余人,并俘虏了包括窦建德在内的五万人马。闻得窦建德战败,王世充自知再也无力和唐朝对抗。在李世民大军凯旋回到洛阳之后,王世充便率领部下主动降唐。

这场战争从武德三年开始到结束,前后历时近十个月,可以说是唐朝初期统一战争中规模最大一次的战役。这场战役最终以李唐政权的绝对胜利而告终,收伏了王世充和窦建德之后,大唐在统一天下的道路上又向前迈出了一大步。

优待俘虏有好处

从武德元年(公元618年)开始,李唐王朝的统一战争可以说是进展得十分顺利。在平定了薛举父子、刘武周、王世充和窦建德等人后,武德四年(公元621年)八月,在李孝恭和李靖的指挥下,唐军又一举平定了南方最大的割据者——萧铣。一时间,就连远在西南的少数民族也都向唐朝派出使者,天下统一指日可待。

就在李唐王朝的统治者在为眼前的太平而暗自庆幸的时候,一个小人物闯入了人们的视线中,他就是窦建德的部下刘黑闼。刘黑闼在河北的起义可以说是唐王朝在统一战争中的一次反复,虽然最终被平定了下去,但还是给唐朝的统一之路带来了一些阻滞。

刘黑闼为什么要在天下人都纷纷归顺于唐的时候举兵反唐呢?这一切要从窦建德在虎牢之战中的惨败说起。刘黑闼是漳南人,自幼与窦建德交好。隋末农民起义风起云涌,刘黑闼也顺应时势参加了起义并投奔了瓦岗军。李密兵败后,刘黑闼被王世充所俘,在他手下担任了一名骑将,驻守在新乡。之后,徐世勣攻打新乡,将刘黑闼献给了窦建德,窦建德封他为将军,并赐予他汉东公的爵位。

武德四年,窦建德在虎牢战败被俘,大臣齐善行和窦建德的妻子曹氏等人逃回了故地洺州。窦建德的将士们不甘心就这样屈服于唐,纷纷建议立窦建德的养子为主,整顿兵马之后等待时机再与唐决一死战。

但齐善行认为李唐是众望所归,再抗争下去也是徒劳无功,而且会白白丧失更多将士的性命,于是他对众人说道:"当初我们落草为寇,不过是因为皇帝无道,我们没有活路罢了。夏王如此英明神武,现在却轻易被唐所擒,难道这不是上天的旨意吗?我们兵败至此,可以说是进退两难,不如就此归顺大唐,这也算是造福天下苍生之举了。"

窦建德的部下们本就都是农民出身,当初造反也是迫不得已,听齐善行如此说心下也纷纷赞同。曹氏是个妇道人家,听了齐善行的劝说便决定将手下的将士遣散回家,主动降唐,以此来换取一条生路。

决定降唐之后,齐善行将府库内的十万缎帛分发给众将士,随后便与右仆射裴矩一起带领百官,奉夏朝传国玉玺和大批珠宝归顺唐朝。于是,夏朝的洺州、相州、魏州等地都悉数归属了大唐。窦建德残部的归顺对于双方来说都可以算得上是一件皆大欢喜的好事,但由于唐王朝对俘虏和归降者的处理失当,使得这件好事演变成了一场动乱。

古语说"杀降不祥",所谓的"仁义之师"往往都是不杀降人和俘虏的,再加上窦建德本人非常忠厚,他的部下又在他被俘之后主动遣散部队,带着玉玺来归顺唐朝。对于这种情况,唐王朝本应该对窦建德宽大处理,但事实上,李渊并没有因为窦建德的主动归降而放他一条生路。

武德四年七月初十，被押解到长安的王世充和窦建德走上了两条不同的道路，窦建德被下令斩首示众，而王世充则被流放到蜀地。这样的结果让世人都很难理解，或许是李渊等人认为窦建德德高望重，若不杀他恐怕日后会带来祸患，而王世充论才论德都不如窦建德，留着也无大碍，于是才对他二人作了这样的处理。

不仅如此，唐王朝还对窦建德的旧部作了近乎残酷的处理，"以法绳之，或加捶"，使得"建德故将皆惊惧不安"。事实上，李渊在平定王世充和窦建德后就下令大赦天下，但事情一旦摆到眼前，他的态度却发生了如此巨大的转变。

对于李渊这种赶尽杀绝的做法，很多人都不以为然，治书侍御史孙伏伽更上书劝李渊道："陛下您已经下令赦免他们，现在却出尔反尔，让天下百姓怎么看待呢？况且连王世充那样的人你都赦免了，其他的人也应该赦免才是。"对此，李渊虽表面听从，但实际上却是一意孤行。

李唐王朝对待王世充、窦建德等人的严酷态度使得天下人心惶惶，一场大的动乱正在酝酿当中。处理完王世充等人后，李渊下令命窦建德的旧部范愿、高雅贤、曹湛等人前来长安听诏。

接到李渊的传召，范愿等人商量道："王世充献出洛阳城归顺了唐朝，但手下的骁将单雄信等人都被杀害，我们若听令到了长安肯定也不会有什么好下场。况且夏王以前抓获了淮安王等人都保全了他的性命，将他送还给唐室。如今李渊抓了夏王却不记以前不杀淮安王之恩，将夏王杀害。我等都是受了夏王大恩的，倘若贪生怕死，不敢起兵为夏王报此大仇，实在是耻于见天下人！"

既然决定了要起兵，自然要推选一个首领。经过商讨，范愿等人决定到漳南去请窦建德的旧部刘雅，求他来主持大事。但当他们找到刘雅的时候，刘雅已经隐居田园，他对来人说："天下适安定，吾将老于耕桑，不愿复起兵。"正当众人为找不头领而手足无措之时，有人想到了同在漳南隐居的刘黑闼，他是窦建德的好友，应当不会拒绝这个请求。

于是，范愿等人找到了刘黑闼，将事情原由都告知了他。刘黑闼听后，决定带领众人起兵。他杀了自己的耕牛并和范愿等人商讨了大计，七月下旬便带领一百多人攻占了漳南县城。刘黑闼等人势如破竹，又接连攻克了邻近的鄃县等地。眼看刘黑闼的声势一天天壮大起来，不少窦建德的旧部都投奔于他，队伍很快便从几百人发展到了两千多人。

对于刘黑闼等人的反叛，唐朝命淮安王李神通为右仆射，率兵前去镇压。九月，李神通和刘黑闼相遇了，双方交战于饶阳。李神通手下虽有五万兵力，但终不敌刘黑闼，损失近三分之二。刘黑闼初战告捷，军威大振，随后又攻占了定州，并抓获了定州总管李玄通。刘黑闼见李玄通是个有才之人，有意封他为大将军，但李玄通不从，引刀自尽。

之后，刘黑闼又一鼓作气，攻下了罗艺据守的藁城，并活捉了罗艺手下的两名大将——薛万均和薛万彻。罗艺战败之后，只得率部撤回幽州。十二月，刘黑闼率军围攻了宗城，当时的黎阳总管徐世勣见刘黑闼来势汹汹，于是便弃城逃走了。刘黑闼闻讯马上率部去追，斩杀徐世勣部五千余人后进入了洺州。经过了几个月的艰苦作战，刘黑闼陆陆续续占领了瀛州、观州、邢州、赵州等地，恢复了许多窦建德的故地。

时机逐渐成熟，武德五年（公元622年）正月，刘黑闼自称汉东王，改元天造，建立了自己的政权，并将都城建在了洺州。称王之后，他封范愿为左仆射，高雅贤为右领军，基本恢复了窦建德的旧制。之后，他又派使者前往突厥，希望获得突厥的援助。

在刘黑闼起兵之后，不少人都纷纷响应他，据守在兖州的徐元朗虽然已经归顺唐朝，还是起兵追随于他。闻得徐元朗起兵，刘黑闼马上封他为大行台元帅，中原的形势顿时发生了急剧的转变。李渊终于意识到了事态的严重性，马上命秦王李世民和齐王李元吉亲自率大军前去镇压。

经历了多次大战，此时的李世民已经成长为一名杰出的军事家，他一出马便收取了相州等地。见李世民亲自率军前来，刘黑闼马上退回了洺州城，以守为攻。而李世民则驻扎在了洺水岸边，进逼洺州，历史上著名的洺水之战就要拉开帷幕。

这场战役打得异常艰难。武德五年二月，在幽州总管罗艺的配合下，李世民第一次主动攻击了刘黑闼，并夺下了洺水城。刘黑闼不甘失败，围住洺水城日夜攻打。双方就这样僵持了数日，最后洺水城还是被刘黑闼攻破，守将罗士信被杀。

三月中旬，唐军重新夺回了洺水城，驻扎在洺水南岸与刘黑闼对峙。这次，李世民坚守不出，并派兵切断了刘黑闼的粮道。刘黑闼按捺不住想要出战，但李世民又不肯迎战，他便袭击了驻扎在附近的徐世勣。李世民得知刘黑闼偷袭了徐世勣，便趁机从后包抄了刘黑闼，但却被刘黑闼反攻。经历了一番苦战，李世民才在尉迟敬德的保护下得以逃脱。

连续的失利让李世民怒火中烧，他派人到洺水上游修筑了堤坝，并下令，一旦他和刘黑闼交战就决堤抗敌。不出李世民所料，刘黑闼几天之后就率两万余人想渡过洺水攻打李世民。正当双方在洺水焦灼的时候，唐朝的守将毁坏了河堤，河水暴涨起来，刘黑闼军被唐军打得一败涂地。刘黑闼见大势已去，只得和范愿等人率领手下的残兵剩将向突厥逃去，河北的叛乱终于被平定。

大败刘黑闼后，李世民又引兵攻打了徐元朗，夺回了十多个城池。六月，刘黑闼联合了突厥重整旗鼓，颇有卷土重来之势。武德六年（公元623年）一月，李渊派太子李建成率军前去征讨。李建成听取了魏徵的建议，采取了安抚人心的政策。当地的百姓历经了多年的战争，也都希望过上太平的日子，于是纷纷归顺了唐朝。刘黑闼失去了百姓的支持，粮食殆尽，最后大败而逃。不久，刘黑闼等人被俘，二月，徐元朗等人也悉数被杀，这场叛乱终于落下了帷幕。

从武德元年到武德七年（公元624年），经过了七年的艰苦抗战，唐朝已经基本上在全国建立了自己的统治。直到贞观二年（公元628年），唐太宗李世民消灭了在朔方的梁帝梁师都，才在真正意义上统一了全国，这些都是后话了。

第四章　玄武门之变，兄弟之血铺就登基之路

不要迷恋哥，哥不是传说

在唐朝发生的众多大事件中，"玄武门之变"可以说是重中之重。这场事变是唐朝的一个转折点，让人们又一次清楚地看到了皇室内部为争夺权势而表现出来的血腥和冷酷。但在"玄武门之变"的残酷背后，成就的却是一个后世难以企及的盛世神话，那就是唐太宗李世民和他所开创的"贞观之治"。

如今，如果超越时代的局限，站在客观的角度冷静地看待"玄武门之变"，不禁要问，倘若当年不是李世民夺取了哥哥的帝位，那么大唐王朝将会朝怎样的方向发展，它还会成为后人向往的千古盛世吗？

太子李建成真的如众人所说是个毫无治国才能的人吗？他和高祖李渊以及齐王李元

吉在这场事变中究竟扮演了什么样的角色？天之骄子李世民是如何从一个青涩少年逐渐成长为一位独步古今的帝王？又是什么让他最终走上了这条充满血腥的夺位之路？这一切的一切都值得人回忆和深思。

高祖李渊子嗣颇丰，前前后后共有二十二个儿子。在这众多的后代之中，前四个儿子都是正妻窦氏所生，分别是李建成、李世民、李玄霸、李元吉。李玄霸在少年时期就已经去世，所以真正陪伴在李渊身边帮他打下大唐江山的是建成、世民和元吉这三个儿子。

出生在陕西武功的李世民，是李渊的第二个儿子。和中国古代许多帝王一样，李世民的出生笼罩着一层神秘的传奇色彩。据说在他出生之时，有两条龙在李家门前盘踞了三天才恋恋不舍地离开。这个故事似乎要告诉世人，这个即将出世的孩子不同于凡人，他是上天眷顾的真龙天子，日后一定会有大作为。

李世民四岁的时候跟随父亲李渊来到了岐州。在这里，李世民父子二人遇见了一个善于摸骨看相的人。这个相士一看到李渊便对他说："公是贵人，且有贵子。"当他看到年仅四岁的李世民，大为震惊，称他有"龙凤之姿，天日之表"，并预言这个孩子到二十岁的时候必定能够造福苍生，"济世安民"，这便是"世民"这个名字的由来。这些传说虽然都是后世给李世民的溢美之词，有着很多不真实的成分，但李世民后来确实成为了一位后世难以企及的贤明君主。

李世民"幼聪睿，玄鉴深远，临机果断，不拘小节，时人莫能测也"。也就是说李世民自小就十分聪慧，并且目光远大，为人大器果断，非常人能比。李世民的这些优良品质除了天资聪慧之外，和他的成长环境也有很大的联系。

李世民出生在一个贵族家庭，父亲李渊是北周贵族李虎的后人，母亲窦氏更是出身北周皇族，地位十分尊贵。李氏家族和隋朝皇室关系密切，既是骨肉至亲却又出于政治的原因互相防范。在这样一个政治家庭长大，李世民从小耳濡目染，受到了很深的影响。

后来李世民迎娶了当时声名显赫的长孙晟的女儿为妻（即后来的长孙皇后），这为他的政治生涯加分不少。长居于河南洛阳的长孙家族是北魏皇族拓跋氏的后人，后来才改姓长孙。这个家族人才辈出，几代之内，出过不少忠臣良将。从政治角度来看，李世民和长孙氏的结合可以说是门当户对。长孙氏的哥哥长孙无忌后来成为了李世民集团的核心人物之一，而她本人自小也是知书达理，在李世民统治期间内悉心辅佐李世民，成为了李世民夺取皇位并开创贞观盛世的贤内助。

所谓"自古英雄出少年"，李世民在少年时期便展现出非凡的才能。他喜爱读书，写得一笔好字，自小又爱好武艺，骑射俱佳，十几岁的时候便能领兵打仗。早在隋炀帝在雁门被围的时候，李世民就参加了勤王的队伍，并有过不俗的表现。

大业十一年（公元615年），隋炀帝杨广在雁门被始毕可汗的大军包围。年仅十八岁的李世民应诏从军，在屯卫将军云定兴的麾下效力。经过仔细的观察，李世民认为始毕可汗之所以敢在这个时候围困隋炀帝，一定是认为皇帝陷于孤境，隋朝援军来不及赶到。所以，李世民向云定兴建议在沿路遍设旌旗并擂鼓响应，用"疑兵"的办法让突厥人以为隋朝的大批援军已经来到，迫使他们退兵。

云定兴听从了李世民的建议，突厥人果然在不久之后便纷纷退去。李渊升任太原留守之后，李世民还曾经帮助父亲平定盘踞在高阳一带的草寇魏刀儿。在这场战役中，他亲率骑兵突破了农民起义军的包围，最终取得了决定性的胜利。

随着时间的推移，李世民在乱世成就一番事业的心便开始逐渐膨胀。从他在狱中同晋阳令刘文静那次推心置腹的谈话，就可以清楚地看到这个少年的野心和气魄。刘文静也认为李世民是"非常人",并说他"大度类于汉高祖,神武同于魏武帝",虽然年纪尚轻,却是天纵英才。

晋阳起兵是李唐王朝的开端,李世民在这场兵变中更是起到了不可或缺的作用。且不说晋阳起兵谁是主谋,但是李世民在起义之后率先领兵占领了西河地区,为李氏政权的发展打开了新局面,也是他在李渊遭遇宋老生后欲回太原之时,在父亲的帐外"哭谏",最终挽救了危局。

唐朝建立之后,年纪轻轻的李世民便因为自己的赫赫功勋被拜为尚书令和右武侯大将军,并被封为秦王。相对于中国古代众多胸无大志且毫无才能,只是靠着"恩荫"来封王的皇子来说,李世民这些爵位和荣誉来得实至名归。封王之后的李世民并没有安于享乐,而是又马不停蹄地投入到了统一全国的战争中去了。

武德元年六月到十一月,李世民任大元帅西征。历经了许多坎坷之后最终平定了陇右的薛举、薛仁杲父子。凯旋回到长安之后,李世民官拜陕东道行台、尚书令,奉命镇守长春宫,整个关东的兵马都受他的节制。武德二年到武德三年,军事上日渐成熟的李世民又率军平定了刘武周和宋金刚,夺取了并州之地。

到了武德四年,李世民又奉命领兵开往洛阳,消灭了王世充和窦建德这两大对李唐政权造成极大威胁的割据势力,尽取山东之地。高祖因其功高封他为天策上将,并领司徒、陕东道大行台、尚书令。天策上将是前朝从未有过的官职,只是李世民功勋太大,高祖才为他专设了这个官职。

击败窦建德,迫降王世充之后,李世民率大军返回长安。凯旋之军声势浩大,身穿金甲的李世民率领一万铁骑和三万武士浩浩荡荡回到了长安。一时间,秦王李世民的威名遍传天下,世人大有知秦王而不知皇上、太子之势。

武德四年七月,窦建德的残部刘黑闼等人在河北起事欲为窦建德报仇,八月,徐元朗也在兖州举兵响应之。刘黑闼的声势日渐浩大,大有重建窦建德大业的趋势,唐高祖又派出李世民前去征讨。

在这些战争之中,李世民展现了他惊人的军事智慧,运筹帷幄,征战沙场,他无不亲力亲为。再加上他善于从失败之中吸取教训,心理素质也极强,天赋加上实践,使他逐渐成长为一个成熟的将领,更引领他缔造出了唐朝建国之初的军事神话,谱写了一场激动人心的"秦王破阵乐"。

李世民颇为世人称道的军事天才也是后人认为他具备帝王之资的一大因素。首先,他有极其敏锐的战略头脑,善于运筹帷幄,从全局出发,准确地找出突破点并掌握先机。其次,他处事冷静,设想周全,但下命令却极其果断。一旦认定之后便坚持不懈,有极强的忍耐力,且对各种突发状况都应对自如。再者,他对"知己知彼,百战不殆"这一准则有很深刻的了解,大战之前善于观察,以己之长攻彼之短,常常能取得意想不到的效果。

他还精通兵法,"兵不厌诈""以少胜多""断其后路""乘胜追击"等战略计谋在他的手上运用自如。最后,他善用骑兵,本人更是骁勇善战。在众多战役中,他总是身先士卒,单枪匹马冲入敌军阵营,既壮大了唐军的声势,也给自己网罗住了一批甘心为他效死的将士。

在晋阳起兵之时和李唐王朝建立之初,李氏政权需要整个家族共同出力维持,因此李家父子之间相处得也比较和睦,并无什么争执。所谓"上阵父子兵",也正是因为他们能够同心同德,李唐政权才能够在隋末政权林立的局面中脱颖而出。但当他们一步步走向成功的时候,却因为权力分配不均,父子兄弟之间也产生了矛盾和裂痕。

瀛洲主人李世民

据说，在平定王世充期间，李世民和房玄龄曾经一起去拜访过一位能够预知未来之事的道士。这个名叫王知远的道士从房玄龄口中得知李世民便是大名鼎鼎的秦王的时候，对他说："方作太平天子，愿自齿也。"并称李世民为"圣人"。

李世民登基之后也曾经说起过这个叫王知远的道士能预知后事，并预言过他自己是"天之骄子"，因此对王知远大加赞赏。或许就是在这个时候，李世民才更加坚定了自己日后要取代太子李建成登上皇帝宝座的信念。那么野心勃勃的李世民是从什么时候开始为自己招纳人才，准备和哥哥李建成一争高下的呢？

据《旧唐书·太宗本纪》记载："时隋祚已终，太宗潜图义举，每折节下士，推财养客，群盗大侠莫不愿效死力。"可见目光远大的李世民早在隋末就认识到天下大局即将改变，于是便开始交结天下豪杰，为日后的崛起打下基础。再加上他从小爱好武艺，性格又开朗大方，不拘小节，所以手下有着大批甘愿为他效力的宾客。

晋阳起兵之时，李世民和哥哥李建成实力相当，分别统领着左右三军，两者都是建功无数，并没有什么高下之分。但在唐朝建立之后，李世民在统一战争中为国家立下了汗马功劳，这时他的功勋已经远远超过了太子李建成。

李世民是个十分自信的人，自尊心尤其强。他认为自己的才华和能力远在太子之上，对于哥哥李建成，他从心底是有些看不起的。李世民才华出众，所以一直不甘心于因为"嫡长制"的继承原则就失去了继承皇位的资格，从而放弃他内心深处一直以来想创造千秋盛世的梦想。在他看来，这个太子之位由他来担任是最合适不过的。

事实上，早在李世民率军出征各地的时候，他就非常注重笼络各类人才，秦叔宝、尉迟敬德、程知节、李君羡等这些在历史上赫赫有名的人物都是李世民在唐初的统一战争中招揽而来的。李世民揽才有一个特点，就是无论出身如何，只要有出众的才能且能为我所用，便都收于帐下，悉心对待。

比如尉迟敬德本来是刘武周手下的将领，作战勇猛，天下闻名。由于他才能出众，归顺李世民之后，得到的待遇便大大超过了一般的敌军降将。李世民对他关怀备至，并"赐以曲宴，引为右一府统军"。

再如，秦叔宝本来是在瓦岗寨效忠于李密的，李密兵败后归顺于李世民。李世民也是让他在跟随左右，统领秦王府的右三军，十分信任。后来，秦叔宝和尉迟敬德也不负李世民的期望，成为了他的左右手，为他效忠一生。李世民对待人才谦逊的态度得到了可观的回报，其他诸将如程知节、张公瑾、刘师立这些敌军将领都无一例外地得到了秦王的看重。

李世民南征北战、功勋赫赫，他每攻占一个地方，最为关心的不是争夺金银财宝，而是寻访各地的能人志士。可见这个时候李世民就已经充分重视到人才对自己今后的政治前途的重要性了。房玄龄在唐朝大军进入长安之前就开始为李世民效力，作为李世民的第一谋士，他自然是收揽人才这件大事的重要参与者。他非常善于看人，所以他常常将自己看中的一些人才招纳进秦王府，并且与这些人建立了深厚的交情，确保他们忠心不二，甘愿为秦王卖命。

天下既定，海内渐平，李世民也深知自己武功已经登峰造极，无人能够挑剔也无可挑剔，于是便将发展势力的重心由武转文。为了招揽文人儒士，他先是开设了文学馆，号称"秦王府十八学士"的杜如晦、房玄龄、虞世南等人都是文学馆里的学士。李世民"每更直阁下，降以温颜，与之讨论经义，或夜分而罢"，常常在闲暇之时和文学馆中的学士们讨论文章，暗中将其中的有才之人收为己用。

由于李世民的大力支持，文学馆的影响力迅速扩大，当时的士大夫都以能进入文学馆为荣，倘若有幸得中就称之为"登瀛洲"，"瀛洲"是古代传说中的升仙之地，以此意喻能进入文学馆即能成仙。对于这些人才，李世民十分重视和珍惜。

例如，杜如晦本是秦王府的王府兵曹参军，后被擢升为陕州长史。李世民的谋士房玄龄得知此事后便对他说："其他的人都不足为惜，但是杜如晦这个人是辅佐天子的人才。您想要经营四方，少了杜如晦是万万不可的。"李世民听了房玄龄的话大为震惊，马上上奏要求将杜如晦留在秦王府继续担任王府兵曹参军一职，将他留在了自己身边。

除了大肆招揽人才之外，李世民还十分注重收买人心。例如在他攻下洛阳城后，便"分散钱帛，以树私惠"，洛阳城的百姓都对他心存感激。不仅如此，李世民等人还将潼关和崤山以东黄河中下游流域的人才大量收归自己帐下，后来太子李建成也说秦王身边的多是"山东"人士，原因也是在此。

既然洛阳的民心已经尽归李世民所有，他遂决定在洛阳建立自己的根据地。回到长安之后的李世民为了稳住洛阳的局势，先是派了自己麾下的隋朝降将屈突通回洛阳镇守，其后又派了与自己关系亲密的温大雅前往监守。在朝廷方面，李世民也费尽心机结交了很多重臣，例如当时的宰相陈叔达便是其一。李世民这么做对自己的政治前途有很大的帮助，陈叔达后来也的确在关键时刻救了李世民一命。贞观年间，已经成为天下之主的李世民也提到这件事，对陈叔达当时的救命之恩感激不尽。

得知李建成和后宫诸妃嫔交好后，李世民也不甘落后，让自己的王妃长孙氏替他在后宫建立关系。长孙氏的出马虽然不能给李世民带来什么直接的正面利益，但却帮他维系住了本来不大通达的后宫关系，更没有像李建成和李元吉一样给后人落下和后宫关系不当的话柄。

经过多年的苦心经营，李世民终于培养出了属于自己的强大的势力集团。这个集团以房玄龄、杜如晦、长孙无忌、高士廉和尉迟敬德为核心，包括了于志宁、孔颖达等文臣以及侯君集、秦叔宝、程知节等武将在内的大批人才。这些人紧紧围绕在秦王李世民的周围，使得秦王集团逐渐成为了天下瞩目的核心。与此同时，李世民在长安暗中培养了一支精锐部队。这支队伍由八百个武艺高强的将士组成，不仅保护着整个秦王府的安全，还在后来"玄武门之变"的关键时刻起到了十分重要的作用。

事实上，李世民最终决定夺取太子之位的过程是缓慢的，在这个过程中交织着各种各样的因素，有主观的，也有客观的。从主观上来说，他确实是对皇位有很大的野心，不然他也不会花这么大的心血来积蓄力量、武装自己。

但从客观角度来分析，如果进行换位思考，设身处地站在李世民的角度来看，他的功勋卓著、才华横溢，已经引人注目，让人心生妒忌。像李世民这样的人才想在皇室这样充满血腥和争斗的大环境中生存，唯一的方法就是努力发展自己的势力集团，不然只能是"人为刀俎，我为鱼肉"地任人宰割。再加上高祖本人本来就在他和李建成兄弟二人之间摇摆不定，集团内部的人为了自己的政治前途和富贵荣华也不遗余力地引导他努力去夺取皇位。这种种原因纠缠在一起，最终使得李世民走上了这条充满血腥的夺位之路。

再逼我，就把你吃掉

在李渊的所有儿子当中，李建成是嫡长子，根据中国古代皇家"立嫡立长"的继承原则，李建成是皇太子的不二人选。所以在唐朝建立之初，李建成就被立为太子，成为了国家的储君。当然，李建成之所以能被立为太子，不仅仅是因为他的嫡长子身份，更是因为他在唐朝开国的一系列战争中立下的功劳，这些战功固然比不上李世民，但也足够使他名副其实地享有皇太子的荣耀。

和唐高祖李渊一样，太子李建成也在"一代天骄"李世民的光环下和那部只属于胜利者的《唐史》中黯然失色。在《旧唐书》中，太子李建成是个性情残忍的庸才，和他同属一派的齐王李元吉也是个"凶狂"之徒。而《资治通鉴》也记载："太子建成性宽简，喜酒色游畋，齐王元吉多过失，皆无宠于上。"但这些记载的真实性和可信度非常值得怀疑，很容易就可以从中看出破绽。

首先，喜爱酒色游猎本来就不是什么天理不容的过错，且历朝历代的王公子弟基本上都有这些嗜好，李世民本人也不能免。所以，从这些生活小节根本就不能得出李建成是个昏庸之人。

其次，早在太原起兵的时候，李建成就是唐军的左领军大都督，和李世民的地位相当，并无高下之分。从此可见，唐高祖对他的信任还是很强的，而李建成也不负所望，率领自己的军队立下了不少战功。只是因为他后来居太子之位，常年都是随父亲驻守在长安，没有太多出外打仗的机会，所以在战功方面就渐渐比不上弟弟李世民，但也不能因此就否定他的军事才能。

至于两派之间的争斗，《资治通鉴》中称："世民功名日盛，上常有意以代建成，建成内不自安，乃与元吉协谋，共倾世民，各引树党友。"认为李渊因为李世民功高而想废长立幼是名正言顺的，而李建成和李元吉的反抗则是居心叵测，图谋不轨。《旧唐书》更是将唐朝的三百年兴盛全部归功于唐太宗李世民，称："若非太宗逆取顺守，积德累功，何以致三百年之延洪，二十帝之纂嗣？或坚持小节，必亏大猷，欲比秦二世、隋炀帝，亦不及矣。"歌功颂德的气味未免太浓，不足以作为证明玄武门之变合理性的证据。

按照中国古代的传统，太子作为储君一般都是留在皇帝身边的，一方面可以帮助皇帝处理朝政，一方面也有利于皇帝对接班人的培养。所谓"君之嗣嫡，不可以帅师"，遇到重大军事事件，太子都是留守京都，这也是对储君的一种保护。正因如此，唐初的许多统一战争都是李世民为将领，很少由太子李建成领军出征。但是李建成留守长安也并无严重失误，可见他对于治国还是有一定的天赋和才能的，并不是个一无是处的庸才。

早在武德二年的时候，太子李建成就开始感受到了李世民给自己带来的无形的压力。魏徵也很明确地对李建成说过："秦王功盖天下，中外归心。"所以，他对秦王集团的防范和猜忌之心也与日俱增，每日惴惴不安。当时的礼部尚书兼太子詹事李纲也曾上书劝谏他不要听信外间的传言而疏远自己的亲兄弟，但李建成并没有放在心上，依然是日夜饮酒消愁。李纲见他如此，只得辞去官职，默默离开。

秦王集团的势力在一天天壮大起来，李建成感受到的威胁也与日俱增。于是他想尽一切办法扩充自己的实力，以此来和弟弟李世民相对抗。李世民最大的优势就是立下的战功无数，而李建成除了在建国前率兵出战过之外，建国后就一直留在都城，很少有出外的机会。因此留守多年的李建成也蠢蠢欲动，希望多立战功来压制李世民。

武德五年（公元622年），窦建德原来的部下刘黑闼为了给死去的君主报仇，于是举兵反唐。这是一个绝佳的机会，当时的太子洗马魏徵和太子中允王珪都建议李建成道："如今秦王功盖天下，中外大有归其之势。殿下您身为太子，长久以来居住在东宫，没有建立什么大的功勋来镇服海内。如今刘黑闼率众起事，也不过是残兵败将，不足万人。殿下您应该亲自率兵去攻打他来求得功名，以此来交结山东的豪杰。这样我们就可以安心,不用再受秦王的威胁了。"听了王珪和魏徵的意见,李建成马上向唐高祖请示,要求率军前去平叛。

太子本来是不能随意领兵出征的,或许是唐高祖也意识到以李建成现在的功勋不足以压制李世民,所以也准许了他的奏请。这次出征,李建成不仅大获全胜,给自己争得了荣誉。更重要的是他的"亲民"政策使他在河北地区获得了很高的声望,很多人才都投归到他的门下,当时的幽州总管罗艺就在其中。

罗艺是隋朝旧臣,武艺高超且英勇善战,在隋朝任虎贲郎将一职。隋末天下大乱,群雄四起,罗艺奉朝廷之命镇压了不少农民起义,在当时声名显赫。武德三年(公元620年),已经拥有了涿郡一带的罗艺归顺了唐朝,高祖大喜过望,封他为燕王并赐李姓。在征讨刘黑闼叛军的时候,罗艺立下了汗马功劳,后来便留在长安做了左翊卫大将军。

投归了太子门下的罗艺后来奉李建成之命私下调遣幽州三百骑兵来保卫东宫。李建成这么做的目的很明确,一是为了保护自己的生命安全,二是为了扩充东宫集团的军事实力。但这件事很快就被人告发,李建成也受到了严厉的惩罚。但高祖的谴责并没有阻止李建成招兵买马的脚步,他还在全国各地招募了两千余人驻守在长林门,这些卫士以保卫东宫为己任,号称"长林兵"。

为了给自己的集团增加实力,李建成还拉拢了自己的弟弟——齐王李元吉。李元吉是窦皇后所生的小儿子,和李建成、李世民是同父同母的亲兄弟。所谓"虎父无犬子",李元吉也像他的两个哥哥一样,李元吉武功卓越,能"力敌十夫"。在跟随其兄李世民前去洛阳征讨王世充之时,就有过出色的表现。

当时,由于窦建德援军的到来,李世民在攻打洛阳城的时候采取的是"兵分两路"的策略。由他亲率精锐部队前去虎牢阻击窦建德的部队,而将围攻东都洛阳的使命交给了弟弟李元吉。李世民率军离开洛阳城后,"世充出兵拒战,元吉设伏击破之,斩首八百级,生擒其大将乐仁昉、甲士千馀人"。因为他在洛阳的出色表现,李世民才摆脱了后顾之忧,顺利地攻克了窦建德的大军。这一年,李元吉才只有十九岁。

后来,李元吉还参加了平定刘黑闼的战役,在李世民回长安之后,剩下的扫清残余势力的任务也是李元吉率军完成的。虽然说李元吉为人有些骄傲且放纵,但高祖对于他还是十分喜爱的,也并没有因此疏远他。

那么,李元吉为什么要接受李建成的邀请加入太子集团呢?

首先,从平常人的角度来看,李建成是嫡长子又已经被立为太子,继承皇位只是时间问题。而李元吉排行第四,继承皇位的可能性可以说是微乎其微。眼见两位兄长为争夺权位闹得不可开交,身为皇子的李元吉既然无法置身事外,就只得选择一面为未来投资。权衡利弊,可能觉得李建成日后继承帝位的可能性更大,所以便加入了东宫阵营。

其次,太子和齐王的联合还有某种程度上的情感因素,那就是李元吉和长兄的关系较好。李世民为人较严厉,甚至有些苛刻,而李元吉为人比较放纵。再加上他曾经在太原弃城而逃,这也是他军事生涯中最为失败的记录。这件事一直让他耿耿于怀,害怕李世民登基后会因此为难他。而李建成为人比较宽厚,比较容易相处。

但《资治通鉴》中记载,则是说李元吉"见秦王有大功,每怀妒害",意思是因为妒忌李世民,从而转向与之相抗衡的李建成。又有记载说是李元吉想要除去两位兄长,自己谋求太子之位,所以先与实力稍逊的李建成联合,铲除了李世民之后再回转头来对付李建成。稍加分析就可以知道,以李元吉的身份和实力,根本无力同建成、世民相抗衡,他投靠李建成也不能说明他有取而代之的想法,所以这些记载都充满了疑点,根本不足以取信。

其实，和李世民一样，李建成最后决定以武力解决这场争斗也是经过了苦苦挣扎的。从单纯的自卫逐渐发展到对兄弟的图穷匕见，这一过程中，李世民和李建成大概都是充满了无奈和不安吧。

夫人出马，比男人更有效

随着时间的发展，秦王集团和太子集团都日渐成熟，武德年间的夺位大战就轰轰烈烈地拉开了帷幕。

"龙生九子，子子不同"，和性情较为温和的太子李建成相比，齐王李元吉性格十分急躁，捺不住性子。加入东宫集团后，他不止一次想置李世民于死地。

唐高祖曾有一次和李世民一起来到齐王府，李元吉认为这是个绝佳的机会，于是准备让齐王府的护军宇文宝埋伏在卧室里，伺机夺取李世民的性命。但这件事被李建成知道后，李建成严厉地制止了他。李元吉十分不满，说道："为兄计，于我何害？"李建成本来就是个性格比较温顺的人，不到万不得已也不会弃兄弟之情于不顾。这样的人即使战功卓著也无法应对残酷的帝位之争，做一个成功的储君。其实，倘若他早下决断，也不是没有机会将李世民对帝位的野心扼杀在萌芽状态的。

唐朝自马上得天下，李氏父子对于骑射都很擅长，统一之后，为了不让弓马生疏，皇室经常要举行郊外狩猎的活动。武德七年（公元624年），唐高祖父子四人相约到长安以南的郊外狩猎，李建成三兄弟在父亲的示意下在广袤的土地上肆意驰骋。这本是一副父慈子爱的画面，但却因为背后的权利之争而暗藏杀机。

李建成有一匹高大健硕的胡马，所谓"良驹难驯"，这匹马虽然是一匹好马但却顽劣异常，经常把骑士摔下马去。狩猎之时，李建成却故意对李世民说："此马甚骏，能超数丈涧，弟善骑，试乘之。"李世民本来就是热爱武艺之人，对良马怎能不喜爱呢？听李建成如此称赞这匹胡马，他丝毫没有怀疑就骑了上去。在追逐野兽的时候，这匹马不时地想把李世民摔下马背，但李世民凭着自己娴熟的武艺每次都能化险为夷。事后，李世民说："他们想用马来取我性命，一匹马又能耐我何呢？"

李世民的话很快便传到了李建成等人的耳中，李建成利用自己在后宫的关系，让高祖的后妃为他吹枕边风，称李世民口出狂言，说自己是天下之主。唐高祖听闻后大怒，马上将李建成兄弟三人召入皇宫，严厉地斥责李世民，说他居心叵测，想谋取皇帝之位。面对父亲的怀疑，李世民百口莫辩，不知如何是好。此时，边境突然传来消息称突厥又犯边境，高祖只得将此时搁置在旁，和李世民商讨如何出战突厥。

唐高祖对李世民的感情非常复杂，因此表现出的态度也很奇怪。《资治通鉴》有云："每有寇盗，辄命世民讨之，事平之后，猜嫌益甚。"他不十分信任李世民，但又不得不依靠他的军事才能帮助自己解决战事纠纷，之前杀刘文静后以激将法逼李世民主动请战刘武周和宋金刚是一次，这次突厥的来犯高祖又故态复萌。

为了将胜利的可能性扩大，李建成等人还用珠宝玉器收买了高祖后宫的很多嫔妃，让他们为自己说话。李建成常年居住在长安，对于宫廷非常熟悉，再加上他为人比较和善，一些妃嫔经不住金银的诱惑，再加之她们也知道太子是未来的皇帝，为自己的未来考虑也愿意为他效劳。相比之下，李世民常年征战在外，没有什么机会接触皇宫里的人，所以说在这一点上，李世民便输给了李建成。虽然说后宫的女人表面上难以给李世民带来什么重大的威胁，但她们却在背后"争誉建成、元吉而短世民"，将唐高祖一步步推向李建成。

在后宫这些妃嫔中，李建成尤其关照的是张婕妤和尹德妃两人，不仅送给她们大量的金银珠宝，还安排她们的亲属在东宫当值，因此这二人对太子感激不尽，想尽办法报答他。

李建成结交张婕妤和尹德妃是有原因的，这恐怕不是野史中说的因为他们有不正当的男女关系这么简单。首先，张、尹两人都是当时较为受宠的妃子，能在唐高祖面前说得上话，但更重要的是，她们和李世民关系不佳，可以说是到了嫉恨的地步。那么，不大与后宫中人结交的李世民又是怎么跟父亲的两位妃子起了干戈呢？其实，一切事情的根源都是"权利"两字，李世民和李建成的矛盾根源是"皇权"，而他与这两个几乎未谋面的妃子起了冲突是因为"利益"。

李世民之所以得罪了张婕妤是因为淮南王李神通的几十亩良田。这些田地本来是李世民因淮南王有功而拨给李神通的，但张婕妤却让高祖将这些田地赏赐给自己父亲。这样一来，表面上是张婕妤的父亲和李神通争夺土地，但背后隐藏的却是唐高祖和李世民之间的矛盾。最后，由于淮南王李神通不肯放手，张婕妤一家最终没能得逞。但因为这件事情，李世民不仅得罪了张婕妤，更严重的是让唐高祖在后妃面前下不来台，颜面尽失。

至于得罪尹德妃，是因为有一次李世民的属下杜如晦没有在她父亲的府邸前下马。就因为这样一件小事，杜如晦不仅被暴打一顿，还被尹府恶人先告状，称秦王的属下欺辱尹家人。唐高祖一路怪罪下来，事情最终又落到了李世民头上，唐高祖大发雷霆，呵斥李世民道："我妃嫔家犹为汝左右所陵，况小民乎！"在他心里，秦王府的人都变成了欺压良民的恶霸。这两件事本来都和李世民没有直接关系，但最后却成了李渊父子产生芥蒂的直接原因，可见后宫的女人的力量不可小觑。

再加上李世民经常会怀念自己的生母窦皇后，这让高祖后宫的嫔妃们很是不满，她们纷纷对唐高祖说，"如今天下太平，海内无事，且陛下您春秋已高，应该及时行乐。秦王每次怀念皇后都哭泣不止，肯定是憎恨臣妾等人。倘若陛下去了之后是秦王做皇帝，臣妾等人只怕没有什么后路。如今太子为人宽厚慈爱，以后肯定会好好对待我们。"这些记载是否属实现在不得而知，但高祖和窦皇后伉俪情深，应该不会因为儿子怀念母亲而有所怀疑。

对于李建成和李元吉的这些计谋，李世民也给予有力的回击，但这些回击都是较为隐蔽的。为了给自己赢得更好的名声，李世民甚至动用了自己的妻子——长孙氏。她在李世民受到父皇责难怀疑的时候"孝事高祖，恭顺妃嫔，尽力弥缝，以存内助"，尽力维护丈夫与高祖及其后宫妃嫔的关系。

双方交锋的高峰出现在武德七年，代表事件就是历史上著名的"杨文干谋反"。中国古代的皇室都有夏天去别宫避暑的习惯，这一年六月，唐高祖带着皇子前往仁智宫避暑，而身为太子的李建成则奉命留在了长安。李建成认为这是一个谋害李世民的好机会，因为他离开了长安就是单枪匹马一个人了。临行之前，李建成和李元吉商量，要他与当时的庆州都督杨文干联合，在仁智宫夺取李世民的性命。

商量好大事后，李建成马上就派了手下的郎将桥公山和尔朱焕去庆州给杨文干送盔甲和兵器。但这二人在去庆州的途中出卖了李建成，不知道是因为内心恐惧还是被李世民方面的人察觉。桥公山和尔朱焕在快到豳州的时候向当地的官员告发了这件事。豳州的官员不敢懈怠，马上把他们带到了仁智宫。

听到太子和杨文干准备谋反的消息后，唐高祖大惊失色，马上派人将李建成传唤到仁智宫来。李建成知道事情败露，只能去面对父亲的责难。在仁智宫见到李渊之后，李建成努力为自己辩解，"奋身自掷，几至于绝"。但气极的唐高祖并没有相信他也没有同情他，而是下令把他软禁了起来。

软禁了李建成之后，唐高祖马上下令召另一个当事人杨文干前来对峙。但戏剧性的是，杨文干不知为何居然真的在庆州起兵了。这样一来，李建成百口莫辩。此时处在危险之中的唐高祖马上想到的是李世民，希望由他率兵前去平叛，并许诺："还，立汝为太子。吾不能效隋文帝自诛其子，当封建成为蜀王。蜀兵脆弱，他日苟能事汝，汝宜全之；不能事汝，汝取之易耳！"这或许也是历史所记载的唐高祖许诺李世民太子之位最可靠的一次，但是后来高祖还是没能兑现自己的诺言，将李建成放了出来。

纵观事件的始末，疑点从没有间断过。首先就是上面所提到的为什么李建成的手下会半路倒戈，其次刺杀怎么演变成了"谋反"，杨文干为什么无缘无故地贸然起兵，最后高祖既然已经许诺李世民，最终又为何"出尔反尔"？

所有的问题的答案最终都指向了能够从这件事中获得最大利益的人，那就是秦王李世民。有可能唐高祖后来也明白了太子是被冤枉的，并不是只因为众人求情那么简单。因为现在很难看到武德年间，李世民因为争夺太子之位而做出的正面反击。所以，这整个事件给后人的印象就是李世民一直是受害的一方，逼到绝路才发动了"玄武门政变"。但事实上，从这些蛛丝马迹中不难看出，这场斗争是在双方的明争暗斗中逐渐升温的，并不只是太子集团一方的责任。

"被迫"政变

随着时间的发展，太子和秦王的争斗愈演愈烈，并逐渐向白热化发展。所谓"先发制人，后发制于人"，太子集团决定先下手为强，彻底地将李世民一派解决掉。至于怎么将这个心腹大患除去，李建成等人首先想到的是剪除掉李世民的左膀右臂。这些人才对李世民的崛起到了关键性的作用，倘若不能为我所用，就必须除而后快。

太子集团的目光首先落到了秦王府的护卫军尉迟敬德头上。为了收买尉迟敬德，使他为自己效力，李建成先是用了收买人心的一贯伎俩——金银贿赂。他暗中派人送了一车金银给尉迟敬德，但没想到这个武将根本没将钱财放在眼里，不仅拒绝了李建成还将太子有意收买秦王府人才的事情告诉了李世民。尉迟敬德对李世民的忠心是有原因的，他本是宋金刚手下的大将，与李世民在战场上有过多次交锋。降唐之后，李世民不仅没有因为二人之前的冲突而为难他，反而对他大加提拔，对他有知遇之恩。

李世民听了尉迟敬德的话后，说道："公心如山岳，虽积金至斗，知公不移。相遗但受，何所嫌也！且得以知其阴计，岂非良策！不然，祸将及公。"一方面他十分相信尉迟敬德的忠贞，另一方面也担心尉迟敬德因为知道了李建成等人的阴谋而受到迫害。果不其然，李建成见收买不成就派人刺杀尉迟敬德，后又想诬陷他，但都没有得逞。除了尉迟敬德外，李建成还试图拉拢秦王府的段志玄和程知节等人，但最终也是失败而还。

一次次的碰壁使李建成意识到这些人已经跟随李世民多年，根本不会轻易转向自己。所以，他便逐渐打消了收买的念头，转而设法离间李世民和秦王府的谋臣。李建成和李元吉先是想方设法贬黜了李世民的心腹谋臣房玄龄和杜如晦。房、杜两人被逐出秦王府后，李世民的实力顿时削弱了下来。

就在这个关键时刻，上天似乎又一次向李建成伸出了机会之手，这次给太子集团带机会的是唐朝多年来的"老朋友"突厥。经过了几年的太平时光，突厥人又在这一年卷土重来。这一次突厥的骑兵直接压过了边境，围攻了唐朝的边塞城市——乌城。

这一次，唐高祖没有派身经百战的李世民出征，而是听取了李建成的意见派了小儿子李元吉前去乌城迎敌。唐高祖下这个决定恐怕也是不想让李世民的战功更扩大，又引发兄弟们的妒忌和猜忌，但李建成向父亲推举李元吉有着自己目的。首先，他希望借出征突厥的机会将秦王府的精锐部队调离，使李世民陷入孤立无援之地，其次，他和李元吉还计划在昆明池为大军践行的时候进行刺杀活动，夺取李世民的性命，将秦王集团一网打尽。

但李建成等人往往没有想到的是，秦王府的眼线已经布满了整个长安，这个消息很快就传到了李世民的耳中。得知太子等人在东宫密谋图害自己的消息后，李世民马上召集了长孙无忌、尉迟敬德、高士廉、侯君集等人商议大事。经过讨论，大家都认为与其坐以待毙，不如先发动政变除去太子集团。如若不然，不仅这么多年的苦心经营要付诸东流，众人连性命都可能不保。

李世民叹息道："骨肉相残，古今大恶。我很清楚自己已经危在旦夕，但我想等他起事我再以仁义之师来讨伐他，不知这样是否可以呢？"事实上，李世民也不愿背负杀兄的骂名，宁愿受制于人。手下的人见他如此犹疑，心底都暗中着急。

这时，心直口快的尉迟敬德首先站了出来，他劝李世民道："事已至此，大王您倘若还是犹豫不决，臣就转身回到草莽之中，不想留在大王身边一起等死。"见尉迟敬德如此，长孙无忌接着说道："您如果不接受尉迟敬德的意见，不止是他，我也不愿再在你身边效力。"

见心腹爱将们如此决绝，李世民心如乱麻，不知如何是好。最后，他决定采用历来成大事前都用的占卜的方法来决定起事与否，但被张公瑾阻止了。张公瑾劝他道："现在的事态很明了了，占卜又有何用呢？如果卦象不吉，我们就在这里等死吗？"在众人的逼迫下，李世民只能决定起事。

这段记载不知是否属实，或许也是经过了太宗时期史官的修饰的。人们对于这个场景看起来很熟悉，因为在晋阳起兵之时，李渊就是这样被众人"逼迫"，最后走向了反抗隋朝的道路。而如今，他的儿子李世民也是处于这种被"胁迫"的处境，只不过前一次是为了凸显李世民在晋阳起兵时所起到的作用，而这次则是为了掩饰这段"骨肉相残"的悲剧。

从客观角度来分析，李世民虽然对皇位一直都有觊觎之心，但他对李建成和李元吉还是有兄弟之情的。虽然李世民确有谋求太子之位的想法，但李建成对他的诽谤和中伤也存在着很大的夸张成分。可能是时机还不成熟，但毕竟是李建成先决定用武力的方式解决这场帝位之争，毫不念及兄弟情分，这也或多或少让李世民心寒。面对这样的情况，李世民也只能点头应允，因为他深知，如果自己不采取行动，马上就会成为李建成和李元吉的刀下鬼。

因为李世民重要的谋士房玄龄和杜如晦已被李建成借机罢黜，所以决定起事之后，李世民马上派长孙无忌前去将他二人召回来共成大事。但此时的房玄龄和杜如晦还不知道局势已经发生了这么巨大的变化，出于对自己的保护也是为了逼迫秦王下决心，他们对前来传达命令的长孙无忌说："臣等奉皇上指令，不能再听秦王指令了。如果今天我们私自去晋见秦王，一定会被处死。"

长孙无忌将他二人的话原封不动地传达给了李世民，李世民以为房、杜背叛了自己，便让尉迟敬德拿着自己的佩刀去一探虚实。倘若他们真的背叛了自己，尉迟敬德可以当场将他们处死。

但当房玄龄和杜如晦看到尉迟敬德前来后，终于明白李世民已经下定决心。二人马上乔装打扮，跟随长孙无忌和尉迟敬德潜入秦王府。经过众人的商讨，最终决定在玄武门设伏，"擒贼擒王"，将李建成和李元吉一举拿下。虽然已经决定了在玄武门发动政变，但这一批老到的政客还是给自己留了一条后路，派人马不停蹄地回李世民的"根据地"洛阳布置。万一失败，就撤回洛阳，再做打算。

就在万事俱备的时候，一件小事使得整个政变计划差点落空。古代的帝王们十分注重天象，他们自称为"天子"，上天的旨意便是他们奉行的准则。所以历朝历代都有这样一批人，他们帮助皇帝观察天下，以此来探查神秘的老天一个又一个暗示。

这天，太史令傅奕向唐高祖上了一道密奏，说："太白见秦分，秦王当有天下。"意思是天下即将要发生巨大的变动，而这一星象是代表着灾难的。太史令的报告在当时给唐高祖带来了很大的震撼力，再加上他早就知道李世民对皇位野心勃勃，如今天象如此，恐怕是秦王府又要有什么动静了。

武德九年（公元626年）六月三日，唐高祖就因为这件事召见了李世民，想探探虚实。面对一直对自己有所怀疑的父亲，李世民拿出了自己最大的资本——军功。李世民对父亲说："臣于兄弟无丝毫负，今欲杀臣，似为世充、建德报仇。臣今枉死，永违君亲，魂归地下，实耻见诸贼！"表面上说是死后无脸见王世充、窦建德等人，其实是提醒唐高祖自己对于这个国家是有过大功的。

与此同时，他还向父亲举报，说李建成和李元吉二人淫乱后宫。听李世民如此说，高祖的疑心病又犯了。思虑再三，高祖决定将这件事搁置明日，并下令第二天审理李建成和李元吉是否有染于后宫。

对于这件事的处理又一次展示了李世民敏锐的思维和政治手段。他不仅处变不惊，化险为夷，还在为自己开脱的同时把对手拉进了这个旋涡，使高祖的注意力完全从他身上转移。那么，李建成和李元吉到底有没有和父亲的妃子发生不正当的关系呢？

李建成和李元吉确实与后宫的妃子交好，希望她们在高祖面前替自己说好话，这也是一种常见的政治手段。而至于有没有淫乱之事，这就不得而知了。但从李建成接招后敢于坦然进宫对质这一点来看，这件事的可能性应该并不大。

兄弟相争，秦王登极

玄武门位于长安太极宫的北部，是皇亲国戚和众臣们进入皇宫的必经之地。关于玄武门在当时的重要地位，陈寅恪先生曾有评论："玄武门在唐代多次政变中均处于关键地位，谁能控制它，就容易在军事上处于优势，取得胜利，因此乃兵家必争之地。"

秦王集团之所以选定在玄武门起事，一是因为这里是进出皇宫的要道，李建成和李元吉听诏入宫一定会从此经过，而且如果在玄武门设伏失败，还可以利用地利控制住唐高祖，为自己谋求一条后路。所以在决定发动政变后，李世民首先派人收买了玄武门的守将常何，以此来保证日后在玄武门的设伏不会受到阻碍，加大政变成功的概率。

武德九年六月四日，唐高祖召太子李建成、齐王李元吉入宫，准备着手调查他二人是否如秦王所说在后宫有淫乱之事。后世有人认为李世民举报太子和齐王淫秽后宫其实是"调虎离山之计"，将二人调离东宫，在玄武门将其射杀。而就在李建成和李元吉准备入宫之前，李世民带领长孙无忌、尉迟敬德、张公谨、公孙武达、刘师立、杜君绰等人早早就埋伏在了玄武门，等待着他二人的到来。

事实上，老天还是给了李建成和李元吉最后一个逃生的机会的，但因为李建成的疏忽大意，最终没能抓住这一线生机。因为就在李世民等人在玄武门积极准备的时候，后宫的张婕妤早就觉察到了异常的状况，并派人告诉了李建成和李元吉，说秦王府有异动，要他们多加防范。对于张婕妤传出的消息，李建成和李元吉的态度是截然不同的。李元吉对这个消息非常重视，认为应该托病不要入朝，静观其变，并让东宫的军队做好准备，以防不测。但是李建成却认为皇宫"兵备已严，当与弟入参，自问消息"。

李建成有这样的想法也是情有可原，京师本来就是他的久居之地。对此，他比李世民要熟悉得多。但他万万没有想到的是，李世民竟敢在皇宫设伏，因此便放松了警惕。李建成未免太过自信，殊不知自己安排在玄武门的人早就已经被秦王集团策反，他和李元吉正在一步步迈向死亡的深渊。

当天，毫无防备的李建成和李元吉像往常一样，骑着马从玄武门入宫。当一行人走到临湖殿的时候，觉得情况有些异常，立刻准备退回东宫，但为时已晚。李世民已经在此等候多时，见状便纵马而出，追了上去。

眼见李世民追了上来，骑着马的李元吉回过头来张弓就射，但此时他内心十分惊慌，根本定不住神，所以几次都没能射中。相比之下，李世民就沉着冷静得多，他先是一箭将李建成射下马来。这时，秦王府的伏兵尽出，李元吉寡不敌众，也在乱箭中摔下马来。

就在这个时候，发生了一个小插曲。李建成当场毙命后，玄武门陷入了一片混乱之中，李世民的坐骑也受了惊吓。可能李世民在一箭射杀了自己的亲兄弟后一时间没有回过神来，所以身经百战，弓马娴熟的他没有控制好胯下的骏马。这匹受惊的马带着李世民跑进了树丛，随后一人一马都被困住不得脱身。李元吉见回转的机会来了，便准备用弓弦勒死李世民。

就在这生死一线的关键时刻，尉迟敬德赶了过来，一箭将李元吉射死，解救了李世民，然后又将李建成和李元吉的头颅砍了下来。这一年，李建成三十八岁，李元吉只有二十四岁。由于在政变中立下大功，在李世民被立为太子之后，尉迟敬德成为受恩赏最多的官员，得到了齐王府的所有珍宝。

闻得太子在玄武门被杀，东宫的两千将士在薛万彻和冯立的率领下，马上拿起武器赶到了玄武门，准备反击。在激战的过程中，敬君弘与吕世衡被气势汹汹的东宫军队杀死。张公瑾见一时抵挡不住，便下令将宫门关闭，以此来抵挡对方的猛烈进攻。薛万彻等人见玄武门难以攻克，还萌生了去攻打秦王府的想法，但当他们看到提着李建成和李元吉首级的尉迟敬德后，便知大势已去，随后便纷纷散去了。

就在玄武门发生惨案之时，完全不知情的唐高祖还在宫中和宰相们泛舟，准备稍后审理太子等人后宫淫乱之事。但当他看见身穿铠甲、手持长矛前来的尉迟敬德时大吃一惊，知道出了大事。唐高祖问发生了什么事，尉迟敬德禀报道："太子和齐王作乱犯上，秦王已经举兵诛之，现在特地派臣前来保护陛下的安全。"杀了李建成和李元吉之后，唐高祖是李世民最顾忌的人，他派尉迟敬德这样的武将前来，表面上说是为了保护唐高祖的安全，其实是一不做二不休，索性逼宫篡位。

高祖听了尉迟敬德的禀报，便问此时在旁的裴寂和陈叔达等人："朕不曾想会发生今天这样的事，现在该如何是好？"陈叔达和萧瑀都说："建成和元吉二人本是无义之人，又无功于天下。他们嫉妒秦王的功德，共为奸谋。如今秦王已经将他们除去，更是天下归心。陛下如果立他为太子，将国事交与他就无事了。"见朝中重臣都已倒向李世民，唐高祖终于明白局面已经不是自己能够控制的了，为了给自己留些颜面，他只得找个台阶，言不由衷地表示同意："善，此吾之夙心也。"

随后尉迟敬德又以长安城中现在还未恢复正常为由，请高祖将长安城的兵马都交由李世民指挥。高祖此时已经是龙游浅底、虎落平阳，无奈只得答应了尉迟敬德的要求，将兵权交了出去，并命天策府司马宇文士及当众宣读这一旨意，遣散了东宫的将士。

这场惊心动魄的政变以李世民的完胜而告终。一切都已经妥当之后，李世民来到了高祖面前，痛哭流涕，希望高祖能够体谅他处于危难之中不得不这么做的一片心。不论李世民这么做是否是发自内心，但确实是给自己的忠孝仁义做足了面子，也使得后世对他在玄武门之变的表现多了不少正面评价。

"覆巢之下，焉有完卵"，就在李建成死后不久，他的五个儿子无一例外都被李世民下令处死，就连李元吉的后人也全部被杀。清人赵翼在《廿二史札记》对这件事的评论是："是时高祖尚在帝位，而坐视其孙之以反律伏诛而不能一救，高祖亦危矣！"这一招"赶尽杀绝"何其残忍，但为了斩草除根，以解后患，李世民还是这么做了。最高权力的争斗是无比严酷的，失败的一方只能接受对方的处置，丝毫没有任何转还的余地。

从道德和情感的层面来讲，李世民发动"玄武门之变"是违背人伦道德和公平正义的，但是倘若换做是李建成和李元吉，在这种情况下应该也会置李世民于死地。这就是政治的残酷性，为了权力可以不顾一切，连骨肉亲情都可以弃之不顾。所以说，生在皇室家族是李氏兄弟的幸运，同时也是他们的悲哀。他们虽然是地位尊贵的皇子，但却时时刻刻都在处心积虑地与自己的手足争夺权利，从来没有享受到兄弟之情的温暖。

三天之后，李世民因"救社稷有功"被立为皇太子，而秦王府的官员们也是一人得道鸡犬升天，封官赏赐自是不在话下。除了立李世民为太子的诏书之外，唐高祖还颁布了一道诏令，内容是："自今后，军机、兵仗、凡厥庶政，事无大小，悉委太子断决，然后闻奏。"主动将所有国家大事的处理权都交给了李世民。

十六日，几乎失去所有权力的唐高祖准备退位，或许他心里也知道他和李世民关系不佳，并且多次打压他，所以借此给自己留个面子也留条后路。但李世民拒绝了高祖的这一请求，因为他自己也不想造成逼父让位的现象。但事已至此，贪恋皇位也是徒劳无功。两个月之后，唐高祖主动下诏将帝位让给李世民，自己退居二线，当起了太上皇。八月初八，李世民在东宫显德殿即皇帝位，成为了大唐王朝的第二位君主，是为唐太宗。

回顾李世民与李建成争权的全过程。李建成和李元吉曾多次设计来打击李世民的势力，但这些计策之间不成体系，相互孤立，虽然能使李渊对李世民越来越疏远，但始终没有一次打击能沉重致命到令他彻底垮台。而根据史书的记载，李世民对付李建成只有两次，一次是"杨文干事件"，一次就是"玄武门事变"。这两次都是计划周详，能予李建成以沉重打击。自始至终，李世民都以一种军事家的眼光对全局进行把握与控制。将夺权之事，当成一场战争来打，怎能不胜？

玄武门之变，李世民胜利了。但这个"弑兄挟父"的罪名终究不太光彩，而且这个问题就像一块挥之不去的阴影笼罩在李世民的心头，久久不肯散去。李世民是个好皇帝，但是不管他立下再大的功绩，他的头上都永远刻着篡位者的标志。明末学者王夫之一再揭露李世民的疮疤，他说唐太宗的行为有些邪恶，但因为他的贞观之治曾是历史上令人憧憬的黄金时代，千百年来，当人们谈及此事时，多采用回避的态度。

然而无论如何，李世民赢了，"二十四史"，从来都是胜利者的大嘴史，失败者的完蛋史，此话不假。李世民当上皇帝后，基于自己的优势地位和强烈的"原罪"心理，对史官大加关照，那些史官们端详了一下手中的笔，伸手摸了摸自己的脑袋，也罢也罢，功过都予后人评吧，先保住自己的命要紧。于是，就有了现在看到的正史。

李世民虽然对史料进行了修改，但并不能抹去自己的这段历史，玄武门之变成了他的"原罪"。

正是对玄武门"原罪"耿耿于怀，在这件事的鞭策下，李世民借鉴历史，实行仁政，励精图治。他吸取隋朝灭亡的原因，非常重视老百姓的生活。他强调以民为本，还常说："民，水也；君，舟也。水能载舟，亦能覆舟。"

太宗即位之初，下令轻徭薄赋，让老百姓休养生息。唐太宗爱惜民力，从不轻易征发徭役。他患有气疾，不适合居住在潮湿的旧宫殿，但他一直在隋朝的旧宫殿里住了很久。贞观之初，在唐太宗的带领下，全国上下一心，经济很快得到了好转。到了贞观八、九年，牛马遍野，百姓丰衣足食，夜不闭户，道不拾遗，出现了一片欣欣向荣的升平景象。也许贞观之治有些被夸大了，贞观时期比乱世当然好，也比一般的和平时期强，但远没有现在通常吹捧的那样美好。但有一点是值得肯定的，人们的生活确实在一天天地好转，老百姓们看到了希望。

是不是改了史书，有了卓越的政绩，李世民找到了心理平衡，不再为此事耿耿于怀了呢？鲁迅先生说："一部中国历史，概括起来，无非'瞒'和'骗'这两个字。"但是对于李世民来说，他瞒得了世人，但能瞒得了自己吗？"原罪"这种东西，在心理上是很难消除的。一直会伴随这个人一生，已近暮年的唐太宗像所有的老人一样，喜欢回忆，喜欢怀旧，喜欢反思。于是他又恢复李建成太子封号，还把跟李元吉妃子生下的孩子过继到其名下。李世民这样做还有一个目的，那就是寄希望于后代，不要再发生玄武门惨剧。

李世民最终也没有摆脱"原罪"的纠缠，但无论如何他都开创了一代盛世，为中国日后的发展奠定了坚实的基础。

成功的皇帝，失败的父亲

"太上，极尊之称也。皇，君也。天子之父，故号曰皇。不预治国，故不言帝也。"这是颜师古在《汉书·高帝纪》对"太上皇"作出的注解，最早可以追述到秦朝，是秦始皇嬴政给他的父亲庄襄王的尊称。虽然太上皇地位尊贵，但是被儿子逼迫退位，成为太上皇的李渊内心可谓是五味杂陈。在他当太上皇的这几年里，他的地位十分尴尬，感受到的不是万人之上的荣誉和安乐，更多的是内心的凄凉和落寞。

退位之后的李渊一直住在他原来的居所——太极宫。贞观三年（公元629年），已经做了好几年太上皇的唐高祖迁到了大安宫（原弘义宫），将在这里度过他的晚年。大安宫建于武德五年（公元622年），是当年唐高祖为劳苦功高的李世民修建的宫殿，不论是在规格和地位上都远不如太极宫，根本不符合尊贵的太上皇的居住要求，可见李世民对父亲的怨恨至此还没有改观。而高祖因为权利丧失殆尽，此时也只能听从儿子的安排，从太极宫搬了出去。

经过高祖时期的皇位之争，这对曾经亲密的父子逐渐产生了隔阂，但对于高祖的日常生活，唐太宗李世民还是十分照顾的。他经常都去大安宫向父亲请安问候，尽自己的努力做好一个孝顺的儿子，但这其中情感的成分可以说是少之又少的。

唐太宗即位之后，为了自己避暑方便，下令修葺了隋朝的仁寿宫，并将其更名为"九成宫"。但唐高祖居住的大安宫相比之下就十分矮小陈旧，就连监察御史马周也看不下去，向太宗上书，称这样不符合"温清之礼"，希望他给高祖另辟一个住所，否则会有碍皇室的颜面。但唐太宗一直都没有做出实际行动，而高祖就一直住在这狭小的宫殿里。

九成宫修建好后，太宗每遇酷暑便前去这豪华的宫殿内避暑，而把年老的父亲留在长安。对于太宗的这种做法，许多官员都难以理解，他们上书言道：

"太上皇春秋已高，陛下宜朝夕视膳。今九成宫去京师三百余里，太上皇或时思念陛下，陛下何以赴之？又，车驾此行，欲以避暑，太上皇尚留暑中，而陛下独居凉处，温清之礼，窃所未安。"

其实，太宗也知道这么做有损自己仁君的形象，但恐怕此时他对父亲的感情还难以做到同处一室共享天伦之乐吧？所以，面对官员们的婉转指责，他也是想尽办法在回避。最后，唐太宗还是借自己有疾在身，匆忙离开了这个是非之地。

从唐太宗对待父亲的冷淡态度和种种行为来看，他对当年高祖对自己的猜疑和反复一直都耿耿于怀。他这么做，从某种程度上来说，也是对高祖一种刻意的忽略和"报复"。从高祖的角度来看，地位如此尊贵的他如今受到这样的冷遇，也只能在心里默默叹息。

在失落和郁闷中度过时日的唐高祖在这几年内只享受到了屈指可数的几次欢乐，其中较为重要的一次就是唐朝征讨突厥的成功。贞观四年（公元630年），唐朝大军大破突厥，并俘虏了颉利可汗。消息传来后，百姓们都激动万分，整个长安陷入了一片欢腾。大军凯旋之后，唐太宗更是难掩心中的兴奋，在顺天楼举行了声势浩大的献俘之礼。

作为开国之君的唐高祖对此也是十分感慨，因为他曾经在起兵之初为了积蓄实力而和突厥联盟，这也是他一生引以为耻的事情。如今突厥已灭，这么多年的抑郁心情一扫而空，百姓们也能安居乐业，不必再为边患忧愁。

兴奋不已的唐高祖召来了太宗李世民和众多亲王、公主以及十几个大臣在凌烟阁设宴庆祝，并言道："汉高祖困白登，不能报；今我子能灭突厥，吾托付得人，复何忧哉！"对于隔阂多年的儿子李世民，他也是忍不住称赞起来，公开说自己"托付得人"。这一夜，众人饮酒直至深夜，年事已高的唐高祖在酒酣之际更是亲自弹起了琵琶，而伴舞的则是唐太宗李世民，可谓是其乐融融。

时间是治疗一切伤痛的良药。转眼便到了贞观六年（公元632年），已经登基六年的唐太宗可能也体会到父亲作为一个帝王的难处，内心深处对父亲的怨恨和隔阂也随着时间的推移在逐渐减淡。再加上他这样对老父不冷不热的态度也有损于自己的仁君形象，更难以给天下人做出表率。

贞观六年九月，唐太宗回到了他的出生之地——武功。太宗的这次还乡可谓是衣锦荣归，当年所居住的旧宅也重新修葺，更名为"庆善宫"。故地重游的唐太宗回想起了少年时代的一切和父母的养育之恩，一丝愧疚慢慢涌上心头。回到长安之后，太宗马上去大安宫拜见了高祖，并在此摆下了家宴。宴席之上，长孙皇后和众多皇子皇孙都向年迈的太上皇祝酒，让高祖感动不已。

贞观八年（公元634年）的三月，突厥使者带着礼物来长安朝贡。见了太宗之后，太上皇李渊也在两仪殿设宴款待远道而来的使者。饮宴过程中，长孙无忌举酒祝太上皇千秋万岁。高祖大喜过望，便赐酒给儿子太宗。此时的唐太宗也是激动异常，他拿起酒杯流着泪对父亲说道："如今百姓安居乐业，四海太平。都是遵照父亲您的旨意，不是我的功劳。"

贞观九年（公元635年）的七月，炎热的夏天和往年一样如期降临到了长安。这一次，准备离开长安避暑的唐太宗终于放下身段请太上皇李渊去九成宫避暑，但是李渊由于"隋文帝终于彼，恶之"，所以婉言拒绝了儿子的邀请，太宗后来又多次劝他同行，但还是被推辞了。所谓的"隋文帝终于彼"或许是一层原因，但更重要的恐怕是他与太宗冷战多年，对于儿子突如其来的热情或许一时还难以适从吧。如果他轻易就接受了太宗的邀请，这在面子上也会让自己下不来台。

贞观九年（公元635年）十月，回到长安后的唐太宗下令在长安城北面为高祖修建大明宫，以供父亲日后避暑之用。但宫殿还没有修建完成，唐高祖就一病不起。不久之后，内心郁闷多年的唐高祖李渊就因病离世，结束了他孤独而又落寞的晚年，直到去世也没能享受到儿子的这份孝心。这位大唐王朝的开国之君享年七十岁，谥太武皇帝，庙号高祖，葬于献陵。

唐高祖因为与李世民之间的隔阂不仅没有安享晚年，死后更是极尽凄凉。贵为帝王的李渊甚至直到死，都没能修建自己的陵墓，甚至连陵址都没有选定。高祖在他的遗诏中声明，他的后事一定要"务从简约"，李世民为他修建了献陵，原来九丈的封土最后也因为所谓的"工期仓促"而被改为六丈。相比唐代后期君主的陵墓，这位开国之君的葬所可谓是十分寒酸。

曾几何时，这对父子亲密无间，共同为这个家族征战沙场，打下了偌大江山，但后来却因为帝位的争斗，互相猜忌和怨恨，以致产生难以愈合的裂痕。晚年的唐高祖深深地体会到了英雄末路的悲凉，几乎没有享受过什么天伦之乐。

他戎马一生，历经千辛万苦开创了唐朝，似乎没有什么事是他不能解决的，但到老却不得不面对儿子们之间的厮杀。早年丧父，中年丧妻，晚年丧子，中国人所谓的人生三大最痛苦的事他都经历过，这或许也是作为一个帝王的失败和悲哀吧。但李渊的悲哀何尝又不是李世民的悲哀？他内心的煎熬和无奈或许也是常人难以理解的。

第五章　贞观之治，光照百代的盛世牡丹

"一日之恶"与"三年之善"

登基之后的唐太宗面临着一个重大的问题，那就是如何处理太子李建成和齐王李元吉留下来的残余势力。虽然这两人已经在"玄武门之变"中丧生，但他们的死并不代表着太子集团势力的最终消亡。这些势力依旧分布在全国各地，随时都有可能威胁到自己的统治。这是一个巨大的挑战，究竟应该对他们实行安抚政策，收买人心，还是武力镇压，消除隐患，唐太宗也难以抉择。

早在玄武门事变之后，秦王府的将领们就在这个问题上各执己见，大部分人都认为应该将太子的这些余党全部处死，以免放虎归山，日后难以处理。但尉迟敬德却认为，如今最重要的是安抚人心，既然李建成和李元吉已死，滥杀无辜只会丧失民心，弄得天下大乱。

唐太宗也认为如此甚好，于是便以唐高祖的名义颁下诏书，大赦天下，表示除了李建成和李元吉两人，其余人一概不予追究。对于政敌的残留势力，唐太宗的这种做法是十分明智的，一来可以稳定局势，使人心思归，为日后的统治打下坚固的基础，二来可以缓解天下人对于他杀兄夺权这种行为的谴责。

对于唐太宗想要"化干戈为玉帛"的和解态度，大部分太子和齐王的旧部都"心术豁然，不有疑阻"，冯立、薛万彻等人在政变后很快就归顺了李世民。对于他们的配合，唐太宗也十分满意，称他们以前为太子卖命，也是忠义之士。由于东宫集团首领等人纷纷归顺，那些散落在长安附近的东宫兵勇也都放下了武器，长安附近的隐患基本解除了。

但事情到这里并没有结束，在地方上还有一些势力集团不满李世民的统治，制造出了不少的事端。李建成在各地的残部中，势力最强大的当属幽州大都督、庐江王李瑗和泾州总管罗艺。庐江王李瑗是唐高祖堂兄的儿子，于武德元年被封为庐江王，任信州总管，武德九年升至幽州大都督。

李瑗和李建成的关系十分密切，在李建成与李世民争夺帝位的时候一度准备在北方策应。但事实上，李瑗并非将才，所以朝廷派将军王君廓到幽州担任他的副手。李瑗很有自知之明，知道自己对处理军事没有天赋，再加之王君廓是朝廷派来的命官，所以对他十分尊重，遇事都与他商议，还与他结成了儿女亲家。

李世民早就知道李瑗和李建成的关系非同一般，所以玄武门之变后，他便马不停蹄地派人召李瑗回京，以免他在幽州制造出什么事端。为了让李瑗不疑有他，李世民还特意让崔敦礼作为使者前往幽州。从地理位置来看，幽州离长安还是有一定的距离的，所以李瑗虽知朝廷可能发生了事变，但具体情况却不甚明朗。敕使崔敦礼的到来一时间让李瑗慌了手脚，不知如何是好。在和王君廓商量之后，李瑗决定先将崔敦礼扣押起来，再找燕州刺史王诜前来商议大事。

就在此时，李瑗手下的兵曹参军王利涉却对他说："大王您如今不奉召入京又拘押来使，已经如同谋反。现在各州的长官都是朝廷命官，未必会肯听从您的指令，如果征兵不起的话，该如何处理呢？"李瑗听后也觉得有理，便向他询问具体事宜。

王利涉接着说道："山东之地是窦建德的故地，现在还有很多窦建德的部下。大王您应当使他们官复原职，在当地镇守，如此河北之地就没有后顾之忧。之后再联合燕州刺史王诜北连突厥，您再亲率大军开往洛阳，不出两个月便可以平定天下。"王利涉还认为王君廓曾经跟随李世民东征并颇受宠信，所以并不可靠，应该先将他除去而让王诜掌控兵权。

但李瑗和王利涉的谈话却被王君廓得知，他决定先下手为强，王君廓首先找到了王诜，将不知所以的他杀死并砍下其头颅。随后，王君廓又带着王诜的首级向众士兵宣布：李瑗和王诜私自扣押朝廷来使，意图谋反。如今逆臣王诜已被我除去，你们跟着李瑗只有死路一条。何去何从，你们自己考虑。

众人见局势已定，便跟随王君廓将崔敦礼从牢中放了出来。虽然是大势已去，但为了自保，李瑗还是带领手下的几百将士手持兵刃意图反抗，但被王君廓当众勒死。一场兵变还没开始就宣告流产，李瑗的头颅被送到长安之后，王君廓因平叛有功，代替李瑗成为幽州大都督。

李瑗死后，唐太宗的目光又落到了泾州总管罗艺的身上。罗艺是隋朝旧臣，后归顺李唐王朝，征战多年，立下了不少功勋。唐朝建立之后，罗艺和李建成关系密切，曾经帮助他招揽了大批将士驻扎在东宫，号称"长林军"。但这件事后来被高祖发现，李建成受到了严厉的谴责。而罗艺却因为劳苦功高，得以赦免。

事后，罗艺被高祖放了外职，镇守泾州。太宗即位之后，为了安抚住他，便下令封他为开府仪同三司。但区区开府仪同三司并不能满足罗艺的野心，他"惧不自安"，借检阅军队之机召集了大军来到了幽州，意图谋反。

太宗闻讯后大惊，马上派长孙无忌和尉迟敬德率大军前去镇压。让人出乎意料的是，朝廷的讨伐大军还未到达，当地的太守赵慈皓便联合统军杨岌将罗艺赶出了幽州。兵败之后，罗艺抛弃妻子向突厥逃去，但却在到达宁州之时被部下所杀，首级被传到了京师。至此，李建成残留下来的两大武装力量迅速溃灭，可见此时太宗是众望所归，李建成的残部已经是强弩之末了。

　　除去了李瑗和罗艺两大武装力量，唐太宗还对消除山东和河北之地的隐患做出了很大的努力。李氏家族出于关陇政治集团，建立政权后，唐高祖因此启用了很多关陇地区的政治阶层。和高祖一样，唐太宗登基以来，山东人士也没有得到公平的待遇。

　　贞观元年（公元627年），殿中侍御史张行成对太宗这种因地域原因对人才差别对待的做法进行了劝谏。当时唐太宗"言及山东、关中人，意有同异"，张行成便劝他道："臣听说天子以四海为家，不应以东西为界。如果陛下这样的话，天下人便会觉得您内心狭隘了。"太宗听了张行成的话，很有感触，便打破成见，擢用了很多山东地区的人才。

　　河北地区本来是窦建德和刘黑闼的势力范围，当年刘黑闼起兵谋反，李建成奉旨出征。他听从了魏徵的建议，在当地实施了"安抚民心"的政策，破了刘黑闼的大军。从此之后，这片地区就成了李建成的势力范围。玄武门之变后，一部分太子残部逃到了这里，在暗中威胁着唐太宗的统治。为了消除河北地区的隐患，只能怀柔安抚，武力镇压只会适得其反。

　　为此，太宗派魏徵出使河北。魏徵本来是窦建德的部下，平刘黑闼时献计有功，在河北地区颇有人望。魏徵没有辜负唐太宗的期望，到达河北之后按太宗的旨意将一些太子原来的残部释放，以此来获得当地地主豪强的支持。除此之外，魏徵还主持减免了当地的赋税，百姓对此感恩戴德，人心渐趋平稳。

　　就在太宗登基两个月后，他下令封李建成为息王，封李元吉为剌王，并以亲王的礼仪安葬。葬礼举行的那天，太宗允许太子宫和齐王府的人前去送葬，而他本人也是在宜秋门上痛哭流涕。贞观十六年（公元642年），又追赠李建成为皇太子，李元吉为巢王。

　　天下安定之后，唐太宗便开始着手于民生、军事、法律等各个方面的治理，在几年时间内，便使得天下富足，社会稳定。对于李世民的治国之能，后人一直颇为称许，许多人认为这是因为他天赋异禀，具有常人所无法比拟的政治才能。其实与生俱来的智慧和后天培养的治世才华确实是唐太宗的长处，但却不是他能够创造贞观盛世的唯一原因。

　　事实上，在李世民的内心深处有着强烈的治世愿望，这种深刻的愿望来自于一种恐惧，那便是隋朝的灭亡和发生在玄武门那一场血案。按史学家的分析来看，那就是他和隋炀帝有着太多的相似之处，他不愿重蹈隋炀帝的覆辙，所以只有努力控制住自己安于享乐的欲望，反其道而行之。而"玄武门之变"虽然是唐太宗一生无法平复的伤痛也是他唯一为世人所诟病的事件，但这"一日之恶"却成就贞观的"三年之善"。这些因素在无形之中制约着、鞭策着唐太宗，使他最终成为了一位独步古今的君王。

蛋糕的切法

　　解决完李建成等人的遗留问题之后，唐太宗便开始着手于政治班底的变革，组织起自己信任的领导集团。唐代的政府机构中宰相人数很多且更换频繁，仅唐高祖在位的九年时间里，前前后后就一共有十二位宰相。武德年间的这些宰相主要由隋朝遗臣和关陇贵族集团而组成，他们有一个很明显的特点，就是基本上都出身高贵且有过多年的从政经验，但思想上都比较保守。

以此来看，这些人并不符合锐意改革的唐太宗心目中对于宰相的要求。再加上这些人都是高祖时期留下来的臣子，他们对刚登基不久的唐太宗的忠心程度以及唐太宗对他们的了解度都不如原来秦王府的官员来得深刻。正所谓"一朝天子一朝臣"，他们最终被秦王集团的政治班子所代替也是时势所趋了。

自武德九年（公元626年）六月，李世民被立为皇太子开始，他就开始为自己的领导班子进行"换血"，即将原来秦王府的官员慢慢转移到国家的最高权力机关中，用他们来代替高祖时期的旧臣。所以秦王府的众多谋臣在这段时间内都得到了迅速的升迁，例如长孙无忌和杜如晦被擢升为左庶子，房玄龄和高士廉则被封为右庶子。再加上太子詹事宇文士及，新的领导集团已经初具规模。

一个月之后，李世民又有了进一步的举动，他任命房玄龄和高士廉为宰相，并将兵部和吏部的大权交由杜如晦和长孙无忌掌管。这一次是李世民掌权时期最高领导阶层的第一次较大的调整。通过这次调整，宰相集团一改以往全部是高祖旧臣的局面，焕发出了新的生机。但随着时间的发展，新旧宰相之间逐渐出现了不小的隔阂，有鉴于此，唐太宗又逐步用调职或罢黜等方法将这些旧官员排除出了最高权力机构。

在这些被罢黜的高祖旧臣中，萧瑀、陈叔达和宇文士及因在武德年间就归属唐太宗，且对他获得帝位有一定帮助，所以在离开之后得到了较好的待遇。而封德彝因为生前在李世民和李建成中间首鼠两端，犹豫不决，贞观十七年（公元643年），唐太宗下令收回他死后的赠官和食封，就连他的谥号也被更改。从唐太宗对这些高祖旧臣的处理态度来看，可以清楚地看到，太宗是个既念旧情又不能忘怀旧怨的人，他对宰相裴寂的处理就是最好不过的例子。

裴寂早在晋阳起兵的时候就跟随在唐高祖李渊的身边，可以说是李唐王朝不折不扣的开国功臣。他虽然在才能各个方面都不如同一时期的刘文静，但却因为和高祖是多年至交，所以仕途一路畅达。武德二年（公元619年），朝廷发生了著名的"刘文静事件"，这场表面上是裴寂和刘文静的意气之争的案件，最后以刘文静的被冤杀而告终，而裴寂基本上没有受到任何惩罚。或许就是在这个时候，唐太宗就开始对裴寂怀恨在心，所以多年后，裴寂也迎来了他命运的低谷。

其实在武德九年之时，裴寂受到的待遇还是不错的。此时的他虽然只有司空的虚职，但还是朝廷的一等公，并拥有着朝廷赏赐的一千五百户封食邑。如果情况不发生太大的变化，纵然手中没有实权，但这些爵位和封邑也足够裴寂安享晚年了。但到了贞观三年（公元629年），局势还是发生了巨大的变化。唐太宗下令免除了裴寂的一切官职，并将他的封食邑削减了一半，将其"放归本邑"，原因就是当时的"法雅"一案。

遭到罢职的裴寂本想留在京师，但唐太宗却将武德年间的旧事重提，认为遣他回乡已经是念及旧情，法外开恩，不容商议。无奈之下，裴寂只好回到了家乡蒲州。但事情到这里还没有结束，不久之后，汾阳就传来了"裴公有天分"的谣言。

唐太宗听闻这件事后大怒，他当着众臣的面历数裴寂的四大罪过，其中包括"位为三公而与妖人法雅亲密"，其后"负气愤怒，称国家有天下，是我所谋"，回到蒲州后有"妖人言其有天分，匿而不报"，最后"阴行杀戮以灭口"，条条都是死罪。念及他是开国重臣，唐太宗决定免除他的死罪，但"活罪难逃"，遂下令将他流放到偏远的静州，后死在回京途中。

处理完这些武德旧臣后，唐太宗还下令启用了魏徵、王珪和温彦博等人。唐太宗这么做的目的有两个，其一是他的确看重这几人的才华，希望能够收归己用，帮助自己处理朝政，其二是这种不计前嫌的做法能够体现出他作为一个君主的宽容和大气，对此时经历乱局、亟需安抚的人心很有帮助。

到了贞观三年（公元629年），房玄龄、杜如晦、温彦博、魏徵等人都先后进入了国家的最高决策层。这样一来，最终的领导集团的主要成员都是由唐太宗亲自选拔的官员而组成，这对他日后施行自己的政治方案和巩固自己的统治起到了极其关键的作用。

完成权力重组之后，唐太宗将迎来一项更为重大的挑战，那就是治理这个庞大的帝国。古往今来，多少帝王败在"能得天下不能治天下"的怪圈之下。唐太宗之所以能为世人所称道，就是他做到了一般的君主难以做到的事，既以武功得了天下，又凭文才治理了天下。言易行难，要打造这让后世人无限神往的大唐盛世，唐太宗付出的努力和辛酸也是任何人都无法切身体会的。

"大乱之后，其难治乎"，如何在这纷纭的国事中理出头绪，确立自己的治国方向，关于这个问题，唐太宗在登基之初就和群臣讨论过。这场治世之论异常激烈，在唐太宗的鼓励下，大臣们各抒己见。每个人的想法都不同，看法和意见数不胜数，难以统一，但其中较为有代表性的是名臣魏徵和封德彝的辩论。

在魏徵看来，如果天下长久安定，民众则骄逸，不容易教化，但战乱之后，百姓经历了愁苦，则比较温驯听话。这就如同饥者思食物，渴者思饮水，道理是一样的。所以说，唐太宗所说的"大乱之后"，不是难治，而是易治。

听了魏徵的话，唐太宗也提出了自己的疑惑，他询问魏徵："一个善于治理国家的君主，要使得天下大治恐怕也要百年的时间。如今天下已是大乱之后，能很快达到天下大治吗？"魏徵回答道："话虽如此，但圣人说过治天下，只要上下齐心，三年之内必定可以将天下治理得井然有序。"唐太宗心下暗许。

但封德彝对魏徵的看法并不十分认同，他反驳道："自夏商周三代以来，人心越来越向奸佞讹诈发展。因此，秦朝用严酷的律令，汉朝则是王霸道相杂用，这些都是人心不稳造成的结果，不是不想将天下治理好。魏徵是个书生，不识时务，只懂纸上谈兵。倘若听信他的言论，国家的灭亡指日可待。"因此，他主张施行严刑峻法，加强统治的力度，这一看法也得到许多人的认同。

魏徵不甘示弱，反唇相讥，说道："古往今来大乱之后大治的例子比比皆是，黄帝、颛顼、商汤、周成王都是如此。如果按你所说，古人都人心纯朴，今人都渐渐奸恶，岂不是今天的人都变成鬼了吗？那样的话，人主还怎样治理天下？"

魏徵和封德彝二人各执己见，你来我往，争得不可开交。但最后，英明的唐太宗还是采纳了魏徵的意见，并据此制定自己的治国方略。

孟宪实先生说："这是贞观之治历史上最重要的一次辩论，是事关国家基本政策的思想交锋，也可以说是一次思想解放运动。这个争论代表了唐初的两种统治路线。两种路线，一是王道，一是霸道。"二者都有一定的合理性，但要看世事的具体时间和状况，而此时的唐朝正是需要用"王道"来安抚天下臣民，而不是用"霸道"来武力镇压。

亲身经历隋末大乱的唐太宗更清楚地知道，百姓之所以作乱都是为时势所逼，如果不是没有生存的机会，是不会放着好好的日子不过去当盗贼的。所以，李唐王朝虽然是靠武功夺得了天下大权，但唐太宗认为此时应该采取魏徵所提倡的"王道"，与民休息，制定合理的政策让百姓安居乐业，如果一味地用重刑重律，不仅不能"止盗"，反而会使得人心不稳，社会动乱。

一头是吏治，一头是军制

为了国事能够更好地进行，唐太宗还下令在唐初的各项政治制度的基础上进行改革，建立起新的政治制度，其中对吏治的改革就是重中之重。官员是皇帝的左膀右臂，治国方略的提出需要他们来出谋划策，既定国策的实施也需要他们去具体执行。可以说，官员们的好坏优劣直接关系到国家的稳固和发展。如果没有一批高素质的官员，那么无论君主多么励精图治，也都是徒劳无功的。

如《新唐书·百官志》所记载："唐之官制，其名号禄秩虽因时增损，而大抵皆沿隋故。"唐因隋旧，中央实行三省六部制。唐朝的三省为中书省、门下省和尚书省，是国家最高的政务机构。三省中，关系最为密切的是中书省与门下省，合称"两省"或"北省"（尚书省称为南省）。中书省与门下省同秉军国政要，中书省掌制令决策，门下省掌封驳审议。

首先，政府的一切最高命令，皆由中书省发出。此种名义上为皇帝诏书的"敕"，乃是由中书省所拟定，即所谓"定旨出命"。中书省中，正长官中书令外，设有副长官中书侍郎，之下又有中书舍人。中书舍人官位虽不高，却有拟撰诏敕之权。遇事，则中书舍人各自拟撰，是谓"五花判事"；然后再由中书令或中书侍郎于初稿中选定一稿，或加补充修润，成为正式诏书，再呈送皇帝画一敕字，即为皇帝的命令。

其次，门下省掌审议副署权，每一命令，必须门下省副署，始得发生正式效能。门下省主管长官侍中及副长官侍郎，接获来自中书省的诏书后，即加以复核。在门下省侍中侍郎之下，设有若干第三级官，谓之给事中。给事中之地位与中书舍人相类，官位不高，却须对敕发表意见。门下省若反对此敕，需将原敕批注送还中书省重拟，称为"涂归"，亦称"封驳""封还""驳还"等。

唐太宗非常重视中书、门下两省在中枢政务机构中所发挥的作用，《资治通鉴》载：他于贞观元年（公元627年）十二月对群臣说："中书诏敕或有差失，则门下当然驳正。人心所见，至有不同，苟论难往来，务求至当，舍己从人，亦复何伤！比来或护己之短，遂成怨隙，或苟避私怨，知非不正，顺一人之颜情，为兆民之深患，此乃亡国之政也。"在他的眼中，中书、门下协助皇帝决定大计方针，为"机要之司"，同时也是防止个人专断的有效措施。

之后，国家一切最高政令，经中书定旨、门下复审，即送尚书省执行。尚书省是政府结构里职位最高权力最大的行政机构。尚书省长官尚书令，下设左、右仆射，其下各设左、右丞。"尚书省，天下纲维，百司所禀，若一事有失，天下必受其弊者。"《旧唐书·戴胄传》中所载的唐太宗的这几句话便足以说明尚书省在中枢行政机构中的重要地位了。

尚书省共分六部，即吏部、户部、礼部、兵部、刑部、工部，下设二十四司，分工明确，各司其职。此六部制度，一直延续到清代末年，生命力延续长达一千多年。

吏部掌文选、勋封、考课之政，下统吏部、司封、司勋、考功四司；

户部掌天下财政、民政，包括土地、人民、婚姻、钱谷、贡赋等，所属有户部、度支、金部、仓部四司；

礼部掌礼仪、祭享、贡举之政，下统礼部、祠部、膳部、主客四司；

兵部掌六品以下武官选授、考课、主持武举，以及军令、军籍和中央一级的军训，所属有兵部、职方、驾部、库部四司；

刑部掌律令、刑法、徒隶并平议国家之禁令，其属有刑部、都官、比部、司门四司；

工部掌土木水利工程和国家农、林、牧（军马除外）、渔业之政，以及诸司官署办公所需纸笔墨之事，所属有工部、屯田、虞部、水部四司。

三省六部制虽然做到了权力的相互制约，有利于皇权的集中，而且对于提高中央机构的办事效率也很有帮助，但是到了贞观年间，还是出现一些弊端和很多需要完善的地方。因此，唐太宗便下令改革和完善三省六部制，使其更好地为国家服务。

首先，唐太宗废除了尚书令这一职位。在三省的长官中，尚书令的职权可以说是最大的，唐太宗在武德年间就担任过这一职位。但唐太宗登基后，朝廷便因为避讳，一直都没有再设置尚书令一职。如此一来，尚书令就成了一个虚设的空职。因此唐太宗便下令废除了尚书令，而以左、右仆射为尚书省的最高长官，由左、右仆射和中书令等人共同行使宰相的职权。

但这种制度有个缺陷，那就是在三省的官员中，左、右仆射为正二品，中书令、侍中为正三品，品阶都比较高。能被授予此官职的除了要有出色的才华，还需德高望重，能够使众臣心服。正是因为有着这样严格的限制，所以三省的高级官员人数一直都较少，根本不能满足朝廷对于人才的需要。

为了招揽更多的有才之士为国效劳，唐太宗下令调整这一制度。他经常让一些品阶较为低下但颇有治世之才的官员和宰相们共同辅佐朝政。这些人原本并没有进入中央朝廷的机会，所以在他们在感激皇帝给予他们恩赐的同时，无一不竭尽全力为君王效劳。

这种灵活的官员任免制度不仅使全国各个阶层的人才都能够为国效力，还改变了原来三省之内一成不变的格局，增加了活力，提高了办事效率。这样做还有一个好处，那就是权力分散之后，各阶层官员之间能够相互制约，皇权的至高无上就得到了保障。

唐太宗还十分重视中央各个机构的办事效率，因此在中书省还特别设立了一种制度——"五花判事"。这本来是一种旧的制度，在唐朝之前很多君王都使用过，而并非唐太宗独创。但这项制度确实是到了贞观年间才得以彻底实施的，目的就是为了提高中书省的办事效率和加强官员之间的相互监督。

中书省的诏书起草主要是由中书舍人负责，而中书省按照尚书省的六部设置了六位中书舍人。所谓的"五花判事"，就是指所有由中书省起草的诏书和政令，除了执笔的那位中书舍人外，还需由其他五位中书舍人加入自己的意见并签署自己的名字。并且在这之后，还需由中书舍人之上的中书侍郎和中书令审核之后才交由门下省勘察。这样的规定督促了两省的官员对待所拟诏令更加认真仔细，不容一丝马虎，在提高效率的同时也保证了工作的质量。据《资治通鉴》记载，"五花判事"推行之后"鲜有败事"，收到了很好的成效。

唐太宗是个十分开明的皇帝，他认为"以天下之广，四海之众，千端万绪，须合变通，皆委百司商量，宰相筹画，于事稳便，方可奏行。岂得一日万机，独断一人之虑也。且日断十事，五条不中，中者信善，其如不中者何？以日继月，乃至累年，乖谬既多，不亡何待？"

所以，只要是对政事有利的事他基本上都能够接受并给予鼓励。例如，他就常常鼓励中书和门下省的官员集思广益，不要墨守成规，自己认为不合理的事件要敢于提出自己的看法，不能因为惧怕上级和权贵就是非不分。

要提高政府的办事效率仅仅靠改组国家最高领导层是不够的，接下来，唐太宗便命房玄龄根据"量才授职，务省官员"的原则，制订出朝廷官员的具体限额，以此来裁减官员，解决隋朝遗留下了的冗官冗费现象。隋朝官员队伍庞大，政府开支十分巨大，而这些负担就自然而然地加到了百姓身上。

到了唐朝，官员队伍更加壮大，贞观元年（公元627年），礼部侍郎刘林甫主持官员的选拔时，仅六、七品的官员就"将万余人"，可见当时的官员人数何其壮观。为了精简官员队伍，房玄龄等人经过多方面的查实，确定了中央机构的官员为六百四十人比较合理，而地方官员的数量也应酌情递减。

此外，为了加强对地方官吏的监督，唐太宗还在贞观元年下令将全国分为关内道、河南道、河东道、河北道、剑南道、岭南道、陇右道、淮南道、山南道和江南道等十道，以此来作为州县行政区域之外的监察区域。朝廷按时派出官员到各地巡查，但这些官员到了地方之后只负责"观风俗之得失，察政刑之苛弊"而不得干预地方官员的正常公务。

唐太宗还下令特设了监察巡省，监察巡省并没有特定的官员，而是根据皇帝的需要临时派遣。这样一来，职权就明显分开，官员专权的现象大大减少。加之监察力度的加强，各地的吏治在短时间内都有很大的改善。但事物都有其两面性，监察制度在提升地方吏治水平的同时还存在着很大的弊端，它带来的地方权力的增强为唐中后期藩镇林立埋下了祸根。

改革吏治的同时，唐太宗还下令完善了兵制。在初唐时期，"举天下不敌关中，居重驭轻之意明矣"。府兵制在贞观年间所发挥的积极影响是不可替代的。形势变化，其作用也不可同日而语。唐朝军队能够横扫西域，击败突厥，以及在后来的多次战争中取得胜利，府兵制有不小的功劳。

唐代的府兵是世兵，职业军人，和汉朝缺乏训练的农民军不同。众所周知，全民皆兵，生产工具就是战斗工具，生活就是战斗，这是游牧民族战斗力强的重要因素。唐代利用世袭职业军人的大量训练，造就出战力更强的农民兵，在相当程度上抵消了游牧民族的优势。范文澜评价过府兵制："府兵制的抽兵法，对生产的影响不大，又有全国保卫朝廷和防守边镇的意义，民众服兵役的劳苦也比较均平，在贞观时期，府兵制是一种好的兵制。"

唐太宗时的府兵制以均田制为基础，达到了比较完善的地步。政府将农民按贫富分为九等，六等以上的农民，每三丁选一丁为府兵。二十岁开始服役，到六十岁才免役。唐太宗时，全国分置634个折冲府，均由十二卫和东宫六率分领。

府分三等：上府兵1200；中府兵1000；下府兵800。每府最高长官为折冲都尉。府兵除出征与轮流卫戍外，其余时间均居家种田；农闲时接受军事训练，由折冲都尉统率教习攻战之术。遇到有战事发生，府兵由中央临时任命将领统兵出征，战事结束，兵士散于府，将领归于朝，平时每年须轮流宿卫京师，还需定期镇戍边疆。

府兵的任务，最主要的一项是到京城宿卫，多由距京城较近的关内、河南、河东诸道府兵担任，这几道府兵兵额也占全国府兵总数的三分之二以上。其职责除宿卫宫禁外，还充当诸王府、各官府及京城警卫巡察等治安之责。

因此，在府兵制下，军民是一家，一个男子既是军人也是农民。但是国家出于省钱的考虑，不给出钱买兵器，连粮食、日常用品都要自备。由于府兵平时务农，生活无异于农民，自给自足，国家又省了一笔军费开销。战争时期，由中央临时配备将领，战争结束后，将帅则解除兵权。这种措施使军队不至于成为将帅私有，减少了军人拥兵专擅或割据的可能性。

府兵制的出台是唐朝初期国家形势的需要。贞观年间，国家刚刚从硝烟里走出来，土地荒芜，人口锐减，百姓朝不保夕，国库也十分空虚。这时候如果把青壮男丁都抽调出来，不仅国家要养着他们，每个家庭也少了一个干农活的主力。这样，家庭和国家的负担都重了。还没来得及喘息，大唐又要背着沉重的负担行进，显然不现实。

鉴于隋文帝统治时期改革府兵制的成效，唐太宗决心加以继承发扬。经过一番精心筹划，制定出进一步发展府兵制的方针政策，形成了一套完备的府兵制度。贞观元年，唐太宗刚即位不久，立即着手改革兵制，到贞观十年（公元636年），下令仿照隋朝鹰扬府和唐初十二道府兵建制，于全国各地设置折冲府，"更号统军为折冲都尉，别将为果毅都尉，诸府总曰折冲府。凡天下十道，置府六百三十四，皆有名号，而关内二百六十一，皆隶诸卫"。

可是府兵制有很大的弱点，那就是它极其倚赖田地，发生重大战事的时候聚集慢。为了克服府兵制的弱点，唐朝后来设立了临时征兵办法，这在唐中后期成为主要的兵役制度。自唐五代以后，募兵制取代征兵制，为封建时代兵制的一大变革。宋朝不论禁兵、厢兵，还是南宋的屯驻大军等，一般都采用招募的办法。灾年招募流民和饥民当兵是宋朝一项传统国策。统治者认为，将壮健者招募当兵后，老弱者就不可能揭竿反抗，这是防止灾年爆发农民起义的对策。

总之，唐太宗在贞观年间进行的政治改革可以说是"革故鼎新"，针对唐朝当时的国情构建了适合的政治制度。这些改革都完成了之后，唐代的国家机构得到了很大程度上的完善，变得更加简洁明了，效率也得到了很大的提高。

织一张遍被天下的网

"县官急索租，租税从何出"（《兵车行》）、"借问新安吏，县小更无丁，府帖昨夜下，次选中男行"（《新安吏》）、"县吏知我至，召令习鼓鞞，虽从本州役，内顾无所携"（《无家别》），杜甫的这三首诗中，都有一个"县"字。古之郡县，乃地方行政区域，每每国家打仗、征税，必以县为单位。"县"在古时候发挥着非常重要的作用，它也是唐朝地方制的一个组成部分，它对民众的社会生活有着直接的影响，是国家治理中必不可少的一部分。

唐初的地方制，亦如三省六部制一般沿袭隋朝的旧制，地方上有州（郡）、县两级。州设刺史，有时称郡，则设郡守；县设县令。州、县均按其地位之轻重，辖境之大小，户口之多寡以及经济开发水平之高低分为上、中、下三等。三万户以上为上州，二万户以上为中州，二万户以下为下州；五千户以上为上县，二千户以上为中县，一千户以上为中下县，其余为下县。近京之州称辅州，京都所在县名赤县，京之旁邑谓畿县，此外还有雄、望、紧、上、中、下等级，一般也是按户口多少而定。

州的长官为刺史，上州刺史从三品，其下佐官有别驾、长史、司马、录事参军事、录事、司功、司仓、司户、司田、司兵、司法、司士等，又有市令、丞、文学、医学博士等。中、下州刺史皆正四品下。县的长官不分大小统称令。京县令，正五品上；畿县令，正六品上；上县令，从六品上；中县令，正七品上；中下县令，从七品上；下县令，从七品下。佐官有县丞、主簿、县尉等。

州、县官员都是"亲民"之官，掌本级地方政府的政令。一方面负责刑狱治安，征敛赋役；另一方面"宣扬德化""劝课农桑""务知百姓之疾苦"。《新唐书·百官志》说："县令掌导风化，察冤滞，听狱讼。凡民田收授，县令给之。每岁季终，行乡饮酒礼，籍帐、传驿、仓库、盗贼、隄道，虽有专官，皆通知。"可见县令统管一县所有军政事务，并且亲自处理刑狱。

所以，州县官员的选任，得人与否，对封建政权的稳固关系甚大。唐自太宗开始，就很重视地方吏治，他曾说自己"居深宫之中，视听不能及远，所委者惟都督、刺史，此辈实理乱所系，尤须得人"。他亲自过问刺史的选用，并把各地都督、刺史的名字写在屏风上，凡做"善事"的就在其名下记上一笔。贞观八年（公元634年）又派李靖等人到各地巡查，升迁廉吏，惩罚贪官，问民间疾苦。

除州、县外，唐朝还有许多另设的地方级别。贞观元年，唐太宗根据山川形势把全国划分为十个监察区（即道），称十道。开元二十一年（公元733年），唐玄宗又分江南道为江南东道和江南西道，分山南道为山南东道和山南西道，从关内道析出京畿道，从河南道析出都畿道，增置黔中道，共成十五道，这种监察区在一定程度上具有了行政区的性质，州、县二级建制实际上变成了道、州、县三级建制，出现了"制敕不下支郡，刺史不专奏事"的局面。

首都或陪都所在地有"府"的建制。开元元年（公元713年），唐玄宗改雍州为京兆府，洛州为河南府，并州为太原府，长官称"牧"，由亲王挂名遥领，实际主持府政的是"尹"。后来又陆续设有凤翔、成都、河中、江陵、兴元、兴德等府。若皇帝不在京城，则置留守官，多由府尹或临时指定大臣兼任。唐玄宗以后诸帝都居住长安，但洛阳那套略同于长安的职官建置并没有省去，凡在那里任职的，叫作分司东都，或称为分司。

为了管理周边少数民族事务，唐代在边疆设置了都护府，所谓"都护"，其意本为监察。从贞观到天宝年间，唐朝先后设置过六个都护府：安东都护府、安南都护府、安西都护府、安北都护府、单于都护府和北庭都护府。

为适应边防军的需要，自唐睿宗时起开始设立节度使，由统领当地军队的都督兼任。节度使中的地方州郡，仍由朝廷委任的各道按察使监督。天宝年间，节度使增至八个：安西节度使、北庭节度使、河西节度使、范阳节度使、平卢节度使、陇右节度使、朔方节度使和河东节度使，节度使们集地方军、政、财权于一身。著名历史学家范文澜曾说："节度使在其地域，可以指挥军事、管理财政，甚至该地区用人大权，亦在节度使之掌握，于是便形成'藩镇'。而且唐代边疆节度使逐渐擢用武人，于是形成一种军人割据。本意在中央集权，而演变所极，却成为尾大不掉。"

县以下在农村实行乡里制，《通典》有云："大唐凡百户为里，五里为乡。"里设里正，乡设耆老。乡、里是最基层的政权，一切政令行于民间，皆依赖里正贯彻。"里正之任，掌按此户口，课植农桑，检察非违，催驱赋役"。与乡里制相关的是邻保制，一保有五家、十六家、二十家之说，尚无定论，但在古代文书中，常见"连保"及保人均摊代纳等情况。

大唐帝国的体制无疑是周密的，它有效地对臣民进行管理，加强了地方与中央之间的关系，以防止割据和流民的情况大肆泛滥。全方位一体的国家地方制度，不但使其王朝受益，就连远在海外的日本也深得其惠。在中国的唐代，日本曾多次派遣遣唐使来中国学习政治制度、法律、宗教、教育等各方面知识。公元645年，日本历史上最重要的一次改革"大化革新"，不但照搬了唐朝三省六部制，还以唐朝的郡县制为蓝本，设立了国、郡、县三级地方行政体系，对于日本形成以天皇制为核心的中央集权封建制国家影响巨大。

除此之外，整个地方制如同一张铺天盖地的大网，将社会中的普遍人群都纳入其中，使其总能找到至少一个所属的群体。这样做的弊端是使受剥削的百姓无处可逃，但同时也确实为民众提供了一种可以依靠的归属感，这对增加民族凝聚力同样具有不可代替的作用。

治世，以人为本

柏杨先生曾经对唐太宗李世民有这样一番评价，说："自从盘古开天辟地，李世民大帝是中国帝王中最初一个被中国人真心称颂崇拜的人物，固由于他的勋业，也由于他本身的美德。他治理国家的一言一行，也成为以后所有帝王的规范。"此言着实不假。

唐太宗固然让世人景仰，但他之所以能够开创唐朝盛世，在于他一开始就充分意识到治理天下要以民为本。从贞观初年，他力排众议，采纳了魏徵以"王道"治国的建议，就可以清楚地看到这一点。孟子有云："民为贵，社稷次之，君为轻。"唐太宗也曾说过："凡事皆须务本。国以人为本，人以衣食为本，凡营衣食，以不失时为本。"所以，施行新的政策来满足百姓的衣食住行，使他们能过上衣食无忧的富足生活是贞观年间唐太宗首先要考虑的问题。

经过了隋朝末年的混战，唐朝初期，社会经济各个方面都受到了严重的破坏，可谓是人口凋敝，百废待兴。武德年间，唐高祖虽然针对这些情况做出很大的努力，但由于他在位时间较短，再加上前几年全国各地还不稳定，随时都有战乱爆发，所以所取得的效果并不十分明显。

贞观初年，唐朝的经济还未充分恢复，社会经济也比较萧条，而唐太宗要做的就与民休息，恢复生产。百姓是天下之本，而对于百姓来说，最重要的就是农业和土地。为此，太宗下令继续推行高祖时期颁行的"均田令"。

"均田令"虽然诞生于高祖时期，但直到贞观年间才逐渐成熟并彻底推行到全国各地。在武德年间，根据"均田令"，地主豪强可以合法拥有大批土地。但一些贵族官僚并不满足律令所规定给他们的田产，于是便利用职权侵占了很多百姓的土地。这样一来，百姓的授田数量就普遍不足了。

为了解决这一问题，唐太宗希望将这些被贵族多占的土地都重新分给当地农民。因为土地仍然不足，他还下令将本来要分给官员们的土地分给百姓，而对于官员们欠缺的粮食则由朝廷从官仓中拨出。不仅如此，他还以身作则，将自己的皇家园林的面积减少，而将这些裁减出来的土地分配给百姓，并鼓励百姓开荒种粮。

为了保证生产，唐太宗还下令各地官员在所在地劝课农桑。他还定期派遣官员到各地视察，一是为了监督地方官对朝廷政策的实施力度，二是让自己能够随时了解各地的民生状况，为日后制定和调整政策提供依据。

土地是百姓生活的承载，但生产的主体还是人口。在以农耕制为主体的封建社会，充足的劳动力就象征着强大的社会生产力，但唐代初期的人口状况却不容乐观。唐初人口的锐减要归咎于隋末的乱战，武德年间全国的人口不足隋朝的四分之一，只有两百余万户，根本满足不了生产。

面对这样的状况，唐太宗采取了许多措施。贞观初年他就下令将宫内多余的三千宫人悉数放归民间，他下诏说："妇人幽闭深宫，情实可愍。隋氏末年，求采无已，至于离宫别馆，非幸御之所，多聚宫人，皆竭人财力，朕所不取。且洒扫之余，更何所用？今将出之，任求伉俪，非独以惜费，兼以息人，亦人得各遂其性。"

唐太宗放归宫女的做法在当时取得了很大的影响，首先这些宫女不必再因得不到君王的垂怜而在深宫寂寞之中了此残生，这也充分表现了皇帝的仁慈和宽大；其次，也体现了皇帝的节俭，不仅给万民做出了表率，也给天下百姓减轻了负担；最后，这些放归出去的宫女虽然人数不多，但也能投入到日常生产中去，更重要的是，她们的自由给予天下百姓对这个君王强大的信心，使他们能够安心地在他的统治之下生活。

除此之外，鼓励百姓生育、奖励婚嫁等政策都在贞观年间得以实施。根据朝廷的规定，唐朝的男子二十岁，女子十五岁就可以成婚。不仅如此，为了鼓励生育，唐太宗还将一个地方人口是否增长作为考核当地官员政绩的一项重要指标。经过全国上下多年的努力，到了贞观二十三年（公元649年），全国的人口数比高祖时期增加了一百八十万户。

为了进一步解决百姓的负担，唐太宗还下令裁并州县，缓解各地豪强割据的状态。唐代初期之所以形成豪强林立，土地割据现象的原因要追溯到隋文帝时期。当年隋文帝为了改变各地"十羊九牧"的状况，下令将东汉末年以来的州、郡、县三级的地方制度改为州、县两级。

这一举措在当时确实收到了一定成效，但随着隋末战争的爆发，各地豪强纷纷割地自立，这一制度基本上形同虚设。唐代初期，唐高祖为了缓解这一现象，下令恢复了郡县制，但因为当时人心不定，出于安抚各地势力的目的，设置的郡县数量大大超过了隋朝。唐太宗因此"思革其弊"，下令将这些州县统统裁并。

到了贞观十四年（公元640年），这项指令基本上得以完成，改变了原来各地"十羊九牧"的现象。州、县等行政机构的减少，直接导致了所需官员数量的减少，这样一来不仅提高了各地官员的办事效率，还从很大程度上减轻了百姓的负担。

除此之外，为帮助百姓进行生产，朝廷还做出了许多重要的利民举措，兴修水利和设立义仓就是较为重要的两项。水利是农业不可或缺的因素，对于各地的水利建设，唐太宗是十分重视的，他还曾多次亲自视察黄河的治理状况。由于朝廷的重视，在贞观年间，全国各地都积极兴修水利工程，并取得了很大的成效。这些或新建或在前代基础上进行修复的水利设施给百姓的生产带来了便利。

设置义仓是历朝历代都会施行的一项利民政策，目的是为了储备粮食来防止灾年的饥荒。事实上，隋文帝在开皇年间也在各地设置了义仓。但他的儿子隋炀帝不像他的父亲那样节俭，在位期间不顾民生，大肆挥霍，使得义仓内的粮食储备消耗殆尽。

贞观二年（公元628年），唐太宗下令在各地重设义仓，重新恢复它储备灾粮的作用。为了给义仓储粮，朝廷颁布具体的施行措施，规定每亩良田征收粮食两升，商人按照其资产来缴纳粮食，特殊的民户可以不交。

为了稳定市场，平抑物价，朝廷还特设了常平监官，以官府的名义对市场进行调控。常平监官在物价下降的时候收购商品（主要是粮食），上涨时则将这些商品抛售出去，保护百姓们的利益。政府的这些努力收到了很好的效果，贞观四年（公元630年），天下富足，米粮不过三四钱一斗，到了贞观八年（公元634年），也不过四五钱，到了贞观十五年（公元641年），更是下降到了二钱，百姓根本无需为粮食担忧。

与此同时，唐太宗下令推行"轻徭薄赋"的政策，目的是减轻百姓的负担，让他们安心生产。该政策一经推行，百姓的生产积极性得到了很大提升，生产也得以恢复。贞观时期"天下大稔，流散者咸归乡里，米斗不过三四钱……东至于海，南极五岭，皆外户不闭，行旅不赍粮，取给于道路焉"，大治的情况已经初步出现。

唐太宗深知战争是最消耗民力的事情，隋朝的灭亡很大程度上就是因为隋炀帝好大喜功，发动了太多的战争，才导致国库入不敷出，民生凋敝。所以唐太宗即位之后就尽量避免战争，因为战争不仅要消耗人力物力，还会损害刚刚稳定不久的民心。

例如当时益州大都督窦轨给太宗皇帝上书，称益州当地的"獠民"叛乱，希望朝廷能够发兵前去讨伐。但唐太宗却不同意窦轨的看法，他认为"獠民"依山而居，自然有自己的风俗习惯。地方官员如果可以用恩德来使他们内心感激，自然就会臣服于朝廷，不能动不动就对百姓大动干戈。

"贞观之治"的诞生可谓是占尽了天时地利人和，"大乱后大治"是魏徵给太宗提出的治国思想，吕思勉先生在他的《史学论著》中说："其能致三十余年之治乎强盛，承继汉、魏、晋、南北朝久乱之后，宇内乍归统一，生民幸获休息；塞外亦无强部。皆时会为之，非尽由人力也。"也是这个意思。虽非"尽由人力"，但也不能抹杀贞观年间唐太宗的励精图治和群臣的鼎力辅佐。

在唐高祖打下的基础上，雄才大略的唐太宗凭借傲人的智慧，虚心的态度，宽广的胸襟，踏实的实干精神，再加上一批德才兼备的臣子的从旁协作，终于完成了心中梦寐以求的治世理想，创造了唐朝两大治之一的"贞观之治"。

天下英雄入吾彀

"为政之要，唯在得人"，作为一个贤明的君主，唐太宗还有一个长处，就是善于收揽人才。他求贤举才有一个特点，那就是"以才举官"，不拘一格。早在他即位之前，就招纳了大批人才为他效力，即位之后更是经常命宰相们向他举荐各类能人志士。

太宗举才"内举不避亲，外举不避仇"，只要有才华，都可以归为己用。例如，秦叔宝、尉迟敬德、程知节等人都是以往敌军的大将，还有前太子李建成手下的很多官员如魏徵等，唐太宗都没有避讳，而是都以礼待之。他选拔官员有一套很严格的规定，即从身、言、书、判等四个基本标准，再加上德与才来综合衡量。

唐太宗用人不拘一格，还表现在他用人不论门第出身、富贵贫贱，一律一视同仁。据说贞观年间有个出身贫寒的书生李义府，由于担心自己不能入朝为官，于是他赋诗感叹："上林多许树，不借一枝栖。"唐太宗听闻后对他说："吾将全树借汝，岂唯一枝？"打消了他内心的顾虑。而且唐太宗此言并非只为博取人心，他手下的许多大臣，如马周、戴胄、岑文本等人都出身寒微。

为了拓宽选官的途径，唐太宗还下令改革了科举制度，这也是贞观时期制度改革的一项创举。汉魏时期选官无一定的标准，主要是依靠官员的举荐，即所谓的"举孝廉"。但这种方式根本不能保证所选官员的质量，更有甚者借机欺上瞒下，进入官场，不仅没有治理国家的才能，反而给社会带来混乱。

到了魏晋时期，又诞生了"九品官人法"，主要靠门第来选拔人才，但弊端也显而易见。因为这种制度使得贵族世家基本垄断了官场，庶族地主之中虽然也有不少治国良才，但却因为门第的关系而被埋没，而门第显赫的人家即使是庸才也能很轻易地进入官场，这显然是对资源的一种极大浪费。既然这些选官制度存在着种种弊端，那么必然随着时间的发展慢慢被淘汰，所以，科举选官制度就应运而生。

科举制度首创于隋文帝开皇年间，是隋唐两朝选拔官员重要的途径之一，并一直延续到清末。科举考试的优点在于它形式公开，竞争公平，采取的是择优入取的标准，一改以往的以"门第"授官的方式，给一些寒门庶族入朝为官，成为统治阶层的机会。

隋文帝时期，科举设秀才和明经两科，到了隋炀帝时期，又增设了进士科，著名的房玄龄、许敬宗等人都是隋朝的秀才，只是因为隋末天下混乱才没能为官。科举制度在隋朝的规模较小，按照朝廷的规定，各郡因自身等级不同，每年选拔的秀才分别为上郡三人，中郡二人，下郡一人，数量较少。

到了贞观年间，由于治国的需要，唐太宗求贤若渴。为了扩展选拔官吏、招揽人才的途径，唐太宗继承并完善了科举制，打开了庶族做官的途径。据记载，唐太宗在贞观元年就大开选举，不久之后又通过科举考试的途径选拔人才。

贞观年间的科举制度较于隋代及唐初有很多不同之初，首先改变了考试的时间，并增加了考试地点。和隋朝不同，唐代常科考试的日期不再定于冬季。原因是经过改革后参加考试的士子较前代大大增加，如果还按旧制，路途遥远的士子便来不及进京应试。因此唐太宗下诏将十一月考试的时间改为"四时听选，随阙注拟"，给考生提供了便利。不仅如此，为了方便各地考生从容应考，唐太宗还下令特设了"东选"，考生可以根据自身的情况选择到长安还是洛阳参加考试。

其次，唐太宗下令在原来的秀才、明经和进士科的基础上增加了考试科目。唐朝的科举考试有六科，分别是秀才科、进士科、明经科、明法科、明书科和明算科。其中取士较多的是进士与明经两科，尤其是进士科更是做官的主要途径。这两科的考试内容也不尽相同，明经科考帖经，主要就是背诵儒家的经典，比较简单，但也较为空洞。

而进士科除了要考明经科所要考的科目外，还要考策问、文章诗赋，通过考试后还要经过吏部的复试方能为官，由于进士科相对于其他诸科比较容易进入仕途，所以虽然难度比明经科大，却颇受当时学子们的喜爱，也比较热门。所谓"缙绅虽位极人臣，不由进士者，终不为美"，唐高宗时的宰相薛元超就以未能以进士的身份进入仕途而引为终身憾事，可见当时进士及第对官员的重要性。

除此之外，明法科、明书科和明算科是选拔专门人才的，选拔数量少且选拔出来的人也都是用在法律和天文历法方面，上升的机会少；秀才科取士也很少，所以这些科目都较为冷门。

再者，放宽了考试限制，考试的种类和次数也增加了不少，士子应试的机会更加丰富。唐代的科举分为常科和制举两种。所谓常科就是朝廷按照规定每年定期举行的考试，而制举则是由皇帝本人临时下诏举行，灵活性较大。

常科考试每年举行，由礼部员外郎主持。国子监和各地州县官学的学生都可以参加。为了拓宽选举道路，朝廷还规定非州县官学的学生通过州县举办的考核也可以参加国家考试。除此之外，贞观年间参与科举考试的人数还不限制，只要符合规定的都可以应考。因此，每年从全国各地到长安考试的人数多达数千人，场面十分壮观。

除了每年举行的常科考试之外，唐太宗还不定期地下诏命各地官员向朝廷推举人才，这就是所谓的制举。贞观十五年（公元641年），唐太宗就诏告天下，推举各地才德兼备的人才。贞观十七年（公元643年）又"手诏举孝廉茂才异能之士"。制举由于是皇帝直接下诏令举办，所以一般都在长安举行，是唐朝最为隆重的考试。但举行次数不多，选拔的人才数量也较少，和常科并不冲突，可谓是相得益彰。

即使如此，唐朝的科举录取比例还是比较低的，唐太宗在位二十三年，只有进士二百五十人，而其中只有一甲的三名进士得赐"进士及第"，难度非常大。唐人赵嘏有诗曰："太宗皇帝真长策，赚得英雄尽白头。"许多人参加科举考试一辈子，最后也没能如愿。但是唐太宗广开科举之途的做法确实给他招揽人才带来了很大的成效，还使得中央集权更为强化。

考试限制的放宽和吸引力的增加，使得天下有才之士都来参加科举考试，选拔的范围也增大了。

选拔比例的降低和标准的严格，保证中选之人都是万里挑一，精益求精。

因为考试科目的规定，使得应试者不得不去研习儒家经典，并学习诗词歌赋，非常有利于统一全国的思想，为统治阶层服务。

贞观年间关于科举制度的这些改变和完善无不出于一个目的，那就是最大可能地吸纳天下贤才来为统治服务，可见唐太宗求治之心是何等急切。科举制的改革不仅给唐朝的官场带来了勃勃生机，也满足了唐太宗招揽人才的愿望。同时也打破了以往选官对阶层和地域的限制，从今往后不论是贵族子弟还是寒门庶族都可以凭自己的才学参加考试，进入仕途。

"朝为田舍郎，暮登天子堂"不再是梦想，不少寒门子弟得以一朝成名，后来做到了尚书、宰相的也不在少数。据统计，唐代庶族地主官至宰相的共有一百多人，比士族拜相的人数还要多，这还不包括那些名不见经传之人。眼见天下人才都纷至沓来，唐太宗兴奋地说道："天下英雄入吾彀中矣！"

不仅如此，为了保证所选的官员都不是侥幸得中的平庸之辈，日理万机的唐太宗甚至亲自参与刺史的选定。因为刺史和县令这些地方官员直接统治人民，直接关系到朝廷政策的推行和社会的稳定。除了亲自选定刺史外，他还规定五品以上的在京官员每人推举一位县令，以此来保证地方官员的质量。唐太宗还将全国刺史的名字和情况命人写在屏风之上，放在了自己的寝宫之中，以便他随时了解这些人的功过得失，为日后的考核作参考。

在朝廷的规定下，贞观年间的官员还需来长安进行考核，吏部会根据他们的业绩来进行官位的升降。这样一来，即提高了官员的积极性，又给他们在各地的办事质量起到了一定的监督作用。

因为有了正确的人才选拔标准，过程又极为严格，再加上唐太宗本人"以才选官"，不拘一格的态度，贞观年间出现了不少为世人所称道的名臣良将，这些才华横溢的臣子紧紧围绕在唐太宗的周围，君臣共同创造了这令人神往的贞观盛世。

法制精神的光芒

除了改革吏治、完善兵制，唐太宗还下令修订唐律，给官员们的执法提供一个可靠的依据。事实上，隋文帝时期的法律还是比较宽松和公正的，但发展到了他的儿子隋炀帝时期，情况就发生了巨大的改变。隋炀帝在位时期施行严刑峻法，在当时的律法中，死刑的条例很多，甚至连偷一斗米也会丢掉性命。

早在晋阳起兵之时，唐高祖为了取得天下人的支持，就颁布了宽刑的诏令。攻入长安后也下令大赦天下。李唐王朝建立后，他在统一全国的战争中还不忘修订律法，给量刑定罪提供一个有效并且可靠的依据。高祖李渊在即位后便下令废除隋炀帝时期的《大业律令》，以"务在宽简，取便于时"的准则重新制定了《武德律》，并颁行全国。

和父亲一样，唐太宗李世民也认为一部简洁易行的律法对于一个国家的治理来说是非常重要的。于是在贞观初年他便下令，命长孙无忌和房玄龄等人根据高祖时期的《武德律》来修订新的律法。

这部律法的编纂历经十年之久，终于在贞观十一年（公元637年）颁行全国，是为《贞观律》，也就是《唐律》，其中修定出律十二卷，五百条；令三十卷，一千五百四十六条（一说一千五百九十条）；又从武德以来发布的三千余件中，定留七百条，编为格十八卷；又定式二十卷，三十三篇。

《旧唐书·刑法志》说，新律"比隋代旧律，减大辟者九十二条，减流入徒者七十一条……凡削烦去蠹，变重为轻者，不可胜纪"。经过这次大修改，唐代才有了属于自己的独具特色的律法。

唐律的基本思想延续了唐高祖的仁义宽刑思想，具体来说就是"仁本"和"刑末"的思想，即所谓"仁义，理之本也；刑罚，理之末也"。《唐律》中对于执法官员审理案件有明确而又严格的规定，不能对犯人严刑拷打，以此来逼供。而应根据案件的情况反复斟酌和查证，最后才能给犯人定罪。如果有严刑拷打的现象出现，法官将会因此受到杖责的处罚。当然，在实际的操作过程中也不排除有一些拒不认罪的人和一些证据不足的案件，所以"拷讯"作为一种辅助方式在《唐律》中还是存在的。

但是，《唐律》更严格地规定了拷问程序，首先拷问犯人不能单独进行，必须有当地的长官共同在场，其次，对同一犯人的拷问不得超过三次，最后对于拷打的程度也有具体的限制，一旦有人因逼供致死，则负责审讯的法官以杀人罪论处。这些规定都是为了防止执法人员滥用酷刑，从而导致冤假错案的发生。

不仅如此，唐太宗还下令取消了五十多种死刑，他先是将犯死刑的人改为施以断其右足的方法，但后来又觉得不妥，最终将这些死刑改为了流刑。并且将判处死刑的条目较以往的刑法减少了将近一半，还废除了许多残酷的刑法，如鞭背和断趾等。而对于死罪的判定，唐太宗也是十分重视的，他认为死者不可复生，并建议日后处决犯人，都要通过中书和门下的官员以及尚书九卿共同的决策，这也表现了唐太宗的仁慈和对生命的珍视。

据记载，河内人李好德患有严重的心疾。这种病是一种神经系统的疾病，一旦发作就会胡言乱语，做出一些常人无法理解的事，影响社会的稳定，于是官府逮捕了李好德。对于李好德的处理，当时的大理丞张蕴古认为李好德是患病之人，不能因此判处他的罪行。唐太宗听后也觉得有道理，便同意了他的奏请。可能是张蕴古得到这个消息后太过兴奋，所以亲自到狱中将皇帝赦免的事情告诉了李好德。然而就因为张蕴古的这一举动，被御史弹劾张蕴古和李好德有亲戚关系，因此徇私枉法。

唐太宗看到弹章之后大发雷霆，不假思索便下令将张蕴古斩首示众。但唐太宗只是盛怒之下一时冲动作出的决定，冷静下来之后他便心生愧疚，开始后悔了。他想本来事情就不明朗，而且就算情况属实，那张蕴古也罪不至死，这么处理实在是太草率了。皇帝在盛怒之下又有谁敢阻拦呢？但人非圣贤，唐太宗也会有自己的喜怒哀乐，如果再发生类似的事件又该如何处理呢？于是便有了上述对于死刑判定的慎重处理。

《贞观政要》曾经称赞贞观初年的法治精神："贞观之初，志存公道，人有所犯，一一于法。"可见《唐律》在贞观年间在全国的推行是十分顺利的。然而这一切的成绩和辉煌都有赖于唐太宗辛劳和严格，也有赖于臣下们的努力。在《唐律》颁行之后，唐太宗为了保证它能够顺利地在全国各地贯彻和实施采取了许多措施，并作出了巨大的努力。

唐太宗首先做到的就是以身作则，唐太宗曾说过"法者非朕一人之法，乃天下之法"，更在实际行动中做到了这一点。例如，吴王李恪因打猎损坏了百姓的庄稼和土地，受到了罢免官职，并削去三百封户的惩罚。长孙皇后的叔叔长孙顺德参加过晋阳起兵，在"玄武门之变"中也立有大功，他犯了法也是照样下狱审查，没有因为他的功勋就得以免除。

扬州刺史赵节是长广公主的儿子，是唐太宗的外甥，贞观七年（公元633年），赵节参加太宗太子李承乾的谋反。谋反本来就是当诛九族的死罪，与之稍有牵连就性命不保，所以依照律法，赵节应当处死。但长广公主苦苦哀求唐太宗，甚至以头触地，希望他能念在骨肉至亲的份上饶过自己的儿子。唐太宗见姐姐如此，心中也十分矛盾，但为了维护律法的公正，他拒绝了长广公主的请求，并对她说："赏赐不回避仇敌，惩罚不袒护亲属。朕虽贵为天子也不能违背这个道理。"

对待臣下，唐太宗更是严格，这些官员本来知法，倘若再犯法，就罪无可恕了。贞观三年，濮州刺史庞相寿贪赃枉法被查，最后被处以罢官的处罚。但庞相寿是秦王府的旧臣，他想以此向皇帝请求宽恕自己的罪行，于是给太宗皇帝修书一封。

唐太宗本来念及旧情放他一马，此时魏徵站了出来。他劝唐太宗道："以往王府的旧人如今在各地为官的不在少数，如果都想仗着过去的荣恩来徇私枉法，这样怎么不让天下人心寒呢？"唐太宗听了之后，觉得魏徵说得很有道理。于是亲自对庞相寿解释，一国之君不能徇私情而违背律法，因此不能赦免他的罪过。唐太宗严于律己、以身作则，不因违法之人是自己的亲人、旧友还是劳苦功高的老臣就徇私舞弊，虽然他的内心也有痛苦，也有挣扎，但他还是尽自己最大的努力来维护律法的尊严，堪称胸怀广阔、目光深远的英明君主。

"人非圣贤，孰能无过"，英明睿智的唐太宗也有犯错误的时候，但他的可贵之处就在于他知错能改，并不因为自己是一国之君，天下之主就磨不开面子，不肯承认自己的过失。事情还要从一个贪官的头上说起，这个官员叫党仁弘，是当时广州的都督。党仁弘身为一方的父母官，不仅不为百姓造福，还擅自将百姓缴纳的赋税收入自己的囊中，并收受贿赂，欺压当地的少数民族，让他们充当自己的奴隶，可谓是罪大恶极。

党仁弘被告发后，按律当处以极刑。但此时唐太宗的善心又一次"发作"了，因为党仁弘年事已高又对国家有过大功，太宗于是想对他从轻发落，免除他的死罪，将他贬为庶人。事后，唐太宗也觉得此事不妥，定会让天下人心寒。所以，他不顾众臣的阻拦，向天下人下了一道罪己诏，在其中历数了自己的三大罪过，一是知人不明，二是以私乱法，三是未能赏善诛恶。态度诚恳，让人感动之余也心生赞叹。

在唐太宗和众位臣子的努力下定型的《唐律》，以其内容的广泛性和严格性成为中国古代最重要的法律经典之一。它的种种规范也都充分体现了唐太宗"以人为本"的思想，以及重视生命的态度和廉洁公正的品德。

节俭，成就生活之美

武德四年（公元621年）五月，秦王李世民率领唐朝大军破了王世充，攻下了东都洛阳。当他看到洛阳城富丽堂皇的宫殿时，不禁发出了这样的感叹："隋炀帝如此穷奢极欲，怎么能不亡国灭身呢？"感叹之余，李世民便下令拆毁了洛阳城的端门楼，并一把火烧了乾阳殿等宫殿。一时间，"天下翕然，同心欣仰"，对秦王的做法无不赞叹。或许就是在这个时候，李世民就下定了决心，决不能重蹈隋炀帝的覆辙，要反其道而行之，将天下治理得欣欣向荣。

贞观初年，刚登基不久的唐太宗就和群臣总结了隋朝之所以灭亡的原因，认为隋朝本来是个实力雄厚的大帝国，都是因为隋炀帝耽于享乐，生活太过豪奢靡费，而又好大喜功，频繁地发动战争，使国库虚空，入不敷出，这才弄得天下大乱，民不聊生，最终亡了国。为了国家的长治久安，唐太宗决定吸取隋朝灭亡的教训，开源节流，大开勤俭之风，进行彻底的变革。

为了给天下臣民做出表率，唐太宗本人的日常生活就十分节俭。按照惯例，新皇登极，就算不为之营建新的宫殿，也应该在原来的旧址上重新修葺一番。但唐太宗却认为这样做太过奢靡，不仅费时还要消耗很多的财力和人力。所以他在即位之时住的宫殿还是隋朝时修建的，已经显得陈旧，根本配不上天子的规格，但他却并不在意。

据记载，唐太宗早年就患有较为严重的气疾，应该就是今天所说的心血管病的一种，然而他居住的宫殿条件简陋，夏季炎热，冬季寒冷，又十分阴暗潮湿，对他的身体很不好。因此，臣下们都十分担心他的健康，到了贞观二年（公元628年），终于有人忍不住给皇帝上书，请求给他修建一所新的宫殿，但却被唐太宗拒绝了。

于此，唐太宗是这样解释的："朕虽患有气疾，不宜居住在这些阴冷潮湿的宫殿里。但如果要为我修建新的宫殿，肯定会造成很大的浪费。从前汉文帝想修建一个露台，却因为估计到要花费十户人家的资产，因此而作罢。朕的功德远不及汉文帝，但花费却超过他数倍，这不是为君之道。"《旧唐书·窦威传附窦琎传》中提到，当时的高官窦琎就是因为修葺洛阳宫的时候开凿了池塘，并修建了假山，将宫殿装饰得十分华丽，而因"虚费功力"被罢官，甚至那些奢华的景致也被唐太宗下令拆除。

除了在居住方面尽量从简外，唐太宗还减少了宫廷的消遣娱乐设施，给国库省下了大笔经费。早在登基之初，他就下令将后宫饲养的珍贵的观赏动物，诸如鹰犬之类全部放生，并下令各地不许再向皇宫进贡这些东西。唐太宗在放弃自己享乐的同时，也减轻了全国百姓的负担。

百姓们不用再担心为皇宫进贡，而是能将更多的精力放在农业生产上，而官员们也不能借此机会盘剥任下百姓了。他还下令将后宫多余的三千宫女放归民间，这既节省了后宫不必要的开支，又使宫女们摆脱了老死宫中的凄惨命运，从而可以拥有自己的家庭和生活，显示了唐太宗对天下万民的一片仁爱之心。

据说隋炀帝的皇后萧氏从突厥归来后，唐太宗将这位表嫂迎进了皇宫奉养。一年正月，唐太宗决定陪萧皇后庆祝，便命宫人点起明灯，请萧皇后一起观赏。唐太宗的这次安排在贞观初年间已经算是比较奢侈的举动了，于是他不无炫耀地询问萧皇后："你看今日这些灯火，比起隋炀帝时的怎么样呢？"

萧皇后面对唐太宗的垂问只是笑而不语，在唐太宗的一再追问下，她才道出实情："炀帝的时候，每年的正月，大殿前都要设置有沉香木堆成的火山几十座，点燃之后香气宜人，十分壮观。"而这样的火堆一个晚上竟要消耗掉两百多车沉香木，此外萧皇后还告诉唐太宗，隋炀帝的寝宫用的是夜明珠照明，不像唐太宗用的是木柴和油膏，没有一丝烟火气。其实以唐朝此时的国力，完全能够使唐太宗过上比隋炀帝还要奢华的生活，但他却并没有将这件事放在心上，也没有做出什么攀比的举动。

不过唐太宗力行节俭主要是在贞观初年，随着境况的好转，唐太宗也不免萌生了享乐之心。他之所以还能做到克勤克俭，主要归功于臣下们的直言进谏，而唐太宗本人也是个善于纳谏之人。例如，修建洛阳宫一事，张玄素就劝谏力阻，唐太宗虽然心生不悦，最终还是接纳了他的意见。再如泰山封禅一事，也因魏徵的劝阻而未能成行。

除了自己俭省之外，为了减少国库的开支，唐太宗还下令降封宗室，就是削去或降低分封过多的王公爵位。李唐王朝是中国古代封爵较多的一个王朝，唐太宗对于这件事十分苦恼。因为这些获得爵位的宗室们无需劳动，也无需向国库纳税，依靠国家赋税来养活，对于国家财政的压力是很大的。

为了解决这一问题，唐太宗垂询了大臣封德彝，封德彝认为本朝的确分封过滥，这样会让天下人感到不公平，对于百姓的休养生息和国家积蓄力量也是有害无益。听了封德彝的话，唐太宗当即就决定削减封王，将一些没有功勋的郡王降为县公，以此来实现他的"养民"政策。

在古代，大范围地削减封爵对于皇帝来说是很危险的一件事，除非皇权受到了严重威胁，否则大部分皇帝们往往宁愿用国家税收养着他们来换取安全，明朝著名的靖难之役就是由于建文帝的削藩而引起燕王朱棣起兵叛乱，以致最后建文帝失去帝位。

不过唐太宗的做法比较缓和，他并没有强制地裁减所有的宗室爵位，只是降了一些没有功勋的郡王爵位，这样既缓和了矛盾，还激励了宗室之人建功立业的动力，再加上李世民本人就十分节俭，给皇室做出了表率，让人十分钦佩。所以对于他的这项决定，李氏宗室也没有什么非议。

除此之外，唐太宗还明令禁止铺张浪费，并要求朝廷的高级官员和皇亲国戚们都要严格遵守，给天下臣民作出表率。隋代以来，官宦贵族家庭"以高坟为行孝，遂使衣衾棺椁，极雕刻之华，灵輀冥器，穷金玉之饰"，造成了极大的浪费。因此唐太宗坚决反对厚葬，并规定皇家"因山为陵，容棺而已"，以简朴为上。

因为皇帝起到的表率作用，大臣们之中以勤俭为人称道的更是不在少数，魏徵和戴胄就是其中典型的例子。戴胄一生为官清廉，死的时候连下葬的地方都没有，唐太宗闻后十分伤感，感叹的同时下令为他营建一座小庙，来供奉他的灵位。

再如中书令岑文本，虽是三省大员但住宅却十分破旧，阴暗潮湿，就连帷帐等生活必需品都没有。旁人看不下去，劝他置办一些，他却以身为朝廷命官，已经受到朝廷太多恩宠，应多加为国为民，不能贪图享乐为由拒绝了。贞观一朝，在皇帝的带领下，举朝上下形成一种勤俭节约的良好风气，"二十年间，风俗素朴，公私富给"。开元年间更有人赞叹太宗时期的节俭之风，云"隋氏纵欲而亡，太宗抑欲而昌"。

第六章　太宗群臣，托起盛世羽翼的风

君臣的一段理想"婚姻"

以铜为镜，可以正衣冠；以史为镜，可以知兴替；以人为镜，可以明得失。

——李世民

"贞观之治"的出现，使得整个国家政清国晏，四海升平，百姓安居乐业。在这个后世无法企及的治世高峰之上，有着后世帝王的楷模——唐太宗李世民，也有着一大批绽放着炫目光芒的名臣。正是因为这些德才兼备的大臣们辅佐，才有了这大唐盛世不朽的传奇。而魏徵作为其中的佼佼者，也和唐太宗一起青史留名，享受后世人的赞誉。

魏徵，字玄成，祖籍巨鹿，后移居相州内黄。魏徵自幼家境贫寒，迫于生计，早早就出家做了道士。魏徵喜好读书，在道观之中，他悉心学习了各种典籍，并且尤其精通纵横之术。隋末天下大乱，魏徵遂追随武阳郡丞投奔了瓦岗寨。在瓦岗寨之中，魏徵一直没有得到重用。李密归降唐朝后，他也随之归唐。

随后，他奉命安抚山东，却正好遇到窦建德率军前来攻打黎阳。在攻城的过程中，魏徵不慎被俘，窦建德见他颇有才华，便任命他为起居舍人。后来窦建德兵败，魏徵便跟随了当时的太子李建成担任东宫洗马，负责管理东宫的书籍。

魏徵早年的境遇十分"坎坷"，他曾有《述怀》诗云："中原初逐鹿，投笔事戎轩。纵然计不就，慷慨志犹存。"可见他一直怀才不遇，虽然魏徵追随过李密、窦建德、李建成等不同的主公，但魏徵能够做到对于每一个现任主公都忠心不二，这也是难能可贵的。在魏徵一生之中，有两个人对他有过知遇之恩，一位是高祖的太子李建成，一位是唐太宗李世民。而对于这两个人，魏徵也用自己的实际行动来报答了他们。

李建成是魏徵的第一个知己，对于当年落魄不得志的魏徵倾心相待、礼遇有加，这让魏徵十分感动。为了报答李建成对他的知遇之恩，作为东宫集团的核心人物，魏徵在武德年间的皇位争夺中给李建成出了不少主意。例如主动请征刘黑闼的建议就是他提出来的，李建成也正因此获得了战功并且收获了河北地区的民心。

魏徵还一直建议李建成采取极端手段，置李世民于死地，但没有被采纳。如此说来，唐太宗本应对于魏徵恨之入骨，但是为什么他在"玄武门之变"之后并没有诛杀魏徵呢？一方面是由于唐太宗听取了尉迟敬德大赦的建议，而另一方面也是由于魏徵的名声，以及他在面对唐太宗时不卑不亢的态度，使唐太宗起了爱才之心，于是"改容礼之，引为詹事主簿"。

关于唐太宗为什么不杀魏徵，而将他留在身边随时随地为自己提出建议，有史学家作了如下分析："可能正是从李建成不听魏徵谏的教训中，李世民刻骨铭心地看到了谏言的深刻作用，看到了魏徵的可贵，从此拉开了他受魏徵谏诤的序幕。尤其是在他登位以后，他们之间受谏和上谏的关系，达到了前无古人、后无来者的地步。"

确实，唐太宗有两个在帝王身上十分罕见的优点，一是他善于从前人的过失之中吸取教训；二是他知人善任、开明大度，能够听得进臣下的劝告，因此魏徵才得以在贞观朝如鱼得水，既完成了自己的政治理想，也为"致君尧舜上"尽了自己的努力，报答了唐太宗的知遇之恩。

唐太宗曾经就"为君之道"垂问魏徵何谓"明君"、何谓"暗君"，魏徵回答道："兼听则明，偏信则暗。"这就更加坚定了唐太宗从容纳谏的决心。魏徵此人性格耿直，不屈不挠，他一贯敢于犯颜直谏，就算是皇帝龙颜大怒，他仍然从容不迫，面不改色。

但唐太宗毕竟和一般的君主不同，面对魏徵的直言，他也是欣然相对。对于魏徵，唐太宗作出了很高的评价："贞观以来，尽心于我，进献忠言，安国利民，犯颜直谏，纠正我过失者，唯魏徵而已。"魏徵对唐太宗也很感激："陛下引导臣言，臣才敢言。若陛下不接受臣言，臣岂敢逆龙鳞，触忌讳！"君臣相得之情油然可见。

除了直言不讳，魏徵进谏还有一个特点，就是十分坚持，只要认为自己意见是正确的，就一定要劝服皇帝接纳。贞观元年（公元627年），检点使封德彝检查府兵的时候发现兵力不足，便建议太宗把十八岁以上的中男也收入府军。

按照规定，男子二十岁以上为丁，而二十岁以下者都不用服兵役。但军队的强大是一个国家实力的重要体现，迫于形势，唐太宗也只得同意封德彝的做法。未料皇帝的敕书发了多次，每次都被魏徵驳回。唐太宗十分恼怒，大声斥责魏徵顽固不化，但魏徵依旧坚持不能"竭泽而渔"的观点，最终说服了唐太宗，这件事也随之不了了之。

但魏徵的直言不讳并不是每次都能起作用，有时也会让太宗皇帝很恼怒。因为魏徵总是在大庭广众之下直接指出他的过失，作为万乘之君的唐太宗经常在臣子们面前下不来台，颜面尽失。一次，可能魏徵的谏言太过激烈，使得唐太宗大怒不止，回到后宫之后，他骂道："朕迟早要杀了这个田舍翁！"

长孙皇后一开始不明就里，待弄清楚是怎么回事之后，马上回到寝宫换上朝服，跪下向唐太宗祝贺。唐太宗问她所为何事，长孙皇后答道："君明则臣直。陛下之所以有魏徵那样敢于直言进谏的臣子，正是因为陛下您是个圣明的君主。"由于长孙皇后的调和，唐太宗明白了魏徵了良苦用心，对他也更加看重了。

魏徵这个人还特别注重公平正义，平生最不喜人枉受冤屈，就连他自己也不例外。因为唐太宗对魏徵宠爱有加，使得朝中不少人都心生妒忌，于是便冤枉魏徵以权谋私，包庇自己的亲朋好友。唐太宗听说这件事后，便命御史大夫温彦博前去调查这件事。但温彦博一向与魏徵不和，便借此机会对唐太宗言道："魏徵身为朝廷重臣，却不知检点。即使此时查无证据，魏徵也要受到处罚，让他自己反省一下。"

听了温彦博的话，唐太宗也没有多加考虑就在朝堂之上，当着众臣的面指责了魏徵。魏徵觉得这件事本来就是子虚乌有，皇帝这么处理根本是有失公允，他便直言道："据臣所知，君臣本应同心同德，互为一体才是。彼此之间最终要的是以诚相待，如果只是纠结于一些无谓的小事，每天考虑避嫌，那么国家怎么能治理得好呢？"

唐太宗听言后也思虑甚久，魏徵又说："希望陛下能让我做良臣，而不要做忠臣。"唐太宗不解，魏徵便解释道："良臣自身有美名，而他所辅佐的君王也是功勋卓著，青史留名；至于忠臣，则因为犯上而召来杀身之祸，杀他的皇帝也落得个昏庸无道的骂名。"这番话让唐太宗感触良多，心中对魏徵的敬意又增加了一分。

人们之所以一提到唐太宗和"贞观之治"就想起魏徵，是因为魏徵在贞观年间扮演了一个重要的角色，就是无时无刻不在督促着唐太宗向一个贤明的君主发展。就连唐太宗本人也称赞魏徵为"良工"：

"玉虽有美质，在于石间，不值良工琢磨，与瓦砾不别。若遇良工，即为万代之宝。朕虽无美质，为公所切磋，劳公约朕以仁义，弘朕以道德，使朕功业至此，公亦足为良工尔。"

这段话赞扬的就是魏徵这种随时随地鞭策人心的作用。但和一般的臣子不一样，"谏臣"这个角色是非常难扮演的，一不小心就会招来杀身之祸。就像他自己所说，在"忠臣"和"良臣"中他想选择做"良臣"，但这个选择不是他单方面所能够决定的。"忠臣"和"良臣"的抉择是一个双向的抉择，但以魏徵的性格来看，即使唐太宗不愿让他做一个"良臣"，他也终将在"忠臣"这条道路上不畏艰险，一往无前。

贞观十七年（公元643年），魏徵因病辞世，唐太宗异常悲痛，甚至流下了泪水。他惋惜道："人以铜为镜，可以正衣冠；以史为镜，可以知兴替；以人为镜，可以明得失。朕常保此三镜，以防己过。今魏徵殂世，遂亡一镜也。"

为了纪念魏徵的忠诚，他还特意为魏徵赋诗一首：

劲条逢霜摧美质，台星失位天良臣。
唯当掩泣云台上，空对余形无夏人。

贞观十九年（公元645年），唐太宗征辽东大败而还。此时，魏徵逝世已经两年多了，唐太宗感叹道："倘若魏徵还在，他一定会阻止我征辽东，也不会有今日的惨败了。"

我并不只会惧内

秋露凝高掌，朝光上翠微。
参差丽双阙，照耀满重闱。
仙驭随轮转，灵乌带影飞。
临波光定彩，入隙有圆晖。
还当葵藿志，倾叶自相依。

——唐太宗《赋秋日悬清光赐房玄龄》

在唐太宗的众多文臣之中，除了魏徵，最为有名的便数房玄龄与杜如晦。中国有句著名的成语——"房谋杜断",说的就是太宗时期的这两位才德兼备的宰相。不少人知道房玄龄,是因为那个著名的"吃醋"典故,但事实上他的政治才能更加值得名垂千古。

房玄龄,名乔,字玄龄(也有说名玄龄,字乔),乃齐州临淄人士。自幼便遍读经史,对于书法和文章尤其擅长,史称有"倚马立成"之文才。凭借自身傲人的才华,房玄龄十八岁就考取了齐州的进士,先后担任过羽骑尉、隰城尉等职位。隋朝的吏部侍郎高孝基善于相人,当他看见房玄龄之时,便对身边的裴矩说:"仆观人多矣,未有如此郎者,当为国器,但恨不见其耸壑昂霄云。"高孝基确实所言不假,除了房玄龄,他还预言过另一个人有治世之才,那个人就是贞观年间的另一名相杜如晦。

隋文帝开皇年间,天下太平,时人都说杨家的天下会世代相传。而房玄龄却偷偷地对父亲说道:"当今皇上无功无德,只是靠夺取近亲的权力才获得了帝位。如今他不为子孙立长久之计,却将嫡庶混为一谈。现在看来虽然是天下太平,但灭亡之日也不久了。"后来隋朝果然天下大乱,而李唐政权却崛起于太原,就在李世民率唐朝大军进入关中之时,房玄龄便投效于军门。李世民接见了他,两人相谈甚欢,有相见恨晚之意。

后来,房玄龄就成为了唐太宗的得力助手,早在唐太宗还是秦王的时候,他就帮李世民出谋划策,处理政务,起草文书,对李世民忠贞不二。房玄龄非常有智谋,很早就开始为秦王招揽人才、积蓄力量做足了准备。早年李世民经常出征在外,没有精力去各地收纳人才,房玄龄就替他将这些人网罗到秦王府。就在别人都忙着搜刮钱财的时候,房玄龄却花尽了心思和这些能人志士融洽相处,想方设法使这些人甘愿为李世民效忠。唐太宗后来也赋诗云:"太液仙舟迥,西园引上才。未晓征车度,鸡鸣关早开。"赞扬的就是房玄龄为其招纳贤才的功劳。

房玄龄的智慧不仅表现在他处理日常事务的娴熟之中,更表现在他早就知道各类人才是李世民日后崛起的关键因素,所以积极地为他谋划。

而他的廉洁则表现在他不贪慕钱财,而是看重实现自身的价值。就连唐高祖李渊也非常欣赏房玄龄,称赞他道:"此人深识机宜,可委以重任。每为我儿陈奏事务,必通人心,千里之外,犹如面谈。"可见,在唐高祖眼里,房玄龄也是个不可多得的人才。

至于房玄龄为什么一生都对唐太宗忠心无二,其中的原因很复杂。或许是因为他们彼此投机,也有可能是因为唐太宗对他的知遇之恩以及唐太宗本人的个人魅力,或许只是一种说不清道不明的君臣之间常年的默契和情感。

总之,在房玄龄的不懈努力之下,李世民身边聚集了一大批才华横溢且又忠肝义胆的人才,可以说,李世民之所以能够在武德年间和太子李建成一争高下,房玄龄的事前谋划功勋卓著。

因为房玄龄能力出众,于是便渐渐成为了当年东宫集团的眼中钉,李建成曾亲口说过,房玄龄和杜如晦是秦王府中最让人畏惧的两个人。为了剪除弟弟李世民的左膀右臂,李建成和李元吉想尽各种办法在唐高祖面前中伤房玄龄。最后的结果是李建成终于如愿,房玄龄和杜如晦被双双逐出了秦王府。

但李建成没有想到的是,房玄龄和杜如晦对李世民的忠诚已经达到了可以为了他,竟然甘冒奇险在"玄武门之变"的前夜潜入秦王府,与李世民谋划了第二天的大计。"玄武门之变"的计划很周全,如何进如何退,如何攻如何守,都设计周密,这其中也应该有房玄龄的功劳。

"玄武门之变"成功之后,李世民得了天下,自然要论功行赏。房玄龄和长孙无忌等人被评为第一功,得到了最丰厚的恩赏。然而这样的结果引起了不少老臣的不满,其中就包括李世民的堂叔李神通，也就是后来的淮南王。他认为，他们这些老臣追随李世民多年，又为他出生入死，建立了卓越的功勋，到头来反而比不上房玄龄和杜如晦这些文臣。于是李世民向他解释道："房玄龄就如同汉代时的萧何，运筹帷幄，有安定社稷之功。虽然他不曾亲征沙场，却在后方殚精竭虑，所以当居首功。"

唐太宗登基之后，由于当时的宰相班底都是高祖时期留下来的臣子，对于这些人，唐太宗并不十分信任，所以便采取了逐步更换的方法，用原来秦王府的官员们来代替他们。于是房玄龄以玄武门之变第一功臣的身份被擢升为宰相，进入了国家的最高机构。

当上中书令的房玄龄凭借自己出色的才华和丰富的经验，帮助唐太宗将国事治理得井井有条。因为他的出色表现，不久之后，就由他代长孙无忌为尚书左仆射，总理朝廷大事并兼修国史，身兼二职，十分辛劳。不过房玄龄的责任心很强，虽然中书令和尚书仆射的公务繁杂，但他处理任何事务时都是一丝不苟。为了保证各项事情都不出差错，他甚至为了公务废寝忘食。贞观十一年（公元637年），房玄龄因劳苦功高被封为梁国公，十六年（公元642年）又进司空，仍然掌管着朝政。

除了办事严谨认真有责任心之外，房玄龄为人十分豁达，对人也十分友善，众人都称他为"良相"。他对人不求全责备，对于别人的长处也不会心生妒忌，反而像是自己的优点一样高兴，这也是他能够和各类人都处理好关系的一大原因。

除了上述优点之外，房玄龄还有很多长处，比如他精通文学和法律，处理案件重视公平，看人也以才能为上，而不看重出身门第和贫富贵贱。正是因为有房玄龄这样优秀的臣子，唐太宗才得以将处理国事的重责大任放心地分担出去，也许正是因为房玄龄等人潜移默化的影响，唐太宗在成为一代明君的道路上才走得如此顺利。

正所谓"伴君如伴虎"，陪伴在君王左右，无论多么才华过人又小心谨慎，也无时无刻不处在危机之中。随着年龄的增长，房玄龄也逐渐意识到自己在宰相之位上任职太久，而且身体也逐年变差，不能像年轻时那样胜任这份沉重的工作。于此，房玄龄是非常明智的，为了免除"晚节不保"的危机，他找了个机会主动向唐太宗提出辞去宰相之职的请求。

普通人相处久了都会有感情的，更何况共同出生入死多年的君臣。面对房玄龄的辞官，唐太宗的第一反应就是拒绝。房玄龄也是多番推辞，但太宗皇帝始终不肯退让，最后他只得对房玄龄说："你学汉代的张良和窦荣主动让位，是害怕月盈则亏。这样知进知退，也是很难能可贵的。然而你担任宰相已经时日颇久，倘若辞官而去，则国家就会失去一位良相，朕也同失去左膀右臂。要是你精力还没有衰退的话，就不要再推辞了。"

见皇帝如此这般挽留，房玄龄也不好再推让。但两年之后，他还是被罢了相。当时许多人都为他鸣不平，认为他劳苦功高，晚年竟然受到这样的待遇。更有人给唐太宗上书劝他收回成命，最后也是无果而终。房玄龄死时七十岁，死后谥"文昭"，配享太宗庙廷。后来褚遂良（唐朝著名书法家）在永徽三年为房玄龄墓刻了三千余字的碑文，其中就有"道光守器长琴振音，方嗣虞风仙管流声"两句，评价颇高。

房玄龄在临终之前也不忘国事，给唐太宗上了一道表，劝说他不要轻易出征高句丽。作为"凌烟阁二十四功臣"之一的房玄龄，因为不仅有谋国之功且有治国之才，得到的赞语是："才兼藻翰，思入机神。当官励节，奉上忘身。"

对于房玄龄，唐人柳芳有如下评断，甚为精恰：

"（房玄龄）佐太宗定天下，及终相位，凡三十二年，天下号为贤相。然无迹可寻，德亦至矣。故太宗定祸乱而房玄龄不言己功；王珪、魏徵善谏，房玄龄赞其贤；李勣、李靖善将兵，房玄龄行其道；使天下能者共辅太宗，理致太平，善归人主，真贤相也！房玄龄身处要职，然不跋扈，善始善终，此所以有贤相之令名也！"

一山二虎的幸福生活

> 吾爱房与杜，贫贱共联步。
> 脱身抛乱世，策杖归真主。
> 纵横握中算，左右天下务。
> 肮脏无敌才，磊落不世遇。
> 美矣名公卿，魁然真宰辅。
> 黄阁三十年，清风一万古。
> 巨业照国史，大勋镇王府。
> 遂使后世民，至今受陶铸。
> 粤吾少有志，敢蹑前贤路。
> 苟得同其时，愿为执鞭竖。
>
> ——皮日休《七爱诗·房杜二相国》

所谓"唐代贤相，前有房杜，后有姚宋"，杜如晦是与房玄龄并称的贞观名相，晚唐诗人皮日休这首诗就将二人并列，热烈地赞颂了他们的才华、气度和功业，可见房、杜二人在唐朝的威名。

杜如晦，字克明，生于京兆杜陵。他出生在官宦世家，曾祖杜皎和高祖杜徽都曾在北周为官，杜皎做过遂州刺史，杜徽则做过河内太守。而杜如晦的祖父杜果曾经官至隋朝的工部尚书，父亲杜咤为隋朝的昌州长史。杜如晦聪慧机警，幼时便好读书，且尤爱文史，颇有才名。

隋炀帝大业年间，杜如晦正当青春年少，当时的礼部侍郎高孝基看他才思机敏，便对他说道："公有应变之才，当为栋梁之用，愿保崇令德。今欲俯就卑职，为须少禄俸耳。"于是便将他补为滏阳县尉。杜如晦官至宰相之后，为了感激高孝基的知人之明，为他立了一道碑。隋炀帝虽然不是一个好皇帝，但在他手下却的确出了不少颇具慧眼的官员，高孝基是一个，后来发现玄奘法师的郑善果也是一个。

为官后的杜如晦眼见隋朝官场腐败，不愿与之同流合污，再加上县尉本来就是个职位卑微的小官，所以不久之后，他便弃官回到了家中。杜如晦欠缺的只是一个机会，到了大业十三年（公元617年），他的人生终于迈出了一大步。这一年，李唐的大军攻破了长安城，建立了新的政权。

和房玄龄一样，杜如晦也算得上是唐太宗身边的老臣。早在唐太宗做秦王率军攻打长安之时，杜如晦就来到了当时已经闻名天下的李世民麾下。和很多前来投奔的能人志士一样，杜如晦得到了李世民的重用。但秦王身边人才济济，又怎么会注意到一个默默无名的杜如晦呢？就在此时，高祖李渊发现了李世民不甘人下的野心，所以找了个机会将很多官员调离秦王府，以此来削弱李世民的势力，这其中就包括了此时还名不见经传的杜如晦。

但一个人的适时出现阻止了杜如晦的离去，那就是深得李世民信任的房玄龄。房玄龄对杜如晦早有耳闻，他也非常欣赏杜如晦的才华。他对李世民说："王府之中虽然才华出众的僚属众多，但都不足惜。只有这个杜如晦，聪明机智又识大体，是王佐之才。如果秦王您想经营天下，非留下此人不可。"

因为房玄龄确实给李世民推荐过不少人才,所以对于他的话李世民还是十分重视的,他说道:"如果不是你及时提醒,本王险些失去这个人才。"于是李世民便上奏高祖,将杜如晦留在了秦王府,继续担任兵曹参军一职。

杜如晦不如房玄龄那么幸运,不像房玄龄那样一开始就为李世民所赏识并能够随侍左右。但好在有房玄龄这个"伯乐"慧眼识英雄,否则杜如晦可能就此离开秦王府,也不会有后来官至宰辅的机会了。

正是因为房玄龄的推荐,杜如晦不仅留在了秦王府,还得到了李世民的重用,跟随在他的左右,为他参赞机戎。在这段时间里,杜如晦没有辜负房玄龄当初引荐他的一番心意,凭借着自己的才华让李世民刮目相看。

武德元年(公元618年),杜如晦随李世民出征讨伐陇右的薛举,大胜而还。回到长安后,唐高祖论功行赏,李世民被封为陕东道大行台,杜如晦则任大行台司勋郎中,并受封为建平县男爵,赏赐食邑三百户。随后,杜如晦又跟随李世民参加过唐初的多次统一大战,如平刘武周、王世充等。杜如晦才思敏捷,又善决断,李世民有他在旁,可谓是如虎添翼,而杜如晦也就此成为了秦王幕僚中最得意的干练之人,扬名四海。

天下太平之后,李世民为了招揽天下文士便下令设立了文学馆,并在闲暇之余和这些学士畅谈政治。在文学馆的众多学士之中,已经是陕东道大行台司勋郎中的杜如晦因为才学出众名列榜首,他得到的赞词是"建平文雅,休有烈光。怀忠履义,身立名扬",这个评价是非常高的。武德四年(公元621年),李世民建了天策府,杜如晦则成为了他的从事郎中。

后来,由于秦王府和太子府的斗争,杜如晦被李建成和李元吉中伤,与房玄龄一起被逐出了秦王府。"玄武门之变"前夜,杜如晦冒着生命危险和房玄龄化妆成道士,潜入秦王府,帮助李世民筹划大计,事成之后,被立为首功。可见到了此时,杜如晦对李世民来说,已经不可或缺了。唐太宗登基称帝之后,命杜如晦掌管兵部,并晋封他为蔡国公,赏食邑一千三百户。

贞观二年(公元628年),杜如晦改任吏部尚书,总监东宫兵马事。第二年又被擢升为尚书右仆射,负责管理官员的选拔,和宰相房玄龄同掌朝政,为太宗皇帝分忧解难。杜如晦每任一职,都会得到称职的赞誉,而且由于他决断自如,许多同僚都对他称赞有加。

杜如晦不仅文才和处事才能为人所称道,更加让人赞叹的是他和房玄龄亲密无间的合作关系。有道是"一山不容二虎",房、杜二人同为宰相,却能相处和睦,互不嫉妒且无争斗之心,这一点在中国古代历史上是极为少见的。这可能也和早年房玄龄对杜如晦的知遇之恩有关,总之,房杜二人的关系可以说是唐朝历史上宰辅之间的一段佳话了。

《旧唐书·房玄龄杜如晦传论》中提到:

"世传太宗尝与文昭图事,则曰:'非如晦莫能筹之。'及如晦至焉,竟从玄龄之策也。盖房知杜之能断大事,杜知房之善建嘉谋。"

房、杜二人各有所长,房玄龄擅长出谋划策,而杜如晦却擅长判断大势作出决断,所谓"房谋杜断"之说就是这样得来的。在处理国事的过程中,杜如晦和房玄龄取长补短,因此并称"房杜",被朝野上下称赞为良相。《旧唐书》对其二人更是称赞有加:"文含经纬,谋深夹辅。笙磬同音,唯房与杜。"正是有了房、杜二人的悉心辅佐,"贞观之治"才得以迅速实现,有臣子如此,也算得上是唐太宗的福气了。

贞观三年冬天,杜如晦生了重病,便上书请求辞官回家养病。唐太宗准了他的奏折,但俸禄依然照发不误。杜如晦回家之后,唐太宗非常关心他的病情,经常派人前去探望,并延请名医为他诊视。贞观四年(公元630年)初,杜如晦的病情加重,唐太宗先是派皇太子前去问候,随后又亲自去他家中探望。当他看到已经在病榻上奄奄一息的杜如晦,不禁流下了英雄泪。为了宽慰杜如晦,唐太宗破例将他的儿子杜构擢升为尚舍奉御。

贞观四年三月十九,这位众人景仰的宰相最终因病离开了人世,享年只有四十六岁,英年早逝,令人叹惋。听到杜如晦的死讯,唐太宗哭之甚恸,甚至为他罢朝三日。其后追赠为司空,封莱国公,并亲手为他撰写了碑文。

杜如晦死后,唐太宗时常感怀他。每年到了杜如晦的忌辰,唐太宗都会亲自派人到杜如晦家中问候,正所谓"终始恩遇,未之有焉"。一次吃香瓜时,因为想起杜如晦生前种种,唐太宗潸然泪下,马上派人将剩下的食物送去祭奠杜如晦。

又有一次,唐太宗赏赐给房玄龄一条黄金带,由此便想起了杜如晦。他对房玄龄说:"从前如晦与你一起辅佐朕,可谓同心同德。但如今朕赏赐,眼前就只有你一人了。"说完后好不伤感,随之便流下了泪水。

随后他又说:"朕听说黄金多为鬼神所惧怕。"于是便命房玄龄取了一条黄金带送到杜如晦的灵前。唐太宗还曾经梦到过杜如晦,天亮的时候便将这件事告诉了房玄龄,还遣他送些东西前去祭奠杜如晦。唐太宗曾经感叹道:"朕与如晦,君臣义重。"这也无疑是对杜如晦的最高评价,侍奉君王能得到如此回报,杜如晦也算是古之少有了。

通过男人掌控天下的女人

回望贞观时期那一段灿烂辉煌的历史,不禁会对那盛世繁华心生向往,感慨万千。但这片辉煌不仅只属于在风口浪尖叱咤风云的男人,同时也属于那些身在幕后不为人注意的女性。在这些女性之中,唐太宗的皇后长孙氏,这个在历史上连名字都没有留下来的女人,以她独特的方式照顾、影响、规劝、帮助着自己的丈夫治理着这庞大的帝国,并凭借自己出众的才华和宽广的胸襟将后宫治理得井井有条,消除了太宗的后顾之忧,成为了古代女性的楷模。

长孙皇后出身望族,自幼便喜读史书,知书达理,温婉贤淑,虽然不如唐太宗的母亲窦皇后那样传奇,但也是个不可多得的奇女子。李世民和长孙氏不仅门当户对,而且才貌相当,可谓天作之合。正因如此,年少的李世民被长孙皇后的舅舅高士廉所看重,遂结成了这段姻缘。那一年,唐太宗十六岁,长孙皇后仅十三岁,这场婚姻虽然有很大的政治因素在内,但这对少年夫妻也算得上是相敬如宾,感情十分融洽。

长孙皇后的贤淑知礼在少年时代就有深刻的表现。她嫁入李家时不过是个十几岁的小女孩,却对公公李渊十分孝顺,使得李家父慈子孝,上下和睦,成为了李世民的贤内助。李世民发动"玄武门之变"时,长孙氏甚至亲自安抚勉励士兵,使得"左右莫不感激"。

唐太宗登基之后,长孙氏便自然而然地成为了大唐的皇后。当上六宫之主的她,并没有就此便安于享乐,而是尽心尽力将整个后宫都打理得秩序井然,让皇帝不为宫闱之事忧心。身在斗争激烈的后宫,长孙皇后拥有着寻常嫔妃不能比拟的几项品质,一是性格温和,与各宫嫔妃都能和睦相处;二是心地善良,对于太宗的子女都一视同仁且处事公允,不滥用私刑;三是生活简朴,给后宫之人和天下臣民做出了表率。

关于长孙皇后的温婉平和可以和前朝隋文帝的独孤皇后作一个对比,独孤皇后也称得上是女中豪杰，是隋文帝的一大臂助。但独孤皇后十分善妒，这种妒忌心在现代或许可以说是对感情的专一，但在古代，尤其是作为皇帝的后妃却是十分失德的表现。更为严重的是，独孤氏的妒忌心已经到了偏执的地步，她甚至偷偷下令处死隋文帝宠幸的嫔妃，隋文帝常常感叹自己不得自由，最后竟然愤而离家出走。

与独孤皇后相比，长孙皇后可谓是中国古代妇女的典范。她不仅不干涉太宗皇帝的私生活，而且嫔妃有病无一不亲自探视，并赏赐给她们食物和药材，对她们嘘寒问暖。豫章公主并非长孙皇后亲生，但因为自小没有母亲，长孙皇后便心生怜爱，将她收养，视如己出。她还将古代后妃的故事编辑成《女则》十卷，以此来约束自己的行为举止。她的这些做法受到了众人的称赞，后宫上下无不对她心怀尊敬和感激之情，史称"下怀其仁"。

贞观初年，为了给国库节省经费，唐太宗提倡俭朴之风，并自为表率，废除了许多奢靡之事。作为后宫之首，为了配合丈夫，长孙皇后以身作则，崇尚简朴，除了严格要求自己外，对于子女，长孙皇后也不时地教育他们要勤俭持家。

一次太子李承乾的乳母向长孙皇后禀报，称东宫的用度不够，希望皇后能够批准增加一些。长孙皇后听后非常生气，对乳母说道："为太子，患在德不立，名不扬，何患无器用邪？"意思是身为太子，便是一国的储君，不应把心思放在器具和用度之上，而是应该多考虑扬名立德之事。

她的亲生女儿长乐公主出嫁之时，唐太宗本来下令准备了丰厚的嫁妆。但魏徵进言，认为长乐公主的嫁妆超过了长公主，于情于理都不和。长孙皇后听后也并没有恼怒，而是欣然接受了魏徵的提议，并下令给予魏徵赏赐。

此外，长孙皇后还尽力辅佐唐太宗，常常利用自己的身份优势进一些官员不敢进的谏言，使得他的明君形象更为完美。唐朝的后宫女性涉政并不是长孙皇后开的先例，她也十分注意避免后宫干政的嫌疑，只在情况需要时作出表态。

例如唐太宗和魏徵发生矛盾，愤愤不已地想要诛杀魏徵时，她好言相劝，既熄灭了唐太宗的怒火，也为大唐保住了一个良臣。宰相房玄龄也曾因为一件小事被唐太宗勒令回家待罪，长孙皇后听说后觉得十分不妥，便劝道："玄龄事陛下最久，小心谨慎，奇谋秘计，皆所预闻，竟无一言漏泄，非有大故，愿勿弃之。"提醒太宗不要有负忠臣，更不能让房玄龄这样知道太多隐秘的老臣心怀不满，以免泄露机密，带来不必要的麻烦。

长孙无忌是长孙皇后的亲兄长，又与唐太宗是布衣之交，且为人颇有才能，深得皇帝的信任。于是唐太宗便想封他为宰相，长孙皇后听后却坚决反对，认为外戚不可授之以重权。她见皇帝不听，便苦劝哥哥辞去这一官职，长孙无忌无奈只得向唐太宗辞相。

但对于异母的哥哥长孙安业，长孙皇后却是以德报怨。长孙安业以前嗜酒成性，曾在父亲死后将妹妹赶出家门，但却在她当上皇后之后得以官至将军。其后，他因罪被捕，按律当处以极刑，皇后不计前嫌痛哭流涕地为他求情。这件事让唐太宗很为难，那么一贯公私分明的长孙皇后怎么会破例为一个曾经虐待过自己的哥哥求情呢？

长孙皇后解释说："安业之罪，万死无赦。然不慈于妾，天下知之，今置以极刑，人必谓妾恃宠以复其兄，无乃为圣朝累乎！"意思是如果杀了长孙安业，天下人一定会以为是她为了当年哥哥将她赶出家门的事而有意报复，于朝廷声誉不利。听了她的话，唐太宗便收回了成命，赦免了长孙安业的死罪，将他流放到岭南。

不让长孙无忌担任要职，是怕外戚干政，请求赦免长孙安业是出于皇家荣誉，怕给天下人落下话柄。从她对两个哥哥的不同态度，可以看出长孙皇后是个通情达理之人，她设想周全，万事都以朝廷的利益和名誉为出发点。

贞观八年（公元634年），长孙皇后得了重病，很久都不见好转。太子李承乾对她的病情很担忧，便对母亲说："大夫都看过了，药也都服用过，但是母亲的病还是不见好转。不如请求父皇下令赦免囚徒，召开法会，或许这样会天降福祉，母亲您的病就会好转了。"李承乾所说的方法称作"修福"，在当时也很常见。

但长孙皇后不允，她说："生死有命，不是人力所能控制的。我向来也没做过什么恶事，如果说善行都没有作用，求福又能有什么效果呢？况且国家大赦天下，是朝廷要事，怎可因为我就乱了天下法事。"

太子见母亲执意不肯便没有禀明太宗，而是将这件事告诉了舅舅长孙无忌。长孙无忌上奏给唐太宗后，此时也为皇后之病忧虑的唐太宗觉得可以施行，但后来还是被长孙皇后阻止了。

贞观十年（公元636年）六月，长孙皇后因病离世，年仅三十六岁，葬于昭陵。按照她生前的嘱托，唐太宗并没有为她修建豪华奢侈的陵寝，也没有举行隆重的葬礼，因为她认为古之圣贤都崇尚薄葬，只有无道的君主才会为了身后之事祸乱百姓，因此她的墓室十分简单朴素，"不藏金玉、人马、器皿，皆用土木，形具而已"。

而且她在临终之前还再三叮嘱唐太宗，一是要他亲近贤臣，相信房玄龄的忠心；二是要保全李家子孙，不要给外戚太多的权力；还要纳忠谏，不要听信谗言；最后要减免徭役，以天下万民为本。这些都让唐太宗非常感动，觉得长孙皇后之死"是内失一良佐，以此令人哀耳"。

长孙皇后死后，唐太宗因为过于思念她，便下令在内苑之中修建了一座高楼。每当思念皇后之时，便登上这高楼，遥望皇后所葬的昭陵。但让人惋惜的是，这座寄托着唐太宗对长孙皇后深情的高楼却因为会让皇帝背上"不孝"之名，最后被下令拆除。

皇帝的大舅子也得有才

长孙无忌，字辅机，洛阳人士，是唐太宗皇后长孙氏的兄长。无忌的祖上本不是长孙氏，而是鲜卑拓跋氏，他们这一支世代为官，"立功最多""为宗室之长"，所以就改姓为长孙氏。无忌的七世祖长孙道生是魏朝开创者拓跋珪的手下大将，拓跋珪能够立国，道生出力甚多，深得拓跋珪的信任和重用。北朝多变，历经北魏、东魏、西魏、北齐、北周，长孙氏世代显赫，门第未衰，后来杨坚以隋代周，无忌的父亲长孙晟就做了大隋的右骁卫将军。

长孙晟骁勇善战，精于骑射，"一箭双雕"的佳话就是从他那里传下来的。不过，这位被隋文帝倍加赞赏的猛将却是天不假年，所以无忌自幼与妹妹在舅舅高士廉家里长大，受舅舅的影响很深。高士廉是隋朝名臣，气度不凡，所以长孙无忌虽身出军事世家，但于行军打仗却不十分在行。后来唐太宗也说他是"聪明鉴悟，雅有武略""总兵打仗，非其所长"。长孙无忌聪慧好学，颇有才干，年少时就与唐太宗相友善，妹妹与太宗结亲之后，两人的关系更是亲密无间。

大业十三年（公元617年），唐高祖李渊起兵太原，长孙无忌便赶来相投，高祖十分欣赏他的才略，于是授予了他渭北行军典签一职，随后便一直追随在当时的秦王李世民身边。无忌是大唐的开国功臣，唐朝建立之后便受封齐国公，后徙赵国公，封食邑一千三百户。武德九年的"玄武门之变"，长孙无忌更是主要的谋划者。

当初，李世民和李建成因储君之位闹得不可开交，李建成常年生活在恐惧和担忧之中，最后决定以非常手段除去李世民，但几次都没有成功。李世民也深感危机，便询问王府的谋臣们该如何是好。房玄龄便和长孙无忌商量，劝李世民早作打算，防患于未然。听了房玄龄之言，长孙无忌也道："我想这件事也想了很久，只是不敢开口。如今听你所言，正合我心。"于是便和房玄龄、杜如晦等人一起苦劝李世民。

所以说，"玄武门之变"的成功，和长孙无忌有着很大的关系。无忌陪伴唐太宗打下了江山又夺取了皇位，深得唐太宗的信任。在唐太宗还是太子之时，长孙无忌就被任命为左庶子，太宗登基之后，则升为左武侯大将军，后改任吏部尚书。

唐太宗用人从来就是"外举不避仇，内举不避亲"，虽然长孙无忌是自己的妻兄，但他才德兼备，唐太宗便想拜他为相。贞观元年（公元627年）六月，尚书右仆射封德彝去世，这个职位便空了下来。一个月之后，唐太宗下令命长孙无忌接替封德彝的位置，成了大唐的又一位宰相。这件事很快就被长孙皇后得知，她向唐太宗请求撤销这一指令，并说："妾托体紫宫，尊贵已极，不愿私亲更据权于朝。汉之吕、霍，可以为诫。"

令长孙皇后忧心不已的前车之鉴中，"吕"指的是刘邦的皇后吕氏一族，"霍"指的则是辅助汉昭帝并曾废立皇帝的大将军霍光及其家族。霍光将女儿霍成君嫁给了汉宣帝刘病已，故而霍氏也算是外戚。虽然吕氏、霍氏都曾掌握朝纲、烜赫一时，然而最后却都落得抄家灭族的凄惨下场。

长孙皇后作为大唐的皇后和长孙氏的女儿，既不希望看到李氏江山大权旁落，更不希望看到长孙家族会像吕氏、霍氏那样遭罹惨祸。因此她虽然知道唐太宗一直有意任命兄长为相，但还是尽力规劝太宗改变心意。但如今旨意已下，君无戏言，又岂有收回之理呢？于是她便去请求自己的哥哥主动放弃宰相的职位，长孙无忌知道她也有难处，便答应了她。最后太宗只得收回成命，拜他为开府仪同三司。

贞观五年（公元631年），长孙无忌和房玄龄、杜如晦、尉迟敬德四人因劳苦功高，受到了每人一子受封郡公的恩赏。贞观七年（公元633年），唐太宗下令封长孙无忌为司空。

长孙无忌推辞道："臣是外戚，如果再接受这样显赫的官职，恐怕会有人在背后议论陛下徇私情，有意照顾皇亲。"然而唐太宗对此却并不在意，反而劝慰他道："朕以才能赐官，如若是无才无德，就算是至亲朕也不会轻易授其要职，比如襄邑王李神符就是例子；但如果才德兼备，就算是旧有仇怨的人朕也不会放弃，对待魏徵就是如此。倘若朕因为你是皇后的兄长，只需多赐给你金银财物就可以了，为什么要授予你如此重要的官职呢？"

听了太宗的话，长孙无忌最终还是接受了司空这一职位。唐太宗雅好诗书，还为此特作《威凤赋》一篇，追忆了当年打天下之艰难，并借此赞扬了长孙无忌的功勋。

无忌没有辜负唐太宗的期望，在司空的职位上兢兢业业，后来因为他处事谨慎且不倚权霸势，于是改任他为司徒。贞观十一年（公元637年），唐太宗命他与房玄龄等人一起修订《贞观律》。《贞观律》（即《唐律》）内容广泛且严谨，奉行的是"宽刑"的政策，是我国古代重要的法律典范之一。

长孙无忌虽与太宗关系密切，深体上意，但遇事也敢直言劝谏。贞观十一年（公元637年），唐太宗下发了一道诏令，封荆王李元景在内的二十一位亲王以及长孙无忌在内的十四名功臣为世袭刺史。唐太宗之所以会有如此举动，是因为他希望效法周代的分封制度，但世易时移，分封制并不适合皇权集中的唐朝，因此魏徵、颜师古等大臣都曾多次上书劝谏过，但却没有收到成效。

唐太宗此令一出，太子左庶子于志宁和御史马周又上书力谏，太宗依然不听。长孙无忌得知以后，便让自己的儿媳长乐公主进宫求见皇上，传达他的意思："臣等披荆斩棘侍奉陛下，如今四海安宁，将我们外放到各州，和迁徙有什么区别呢？"

他还带头率领被封的臣子们上了表文，最终唐太宗理解了他的一番苦心，收回了诏令。贞观十七年（公元643年），太宗选取了二十四位功臣，命人画了他们的画像置于凌烟阁中，称为"凌烟阁二十四功臣"，而长孙无忌位列第一。

长孙无忌文采斐然，不仅是个出色的政治家，还是个诗人，现存诗八首。早年有《新曲》二首，诗曰：

其一
侬阿家住朝歌下，早传名。
结伴来游淇水上，旧长情。
玉佩金钿随步远，云罗雾縠逐风轻。
转目机心悬自许，何须更待听琴声。

其二
回雪凌波游洛浦，遇陈王。
婉约娉婷工语笑，侍兰房。
芙蓉绮帐还开掩，翡翠珠被烂齐光。
长愿今宵奉颜色，不爱吹箫逐凤凰。

措辞清丽，其后虽多为应制之作，但于一个多年从政之人来说，也很是难得的。

在李承乾和李泰的太子之争中，长孙无忌力保长孙皇后的儿子、皇九子晋王李治。太宗弥留之际还不忘长孙无忌的辅佐之功，他对身前的大臣们说："我有天下，多是此人之力。"太宗驾崩之后，李治继承了皇位，是为唐高宗。长孙无忌以国舅的身份辅佐朝政，被封为太尉，同中书门下三品。此时的长孙无忌位高权重，但却没有恃宠而骄，他经常劝谏唐高宗要像他的父亲一样"从谏如流"，对手下的学士们也要十分尊重。

高宗永徽二年（公元651年），长孙无忌奉上命对《唐律》进行逐条注解，成《律疏》三十卷，后世所说的"西有罗马法，东有唐律"，即指此事。长孙无忌为李家天下尽心竭力、鞠躬尽瘁，但是最后却卷入了高宗废立皇后的风波之中，并为此丧失了生命，连自己多年来为唐室所建立的功勋都差点被悉数抹杀。

李治登基之初，即立太子妃王氏为皇后，但皇帝的后妃都是"母以子贵"，而王皇后一直膝下无子十分苦恼，此时萧淑妃十分得李治的宠爱，这更加强了王皇后的危机感，于是王皇后将在感业寺为尼的武才人，也就是后来的武则天，接回皇宫，希望用她来分萧淑妃之宠。

但岂知武氏胸怀天下，岂是区区后宫"昭仪"的名分所能满足？经过种种风波，唐高宗终于决定废除王皇后，改立武氏为后。虽然朝中重臣们都认为此事不妥，因而极力反对，但许敬宗、李义府等人却为逢迎主上，竭力拥护，朝廷上下乱作一团。作为太宗的托孤重臣，国舅长孙无忌对此也是持反对态度的。虽则武则天费尽心思拉拢他，他都不为所动，因此，长孙无忌便遭到了武则天的嫉恨。

永徽六年（公元655年），李治力排众议，立武氏为皇后，母仪天下、掌管后宫。武则天当上皇后之后，当初反对高宗改立皇后的大臣们都遭到了报复，例如褚遂良就因此而被贬到蛮荒之地。但长孙无忌是朝中重臣,根基深厚,武后虽然恨他,想要撼动他也非易事。

显庆四年(公元659年),在武则天的"安排"下,长孙无忌卷入了太子洗马韦季方和御史李巢朋的朋党之案中,被许敬宗诬陷"谋反"。高宗本不愿杀长孙无忌,许敬宗却说汉文帝为避嫌而杀其舅,请高宗效仿前贤,而且又提醒他"当断不断,反受其乱",高宗无奈只得下令削去了长孙无忌的封爵,流放至偏远的黔州,随后长孙无忌自缢而亡,子孙也受牵连,四散零落。

请君暂上凌烟阁

纵观贞观一朝,人才济济,灿若星辰,其中又有极为突出的二十四人。贞观十七年(公元643年),唐太宗画其画像陈于三清殿的凌烟阁之上,是为"凌烟阁二十四功臣"。这二十四位功臣的顺序依次是长孙无忌、李孝恭、杜如晦、魏徵、房玄龄、高士廉、尉迟敬德、李靖、萧瑀、段志玄、刘弘基、屈突通、殷开山、柴绍、长孙顺德、张亮、侯君集、张公瑾、程知节、虞世南、刘政会、唐俭、李勣、秦叔宝。

在这二十四位大臣之中,有一开始就为唐太宗效力的老臣如房玄龄、杜如晦等,有来自对手的旧臣如魏徵、尉迟敬德等,也有外戚如柴绍、长孙无忌、高士廉等。这些文臣武将无一不为唐太宗效忠一生,由此可以看出太宗用人,真可以说的上是"以才举官""不拘一格",正是因为他开明大度的用人方法,使得贞观朝君臣相处甚欢,最终缔造了太平盛世。

在凌烟阁的众多大臣中,与长孙皇后有关的就有三人。事实上,长孙家族及其姻亲家族除了长孙无忌之外,还有很多人在贞观时期在朝为官并立下功绩,其中和无忌一样位居"凌烟阁"的还有两位,那就是长孙顺德与高士廉。"凌烟阁二十四功臣",长孙家族就独占三位,可见长孙氏在武德、贞观年间的显赫地位,更可见他们对李唐王朝的重要性。

邳襄公长孙顺德

长孙顺德,是太宗皇后长孙氏的族叔,唐朝的开国功臣之一。隋炀帝时三征辽东,百姓的徭役负担十分沉重,被征召出征辽东的士兵几乎是九死一生。为了躲避朝廷的兵役,长孙顺德逃到了太原,投靠了唐国公李渊。李渊决定在太原起兵反隋后,长孙顺德奉命和李世民等人一起为起义招募军队。

在李唐王朝的开国战争中,长孙顺德表现得十分英勇,屡建战功。其中较为突出的一次就是他随刘文静攻打隋朝大将屈突通。在这一战中,长孙顺德身先士卒,在桃林单枪匹马地活捉了屈突通,大涨唐军士气,为此战之胜立下了大功。

唐朝建立之后,长孙顺德一直在秦王府效力,在"玄武门之变"后,还与秦叔宝一起征讨了李建成的残部。长孙顺德曾受贿于他人,但经过唐太宗的提醒便改邪归正,可谓"知错能改,善莫大焉"。其后,被朝廷派遣到泽州担任刺史,在泽州任上,还曾大力整治了当地的官场风气。

申公高士廉

高士廉,名俭,太宗皇后长孙氏之舅。高士廉"少有器局,颇涉文史",曾是隋朝官员,早年就已闻名遐迩。他的妹妹是长孙晟的夫人,也就是长孙无忌和长孙皇后的母亲。说起来,唐太宗和长孙皇后的姻缘与高士廉有着很大的关联。

长孙兄妹自幼孤苦,父亲死后便被嗜酒成性的异母哥哥长孙安业赶出了家门。是高士廉将这对可怜的兄妹接回家中抚养，长孙无忌和长孙皇后日后的所为和舅舅高士廉的教导不无联系，从此也可以从一个侧面看出高士廉其人其行。后来，也是高士廉看重李世民一表人才，日后必有大成就，遂做主将自己的外甥女许给了他。

高士廉在大业年间还是朝廷命官，炀帝出征辽东时，大臣斛斯政叛国通敌，高士廉也被卷入其中，后被发配到交趾，直到唐武德年间才返回中原。其后，他便一直跟着外甥女婿李世民，成为秦王集团的核心人物之一。

贞观时期，高士廉因扣留黄门侍郎王珪密表一事被唐太宗降职位，外放到巴蜀之地任安州都督，后又转为益州大都督府长史。在任上，他表现出色，不仅爱民如子，还在当地兴修水利，发展农业，深受当地百姓的爱戴。唐太宗见他真心改过且在当地政绩不凡，便下令将他调回长安担任吏部尚书一职。高士廉回到长安之后，唐太宗命他将在巴蜀的所见所闻写成《氏族志》一书。

唐人李贺在《南园》一诗中说："男儿何不带吴钩？收取关山五十州。请君暂上凌烟阁，若个书生万户侯？"说的就是这二十四位功臣之中的文臣。形容一个君王身边有人才无数，通常会说"文臣如云，武将似雨"，而这句话用在唐太宗身上就再合适不过了。不仅文臣有运筹帷幄、决胜千里之智，贞观朝的武将也有斩关夺将、万夫莫当之力。

胡壮公秦叔宝

秦叔宝，名琼，唐初名将，"凌烟阁二十四功臣"之一。秦叔宝虽在凌烟阁排名最后，但一部《隋唐演义》将其塑造得出神入化，那么真实的秦叔宝又是什么样的呢？

秦叔宝早年在隋朝大将来护儿麾下效力，后又转到张须陀门下，曾经跟随张须陀征讨过下邳的卢明月，并在此战中大展拳脚，立威扬名。隋末大乱，李密的瓦岗寨风生水起，声势浩大。隋朝廷派张须陀率大军前去征讨，秦叔宝亦在其列。后张须陀在荥阳战死，秦叔宝收拾残部转投了隋将裴仁基，并受到了重用。

大业十三年（公元617年）四月，裴仁基投降了瓦岗寨，秦叔宝也就成为了李密手下的将领，由于他在李密和宇文化及的一场大战中救了李密的性命，因此获得了李密的倚重。谁知好景不长，李密不久后就被盘踞在洛阳的王世充击败。

秦叔宝在万分无奈之下归降了王世充，王世充早就听说过他的威名，于是便拜他为龙骧大将军。秦叔宝生性耿直又侠肝义胆，看不上王世充的为人，于是不久之后，他就转投到了李唐政权，并在威名赫赫的秦王李世民手下效力，任秦王府军马总管一职。秦琼虽然多次易主，又是敌军投降的大将，但李世民依然很看重他，其后他也随李世民辗转出征各地，建立了不少功勋。在"玄武门之变"中，秦叔宝也有过出色的表现，深得唐太宗的信任。

鄂公尉迟敬德

和秦叔宝一样，尉迟敬德也是来自敌军的大将。隋末唐初，尉迟敬德是刘武周手下的一名偏将，一根长矛使得出神入化，天下闻名。当年唐朝大军征讨刘武周和宋金刚之时，多倚靠尉迟敬德的武功才得以和唐军抵抗多时。后宋金刚战败逃亡突厥，他手下很多将领便投归了唐朝，尉迟敬德也不例外。尉迟敬德后来在秦王李世民麾下效力，很得李世民的信重，后随李世民征讨王世充、窦建德等人，连战连胜，建有奇功。

尉迟敬德的功劳还不仅于此，"玄武门之变"他和长孙无忌、房玄龄、杜如晦等人居首功。当初李建成和李世民为太子之位发生争斗，李建成深知尉迟敬德是李世民的左膀右臂，便意欲收买他，收买不成又想谋害于他。无论是在金银还是在死亡面前，尉迟敬德都不为所动，始终对李世民忠贞不二，这或许就是这个武将对于秦王当年对他的知遇之恩的一种报答吧。

事于志宁上书进谏，太子根本不听。到了贞观十五年（公元641年），民间正处农忙之时，李承乾却广召民夫充当兵役，极大地影响了百姓的生产，民间对此多怀怨苦。不仅如此，他还私自引突厥人入宫，于志宁再次上书力谏，太子大怒，秘密派刺客张师政、纥干承基到于志宁家中刺杀他。于志宁恪守礼法，当时正为母服丧，二人潜入其宅，发现他睡在草庐中，于是知道他是大孝之人，不忍伤害而返。

李承乾的所作所为与唐太宗所推崇的治国之道相悖离，他自然不会喜欢这样的接班人。时间一天天过去，唐太宗对太子的不满与日俱增，这已使李承乾的储君之位日渐不稳。而此时唐太宗的众多儿子也渐次成人，于是李承乾也遇到了争夺储位的强劲对手。在这些皇子中，魏王李泰就是其中的佼佼者。如同武德年间一样，贞观后期，皇子们争夺继承权的斗争也在不断上演。

随着太宗对李泰的偏爱，李泰声誉鹊起。这时不仅朝臣们纷纷猜测，太子李承乾的心理更是发生了巨大的变化。为了巩固自己逐渐消失的势力，李承乾想尽一切办法拉拢人心。这时李承乾身边有两派势力，一派是皇帝派去的官员，如左庶子张玄素、兼左庶子杜正伦、太子詹事于志宁等。这些人虽说是太子的手下，是东宫属官，但同时也负责对太子进谏和教育，实际上是直接隶属于皇帝的。

在李承乾看来，根本就是魏王李泰导致了他目前所面临的危机，于是他便把主要精力放在与魏王的斗争之上。但是这派东宫的官员却向他提出了不同的策略，他们不断地向太子进谏，希望李承乾能够严于律己，从自身做起，不要给人落下把柄。但"良药"毕竟苦口，已经自乱阵脚的李承乾又怎么能听得进这些意见呢？

李承乾身边的另一派大多数是他的亲信，也是他依靠的主要对象。这些人十分认同太子的观点，觉得是魏王党造成了现在的局面。这一派的核心人物是吏部尚书侯君集与汉王李元昌，这些人在太宗朝均不得志，于是便心怀芥蒂，最终将自己的政治筹码压到了太子的身上。

在东宫之内，这两派的斗争愈演愈烈，甚至连唐太宗和朝廷的臣子们都有目共睹。和唐太宗和高祖当年之间的矛盾不同，此时太子与皇帝之间的矛盾的焦点就是出在东宫的这些谏臣身上。客观地来说，李承乾身上确实是存在着一些问题，但却不一定像史书上说的那么夸张。

唐太宗自己是性喜纳谏的，但李承乾却并不一定能向父亲一样能从容地接受这些从来不给自己留情面的谏臣们。从父亲的角度来看，唐太宗给太子派去这些谏臣的本意是好的，希望太子能在他们的规劝下朝更好的方向发展。但在李承乾看来，父亲这么做完全是为了监视自己。随着谏臣们与太子之间的矛盾不断被激化，他们不仅没有帮助李承乾稳定太子之位，反而间接地使唐太宗父子之间的信任丧失殆尽。

有个聪明的弟弟未必是好事

魏王李泰是唐太宗李世民的第四个儿子，也是李承乾的同母胞弟。他从小就聪敏好学，对于文章创作尤其擅长。李泰不仅有胆识有才华，而且喜欢与一些能人志士来往。这些人多有良好的社会背景，对当时的社会舆论拥有很大的影响力。在他们的赞扬和王府官员的苦心经营之下，李泰广泛地结交了朝中的重臣，网罗了大量的支持力量。随着时间的发展，魏王的声誉和势力都得到了很大的提高。

事实上，唐太宗并非不知道李泰想谋取帝位的野心。但因为对太子极度失望，唐太宗几乎从来不掩饰自己对于魏王的宠爱，常常破例给他多种优待。按照惯例，成年的皇子都要被任命到长安之外去做几年地方官。贞观十年（公元636年），太宗下旨大封皇子为都督、刺史，魏王李泰也被任命为相州都督。但当其他的皇子都离京赴任了，唐太宗却独独把魏王李泰留在了长安。

贞观十一年（公元637年），太宗任命礼部尚书王珪为李泰的导师，辅佐教导魏王。唐太宗还对李泰说："汝事珪当如事我。"希望他能够尊师重教，做一个好皇子。李泰没有辜负唐太宗的期望，他深明父亲之意，知道他把王珪这样的朝廷重臣派来辅佐自己意味着什么，所以对王珪十分恭敬。

不仅如此，唐太宗特许李泰在魏王府开设文学馆，以此来招纳学士，"太宗以泰好士爱文学，特令就府别置文学馆，任自引召学士"，与他当年在秦王府置文学馆如出一辙。

李泰因腰腹肥大，行动不是很方便，唐太宗下旨特许他可以乘着小轿子入朝晋见。不仅如此，唐太宗还免除了他所住坊区一年租税，赦免了他所辖地区死罪以下的囚犯，赏赐给他的属官大批财物。唐太宗的用意其实非常明显，是在替魏王收买人心。这些特殊的恩宠使得朝臣们看到唐太宗可能有改立太子意图。而李泰也顺势拉近与群臣的距离，营造起夺储之势，一时间李承乾的太子之位岌岌可危。

虽然唐太宗对李泰的宠爱有加是所有人都看在眼里的，那么他究竟有没有明确表示过他要更换储君的人选呢？贞观十三年（公元639年），有人向唐太宗反映，说三品以上的大臣皆对魏王李泰无礼。

这些人的本意是"潜侍中魏徵等，以激上怒"，但唐太宗相信了这些传言，于是便召集了三品以上大臣前来询问。在齐政殿内，唐太宗十分生气而又略带几分委屈地抱怨这些臣子：

"我有一言，向公等道。往前天子即是天子，今时天子非天子耶？往年天子儿是天子儿，今日天子儿非天子儿耶？我见隋家诸王，达官已下，皆不免被其踬顿。我之儿子，自不许其纵横，公等所容易过，得相共轻蔑。我若纵之，岂不能踬顿公等！"

意思是说，隋朝的皇子往往随意挫辱官员，而我则管束诸子，不许他们骄横跋扈，谁知这样反而令我的孩子们受到轻视，再敢如此我就不再约束诸子，让他们在你们面前立立威风。

面对唐太宗的指责，当时其他人都战栗不已，还是魏徵义正辞严地反驳了太宗。魏徵说道，群臣之中并无人敢轻蔑魏王殿下，而且三品以上大臣都是朝廷公卿，隋文帝当年放任诸王随便折辱朝臣，当今皇帝是圣明之君，应该不会效仿隋文帝吧。对于魏徵的进谏，唐太宗自知理亏，便不再反驳。最后他转怒为喜，重赏了魏徵，才算结束了这个尴尬局面。

从此事中可以看出唐太宗对魏王的重视，曲折地表达出了他希望改立太子的可能。因为一条魏王不受朝臣尊重的小小流言，唐太宗便大动干戈地召集朝臣表示不满甚至放出威胁性的话，这么做有可能就是想借此机会提高魏王在群臣之间的政治地位，为将来更换储君做好准备。

处在危机之中的李承乾认为正是父王宠爱魏王才使得他的太子之位受到威胁，于是他不得不采取行动将斗争的重心放在了李泰身上。但可悲的是，李承乾虽然此时还贵为太子，但他不仅于上失去了父亲的信任，于下也没有朝臣的支持。不得已，他只得采取极端的行为，预谋加害自己的亲弟弟。

李承乾先是派人冒充魏王府中的官吏，向唐太宗告发弟弟的种种恶行。然而英明的唐太宗并没有听信这些告密人的一面之词，而且还下令将上书之人逮捕了起来。李承乾见此计不成，又暗中派人谋杀李泰，但也没有成功。李承乾的这一系列举动非但没有撼动到李泰的地位，反而使父亲的天平更加向弟弟偏移。

相比太子李承乾，李泰面对朝廷的风云变幻则表现得十分镇定和出色。在前面就曾说到，李泰不仅自己聪敏过人，身边还集聚一大批的能人志士。这些人十分团结，他们不仅同心一致出谋划策，推动魏王高升，还费尽心思提高李泰在唐太宗心目中的地位。

像崔仁师、岑文本、刘洎等魏王的支持者都是能在唐太宗面前说得上话的人。魏王党其他的年轻子弟则大多都是贞观元老的后辈，其中便有名相房玄龄的儿子房遗爱。在这些人的帮助下，李泰制定了一个对付哥哥李承乾的基本策略，那就是将重点放在如何提升自己的声誉和实力，尽量避免与太子发生正面冲突。

唐太宗虽然对太子李承乾种种荒唐的做法极度失望，也曾经动过扶持魏王李泰做储君的念头，但是后来却明确地表态自己并不打算废去太子。唐太宗之所以改变想法的主要原因在于群臣中有不少人反对废立太子，尤其还有一些像魏徵这样的重臣明确表示不支持太宗更换储君。

面对朝廷上下的态度，唐太宗不得不慎地重新考虑这个问题。他思考再三，认为李承乾虽然行为荒唐，有失体统，但是他一直以来并无什么逆反行为，还没发展到非废不可的地步。更为重要的是，尽管李泰平时将自己掩饰的很好，但随着时间的推移，他的缺点也逐渐显现了出来。

因为父皇的宠爱，李泰恃宠甚骄，争夺储君之位的野心暴露无遗。魏王的很多做法引起了朝中一些大臣的不满。再加之他本人也无任何功业，难以服众。这样一来，废长立幼的时机显然并不成熟，唐太宗便逐渐打消了这个念头。

和高祖李渊相比，唐太宗李世民虽然也在立嗣问题上产生过犹疑，但到了后期，他还是将自己的态度明确地表示了出来，并没有像高祖当时那样在两个儿子之间摇摆不定。到了贞观十六年（公元642年），"太子承乾失德，魏王泰有宠，群臣日有疑议"，越来越多关于唐太宗将要废立太子的舆论传播开来，给朝野造成了很大的影响。

储君问题向来是一个王朝的敏感问题之一，一旦臣民们对这个问题产生疑义，那么国家的根本就会动摇。面对这种强大的压力，唐太宗虽然犹豫再三，但也只好明确地作出表示，以此平息废立太子的留言。不仅有口头的表示，唐太宗还采取了一系列实际措施挽救局面。

贞观十六年八月，唐太宗推出魏徵为太子助阵，他对臣下们说："朕看当今朝廷的臣子，忠贞不二没有人能超过魏徵。朕想派遣魏徵来教导太子，以此来消除天下人的疑惑。"太宗决定任命魏徵为太子太师，一是因为他在大臣之中威望最高，二来也是因为他在当时是坚决反对废立太子的。

当年九月，唐太宗下旨正式任命魏徵为太子太师，以在向朝廷表示维护太子李承乾的坚定意愿。但魏徵却称身体有病，上表向唐太宗推辞。眼见魏徵推辞，唐太宗还亲下手诏向他强调此事非同寻常，恳切希望魏徵能够接受这次的任命。

唐太宗如此郑重其事且态度也极其诚恳，魏徵也体会到他作为一个父亲的艰辛，于是便答应了下来。但事实上，唐太宗又一次事与愿违，魏徵虽然在朝中声望极大，但在此事上所发挥的作用也是极其有限的。而且魏徵在任职不到半年的时间内，也因自己的病情越来越重，转年正月就辞世了。

立储的风波还在继续，而太子因为心力交瘁，脚疾也日益加重。为了保护李承乾，唐太宗仍然对群臣表态说，太子虽然脚有毛病，但是还可以行走，更何况《礼》曰："嫡子死，立嫡孙。"此时李承乾的儿子也已经五岁了，自己绝不会以庶子来代替嫡长子，并警告诸王对太子之位不要有什么非分之想。

虽然太宗明确表态，但作为一个父亲，他也难免对其他的儿子抱有期望。在实际行动上，唐太宗依旧对魏王十分亲近和宠爱，而对太子比较冷淡和疏远。长此以往，李承乾越来越没有安全感，随着形势日益紧迫，他决定铤而走险。李承乾想要效仿父亲，发动一场宫廷政变，进攻唐太宗寝殿西宫，企图逼迫自己的父亲退位或放弃废立太子。这样一来就再也没有人能够威胁到他的地位了。

就在李承乾等人准备起事的时候，齐州发生了一件大事，也正是因为这件事，李承乾的计划还没有得以实施就宣告流产。

有个太蠢的弟弟更不是好事

贞观十六年六月六日，距离武德九年发生的那场"玄武门之变"已经过去了整整十六年了，或许是对当年为了争夺帝位杀死了自己的兄弟心生悔意，这一年，唐太宗下旨追封李建成为皇太子。通过这个举动，唐太宗也表达了自己内心不希望在自己的儿子们中间发生手足相残惨剧的希望。但这皇权的斗争关乎权利和生命，又怎能为人力所控制呢？

不仅唐太宗为此事心烦意乱，朝臣们也都在密切关注着皇室内部的新动向。他们面临的是一场新的政治投资，如果魏王李泰最终夺得太子地位并且坐上了皇帝的宝座，那么此前的所有付出就算是有了回报；如果李承乾如期当了皇帝，魏王下场可想而知。因此，不论是魏王还是太子，如今的局面是只能前进不能退后。但这个看似无法调节的僵局却被一场突如其来的变故给打破了。贞观十七年（公元643年）三月，在离长安路途遥远的齐州，齐王李祐先于自己的哥哥李承乾，率众起兵造反。

与李承乾和李泰不同，齐王李祐并不是嫡子，而是庶出。他是太宗的第五个儿子，为阴妃所生。贞观十年，李祐被封为齐王，外放到齐州任都督。李祐不是嫡出，对争夺皇位基本上失去了资格，但贵为皇子，他也想要保住自己的封爵和地位。纵使李祐没什么野心，但皇帝至高无上的权力何其诱人，不免就有一些小人借此钻营，而李祐的舅舅就是其中之一。

李祐的舅父名叫阴弘智，自他到齐州之后便一直跟在他的身边。眼见长安因太子之位闹得沸沸扬扬，他便对自己的外甥说："你们兄弟众多，等到陛下亡故以后，你的性命就可能不保了，应当早做准备，多招募些壮士来保护自己。"李祐年轻无知，性格又比较急躁，遇事不善于思考，便轻信了阴弘智的话。在这之后，李祐便开始结交了一些江湖豪杰，并为自己招募了大批武士。

齐王虽然远在外地，但他的举动长安方面并不是毫不知晓。原来唐太宗怕任职于外地的儿子年轻骄纵，所以特意选择了一些刚正之士为长史、司马，用以辅佐诸王。一旦诸王有什么过失，他们便随时进行劝谏并将情况上奏于太宗。说到底，这也是监视这些藩王，防止他们叛乱的一个好办法。

齐王府内有个叫权万纪的长史，他刚正忠直，以前曾做过吴王李恪的长史。权万纪名义上虽是齐王的手下，是皇帝派来辅佐齐王的，实际上也承担监视齐王的任务。他看见齐王在舅舅的唆使之下做了许多不法之事，便屡次犯颜直谏，并在奏疏中将这些事透露给了唐太宗。于此，李祐也受到了父亲的谴责。

对于权万纪的好言相劝，李祐非但不听还记恨在心。看李祐顽固不化，权万纪便采取了实际行动来保护齐王不受小人们的引诱。他先是赶走了李祐身边最为亲近的昝君謩、梁猛彪等江湖人士，随后还把齐王豢养以供玩乐的鹰犬也全部释放。权万纪的种种做法使得李祐心中的仇恨进一步加深，他秘密地与昝、梁等人商议要杀死权万纪。

贞观十七年，权万纪觉察到齐王想要谋害于他，便将此事上奏太宗，还把李祐的亲党逮捕入狱。齐王认为自己被权万纪出卖，恼羞成怒，不顾父皇的诏令，将即将要前往长安的权万纪杀死。权万纪一死，李祐便在其党羽的劝说下在齐州招兵买马，起兵造反。他下令将城外百姓驱赶入城参军，并打开府库，赏赐士卒。不仅如此，李祐还私自设立官署，大封其党羽为官，每夜与其亲党饮酒作乐。

齐王反叛的消息很快传到了长安，唐太宗闻后大为震惊。同为父亲和君王的他在痛心之余便下令兵部尚书李勣领兵前去镇压。但出乎意料的是大军还未到达齐州，齐王就被他的兵曹参军杜行敏给擒住了。

原来李祐谋反之后，下令召集所属州县的军队都前来齐州，但却没有多少人响应。齐州城中的官吏和百姓见李祐如此荒唐，认为此事必定失败，于是纷纷弃城而逃。李祐的兵曹参军杜行敏等人不愿跟随他反叛，于是便共同商议倒戈，这个建议得到了齐州城内很多人的赞同。其后，杜行敏便率众围攻了王府，斩杀齐王余党，并将李祐押送至长安。唐太宗下诏将齐王李祐废为庶人，后赐死于内侍省。

这次的造反活动其实就是一个不知天高地厚的藩王在一帮小人的唆使下上演的一场荒唐的闹剧。齐王李祐不听忠臣的劝谏，骄奢荒淫，丝毫没有主见也无任何政治意识，实属可笑。但这个荒诞的事件并没有以齐王的死而了结，反而引发了太子集团的一桩巨大阴谋，最终使得李承乾失去了他的储君之位。

原来朝廷在审查齐王谋反的案件时候，偶然发现一个奇怪的现象。那就是齐王手下的一些江湖人士与东宫都有往来，其中就有一个名叫纥干承基的壮士颇得太子的信任。贞观十七年四月，纥干承基因参与齐王谋反事件被逮捕入狱，依律被判处死刑。为了活命，纥干承基将太子李承乾的谋反计划向主审官全盘托出。

唐太宗得知太子意图谋反，震惊之余更是觉得匪夷所思。他马上下令，命长孙无忌和房玄龄等重臣会同大理寺及中书省、门下省调查此案。太子为什么会想要谋反呢？这就不得不提太子集团中的几个主要人物了，他们便是吏部尚书侯君集、汉王李元昌、左屯卫中郎将李安俨、洋州刺史赵节和驸马都尉杜荷。

在太子集团中最有影响力、最值得一提的人物是吏部尚书侯君集，他也是参与太子谋反计划的核心人物。侯君集早年便跟随唐太宗南征北战，立下了无数战功，凌烟阁二十四功臣就有他的一席之地。唐太宗发动"玄武门之变"时，侯君集也出谋划策，参与了诛杀李建成、李元吉的行动。唐太宗即位后不久就擢升他为右卫大将军，其后他也是屡立战功。

贞观十二年（公元638年），侯君集升任吏部尚书，太宗还命他作为统帅率军平定高昌。侯君集虽然率领唐朝大军平定了高昌之乱，但未奏请太宗就擅自处理了无罪之人，还私取高昌国宝。有人向太宗告发此事，太宗遂将他交给司法部门查处，侯君集也因此入狱。后来因为中书侍郎岑文本等人的求情，唐太宗念及往日恩情才下诏放了他。但是侯君集自以为劳苦功高，却受牢狱之灾，心中颇有不满之情。

侯君集的女婿贺兰楚石时任东宫千牛，即太子的贴身护卫。太子李承乾通过贺兰楚石认识了侯君集，将其引入东宫，并向他请教保全太子之位的办法。自从高昌之事后，侯君集已知前途无望，便将砝码压在了储君的身上。

侯君集认为魏王为陛下所爱，李承乾劣弱，恐怕有被废黜的危险。他还向李承乾列举了隋朝太子杨勇因不被父皇看重最终被废的故事，劝李承乾造反，侯君集甚至举起自己的手说："此好手，当为殿下用之。"对于侯君集的建议，李承乾十分认同。并且他还为得到这位大人物的支持而高兴万分，李承乾对侯君集大加赞赏，并视为心腹。

太子集团还有两个重要人物，就是左屯卫中郎将李安俨和汉王李元昌。李安俨曾是隐太子李建成的部下，玄武门之变时他曾率军拼死抵抗。唐太宗认为他是忠义之士，故没有治其罪，反而任命他为典宿卫。但李安俨认为自己的官职低下，所以便将希望寄托在李承乾身上，希望跟随太子能有个更好的未来。汉王李元昌是唐高祖的第七子，也是唐太宗的异母弟弟。李元昌没有什么才能，还干过不少不法之事。因为这些事情唐太宗经常谴责他，所以李元昌便心怀怨愤，于是也加入了太子的谋反队伍。

除了上述几人之外，洋州刺史赵节是赵慈景和高祖之女长广公主的儿子，也算是皇亲国戚。赵慈景早年在战争中牺牲，赵家也就逐渐衰弱了。赵节不满意现有地位，自以为他的家族功劳甚大，所以投入太子集团中，打算在政治上捞取更大的好处。驸马都尉杜荷是前宰相杜如晦的次子。杜如晦死后，太宗念其功大，把女儿城阳公主嫁给了其子杜荷，封襄阳郡公，任命他为尚乘奉御。但杜荷生性暴虐，不守礼法，却与李承乾气味相投，并利令智昏地为他造反出谋划策。

就在李承乾等人密谋兵变之时，齐王李祐造反失败的消息传到了长安。但是李承乾却不死心，他对心腹纥干承基说："我宫西墙距大内不过二十步，与卿等谋划大事，岂是齐王所能比的！"杜荷劝李承乾尽快起事，并告诉他"琅玡人颜利仁善观天象，他说天象有变，陛下当为太上皇"，这些根本就是无稽之谈。

李承乾等人的计谋败露之后，唐太宗马上采取了行动。按照大唐律法，参与谋反篡位的都罪不容诛，李元昌、侯君集、赵节、杜荷及其同党都被赐死。而李承乾毕竟是自己的儿子，太宗不舍得杀他，于是便下诏废李承乾为庶人，后来流放到黔州。东宫主要官员如左庶子张玄素等人也因未能力谏被贬为庶人。贞观年间的这场太子谋反案件，终于缓缓落下了帷幕。

鹬蚌相争，渔翁得利

李承乾被废之后，东宫之位便空了出来。当务之急就是要为国家选定一位新的太子，那么唐太宗又会选定谁作为他的接班人呢？按照"立嫡立长"规矩，唐太宗自然而然地要从自己的嫡子之间挑选一个继承者。唐太宗虽然子嗣众多，但是嫡出的除了原来的太子李承乾之外就只有魏王李泰和晋王李治了。依照当时的局势来看，太子一旦被废，接替他位子的一定是在这场争夺战中获胜者——李泰，朝中也有不少人向皇帝上书劝他早立魏王为太子。

面对满朝的呼声，唐太宗也将李泰召来，亲自对他说了想立他为太子的想法。既然如此，那李泰又是为什么最终与皇位失之交臂，而让年仅十六岁的弟弟李治登上了皇位呢？其实，这还和之前李泰参加了储君之位的斗争有莫大的联系。

唐太宗这个皇帝本来就当得不光彩，当年他通过"玄武门之变"杀死了自己的亲兄弟，才得以登上帝王之位。对于这件事，唐太宗虽然极力掩饰，但还是在儿子们之间树立了一个很不好的榜样。唐太宗的皇子们都认为皇位是可以靠争取得来的，长幼秩序并不是什么大问题。正是基于这一点，李泰才敢于仗着父亲的宠爱，拉帮结派，和自己的哥哥抗争。

而在李承乾看来，自己失爱于父皇，而弟弟又野心勃勃，他的内心深处也十分害怕自己变成第二个李建成。于是他只有奋起反抗，甚至想学父亲当年发动宫廷政变来夺取帝位，最终弄得身败名裂。

谋反事件败露之后，唐太宗百思不得其解，他亲自提审了李承乾，问他为什么要这么做。面对父皇的责问，李承乾回答说："儿臣贵为太子，又有什么好奢求的呢？倘若不是李泰苦苦相逼，我又怎会落到如此田地？父皇如果将我罢黜而让李泰当太子，那可真是落入他的圈套之中了。"

听了儿子这番痛彻肺腑的表白，唐太宗也开始思索起来。他觉得自己如果将李承乾废除而改立李泰，就等于开了一个恶例。其后难免会有其他皇子效仿李泰再起冲突，到时候朝廷上下就再无宁日了。为了避免手足相残的惨剧再次发生，唐太宗只得重新思考，想出一个万全之策来解决此事。

晋王李治是唐太宗的第九个儿子，也是唐太宗和长孙皇后所生的三个儿子中最小的一个。李治虽是嫡出，但按照常理，他前面有几个出色的哥哥，储君之位是怎么也轮不到他的。可世事难料，或许连李治自己都没有料到，这太子之位竟不偏不倚地落在了自己的头上。

李治之所以能超越几个哥哥登上太子之位，正是顺应了那句"天时地利人和"。所谓"天时"指的是贞观年间出现的"瑞石之兆"，有人在山西太原发现了一块纹理非常美观的石头，上面写着"治万吉"三个字，暗示着晋王李治一旦登基，万事都会朝好的方向发展。古代人对上天的旨意是十分迷信的，所以这件事便在民间流传开来，遂成为一段佳话。而这件事也逐渐引起了唐太宗的重视，他便开始慢慢关注起这个小儿子来。

"瑞石之兆"本是无稽之谈，李治最大的优势是在"地利"和"人和"之上。首先，当李治走入权利斗争中心的时候，他的两个强劲对手李承乾和李泰已经杀得两败俱伤。太子李承乾被废，魏王李泰也同时成为众矢之的。对于这两个儿子，唐太宗一是失望至极，一是缺乏信心。正所谓"鹬蚌相争，渔翁得利"，既然如此，唐太宗的目光就自然而然地转移到了那个能"治万吉"的小儿子李治身上。

虽然唐太宗立魏王为太子的想法发生了细微的变化，但李泰毕竟在自己的儿子之中是较有才华的，唐太宗不可能就轻易放弃他。但在其后发生了一件事，这件事触动了唐太宗内心深处的思绪，使得他不得不考虑放弃李泰，改立李治。

李泰有个小名叫作"青雀"，一次他扑到唐太宗怀里，对父亲说了一番话，大意是如果唐太宗立他做太子，他以后就会将他的唯一的儿子杀掉，而让晋王李治来继承他的皇位，这就是著名的"青雀入怀"事件。唐太宗为此深受感动，便将这件事告诉了群臣，目的是为了说明魏王对待兄弟如何友善。但唐太宗此话一出，褚遂良就立即站出来发表了反对意见。

褚遂良对唐太宗进言道：

"陛下言大失。愿审思，勿误也！安有陛下万岁后，魏王据天下，肯杀其爱子，传位晋王者乎！陛下曰者既立承乾为太子，复宠魏王，礼秩过于承乾以成今日之祸。前事不远，足以为鉴。陛下今立魏王，愿先措置晋王，始得安全耳。"

在褚遂良看来，魏王的话根本不符合常理，怎么会有人为了兄弟情谊而将自己的儿子杀死呢？魏王这么说不代表太宗百年之后晋王的性命能得以保全，反而劝告太宗先安置晋王，以此来免除日后的厮杀。听了褚遂良的话，唐太宗也似乎明白了什么，甚至为此留下了泪水。因为在他的内心深处是希望自己的儿子们都能够有自己的归宿，不要发生手足相残的惨剧的。

就在唐太宗对储君人选犹豫不决的时候，李泰可能也感觉到了父皇的态度和李治方面的压力。思考再三，李泰决定先下手为强，"劝告"弟弟主动退出这场斗争。李泰知道李治和汉王李元昌关系比较密切，而李元昌又因为太子谋反案被处死，于是他便对李治说："你和李元昌的关系如此密切，难道不怕受到他的牵连吗？"李治本就政治经验不足，听了哥哥的话便整日忧心忡忡，茶饭不思。唐太宗得知这件事后非常气愤，认为李泰不该以此恐吓自己的弟弟。

事实上，唐太宗最终决定立李治为太子，还和一个人的态度有关，这个人就是当时的朝廷重臣——长孙无忌。长孙无忌是长孙皇后的兄长，也是李泰和李治的舅父。虽然在血脉上来看，这两个外甥都没有什么亲疏之分，但长孙无忌却在朝中大部分人都看好李泰的时候，坚持要皇帝立李治为储君。长孙无忌之所以这么做主要有两个原因。

其一，他深知唐太宗想同时保全自己儿子们的想法，而李治本性善良，"宽仁孝友"，没有什么野心，比起李泰来更让人放心。而且唐太宗本人也对大臣们说过这样的话，"且泰立，则承乾与治皆不全；治立，则承乾与泰皆无恙矣"。

其二，长孙无忌也是出于对自己政治前途的考虑，才支持晋王反对魏王。在这个时期，李泰已经较为成熟，且拥有属于自己的势力范围。他平时和长孙无忌交往不多，一旦当上皇帝肯定会重用自己的亲信。而李治年纪较小，性格又比较柔弱，较好控制。而且李治没有什么政治经验，和外臣的交情也尚浅。如果长孙无忌帮助他谋取了帝位，他日后一定会依仗自己，前途可以说是无忧了。

经过苦苦的挣扎，唐太宗终于下定决心立晋王李治为太子。为了防止日后再为此事起争执，唐太宗还特意用"苦肉计"宣布了这个决定。一日散朝之后，唐太宗特意将长孙无忌、房玄龄、褚遂良等重臣留了下来。

接着，他派人将晋王李治召来。当着众人的面，唐太宗大声说道："我三子一弟，所为如是，我心诚无聊赖！"接着就要引剑自刎。在场众人人人大惊失色，连忙上前阻止了唐太宗。长孙无忌询问唐太宗将如何处理这件事，太宗说："朕欲立晋王为太子。"长孙无忌听太宗此言，正中下怀，马上说道："谨奉诏，有异议者，臣请斩之。"

唐太宗点了点头，随后又问道："虽然你们答应了此事，不知朝中其他人作何感想？"长孙无忌说道："晋王殿下一直宽仁孝友，天下人早已归心于他。臣请陛下将百官召来询问，臣以性命担保，大家绝不会有什么异议的。"听长孙无忌如此坚定，唐太宗也稍微放心了一些。他立刻下旨将百官召来太极殿，并向众人询问了立储之事，群臣们都说晋王仁孝爱民，是储君的不二人选。

这一天发生的所有事情对于李治来说是一场喜剧，但对于李泰来说却是一场不折不扣的悲剧。当李泰像往常一样带着随从前往太极宫面见父皇的时候，他丝毫没有料到，他苦心经营多年的储君之位就这样不知不觉地落到了弟弟李治的头上。

李泰才刚抵达永安门，便被撤去了所有的随从。不知就里他随后被带到肃章门，最后等待着他的是北苑的凄凉。随后，李泰的所有官职被罢免，魏王的爵位也被降为东莱郡王。失去一切的他离开长安来到了均州郧乡县，这位没落的皇子将在这里度过他的余生。

贞观十七年四月初七，唐太宗正式立晋王李治为皇太子，并下旨大赦天下。不仅如此，为了保护和培养这个国家未来的主人，唐玄宗几乎将朝中的重臣都拨往东宫。他命长孙无忌为太子太师，房玄龄为太子太傅，萧瑀为太子太保，共同辅佐太子。贞观年间的这场轰轰烈烈的夺嫡大战就这样落下了帷幕。

做明君不难，难的是一辈子做明君

唐太宗在贞观年间重用贤才，广施仁政，再加之他从谏如流，最终成为了一位千古明君。"贞观之治"的繁荣和强盛在后世是有口皆碑的，但唐太宗并非圣贤，和常人一样,他的身上也存在着很多缺点。这些缺点在他晚年的时候都一一暴露出来,但这些人类难以逾越的局限性并不影响他成为后世敬仰的君王。

唐太宗在晚年暴露的两个最大的缺点就是奢侈靡费和不喜臣下进谏。早期的唐太宗生活非常简朴,这一点是有目共睹的。但太宗这个良好的品质却没能一直保持下去,到了贞观后期,他也开始变得和普通的君王无异,开始过起奢侈的生活来。就连他自己也认识到了这一点,对太子李治说道:"吾居位已来,不善多矣,锦绣珠玉不绝于前,宫室台榭屡有兴作,犬马鹰隼无远不致,行游四方,供顿烦劳,此皆吾之深过,勿以为是而法之。"希望李治能够引以为戒,不要在这方面效仿他。

事实上在贞观十三年(公元639年),魏徵就曾经对唐太宗近年爱好奢靡的现象做出过劝谏。在上书中,魏徵指出唐太宗这些年不惜民力,营建了很多宫殿行在,而且还喜好田猎,为了一匹骏马让臣下到千里之外去搜寻。魏徵所说的这些情况应该都是属实的,但作为一个君王有一些喜好也并非罪大恶极的事,唐太宗之所以受到臣下的谴责是因为他这段时间的表现和他早年对待这些事情的态度发生了过大的改变。再者,因为皇帝有所喜好,下面的人便会想尽一切办法来满足他。自从唐太宗爱上各种新奇物品之后,全国各地的官员便开始了连续不断的进献活动,"鹰犬之贡,远及于四夷"。

到了贞观晚期,唐太宗的奢侈行为越来越重了。在这段时期内,他下旨在洛阳修建了元圃苑和飞山宫。不仅如此,为了在各地游兴方便,他还在各地修建了行在,例如西山有襄城宫,关中有汤泉宫等。这些宫殿在当时耗费了不少人力物力,使得当地人民的徭役加重了不少,仅襄城宫的修建就"役工一百九十万"。

不过晚年的唐太宗虽然向往着奢侈的生活,但他也没有太过放纵自己,而是将享受尽量控制在自己和国家可以承受的范围之内。在唐太宗的遗嘱中,他还特意提到要停止一切的营造活动,并要求丧事从简,可见他也清楚地知道太过奢靡只会给国家带来难以挽回的恶果。

贞观初期,唐朝的政治基础还不够稳定,唐太宗为了将国家治理得更好,做到了一个普通的君王几乎无法做到的事情,那就是从谏如流,任人唯贤。但随着时间的发展,他到了后期就开始日渐骄纵起来,而且随着年龄的增长越来越严重,朝中甚至出现了"正人不得尽其言,大臣莫能与之争"的现象。就连一直对太宗纳谏称赞有加的魏徵也说他,"由乎待下之情,未尽于诚信,虽有善始之勤,未睹克终之美"。

贞观十七年,魏徵辞世,此后朝廷上下的谏言就愈发地减少了。唐太宗或许也感觉到了这种现象,于是便将群臣召来,希望他们能指出他的过失并提出建议。长孙无忌等人也知道太宗此时已经不能像往常一样虚心纳谏了,便奉承太宗说他并没有什么过失。

当时的吏部尚书唐俭早年和唐太宗的关系非常要好,加之他是朝廷的老臣,三十年来一直都对朝政尽心尽力,太宗便做主将自己的女儿豫章公主嫁给了他的儿子唐善识。就是这样一位忠心耿耿的臣子,就因为和唐太宗在下棋的时候发生了一点小争执便被贬到潭州,从一位朝廷大员陡然变成了一个地方小官。

《朝野佥载》中记载了这件事,说:"唐俭事太宗,甚蒙宠遇,每食非俭至不餐。数年后,特憎之,遣谓之曰:'更不须相见,见即欲杀。'"可见晚年的太宗心境变化何其大也,甚至到了一种狭隘的地步。

不仅对待唐俭是这样,唐太宗甚至因为侯君集参与了太子李承乾的谋反案而怀疑魏徵是其同党(侯君集乃魏徵密荐给唐太宗的),于是就下旨将魏徵墓前的石碑推倒。他原来因为感激魏徵多年来对自己的匡扶和规劝,已经下旨把衡山公主指婚给魏徵之子魏叔玉,但也因为这件事情将这桩婚约撕毁。

唐太宗晚年对待贞观旧臣的一系列做法使得满朝上下人心惶惶。为了避免皇帝的猜疑使自己晚节不保，朝中许多大臣都闭门不出，例如《新唐书·尉迟敬德传》就记载尉迟敬德"谢宾客不与通"，更不要说什么进言纳谏了。除了对朝臣猜忌心加重，地方官员也有很多受到冤屈而罢官，例如贞观二十年（公元646年），就发生了一起较大的冤案，很多刺史级别的官员无论有无罪行都被罢官流放。

　　贞观十七年，因为皇子之间争斗，唐太宗已经是精力憔悴。再加上征讨辽东之战的失败，唐太宗大病了一场。这场病直到贞观二十年初才见好转，在这期间内，都是太子李治监国理政。

　　大病之后，唐太宗的身体状况一直都不好，可以说是每况愈下。虽说"长生不老"一直就是历朝历代皇帝们最大的梦想，但唐太宗说过人的寿命"皆得之于自然，不可以分外企也"，可见他在早年是并不相信这些金石之术的。但随着健康的日渐流失，唐太宗也开始为自己的身体担忧起来，或许也是在这个时候，他才开始醉心于这些"延年之药"。

　　唐太宗为了延续自己的寿命，不仅服用了许多本国术士练就的丹药，还服用过天竺人的丹药，但都收效甚微。有的研究者甚至认为就是因为服用丹药才导致了唐太宗的死亡。

　　因为在《旧唐书·郝处俊传》中有这样一段记载："昔贞观末年，先帝令婆罗门僧那罗迩娑寐依其本国旧方合长生药……历年而成。先帝服之，竟无异效，大渐之际，名医莫知所为。"

　　唐太宗死于贞观二十三年（公元649年）五月，享年五十二岁，死后葬于昭陵。这位开创大唐盛世的君王在武德九年因"玄武门之变"登上了皇位，他在位共二十三年，文治武功，千古罕有。唐太宗驾崩的消息传出后，包括周边各民族在内的人民都十分悲痛，可见他在当时的威望之高。唐太宗的离世无疑是这个王朝最大的损失，在盛唐回荡着的钟声里，一颗璀璨的明星就这样陨落。

第二卷

女主临朝，波澜起伏中成长

第一章 二圣争锋，从尼姑到皇后的心路历程

"妻管严"也可以是明君

贞观二十三年，扫平天下，开创了贞观盛世的一代明君，唐朝的第二位皇帝，李世民病逝，庙号为太宗。他的第九个儿子，也是他与长孙皇后所生的第三个嫡子李治，继位登基称帝，史称唐高宗。

谈及唐朝历史上几位伟大的皇帝，首先映入人们脑海中的就是唐太宗李世民、一代女皇武则天以及后来的唐玄宗李隆基。的确，这三位帝王将唐朝带入了盛世，犹如三股强大的推力，让历史中的唐朝崭露了最辉煌的篇章。然而，对于李治这个处于尴尬位置的皇帝，历史却时常给予他一些或偏颇或吝啬的批评与赞誉。

先不论李治本身的才华与政治头脑如何，单是在父亲李世民丰功伟绩的映衬下，他的政绩就注定了难以超越前人。更何况，在李治身边辅佐的，还有一个不世出的政治天才武则天。也许正是夹杂在李世民与武则天这两位盛世君主的中间，才让才能相对不及的李治显得更加平凡。更有甚者，在男尊女卑观念的驱使下，后人对女皇帝武则天给予了"大逆不道"的评价，也就连带着对武则天的丈夫李治进行了不公的评论。

其实，对于女皇武则天，唐人还是给予了公允的赞许和评价。然而，随着国家的大权在历史的推动下再次回到男人的手中，五代十国后的人的史料多记录了对武则天执政的诋毁，李治也难逃嘲贬。唐高宗李治也因为封武则天为皇后而被后人戴上了"昏懦"的帽子。

那么，历史的真相究竟如何呢？真实的李治又是怎样一个君主？真如后人所认为的那样是昏君吗？其实，如何看待李治，关键在于如何给皇帝的功绩作一个正确的评判和归纳。固然，一个开辟江山的君王往往能够受到后人更多的推崇，因为江山的打拼需要极大的智慧与才干。不过也有"打江山容易守江山难"的说法，可见，如何将好不容易打下的江山很好地守护和巩固，也是一名君王显示其才能的主要渠道。

唐太宗李世民跟随其父唐高祖为大唐王朝开辟了一片天地，在他死后，稳固江山的重任就落到了唐高宗李治的身上。在后人眼里，李治所要完成的事情看似简单，然而，所谓"守成"却并不是那么容易就能完成的。这除了要求君王自身的人品素质修养极高之外，还要求君王对于治理国家有着一定的才能和手段。而这两点重要的因素，李治则都具备了。

李治没有其父李世民的野心勃勃，也没有其妻武则天的雄心壮志，他有的只是一颗忠善淡泊的宁之心，如此安于现状的心态也让李治拥有了与他的父亲和妻子不同的胸怀。换句话说，李治宽广的胸怀正让他成为了"安守"大业最为适合的人选。李治宽阔的胸襟在他刚继位不久就已经初见端倪。

在他刚当上皇帝的第八个月，也正值安葬驾崩的父亲之时，河东地区发生了强烈的地震，五千余人死于此次灾难。当年也正值全国各地自然灾害频繁的时期，旱也久旱而不雨，水涝灾害久不停息。面对国家和百姓遭受如此深重的灾难，李治并没有选择退缩，而是承担起了一个帝王应有的担当。李治言："朕初登大位，因政教不明，遂使晋州之地屡屡发生地震，这都是由朕赏罚失中、政道乖方所致。卿等宜各进封事，极言得失，以匡不逮。"可见，唐高宗李治本是一个心系百姓的仁君。

开阔的心胸给了李治一个优秀君王面对困难应有的姿态和作为，而父亲李世民带给他的正面影响也为李治在治国方面积累了经验。直言进谏是唐太宗李世民在位时所营造的治国风气，对于此，李治深感在心，他继承皇位后，仍然将父亲留下的传统进行了下去，朝廷上下面折直谏蔚然成风。不光是纳谏，在举贤方面，李治的重视程度也不亚于其父李世民。李治登基不久后就发布了第一道求贤诏令，对于久隐的有才之士给予厚重的礼遇，甚至下了大功夫要请绝于仕途的百岁名医孙思邈出山。

举贤纳谏是唐高宗李治即位后获得声望的途径之一，而对平民百姓真正切实的关怀则是他深得民心的最重要作为。更重要的是，李治不仅对自身严加要求，奉守克己为民的思想，他如此的言行对于群臣的影响和要求也更为深远。相比于历史上君王施善于民众的"作秀"之举，李治对百姓的关心来得更为实际，也因此更得百姓的拥护。

例如，总章二年（公元669年）七月，四川遭遇了罕见的大旱之年，百姓流离失所，得知此事，李治迅速派遣官员前去安抚救助。面对灾害给予百姓的压力，李治切实的施善之举多不胜数，可谓一心为民。而李治的聪明之处则在于，用自身的行为给满朝文武起到了良好的示范，最终实惠了人民。

李治自身的德行当然离不开他深厚的学识，他在学习上的勤奋是显而易见的，他的书法作品炉火纯青，其碑文拓本早已是后人临摹学习的对象。炼制长生不老丹药一直是历史上诸多帝王心中强烈的愿望，李治也不例外。不过相较于那些痴迷于灵丹妙药而一味迷信的帝王来，李治则更加理智，而他的理智也正源于他深厚的学识。相传唐太宗就曾让一位自称懂得长生不老术的人炼制丹药，而最终却不得成功。唐高宗李治即位后，这位炼丹人再次声称自己能炼丹。让他意想不到的是，李治却对其进行了严加驳斥，并且认为长生不老本是假说。

李治还是一位勤勉的皇帝，他曾经这样表达过自己对待朝政之事的态度："朕幼登大位，日夕孜孜，犹恐拥滞众务。"李世民自贞观十三年十月年起就开始实行三日一临朝的制度。而李治继位后则要求实行一日一朝，直到显庆二年（公元657年）五月，才有大臣称国泰民安无须每日临朝，李治这才将一日一朝的制度改为隔日临朝。由此可见，在勤于政事这一方面，就连留名千古的李世民也难以与他相比。

李治勤勉的治国心给唐朝的经济文化发展带来了不小的影响。单从有记载的人口上来看，贞观二十二年（公元648年）全国上下共有人口360万余户，而到了永徽三年（公元652年），则增至到了380万户。事实上，官方记录的人口数量往往低于实际的人口数量。经济的稳定发展离不开一套全面系统的法律行政体系，而这套完整的法律体系也是在李治的带领下逐渐完成的。其中，《永徽律令》经过全面的制定与修改，已经成为当时唐代影响最大的法典之一，而稍后的《唐律疏义》也是唐代刑法的典范。

经济发达程度的高低直接决定了文化教育的质量。在唐高宗李治在位期间，对于科举制度也进行了一系列的改革。实际上，李治对科举制度的变革目的并不在于颠覆和更换朝内的政治力量，而在于对科举制度本身的一大变革和完善。科举制在唐太宗时期的考试科目仅有法律和书法，而唐高宗李治则又新增了一门数学。李治还将科举考试的

"明经"和"进士"作了明确的划分，并且举行了殿试，是国家选拔高端人才的重大改革。

李治在位时期的作为还有很大一部分体现在对边陲的安定上。永徽元年（公元650年），东突厥余部头领车鼻可汗被唐将军高侃所擒，唐高宗因采取羁縻政策，故将其释放，并封为左武卫将军。第二年，西突厥再次叛乱，且势头猛进，李治为平定此次叛乱，派出了八万大军前往征战。由于西突厥兵力的强大，唐军起先并无优胜，甚至一度大败。直至永徽七年（公元656年），唐军才大获全胜，平定了西突厥的叛乱。东、西突厥平定后，李治分别在其领地范围内设立了都督府，将原本统一的部落分而治之，分散了突厥势力，以此防治突厥势力的集结和再度叛乱。

朝鲜半岛有三个小国家，它们分别是高句丽、新罗和百济。除了新罗与大唐交好之外，高句丽视大唐为敌人，而百济与大唐也在敌对与和平之间徘徊。由于高句丽的支持，百济还时常对新罗进行侵犯，为了抵御外侵，新罗不得不求救于大唐。李治遂命唐军将百济拿下，其后又一举将高句丽平定，完成了其父亲李世民在位时未完成的心愿。

唐高宗在位时间共有三十四年，前六年年号为永徽，故将他在位的一段国泰民安时期称为"永徽之治"，全国上下颇有贞观遗风之象。正所谓时势造英雄，如果说李世民的开天辟地之功和武则天的推陈出新之才都是历史的必然，那么唐高宗李治对于国家的维护和稳定也是历史所趋。甚至可以说，如果没有李治的种种安定之举，那么就没有后来的武则天，也就没有高度发达的大唐盛世。可见，无论从哪个方面上讲，李治的统治都继承和发展了贞观之治，巩固了其父李世民功绩，为唐朝走向巅峰与辉煌打下了良好的基础。

盛世也有人造反

英明的帝王总能够给国家和人民带来希望，贞观之治是唐太宗为初升的大唐帝国掀起的第一波潮涌，为年幼的王朝注入了强大的生命力。然而，阳光之下必有阴影，清明的君主似乎在其统治的后期都要犯或多或少的迷糊，李世民也没有例外，他在位的后期，骄奢之风日渐严重，劳民伤财的事情做过不少，导致地方人民赋税沉重，苦不堪言。虽然李治也是一位励精图治的皇帝，但是毕竟精力有限，结果在贞观之治和永徽之治的太平盛世中也出现了造反起义的事情。

江南水乡是一片富饶之地，尤其是一个叫睦州的地方，它位于今天浙江西北部，由于河流水域充沛，再加上山高谷深，在当时是物产较为丰富的好地方。然而，睦州如此优越的自然条件却并未给当地百姓带来富裕的生活，相反，正因为如此，睦州成为了朝廷收税的重点地方，官员的搜刮无度让当地百姓叫苦连天，小范围的动乱时有发生。

睦州有一个叫陈硕贞的女子，她的丈夫死于一次动乱中。丈夫死后，剩下陈硕贞孤苦一人，原本就十分艰苦生活就更加无以为继了。在睦州，与陈硕贞有着同样境遇的人数不胜数，陈硕贞看在眼里，痛在心里，再回想自己孤苦的身世，她对政府的搜刮更是愤慨无比。陈硕贞从小就是一名孤儿，只有一个妹妹与她相依为命。后来，妹妹被一位老乡收留，而陈硕贞自己则去给另一家打工，为的就是每天能吃上一顿饭，不至于被饿死。

从小到大，无依无靠的陈硕贞姐妹经常会受到邻里乡亲的帮助，二人对身边帮助过她们的百姓更是感激不尽。一年，陈硕贞所在的青溪遭遇了严重的洪涝灾害，农民颗粒无收。然而，就是在这样恶劣的条件下，政府却没有缩减任何的赋税，依旧肆意搜刮。

陈硕贞看着百姓们悲苦的生活，又想到自己能活到今天多亏了邻里们给予她的救助，于是奋不顾身地将官府的粮仓偷偷打开，以此来救济受苦受难的平民百姓。

陈硕贞的举动被主人发现后就立即被关了起来，受到恩惠的百姓们看到陈硕贞被抓了起来，心里也十分焦急，于是在一天夜里百姓们将陈硕贞强行救出。为了躲避追捕，陈硕贞只好躲进了附近的深山老林之中。被主人抓起来的时候，陈硕贞受尽了身体上的折磨，满身都是拷打留下的伤痕。躲进山里后，陈硕贞一边疗伤一边对百姓生活的境遇进行着深刻的思考。最终，她决定要发动一场大规模的起义。

自古以来，帝王都要为自己冠以神的名义，声称自己的王位是上天的旨意，因为只有这样，才能让更多的百姓信服。为了号召更多的人加入到起义的队伍中来，起义的头领也往往用神明的手段进行呼吁，当年的陈胜、吴广就是一个鲜明的例子。陈硕贞是一个聪明的女子，她吸收前人的经验，知道要想获得更多民众的支持，最好的办法就是借用神灵之名。

经过陈硕贞自我的渲染之后，她已为仙人的说法在睦州当地广为人知。久而久之，大部分的百姓都对此事信以为真。当然，其中也有一些人不以为然，甚至已经有警醒之人猜到了陈硕贞的意图。于是，有人向官府告发了陈硕贞的企图，说她图谋不轨，升仙的说法实际上就是将要造反。当地官府得知陈硕贞想要造反的消息之后，立即派人四处搜寻，没过多久，陈硕贞就被官府逮捕。然而，陈硕贞的个人威望再次救了她自己。被官府关押之后，青溪百姓又集结起来将衙门的人买通，将陈硕贞救了出来。经过这次牢狱之灾，陈硕贞知道，官府已经开始怀疑她的行为，如果不尽快发动起义，那么她和当地的百姓就很难再有翻身的可能了。

从牢狱中被救出后，陈硕贞立刻与她的一个名叫章叔胤的亲戚进行了起义前的消息散播。章叔胤四处宣称太上老君让陈硕贞从天上返回了人间，而且太上老君已经将自身的法术传授给了陈硕贞，陈硕贞将凭着这些法力率领百姓起兵与官府进行斗争。如此，陈硕贞与章叔胤做足了起义前的舆论工作，各地人民纷纷前来加入起义队伍。

在传言的号召和响应之下，没过多久，起义军的人数就已经集结了不少。永徽四年（公元653年）十月，陈硕贞正式发动了起义，她自封"文佳皇帝"，并任命章叔胤总管着起义军的各项事宜，还按照唐朝的政治制度仿制了自己的政权。如果说武则天是中国历史上第一个真正的女皇帝，那么当年的陈硕贞就是中国历史上第一个敢于称帝的女人。由此可见陈硕贞不是一般的弱小女子，相反，她内心的力量和欲望甚至比男人还要强大。

第一个前来响应陈硕贞的是一个叫童文宝的青溪当地人士，他率领着自己集结的部队与陈硕贞会合，四方的响应让陈硕贞的起义军人数很快上升至几千人，起义军的声势也愈加浩大，陈硕贞下令与章叔胤分为两路进兵。

初战的胜利给了陈硕贞巨大的鼓舞和继续战下去巨大勇气，这时候，她决定将进攻的阵地由浙江一带转入安徽。陈硕贞将攻打安徽的第一场战役定在了歙州。然而，唐朝政府军的力量却超出了陈硕贞的预想，这一次，陈硕贞的起义军未能顺利攻克歙州，无奈之下，只好撤离。

这次失败之后，陈硕贞总结了经验教训，于是调整了战略计划，从先前的集中力量进攻改为了分而攻之。她命令童文宝率军前往婺州，也就是今天的浙江金华。于是，童文宝率领着四千起义大军向婺州进发，不料却在进入婺州后被当地官兵察觉。童文宝本想率军偷袭，无奈只得改变战术，由偷袭转为明攻。

童文宝的敌人是一个叫崔义玄的人，在大唐建立之前，他曾经投靠李密，然而并未受到重用，因此改向李渊投靠，于大唐帝制建立之后被封为婺州刺史。崔义玄并非庸人，虽然军中早就流传着一种说法，说陈硕贞有神明的护身，凡是敢与她对抗的人通通要遭受灭顶之灾。然而，对于此般传言，崔义玄却不以为然。再加上他一个将领的一番言论，称陈硕贞不过是女流之辈，就算是掌握点法术，也不能坚持许久。崔义玄就更加放心大胆地与起义军对阵了。

童文宝遭到了崔义玄部队的堵截，陈硕贞得知此消息之后立即率主力部队前往婺州支援。然而，相较于崔义玄的正规军，起义军虽然人数众多，可毕竟是未经过正规军事训练的临时部队，没有作战经验，因此在作战过程中就显得力量悬殊了。双方进入了相持的阶段，崔义玄想要很快地将起义军拿下，于是一方面安抚军心，一方面又向四周申请支援。扬州长史房仁裕在接到崔义玄的求援之后，立即派兵向婺州进发，与崔义玄的部队会合。

在两股正规军力量的集体攻击之下，陈硕贞的起义军彻底溃败，陈硕贞被俘，旋即被酷刑处死。身为一位女性的起义领袖，陈硕贞成为了中国历史上第一位敢于称帝的女中豪杰，留下了辉煌的一笔。

少女武则天

武则天，自名曌，取其日月当空普照天下之意，原籍并州文水（今山西省文水县），"则天"二字并不是她的名字，而是她死后的尊号："则天大圣皇帝"和"则天大圣皇后"，玄宗时又被改为"则天顺圣皇后"，而在古代史籍中，她大多被称呼为"武后"。

一般来说，传奇人物往往都有着奇迹般的出生故事，例如传说中的"天生玄鸟，降而生商"和姜嫄履大人迹而生下周人祖先后稷的故事。而那位引得周幽王"烽火戏诸侯"的褒姒则是周厉王的宫女踩了天降神龙的"龙漦"而莫名其妙地感孕而生。也许是古人将武则天视为与褒姒类似的"红颜祸水"，所以武则天也有了一个与褒姒十分相似的出生传说。

据说在武则天的祖籍利州有一个龙潭，武则天的母亲杨氏曾经在那里游览，谁知突然有一条龙跃出水面，于是杨氏因龙感孕，生下了武则天。这个看似荒诞的说法，在古代却有很多人相信，不仅李商隐在自己的诗作中提到利州是"感孕金轮所"，金轮指的就是武则天，南宋的冯伉也在诗中写道："黑龙之精钟女武，祸胎于周易唐王。"

当然，无论传说多么地耸人听闻，在唐高祖武德七年（公元624年），武则天刚刚来到人世的时候，她也不过是父亲武士彟与母亲杨氏诞下的武家二女儿而已。

《新唐书·后妃传》记载：武则天的五世祖武克己曾任北魏散骑常侍，高祖武居常任北齐殷州司马，曾祖武俭任北齐永昌王咨议参军，祖父武华任隋朝东郡丞。总的来说，武则天也算是出身于官宦之家，但是到了她的父亲武士彟这里，情况却有了些变化。

武士彟是一位很有钱的木材商人，在当时商人虽然大多家财万贯、财大气粗，然而社会地位却十分低下，被列为士农工商这四个阶层中的最底层，受到很多不公平的待遇。因此与大多数发家以后的商人相似，武士彟也十分渴望改变自己的命运，提高自己的社会地位。

为了改变命运，武士彟不惜花费大量家财来结交达官贵人、有识之士，因此结识了当时还是隋炀帝手下的唐公李渊，并且建立了比较友好的关系。后来李渊打算起兵反隋，于是派心腹刘弘基、长孙顺德外出招募士兵，建立自己的军队。谁知此时被隋朝将领王威知道了，下令逮捕刘弘基等人，多亏武士彠在王威面前周旋此事，刘弘基等人才幸免于难。

唐朝建立以后，李渊为了报答武士彠的这份情义，同时看在自己也曾受过武士彠的礼遇，于是便对武士彠大加封赏，逐步升迁为工部尚书，利州、荆州都督，并且获得了应国公的爵位。李渊曾经大方地说："以能罢系刘弘基等，其意可录；且尝礼我，故酬汝以官。"从一介商人一跃而成为三品以上的朝廷大员，可见武士彠这一笔买卖做得还是很不错的。

尽管武则天的父亲武士彠只是一个靠敏锐眼光上位的新贵，但是武则天的母亲杨氏，却是一位不折不扣的豪门贵女。她出身关陇望族，是隋朝宰相杨达的女儿，只是不知道什么原因，这位贵族小姐年近四十仍然没有结婚。后来武士彠的原配夫人相里氏去世，在李渊的撮合下，武士彠将杨氏娶进了门，通过婚姻再一次提高了自己的社会地位。

武则天就是杨氏生下的三个女儿中的第二个，她从小生活非常幸福，人也聪明睿智，经常随外出做都督的父亲游历各地，并且喜欢看父亲的奏疏，不懂的就问个明白，很早就有了朴素的忧民意识。贞观初年，关中连续大旱三年，一家人抚武士彠的灵柩回老家，路途上饥民很多，武则天就问她母亲："诏书上不是说仓廪足实，国泰民安的吗？"母亲只好宽慰她："府衙里都是当官的，当然见不到饥饿的人群了，这郊外自然如此。现在还是好的了，在兵荒马乱的年代，饿死的人堆积着无人管呢！"

可见当时，武则天就开始思考如何让老百姓丰衣足食之类的问题了。关于武皇的神秘性，流传最广当属袁天纲相面的事了。据说，武则天还在襁褓中的时候，袁天纲路过她家门口，对杨氏说："夫人，你富贵相，定生贵子。"杨氏便把他请回家中，让奶妈抱来武则天，袁天纲把武则天误认为是男孩子了，给她卜卦说："此儿龙睛凤颈，是贵极之相。可惜他是男子，若是女子，日后必成天下之主。"

天有不测风云，武则天十二岁的时候，武士彠患病去世了，失去了家里的顶梁柱，杨氏母女的处境变得非常艰难，兄长们霸占了宅子，她们母女只好去了长安，过起寄人篱下的日子。据《旧唐书·武承嗣传》载："士彠卒后，兄子惟良、怀运及元爽等，遇杨氏失礼。"终日看别人脸色行事，不是武则天的性格，所以，她无时无刻不在想着改变自己的命运，后来机遇真的来了，太宗的贤内助长孙皇后去世，皇后的位子空缺无补，太宗也无心立后。

但是，后宫的问题总要解决一下的，由于人数过少，不合宫中的规矩，太宗决定选些才貌出众的女子补缺。武则天的堂舅杨师道是当时的宰相，曾多次向唐太宗举荐武则天，再加上唐太宗的妹妹、杨师道的妻子桂阳公主也经常给太宗念叨武则天。于是唐太宗对武则天未见其人先闻其名，就此产生了兴趣，便下诏将时年十三岁的武则天纳入宫中。

接到圣旨，武则天的母亲想到女儿马上就要孤身一人进入那云谲波诡的宫廷中，顿时觉得十分不舍，便哀哀哭泣起来。见此情状，武则天却毫无小女儿态，大方地安慰母亲说："见天子庸知非福，何儿女悲乎？"可见武则天的思维不是常人的思维模式，也就预示了她要出人头地的决心。"武家有女初长成，一朝选在君王侧"，从此命运向武则天打开了新的大门。

一个乳名引发的血案

武则天进宫后，太宗见她长得确实水灵，很是招人喜欢，就赐号"武媚"，封为五品才人，但毕竟年龄太小了，此后太宗也就没怎么注意她。究竟才人处于哪个级别呢？当时皇帝有一后、四妃、九嫔、九婕妤、四美人、五才人、八十一御女。

在这等级森严的后宫金字塔中，才人处于中下层，而且才人并不是养尊处优、无所事事的贵妇，而是"掌叙宴寝，理丝枲，以献岁功"的后宫女官，要负责祭礼、宴饮和引导命妇朝觐。所以入宫后要学的东西很多，官方就规定必须在进行了严格的教育和长时间宫中生活的熏陶后才能管事。于是，武则天也随着新进的宫女学习经书，书写文章辞赋，还学了书法、音乐、作画等艺术知识，其实就相当于现在的基础知识教育。

礼仪以及侍奉皇上和后妃的知识，是一门非常重要的实践课程，由一些有经验的女官教授，这些武则天都努力地学了，更重要的是，她在这十一年里，耳闻目睹，积累了大量政治经验，特别是唐太宗把她调到自己身边做贴身侍女后，她学习了很多做帝王的道理，为她后来做女皇积累了丰富的经验。

但是，她的理想是那么遥远，她没有得到太宗的恩宠，如此消磨岁月，只能让年华老去，可是，在古代对于女人最重要的就是芳华，在宫里，一个女人等到芳华逝去就很难再有天日。武则天一出场就注定不是一个安分的女人，平淡熬日子不是她的风格，她总要给自己找机会吸引太宗的眼球。于是就有了后来武则天亲口讲述的狮子骢事件。

狮子骢是一匹烈马的名字，长得高大凶猛，没人能驯服得了。唐太宗十分喜欢驯马，但也拿狮子骢无可奈何。有一天，他带着妃嫔观马，武则天也在其中，所有的人看到狮子骢都发出唏嘘之声，没谁敢上前驯马。这时，武才人毛遂自荐说自己能驯服这匹马。不过，需要皇上赐她铁鞭、铁锤、匕首这三样东西。

唐太宗疑惑地问，这三样东西都不是驯马用具，你要它们做什么？武才人回答说先用铁鞭抽打马，如果它不温顺下来，那就用铁锤敲它的脑袋，再不行的话，就用匕首杀了它。太宗看着这个美貌如花的小姑娘，却从她口中说出如此之凶狠之策，不禁毛骨悚然，半天没反应过来，只是木讷地夸了她一句好胆量。

虽然机会抓住了，但效果并不好，武则天在这件事中暴露了自己的性情刚烈、胆大果断而又不允许别人忤逆自己的个性，这和唐太宗太像了，这样让他感到害怕。在那时，女子都是以娇弱为美的，而武才人句句惊人，这是有惊无喜，让太宗重新认识了她。但是，他这样的男人一般喜欢和他互补的柔弱女子，不难想象，狮子骢事件没有给武则天带来得宠的机会。

后来，有一件更严重的事情差点要了武才人的命，当时，民间流传的"女主武王"的传言传到了宫里，太宗知道后召见太史令李淳风。这个李淳风"博涉群书，尤明天文、历算、阴阳之学"，相传著名的预言书《推背图》就是他的著作。在反隋立唐的战争中和李世民与李建成的争夺中，李淳风作为参谋也起了很大的作用，因此唐太宗十分相信他的话。

李淳风进宫以后，唐太宗便直截了当地问他是否知道"女主武王"的事。李淳风说，他观天象看到了太白星，预示着女主天下，并且，李淳风还说自己已经推算出这个武氏女子已经在宫里了。唐太宗听了以后非常紧张，想在后宫大开杀戒，避免江山被夺的厄运，但是，李淳风以天命难违劝说，唐太宗才打消了这个念头。但是，机缘巧合，老天自有安排，让武则天免于丧命，李君羡成了替死鬼。

事情是这样的，一天唐太宗举办宴会，兴致之极，太宗让大家说自己的乳名来行酒令，看到皇帝如此高兴，在场的众臣也纷纷兴高采烈地说出自己奇怪的乳名并且互相嘲笑。正当气氛热烈之际，左武卫将军李君羡上前说："臣乳名五娘子！"一个五大三粗的将军乳名竟然叫五娘子，这分明是个女人的名字嘛，于是引起了全场哄笑，唐太宗也笑呵呵地说了一句:"何来女子,如此勇健!"

然而话音未落,唐太宗就被自己说出的"女子"二字惊呆了,是啊,如果是后宫女眷又怎么可能有野心有能力推翻李家宗室,成为天下之主呢?相比之下,这个掌控着玄武门的将军才更加可能吧,何况李君羡虽然不姓武,但却是武安人,任职左武卫将军,守卫着玄武门,封爵武连郡公,这一连串的武字和女孩的乳名让唐太宗认定李君羡正是那"女主武王"所指的对象。于是没过多久就找个借口除掉了李君羡,从此唐太宗放下了一桩心事,而武则天也得以幸免于难,但是她仍然没有得到太宗的宠爱。

太宗一生儿女众多,却没有一个是武则天所生,这样也说明了太宗极少宠幸她。大约在武则天快20岁时,礼部尚书侯君集打败了高昌,占有了高昌的钱财,而大将薛万钧则霸占了高昌的妇女,后来太宗怪罪下来,让薛万钧和高昌妇女对质,魏徵和岑文本去说情。魏徵说:"让亡国的女人和大将对质,确有其事的话,所得也不多;没有其事的话,失去的却很重要。当初秦穆公请来盗马的人喝酒,楚庄王赦免趁黑调戏爱妾的人,难道陛下的气度不如他们二人吗?"(《贞观政要》)

无奈之下,唐太宗只好将侯、薛二人释放,但是,心里很不舒服。当晚,武则天在左右侍候,见太宗不高兴,以言辞宽慰他,太宗心情好转就临幸了她。但是武则天强硬的性格让太宗对她始终不热络,所以,那次临幸也是唯一的一次。有的文学作品还说在太宗弥留之际曾想杀死武则天,武则天无奈对太宗承诺,等皇帝"龙驭上殡,臣妾宁愿在柩前自尽,以身殉主!"太宗还是不放过她,让她立马自杀,于是,武则天去投缳自尽,这时,太宗才有所不忍,没有继续逼她死。

当时和武才人一起选秀进宫的一个女子,名叫徐惠,貌美而多才,又温柔似水,比之武才人少了很多霸气,很快就步步高升,武才人眼看着别人都立住脚了,自己并不比别人差,怎么会甘心居于人下呢?但是,她知道太宗这条路是行不通的,于是,她寻找到另一种路径。

一次太宗得了"风疾",也就是中风,据说这是李唐家族的遗传病。太宗突然病重,太子李治是个孝顺的皇子,天天去照看父皇,由于不忍心让李治来回跑,太宗就让他在身边住下了,武才人终于找到了新的通天梯。《资治通鉴》非常隐晦地记载:"上之为太子也,入侍太宗,见才人武氏而悦之。"这一个"悦"字有很丰富的内容,可以理解成"喜欢"或"一见倾心",但到底是谁主动谁被动,却很难说清,至于这段感情那时发展到何种程度就更不得而知了。贞观二十三年(公元649年),太宗由于"风疾"去世,太子李治即皇帝位,为高宗皇帝。

由于养病的需要,太宗病危时住在宫城之外,去世时也在宫廷之外,如果让大臣们知道的话可能会瞬间引发政治斗争,造成相互残杀,血流成河。唐太宗在弥留之际,召来长孙皇后的哥哥长孙无忌和其他一些信得过的朝廷重臣,交代他们要好好辅佐太子,不能声张皇上病危的消息,稳定住局势。几人接受了唐太宗的遗言,星夜护送太子李治回到了长安,先稳定住大局。随后,带领其他人马护送太宗的灵柩前往长安,等到确定两队人都到长安后,才将唐太宗驾崩的消息昭告天下。几天后,太子李治御太极殿登基。

唐太宗死后,按照宫中的规矩,未生子女的嫔妃都要发配到皇家寺院为尼,26岁的武媚娘也就和其他未生育的妃嫔一起到感业寺出家。当时,很多被迫出家的妃嫔从此就青灯古佛,了此残生。据说,当时一大群女子形同囚犯,被拉到西郊外,个个低声抽泣。更有甚者,那个和武则天一起选进宫里的徐惠在太宗去世后竟自缢身亡了。

只有武则天与众不同,她高昂着头,款款而行,面色镇定,好像不是去艰苦度日,而是在筹备着一个弥天的计划。也许，她知道命运在不由自己选择的时候只有接受，但接受不代表认命，这才是真正的武则天。

有人根据唐高宗李治立武则天为皇后所下诏书的内容，有这样一句进行推测，即"遂以武氏赐朕"，大意是说太宗在病重的时候，李治日夜去守护，和武才人产生了恋情，被太宗发觉了，便故意让武才人侍候李治，并私下允诺了他们的关系，但是，碍于父子之间的关系就一直没有公开。临行前，李治答应到合适的时候就接她回宫，并给了她玉佩作为信物。所以，武则天在去往感业寺的路上，才如此放心，一副天不怕地不怕的神态。

也有人说，在武则天进感业寺之前和李治已经商量好下一步的打算，但是贵人多忘事，李治后来就慢慢淡忘了这个女子，武则天不会坐以待毙，她写了一首表达思念的情诗，《全唐诗》里收入她这首乐府诗《如意娘》：

看朱成碧思纷纷，憔悴支离为忆君。
不信比来长下泪，开箱验取石榴裙。

一般人，写了情诗聊以自慰也就罢了，但是，如此情真意切的诗句，武则天写出来可不会就让它高枕于台阁上，她把它作为了改变自己命运的筹码，并设法传到了李治的手里。李治看后不胜悲怀，自然怀念起这个女子来，可是，他能去感业寺的机会并不多，不管怎么说，这首诗让两个人藕断丝连，感情得以继续下去，武才人的目的也就达到了。

武才人随一批人被拉到了感业寺，感业寺在长安的西郊，依山傍水，古朴秀丽，是修身养性的好去处。但是对于有着雄心壮志的武则天来说，无疑是人间地狱。她刚进寺院的时候，对那些形容槁枯絮絮叨叨的女人特别厌恶，她们目光呆滞，充满了死气，她们盯着她的行踪，她就得小心翼翼。但是这些是关不住武则天的理想的，她逐渐沉静了下来，开始读经书，然后感业寺的主持就对她另眼相看了。

有一天，主持问武则天：你对佛经很熟悉啊，以前读过吗？武则天看着这位沧桑的老人说："弟子年幼时受家母的影响，略略读了一些。""原来是这样，看来你和我佛真的有缘，然而佛经不过是些文字，佛法才是大道理。希望你以后更加努力，好好参禅，以期修得正果。"

至于李治怎样跑到感业寺与武则天见面的，《资治通鉴》有这样的记载："上之为太子也，入侍太宗，见才人武氏而悦之。太宗崩，武氏随从感业寺为尼。忌日，上诣寺行香，见之，武氏泣，上亦泣。"大意是说，李治做太子的时候，去服侍太宗，对武才人一见生情，后来，武才人去了感业寺，李治在父亲的忌日去感业寺上香，见到了武则天，两人见面后李治对武则天甚是怜惜，但在寺院里，二人并不能多说什么，只能"相顾无言，惟有泪千行"。也许正是这次见面使李治突然觉得自己对不住武则天，于是下了接她回宫的决心。

明明是父亲的女人，李治怎么会有这种想法呢？这和李氏王朝夺得天下的哲学有关，只要足够强大，就可以拿取自己想要的东西，这一哲学在玄武门政变中也得到证明，再说当时太宗已经过世，所以，李治是不难突破那些限制的。但是高宗回去后还没有向皇后开口，事情就有了转机。这一切都得力于后宫的争斗，武则天的命运又有了转折，很顺利地就回到了宫里。

从尼姑到皇后

高宗的皇后王氏是关陇大族的后人,出身高贵,且贤良淑德。李治还在当晋王时,在高祖的妹妹的牵线下,王氏就成了晋王妃。后来李治做了太子、皇帝,王氏的身份也就跟着升为太子妃和皇后。皇后貌美,是个好媳妇,传说太宗去世前对褚遂良说:"朕佳儿佳媳,今以付卿。"

但是,史载王皇后"性简重,不曲事上下",是一个极无趣的人,一天到晚总是低垂着眼睑,毫无表情,也不会讨好皇帝,笼络身边的宫女、宦官,这也是她有着如此显贵的出身和出众的美貌却自始至终都没有得唐高宗宠爱的原因。试想,在朝堂上,高宗听老臣们无休止的劝谏已经是心力交瘁了,回到后宫,还得面对一个僵硬着面孔、没有任何温存之感的皇后。所以,皇上更喜欢萧淑妃,为了躲避王皇后,他宁愿躲在萧淑妃的住处。

话说这个萧淑妃,出身也非常显贵,是梁昭明太子的一支后裔,大唐建国时,还出过一个宰相萧瑀。她长得好看,嘴巴又甜,活泼直爽,李治做太子时便进入了东宫。更重要的是萧淑妃还给李治生下了儿子,而王皇后膝下无子。在这种情况下,高宗专宠侧室,让王皇后感到了极大的威胁。然而更严重的事情发生了,以长孙无忌为首的大臣们建议皇上立太子,因为皇后无子,无嫡立长,于是就立高宗的长子燕王李忠为太子,这样以免立萧淑妃的儿子为太子。但是,这并没有让皇上回心转意,因为燕王李忠的母亲出身很卑微,皇上还是专宠萧淑妃。

后来,高宗和武才人的恋情渐渐地传遍了宫里,王皇后得知了高宗和武则天的私情后,就更沉不住气了,一个淑妃就够碍眼的了,又出现一个尼姑。但是,王皇后心里非常清楚,此时淑妃才是自己最大的威胁。于是,她想把武则天引进宫去牵制淑妃,她认为一个尼姑是不足为患的,再加上武媚娘背后没有权势依靠,即使皇上宠幸了她,有朝一日要除掉她也不是大问题。

王皇后就把这个想法告诉了自己的母亲柳氏,柳氏也觉得是个办法,想着一个尼姑也不足为患,改日再除不晚。俩人又找舅父柳奭商量,柳奭明白自己的命运和皇后的命运息息相关,眼看着淑妃专宠,也觉得牵制淑妃的宠爱是最重要的,就同意了将武则天引回宫中的想法。

在母亲和舅父的支持下,王皇后速战速决,立即派人到感业寺通知武则天蓄发待诏入宫。然后,又将此想法告诉高宗,高宗正惦念着这藕断丝连的感情怎么处理,满心欢喜,觉得王皇后真懂他的心,对王皇后的态度也热情起来。武则天得知皇后让她蓄发准备入宫,心里非常高兴,虽然知道出去后一切都是未知数,但是,她还是决定再和命运赌一次,先出去,日后再相机而动。

不久,宫中果然来人接她了,回到皇宫后,王皇后喜笑颜开地对她嘘寒问暖,还说自己并不知武才人在感业寺,是皇上想念武才人,她才得知的,但是,武则天很快明白了皇后接她回宫的真正目的。在感业寺的那段时光,让武媚娘沉静了很多,少了些许往日的刚烈,也磨炼了坚韧的品格。后来,皇上去武则天处时,武则天总劝他要多礼遇皇后,高宗也从心里感激皇后,自然就应了,这样,皇上就把淑妃给搁置在了一边,王皇后也对她放松了警惕。

武则天再度进宫后,人就成熟多了,也了解皇上的喜好,对于后宫的人情世故也了然于心。而宫内的人都知道皇上和皇后性格不合,皇上细心敏感,而王皇后却不苟言笑，经常对皇上板着脸。而武则天和李治则是互补的一对，武则天刚烈果断，善于谋略，还博学多才，能和李治谈论的话题很多。而李治性格内向，优柔寡断，正需要一位比他年龄稍大又让他感到放松的女子。

由此，就不难理解萧淑妃为什么会败给武则天了，高宗喜欢成熟的女人，而萧淑妃泼辣幼稚，相反，武则天温柔风致、坚强冷静、胆大心细，这一切都让高宗仰慕和依恋。而武则天在文学、音乐和书法等各个方面的才华，也让高宗为之叫绝，加之几年的地下恋情，终于见得天日，二人自然如胶似漆。

面对一国之君李治，武则天委曲求全，少了狮子骢事件时的锋芒毕露，变得温柔起来，再加上年岁的增加，不免多了几分风韵。在皇后面前，她常对皇后把她从感业寺救出来的事感恩戴德，使王皇后觉得武则天还是个知道感恩的人，可以同舟共济，就在皇上面前说她的好话，将她晋封为昭仪。

而面对身边的宫女、宦官们，武则天走了和皇后相反的道路，王皇后性格高傲，对上对下都不放在眼里，俨然一个孤立的冰美人，武则天却时常把皇上赐给她的东西赐给宫女、宦官们分享，特别是那些对皇后不满的人，她施恩更重，不久，她在宫内的眼线就很多了。她派他们去监视皇上和萧淑妃的动静。

这时，皇上被王皇后和萧淑妃的争风吃醋闹得心烦意乱，武昭仪渔翁得利，得到了皇上的专宠。高宗共十二个子女，最小的六个都是武则天所生，可见武则天是多么受宠了。但是，武则天有着更大的野心，她怎么会满足做一个昭仪呢？

其实，武则天的野心在她的第一个儿子出生时就显现出来了。她入宫后的第二年，也就是永徽三年，就给高宗生了一个儿子——李弘，后来被册封为代王。按理说李弘在皇子里面并不特殊，但是这个名字里却暗藏玄机。

在魏晋南北朝时，天下动荡，百姓深陷水深火热之中，由于道教盛行，在各地都有太上老君下凡拯救黎民、开创太平盛世的传言，而传说中这位太上老君的化身就叫李弘，而那些起义者为了增强自己的号召力往往都化名李弘，出现了"但言老君当治，李弘应出，天下纵横，反逆者众，称名李弘，岁岁有之"的情况，可见"李弘"二字在民间的号召力及其背后蕴含的政治意义。

看到武则天不仅得到皇帝的专宠，还生下了皇子，并被赐予意义深远的名字，王皇后才突然意识到了武昭仪的威胁。于是她转而联合萧淑妃一起对付武则天，她们时常对皇上说武则天的坏话。而此时高宗对武则天十分宠爱，"不信后、淑妃之语，独信昭仪"，并且对皇后和萧淑妃结党营私、排斥异己的行为心生厌恶。

看到时机成熟，武则天便想抬高自己的出身为自己积累政治资本，于是她请高宗追封其父武士彟，这样，武则天也算是名门之后了。为了表示对武昭仪的爱意，高宗又专门颁布法令让武昭仪的直系亲属都可以名正言顺地出入宫门，母亲和守寡的姐姐都来到了宫里，这点让武则天很高兴，享受到了久违的天伦之乐。

虽然如此，但武则天心里也清楚，王皇后和萧淑妃的家庭背景很强大，皇上也不会为了私情得罪她们两个的家族。于是，要实现自己的野心，废王立武，就得自己寻求出路。大约在永徽四年底或者永徽五年（公元654年）初，武则天生下了一个小公主，长得水灵灵的，高宗非常喜欢。永徽五年初，王皇后去武则天处探视小公主，逗小孩玩了一会儿便离开了。

据说武则天利用王皇后探视新生婴儿的间隙，亲手捂死了自己的女儿。等到高宗来了，武昭仪故作不知地随着他一起去看小公主，欢喜地说笑着，谁知一掀开被子发现，小公主已经死了。惊恐之时，高宗叫来宫中人询问都是谁来看了小公主，宫人都说：

"皇后刚来过。"

高宗见爱女横死，哪里还有心情去考虑其中的蹊跷？再联想起皇后以前就和萧淑妃勾结在一起为难武昭仪，现在见武昭仪生下女儿，自己又宝爱非常，未尝做不出杀人之事，于是立即就认定："后杀吾女！"这样王皇后在没有任何的心理准备的情况下被诬陷了，有口难辩，被打入了冷宫。其实，关于小公主之死，自古有多种不同的说法，上面是一种，也有说法认为小公主是自然死亡，武则天顺势推给了王皇后。

永徽六年（公元655年），武则天再次发难，她让宫里面的人报告皇上说王皇后和她的母亲魏国夫人柳氏施行"厌胜"来诅咒自己。所谓"厌胜"，是古代的一种巫术，也就是用一些特殊的物品以诅咒的方式来制服人或物。巫蛊之术是宫中的忌讳，汉武帝征和元年（公元前92年）曾发生过一起巫蛊案件，牵涉到数万人丧命，血流成河。关于王皇后搞巫蛊这件事，还没有定论是真是假，但是这件事更加巩固了高宗废黜王皇后的决心。

废王立武

高宗下定了废王立武的决心，便找大臣们商量，第一个就是长孙无忌，长孙无忌是开国功臣，又是高宗的舅舅，高宗被立为太子，长孙无忌下了很大的功夫。第二个是褚遂良，褚遂良在太宗在位时参与过很多军政大事的决策，太宗很看好他，所以想废黜王皇后一定得征询这两个老臣的意见。但是长孙无忌和褚遂良都坚持王皇后是先帝选定的儿媳妇，并无重大过错，不能随便罢黜，由于长孙无忌在朝堂上的地位举足轻重，看到他如此坚决地反对，高宗也不敢轻举妄动。

不过，在当时朝堂上还有一支与长孙无忌代表的士族地主、关陇集团相抗衡的力量，这就是以李勣为代表的庶族地主、山东集团。虽然李勣对于此事称病不出，但是此举无异于投了弃权票，表示他与长孙无忌并不属于同一阵营，因此长孙无忌并不能统一朝堂的声音，这就为武昭仪绝地反击、高升后位留下了机会。

正当武则天和李治因废王立武发愁时，有一个叫李义府的人毛遂自荐，愿意为武则天卖命。其实，他也只是想保住官位而已，他本是中书舍人，因为得罪了长孙无忌，要被发配到壁州担任司马。李义府是个见风转舵、很识时务的人，他知道此时有能力、有胆量又有需要与长孙无忌正面作对的只有武昭仪，同时也知道武昭仪要做皇后，需要朝堂上有一个人站出来反对长孙无忌。为了保住自己的官位，李义府便投靠了武昭仪，并且上表直言请求废王立武。收到李义府的表章，高宗十分高兴，于是便提拔李义府做了中书侍郎。

见到李义府公然与长孙无忌作对竟然没有受到惩处，反而还被皇帝破格提拔，朝臣们顿时明白了高宗的意图，卫尉卿许敬宗、中书舍人王德俭、御史大夫崔义玄、御史中丞袁公瑜等人看到皇上的意图明确了，也都站在了武昭仪这边，这样武昭仪很快有了自己的外廷力量。在支持武则天的臣子中，许敬宗的年龄最大，他和李义府一起，通过武则天的母亲杨氏内外联络，很快建立起外廷的情报网，武昭仪距离皇后之位已经不远了。

与此同时，以长孙无忌为首的反对武则天的朝臣队伍也建立了起来。裴行俭不赞同废后，就在外面说了些闲话，被武则天的人听到了，又通过杨氏传到了武则天的耳朵里，这样，裴行俭很快就被贬官为西州都督府长史，被赶出了京城。

永徽六年（公元655年）十月，唐高宗在退朝后把长孙无忌、李勣、于志宁、褚遂良等四位大臣单独留了下来，说有要事要商量。他们四个很清楚皇上找他们是什么事，于是在见到皇上之前就商量好了对策。

皇上召见之后，便开门见山地对长孙无忌说："皇后无子，武昭仪有子，今欲立昭仪为后，何如？"谁知长孙无忌还没开口，褚遂良便慷慨激昂地陈述了一通大道理："皇后名家，先帝为陛下所娶。先帝临崩，执陛下手谓臣曰：'朕佳儿佳妇，今以付卿。'此陛下所闻，言犹在耳。皇后未闻有过，岂可轻废！臣不敢曲从陛下，上违先帝之命！"不仅不同意皇帝废掉王皇后，甚至还给李治扣上了不尊先帝遗命的罪名，李治听罢大怒立刻拂袖而去。

但是，武则天绝不是知难而退之人，这次她败给了长孙无忌等人，便给高宗出主意，谋求下一回合的胜利。第二次召见，李勣称病躲在家中没去，褚遂良似乎不敢再继续用"违先帝之命"的名义来反对废除王皇后了，便退而求其次地说："陛下必欲易皇后，伏请妙择天下令族，何必武氏！武氏经事先帝，众所共知，天下耳目，安可蔽也？万代之后，谓陛下为如何！愿留三思！臣今忤陛下，罪当死！"反正就是如果皇上要换皇后也可以，但不能是武昭仪，可以选个出身好的，并且攻击武则天的清白问题，甚至以千秋万代的名声来威胁唐高宗。

然后褚遂良又状若癫狂地在御阶之下凶猛地磕头，弄得头破血流，还将手里的笏板扔到殿阶之上，大叫："还陛下笏，乞放归田里！"翻译成现代语言就是："还你的破笏板，我不干了！"唐高宗对褚遂良如此失礼的言行震怒不已，便要命人轰他出去。

正在朝堂上推推搡搡乱成一团的时候，只听见朝堂的帘子后面忽然传来女子清脆冷冽的声音："何不扑杀此獠！"幸好长孙无忌反应快，在高宗说出"好"字之前高声说："遂良受先朝顾命，有罪不可加刑！"于是褚遂良总算没有被杀死。这场朝堂上的闹剧很快就在宫中传开了，这样一来，以前没有通知来议此事的大臣也上表反对立武昭仪，大部分宰相都举了反对票，这让高宗和武昭仪不免有点失望。

突然，高宗发现李勣没来，也没上表。李勣一直称病在家，他到底是什么意见呢？于是，高宗单独召见了他，试探他说："朕欲立武昭仪为后，遂良固执以为不可。遂良既顾命大臣，事当且已乎？"李勣是个聪明的人，他没有直接回答皇帝的问题，而是说："此陛下家事，何必更问外人！"

高宗一听非常高兴，局势立马有了转机，支持武昭仪的人听说了他的意见也非常高兴，许敬宗在朝中扬言说："种田的农民若是多收了十斛麦子还想着换老婆呢，何况天子想立皇后，哪有别人插嘴妄言的余地！"武则天运用她在宫中的势力很快便将许敬宗此话宣传开来，为皇帝改立皇后造势。

永徽六年十月十二日，唐高宗下诏："王皇后、萧淑妃谋行鸩毒，废为庶人，母及兄弟，并除名，流岭南。"这样，王皇后就被废掉了，可是后宫不可一日无主，没过几天，许敬宗就上表，请求皇上设立新后，这正中高宗下怀。

十一月一日，武则天正式成为皇后。册立当天，武则天在肃义门接受文武百官的朝拜，这在中国历史上也是第一次，以往的皇后是没有这个待遇的。以往的皇后只能接受内外命妇的朝拜，百官不需要朝拜皇后。可见，武则天一当上皇后就与众不同，她已经成长为一位了不起的政治家，这些都昭示了她的野心在更大的地方。

武则天当上皇后以后，当然，那些反对武则天的人也就要遭殃了，长孙无忌、褚遂良先后被贬官流放。没过几年，褚遂良就死在了爱州（即今越南清华），长孙无忌在黔州（治所在今四川彭水）被迫自杀。树倒猢狲散，长孙无忌一死，很多人都被牵连进来丧了命，这场家庭内部的问题已经蔓延出家务事的范畴。通过这场斗争，唐高宗李治不仅按照自己的心意改立了皇后，更摆脱了顾命大臣的掣肘，成为了真正一言九鼎的皇帝。皇宫内部的权利争斗，让武则天看到了权利的力量，失去权利立刻就有性命的担忧，所以这次她要握紧手中的权利。

武则天先后嫁了两位皇帝——唐太宗和唐高宗；生了两位皇帝——唐中宗和唐睿宗。这期间虽说历尽艰辛，但武则天终于一步步实现了自己的理想，也实现了相面先生的预言，她成为了唐高宗的皇后，继而又建立了武周政权，这位了不起的女人在男权社会中一步步开创了女性的新时代，成为中国历史上唯一一位君临天下的女皇，并且也是有作为的皇帝之一，从贞观之治到开元盛世，这之间离不开她的功劳。这样一个女人，在中国历史上抹下了浓重的一笔。

废后风波

麟德元年（公元664年），大唐后宫风波又起，宦官王伏胜向唐高宗告发惊天大案，武皇后竟然和道士郭行真在宫中行厌胜之术。当年武则天为了扳倒王皇后，精心策划了一场阴谋，为其安了一个厌胜的罪名，成功登上后位。风水轮流转，武则天也在"厌胜"上栽了个大跟头。

事情还要从头讲起，武则天家中共有姐妹三人，三妹早逝，大姐守寡在家，为了能让姐姐及其儿女能过上好点的生活，武则天便请高宗封大姐为韩国夫人，并她一家都接进宫中。谁料自己的好心并没有换来姐姐的感激，反而给自己埋下了一条祸根。

武则天是个女强人，初登皇后宝座的她十分珍惜这个得来不易的地位，并没有过多地关注丈夫的生活琐事，她的心中有着更广阔的天地，她将很大的精力投入朝廷政事，希望能够辅佐丈夫治理国家，进而"致君尧舜上，再使风俗淳"。也许是武则天对于李治过于疏忽，使他不得不寻找其他的温暖，也许是武则天对于朝政太过卖力，而使李治反而无所事事进而无事生非，总之有人在李治的感情空档期趁虚而入，获得了李治的宠爱。

得知此事的武则天十分气愤，然而更令人气愤的是李治这段婚外情的对象竟然正是自己尽心照顾的姐姐韩国夫人！韩国夫人比李治大六岁，生得风流妩媚，一派成熟风致，而且与自己的妹妹一心朝政的强势不同，她善解人意、温柔细致，每每对李治曲意逢迎，深得李治的喜爱。更有甚者，韩国夫人不仅自己与李治眉来眼去，打得火热。连带年纪轻轻的女儿贺兰氏也不安分，与唐高宗情愫暗生，惹得高宗魂不守舍。

过了几年，韩国夫人突然去世，死前几天的事情十分可疑，不少人怀疑韩国夫人是被武则天毒死的，然而武则天充耳不闻，只是主持了姐姐的葬礼，并且亲自送姐姐的灵柩出殡，抚棺痛哭，极尽哀伤之状。本来因为流言而对韩国夫人之死心生怀疑的高宗也不好质问什么，甚至连希望纳外甥女贺兰氏为妃的念头也不敢对武则天提起。

本来这次"出轨"事件很可以随着韩国夫人之死而烟消云散了，然而王伏胜却在此时告发武则天行厌胜之术，武则天与李治之间微妙的和平顿时被打破了。被指为帮助武则天做法行厌胜之术的道士郭行真曾在显庆六年（公元661年）奉命到泰山为唐高宗和武则天祈求福祉，立下鸳鸯牌。因此，唐高宗和武则天和他都交往密切，彼此非常熟悉，他进出皇宫也不是一天两天的事了，即使被人看到与武后在一起聊天，也未必就是在行厌胜。然而听到皇后行厌胜之术，高宗却十分愤慨，甚至生出了废后之念。

冰冻三尺非一日之寒，表面上看来高宗宠爱的韩国夫人死得不明不白，而身为一国之君的他却在武后的积威之下不敢为心爱之人查清真相，心中自然悲痛不已，且对武后深为不满，而厌胜之事则作为导火索引爆了帝后二人之间的炸药。事实上在更深的层面上来看武则天参与政事，也已经揽得一些权力在手，皇后有权了，皇帝的权力就处处受到牵制，《资治通鉴》中称武则天"及得志，专作威福，上欲有所为，动为后所制，上不胜其忿"，所以二人之间的矛盾其实还是权力之争。

愤怒的高宗决定借此事给武则天一个教训，压压她嚣张的气焰，让她明白大唐的皇帝到底是谁。但是又应该怎么处理这个罪名呢？高宗一时拿不定主意。要是在以前，唐高宗遇到什么事情不知如何处理的时候，都会第一时间找来皇后商量，为他出谋划策，然而此次情况不同，要对付的人就是皇后，如何找她商量？

唐高宗思来想去，最后只好找来比较信任的宰相上官仪来合计此事。要是高宗稍微回想一下，不难发现当初的废王立武事件在今日重新上演。当初为了废掉软弱的王皇后，高宗也是颇费一番功夫，征求了一些位高权重的大臣的意见，但今天面对心思缜密、有勇有谋的武则天，他咨询的对象变成了这位上任不久的上官仪。

唐高宗虽然想废后，但这只是被那些怒气堆积起来的火气，纯属意气用事，并没有就此做什么缜密的安排。然而当高宗对上官仪说出对皇后不满的想法时，上官仪却作出了出人意料的回答，他说："皇后专恣，海内所不与，请废之。"恐怕连唐高宗也没有料到上官仪竟然张口就建议皇帝废后，在寻常百姓人家离婚都是一件需要慎重考虑的大事，何况皇帝废后那是震动朝野的国家大事，而且高宗自己废后的想法其实也并不坚决。

那么，到底是什么原因让这个新任宰相如此胆大呢？上官仪是进士出身，他是唐朝自己培养出来的第一代科举出身的宰相，虽然风流倜傥、文采斐然，但却颇有点读书人的书呆子气，对一些复杂的政治问题、皇家关系都不怎么敏感。所以在面对帝后矛盾时，不知应该如何应对，对于皇帝都还没有明确表明想法的事情随便发表个人意见，十分轻率。

本来高宗还是犹犹豫豫的，听了上官仪的话，直接就把废后之事搬到台面上来进行了，他立刻命令上官仪草拟废后诏书，列下了武后的十余条罪状。然而，想要废掉这位武皇后并不是当初废王皇后那般容易的，武则天是一个心思细密又非常具有行动力的人，她的情报网让她在第一时间就得到了皇帝想要废后的消息。大难临头之时，武则天能不能想出应对之策呢？

在这个危急关头，武则天没有一刻犹豫，立即赶去见高宗。而此时正在等着上官仪拟废后诏书的唐高宗，面对突然来势汹汹的武皇后顿时怔住了。武则天与唐高宗夫妻十几年，对于他的脾气秉性拿捏得十分准确，对着多情又懦弱的丈夫，看着那边墨迹未干的诏书，武则天软硬兼施，跪下开始哭诉："不知臣妾有何大逆不道之罪，请皇上指教。"然后又一把鼻涕一把眼泪地诉说他们之间的旧情，高宗见此状又是畏惧又是不忍，脱口而出："我初无此心，皆上官仪教我。"武则天最终有惊无险地顺利逃过此劫，事后高宗也觉得此事处理得甚为草率，对皇后心有愧疚，两人又亲密如初。

武则天的危机算是解除了，上官仪却因此事要大祸临头了。武则天从来都是恩怨分明、绝不心软，她想出了一个一箭三雕之计，让许敬宗上奏皇帝称上官仪、王伏胜以及废太子李忠三人暗中勾结阴谋造反，将他们全部诛杀。

这场废后风波，高宗与武后的较量最后以武后的险胜告终，而事情的结局竟然还出乎意料地为武则天除掉了废太子忠这个心腹大患。在这场风波之后，武则天意识到，只有权力掌握在自己手中才能不受制于别人。也因为这件事情，原本对于皇后干预政事还颇有不满的朝堂之上，更少有人对此说三道四了。每逢上朝，武后垂帘听政已成定例了，大小政事，皆由帝后二人共同裁定。

双悬日月照乾坤

　　武则天虽为皇后,但其实际权力已如皇上了,二圣临朝已经成为惯例,朝堂之上大大小小的政事都是由高宗和武后二人共同决策的。懦弱的高宗现在只是朝堂之上的一个摆设而已,实际权力已经掌握在武后的手中了。既然已经二圣临朝了,武则天为什么还要煞费苦心、劳师动众的进行封禅泰山呢?

　　"封禅"是古代帝王的一种祭祀仪式,在泰山上筑坛祭天叫作"封",在泰山南面的梁父山上辟地为坛祭地叫作"禅"。《白虎通义·封禅篇》中解释道:"王者易姓而起,必封升泰山何?报告之义也。始受命之日,改制应天。天下太平,功成封禅,以告太平也。"一直以来,泰山封禅都是中国古代帝王告祭天帝最为隆重的典礼。在唐代以前,历朝历代的皇帝中也只有秦始皇和汉武帝举行过泰山封禅盛典。

　　一般来说,封禅泰山的大典大多举行于国泰民安的盛世,或是皇帝自认为取得了丰功伟绩之时,以这种方法来祭告上天,相当于皇帝的工作总结。另一方面也通过这种途径来向天下显示国威,威慑不安分的邻国。当然,在五岳之首的泰山进行封禅活动,也有彰显君权神授,神化皇权的作用。

　　古代帝王中大都认为自己功绩卓著,也不乏想要借助封禅向四方昭告者,然而他们大多受到朝廷大臣的阻挠,并未真正得以实施,就连齐桓公那样的霸主也因为管仲的极力劝阻未能成行。因为大臣们知道,泰山封禅并不仅仅是个仪式,更是对一个国家人力、国力、财力的巨大消耗,国力强盛仍需再三考量,国力不强更是不可能完成的。

　　泰山封禅想要顺利完成就需要天降祥瑞,表示天帝承认人间帝王受命于天,表扬其功勋卓越,否则就同秦始皇那样,即使浩浩荡荡去了泰山,却因上山途中遭遇狂风暴雨最终未能完成封禅大典。虽说要天降祥瑞有点神话色彩,但是天气好是必不可少的,否则遭遇到恶劣天气更是徒劳无功。还要国家有国力、财力的支持,百姓生活富足,否则如此劳民伤财之举必定遭到百姓埋怨。如此看来,想要泰山封禅绝非易事。

　　而且一般来说,封禅大典只有男性能够参加,即使是皇帝的母亲皇太后也只是名义上参加,而实际上由公卿代行。武则天当然知道泰山封禅的特殊意义,她更想通过泰山封禅向天下昭示点什么。当年的太宗皇帝在位时,文治武功功德卓著,天下一片繁荣之象,百姓生活富足,文武百官也力谏太宗泰山封禅,但是魏徵认为当时天下初定,国力尚不富强,四方边境依然没有安定,不具备去泰山封禅的条件,因此极力反对,若太宗非要强行,最终不过是"崇虚名而受实害"。试想以唐太宗的宏伟气魄以及超凡能力尚且没有去泰山封禅,武则天正是想通过封禅之举表明自己的功绩更在太宗之上。

　　除了想向世人宣扬自己的功绩,向四方扬国威之外,武则天极力促成此行还有一个非常特殊而重要的原因。因为她要为自己的将来造势,她虽然是一个女人,但是她不是一个普通的女人。她治理着一个泱泱大国,并且在她的统治之下,这个国家不但朝政清明,百姓安康,更征战四方,平定边陲,不亚于"贞观盛世"的繁荣昌盛。

　　武则天取得了大多数男人都无法做到的成绩,也就想要昭告天下,男子能做的事她都能做到,包括一向只有男人才有资格出席的封禅泰山。只有让人们习惯了她享有与男子几乎平等的能力和权力,她将来要更进一步,登上那个只有男人才有资格坐的至高无上的位子时,反对的声浪才会弱一点,再弱一点。

　　现在的武则天实权在握,懦弱的高宗只是朝堂之上的一个摆设,再加上朝堂之上,诸如长孙无忌这些反对武后的人都已经被她打垮,剩下的官员们对于泰山封禅的提议齐声称颂。不久，二圣下诏，开始准备泰山封禅大典。

在旧制的封禅礼仪中，女性没有参加的权力，那是因为这些都是男人定下的规矩，如今，武则天要将这些不公平的规矩都改过来。她对唐高宗说："封禅旧仪，祭皇地祇，太后昭配，而令公卿行事，礼有未安，至日，妾请帅内外命妇奠献。"她的意思是太后作为封禅仪式中祭祀地神的部分配享，也就是附带享受祭祀，根据礼制是不应该由公卿大臣来献祭的，所以她请求以皇后的身份率领宫中所有有地位的女眷及有封号的官员女眷一起进行献祭，打破旧制中皇帝初献、公卿亚献的规矩。对武则天言听计从的唐高宗很快便欣然同意了她的请求。

武则天的封禅大典仿照古制进行，麟德三年（公元666年）正月三十日，一切准备工作就绪，封禅大典正式开始。第一天高宗在泰山南的祭坛上祭告天帝，第二天去到山顶的"登封坛"再度祭天，到了第三天在社首山"降禅方坛"祭祀地神，高宗初献，随后由宦官执着帷幕，武则天带领各内外命妇登坛亚献，最后以越国太妃燕氏（越王李贞的母亲、太宗的德妃）终献结束。第四天，高宗和武后共同登上朝觐坛，接受文武百官朝贺。自此，封禅礼毕，高宗、武后一行浩浩荡荡返回京师。

封禅泰山已经昭告天下，她武则天即使是一介女流，也是样样堪比古之明君。辅佐了高宗近二十年的朝政的经历，再加上总结了前人治国的种种经验教训，尤其是苦心专研太宗皇帝的《帝范》十二章，武则天根据本朝的具体特点，终于制定出了一套自己的施政纲领。当时虽是二圣临朝，但高宗毕竟还是名义上的皇帝，因此，武则天将自己的这十二条施政大纲以"建言"的形式提出，请高宗最终定夺并予以实施，这便是赫赫有名的《建言十二事》。

所谓《建言十二事》的具体内容是：

一、劝农桑，薄赋徭；

二、给复三辅地；

三、息兵，以道德化天下；

四、南北中尚禁淫巧；

五、省功费力役；

六、广言路；

七、杜谗口；

八、王公以降，皆习《老子》；

九、父在，为母服齐衰三年；

十、上元前勋官已给告身者，无追核；

十一、京官八品以上，益廪入；

十二、百官任事久，才高位下者，得进阶申滞。

武则天认为，农业是一个国家富强的根本，只有减轻农民的赋税和徭役，重视农业发展，才有可能实现国泰民安。历朝历代看来，大兴土木工程建设需要大量的人力财力，精减一些不必要的宫廷建设，有利于减少开支，节约劳动力，减轻农民的徭役负担，将更多的力量放在国家的基本建设之上。同时禁止各部门的奢侈之风，尤其是南衙、北衙、中书省、尚书省等中央直属机构。

她还要求百官敢于谏言，为国家建设出谋划策，但绝不允许造谣生事、搬弄是非者，这体现了决策者广纳谏言的度量。要求大小臣民都读《老子》，以示自己虽为武家的女儿，更是李家的媳妇，并非谣言所指"非我族类，其心必异"，以此让拥护李氏王朝的宗亲和臣子相信她是同心同德的，绝无外心的。她让官员们得到更多的福利和赏赐，以笼络人心。并借用丧葬礼仪来提升妇女的社会地位。她深知战争会将一个国家拖垮，因此，对于四方邻国，尽量友好结交，和平相处。

如此十二条建言集中体现了广开言路、善用人才、缓和阶级矛盾、外交友好等政策，确实是一个富国富民的好纲领，有利于皇权的巩固。高宗对此治国纲要十分赞赏，并立即下令执行。

第二章 武周革命，光芒胜过太阳的明月

两度登基的唐中宗

中国历史上有很多以悲剧告终的皇帝，唐中宗李显就是其中的一位，更让他有所不同的是，在他曲折悲剧的人生中，他的亲人都先后当过皇帝：他的父亲唐高宗，他的弟弟唐睿宗，他的儿子唐少帝，他的侄子唐玄宗，当然，这其中又怎能少了他的母亲，一代女皇武则天。

李显，生于显庆元年（公元656年）十一月，原名李哲，是唐高宗的第七子，武则天的第三子。也是这一年，他的母亲用狠毒的方法将已经被废的王皇后和萧淑妃杀害，还在其母腹中的李显，对于他将要面临的生活环境还一无所知。

弘道元年（公元683年）十二月，唐高宗驾崩，在李显的两位哥哥相继被废后，李显理所当然地被推上了皇位。他很兴奋，然而每当回想起两位哥哥的惨死经历，他又对他的帝王生涯毛骨悚然，不知道自己将要面临怎样的生活，更不知道自己会不会重蹈两位哥哥的悲剧。

李显害怕他的母亲，面对能够将亲生儿子残忍杀害的一个女人，又有谁能不颤抖？然而作为新上任的皇帝，李显却又不甘心成为傀儡，他还是想要真真切切地获得一个皇帝应有的权力，可是这一切都只是个梦而已，因为所有的一切都控制在他母亲的手中，连同他的生命。与他的弟弟李旦相比，李显显然少了一些淡定，多了一些对权欲的渴望，他绝对比不上李旦的聪明，于是才有了如此悲剧的人生。

当上了皇帝的李显显得有些太过兴奋了，在武则天的眼皮底下，他居然还想要拥有自己的权力，这也是他被武则天废黜，降为庐陵王的直接原因。

李显排行第三，两个哥哥先后被立为太子，结果都没有登上帝位就被废黜，如今龙袍居然穿到了他的身上，着实让他有些兴奋过头。那时，为了尽快培植自己的朝廷亲信，他有些迫不及待了。中宗即位后，皇后韦氏的父亲韦玄贞立即从一名小官一跃而升为豫州刺史，充分应验了"一人成仙，鸡犬升天"的旧话。但韦氏仍不满足，在她的要求下，颇有些惧内的中宗又准备升韦玄贞为侍中（门下省长官、宰相中的第二位）。

然而这次的提升并没有那么顺利，中书令裴炎坚决反对，据理力争，韦玄贞并无大功，仅仅凭借皇后父亲的身份一下子晋升高位，未免太快了一些。裴炎再三劝谏，惹得中宗火起，怒道："我以天下与韦玄贞，何不可！而惜侍中邪！"或许是为自己的仕途着想，或许也为了李唐的江山担忧，回天无力的裴炎无奈之下便将中宗所言如实转告了太后武则天，并且与武则天、中书侍郎刘祎之一起谋划废立之事。

第二日，武则天驾临洛阳宫乾元殿，召集百官，宣布废中宗为庐陵王。李显问道："我何罪？"武则天道："汝欲以天下与韦玄贞，何得无罪！"中宗这才明白过来，顿

时无言以对。这样,中宗只做了四十多天的皇帝,就遭废贬。

钱穆先生解释,中国传统政治,本不全由皇帝专制,但中国政治史上所规定的一切法制,也时常有不严格遵守的特例,因为闹得不大,所以皇帝也可以偶尔任性一下。当然,前提是君主能够有足够的震慑力。中宗因无理封官时的一句戏言而被废,其实也是历史的偶然,武则天与中宗的力量权衡才是他下台的关键。

嗣圣元年(公元684年)二月,当了不到两个月皇帝的唐中宗李显被武则天贬出长安。在被贬后长达14年的时日里,最初李显的内心充满了对母亲的恐惧,他每天担惊受怕地度日,生怕哪天接到母亲送来的赐死令,如此,他就会与两位哥哥一样,死在生母的手里,他心有不甘,甚至害怕到想要结束自己的生命。

后来还是在妻子韦氏的规劝和开导下,李显的内心慢慢地平静下来,他不再那么害怕了,也才得以平静地生活。事实上,韦氏也是别有用心的,她是一个权欲旺盛的女人,她想要和李显等待回宫的时机,伺机恢复皇权,她更渴望武则天那样的人生,临朝称制,成为一代帝王。李显显然被韦氏的陪伴与诱导感动了,他曾经对韦氏发过誓,一旦他再次称帝,一定将韦氏封为皇后,并且让她为所欲为。

在房州的岁月中,李显与韦氏在寂寞与宁静的生活中相濡以沫,感情甚好,他们最小的女儿安乐公主也是在那个时候诞生的。李显很爱这个女儿,每每将其抱入怀中就不舍得放下。然而,当时的李显无论如何也料想不到,日后置他于死地的却也是曾经互爱的妻子韦氏和这个他最疼爱的女儿安乐公主。

终于,李显与韦氏等到了回朝的那一天。圣历二年(公元699年),出于政治上的权衡,武则天将李显夫妇召回宫中,并重新立李显为太子。神龙元年(公元705年),宫中政变,张易之、张昌宗二人被杀,群臣逼迫82岁高龄的武则天退位。同年二月,国号恢复为唐,唐中宗李显再次称帝,并封韦氏为皇后,置张柬之等朝臣的意见于不顾,追封韦氏之父为王。

李显非但没有信任张柬之等人,反而任韦氏为所欲为,甚至让她参与朝政。后来李显又把安乐公主嫁给了武三思的儿子武崇训,并封上官婉儿为昭仪,专门负责起草皇帝的诏令。韦后与武三思的关系本就说不清道不明,再加上上官婉儿与武三思也有暧昧不清的一面,在这三个人的背后,一股强大的政治势力悄然崛起,而这一切都是李显亲手造成的。

朝中大臣对于如此的政治形势都十分担忧,张柬之等曾几度极力规劝李显将武三思除掉,然而糊涂的李显却不以为然。其后,武三思与韦氏居然反过来诬告张柬之等人有谋反之心,并让中宗表面上将张柬之册封为王,这样一来,张柬之就被迫离开了京城,实际上是被降了职位,就在他被调离京城的途中,又被武三思派人暗杀,韦氏心头的一块石头终于落地。

或许是继承了韦氏的基因,安乐公主也是一个不甘寂寞的女人,她的野心与韦氏不相上下,更决心要与武则天一样临朝称帝。在安乐公主、韦氏以及武三思的再度怂恿下,李显又有意将非韦氏所生的太子李重俊废黜。不料,李重俊却先发制人,公元707年,他与左羽林大将军李多祚率领羽林军三千余人将武三思父子围困并杀死。李重俊本想连同韦氏与安乐公主一并杀之,却终因人数的差异而反被韦氏所杀。

韦氏与安乐公主大难不死,索性趁机将宰相魏元忠除掉,她们诬告魏元忠与李重俊有勾结,顺理成章地将魏元忠贬出京城。没有了政治阻力,韦氏和安乐公主独揽了朝中大权,再加上李显的昏庸,韦氏母女也大体实现了心中所想,差的只是最后一步棋子的走动。在韦后和安乐公主的摆布下,李显这个皇帝当得也越来越离谱,干过很多极为荒唐的事情，甚至连加印盖章的诏书都可以看都不看。

安乐公主一直觊觎着皇太女的位置，她十分希望母亲韦氏能够临朝称制，这样一来自己就能名正言顺地当上皇太女。然而李显不死，母女二人的心愿也只能是心愿而已。终于，有一件事情几乎要促成她们心愿的达成。那是公元710年的五月，一个叫燕钦融的小小地方官上书唐中宗，言辞之中都是对韦氏淫乱和干预朝政的指责。李显看过之后便传燕钦融进京，然而韦氏却派人当着李显的面摔死了燕钦融，韦氏发现，李显对此事极为不悦。

韦氏因为担心李显开始彻底纠察自己的行为，再加上安乐公主背后的怂恿，终于下定决心要害死李显。一日，她在李显平日爱吃的饼里面下了毒药，唐中宗李显食后腹痛难忍，经医治无效而死，终年五十五岁。

就这样，曾经与自己共患难，并且在绝望中给予李显安慰的妻子韦氏，曾经是自己最爱的女儿安乐公主，因为父亲没能给她皇太女的称谓而怀恨在心，李显的生命就葬送在这两个在他生命中有着极其重要地位的女人手中。然而这一切又都是李显一手造成的，他生性胆小懦弱，国事、家事没有一样能够处理得好。

唐中宗死后不久，韦氏和安乐公主就拿出了一封假遗诏，遗诏中要求立中宗之子李重茂为皇太子，由韦氏听政，相王李旦辅政。然而，韦后又心有不甘，她最终还是将遗诏再次改动，想尽一切办法要将李旦和太平公主隔离于她的政治权力之外。这样的举动，想必尸骨未寒的李显在九泉之下也会为韦氏和安乐公主而感到痛心吧。韦氏和安乐公主的密谋最终还是没有得逞，李隆基和太平公主的政变让这两个内心阴险的女人走上不归路，也算是为九泉之下的李显报了仇。

从出生到被最亲的人毒死，李显的一生经历了九曲十八弯，可谓苦难交加，然而李显能怪谁呢？如果不怪自己的话，或许他也只能怨恨自己的生母武则天，怨恨她不该将他带来到这个世界上，怨恨她不该将他放置在如此一场政治的旋涡当中。

没有存在感的唐睿宗

龙朔二年（公元662年）六月，在长安蓬莱宫的含凉殿中，唐高宗一生中第八个儿子，也是最小的一个儿子降生了。他叫李旦，是武则天四子中最年幼的，也是最与世无争的一个。史称"自则天初临朝及革命之际，王室屡有变故，帝每恭俭退让，竟免于祸"，也许正因为他的无争无斗，才让他避开了几位哥哥一样的苦难人生，安心地在他的书生世界中徜徉，并且安然终老。

嗣圣元年（公元684年）二月七日，唐中宗被武则天废黜为庐陵王，22岁的唐睿宗李旦代替了他的兄长李显正式登基，成为了唐朝第五任皇帝。然而这位年轻的皇帝却是只在其位不谋其职的傀儡天子，他没有上朝听政的权力，而是他的母亲临朝称制。每每上朝，贵为天子的李旦都只能在旁殿静静地待着，但他从无怨言。

也许武则天对这位小儿子心有所愧，为了安慰李旦，她封了他的王妃为皇后，并让他的长子当上了皇太子，此后改元文明。然而这一年，武则天仅年号就改了三次，面对在朝廷中已经可以为所欲为的母后，李旦毫无表示，只是小心翼翼地戴着皇帝的帽子，同时又过着一如既往的书生生活。不问朝政，不是不问，是不敢，更是不能。

睿宗李旦已经习惯了他的身份，安安稳稳地写他的书法、读他的文学，直到垂拱二年（公元686年）正月，武则天突然要把帝位还给他，他才着了慌。当然，他从来都是皇帝，这一次武则天充其量也只能说是要把原本属于他的权力重新还给他。李旦十分明白嗜权的母亲并不是真的想放权，只是在徐敬业叛乱平息之后，作出一种还政皇帝的高姿态来显示自己的"高风亮节"而已。于是李旦坚决地推辞武则天的建议，请她继续临朝称制。

李旦是一个平庸的皇帝，他治不了国，对于这一点，他的内心十分明了。然而这并不代表他是一个平庸的人，李旦在文学和书法上的造诣是历史上很多皇帝都无法比拟的，他为人谦恭、孝顺、友善、好学，特别喜好文字训诂之书，就连武则天的母亲杨氏的墓碑以及有名的景云铜钟铭文都是出自他的手笔，其造诣之深可见一斑。

实际上，李旦是一个绝顶聪明的人，他看惯了几个哥哥因为对皇权的渴望而造成悲剧，他不愿意重蹈覆辙，再过一遍那样悲惨的人生，那不是他的人生哲学。更何况，他从来都对政事毫无兴趣，更愿意埋头于书海中，与古人对话，活在自己的精神世界中。于是，当母亲说要把皇帝的权力重新归还于他时，他果断地拒绝了。因为他不仅知道母亲所谓的权力归还只是出于对他的试探，他还明白，一旦他接受了，他的生命从此就不在自己的掌控之中了。

为了保住他一家人的性命，李旦向母亲表明了他的意图，武则天很高兴，她终于有了一个听话的儿子，一个不会阻碍她帝王道路的好儿子。于是，武则天依旧把持着朝政，当然，对于这位不给她惹麻烦的小儿子，她也给予了他一家人以"关怀"，连续地将李旦的几个儿子封为亲王，以彰显李旦的帝王之尊。

没有了后顾之忧的武则天，干脆为自己取了一个前所未有的响亮的名字，日月当空——"曌"，那是公元689年，武则天改元为载初元年，改诏书为制书，一步步地临近皇帝的宝座，实现她"女皇帝"的心愿。

此后武则天下令开始使用周历，改朝换代已成定局，众人看在眼里，明白这是大势所趋，纷纷知趣地上书请愿，要求武则天正式登基称帝。那个时候，凡是意图反对这一想法和行为的人，武则天通通没有将其放过，株连九族，满门抄斩，不惜一切地为她步入政治最高权力扫清障碍。

身为名义上皇帝的李旦也深知形势将走向何方，他更知道，母亲还没有正式称帝，差的就是他的请愿。李旦又一次毫不犹豫地向母亲表达了他的意愿，请求母亲早日登基，以顺应民心。在李旦将此想法说出口的那一刻，武则天已经迈上了改朝换代的最后一节阶梯。

天授元年（公元690年），武则天欣然接纳了群臣与睿宗李旦的请愿，同意正式称帝，于同年九月九日改唐建周。李旦完成了他生命中的第一次让位，从此降为"皇嗣"，其名也改为李轮。

让位之后，李旦就过上了战战兢兢、如履薄冰的生活，身为"皇嗣"，他不仅没有处理政务的权力，甚至连自己的爱妃都保不住，但是李旦将这一切都看惯了，也看透了，他已经有了一套在宫中的生存之道，那就是默默无闻，哪怕他的亲人遭受了天大的不公，他也一言不发、一事不求。他不是无情，只是他有一个无情的母亲，既然如此，不如无言。

圣历元年（公元698年）三月，武则天在听从了狄仁杰的建议之后，决定将皇位归还于儿子。李旦听说此事后便以身体有病而请求母亲将皇位让给他的哥哥庐陵王李显。当然，按照长幼之序，李显理所应当为皇帝，李旦以托辞将皇位推开，只能说明他是一个明智的人，他也知道母亲还是有意立庐陵王为帝的。

神龙元年（公元705年），宫中政变，以张柬之为首的人将张易之、张昌宗兄弟杀死，逼迫武则天退位，并且要求中宗继位。唐中宗李显顺利复辟，对于其弟弟李旦的谦让，李显十分欣慰，此后他表示要封李旦为皇太弟，但是李旦果断地推辞了。这是李旦人生当中的第二次让位，第一次让给了他的母亲，第二次让给了他的哥哥，期间虽然经受过不少的猜忌与诬告，但是两次让位都让李旦得以在宗室的血雨腥风中明哲保身。

兄长复归了皇位，李旦以为，他以后的人生应该可以较为无争地度过了，什么争斗，什么皇位，再也与他无关了。可是朝中的政治风云变幻又怎是他一介书生能够预料得到的？景龙四年（公元710年）六月，身为皇帝的唐中宗李显被韦氏及其女儿安乐公主毒害，中宗遗诏是由韦后临朝称制，由李旦进行辅政。但是，在韦氏的眼里，曾经做过皇帝的李旦辅政对她来说根本就是极大的威胁，即便李旦未曾与她有过任何争斗，反而是一味地谦让，她依旧不善罢甘休。

如此不得人心的行径自然没有让韦后随心所愿地临朝称制，反而激起了李氏皇族的愤愤不平。李旦之妹太平公主与其子李隆基顺势将韦后杀死，并期望李旦再次称帝。李旦称帝为众望所归，在所有人的强烈请愿下，他终于不得不接受众人的请求，于公元710年六月二十四日，再次称帝。

人生就是这么富有戏剧性，拼了命想要当皇帝的人最终却落得个身败名裂，甚至连性命都没能保住，可是发自内心不想做皇帝的人却又三番五次地要被推上皇位。李旦的一生已经有过两次让位，他不想当皇帝，也没有能力当皇帝，于是他让位给了想要当皇帝，也有能力当皇帝的母亲，让位给了心中还有权力欲望的哥哥李显。然而让来让去，皇位最终还是回到了他的手中。

就在李旦二次称帝后的第二个月，他就立三子李隆基为皇太子，并改元景云。延和元年（公元712年）八月二十五日，再次当了两年多皇帝的睿宗李旦第三次禅让皇位，这一次，他把天子之位让给了儿子李隆基，自己则成为了太上皇，安享晚年。开元五年（公元717年），李旦驾崩，享年五十五岁。

唐睿宗李旦一生都小心翼翼地向上天祈求着平安，然而他的经历却又是那样地曲折，历史上没有几个皇帝能够与他的经历相提并论。李旦初生下来就被册封为王，曾被辗转封为豫王、冀王、相王等爵位，两次称帝，三次让位，又曾为皇嗣，还差点被李显冠以皇太弟的名号，晚年又当了太上皇。

黑色幽默的是，李旦一生中曾多次改名，先为"旭轮"，后又在"轮"与"旦"之间多次更替，他人生中的逆境几乎都与"轮"相关，而每每当他改名为"旦"时，才可以平安度日。

三让皇位的李旦终于获得了与他的几位皇兄不一样的结局，平安地度过了他的余生，虽然也经历过死亡的威胁，却终因谦让的态度让防备他的人放下了戒心。不仅如此，也许连他自己都未曾想到，他的三次让位成就了中国历史上两位伟大的皇帝，那就是中国历史上唯一的一位女皇帝武则天以及创造了开元盛世的唐玄宗李隆基。

在沉默中爆发

对于一个能够坐在皇帝宝座上的女人来说，接受来自勋旧势力的挑战应该是她意料之中的事，在预见的同时，还要做好十足的应对准备。武则天的军事筹备早在唐高宗死后就已经开始了，所以当徐敬业等人打着光明正大的旗号谋反作乱之时，武则天非但没有惊慌失措，反而自信满满地对其嗤之以鼻，并轻而易举地将这一群叛乱之人扫离了她的视线。

司马光在《资治通鉴》中谈及徐敬业这场叛乱的时候写下过这样一段话：

"时诸武用事，唐宗室人人自危，众心愤惋。会眉州刺史英公李敬业及弟盩厔令敬猷、给事中唐之奇、长安主簿骆宾王、詹事司直杜求仁皆坐事，敬业贬柳州司马，敬猷免官，之奇贬栝苍令，宾王贬临海丞，求仁贬黟令。求仁，正伦之侄也。盩厔尉魏思温尝为御史，复被黜。皆会于扬州，各自以失职怨望，乃谋作乱，以匡复庐陵王为辞。"

也就是说由于当时大唐的权力基本上都掌握在武姓的亲属手中，李氏皇族感受到了很大的危机，不免心中哀痛。也正是这个时候，眉州刺史英公李敬业和他的弟弟李敬猷、给事中唐之奇、长安主簿骆宾王、詹事司直杜求仁都因事而获罪，李敬业被降职为柳州司马，李敬猷被免官，唐之奇被降职为栝苍令，骆宾王被降职为临海丞，杜求仁被降职为黟县令。后来这些人在扬州举行聚会，人人都因为被降职和免官而感到愤懑，于是便预谋作乱，并且竖起恢复庐陵王李显为帝的大旗。虽然寥寥数笔，却一针见血地道出了徐敬业等人叛乱的根本原因。

公元684年二月，也就是唐中宗李显继位的第二年，武则天因感到其权力受到威胁而下令废黜李显的皇位，立豫王李旦为睿宗，并改元称制，准备大展宏图。

李敬业，本姓徐，因此后世也称之为徐敬业，他的祖父就是大名鼎鼎的开国功臣李勣，因功高被赐予李姓。武则天之所以能够登上后位，也离不开李勣的鼎力之言，因此她对于这位朝廷重臣十分尊重。然而他的孙子却没有秉承他的德行，只在其位，不谋其职，终日享乐，置王法于不顾，终因劣行而被降职免官，却又心生不满。

一群人除了以恢复李显的帝位为借口之外，还散布谣言说武则天的二子李贤并没有死，而是在扬州避难，并扬言正是李贤任命徐敬业为这次叛乱的主将。然而，徐敬业虽名为主将，也是真正的大将军李勣的孙子，其自身却又有些枉为名将之后，才干与祖父根本不能及。事实上，此次谋乱的人当中，也只有魏思温一人算得上有些军事头脑，他曾是朝中的监察御史，能文能武，理所当然地成为了此次叛乱中的主谋。

为了首先将扬州控制在他们的手中，魏思温想出了一个不错的主意。那段时日，为了整治乱风乱纪，武则天派遣御史到各地考核、监管地方官的风纪，魏思温正是抓住了这个机会，让他们的党羽监察御史薛仲璋出使江都，并且将当时的扬州都督长史陈敬之告发，污其谋反。如此，叛党便可以顺理成章地控制扬州的局势。此举果然奏效，陈敬之被害，州府参军孙处行也因看出了叛党的阴谋而被杀。扬州在很短的时间内已经落入徐敬业等人的手中。

徐敬业等人迅速掌控了扬州的形势之后，设置了匡复、英公与扬州大都督三府，正式宣布起兵，并且恢复了中宗年号。十天之内，竟然招募到了十万余兵力，并且寻找到一个外貌与太子李贤相像的人，谎称"贤不死，亡在此城中，令吾属举兵"，以此来获取更多的人心。

朝中的武则天听闻徐敬业在扬州作乱，遂命令刘行举、刘行实兄弟二人与之对抗，并任命左玉钤卫大将军李孝逸为扬州道行军大总管，将军李知十、马敬臣为副总管，携军三十余万，与徐敬业的叛军对峙。然而，与叛乱初始时的雷厉风行之势不同的是，到了真正与武则天的治乱大军对峙之时，徐敬业却没了主张。这时候，他又不得不让魏思温站出来策划下一步的战略。

而在此事上他的两大军师却出现了分歧。魏思温认为徐敬业应该先进攻洛阳，让天下人知道此次起兵是为了恢复李氏王朝，这样就能够吸引更多的人前来加入，成功的筹码也就大大增强。然而薛仲璋却主张先攻克常州、润州，固守金陵，因为金陵地势险要，易守难攻，而且富有王气，等到金陵稳固之时，再北上，就算真的在北进的途中败下阵来，也还留有退路。

事实上如果徐敬业肯趁着假李贤的号召力一鼓作气攻下洛阳，然后逼迫武则天退位，那么就可以向天下人展示徐敬业的确是要匡复李唐社稷。那些忠于李唐的人们自然就会望风景从，利用李唐旧臣的力量，徐敬业他们才能拥有与掌握全国资源的武则天对抗的实力。

但是如果徐敬业起兵之后直奔有"王气"的金陵，然后在那里偏安一隅，并不急着逼武则天退位，那么大家自然明白所谓匡复李唐无非是徐敬业叛乱夺权的一个幌子而已。而唐朝初期军队大多集中在关中地区，其他地方的军力十分薄弱，尤其是此时地位还并不重要的江南一带，兵力更是少得可怜，即便攻下了金陵，仅凭徐敬业的军队也无法抵抗自关中浩浩荡荡而来的平叛官军。如果得不到实力雄厚的大批李唐旧臣的支持，那么徐敬业的军队很快就会被官军打败。

可是徐敬业没有什么政治头脑，他置魏思温的建议于不顾，而是采用了薛仲璋的策略，因为"王气"二字实在太让他动心了。他下令唐之奇守在江都，韦超在都梁山屯兵，其弟弟徐敬猷则屯兵淮阴。面对徐敬业如此的摆兵布阵，魏思温已经感觉到了失败的不可避免，分散的兵力如何抵挡武则天派来的大军？

就这样，徐敬业率领主力军开始进攻润州，因为润州本就是个很小的地方，所以这一次他没有遇到很大的阻力就取得了一个小小的胜利。润州刺史名为李思文，他跟徐敬业有叔侄关系，徐敬业本想借着这一层亲戚关系说服李思文也加入自己的行列，可事实却并不如他所愿。李思文非但没有归入徐敬业的队伍，反而向朝中的武则天禀报了事态的发展。李思文最终还是因为兵力不够而被叛军擒获，按照魏思温的意思本应将其杀害，可是徐敬业却念在叔侄一场的关系上免其一死。

十一月，武则天任命的扬州道大总管李孝逸率领三十万大军在高邮与徐敬业带领的叛军进行决战。徐敬业一方先占据上风，赢了数仗，但是李孝逸很快调整了战略，改用火攻，而叛军的士兵已经十分疲劳，人心也有些涣散，于是在李孝逸风助火势的强力进攻下，徐敬业的叛军大败。徐敬业深知自己战败，便带领轻骑入江都，将家人接出，一同逃往润州，准备出海避祸。然而，当徐敬业一行人逃至海陵准备渡海的时候，却又遭遇了大风困阻，一时间进退不得。

他手下的部将王那见徐敬业连逃亡的路都被封堵了以后，为了自己的生存，便将徐家兄弟二人杀害，缴械投降。徐敬业、徐敬猷的首级被王那作为投降的敬献交了出去，魏思温和唐之奇也被捉拿，骆宾王不知下落，被叛军占据的扬州、润州和楚州也重新回到了官军的控制之下。至此，徐敬业起兵彻底失败。

此次扬州起事，从宣布叛乱到平定叛乱前后不过四十余天，虽然平定这样的叛乱对于武则天来说是轻而易举的，然而此次叛乱还是激起了她内心留存已久的不快。当年，唐高宗在立后的事宜上摇摆不定，不知道封谁为后才更有利于大唐的基业。这时候，徐敬业的祖父李勣的一言让高宗有了立武则天为皇后的决心，对于此，武则天心存感激。然而让武则天心怀有恨的是，日后的李勣却帮助唐高宗将李义府拉下了台，要知道，当时的李义府可是武后眼前的爱臣。

徐家因功被赐予李姓，却胆敢在武则天临朝称制的时候起兵作乱，这让本就不快的武则天更激起了心头的愤怒。这一次，她不再忍让，凡是与她权威作对的人通通难逃一死。武则天认为，直至扬州起事，徐家对大唐的不敬已经超过了曾经的功劳，她毫不犹豫地下旨查抄了徐家，收回李姓。不仅如此，还下令将李勣的坟墓挖开，并削免他的官爵。徐家终因徐敬业而遭受了灭顶之灾，只有李思文一人不但幸免于难，还被提升了官爵，为司仆少卿，并且赐姓武。

造反，继续造反

武则天临朝称制，正以十足的威慑力强震天下人心，这让李唐的威严置于何处？李唐宗室不满，这是再正常不过的事，武则天深知这一点，于是用安抚的方式对他们一一加官晋爵，为的就是让他们反叛的心平息下来，不要给她的皇帝之路增添障碍。

然而，安抚归安抚，谣言与传言并不会因为武则天的安抚而停止散播。此时的李唐宗室已经一代不如一代，他们没有李氏先人的胆识与魄力，在荣华富贵的融化下，消磨了棱角，更磨灭了意志。

在传言与谣言的包围下，他们又分为了两类人：一类人是谣言的散播者，说武则天要将李唐宗室赶尽杀绝，以绝后患，为此，李唐宗室不应再坐以待毙，而是应发动全部力量与武则天的势力相抗衡；另一类人是传言的恐吓对象，他们习惯了吃喝享乐，习惯了王室的养尊处优，害怕这样的生活一去不复返，因此不得已也要加入谋反的队伍。虽然李唐宗室谋反的心态各不相同，然而其最终目的都是一样，为了保护自身的利益。

在那个政治潮流汹涌成旋涡的年代中，即便武则天并无诛杀李唐宗室的想法，可一旦这样的言论传出，身为李唐宗室中的任何一员，都不会对此传言掉以轻心。一个女人要当皇帝，君临天下，她所面临的障碍有多大，这是多数人所清楚的。那么，这个女人要扫清障碍，连自己的亲生骨肉都能杀害，与她毫无血缘关系的李唐宗室又算得了什么？

再从另一个角度分析，武则天临朝称制后对其本家严加管制，却对李唐宗室给予优厚的待遇，这其中的玄机又是什么？难道真的是所谓深明大义？对于此，谁都不能、也不敢相信。正是在摸不清武则天内心真实想法和意图的情况下，李唐宗室恐惧极了，然而他们真正恐惧的并不是李氏政权的覆灭所带来的屈辱，而是害怕随着李氏皇朝的灭亡而让当前的荣华富贵一去不复返的窘境。如此看来，李唐宗室的谋反也是历史的必然。

此时，李唐宗室的每一个人都意识到了境遇的严苛性，诸王心中的担忧与日俱增，直到黄国公李譔率先将心中的恐惧发表了出来，这才一呼百应，一发不可收拾。黄国公李譔以暗示的方式给越王李贞写了这么几两句话："内人病渐重，恐须早疗。若至今冬，恐成痼疾。"或许在旁人看来，如此之言语意思直白，然而在深处恐惧之中的李唐宗室眼里，这两句话就意味深长了，因此，他们不费吹灰之力就看懂了黄国公李譔的字条，知道武则天拜洛授图的日子，就是她准备诛杀李唐宗室的时候，于是就在心中达成了默契。

然后李譔又假造了皇帝的玺书："朕被幽禁，王等宜各发兵救我也。"并将其送到琅琊王李冲那里。李冲顺势也假造玺书一封："神皇欲倾李家之社稷，移国祚于武氏。"然后，这两封假造的玺书以很快的速度传至诸王手中，就此，李唐宗室诸王第一次达成了谋反的意图。

然而，李氏诸王在确定谋反的时候却忘记了一件致命的事实：他们忘了盘点自身的实力，也忘了核估武则天的实力。又或者，他们对自身实力太过自信，最终导致了谋反的彻底失败。身为皇族的他们，大概以为单是李氏皇族的身份就足够召集雄厚的兵力了吧。

这群已在荣华富贵中被腐蚀的人，早已没有了战斗力，更别提民心所向了，却妄图号召天下人起来冒着断送全族性命的风险为他们卖命。因为对自身能力认识的不清晰而造成的大错，历史上有太多的例子可以拿来警示，可是对于养尊处优的李唐宗室来说，他们看不清形势，更看不清历史车轮前行的方向，也造成了这一场荒唐至极的匡复之举。

当然，并非所有的李唐宗室都是无能之人，越王李贞就是个例外。他是唐太宗的第八个儿子，武则大封其为豫州刺史，此人虽然比较有政治才能，可惜是个有才无德之辈，他常常仗着皇族的身份欺压官民百姓，造成了在地方上恶劣的影响，也就难有号召力。

事实上，李贞早有谋反之心，只是武则天智高一筹，先封了他官爵，当时又赶上唐高宗丧葬之时，时机不利于谋反，于是作罢。后来徐敬业叛乱，李贞认为徐敬业非李唐宗室之人，定另有他心，所以也没有随之叛乱。而现如今，面临着很可能被诛杀的窘境，李贞再没有任何理由坐以待毙，遂与其子李冲起兵谋反。

在听从了范阳王李霭的建议后，李贞向诸王邀约了起兵的统一时间，以显声势之浩大。然而，让李贞万万没有想到的是，诸王并不像他李贞那样有胆魄，却都是一群乌合之众，真正准备要起兵谋反时，居然没了气焰，不是因为害怕而退缩，就是因为没有足够的影响力召集兵力而无所适从。

可是箭在弦上不得不发，身为琅琊王的李冲已经迫不及待地要发兵了，他没有等到李贞与诸王约定的起兵之日，提前就在博州发动了叛乱，可谓有勇无谋，也导致了宗室叛乱的直接失败。试想，在大部队都还没有召集起来的情况下，在其他王室都还未确定起兵的情况下，李冲仅凭着手下的五千余人就敢与武则天的精兵强将相对抗，这是何等地冲动！

李冲的率先起兵让诸王还来不及筹措就被武则天得知了叛乱的消息，这就如同一只离开大雁队伍的鸟儿，因为势单力薄而轻易地被猎人拿下。武则天在听到叛乱的消息之后勃然大怒，心想自己给予李唐宗室如此的优待，居然换来了他们的叛乱。于是迅速地派左金吾将军丘神勣率军赶赴讨伐。其实，单从武则天派谁去讨伐叛乱就能看出她要如何处置这群叛党。丘神勣以心狠而著称，可见，武则天此举定要置叛乱之人于死地。

李冲本就势单力薄，更不曾料在进攻的途中，他的下属也不愿跟随他加入叛乱，在攻打武水城的时候，武水县令力敌李冲的叛军。李冲本想借着风势用火攻猛进，然而天公却与他开了天大的玩笑，原本冲向城门的南风居然瞬间变成了北风，李冲的队伍被火势围困，落荒而逃。

其中一个叫董玄寂的部下更是秘密宣称这是逆风，预示着李冲的逆反之举没有好下场。李冲听到后大怒，遂将董玄寂杀死。李冲的这一举动是大为不明智的，部下见其在危难之际竟然还随意杀死自己人，纷纷四散而逃，只剩下李冲的数十名家仆还留在他的身边。

李冲见此情状，只好带人逃向博州而去，到了城门时就被守门的士兵杀死了，这时候，武则天所派来平定叛乱的中央军还没有赶到，等到丘神勣赶到之时，叛乱已经结束。丘神勣带兵入城时，城中的官吏全部身穿素服出迎，希望以此来挽救自己和家人的性命，但是丘神勣并没有留情，挥刀将他们全部杀死了，因此而家破人亡的达一千多家。自李冲起兵至叛乱平息，仅仅七天。

李贞在听闻李冲提前发动叛乱之后也在豫州起兵，并且攻下了上蔡，武则天得知后更是加强了平叛的兵力，派左豹韬大将军麴崇裕领兵十万对其进行围剿。李贞虽有才干，可是兵力上的悬殊也注定了他的失败，更何况，此前与他约定共同反叛的诸王都没有起兵的迹象，这更让他绝望。

起初李贞的队伍还有些势头，但是那时候他并不知道自己的儿子已经被杀。当李贞得知此不幸的消息之后，他的斗志被削了一大截，冲动之下甚至想要自己身披枷锁到皇宫去向武则天请罪，以求保全性命。不过此时却有其下属新蔡县令招募到二千多人加入李贞的军队，于是李贞似乎又有了些许斗志，这才决定打下去，还欺骗部众说："琅邪已破魏、相数州，有兵二十万，朝夕至矣。"

然而，就算李贞召集到了上万的兵力又如何，一群临时的士兵怎能与朝廷的十万正规军相抗衡？而且李贞自己也知道以自己的实力举兵叛乱无异以卵击石，只好找来一些和尚道士诵经祈求叛乱成功，还让自己身边的人和士兵们都带上辟兵符。当武则天的大部队赶到之时，李贞的部下通通乱了阵脚，李贞本人也吓得不知所措，他的随从劝他说："王岂可坐待戮辱！"李贞这个家伙即便是死也要拉几个垫背的，于是与他的妻子、儿子们一起自尽。李贞的叛乱也仅仅维持了十七天就惨败收场了。

武则天对于这群不识抬举的李唐宗室深恶痛绝，她知道背后还有诸王曾经一同串联，于是在事后就派了苏珦对他们进行审讯。然而，苏珦是仁厚之人，根本下不了狠心逼死这群王公贵族，武则天后来又换了冷血残虐的酷吏周兴来审查此案。谁都知道周兴的手段之毒辣，更何况这是一群在蜜罐中成长起来的皇族。在狠毒的周兴面前，他们不打自招，对自身曾参与谋反的罪行供认不讳。事后，武则天将谋反宗室的李氏之姓剥夺，并改为虺姓，意味毒蛇。

此次李唐宗室谋反击中了武则天的痛处，她也就不再客气，受牵连的人成千上万。单是李贞一人就牵涉出将近七百余家、五千余人，处死的处死，充军的充军，流刑的流刑。幸有明官狄仁杰受理此案，才冒着杀头的危险替无辜的人求情，武则天这才同意将一部分死刑改为发配边疆。

此次谋反让曾经高贵的李唐宗室遭受了劫难，唐高祖的诸多儿子以及唐太宗的儿子多遭灭门之灾，仅有零星的几人幸免于难。虽大为可惜，却也是必然之事。李唐宗室的密谋者未能看清历史的大势所趋，更没有考虑到民心所向，自以为以皇族的身份就能招揽众人，却不曾想人民皆对战争厌倦，更何况武则天的统治更为顺应民心。这场动乱加之徐敬业此前的扬州起事，虽然让武则天皱紧了眉头，大为震怒，然而战乱的平息却也加快了她称帝的脚步。

第三章 一代女皇，日月当曌

女皇不是梦

到公元684年，李唐王朝的天下几乎都掌握在了武则天手中。唐高宗李治已经于前一年驾崩，继位的唐中宗李显仅当了不到两个月的皇帝就被武则天借故赶下了台，流放到千里之外的湖北软禁起来，新扶上台的唐睿宗李旦目睹哥哥们的下场，哪里还敢对武则天稍有违逆之意，只是唯唯诺诺，忠实地扮演一个政治傀儡的角色。

在朝堂之上，反对武则天的关陇贵族集团在武则天的强力打压之下，早就屈服于太后的威权。至于处在江湖之远的百姓们，更只有对太后感恩戴德的份儿。武则天已经站在了整个帝国的顶点，所欠缺的也只有那一顶象征意义远大于实际意义的天子冠冕。

当然，有能力登上皇位是一回事，但登上皇位这一事实本身的正当性和合法性却又是另一回事儿。中国历史上，不乏凭借暴力手段夺取政权，但却昙花一现的短命王朝。究其原因，没有解决好与前一代王朝之间的关系，导致缺乏认同是一个很重要的因素。

作为一个在政治修罗场上纵横驰骋拼杀突击四十余年的政治家，武则天对这一点自然心知肚明。但是，她作为一个女性，想要登上皇位的行为原本就不见容于正统的儒家政治理论。因此，按照传统的方式来博得万民的景仰和舆论的支持并不一定合适。武则天为了皇位的合法性和正当性，可谓绞尽脑汁，煞费苦心。

营造舆论的第一步是要抬高武氏家族的地位。这是武则天自开始参与政治以来就一直孜孜不倦进行的事业。唐代虽然不像六朝那样以门第出身为做官的唯一标准，但士族的势力仍然强大，有一个声势显赫的家族仍然是值得骄傲的资本。武士彟虽然是唐代的开国功臣，但也毕竟只是个木材商人出身，位于四民之末。

有鉴于此，武则天一再给亲族追封爵位。就在光宅元年，武则天大权在握之后，她立刻追尊武士彟为周忠孝太皇，母亲杨氏为忠孝太后，又追封祖上四代为王，这一切都是按照皇帝的礼制来完成的。不仅如此，她还将父母的坟墓按照帝王的规格升级为陵，建造宗庙，并设置专门的官吏管理武氏宗庙的四时祭祀。

为了让天下人逐渐接受武氏的皇族地位和女性帝王的合法性，武则天又颁布诏令，要求在祭天时不仅要以唐代诸帝配祭，在祭地时还要以窦皇后和长孙皇后配祭，当然，在祭祀时也必须留出忠孝太皇和忠孝太后的一席之地。如此一来，武氏家族被抬到了和李唐皇族并驾齐驱的地位。

从武后给父亲的封号中可以看出，她其实早就暗暗定好了新的国号"周"，这个周的含义极其深远，它并不是武则天灵机一动想到的命名，而是可以一直追溯到三代时的文武之道。这体现出了武则天的政治理想，她绝对不是要简单地完成两个王朝的更替，而是要雄心勃勃地将这个帝国建立成一个足以比拟传说中的王道乐土。

为了让普天之下的百姓都能理解"周"的意义，感受到"周"的存在，武则天想了很多办法。最为彻底的当属重新更改历法。历法标志着日月星辰的运行规律，是宇宙观和世界观的直接表达。历朝历代无不以历法的颁布和施行为最重要之事。自汉武帝实行太初历，虽然历法屡有更迭，但无一不以正月初一为一年的开始。

而到永昌元年（公元689年）十一月初一，武则天忽然下令废除现有历法，改用古老的周历，而周历与其他历法最大的不同之处，就在于以十一月初一为元旦。也就是说，所有的日期都要往前推两个月。于是这一天便成了载初元年（公元690年）的正月初一。无疑，这么一来，所有人的生活会受到影响，可是唯其如此，周历以及其背后的"周"的概念才会牢牢记在人们心中，替代李唐成为正统性的符号。

人们还没有从更改历法的混乱中清醒过来，武则天的另一道敕令又颁布了。她命令她的外甥宗秦客——此人的弟弟宗楚客是李白第二个媳妇儿的爷爷——制定了十七个新的文字（一说为二十一个），并要求在全国推广，强制使用，在所有的书籍文字中都准确无误地使用新字。

这十七个文字被后世称为"则天文字"。虽然字数并不多，但由于都是类似于"天""地""人""国""日""月""星"之类的常用字，因此还是给人们的生活带来了颇多不便。就在人们不得不重新更改从小养成的认知，蹩脚地使用这些新字的过程中，武则天的威严和权势也如同春雨，润物细无声地进入了人们的脑海。

虽然如此，但则天文字的使用年限并不长久。它们随着武则天的退位而逐渐消失在历史的尘埃中，只有寥寥几个还在流传。在日本，"国"字改的"圀"字由于水户黄门德川光圀而为世人所知；而在中国，人们更多记住的是"曌"，这个意义为日月当空的字，它因为女皇将其作为自己的名字而被一代代的中国人反复提起。只要提到武则天，就不能不涉及到这个字；而提起这个字，人们想到的也只能是武则天，这个霸气外露舍我其谁的字，就这样和武周一朝的历史绑在了一起。

不仅是武则天自己在努力制造舆论，早已看穿武则天心思的一干投机客们也八仙过海，各显神通。如果说武则天的种种举动解决了其登上皇位的正当性问题，那么薛怀义、武承嗣等人则解决了合法性的难题。按照儒家的政治学说，女性参与政治事务乃是"牝鸡司晨"，因此必须另辟蹊径，从其他学说中寻找理论。

最先行动起来的人是武承嗣。武承嗣一心想要将自己的这位姑妈推上皇位，好有一天自己也能当上太子，尝尝君临天下的滋味。因此在造势方面十分卖力。垂拱四年，武承嗣不知从哪里找来一块白色的石头，在上面刻了"圣母临人，永昌帝业"八个字，又用紫石末和其他药物填充其中，显得像天降祥瑞一般。

他把这石头派人偷偷丢进洛河附近的池塘中，过了几天，又打发一个叫唐同泰的雍州人假装无意中发现这块石头，献给朝廷，号称是发现了河图洛书。易经中有所谓"河出图，洛出书，圣人则之"的说法，也就是说上天暗示着武则天是"圣人"，既然是圣人，自然有理由再进一步，做皇帝又有何不可？武则天是否识破了武承嗣的小把戏呢？这无关宏旨。重要的是武则天开心地接受了这块石头并为其命名为"宝图"，后来觉得不过瘾，又加封为"天授圣图"，同时给自己加封号为"圣母神皇"。

侄子如此努力，情夫也不甘落后。薛怀义在纠集了一干大小僧侣搜肠刮肚，寻章摘句之后，居然给他找到了一本叫作《大云经》的佛经。根据王国维和陈寅恪的考证，这部《大云经》乃是印度僧侣昙无谶于公元5世纪初在敦煌译为汉文的，两百多年来一直无人问津，但薛怀义却发现其中大有可资利用之处。

原来，这部经文主要讲的是净光天女两次听经，领会佛法奥义，转生人界，以女身成为国王，最终成佛的事情。这个故事无疑有力地支持了女人也能当皇帝的理论，但是对于一般民众来说，这部经书却过于艰涩难懂。为了让老百姓也能明白经文，薛怀义又组织人力，炮制了一部洋洋洒洒的《大云经疏》，将唐代民间流传的弥勒信仰和《大云经》里的故事结合了起来。

在《大云经疏》中，武则天被塑造成弥勒佛的转生，她的下凡，正是为了以女身登上皇位，最终还将会返回天界，成就正果。如此一来，武则天称帝乃是顺应佛的意志，实在是合理至极。武则天见到此书大喜，立刻命各州修建大云寺，寺内都要藏一部《大云经》。在轰轰烈烈的造神运动中，女主正位的思想深深地烙在了民众的心中。

万事俱备，只欠东风。载初元年九月，小小的九品官、侍御史傅游艺率先串联九百余人上表请求武则天称帝，武则天象征性地拒绝了这个要求，但却立刻将傅游艺的官职一升再升。摸清了武则天脉门的大臣们立刻闻风而动，他们相互串联了六万余人同时上表，再次请求武则天称帝，这其中包括文武百官、皇室宗亲、黎民百姓，甚至还有和尚道士和四夷酋长。场面和规模都盛况空前，然而武则天仍然不为所动，她在等一个人的表态。

这个人就是李旦。李旦虽然只是武则天的政治傀儡，但他毕竟是唐睿宗，是大唐帝国名正言顺的皇帝。他不表态，武则天就永远无法合情合理又合法地登上皇位。李旦不是笨蛋，在那么多臣民山呼海啸的请愿声中，他并没有迟疑多久，便向自己的母亲上书，请求武则天称帝，并表示自己希望改姓武氏。武则天顺水推舟地答应了他的要求，并赐名为轮。从此在很长一段时间，李旦都不得不顶着"武轮"这个名字。

载初元年九月九日，武则天正式称帝，改国号为周，改元天授。中国历史上最著名的女皇帝就这样诞生了。这一年，她已是六十七岁的高龄。

改变命运的独木桥

唐人刘禹锡曾经有诗云："旧时王谢堂前燕，飞入寻常百姓家。"在这两句脍炙人口的名诗背后,隐藏的是在唐朝士族势力因为屡受打击而地位逐渐下降的社会现实。

尽管经过南朝"侯景之乱",江南士族的力量遭到很大削弱,但北方士族却始终保持着很大的势力。唐太宗时虽然着力于裁抑所谓山东大姓,颁布《氏族志》,但唐太宗的根本目的,乃是将跟随自己打天下的关陇士族的地位提高到与旧士族相提并论的地步,并非是要真正否定门阀制度。

在武则天夺取权力的漫长道路上,她遇到了士族阶层的顽强抵抗。这一方面是由于士族所坚持的儒家正统思想对"牝鸡司晨"的反感,另一方面也是由于武则天之父武士彟只是个木材商人出身,为重视门第的关陇士族所不容。因为这个缘故,武则天掌握权力后,她不仅继承了唐太宗打击士族势力的政策,而且还开始大量提拔寒门庶族出身的官员。一时间,武周的朝堂为之一新。

武则天首先做的就是将武氏家族的地位不断提高。当初唐太宗修订《氏族志》时,由于武士彟已经去世,又只是三品大臣,因此并没有被列在"高门"之列,只是被一笔带过,相比起对高门大族详细记录郡望、家世、发祥、渊源、声望巨细靡遗的记录,显得甚为简略。武则天便以此为理由,请求唐高宗修改。其时,武则天的心腹大臣李义府由于出身寒族,自然也极力赞同这一举措。

唐高宗对武则天的建议自然无有不从。显庆初年(公元655年),他命令著作郎杨仁卿、太子洗马元道、太常卿吕才等人重新修订谱牒,到显庆四年(公元659年),在《氏族志》基础上修成的《姓氏录》完成,并由唐高宗亲自作序,推行天下。

与《氏族志》相比,《姓氏录》有这样几个特点:首先,十二名编纂者都是庶族出身,而把士族官员彻底排除在外;其次,虽然该书同《氏族志》一样,都以现任官职高低而非传统对士族的认知为划分等级的标准,但从《氏族志》到《姓氏录》题目的变化不难发现,这部新的官修谱牒强调的是"姓"而不是"族"。

因此,它不仅收入了当时五品以上的现任官员,而且还收入了以军功获得五品以上勋官的军卒。相反,旧士族中若没有在当朝担任五品以上官职者均未收入。可以想象,这样一来,《姓氏录》中必然充斥着大量庶族甚至是普通百姓,而旧士族的数量则大大减少。而事实也确实如此。根据《新唐书》的记载,《姓氏录》共收二百三十五姓、二千二百八十七家,姓氏数量远少于《氏族志》。一些历史悠久享有盛望的名门望族消失了,取而代之的是一帮贩夫走卒,引车卖浆者。

在《姓氏录》中,武氏家族毫无疑问地以唐高宗皇后外戚的身份进入了第一等级,并且还名列前茅,与长孙家族并驾齐驱。而曾经在立后之争中站在武则天一边的李勣,虽然位高权重,但由于只是山东土匪出身,因此在《氏族志》中只能敬陪末座,如今也堂而皇之列在第一等,至于许敬宗、李义府这两位武则天的亲信心腹,则以宰相的身份进入了第二等。

曾经高高在上睥睨众生的士族,如今却被迫与昔日不屑一顾的庶族和平民平起平坐,这让士族们感到耻辱和愤怒。他们将《姓氏录》嘲讽为"勋格"——也就是官职表,甚至以被录入此书为耻。为了彻底封杀士族的怨声载道,李义府干脆建议,将曾经印行天下的《氏族志》全部勒令上交,并举火焚之。李义府的建议似乎并未被采纳,但无论如何,这都不能改变士族的风光从此一去不复返的事实了。

颁布《姓氏录》对于武则天控制政权,有着极为重要的意义。门阀制度被打破以后,不同社会阶层之间壁垒森严的界限被打破,给广大庶族地主和平民一个出人头地的机会,只要能够做官,就能够光宗耀祖,福泽子孙,上升到上流社会。这样一来,新的问题就又出现了:既然官职取代了出身成为区分社会阶层的标准,那么选官的程序也必然要发生变化。

唐代初年，官员的来源大致分为如下几种：出身士族、参加科举，以及没有任何来历的"杂色"。其中，科举出身的官员每年数量很少，而"杂色"升官时要经过严格的审查和选拔，能够通过者寥寥无几，因此大量官职被士族占据。武则天为了改变这一状况，下令"杂色入流，不加铨简"，也就是放松对"杂色"官员升职的控制。

虽然利欲熏心的李义府在选官过程中疯狂卖官鬻爵，中饱私囊，以至于后世正统历史学家批评武则天是"多引腹心，广树朋党"。但这一招不仅有效地削弱了门阀贵族的势力，还迅速为武则天在中下层官员中聚集了大批的支持者。

不仅如此，武则天为了拉拢科举出身的官员，还对科举制度实行了一些改革。为了扩大科举取士的人数，武则天拓宽了"制科"取士的范围，以显庆三年（公元658年）的制科为例，设有八个科目，九百多人参加考试。取中的考生大部分进入弘文馆，后来大多成为唐高宗和武则天的重要官员。

武则天称帝之后，进一步加强了对科举的改革力度。天授元年（公元690年），武则天开创了"殿试"制度，即以九五之尊在皇宫内亲自考察通过会试的进士，对优秀者破格录用。这一制度一直延续下来，成为科举制度中的重要一环。

不仅如此，武则天还大大扩充了科举取士的名额，唐太宗时，共录取进士二百余人，而唐高宗和武则天时期，录取进士达到千人以上。此外，武则天还扩大了选拔人才的范围，长安二年（公元702年），武则天设立武举，考察马射、步射、平射、筒射、马枪等项目，选拔有军事技能的优秀人才。

说到底，武则天的大兴科举，还是为了选拔人才，给在门阀制度下受到各种制约的寒门庶族和平民百姓一个出头的机会。为了从这些人中选拔才学之士，她甚至宣布老百姓可以自我推荐做官，"内外九品以上及百姓咸令自举"。对自己的才学有自信的可以将诗赋文章投到皇宫前的铜匦内，如果确有真才实学，立刻授予官职。

为了免除遗珠之憾，武则天派出"存抚使"赴各地巡视，搜罗选拔人才。从科举不第的落榜生，到乡村私塾的授课先生都不放过。对于存抚使推荐的人才，武则天都亲自召见，并加以录用，不需要经过考试和培训。

人才无限，官位可有限。这么多人都要做官，难免人浮于事，出现冗官冗员的情况，或者有言过其实、不能胜任的官员。为了解决这个问题，武则天创立了一种叫"试官"的制度，就是先授予这些候补官员一个临时的官职，以便考察其是否称职。原先就有官职的，试用为凤阁舍人、给事中；原先是平民百姓的，则试用为员外郎、侍御史、补阙、拾遗和校书郎。如此一来，不仅朝廷官员正式编制大大增加，还多了不少额外官职。

选官太多，难免也引起时人的不满。时人曾经写打油诗讽刺这种状况道："补阙连车载，拾遗平斗量，杷推侍御史，碗脱校书郎。"大意就是说，这些官职数量简直是车载斗量，而且都和一个模子里刻出来的一样，没有任何特点。后来有个儒生沈全交又在后面补了两句："糊心存抚使，眯目圣神皇。"讽刺存抚使和武则天对这种情况一无所知。

左肃政台御史纪先知经过调查，发现是沈全交干的好事，便向武则天上奏，请求惩治他。不料武则天只是付之一笑，不仅对沈全交未加任何责罚，反而趁此机会告诫文武百官选官时要慎之又慎，不可过于浮滥。武则天这一宽容大度的举动博得了时人和后人的好评。

事实上，武则天虽然选官甚广，但对官吏的考核也极为严格。她经常检察官吏的任职情况，若有不合格者，立即处以罢黜、降职、流放不等的各种刑罚。在她的恩威并施下，武周一朝涌现出了大量名臣名将，如李昭德、魏元忠、杜行俭、狄仁杰、张柬之、姚崇、宋璟，边将如唐休璟、娄师德、黑齿常之、郭元振等人，都在历史上留下了自己的一笔。借助这些寒门庶族地主和平民百姓中涌现出的名臣，武则天巩固了自己的政权。

名相狄仁杰

　　武周一朝的政绩博得了后世史家的颇多赞誉，与之相比，武周时期的吏治获得的评价则褒贬参半，不少人都对武则天的酷吏政治颇有微词。然而，即使是对武周朝吏治反对最为强烈的人，也不得不承认在这一时期的满朝文武当中，也涌现出不少极有能力的大臣。其中，狄仁杰当然是最为后世所知的一位。

　　狄仁杰生于唐贞观四年（公元630年），山西太原人。他出生在一个官宦之家：高祖狄湛，是北周宇文泰手下的兵将。祖父狄孝绪在贞观年间曾任尚书左丞，父亲狄知逊则担任过夔州长史。也许是受到家庭的影响，狄仁杰从小就刻苦学习，立志进入官场。

　　有一次县吏到学校调查情况，狄仁杰专心读书，毫不理睬县吏。县吏不悦，便质问他为何如此傲慢。谁知狄仁杰头也不抬地说自己正在和书中的圣贤对话，没有时间和俗吏说话。结果县吏羞惭而退。

　　稍长，狄仁杰参加科举，考中明经科，从而得以出任汴州参军。狄仁杰办事公正廉明，得罪了不少人，结果被诬告下狱。恰值初唐著名画家阎立本正担任河南道黜陟使，他在审理狄仁杰的案子时，弄清了事情的真实情况，并且对狄仁杰的才学赞叹不已，称赞他是"河曲之明珠，东南之遗宝"，并向朝廷极力推荐，于是，狄仁杰因祸得福，担任了并州都督府法曹，在此期间他的德才受到了更多人的钦佩，时人赞誉道"狄公之贤，北斗以南，一人而已"。

　　仪凤元年（公元676年），狄仁杰调任中央，担任大理丞。作为中央最高的司法官员，狄仁杰在这个职位上有着完美的表现。仅仅一年期间，他就将历年来留下来的案子悉数清理完毕，共涉及一万七千余人，而且没有一个人对判决结果表示不满，重新提起上诉。狄仁杰也因此名声大振，成为人们心目中断案如神，惩奸除恶的青天大老爷。

　　狄仁杰办案可谓公正无私，不该杀的人他绝对不杀，为了维护法律的神圣不可侵犯，他甚至敢于顶撞皇帝，犯颜直谏。仪凤元年，狄仁杰初上任时，适逢武卫大将军权善才不慎误将唐太宗昭陵范围内的柏树伐去。狄仁杰向唐高宗奏报了此事，唐高宗深为震怒，命令将权善才处死。

　　可狄仁杰却认为权善才罪不至死，只应该处以免职的刑罚。唐高宗对此非常不满，认为权善才破坏太宗陵墓，是置唐高宗于不孝，必须杀之。但狄仁杰却不为所动，他劝谏道，法律对于不同的罪，有不同的刑罚，如果皇帝因为一时的气愤就大开杀戒，那么法律一乱，百姓则手足无措，而后人也会将唐高宗视为桀纣之主。唐高宗最终接受了狄仁杰的意见。

　　相反，狄仁杰对于违法乱纪、贪赃枉法的官吏则绝不容情。调露元年（公元679年），司农韦弘机在洛阳为唐高宗修建了宿羽宫、高山宫、上阳宫等皇家建筑，极尽华丽之能事。建成后，唐高宗便移居洛阳。狄仁杰对韦弘机这种曲意逢迎的行为很看不过眼，便上奏章弹劾韦弘机此举是引导皇帝追求奢侈，长此以往定将误国。唐高宗幡然醒悟，便免去了韦弘机的官职。

唐高宗一度宠信左司郎中王本立,王本立恃宠而骄,在朝中为非作歹,肆意妄为。朝中大臣慑于其势力,都不敢作声。只有狄仁杰毫不畏惧地上书揭发王本立的种种劣行。面对唐高宗的曲意回护,狄仁杰坚定地表示愿为法律的公平献出生命。最终,王本立得到了应有的惩处,朝廷上下颇受震动。

狄仁杰不仅为官刚正不阿,对待百姓也犹如慈父一般。狄仁杰担任度支郎中时,唐高宗曾经打算巡幸汾阳宫,命狄仁杰为知顿使,负责安排食宿交通。当时并州有一座"妒女祠",据说灵验得很,而驿道正在妒女祠旁边。并州长史李冲玄担心妒女作祟,便打算征发民夫另修御道。这种劳民伤财的行为遭到了狄仁杰的反对,最终没有执行,自然妒女也并没有作祟。

唐高宗去世后,狄仁杰于垂拱二年(公元686年)出任宁州刺史。宁州地处河西走廊,五方杂处,可谓冲繁疲难之地。狄仁杰在此处"抚和戎夏,内外相安,人得安心",老百姓非常感激他,甚至为他立碑颂德。此情此景被巡察陇右的御史郭翰得知,便上表举荐了狄仁杰。狄仁杰旋即被升为工部侍郎,赴江南担任巡抚使。

垂拱四年(公元688年),豫州刺史、越王李贞起兵反对武则天。叛乱平定后,狄仁杰接任豫州刺史。当时,成百上千的平民百姓因为曾经在李贞军队中服役而被株连,狄仁杰便上书给武则天,声称这些人并非故意作乱,只是为李贞逼迫,不得已而为之,因此不宜妄杀无辜。武则天听从了狄仁杰的话,减轻了对这些人的处罚。

宰相张光辅自恃平定叛乱有功,放任士兵滥杀无辜,勒索钱财。狄仁杰对此大为震怒,他不仅命令手下制止士兵的抢掠和杀戮,还当面怒斥张光辅的暴行,从而保护了一方百姓,狄仁杰也为此付出了贬官的代价。

武则天称帝之后,在娄师德的大力举荐下,狄仁杰被重新起用,于天授二年(公元691年)出任户部侍郎、同凤阁鸾台平章事,成为朝廷宰相。谁知,天有不测风云,没过多久,狄仁杰就被酷吏来俊臣诬告谋反下狱。

当时的法律中规定,一经审讯立刻承认谋反者,可以减轻处罚。狄仁杰分析当时的形势,明白如果矢口否认,必定被酷刑折磨,生不如死,倒不如一口承认,还能伺机申冤。于是出乎所有人的意料,狄仁杰很痛快地承认:"大周革命,万物惟新,唐室旧臣,甘从诛戮,反是实!"来俊臣见事情如此顺利,以为狄仁杰贪生怕死,便指使审理狄仁杰的官员王德寿,以减刑为条件,引诱其诬陷尚书杨知柔也参与谋反。谁知狄仁杰断然拒绝,为了表明心志,他以头撞柱,满脸是血,直至昏厥。王德寿被狄仁杰的忠烈吓怕了,从此绝口不提此事。

狄仁杰被关押一段时间后,由于已经"承认"了谋反,对他的看守日益松懈。狄仁杰便乘人不备,以写遗书为由,取来笔墨纸砚,暗暗撕了一块布,写了一份申冤的诉状,缝在棉衣里。之后又以天热,请求让家人拆洗棉衣,狱卒不疑有他,同意了他的请求。狄仁杰的儿子狄光远发现这份诉状之后,立刻入朝向武则天申诉。武则天见此情况,心知有异,便提审狄仁杰等人,最终搞清了事情真相。狄仁杰凭借自己的聪明才智躲过一劫。

尽管如此,狄仁杰还是被贬黜为彭泽令。虽然只是个小小的县官,但狄仁杰并没有因此消沉。当彭泽发生旱灾时,他积极为百姓申请发放赈济,免除租赋,受到百姓的爱戴。万岁通天元年(公元696年),"营州之乱"爆发,河北人心惶惶。为了稳定局势,安定人心,武则天调狄仁杰为魏州刺史。

前刺史独孤思庄慑于契丹的进攻,命令百姓放弃农业生产,进城战备,结果大片农田荒芜,人民生活极其困苦,人心浮动。狄仁杰到任后,立刻遣散百姓,任其安居乐业。

结果契丹听说狄仁杰的大名，不敢进攻，闻风而去。当地百姓十分感激狄仁杰的德行。

狄仁杰的政绩终于再次引起了武则天的重视。武则天先是赐给他紫袍、龟带以示奖励，并且在紫袍上亲自绣了"敷政术，守清勤，升显位，励相臣"十二个金字，可谓是难得的钦赐。紧接着，狄仁杰再次被召回朝中，于神功元年（公元697年）升为鸾台侍郎、同凤阁鸾台平章事、加银青光禄大夫，兼纳言，开始了其第二次宰相生涯。

这一时期，武则天对狄仁杰极其倚重，称之为"国老"，军国大事往往要征求其意见。而狄仁杰也利用这一点，频频向武则天施加影响。据史书记载，狄仁杰口才很好，不仅语言流利，声音洪亮，而且有理有据有节，极具感染力和说服力，与此同时，他又兼备机敏持重的性格。这些都使得他在宦海浮沉中能够屹立不倒。

狄仁杰担任宰相期间，不仅粉碎了武氏族人想要承继大统的野心，还最终使武则天改变心意，迎回了一度被废黜的庐陵王李显重任太子。不仅如此，在狄仁杰生命的最后几年，他深知自己已经年老体衰，力不从心，因此积极推荐人才，安插在各个要害部门，作为王朝的中流砥柱。

狄仁杰为了推荐张柬之担任宰相，数次对武则天举荐此人，武则天最初不以为意，将张柬之任为洛州司马，狄仁杰却告诉武则天，自己推荐的是宰相而不是司马。武则天便将张柬之提到了宰相的高位上。最终在神龙政变中，张柬之为李唐皇族的复兴立下了大功。

久视元年（公元700年），狄仁杰病故，享年七十一岁。噩耗传来，朝野悲痛，武则天不能自已，悲叹道："朝堂空也。"她追赠狄仁杰文昌右相，谥号文惠；唐中宗时追赠司空，唐睿宗时又封为梁国公。至今太原市内还有一条名为"狄梁公街"的小巷以示纪念这位千古名臣。

皇帝搬家

在隋末农民战争中，李渊攻下长安之后，立国号为唐，建都长安。但唐高宗即位之后，却明显表现出对洛阳的偏爱。显庆二年，唐高宗立洛阳为东都，从此唐高宗就在长安和洛阳之间频频来往，上演一出唐朝的双城记，直到他在洛阳驾崩。

到武则天掌握实际权力之后，干脆在光宅元年（公元684年）正式将都城迁至洛阳，称之为神都。在武则天掌权的二十余年间，除了有两年（长安元年（公元701年）至长安三年（公元703年）短期住在长安外，一直住在洛阳。

为了定都洛阳，武则天可以说是煞费苦心，花费大量人力物力，在洛阳城内大兴土木。她不仅对旧有的宫殿苑囿进行了大规模的重建和翻修，还新建了一系列足以替代长安皇宫的皇家建筑。垂拱四年，武则天委派白马寺主持——也是自己的面首薛怀义负责，以《礼记》中的记载为蓝本，在洛阳兴建了一座明堂。

此外，武则天称帝后，在洛阳建立武氏七庙，四时八节祭祀；又于天授二年将关内雍州、同州等九个州的数十万百姓迁至洛阳。凡此种种都是古代帝王建都的惯用手法。由此可见武则天对洛阳的重视。

武则天对洛阳的重视是如此明显，以至于当时层出不穷的反武人士也认识到了这一点。光宅元年，徐敬业等人在扬州起兵时，魏思温曾经建议徐敬业应当率大军直扑洛阳，若攻克此城，"则天下知公志在勤王，四面响应矣"。可惜徐敬业并未听从这一建议，最终兵败身死。由此观之，在武周一朝，洛阳已经替代了长安，成为武则天的政治中心。

那么，武则天为什么要弃长安而选洛阳作为新的都城呢？历代史家对此皆有自己的分析。司马光在《资治通鉴》里给出了一个非常怪力乱神的说法。他说，由于王皇后和萧淑妃都惨死在武则天手里，冤魂不散，时常作祟。据说武则天"数见王、萧为祟，被发沥血如死状。后徙居蓬莱宫，复见之"。对此《旧唐书》中也有相同的记载，而且武则天还曾经"祷以巫祝"，但还是没用，不得已，只好搬到洛阳去躲避。从今人的角度看来，这个说法恐怕是反对武则天的一帮文人大臣们想出来污蔑她的。鬼神之事姑且不论，王皇后和萧淑妃死于唐高宗麟德二年（公元665年），但武则天却是在此十九年以后才迁都洛阳。而且，武则天也并没有如司马光所说"终身不归长安"，称帝后仍然在长安住了两年。因此，这一说法根本站不住脚。

隋唐史大家陈寅恪认为，武则天之所以要迁都洛阳，有政治、经济和娱乐等多方面的原因，其中又以经济原因为重。但另一位唐史专家岑仲勉却不同意陈寅恪的意见，他认为武则天选择洛阳作为都城，本意就是为了方便"纵情荒淫享乐"。从今人的角度看来，结合武则天的政绩，岑先生的话未免有失公平。倒是陈寅恪先生的看法，颇有些道理。应该说，武则天迁都洛阳，乃是由于初唐时的政治经济情况和洛阳得天独厚的地理形势决定的，具有其合理性和必然性。

在历史上，关中盆地虽然号称据有崤函之险，易守难攻，但随着唐代建国后，太宗、高宗两朝的不断扩张，唐帝国的疆土不断扩大。根据史料记载，总章元年（公元668年），唐朝的疆域东到沿海，西到葱岭以西，南至越南此部（今越南河静、广平省界），北到贝加尔湖一带。在如此大的范围内考察，则长安的位置有些偏于西北，与江南尚有一定距离，更遑论遥远的岭南了，这并不符合中国传统的宇宙观。

与长安相比，洛阳地处中原，通过运河可北通幽燕，南抵江淮，西接陇蜀，东达海岱，其距离基本相等，有着"居中而摄天下"的优越条件。而且，洛阳的军事条件也并不次于长安，洛阳北有黄河，对岸的太行、王屋二山可为屏障，南有伊阙之险，还有熊耳山与少室山。西有崤函之险，东占虎牢关，而伊洛平原土壤丰饶，物产丰富，为重要的粮食产地，因此古人称其"控以三河，固以四塞"。这些都是洛阳适于作为首都的地理原因。

其次，从政治上考虑，武则天迁都洛阳也有着改朝换代，另立皇统的考虑。武则天虽然通过政治斗争，一步步地登上了最高权力的宝座，但这只是她的个人行为，并不能说明整个传统社会中男权主义的格局被扭转过来。对于大多数的唐朝旧臣来说，武则天的继位之所以具有合法性，乃是由于她是李唐皇室的媳妇儿。这一点，从武周后期的立储风波中看得很清楚。

这一观念流传之广，甚至蔓延到了周边少数民族之中。圣历元年（公元698年），突厥默啜可汗要求与唐朝和亲，并献出自己的女儿，武则天则命自己的侄孙、魏王武承嗣之子武延秀为其驸马。结果默啜大为不满，认为他是要把女儿嫁给李唐皇室的后裔，也就是天子之子，武氏并非皇族，因此乃是藐视自己。于是便将武延秀囚禁起来，并率兵内侵中原。这件事充分说明武氏家族并没有随着武则天的称帝而成为新的皇族，地位十分尴尬。

显然，这并不是武则天的本意。武则天实际想要的乃是改朝换代式的变革，也就是以武氏取代李氏，另立天下的崭新王朝，使武氏家族成为新的皇族。出于这种打算，武则天掌握实际权力后，一方面极力提升武氏家族的地位和势力，又为武氏列祖列宗创设太庙；另一方面也极力打压李唐皇族的地位和影响力。另起炉灶，迁都洛阳就是一个一举两得的手段，既可以将李唐王朝原本的政治资源压制于无形，另一方面在新都又可以极力拓展武氏家族的势力。

此外，河洛平原一带的经济情况也要远远优于关中平原。关中平原虽然号称沃野千里，但那只是汉初故事。由于屡经战乱、过度开发、人口增殖、气候变迁等种种原因，关中地区的生态环境日趋恶化，到隋唐年间，关中地区的粮食供应已经成为一大难题。

隋唐时的统治者，曾为振兴关中地区的农业经济想过不少办法，但都收效甚微。首先，关中地区地处黄土高原，其生态结构较为脆弱，极易遭到破坏，经过汉末以来的战乱，植被破坏严重，水土流失，黄土沙化，河流含沙量日益增高，逐渐失去了灌溉能力。其次，初唐时期人口增长极其迅速，根据史料记载，从贞观十三年到神龙元年的短短六十多年间，全国户数和人口数居然分别增长了一倍和三倍，而关中地区作为北方人口最为密集的地区，人口爆炸的情形更为严重，粮食的增长速度早就被人口增长的速度所抵消。再次，长安地区的富商大贾、王侯权贵为了经济利益，在水道边建设大量碾硙，对水利灌溉也造成了非常不利的影响。这样一来，隋唐统治者就不得不考虑将粮食运入关中地区，以缓解紧张的局面，但此亦非易事。三门峡一带黄河水文情况恶劣，河道狭窄，水势湍急，水底暗礁极多，运输量十分有限，漕运成本却极大，有"用斗钱运斗米"的说法。为了克服这一困难，隋唐政府或是绕路而行，或是开凿栈道，但都效果极差。结果，唐高宗时期竟然常常带领百官"趋食洛阳"，在路途中甚至有饿毙于道者。

反观洛阳所在的关东地区地区的经济情况则非常发达。它东部紧邻华北平原，西部则是伊、洛、河、济四水交汇之处，土壤丰沃；河南、河内、河东地区都是全国最发达的农业地区，"太原蓄巨万之仓，洛口积天下之粟"。在洛阳建都，既能够解决粮食供给不足的问题，又能够节省一大笔漕运开支，可谓是一个相当务实的选择。

由此看来，武则天迁都洛阳，就并不仅仅是出于享乐或者避鬼之类的原因。从宏观的历史来看，这一决定体现了中国经济中心不断向东南移动的历史必然性；而从个人的角度来看，它也符合武则天改朝换代另立皇统的要求。

大兴佛教

早在东汉明帝年间，佛教就传入中国。但其在中国的发展却经历了一波三折的过程，在汉魏六朝时期，佛教虽然在和玄学的融合中，借助清谈的方式逐渐成长起来，但其间也经过了北魏太武帝和北周武帝的两次灭佛，元气大伤。到唐代初年，李唐皇室统治者由于同道教追认的创始者老子同姓，为了抬高自己的出身门第，便竭力提高道教的地位，武德八年（公元625年），唐高祖李渊正式宣布在儒释道三教中，道教地位最高，儒教其次，佛教最低，形成了崇道抑佛的局面。贞观十一年（公元637年），唐太宗又正式确认了这一提法，他重申道："道士、女冠，宜在僧尼之前。"到唐高宗时，他不仅将老子封为"太上玄元皇帝"，而且对道士毕恭毕敬，执礼甚恭。在帝王的大力提倡下，道教一度有骎骎然全面压制儒释两教之势，时人对此曾有"儒门淡泊，收拾不住"的感慨。然而，到武则天时期，这一情况却发生了很大的变化。佛教迅速兴盛起来，并且此后一直长盛不衰，导致了佛教在唐代的全面兴盛，直到唐武宗灭佛时才告一段落。在思想文化领域出现的这一次转型，与武则天掌握实际权力后大兴神佛，弘扬佛教有着密切的关系。

武则天时期的佛教地位，与唐代的其他时期比较起来是最高的。武则天掌握实际权力之后，首先将李渊和李世民规定的"道先佛后"的政策，改为"儒道并重"，不久又干脆宣布"释教宜在道法之上,缁服处黄冠之前",正式确立了佛教的崇高地位。为了让全国人民能够接受这一转变,武则天做了大量的工作,可谓煞费苦心。

首先,在武则天的提倡甚至是命令下,大量的禅林寺院拔地而起。在她为自己登基称帝的正当性和合法性大造舆论之时,由于《大云经》和《大云经疏》的颁布,武则天欣喜异常,遂命天下各州均修建大云寺。此时天下共有358州,因此便修建了358座大云寺,一时间大云寺简直成为了寺庙的代名词。不仅如此,长寿元年(公元692年)兴建长寿寺,证圣元年(公元695年)又兴建崇先寺,对于早已有之的慈恩寺、敬爱寺、福先寺也是大加修缮,这些寺庙无一不金碧辉煌,极尽巧思。为了保护这些佛寺,延载元年(公元694年),武则天下令,凡偷盗佛寺中物品的,视同在皇宫内苑中偷窃,要从重处罚。根据《唐会要》的记载,在京兆地区的三十八所著名佛寺中,居然有三成都建于武则天时期,当时大兴土木修建佛寺之风可见一斑。此外,由于武则天称帝后以洛阳为都城,洛阳龙门石窟的建造在这一时期也受益颇多。

据研究者统计,修建于武则天统治时期的显庆五年(公元660年)至长安四年(公元704年)期间的石窟和佛龛占唐代修建总数的三分之二以上。至于著名的龙门大卢舍那佛的修建,更是在武则天的资助之下完成的。根据现存的《河洛上都龙门山之阳大卢舍那佛龛记》记载,武则天曾经为大佛的修建捐献脂粉钱两万贯,而这尊大佛的面容,据传就是根据武则天的容貌而雕刻的。

武则天不仅大兴土木,还积极支持佛事活动的举办。七月十五的盂兰盆会是佛教的重要节日。武则天执政期间,每年都会在洛阳城南门举行法会庆祝这一节日,堪称"用钱万贯,士女云集"。不仅如此,武则天还先后于显庆五年(公元660年)和长安四年(公元704年)举行了两次奉迎佛舍利的活动。活动期间,自皇帝以下,文武百官、平民百姓无不争先恐后焚香礼拜,规模浩大,场面极其壮观,但也靡费甚多。

佛寺的兴盛,佛事的举办自然也带动了佛经翻译的发展。虽然在唐太宗时期,有著名的玄奘法师在慈恩寺主持翻译佛经,但从业人数甚少,大有孤掌难鸣之感。到武则天时,她大力延请各方译僧,其中不乏西域诸国出身的异域高人,例如来自于阗的提云般若,来自中印度的地婆诃罗,以及著名的实叉难陀和菩提流志等人。在这些译经名手的努力工作下,大量的佛经被翻译为汉文。据统计,武则天时期共译出佛经186部,1496卷,占整个唐朝译经部数的42%。此外,大量的旧译本也得到了系统整理,去伪存真,去粗取精,佛经的质量得到了很大的提高。应该说,武则天的努力得到了积极的回应。在如此优越的条件下,佛教发展极为迅速。这一时期,佛教的中国化有了很大的发展,华严宗、禅宗等与中国文化契合度更高的大乘佛教宗派逐渐形成并成为主流,而这与武则天的大力支持是分不开的。华严宗的创立者法藏,最初就是在武则天为亡母杨氏祈福所建立的太原寺内剃度出家并担任职务,由于对《华严经》颇有研究,先后在太原寺、云华寺讲《华严经》,受到武则天的赏识,被赐以贤首之名。后来,武则天派人取得梵文版《华严经》,由法藏主持翻译。译成之后,武则天又在玄武门组织讲经,召集大批僧尼听讲,武则天也亲自参加。禅宗在唐初已经分为南北两宗,武则天对北宗的神秀禅师极其尊敬,封其为"国师",时常向其问道,甚至以九五之尊行下跪礼。而对于南宗的六祖慧能,武则天也遣使钦赐袈裟、钵盂等物。

在如此浓厚的佛教气氛影响下,整个社会在武周时期出现了一个信仰佛教的高峰。在敦煌藏经洞中发现的写经中,武则天时期所写的数量为最多。这些经卷都是当时的平民为了祈福而抄写,由此可见当时信佛之风极盛。不仅百姓如此,就连士大夫也大多信仰佛教,甚至辞官出家为僧。在佛教中国化的过程中,由于中国传统的忠孝伦理观同佛教理念冲突，一直有沙门是否应当礼敬父母、王者的争论。东晋高僧慧远就曾有《沙门不敬王者论》一文。唐高宗时曾打算下诏要求僧尼礼敬父母、王者，居然出现了"时朝宰五百三十九人请不拜，三百五十四人请拜"的情况，唐高宗不得不中止了这一想法。佛教气氛如此浓厚，甚至出现了一些道士改信佛教的奇景。据《儒道论衡》的记载，长安西华观的道士郭行造了五尊佛像，两尊观音像，印行大乘佛教的经卷，皈依了佛教。

其实，武则天的崇佛之举并不是全无反对之声。大臣苏瓌就指出佛寺的兴建和僧尼的增多会加重百姓的负担，希望武则天能够控制僧尼人数。狄仁杰晚年也曾就这一问题屡屡向武则天劝谏，可是，一贯对狄仁杰甚为倚重的武则天，在这个问题上却坚持己见。这就给后世的历史学家留下了一个问题：武则天大兴佛教的动机是什么？

长期以来，史家形成的共识是武则天为了削弱李唐皇族在百姓心目中的正统印象，巩固新型的武周政权，因而积极推动佛教的发展。这当然是非常重要的原因。前面已经多次提过，武则天为了确立自身皇权的正统性和合法性可谓不遗余力，但是儒教由于其理论自身的限制，并不能够为武则天提供充分的支持；而道教则已经被李唐皇室利用，从某种程度上成为了李唐皇室的象征，于是，武则天就只有转而求助于佛教来建立自己的"法统"，而佛教也适时地回应了武则天的这一需求。不仅像薛怀义这样半路出家的和尚积极为武则天称帝制造舆论，就连神秀、法藏、慧安等诸多高僧也以各种形式或从理论上证明女主称帝的正统性，或以实际行动支持武则天掌握权力。在唐代，僧侣参与国家大事并不稀奇，早在贞观年间，就有僧人通过上书来影响皇帝的决策。而在武周时期，僧人更积极地参政议政。由于全民信佛的社会风气，这些僧侣的言行举止对百姓有着很大的影响，他们对武则天的支持无疑深刻地影响到一般民众对武则天政权的态度。

当然，武则天自身对佛教的偏好也是其大兴佛教的原因之一。武则天的家庭就有信佛的传统。其母杨氏出身高贵，承袭了士族信佛的传统，终生念佛参禅，武则天自幼丧父，与母亲相依为命，受到母亲的影响也是很自然的。后来武则天一度进入感业寺为尼，在佛门度过了数年青灯古佛的生活，这无疑也对武则天的宗教信仰产生潜移默化的影响。因此，武则天对于佛教的感情也就不难理解。从武则天留下的一些诗文来看，武则天对佛教义理有相当的了解，字里行间也经常流露出学佛有得的欣喜和感悟，以及以佛法教化天下的宏愿。

总的来说，武则天大兴佛教的行为不仅对其个人具有政治和信仰上的双重意义，而且由于其一代女皇的特殊身份地位，她的崇佛之举对后世产生了深远的影响，对佛教在后世的流传功莫大焉。

第四章　李武之争，女皇的困境与努力

儿子与侄子的抉择

武则天登基时已经是六十多岁的老人，虽然如愿以偿，但却面临着一个现实的问题：究竟由谁担任继承人。在长期以来儒家政治学说的浸染下，中国政治权力都遵循"一家一姓，万世不易"的传统。这一传统使武则天在继承人的选择上陷入了一个悖论：作为李家的媳妇，她的儿子无疑是自己最亲近的人，但却和自己不是一个姓；反之和自己一个姓的武氏族人却和自己不是一家人。

这个伦理与政治上的矛盾迫使武则天不得不在即位之后暂时搁置了继承人的问题，将被其废掉的四子李旦立为"皇嗣"。听起来李旦似乎是继承人，但却完全没有太子应有的权利和权力，反而被夹在当中左右为难。从这个不伦不类的称呼中，也可以看出武则天当时心情的矛盾与复杂。

然而正所谓树欲静而风不止，虽然武则天极力想淡化继承人的问题，但各方势力却都野心勃勃地意图在这一问题上挑起事端。在武则天所生的几个儿子中，长子李弘早已去世多年，次子李贤也因为莫须有的谋反罪名被武则天诛杀，三子李显被流放，每日担惊受怕，朝不保夕，只有四子李旦暂时还保住了在朝中的位置。可以说，李唐皇室的子孙此时已全部失势。这样一来，凭借武则天称帝而兴起的武氏族人便对皇位虎视眈眈，渐生觊觎之心。

其实，对武则天的生平略加考察，便不难发现，她与父族那边的亲戚关系并不好。武则天的母亲杨氏是父亲武士彟的填房，而武则天的两位兄长武元庆和武元爽均是武士彟的正室相里氏所生。武士彟去世后，这两位哥哥因为家产的问题，对杨氏母女的态度十分冷淡。

而武氏族人对杨氏这个只会生女儿的妇人也很不喜欢，武则天的两个堂兄武惟良、武怀运对杨氏及其几个女儿更是非打即骂。亲属的无情从小就在武则天的心中留下了恶劣的印象，在这种情况下，武氏族人原本不可能从武则天的发迹中获得任何好处。

尽管武则天成为皇后之后，曾经一度给几个兄长加官晋爵，但武氏弟兄几个却毫不领情，反而将此看作是作为功臣之后理所应当的结果。见此情况，武则天毫不犹豫地找了个借口，以"谦让无私，裁抑外戚"的理由将武氏兄弟贬职到外地，不久他们先后死去，武则天也算出了当年的一口恶气。

虽然如此，但中国政治结构中重用外戚的传统却使得武则天不得不依靠武氏族人来巩固自己的地位，否则就有孤立无援之虞。尽管几个兄长死的死、散的散，但他们的子嗣却卷土重来，在武则天的支持下进入朝廷并担任要职，成为武周时期一股举足轻重、不可忽视的势力。这其中，以武承嗣最为权倾一时。

武承嗣是武元爽的儿子，早年由于父亲获罪，在当时尚属蛮荒之地的海南岛度过了他的青少年时代。武元爽很快就死在了流放地，但武承嗣则熬到了出头的一天。到咸亨五年（公元674年），武则天大概是意识到了外戚力量的重要性，便将武承嗣召回，让他继承了武士彟的周国公的爵位，又授予他尚衣奉御的职位。武承嗣是个很有政治头脑的人物，他深深地明白，自己的政治前途和命运全部维系在这位姑姑的身上。

因此，他不遗余力地帮助武则天逐步实现她称帝的梦想。他的努力获得了武则天的肯定，其官职爵位也因此而步步高升。到光宅元年，武承嗣被封为魏王，又担任了相当于宰相一职的同中书门下三品和礼部尚书，可谓位高权重。

武承嗣利用其职权，大肆制造各种"祥瑞之象"，给武则天的称帝制造合法性和正当性的理论依据。首先，武承嗣为了提高武氏家族的地位，建议武则天追封五代祖宗为王，并立庙祭祀。这一建议虽然遭到了朝臣的极力反对，但却正合武则天的心思。不久，武承嗣又搞出了拜洛受图和《大云经》的把戏，为武则天称帝大造舆论，不能不说，在武则天称帝的过程中，武承嗣起到了相当重要的作用。

武承嗣这么做，显然是看到了除了位极人臣之外的另一种可能性——黄袍加身，称孤道寡。按照中国政治的传统，武则天的登基，意味着武氏取李氏之位而代之。从政治伦理学的角度来说，由武氏族人接任皇位也未尝不可。而武承嗣作为周国公武士彟的孙子和爵位继承人，自然当仁不让地成为了皇位的第一顺序继承人。恐怕武承嗣正是考虑到了这一点，才会如此尽心尽力地支持武则天的登基。

武则天称帝之后，武承嗣更是急不可待，希图有一日入主东宫。一方面，武承嗣继续竭尽所能讨好武则天，长寿二年（公元693年），武承嗣纠集了五千余人一同上表，请武则天加尊号"金轮圣神皇帝"，这个带有强烈佛教色彩的尊号让武则天很是受用，而如此大规模的上表行动也让武则天龙颜大悦，当即接受了这一尊号。见此计得逞，武承嗣干脆变本加厉，第二年又纠集了两万六千余人为武则天上了一个更加不伦不类的尊号"越古金轮圣神皇帝"，武则天也照单全收。

不仅如此，武承嗣对武则天身边的宠臣也执礼甚恭，甚至不惜为其牵马执辔。由此，武承嗣成功地争取到一大批为他说话的官员。这些人成日在武则天周围鼓噪"自古天子未有以异姓为嗣者"，构成了一股强大的舆论氛围。

而与此同时，武承嗣又授意凤阁舍人张嘉福纠集了以洛阳人王庆之为首的数百"平民"，集体向武则天上表，王庆之涕泗横流，以死相劝，说什么"神不欲歆类，氏不祀非族"，既然武氏为皇帝，怎么可以以李氏子孙为皇嗣呢？要求立武承嗣为太子。一时间，此类言论甚嚣尘上，不用说，这都是武承嗣的授意。

武承嗣如此所作所为，难免引起朝中一些怀恋旧主、行事正直的大臣的不满。为了堵住反对者的悠悠之口，武承嗣又大开杀戒。他勾结武则天时期著名的两个酷吏周兴和来俊臣，对反对他的大臣举起了屠刀。当时大臣李昭德为人刚正不阿，对武承嗣编造的祥瑞很是看不过眼，曾经数次当众指斥此种行为。

后来李昭德又向武则天上表，认为武承嗣身为亲王而担任宰相之职，未免权力过大，对皇权造成威胁。这一建议得到了武则天的同意，而武承嗣也因此丢掉了宰相职务。被降职的武承嗣恨李昭德恨得牙关痒痒，不久就唆使来俊臣罗织罪名，深文周纳，将李昭德打成冤狱，流放被杀。而李孝逸、韦方质等宿老不愿事奉武周政权，武承嗣也多次建议武则天将其诛杀。

大臣尚且如此，身为武承嗣直接竞争对手的李唐皇族子孙就更不用提。早在武则天尚未登基之时，武承嗣就建议武则天"去唐家子孙"。武则天掌握朝中大权时，不少皇族子弟纷纷起兵反对，这给了武承嗣一个赶尽杀绝的绝妙借口。垂拱四年，越王李贞及其子起兵反对武氏，兵败被杀，武承嗣趁机将韩王李元嘉、鲁王李灵夔等一干亲王以通同作乱的罪名全部杀掉。天授元年，武承嗣又大杀宗室子孙，对年幼者则流放岭南，李唐皇族几乎被屠杀殆尽。

武承嗣的所作所为虽然让武则天对其甚为信任，但却引起了朝中大臣的不满，甚至武则天甚为倚重的狄仁杰、吉顼等人都不赞同由武承嗣继任太子。其实这也难怪，平心而论，武承嗣虽然身居高位，执掌国柄，但他本人才能却很有限，除了打击异己，制造舆论之外，经邦济世的本事实在是乏善可陈；和他相与甚得的，也大多是只会阿谀奉承的溜须拍马之辈。这样一个人怎么可能成为好皇帝呢？

武则天虽然喜欢武承嗣，对这一点却看得很清楚，因此也迟迟难做作出决断。然而随着武则天的日益衰老，皇储问题的重要性也日益凸显出来。不过让武承嗣没有想到的是，情况变得对他越来越不利。先是北方的契丹和突厥先后打着光复李氏政权的旗号起兵造反，让武则天意识到武氏族人不得人心；而朝中大臣的反复劝说似乎也对武则天产生了越来越重要的影响。

有一次，武则天又就皇储的问题征求左右重臣的意见，狄仁杰趁势表示，自古以来，只有儿子将父母供奉在太庙中祭祀的，但从来没听过侄子将姑姑供奉在太庙中祭祀的。言下之意，当然是劝说武则天立子不立侄。狄仁杰的劝谏可以说最终坚定了武则天的想法。就在这次谈话之后不久,武则天正式下诏,立原已被贬为庐陵王的三子李显为太子。这场立嗣风波可以说暂时告一段落。

机关算尽的武承嗣最终也没能入主东宫。这件事给他的打击可以说相当之大,就在此事之后不久,武承嗣就郁郁而死,而他这一支武氏族人也至此失势。不过武周末年的政治斗争还远未结束,誓死捍卫李唐政权的大臣们,还要面对一系列更加凶险的情势。

把太子还给你

在李武之争引起的立储风波中,虽然最终的结果是李唐皇室最终获得了胜利,被废黜多年的李显重新回到了长安并被册封为太子。但这并不是一朝一夕就决定的事情,在这个漫长曲折而复杂的过程中,武则天态度的微妙变化,一干忠于李唐王室的大臣的各种政争劝谏,都让这一微妙而脆弱的政治局势时刻左右摇摆,不得安宁。

其实在武周一朝,李唐皇室的地位可谓危如累卵。前面已经说过,在武承嗣等人处心积虑的压迫和陷害下,大批李唐皇室子孙被杀,甚至于武则天的两个亲生孩子也过着朝不保夕的日子。李显被武则天从皇帝的位子上赶下来以后,以庐陵王的身份先后被软禁在湖北的均州和房州。可怜他贵为天潢贵胄,金枝玉叶,却要远离京城,在羽林军的严密监视下成天过着担惊受怕的生活。

李显在流放地可谓是真正的孤家寡人,身边仅有妻子韦氏与他相依为命。李显本来才能平庸,缺少作为一国之君的气魄,长期的流放生活,更是让他遇事则迷,与他相比,韦氏则要冷静镇定得多。也许是二哥李弘的死对李显的刺激过于强烈,每次听说武则天派使臣前来,李显就执着地认为母后要对自己下毒手,便惊慌失措,嚷嚷着要自杀。

在这个时候,韦氏总是对李显百般劝慰,鼓励他要乐观积极,不必如此惊恐。正是在韦氏的陪伴和安慰之下,李显才勉强在非人的环境中度过了漫长的十四年流放岁月。也正是因此,李显和韦后的夫妻感情十分深厚,李显曾经对韦氏赌咒发誓,假如异日能重登大宝,一定竭尽全力满足韦氏的任何愿望。

流落在外的李显如此,勉强留在京城的李旦也没好到哪里去。武则天称帝后,封李旦为皇嗣。但这个徒有虚名的称号反而让李旦吃尽苦头。为了防止李唐皇室的人私下串通,武则天规定大臣要想拜见李旦,必须经过武则天的同意。

结果偏就有不信邪的人,前尚方监裴匪躬与内常侍范云仙二人趁武则天不备,偷偷去看望了李旦。结果这两人没有逃过武则天无处不在的监察,被抓了个正着。武则天为了杀鸡儆猴,将二人腰斩于市。有了这样的前车之鉴,满朝文武再也不敢冒着生命危险去拜访李旦了。李旦虽然身在京城,但精神世界却和哥哥李显一样孤单。

饶是如此,李旦还是逃脱不过别有用心的人的深文周纳。有一次,不知何人告发李旦有不臣之心,武则天得知后勃然大怒,便命令来俊臣审理此案。来俊臣是有名的酷吏,他知道自己虽然不能把李旦怎么样,但却可用酷刑把李旦身边人的嘴巴撬开,教他们指证李旦。

可是出乎来俊臣的意料,这些人受尽了严刑逼供,遍体鳞伤却仍然不肯承认李旦有谋反之心。特别是一个叫安金藏的太常乐工,干脆对来俊臣表示,既然你不相信我安某人的话,那我就剖腹让你看看我的心脏,以表明皇嗣绝不会谋反。说完就拿刀剖腹,竟至鲜血横流,五脏六腑流得满地都是,场面极其惨烈。

安金藏的忠烈之举震惊朝野,自然也传到了武则天耳朵里。武则天闻听此事,知道必然有冤情,不仅命医生紧急救治,还亲自探望了安金藏,并感叹道,我的儿子我却不了解他，才让你受这样的苦！随即停止了对李旦所谓"谋反"的追查。因为安金藏的英勇，李旦总算逃过了一劫。

李旦在受尽迫害的同时，其政治地位也日益降低。"国之大事，惟祀与戎"，从祭祀典礼中，可以很明确地看出政治格局的变动，这是中国传统社会的一个传统。武则天即位初期，在较为重要的祭祀典礼中，辅助武则天进行祭祀的均为李旦及其长子李成器。可到长寿二年正月祭天时，李旦和李成器却被排除在了典礼之外，魏王武承嗣和梁王武三思取代了他俩的位置。

这一情况明白无误地揭露出了李旦岌岌可危的政治地位。果然不久之后，李旦的几个儿子的爵位便一古脑地被降为郡王，并且统统也被软禁在了宫中。至于李旦的两个妃子更是以莫须有的罪名先后被处决，尸骨无存。

面对着李唐皇室将要全军覆灭的状况，朝中的一干大臣坐不住了，为首的就是狄仁杰。狄仁杰既和武则天有同乡之谊，又是老臣，可谓德高望重，武则天对他甚为倚重，尊称其为"国老"，无论各种大事小情往往都要征求狄仁杰的意见。

狄仁杰不愧为一代贤相，武氏族人的种种不成器他都看在眼里，自然知道武承嗣和武三思等人绝对不是继承皇位的最好人选；而且考虑到王朝的安定和兴盛，百姓和四夷的人心所向，也只有重新恢复李唐皇室的统治才是最佳的选择。

因此，他虽然忠心耿耿地辅佐武则天，但在立储一事上却坚持己见，面对武承嗣等人的步步紧逼，狄仁杰毫不让步，用尽各种办法，千方百计地让武则天下定决心，几乎在任何情况下，狄仁杰都有本事把话题转到立储这个问题上。武则天原本就笃信佛教，又兼之年事已高，不免对鬼神占卜之事愈加相信，狄仁杰就利用这一点，屡屡对武则天旁敲侧击。

有一次，武则天提到前夜梦到玩双陆游戏屡战屡败，不知何意。狄仁杰一听便立刻语带双关地说道，双陆不胜，乃是宫中无子所致，这乃是上天暗示陛下，应当尽快解决立储之事。又有一次，武则天梦到一只羽毛丰满颜色艳丽，但两翼折断的鹦鹉，不知所主何事，便又向狄仁杰询问。狄仁杰趁机又说，鹦鹉的"鹉"正暗示着武则天的"武"，两翼折断意味着武则天的两位皇子如今正流离失所，朝不保夕。因此他建议武则天应该尽快恢复两位皇子的政治地位。

有趣的是，不仅是狄仁杰这样的唐朝旧臣几次三番地劝说武则天，就连吉顼这样的武周新贵也倾向于李唐皇室。吉顼是武则天一手提拔上来的宰相，此人生得高大魁梧，仪表堂堂，虽然也是一个有名的酷吏，但却并不是周兴、来俊臣那样唯以残酷为务的家伙。他曾经与武则天的族侄武懿宗共事，对武懿宗的颠顸糊涂、残暴不仁深有体会，因此自然明白武氏族人实在不足以托付天下，反而是人心所向的李唐皇室还有扶保的理由。

吉顼与武则天后期宠信的两个男宠张昌宗、张易之平素友善，经常在一起饮酒唱和，相处甚欢。吉顼便利用这个便利，在一次酒宴后对二张兄弟进言，警告他们如今的荣华富贵已经引起了朝野侧目，一旦女皇百年之后，必将遭到打压，应该及早找条退身之路为好。

二张兄弟并不是深谙政治之人，闻听此言自然张皇失措，便向吉顼问计。吉顼趁机建议他们向武则天推荐庐陵王继位，李显流落在外这么多年，一旦继位必将十分感念二人的拥戴之功，日后可保长久富贵。二张深以为然，于是便向武则天建议召回李显，立为太子。

武则天最终认清了人心思唐的局势。牛不喝水强按头并不可取，如果罔顾朝臣的意见，一意孤行，立武氏族人为太子，则必将引起政局的动荡，自己苦心孤诣奋斗数十年的政权就可能毁于一旦，甚至武氏家族也可能在动荡中了无子遗。而且，武氏族人的难堪大用也历历在目，更何况作为武氏族人的姑母，这些野心勃勃的侄子们真的能对自己敬礼有加，放在太庙中四时祭祀吗？

种种考虑之下，她最终决定立自己的儿子为皇储。圣历元年，武则天派人秘密将李显全家接回洛阳。随后便以商量立储为名，召狄仁杰等人入宫。狄仁杰做梦都没想到，自己入宫后看到的竟是睽违十数年的庐陵王李显。狄仁杰当即痛哭流涕，拜伏在地；而武则天也声泪俱下地对狄仁杰说："我把储君还给你！"

君无戏言，如此一来，李显的太子之位算是坐定了。而李旦也很知趣地主动提出辞去皇嗣之位，请三哥即太子位，态度十分坚决。武则天见此自然乐得接受。圣历元年九月，洛阳举行了正式的太子册封礼，李显被立为太子，而李旦则被改封为相王。这也标志着武周一朝晚年的立储风波正式告一段落。

狄仁杰和吉顼等人终于松了一口气，但对于武则天来说，事情并没有结束。立储风波让李武两家本就不睦的关系变得更加紧张，这是武则天绝对不愿意看到的。一方是自己的夫族，一方是自己的母族，武则天不愿意其中任何一方受到压制，相反，她更希望双方团结起来，在她百年之后共同维护这个她一手打造的王朝。为此，她还需要想一些别的办法。

拉拉勾，做朋友

武周圣历二年的某一天，都城洛阳新建的明堂中香烟缭绕，钟鼓齐鸣，呈现出一派庄严肃穆的气氛。已经是七十五岁高龄的女皇武则天，颤颤巍巍地在一干宫女宦官的簇拥下步入这座象征着武则天统治合法性和正当性的建筑。紧随其后的，是刚刚被重新立为太子的三子李显和四子李旦，女儿太平公主，以及武则天的侄子武三思、武攸暨和武攸宁。这些人心照不宣地自动分为两排，左右鱼贯而入。

在武则天的带领下，这些皇亲国戚、股肱大臣们并肩站在一起，煞有介事地倒身下拜，焚香默祷。只见武则天口中念念有词，祈求上天保佑李武两家，并对天发誓，两家人今后要捐弃前嫌，精诚合作，互帮互助，共存共荣。看到武则天如此举动，她身后的一干人等也纷纷有样学样，一时间明堂内充满了低低的祈祷和盟誓之声，倒是显得格外神圣。少顷盟誓已毕，武则天又命人拿来铁券丹书，郑重其事地将盟誓的内容刻于其上，并收藏在国史馆中。

这一切结束后，武则天已是累得不轻，但她却仿佛完成了一件极其重要的大事般松了一口气，脸上也露出了难得的笑容。可是，她似乎并没注意到，李家和武家的子弟们却一个个面色阴晴不定，沉吟不语，眼光中流露出复杂之极的情绪。武则天导演的这一出盟誓，被后世的历史学家称之为"明堂盟誓"或者"李武盟誓"。应该说，武则天之所以如此这般，是与之前发生的立储风波密不可分的。

经过将近十年的明争暗斗，武则天终于在朝中大臣的劝说下打定了主意，决定不把皇位传给武氏族人而传给自己的儿子。通过这场风波，武则天意识到了一个问题，那就是自己虽然如愿以偿当上了皇帝，但却并不代表政权的更替和变迁。

无论是在庙堂之上，还是江湖之远，甚至对于周边的四邻来说，武则天更多是以李唐家族的媳妇，而不是武氏家族的女儿的身份登上皇位的，由于唐高宗驾崩时所立的遗诏中提到武则天拥有参预军国大事的权利，武则天的掌权也具有了某种形式的合法性和正当性。

如果再考虑到唐代相对开放和包容的社会环境和舆论气氛，武则天的称帝对于人们来说并非不可接受的事情，可是也正因为如此，武则天也绝不可能将皇位传给武氏族人，否则就真是篡位。这是绝大多数人无法接受的事情，这样做除了给武氏家族带来灭门惨祸，没有任何好处，甚至整个国家都有可能陷于战争和动荡中，这是武则天不愿意看到的。

正是基于这样的考虑，武则天决定把皇位传给李显，但立储风波留下的后遗症也极其强烈。为了皇位各怀鬼胎、钩心斗角十余年的李武两家人，早就结下了不共戴天的血海深仇。早前武承嗣为了太子之位，将李唐皇族的子孙几乎杀了个干净；幸免于难的李显在湖北天天担惊受怕，度日如年；李旦在朝中则战战兢兢，如履薄冰。

积怨如此之深，难保李显即位之后不会卷土重来，反攻倒算，把武氏族人赶尽杀绝。武则天对自己这个庸庸碌碌的儿子再了解不过，以他平庸的政治眼光和手段，做出这种事情绝非不可能。武则天毕竟姓武，是武氏族人的保护伞，无论是于公于私，她都要避免这种情况的发生。

毫无疑问，武则天最希望发生的情况，当然是李武双方能够联合起来，共同防止在武则天死后因为政治真空而有可能出现的动荡局面，退一步讲，至少也要保证李武双方力量的平衡，使双方互为投鼠忌器之势。为了达到这一目的，武则天可谓煞费苦心。

第一，在太子的选择上，武则天就动了点儿小心思，在她尚存的两个儿子中，她选择了李显而不是李旦，这个决定乍看起来非常奇怪。首先，李显早就证明了他的器量和才能并不足以担任皇帝；其次，他也早已被贬为有名无实的庐陵王流放湖北；相比之下，李旦既是"皇嗣"，又一直待在中央，似乎更有理由被立为太子。

殊不知，这一手正是武则天苦心孤诣思考后的结果。一方面，李显和武家早就结成了亲戚关系：他的第八个女儿新都公主嫁给了武承嗣的次子武延晖，是李唐皇族子弟中和武氏族人关系较近的一位；另一方面，李显很早就被赶出了京城，后来的几次针对李唐家族的政治斗争都没有牵连到他。

而相王李旦则不同，他不仅是武则天称帝过程中的直接牺牲品，又长居京城，几次三番被汲汲营营谋求太子之位的武承嗣整得死去活来。两相比较，似乎李显对武氏族人还能够有些感情，于是李显才被立为皇太子。

仅仅找一个温和派当皇帝并不足以保证武氏族人在武则天百年之后的安全，因此笃信佛教的武则天又决定借助神明的力量，用盟誓这一古老的方法将李武两家捆在一起，因此才有了在明堂的那一幕。

既然是协调李武两家的关系，那么参加明堂盟誓的人员自然都是这两家的子弟。李唐一族那边的首领自然是已经被立为皇太子的李显，他的情况无须赘言，作为未来的皇帝，他必须参加这个盟誓。其次就是相王李旦，在李显被封为皇太子后，他也从十多年的软禁中重获自由，不仅被封为相王，还被授予太子右卫率，掌握了一定程度的军权，他的地位和势力使他成为李唐家族中举足轻重的一员。

第二，是太平公主，这位颇具传奇色彩的著名女性是唐高宗和武则天的小女儿，由于长相酷肖武则天，又自小聪明伶俐，很得武则天的宠爱。太平公主不仅继承了武则天的外貌，也继承了她的政治头脑和手腕，凭借着过人的权术和谋略，太平公主在武周时期积极参与朝中大事，深受武则天的信任，把她嫁给了自己的一个堂侄武攸暨。不过即使如此，在唐朝时还没有后世那种"嫁出去的姑娘泼出去的水"的观念，太平公主虽然身为武家的媳妇，但仍然被当作李唐家族的一分子对待。

在武氏家族这边，虽然武承嗣由于在皇储争夺中败下阵来，但武氏家族的势力并没有受到多少影响。武承嗣死后，武则天的另一个堂侄、武元庆之子武三思迅速上位，成为武氏家族的核心人物。武三思在武则天掌权时最初担任右卫将军，后被提拔为兵部、礼部尚书，又监修国史；武则天称帝后被封为梁王，后又担任检校内史，也曾对太子之位怀有野心。

除了武三思之外，太平公主的第二任丈夫武攸暨也参加了这次盟誓。在电视剧《大明宫词》中，武攸暨被刻画成了一个毫无野心和权术、憨厚老实的胖子，这和历史上武攸暨的形象有一定的差距。武攸暨和武则天的关系较远，是武则天伯父武士让的孙子，武则天称帝后先后被封为千乘王和定王，又因为太平公主的关系被封为驸马督尉。

虽然身居高位，但武攸暨却没有什么政治野心，《资治通鉴》记载他"于时无忤，专自奉养"，为人相当低调。不过，武攸暨是一个英俊潇洒的美男子，而太平公主也正是因为这一点才选择了他。作为武则天的堂侄，又是太平公主的丈夫，武攸暨在李武两家的关系中可谓牵一发而动全身，起到了连接双方的作用。也许武攸暨内心并不愿意被卷入如此复杂而残酷的宫廷斗争中，但他的特殊身份却迫使他不得不如此。

武氏家族参加明堂盟誓的第三个人是武攸暨的兄长武攸宁。此人在武周一朝先后担任夏官尚书、凤阁鸾台三品、冬官尚书之职，又受封为建昌郡王，也是武氏家族中较有权势的人物。

可以看出，参加明堂盟誓的都是李武两家较为核心的人物。武则天希望能将李武这两股可能影响未来政治走向的、至关重要的政治势力拉到一起，保证政权的稳定，也保证两族的共同富贵荣耀，这也是武则天晚年的重要政治任务之一。

历史学界对这一点早有定论，陈寅恪先生在《唐代政治史述论稿》中指出，经过武周一朝，李武两家通过姻亲和血亲关系早已紧密地结合在一起，因此在武则天过世后，这两家仍然会紧密结合在一起，考虑到唐中宗复位以后的政治局面，他将这一政治集团合称为"李武韦杨婚姻集团"。

而黄永年先生在《唐史十二讲》中则提出了稍有不同的看法，他认为武则天所希望的乃是一个由李家担任皇位，而由武家担任要职，共同执掌天下的"李武政权"。这两种说法的差异不必深究，但其共同点都在于保证李武两家的永远存续。明堂盟誓正是为达成这一目标所必须的一种政治手段。

不过，尽管武则天如此处心积虑地维持她所希望的局面，但受限于中国古代政治体制中皇室与外戚固有的结构性矛盾，明堂盟誓更多地只能是一种武则天个人意愿的体现，正所谓"其人存，则其政举；其人亡，则其政息"，武则天去世后，在凶险的宫廷斗争中，武氏家族最终未能如武则天的心愿世代尊荣，而明堂盟誓最终也只是藏于史馆，束之高阁的铁疙瘩。

男宠政治

武则天作为女皇帝，其特殊身份一直遭到后世许多正统史家的恶评。对于宋后视男女之大防为洪水猛兽的道学先生们来说，武则天宠幸男宠的事实始终让他们难以接受，因此而大肆攻击她"秽乱宫闱"。其实，对于唐代那个相对开放且包容的时代来说，男女之间的情事并不是什么值得遮遮掩掩羞于见人的禁忌话题。

武则天虽然贵为九五至尊，但一样是个平凡的女人，对异性的渴望和需求和市井男女并无不同，因此这实在是个无可厚非的话题。不过，如果公私不分，让男宠因为受宠而插手军政大事，把政务弄得一团糟，这就得另当别论了。在这一点上，晚年的武则天无疑犯了非常严重的错误。

史书说武则天有面首三千,虽然不免夸大,但却也道出了武则天男宠人数之多堪与男皇帝后宫的三千佳丽相匹敌的内情。武则天身为皇帝,再加上她标新立异的思想,总不会甘于独守空房,孤寂地度过女皇的一生。

再者,唐朝是中国封建社会的特殊时代,婚姻思想开放,贞节观念淡漠。唐公主改嫁者达数十人,高阳、襄阳、太平、安乐、永嘉诸公主还养有男宠。《唐律》规定"若夫妻不相安谐而和离者,不坐",使唐人对离婚态度较为开通,有的离异书上还有祝福之语:"愿妻娘子相离之后,重梳蝉鬓,美裙娥眉,巧逞窈窕之姿,选聘高官之士……一别两宽,各生欢喜。"

唐代女子的贞操观念完全不像宋代以后要求得那么严酷,社会上对这方面的要求相当宽松,从宫廷到民间,人们性生活的自由度相当大。白居易在《琵琶行》里叙述了一位商人妇在丈夫外出时夜半与一群陌生男子在船上聚会交谈并弹奏琵琶的事情。宋朝人洪迈曾感叹道:"瓜田李下之疑,唐人不讥也。"唐朝妇女在社交上面体现的这种自主性,一扫六朝充斥着的铅华脂粉,体现出富丽堂皇、多姿多彩的美。

武则天喜欢皮肤白皙、面目英俊、体格高大的年轻美男子,这一点众臣都知晓,于是为了讨好武后,纷纷觅来美男敬献。然而多数被敬献的男子不出几日就被捆绑手脚扔入水池,这其中缘由却不为人所知。事实上,武则天虽然年纪大了,然而姿色与年龄却并不成正比,尤显年轻,因此,在性事上的要求还是很高的。

还好,武则天有一位善解人意的女儿。太平公主洞悉了母亲的苦楚,便下大功夫挑选了一位男宠献与母后,他就是薛怀义。薛怀义本名冯小宝,曾是街头卖药郎,因为与唐高祖的女儿千金公主的侍女有接触,所以太平公主才得以结识此人。冯小宝生得一副英俊相,再加上他为人聪颖,因此深得武则天的宠爱。因其是贫寒出身,武则天便让他入了驸马薛绍的家族,改姓薛,名为怀义。又为了让薛怀义在宫中来去自如,武则天特意让他出家为僧,并授予了白马寺寺主的头衔。

然而,薛怀义却凭借着武则天对自己的宠爱开始为所欲为,对王法视若无睹,干尽了缺德之事。

武则天的第一个面首薛怀义恃宠而骄,争风吃醋,火烧明堂,最终落了个殒命的下场。薛怀义之死虽是他咎由自取,但让他身居要职并一再纵容的却是武则天,对此女皇自然难辞其咎。可惜武则天似乎丝毫也没有意识到自己的过失,不久她就再一次在这个问题上跌了跟头。

薛怀义被处死后,武则天身边一时无人承幸,每日宵衣旰食,朝乾夕惕之余,未免寂寞。然而事情不久就有了转机,太平公主把自己的得意男宠张昌宗献给了自己的母亲。太平公主这么做,一方面是出于母女之情,不愿意看到母亲孤苦伶仃,少言寡欢;另一方面自然也有为自己谋取更多利益,在宫中安插心腹的意思在内。那么,这位张昌宗是何许人呢?

和出身低下的薛怀义不同,张昌宗出身于官宦世家。太宗、高宗两朝的名臣,官至尚书左仆射、太子太傅的张行成乃是他的族祖,可谓出身高贵;不仅如此,张昌宗年轻貌美,说是宋玉再世,潘安复生也不为过;更为难得的是,张昌宗通晓音律,又精明过人。这样一个花样美男,自然很得太平公主的宠爱;等他入宫后,对武则天更是曲意奉承,武则天简直是须臾也离不得他。

备极荣宠的张昌宗觉得这样飞黄腾达也是不错的进身之阶。既然能一朝承欢紫袍金带,又何必十年寒窗鱼跃龙门?于是他又向武则天推荐了自己的哥哥张易之。所谓爱屋及乌，武则天对张易之也十分疼爱。这兄弟俩，陡然成了武则天身边最炙手可热的人。

平心而论，这俩兄弟的长相确实是无可挑剔。这一点在时人的记载中颇有提到，其中以张昌宗的姿色更加出众。尽管在后世，张易之的美色更加为人所知，但其实在武周一朝，张昌宗才是人们公认的第一美男。

武则天曾经将张昌宗与传说中的周灵王太子晋相提并论。据说，太子晋生得一表人才，又"幼有成德，聪明博达，温恭敦敏"，虽然贵为太子，却不慕名利，而是雅好音律，纵情于山水之间，后来受到仙人浮丘公的点化，在嵩山成仙，后人称之为"升仙太子"，尊称为王子乔。武则天对这位仙人很是思慕，曾经为其题写过碑文；而在她看来，张昌宗的神采风姿都足够符合她心目中王子乔的形象。

武三思看穿了武则天的心思，为了讨取这位姑妈的欢心，便大力推崇张昌宗的风采，公开说张昌宗的美貌绝非凡世所有，定是神仙转世托生。武则天听了这话龙颜大悦，一时兴起，便下令制造鹤氅，打造木鹤，让张昌宗盛装华服，骑着仙鹤吹笛而出。果然飘飘而登仙，遗世而独立，仿佛神仙中人。武则天见状自然大喜，从此对张昌宗更加爱不释手。

正所谓"上有所好，下必甚焉"，文武百官见武则天如此这般，自然纷纷奉承。有一次武则天在宫中大宴群臣，一同饮酒赏花。某大臣看到荷花亭亭玉立、不染不妖，便凑趣道："我看六郎（指张昌宗）美貌，仿佛莲花。"话音未落，宰相杨再思立即接道："非也非也，依臣之见，乃是莲花之美貌，仿佛六郎。"此种阿谀奉承之言，虽然肉麻得可笑，但也从侧面说明张昌宗确实英俊潇洒。

和弟弟比起来，张易之的美貌似乎要逊色一筹。不过唐人笔记《朝野佥载》中，却记载了一件五郎事母至孝的铁事。张易之的母亲名叫阿臧，二张兄弟得势以后，阿臧也鸡犬升天，享尽了荣华富贵。而张易之对母亲的孝敬尤其上心。据说，他曾经为母亲制作了一架"七宝帐"，就是用金银珠玉宝石之类制成帷帐，又以象牙为床，犀角为簟。可谓富丽堂皇，奢侈得前无古人，纵观历史，恐怕也只有后蜀孟昶的"七宝马桶"可以媲美。

不仅阿臧有此待遇，二张的几个弟兄也在兄长荫庇之下纷纷入朝为官，武周末年的洛阳令张昌仪就是其中之一。这位张昌仪甫一为官，便在洛阳大兴土木，建造豪宅，富丽堂皇的程度甚至超过了李唐皇室的诸王和公主。如此举动，自然很容易就引起了时人的不满。有人趁夜间，在他宅邸的大门上写了忠告他不要嚣张的话，可张昌仪根本不以为意，还是我行我素。

可以说，张氏弟兄生活上的穷奢极欲甚至已经到了罔顾伦理的地步。历史上有所谓"虐食"一说，意即为满足口腹之欲，残忍地虐杀动物，制作所谓的美食。而张氏弟兄正是"虐食"专家。据说张易之吃鹅，与众不同，他将鹅放在一个大铁笼中，用铜盆盛调味汁放在笼中，然后生火炙烤铁笼，活鹅受热不过，只能喝调味汁解渴，但也只能在铁笼中上窜下跳，直到活活被烤死。据说这样烤出的鹅十分入味。

后来张昌宗学去了这个办法，变本加厉地将其应用于活驴身上，其形状更为惨虐。更有甚者，据说有一次张昌宗有一日去看望张昌仪，二人说到马肠美味，张昌仪竟然顺手牵过一匹马，一刀将马腹剖开，将马肠一把拉出，现场煎炒。马匹受痛不过，哀嚎良久方才断气，而这两兄弟就在这惨叫声中言笑晏晏，喝酒吃肉，全然不以为意。

虽然说治大国若烹小鲜，但张氏兄弟在庖厨方面的才能，在政治上完全没有得到体现。张昌仪担任洛阳令时，贪赃枉法，卖官鬻爵。据《资治通鉴》记载，某次一薛姓官员向张昌仪行贿买官，张昌仪便把此事交于吏部天官侍郎张锡。可是张锡由于粗心大意，居然把薛姓官员的简历弄丢了。

这下张锡可犯了难，到底这个买官的家伙叫什么啊？无奈之下他只得再次询问张昌仪。谁知张昌仪眼睛一瞪，骂道："这种事情也来麻烦我？你去把姓薛的都提拔起来不就得了？"挨了一顿臭骂的张锡无可奈何，只得把候选官员中六十余名姓薛的官员全部授予官职。

张昌仪尚且如此，二张兄弟的气焰更不必说。仗着女皇的溺爱，二张兄弟把持朝政，大肆任用私人，败坏朝纲。不少文武百官为了自保，甘愿奴颜婢膝，竭力逢迎二张兄弟，武三思等武氏族人甚至为其牵马执鞭，李旦等皇族子弟为了自保，也只能有样学样。至于那些为数不多，不愿党附二张兄弟的大臣，二张则千方百计罗织罪名，欲除之而后快。

武周后期的宰相魏元忠，由于生性正直，对二张及其门下的违法乱纪多有惩处。二张怀恨在心，便诬告魏元忠与司礼丞高戬私下议论女皇年纪大，不如侍奉太子长久。为了确保诬告成功，二张又唆使张说作伪证，指证魏元忠确有此等大逆不道的言论。所幸张说在朝中一干正直大臣的忠告下，顶住了二张的威逼利诱，最终没有让二张称心如意。可是，在二张的迫害下，魏元忠还是被贬官，张说也受到牵连，被判流放。

其实，二张这么做乃是醉翁之意不在酒。魏元忠是太子李显的支持者这一点朝野皆知，而高戬则是太平公主的情夫。二张之所以要扳倒此二人，正是要顺藤摸瓜，让李唐皇族的子弟处于极其不利的位置，进而在朝中享有更高的地位和更多的话语权。

尽管这一次的计划并没有成功，但之前二张向武则天进谗言，称邵王李重润、永泰公主李仙蕙及其夫婿魏王武延基等人互相攻讦，有违"李武盟誓"，却成功地让三人被武则天处死，沉重打击了李武两家的势力。虽然没有什么证据证明二张兄弟想要更进一步篡位自立，但二张势力过大，对李武两家势力都形成了压制却是不争的事实，这也导致了武氏家族和李唐皇族对二张的嫉恨和不满。

可以说，二张虽然位居高位，却不懂政治，这种四面树敌的行为无异于在自己的脖子上套上了层层绞索。到武周末期，太子、相王、太平公主、武氏家族以及广大朝臣几乎都与二张面和心不和。特别是忠于李唐家族的朝臣对二张的一家独大更是忧心忡忡，决定采取非常手段改变这一政治局势。武周末期的朝堂之上，一场暴风骤雨即将来临。

神龙政变

武周神龙元年正月的一个晚上，还是春寒料峭的时节，原本应该戒备森严的洛阳禁宫内却纷乱如麻。一队全副武装的羽林军在羽林将军桓彦范和敬晖的带领下冲进宫内，随即占领了各个出入口，并迅速向武则天的寝宫迎仙宫扑去。

惊慌失措的内侍和宫女不知发生了什么事情，吓得乱作一团，四处逃窜，却又被弓上弦刀出鞘的羽林军拦了回来，有不识好歹大声尖叫的，早被羽林军一刀一个砍翻在地，其余人被吓得说不出话来，只得躲在墙角瑟瑟发抖。他们惊恐地看到，紧随羽林军其后进入内宫的，竟然是当朝太子李显，以及凤阁侍郎张柬之、鸾台侍郎崔玄暐、还有司刑少卿袁恕己这几员公认是"太子党"的朝臣。

这究竟是怎么回事儿呢？

武周末年，二张乱政，他们仗着女皇对他们的宠信，毫无顾忌，肆意妄为，甚至连李唐皇室和武氏族人这两支能够左右朝局的重要势力都不放在眼里。这就引起了李武双方共同的不满和紧张，而这其中又以李唐皇室的势力受到的压制和打击最大。经过立储风波之后，太子人选终于确定，李唐皇室终于可以在武则天百年之后回归。但是如果二张的势力崛起，受害最深的无疑还是李唐一族，好不容易努力得来的局面将会灰飞烟灭，而武氏一族虽然亦会受到冲击，但由于在立储风波中受到打击，几乎已经退出最高权力争夺，又受到李武盟誓的牵绊，因此反而不会被波及太深。

此外，武氏族人和二张兄弟之间的关系也远较李唐皇室与后者的关系为亲密。武三思在武则天面前对张昌宗的极力褒扬，把他比作神仙中人，这虽然是赤裸裸的溜须拍马，但张昌宗听了也很受用。正所谓投桃报李，张昌宗在武则天面前也极力推崇武三思，称他是当时"十八高士"中首屈一指的高人，简直可以与开国元勋房玄龄、杜如晦等贤臣相提并论。

于是两者的关系一度十分亲密，再加上武氏族人颇多擅于逢迎之辈，每见二张兄弟，张口五郎，闭口六郎，执礼甚恭，以奴仆自居，这些招数都让二张对武氏族人颇有好感。相比之下，太子李显、相王李旦，乃至太平公主等人虽然为了自保，也依葫芦画瓢地谄事二张兄弟，但他们周围的一帮朝臣中却不乏心直口快的正义之辈，比如魏元忠正是如此。他们在基层对二张兄弟及其一党的胡作非为每有处理，二张兄弟恨屋及乌，自然对李唐皇室的子孙相对要冷淡很多。

更糟糕的是，随着武则天年纪的增长，她的身体越发虚弱。到神龙元年时，垂垂老矣的武则天已是沉疴在身，卧床不起，文武百官，诸王公主甚至太子李显都很难见到她，武则天由于久病，心情烦躁，索性谁也不见，只留下二张兄弟在她身边侍奉汤药。这样一来，二张兄弟便成了武则天和外界沟通的唯一渠道。

这对于李唐皇室、特别是太子李显来说无疑是非常危险的。如果武则天一旦不豫，遗诏就只有二张兄弟看得到。届时如果二张兄弟心生异志，无论是选择自己称帝，还是退一步与武氏家族联手，对李唐皇室诸子孙来说都是致命的打击。

凡此种种原因，都让李唐皇室的势力决定采取非常手段，趁着武则天重病，对朝政控制放松之际，发动武装政变，除掉二张兄弟，拥立太子李显掌握实际权力，以确保万无一失。这一计划由时任凤阁侍郎的张柬之首先提了出来。

张柬之是襄阳人，早年间曾经是太学生，后来考取贤良出身，官至凤阁舍人。可是由于反对武则天侄孙武延秀娶突厥默啜可汗女，触怒了武则天，先后被贬为合州刺史和蜀州刺史。后来，在狄仁杰的再次推荐下，张柬之被重新启用。

由于狄仁杰和姚崇均认为张柬之乃是"宰相之才"，"沉厚有谋，能断大事"，因此得到了武则天迅速的拔擢，升为凤阁侍郎，处理朝廷政事。到神龙元年时，张柬之已经80岁了，但他仍然雄心勃勃。虽然武则天对张柬之非常重用，不过受到名臣狄仁杰和姚崇的推荐，张柬之自然在政治上倾向于李唐王朝。他眼见二张乱政，把持朝纲，太子李显之位岌岌可危，便决心先下手为强。在张柬之的出面组织、联络下，一班同样拥立李显的大臣集合在一起，策划了一个铲除二张的政变计划。

政变当然首先要掌握一支可以信赖的军队：张柬之利用职务之便，安排桓彦范、敬晖、杨元琰等人担任羽林将军，以掌握军权；接着他又让桓彦范、敬晖二人以羽林军将军的身份拜见太子李显，趁机向其汇报了政变计划，并希望得到李显的支持。原本胆小怕事的李显见张柬之等人布置周密详细，略加犹豫也就答应下来，并且联络了相王李旦和太平公主一起行动。

李唐皇族成员的加入不仅使这次政变具有了合法性和正当性，也壮大了这一政变集团的势力。除了已经掌握一部分军权的相王李旦外，太平公主也积极配合行动。她虽然是武攸暨的媳妇，但她更是李唐皇室的一员。作为女性，她有更多的机会出入内宫，相比李显和李旦更能够接触到武则天；而作为武家的媳妇，她也有机会接触到当时武氏家族中最有权势的梁王武三思。

因此，太平公主在政变谋划中频频进出于皇宫和武家，密切地注意着武则天和武三思等人的异动，为张柬之提供了大量珍贵的第一手情报，有助于政变集团掌握武则天和武氏家族的最新动向。不仅如此，根据后世史家的研究，太平公主还成功地将武则天甚为宠幸的女官——上官婉儿拉到了自己一方。

上官婉儿的祖父是唐高宗时的宰相上官仪，由于上官仪劝高宗废去武后，结果事机不密，被武后发现，落得个身异处的下场。当时还是小婴儿的上官婉儿也随母亲被降为宫中的婢女。不过上官婉儿遗传了祖父的诗文才华，又受到母亲的悉心培养，年纪稍长，就以诗文闻名。

武则天得知此事，便把上官婉儿提拔起来，留在自己身边，负责各种类似于今天文艺沙龙的活动；后来武则天年老力衰，上官婉儿又替女皇起草诏书，参与朝政，逐渐掌握了一部分政治权力。可以说，除了二张兄弟外，上官婉儿也是武则天身边的心腹。

野史中记载，上官婉儿曾经与张昌宗私通，结果被武则天发现，处以黥面之刑，而上官婉儿为了遮挡受刑痕迹，发明了"梅花妆"和"上官髻"。由此观之，上官婉儿与二张兄弟交情莫逆，怎么会倒向李唐皇室一方呢？

其实这是小说家言，不足为信。作为一个从小就受到政治斗争牵连，后来又有丰富政治经验的宫廷女性，上官婉儿对当时的政治局势还是很清楚的。二张虽然声势煊赫，但却完全系于女皇一身，可谓无本之木无源之水。两相比较，倒不如投向未来的皇帝一边。也正是因为上官婉儿的加入，政变的成功指日可待。

万事俱备，只欠东风。神龙元年正月，京城忽然传出了二张兄弟"潜图逆乱"的流言和揭帖。这一消息的来源很可疑，也许确有其事，也许只是政变集团为发动政变炮制的又一条件。

总之，政变集团以这一消息为理由，于某日深夜在张柬之、桓彦范、敬晖、崔玄晖、袁恕己等人的组织下，联合左羽林将军李湛、李多祚，右羽林将军杨元琰、左威卫将军薛思行等人，率五百余名羽林军杀入宫中。

此时的张昌宗、张易之兄弟俩正在寝宫内服侍武则天准备就寝，闻听外面隐隐传来的脚步声和哭喊声，不禁心中生疑，连忙起身走出殿门查看，谁料正与冲进殿来的羽林军撞个满怀。桓彦范和敬晖一声令下，羽林军刀枪并举，可怜一对花样美男，顷刻间横尸当场。随后赶来的太子李显在张柬之等人的陪同下进入武则天的寝殿，向武则天"请安"。

武则天一生经历无数险恶的大风大浪，早就明白了是怎么回事。正所谓输人不输阵，作为女皇的威严还是要保留的。她强打精神，威严地坐在龙榻上，喝问这是怎么回事。此时的李显早已被母亲吓得瞠目结舌，还是张柬之向武则天禀报，说二张兄弟谋反，太子率一干大臣入宫清理宫闱捉拿叛逆云云。并且要求女皇退位，传位太子。

此时的武则天，已经没有精力和实力再与蓄谋已久的政变集团对抗了。她接受了这个事实，宣布由李显暂时监国。经过这场史称"神龙政变"的政治斗争，武则天终于退出了政治舞台，而李唐皇室则回到了帝国的中心，重新掌握了至高无上的权力。

从皇帝变皇后

所谓政变，不过是利益的重新分配。神龙政变之后，朝中的政治格局发生了很大的变化。伴随着武则天从政治舞台上的谢幕，原本权倾一时，炙手可热的二张兄弟彻底倒台；而李唐皇族则终于扬眉吐气，重新回到了阔别多年的政治舞台的中央；至于武氏族人以及朝中的文武百官，则皆视其政治倾向或加官晋爵，或丢官罢职，正可谓但见新人笑，不见旧人哭。

二张兄弟在政变当夜，就被劈头撞上的羽林军乱刀砍死，张昌宗和张易之这俩兄弟恐怕做梦也没有想到，自己会以这样一种悲惨的方式结束生命。然而事情还没有完，在张柬之等人的命令下，二张兄弟的尸首被挂在了天津桥南示众。由于这两人平日里仗着武则天的宠信，不仅自己气焰熏天，为所欲为，还放纵自己的手下横行不法，把洛阳城弄得乌烟瘴气，士庶百姓早就恨透了这两个小白脸。

如今见此情景，自然是奔走相告，欢呼雀跃。更有甚者将二张兄弟的尸首上的肉一刀刀割下来以泄愤。只不过一夜的光景，曾经辉煌一时的二张兄弟就只剩下两具白骨在风中飘荡。正所谓覆巢之下，安有完卵，张昌仪、张同休等张氏族人也都被处死，而党附二张兄弟的一干文武大臣如宋之问、杨再思等人也罢官的罢官，流放的流放。二张兄弟的势力彻底烟消云散了。

与此相反的则是李唐皇室和政变集团的一步登天。李显自不必说，在象征性地担任了半个月"监国"之后，他就堂而皇之、名正言顺地登上了皇位，重新恢复了皇帝的身份。随即他就对政变中的有功之臣大加封赏：亲弟弟李旦被加封为安国相王，又担任了一品太尉、知政事的要职，不久还差点儿被立为皇太弟，可谓一人之下，万万人之上；而妹妹太平公主也居功至伟，被加封为镇国太平公主，并且颇为难得地享有开府建衙设置官署的特权，这就意味着太平公主可以合法地、公开地参与政务，享有了相当程度的政治权利。

一人得道，鸡犬升天，甚至连两耳不闻窗外事的武攸暨也被升为亲王。不仅如此，相王和太平公主还获得了丰厚的经济赏赐，二人的封户分别由一千户和三百户猛涨到五千户，其配偶子女也各有封赏，至于金银珠宝、绫罗绸缎更是数不胜数，生活标准也参照皇宫一体对待。李唐皇室的子弟终于回到了朝堂之上，难道威风一点不应该吗？

当然，政变集团的官员们也纷纷一夜之间紫袍金带，位极人臣。唐中宗将张柬之封为汉阳王、敬晖封为平阳王、桓彦范封为扶阳王、袁恕己封为南阳王、崔玄暐封为博陵王，时人合称"五王"，故而神龙政变又称为"五王政变"。不仅如此，唐中宗又把他们封为宰相，可谓大权在握，其他参与政变的羽林军将领也各自升官受赏。政变集团一跃而成为朝廷中一股重要的势力。

武氏族人在政变中没受到什么毁灭性的冲击，只是武氏诸王的爵位象征性地降了一级而已，武氏一族依然在朝中享有一定的话语权。其实，在政变集团中，也有人想到过要一鼓作气，趁势将武氏族人连根拔除。洛州长史薛季昶曾经对敬晖建议过，武三思等人是像西汉吕禄、吕产那样的外戚，他们的存在一定会对李唐皇室造成威胁，不如趁政变集团势力正大之时将其一举剿灭，解除后顾之忧。敬晖将此话转达给张柬之，但张柬之却出乎意料地没有同意。薛季昶得知此事后，虽然十分忧虑，但也只能徒唤奈何。

张柬之这么做的原因，可能是因为虽然武氏家族一度同二张走得非常之近，但在李重润事件中，武延晖也被株连其中，武氏家族算得上半个受害者。而且武氏家族的兴衰，几乎维系于武则天一人的身上，如今政变过后，武则天已是束手待毙，武氏家族大概也会随之一蹶不振。何况，还有个煞有介事的李武盟誓束缚着双方的行动，谅来武三思等人也掀不起多大的风浪了。

基于这些想法，张柬之便以"让陛下自行解决武氏族人，以便立威"的借口，拒绝了这个建议。可惜张柬之最终还是棋差一着，武氏族人虽然有赖于武则天，但却并非如二张兄弟般是无本之木无源之水，而是也有自己的私人势力。此外，唐中宗回京以后，与武氏一族交好，结成了错综复杂的姻亲关系，在这种情况下，李显怎么会举起屠刀诛戮自己的儿女亲家呢？果然不出薛季昶所料，没过几年武三思便勾结韦后，重新把持朝政，反而将五王挤出了朝廷。

曾经的女皇武则天，如今却是落寞无比。就在李显登上皇位的第二天，武则天就从迎仙宫中迁出，在宗室李湛率领的羽林军的监视下，迁至上阳宫被软禁起来。此后，虽然李显每十天还会去看望一次母亲，但这更像是例行公事而不是母子亲情的真实流露。正所谓树倒猢狲散，文武百官也不太拿这位陛下当回事儿。李显初次率领文武百官赴上阳宫看望武则天时，居然有不少王公大臣弹冠相庆，笑逐颜开。

对于这种情况，武则天却根本无法可想，尽管她现在还是"则天大圣皇帝"，但却没有丝毫权力，只能眼睁睁看着李显改弦更张，不仅恢复了唐的国号，还将郊庙、社陵、陵寝、百官、旗帜、服色、文字等悉数改回了唐高宗时的样子，就连国都也重新迁回了长安。看到自己苦心经营数十年的政治制度一转眼间灰飞烟灭，这给她精神上带来的冲击要远胜于病痛给她身体上带来的打击。

武则天迅速地衰老了。原本她虽然有82岁高龄，但由于注意饮食起居，又保养得当，看上去并不显老。但自从搬到上阳宫后，她每日不事梳洗，不施脂粉，以至于"形容羸悴"，甚至于让前来看望的唐中宗大惊失色。最终，在度过了郁郁寡欢的十个月后，一代女皇武则天终于撒手西去。在临终前，她在遗诏中宣布去掉帝号，决定以李唐皇室媳妇的身份去见早已长眠于地下的婆家人。

女皇虽死，政治风波却仍未停止。围绕着武则天下葬的问题，又引起了新的争论。原来武则天在遗诏中要求与高宗合葬乾陵，但以给事中严善思为首的一干大臣却认为若重新掘陵合葬，无异于以卑动尊，不合礼制。这一观点无疑立刻遭到了武氏族人的坚决反对。双方争执良久，最后武三思借助韦后和上官婉儿说服了唐中宗，决定执行武则天遗诏。神龙二年（公元706年）正月，武则天的灵柩在唐中宗的护送下回到长安。五月，正式下葬于乾陵。

今天，在陕西咸阳的西北方向五十公里外，仍然可以看到高宗夫妇合葬的乾陵。在这安息着两位帝王的陵寝前面并立着两块巨大的石碑，西侧的一块叫"述圣碑"（或称述圣纪碑），是为高宗歌功颂德之碑，黑漆碑面，其上有武则天为李治亲自撰写的五千余字的碑文，字填金粉，光彩照人。

东侧的石碑，以完整的巨石雕琢而成，给人以凝重厚实、浑然一体之感。碑首雕刻有八条螭龙，巧妙地缠绕在一起；两侧有升龙图，各有一条腾空飞舞的巨龙；阳面有线刻的狮马图，它就是中国历史上的女皇帝——武则天的无字碑。

自古道："人过留名，雁过留声。"多少人为了留名，费尽心机为自己树碑立传。然而武则天为自己立的"无字碑"到底是何用意呢？是她无功可表？还是已经看透世事、释然地离去，想用无字的空白，留给后人一份神秘的答卷，让历史去填写自己的功过是非呢？人们纷纷猜测武则天立无字碑的原因，最主要的说法有三种。

一说武则天认为自己功高德大，不是文字所能表达的。翦伯赞觉得："武则天是自认为她在位时，扶植寒弱，打击豪门，发展科举，奖励农桑，继贞观之治，启开元全盛，政绩斐然，彪炳史册，远非一块碑文所能容纳，留下空碑一座，以示自己功高盖世。"

二说武则天自知罪孽深重，立了碑文恐怕更招世人骂，还是不写为好。认为武则天建立大周朝之后，内心感觉愧疚不安，一心想在自己死后将江山归还李唐，因而留下无字碑表示赎罪的决心。

三说武则天想让后人去评说她的一生。武则天作为一个女流之辈，却能在政治斗争中脱颖而出，并到达了权力的巅峰。她要后人客观地评价她的文治武功，雄才大略，而与自己既有利益冲突又是亲生儿子的李显肯定不会对自己作出客观、公允的评价。所以，武则天干脆将自己的一生功过是非交与后人作出评价。

在这三种说法中，第三种最为后世之人普遍认同，从这个角度来看，那些立碑撰写自己丰功伟绩的古代帝王们，与这位褒贬不一、颇具争议的女皇相比，都未免有邀功请赏之嫌了。正是因为有如此的气度与姿态，才能在男人的"天下"建立了自己的王朝。

武则天的执政为已经趋于完美的唐朝，加入了更动人的一笔，一直以来被压抑、被束缚的女性，在这个开放、宽容地盛世获得了"自由"与地位。

第五章 韦后乱政，搅乱盛世间的空隙

我李显又回来了

中宗第一次在即位后不久就被武后废黜，初次登基时，在母亲的阴影下他几乎没有作为。李唐宗室和大唐子民都对他寄予了很高的期望，盼望他复位后可以励精图治，重振朝纲，挽救大唐的颓势，重现其先祖时的盛世局面。但李显复位后的一系列举动让全国官员、百姓都明白了，指望他是没用了。中宗不仅在生活上生恣意妄为，荒唐无道，在治理国家上更是一塌糊涂，使得李唐王朝愈加风雨飘摇，危机四伏。

中宗在回到长安后，突然多了一项特别的爱好。他喜欢到繁杂吵闹的市场去凑热闹，看别人做生意。中国古代，商贾一向受轻视，他们混迹于社会底层，被看作是贱民。而中宗与这些人过从甚密自然是不太好，经过属下屡次劝谏，中宗总算不往外面的集市跑了。但兴许是长期被贬在外，受到了极度压抑，中宗又想出了一个新办法来看热闹。他命宫人们装扮成小贩与客商，在宫内复制出了一个集市，一切都和宫外的一样，他与韦后就在一边看着这帮人谈天说地、讨价还价，不亦乐乎。

中宗不仅喜欢看别人做生意，他还有一项自己特别喜好的运动——打马球。中宗对此项运动可以说是乐此不疲，甚至到了废寝忘食的地步。看到皇帝如此喜欢打马球，下面的人也努力练习，希望提高自己的水平，有朝一日在皇帝面前一展身手。这些人中以长宁公主和安乐公主的驸马水平最高，他们甚至专门建了个洒满油的练习场地，而这么做只是为了不让赛场上的尘土飞扬起来。

上行下效，打马球在中宗时代越来越流行，甚至传到了偏远的吐蕃地区。当吐蕃使者来迎接奉旨和亲的金城公主进藏时，大唐与吐蕃还进行了一场打马球比赛。在赛场上，表现最为突出的正是之前提到的那两位驸马武延秀和杨慎交，还有一位则是在之后开创了大唐繁盛新局面的唐玄宗——李隆基。

李显的爱好当然不止于此，他还是一个拔河爱好者，但他从不亲自上场，而是喜欢和后妃、公主们在一旁观战，当看到老大臣们由于年老体衰纷纷倒地时，中宗不仅不加以关怀体恤，竟然反而同后妃、公主们一起嘲笑戏弄、取笑玩乐。

中宗即位后，感念自己和韦皇后是患难夫妻，当初落魄之时韦后跟着自己吃了许多

苦。不仅册立韦氏为皇后，并给予韦后的家族以无限荣耀，他追赠自己的岳父韦玄贞为上洛王，岳母崔氏为妃。中宗这种行为已经超越了唐朝的礼仪法制，左拾遗贾虚己向他进谏此事，但中宗并不觉得自己的行为有何不妥，就不理会大臣的意见。

韦氏做了皇后，但她却并不满足。前朝刚出了个武则天，她也想效仿武后执掌朝政。她知道自己的丈夫是个窝囊废，不敢干涉自己的行为，于是每次她都和中宗一起上朝，垂帘听政。她的做法引起了满朝文武的极大不满，刚刚送走了武则天，又来了个韦皇后，李唐王室着实堪忧。可李显显然更顾忌韦后，任其恣意妄为，随后安乐公主、上官婉儿等人也纷纷出来干预朝政。使得朝堂上下乌烟瘴气。可中宗还是不管不顾，任由她们胡作非为。

按理说，中宗重夺皇位，自会首先对武氏家族下手，既报先前被废之仇，并可以杜绝后患。但中宗却迟迟不动手，老臣张柬之等人按捺不住，纷纷对中宗进言，请求诛杀武氏，中宗却不予理睬。之后张柬之又再次请求贬降武氏官员的官职，中宗还是不听。

此时，别的大臣也坐不住了，敬晖等百名官员上表陈情，要求贬谪武氏。就这样再三的恳求，中宗才勉强答应了降低武三思等人的官职。此时中宗似乎已经忘了当初是谁抢了他的皇位，使他被流放多年，反倒与武三思等人来往密切，甚至把大臣的谏言直接透漏给武三思。

中宗在政事上对武三思可谓是言听计从，他不信任当时的宰相魏元忠、张柬之、崔玄晖、袁恕己等人，只相信武三思。而武三思之所以能在中宗跟前如此得宠，可以说是归功于两个女人。

一是上官婉儿。上官婉儿是高宗时期的宰相上官仪的孙女，当上官仪获罪被杀后，年幼的上官婉儿跟随母亲来到皇宫中成为奴婢。虽然生长在困顿之中，但她聪慧异常，精通史籍，擅作文章。由此受到武则天的赏识，任命她为女官。中宗即位后把她封为婕妤，使其权力越加膨大。

二则是因为武三思与韦后也关系匪浅。武三思先与上官婉儿私通，通过上官婉儿结识了韦后，韦后与武三思既是儿女亲家，又和他私通，两人过从甚密。中宗向来惧怕韦后，对她举荐的武三思也就百依百顺、言听计从了，以至于"三思令百官复修则天之政，不附武氏者斥之，为五王所逐者复之，大权尽归三思"的地步。

正是因为得到中宗的宠信，武三思势力日益变大，党羽众多。武三思借机收拢自己羽翼来打击那些参与过神龙政变的老臣的势力。他向中宗进谗言说，敬晖、桓彦范、张柬之、袁恕己、崔玄晖五人依仗着曾参与神龙政变的军功，对皇帝不敬，今后必是国之祸患。

昏庸无道的中宗哪里还能分清忠言佞言，便信以为真。武三思又唆使中宗封他们五人为王，看似是恩宠有加，实则削其实权，让他们远离政治中心。

尽管武三思已经设法扫除了政变元老的势力，但他仍不满意，他要将五王赶尽杀绝。此时，张柬之已经离开了京师，崔玄晖早在之前就贬为梁州刺史，但敬晖、桓彦范、袁恕己还在长安。武三思又设法将他们三人派往边远地区。武三思一次次地向中宗进言，中宗也一次次地听之任之，对五王一贬再贬。

经过一番仔细谋划，武三思终于想出了一条毒计将五人置之死地。首先，武三思找人撰写关于韦后的种种恶行并将之张贴于洛阳城最为繁华之处。中宗获悉此事后勃然大怒，命御史大夫李承嘉彻查此事。李承嘉早已被武三思收买，于是上书禀告中宗此事为张柬之等五王所为，表面上看是公布皇后丑行，请求废后，实际上是想要逼宫，废黜中宗。与此同时，安乐公主也开始向皇帝老爸吹风，要求诛杀五王。

但中宗生气归生气，可他曾赐予张柬之等人丹书铁券，君王不能言而无信，他只将五王及其家中男子流放。武三思费了那么多气力要除去这五人，此时又怎么可能善罢甘休？他派曾与张柬之有恩怨的张利用追杀五王，待张利用到达时，张柬之与崔玄暐已经病死。张利用对剩下三人一点没手软，将桓彦范乱棍打死，将敬晖千刀万剐，又给袁恕己灌了毒药。就这样，五王先后被武三思迫害致死。

中宗对韦后、武三思等人的纵容还表现在另一个方面。唐朝至中宗时期，官员数量大大超越了前朝，这些官员并非是国家求贤若渴选拔出来的，而是武三思、韦后、安乐公主等人卖官鬻爵的结果。

她们明码标价，只要给了足够的银钱，她们就会去央求中宗授予买官人职位，可以说是她们想让谁当官谁就能当官。中宗一向怯懦，不能不照办，就只能写个条子，斜着封好交给中书令，表示这些人是通过私人关系获得官职的，当时通过买官得到职位的也因此被称为"斜封官"。如此一来，许多市井之徒摇身一变成为了上层官员。

中宗在用人上也不按章法办事，完全依照他自己的喜恶。神龙元年四月，"墨敕以普思为秘书监，静能为国子祭酒"，只是因为他们"皆以妖妄为上所信重"。神龙二年（公元706年），中宗又晋封了一大批官员，其中许多是僧人、道士或中宗在东宫时的旧臣，中宗也不管他们是否具有真才实德就大肆封赏，如赐加僧慧范等九人五品官阶。

中宗在生活上的荒唐及政治上的昏庸使得李唐王朝不仅没有恢复人们期盼的繁盛局面，反倒是民生凋敝，怨声载道，"国家租赋，大半私门；私门资用有余，国家支计不足"，中宗也真可谓是一个无能皇帝了。

武则天的粉丝

中宗皇后韦氏，京兆万年人，韦后的家族在唐朝初年政治地位不高，她的祖父与父亲在军中仅担任过低级官员，但随着韦后被李显纳为太子妃，她的家族第一次迎来了荣耀。但在中宗被武则天废黜后，韦后就开始了她生命中最为艰辛的生活。

在中宗被流放房州时，多次因承受不住压力想要自杀，幸亏韦氏从旁相劝鼓励，"祸福伏，何常之有，岂失一死，何遽如是也！"才让中宗终于等来了回归皇位的一天。所谓患难见真情，中宗对韦氏的感情自然也特别深厚，对韦后百依百顺，也履行了他曾对韦后许下的"一朝见天日，誓不相禁忌"的誓言。

有了中宗的纵容，韦后也越来越放肆，她早就不满足于只做一国之母，希望的是效仿武则天，成为天子。韦后深知，想要在朝中说了算，就得在关键部位有自己的亲信。她首先做的就是拉拢大臣，收买人心。

在太子李重俊发动政变失败之后，朝中的许多重要位置出现了空缺，韦后抓住这一时机，把自己的堂兄韦温，亲戚韦安石、韦巨源都安插当了宰相。其他韦氏成员也安插到各个部门中，还嫁了两个公主到韦家去，一时之间，韦氏家族俨然有赶超李氏王族，成为当时第一大家族的架势。

韦氏家族在当时的权势丝毫不逊于前朝武则天的武氏家族。韦后的弟弟韦洵早亡，韦后追赠他为汝南王，并让宰相萧至忠一个已死的女儿和自己的弟弟举行冥婚，合葬在一起。韦后又把萧至忠另一个女儿嫁给了自己舅舅的儿子，他们成婚的时候，中宗是萧家的主婚人，韦后是她舅舅家的主婚人，天下人看到这难得一见的景象，称其为"天子嫁女，皇后娶妇"。

韦家人有了韦后这棵大树的庇护后，也开始胡作非为。韦后的七妹被封为崇国夫人，下嫁大将军冯太和，冯太和死后改嫁嗣虢王李邕，生活奢靡无度，"权倾人主，尝为豹头枕以辟邪，白泽枕以辟魅，伏熊枕以宜男"。当时的监察御史姚绍之贪赃枉法，按律当诛，但崇国夫人极力维护他，最终真的让姚绍之免于一死，被贬到琼山做了县尉。

除了自己家人，韦后还需要其他重臣的支持。有个叫窦怀贞的大臣，时任御史大夫、检校雍州长史，掌管京师长安地区的行政大权。韦后知道他已经丧妻，就让中宗为窦怀贞赐婚，这位新娘不是别人，正是韦后的奶娘。窦怀贞一看皇后把自己的奶娘都嫁给自己了，这不是认同自己也是韦氏的一成员了吗，高兴得不得了。从此之后每次见皇上或给皇帝上奏折，都自称为"皇后阿奢"，其他人也奉承他一声"国奢"。他知道后不但不生气，反而觉得挺光荣，成天都趾高气昂的。

李重俊发动政变杀死武三思父子后，韦后看似是失去了一个重要的政治盟友，但实际上也为韦后扫除了武三思这个巨大的障碍，许多以前依附于武三思的大臣纷纷转投韦后门下。宰相宗楚客原是武三思的表弟，武三思死后，马上调转方向，加入韦后阵营，后期成为韦后党羽中的一个重要人物。

朝中的大臣笼络得差不多了，后宫之中韦后自然也要梳理一番。当时后宫之中最为重要的人物就是上官婉儿，此时婉儿名义上是中宗的昭容，本该是长留宫中，不能随意外出的。但上官婉儿颇不安分，有不少情人暗中来往，这样一来，在宫中就很不方便。韦后就借机向中宗请求，在宫外给上官婉儿安置个住处。中宗破例在宫外赏了上官婉儿一座豪宅，韦后也达到了向上官婉儿示好的目的。

上官婉儿也成为了韦后党的重要一员。上官婉儿在武后时期就一直在宫中做女官，非常了解武则天为人处事的方法原则，也很熟悉武则天惯用的政治手段。她劝韦后效仿武则天，当务之急是要让天下人认可韦后。聪明的上官婉儿马上就想出了一个好主意，她建议韦后向中宗请求，将成丁年龄定为二十三岁，把老丁年龄改成五十九岁，这样一来就起到了收买天下百姓的作用。接着请求让天下士庶为母服丧三年，又传播了韦后仁孝的美名。

收买了人心，在大臣中培植了自己的亲信力量。紧接着韦后的党羽又使出了老套路，制造祥瑞，显示韦后是天命所归。在韦后制造的种种祥瑞中，最出名的当属五彩祥云了。

景龙二年（公元708年）二月的一天，当宫人为韦后整理衣服时，突然大声惊叫，说自己刚才在韦后的衣服上看见五彩的祥云升起。随后其他宫人纷纷附和，都说看见了五彩祥云。韦后亲信韦巨源向中宗进言说，这是大吉之兆，说明现在大唐正是繁荣稳定之时，劝中宗昭告臣民并大赦天下。中宗听了也挺高兴，就把这个消息传达了各个州郡，并令人根据宫女的描述把五彩祥云画了出来，给大臣们传看。一时之间天下百姓都知道了韦后身上有吉兆的事。

韦后的党羽又给她编了一首歌谣，让长安城的小孩子传唱，大意也是歌颂皇后的贤明。大臣把这件事禀告给中宗，又添油加醋地进行附会，说天下人都在称颂皇后，正好自己也给皇后编了十二首《桑韦歌》。中宗一听，自己的皇后能耐可真不小，立即就同意了大臣的建议，传唱十二首《桑韦歌》。

之前的种种准备活动都是在暗中进行，韦后看自己前期铺垫得不错，想着也该自己亲自出马了。但要有一个合适的契机，让自己的出现与众不同，彰显自己的独特地位。这时候，韦后想到了一项最适合的活动——封禅。

封禅是古代最为重要的一项皇室典礼，从远古时期一直持续到清末，每位君王都十分重视封禅。封禅的时候皇帝要向上天祈求祷告，并第一个进献贡品，这被称之为初献，而文武百官第二个进献，则被称为亚献。唐高宗时期，高宗与武后曾一同到泰山封禅，而那时武则天取代了官员，担任亚献。这件事让武则天的地位直线上升，也是向天下人宣告皇后是仅次于皇上的尊贵之人。

这件事给了韦后很大的启发，自己也可以效仿婆婆武则天，来担任亚献，这样一来，不等于说自己的地位和当年武则天一样吗？这还可以为她今后登基成女皇奠定基础。

但中宗时期国家混乱，不够举行泰山封禅的资格。韦后计划多得是，又改为让中宗去长安南郊举行祭天大典。景龙三年（公元709年）三月，中宗昭告天下，要举行祭天大典。这时候就轮到韦后之前收买的党羽轮番上场的时候了，先是一个叫祝钦明的人向中宗献计，请求让韦后也参与祭天仪式，协助大典。但朝中有的人不同意，坚决反对韦后参与祭天。两派人马争执不下，难分高低。

中宗让宰相韦巨源来裁决，这韦巨源就是皇后的家里人，现在逮到机会自然大力赞同祝钦明的意见，让韦后充当亚献，参与祭天大典，而韦巨源自己则担任了终献。韦后终于一步步地跟随着武则天，像她一样宣告了自己的无上地位。

韦后是一个野心极强的女人。早年间，她可以陪伴中宗在房州受苦长达十数年，但回到长安，恢复了奢侈享乐的皇后生活后，韦氏开始渴望权利。大唐的每一个女人似乎都在以武则天为榜样，人人都想做女皇，这是在中国古代其他时期不曾有过的。韦后不甘心只做懦弱中宗的皇后，她也要做掌权者，早年间颠沛流离的生活也让韦后明白，只有权利在自己手中时才是最可靠的，没有了它也就失去了生命。

韦后像当年的武则天一样，一个个扫除了在称帝道路上的障碍，如重俊太子、武三思等。又得到了强有力的支持者，像安乐公主、上官婉儿等人。但韦后终究不如武后般聪明，她只看到了武后表面的风光，不知道武后是经过长达数十年的积累才一朝爆发的，武则天凭着自己不逊于男人的勤勉智慧征服了群臣与子民。而这一切都是韦后所不具备的，韦后的命运又怎么可能如武则天一样呢？等待韦氏的还将是一场血雨腥风。

安乐公主不安乐

安乐公主，大唐中宗李显第七女，生母为中宗皇后韦氏。安乐公主出生在中宗与韦后流放房州的路上，当时中宗自身也已十分困窘，自然没为公主的出生做好准备，只得用自己的衣服做襁褓，裹住了初生的女儿，于是就为她取了乳名为李裹儿。公主成长于中宗困顿时期，一直陪着父母在异乡吃苦，中宗对这个女儿感觉很愧疚，自然也对她十分宠爱。尽管生活困窘，但对她的要求也一定会尽力满足。

公主长大后，出落得十分标致，明艳动人，被称为大唐最美丽的公主。当中宗回到长安后，裹儿被封为安乐公主。虽然自幼受苦，但因为中宗夫妇对安乐公主的溺爱，使她养成了骄蛮任性的性格。

转眼间，安乐公主到了出嫁的年龄，中宗夫妇费尽心思为女儿寻个好婆家。公主的公公就是权倾朝野的武三思。武三思的儿子武崇训和安乐公主年龄相仿，暗中两人早已勾搭上了。武家势力庞大，自然也愿意和公主结亲，巩固自己的势力。安乐公主与武崇训的婚礼声势浩大，朝野上下皆来祝贺。当朝宰相李峤、苏味道，及郎官沈佺期、宋之问等纷纷献诗献文。婚后不到六个月，安乐公主就生下了一个儿子。

不过婚后的安乐公主却并不安分，不久就又看上了自己的小叔子——武延秀。这个武延秀在武则天时期曾被派往突厥与突厥公主和亲，谁料突厥人认为武延秀配不上自己的公主，把他关押了起来，几年以后中宗复位，才被放回长安。

在突厥的几年，武延秀学会了突厥语，还学跳突厥舞蹈，颇具异域风情。因为和武崇训的表兄弟关系，使他有机会常常出入公主府，在公主面前充分展现了自己的各项特长，能歌善舞，又长得仪表堂堂，安乐公主对这个小叔子越看越喜欢，一来二去，两人也勾搭在了一起，时间一长，整个公主府上下也只有武崇训一个人不知情。

后来武三思、武崇训父子被太子李重俊杀死，安乐公主自然就改嫁了这位小叔子。两人大婚时，虽然安乐公主已是再嫁，但排场更胜从前。中宗更是下令大赦天下，派禁军作为公主的仪仗队，长安城不分日夜灯火通明，热闹异常，中宗和韦后二人登上安福门城楼观看盛况。韦后看到这个女婿着实懂得讨人喜欢，对武延秀也是浮想联翩，安乐公主竟然也乐得做个顺水人情，把自己丈夫又引荐给母亲，母女二人一同和武延秀淫乐。

安乐公主也真是人如其名，在生活上贪图安逸，以奢侈攀比为乐。安乐公主有件她最为喜欢的衣服，裙子是用百鸟的羽毛织成的，百鸟的羽毛已经是很难收集，还要把它们和谐地编制在一起，织得色彩斑斓，各种图式栩栩如生甚至是"正看为一色，旁看为一色，日中为一色，影中为一色，百鸟之状，并见裙中"。

这种裙子一共就织成了两件，一件献给了韦后，另一件就在安乐公主这儿。长安城的贵族妇女看见这条漂亮的裙子，全都目瞪口呆，羡慕得不得了，人人都想要一件，猎户们开始大规模围剿鸟类，可怜鸟儿遭了殃，那一时期"江岭奇禽异兽毛羽，采之殆尽"。

安乐公主当然不会满足于只有漂亮服饰，全长安、全大唐最好的东西她都想要，她也相信她的父皇一定会都给她的。就连她和武崇训只有几岁的儿子，也被中宗封为太常卿、镐国公，食邑五百户。安乐公主再嫁武延秀所生的第二个孩子满月时，中宗和韦皇后亲自到公主府祝贺，又在安乐公主府下令大赦天下，让全国百姓沾染一下公主诞下麟儿带来的喜气。

中宗和韦后还有个亲生女儿长宁公主，安乐公主特别爱和这个亲姐姐斗富，长宁公主建个新宅子，安乐公主就一定要建个更大更好的宅子，这姐妹俩在长安城中大兴土木，广建豪宅，在装饰上更是费尽心思，一个比一个精巧。在宅邸上比来比去，俩人都腻了，安乐公主又想出了个新方法。

当时的长安城有一处著名的游览胜地——昆明池。这个池子从汉武帝时期就有了，经过历朝历代修整，到了中宗时期可说是湖光山色，秀丽宜人。安乐公主有了大宅子，自然想要一个大花园来压倒姐姐，选来选去，她竟然看上了属于她老爸的这片大池子。

安乐公主跑去央求中宗把昆明池赏给自己，本以为中宗这次也会痛快答应，但皇帝老爸这次确实犹豫了，这昆明池可是皇家的一个重要钱财来源，宫中妃嫔宫女的脂粉钱都是从昆明湖的渔业收入中来支出的。而且昆明池边有许多户渔民都依靠着打渔为生，一旦把昆明池赏给了安乐公主，皇宫少了一大块收入，渔民们也无法安置。所以中宗拒绝了安乐公主的请求。中宗总算清醒了一把，可安乐公主却老大不高兴，皇帝老爸不给自己昆明池，那她就自己动手，挖个更大的池子。

安乐公主看中一大片土地，强行把百姓撵出划定的范围，紧接着说干就干，在不长时间内就挖出了一个更大的池子，安乐公主也毫不气弱地给新池子取名为定昆池，摆明了就是向中宗示威。池子建好了，安乐公主令人按照昆明池的样式来设计，池中筑起一座几乎可以仿真的假山，池子周边的亭台楼榭被装饰得美轮美奂。中宗看到女儿新修了池子和自己叫板，不但不生气，反倒乐呵呵地带领文武大臣和安乐公主一同在定昆池玩乐。

安乐公主在政治上也十分不安分，她仰仗着中宗和韦后对她的宠爱，公开卖官鬻爵，"恃宠横纵，权倾天下，自王侯宰相已下，除拜多出其门"。许多宵小之徒为了谋取个一官半职，纷纷携带大量奇珍异宝去拜会安乐公主，收受了贿赂，安乐公主也是不遗余力地为他们要官。"虽屠沽臧获，用钱三十万，则别降墨敕除官……钱三万则度为僧尼，其员外、同正、试、摄、检校、判、知官凡数千人"，安乐公主甚至自己来写任命诏书，然后就跑去找中宗，她盖着诏书内容只让中宗签署，中宗对这个女儿也真是宠爱过头了，竟然不看看内容是什么，就笑着盖上了自己的印玺。

看到安乐公主在皇帝面前这么有地位，想要投靠她的人也越来越多，到最后经安乐公主授予官位的人竟达到了五六千人。有时候连中宗自己都弄不清自己什么时候封了这些人官职的。有的官员因为贪赃枉法，本应被治罪，但有了安乐公主这棵大树，就让他们得以逍遥法外，如崔湜原本是因为投靠了上官婉儿才做到了宰相的职位，上任后他也开始买卖官职，滥授官位，被御史劾奏，贬为江州司马。后来崔湜依傍上了安乐公主，由公主从中调和，不久就重回了京师。

安乐公主的终极目标和她母亲韦后一样，是想做皇帝。前朝的武则天深深影响了中宗时期的这些女人，她们都希望效仿武后，登上皇位。安乐公主一直希望能接老爸的班，当时中宗已立了太子李重俊，但李重俊不是韦后的儿子，只是宫人之子，安乐公主这位最受宠的嫡生女儿自然没把太子放在眼里，一见到他就直呼太子为奴才，使太子受尽屈辱。

安乐公主认为既然李重俊能做皇太子，那自己为什么不能做皇太女呢？想到这儿，她赶忙去找父皇，央求中宗册封自己为皇太女，中宗对女儿一向无条件服从，这次也答应安乐公主好好考虑一下。安乐公主美滋滋地回去等好消息了，但中宗的提议遭到了满朝文武的反对，大臣们纷纷谏言说，如果封了公主做皇太女，那驸马该如何封赏？这样一来李唐王朝不又落入了武家之手吗？

面对大臣们的种种担忧，中宗也明白了封皇太女这件事不可行，只得告诉公主大臣们反对，对公主又是一番安慰封赏，才把她这个念头暂时打消了。

杀儿子为大臣报仇

"……重俊，大行之子，元良守器。往罹构间，困于谗嫉。莫顾铁钺，轻盗甲兵，有此诛夷，无不悲恸；今四凶咸服，十恶何追，方申赤晕之冤，以纾黄泉之痛，可赠皇太子。"这是唐睿宗对中宗太子李重俊的一段定论。在历史上，无论作为太子还是政变发动者，李重俊都是失败的。

李重俊是唐中宗李显的第三子，其生母是一名出身低微的宫女。尽管生母身份卑下，但李重俊作为中宗的儿子，还是得到了应有的封赏，首先于圣历元年被册封义兴郡王，神龙元年封为卫王，之后又做过左卫大将军，并同时兼任扬州大都督。

很快，李重俊的生命中出现了一个重要转机，神龙元年，他的父亲李显复位为唐中宗，并决定册立皇太子。由于皇长子李重润已死，皇二子李重福被贬外地，较为年长的李重俊被册立为皇太子。虽然身份地位得到了极大的提升，但李重俊的太子之位坐得并不安稳。

许多人看不起李重俊这个太子。首当其冲就是韦皇后，李重俊不是她的亲生儿子，只是一个卑微的宫女所生，自然入不了韦后的眼。而且韦后的亲生儿子李重润风姿俊朗、嘉行懿德，却被人进谗构陷说他与永泰公主夫妇议论武则天的男宠张易之、张昌宗兄弟而惨遭横死，被自己的亲生祖母下令"杖杀之"。韦氏自然心痛万分，但当时畏惧武则天的权势却也莫可奈何。而此时她的丈夫已经登基为帝，自己也成为了母仪天下的皇后，她认为如果自己的儿子没有蒙冤而死，如今一定能够成为太子，并且有朝一日能够继承皇位，俯视整个大唐。然而如今却是这么个卑微宫人的儿子占据了本该属于自己儿子的位子，这令韦后如何不恨？于是韦后对李重俊也就更加冷言冷语，总是挑他的毛病。

此外，还有一个女人也瞧不上李重俊，此人就是韦后的亲生女儿安乐公主。这位号称"光艳动天下"的安乐公主降生在中宗被废去皇位贬往房州的路上，那是中宗夫妇最为落魄的时候，所以安乐公主幼年时和中宗夫妇吃过不少苦，也正因如此，中宗夫妇和安乐公主感情特别深。中宗复位后，安乐公主终于苦尽甘来，有了来自世间最有权势的父母的宠溺，使她享有了近乎无限的权利与荣耀。中宗和韦后给安乐公主还找了个好婆家，把她嫁给了武三思的儿子武崇训，作为武家人，武三思是唐中宗最为器重的政治盟友，虽然武则天已死，但武三思和上官婉儿勾结，依然把持着朝政。安乐公主多了婆家这棵大树的依傍，自然更加恃宠而骄，飞扬跋扈。她又怎么会把李重俊这小小的宫人之子放在眼里呢？不但对这个太子没有起码的尊敬，甚至与丈夫武崇训一起称呼太子为奴才。

对于韦后和安乐公主的这些嚣张行为，李重俊都选择了隐忍，因为他知道自己此时没有实力与这权势熏天的母女二人相抗衡，只暗下决心积蓄力量在自己即位后在再对付她们。可是当安乐公主向中宗提出要当皇太女时，李重俊再也无法忍耐了，因为他知道再忍下去不但皇位会被夺走，连小命都难保。

李重俊这个人性格比较刚毅果断，但中宗没有指派给他贤明的老师，没有好老师的指教，使得他办事没有章法没有准则。他的身边也尽是些奸佞小人、纨绔子弟，只以娱乐玩耍来取悦他，他自己也每天沉浸在歌舞嬉戏享乐之中，不思上进。一些正直的大臣给他谏言，他也就是听听而已，不往心里去。可此时，李重俊知道自己必须做一件风险很大的事来保住自己的位置了，他要效仿他父亲当年那样，发动政变。

李重俊开始寻找志同道合的支持者，首先他找到了手握兵权的羽林大将军李多祚，当年李多祚曾亲眼目睹自己的一班老朋友被武三思等人凌辱迫害，一直也想找机会替他们报仇，于是便与李重俊一拍即合，愿意协助他发动政变。接着，李重俊又去找那些李唐宗室成员，在武则天执政时，李唐宗室被狠狠地打压，他们对武家成员自然也是恨之入骨，心里都热切期盼能恢复李唐王朝的繁盛局面。恰好宗室成员成王李千里担任左金吾大将军，他也乐意出兵相助太子。

景龙元年七月的一天，政变正式开始了。照计划，李重俊等人兵分两路，一路由太子李重俊、左羽林大将军李多祚、右羽林军将军李思冲、李承况、独孤祎之、沙咤忠义等人，率领御林军浩浩荡荡地杀向武三思的府邸。在这之前还有个小插曲，由于武三思和上官婉儿的家分别位于城南城北，先杀谁好呢？犹豫了一阵，李重俊觉得武三思是自己的直接敌人，对自己威胁更大，于是决定先杀他。当时正是深夜，武三思是一点儿准备也没有，李重俊就这样轻轻松松地杀了武三思和武崇训。而安乐公主恰好那天回宫了，暂时躲过一劫。

另一路则由左金吾大将军李千里率领，去攻占宫城的各个城门，为主力部队攻打皇宫铺平前进的道路。杀掉武氏父子的李重俊带人杀向皇宫，由于李千里已经带人攻占了各城门，李重俊的部下不费吹灰之力就杀了进去。此时，中宗夫妇从睡梦中惊醒，获悉太子竟然杀进了皇宫，顿时惊慌失措。中宗夫妇带着安乐公主和上官婉儿一路逃命，跌跌撞撞地爬上玄武门城楼，此时，只有另一个羽林大将军刘景仁带着一百多名士兵赶来保护皇帝。

此刻，保护皇帝的士兵和太子叛乱大军在玄武门城楼下展开了对峙。气氛愈加凝重，大战一触即发。李重俊带有三百多精兵，和那一百来人拼命可说是绰绰有余，胜券在握。可就在这千钧一发之时，李重俊又迟疑了。原来，他本打算只杀了武三思、安乐公主等人，不想杀父亲中宗，可现在中宗和那些人在一起，杀还是不杀呢？

就在李重俊迟疑的时候，一个宦官却当机立断，从城楼上冲下来了。只见他手起刀落，一下子把李重俊的前军总管斩于马下，总管一死，李重俊的部下立刻军心动摇。此时，中宗在城楼上开始大喊："汝辈皆朕宿卫之士，何为从多祚反！苟能斩反者，勿患不富贵！"这些早就方寸大乱的士兵一听皇帝表态投诚皇帝者不仅不追究，反而还能有封赏，纷纷倒戈，自相残杀起来。

顷刻之间，李多祚等将领都被乱军杀死，李重俊一看事情有变，赶紧带着几个亲随杀出重围，一路向南逃窜，逃到了终南山。在终南山上，李重俊的属下叛变，杀死了李重俊，这场声势浩大的政变也随之彻底宣告了失败。李重俊死后，昏庸的中宗竟然下令取这个亲生儿子的首级来祭奠武三思、武崇训父子，接着又下诏把李重俊贬为庶人，凡是参加了此次政变的人也都被杀。追谥武三思为太尉、梁宣王，武崇训为开府仪同三司、鲁忠王。直到唐睿宗即位，李重俊才获得平反，并被追谥为节愍太子。

虽然都是政变，然而李显通过神龙政变顺利地登上了皇位，而李重俊却政变失败、死无全尸，这是因为李重俊太年轻稚嫩了，不仅没有足够敏捷的政治头脑和清醒冷静的大局分析，甚至连值得信赖的部下都没有竟然就敢贸然发动政变。正是因为如此，才出现了在政变的关键时刻政变部队临阵倒戈，而他自己最后也死于叛徒之手的情况。

同时，身为一个政变者，李重俊也不够冷酷。当直面父皇时，李重俊依然在犹豫是否对皇帝下手，根本没有意识到从政变开始的那一刻起，李显就不再是他的父亲，而只是他的敌人，他天真地以为只要杀死对自己有威胁的安乐公主、武三思等人，父皇就还是那个父皇，不会处置他这个妄图逼宫篡位的太子，然而在皇位的争夺战中，并没有父子兄弟，这就注定了在这场政变中仍然对自己的父亲怀有孺慕之情的太子失败的必然下场。这场政变就像是一个热血青年的兴起之作，随着热度的消散，失败就也就随之来临了。

毒杀中宗

中宗李显对韦后和安乐公主的纵容、忍让不仅没让她们二人收敛，反倒给中宗自己惹来了杀身之祸。

中宗素来都知道韦后的种种淫乱行径以及安乐公主在朝廷之中的胡作非为，但念及韦后与自己多年的患难夫妻之情，顾及与安乐公主的父女天伦之情，他从没责怪过韦后与安乐公主。但大臣们看不下去了，屡屡有人向中宗禀告皇后与公主的恶行。

景龙四年五月，许州司兵参军燕钦融向中宗举报，陈述了韦后、安乐公主、武延秀、宗楚客等人的祸国行径，指出如果继续纵容他们胡闹下去，国家社稷堪忧。面对这位忠心耿耿的臣子，中宗内心无比矛盾，他何尝不想整治奸佞，重振朝纲？可多少年来他已经习惯了在韦后的摆布下生活，一切按韦后的意思办，他已无法向韦后询问或者说是斥责韦后。

燕钦融一直在和中宗据理力争，他希望通过自己的努力，可以让皇上有所作为，铲除奸人，但中宗一如既往地选择了沉默，他也真的是无言以对了。燕钦融无奈地走出朝堂，但刚才发生的一切让宰相宗楚客又急又怕，他命人赶紧截住燕钦融，把他摔在宫殿的石阶上，燕钦融当场被摔死。中宗得知后，心中泛出一阵阵凉意，今天的一切让他更清楚地看到了韦后及其党羽已经嚣张到了何种地步。他没有多问什么，但那参杂着愤慨、悲哀与无奈的神情已经显现在他脸上。韦后等人此时意识到了中宗的变化，她们开始担心，怕有一天，中宗再也忍不住，会对她们痛下杀手。

看着发生的这一幕幕，李显情不自禁地想到了自己的母亲——武则天。当初不也是因为父亲的怯懦多病，母亲开始临朝参政，后来一步步取代父亲与自己，改朝换代，成为了古今第一位女皇帝。而现在自己的妻子竟和母亲当初的做法如此相像，自己又会再一次被挚爱的妻子夺取皇位吗？想到这，李显不禁打了个寒战，李唐王朝的命运和自己的人生怎会如此多舛。他不想让历史重演，他要保存住祖先辛苦打下的江山。

看到中宗开始对自己的做法表现出不满的情绪，韦后和安乐公主等人坐立难安，曾经中宗是她们最有利的依靠，可现在却成了她们获取皇位的最大绊脚石。韦后和安乐公主等人商量后决定一不做二不休，干脆先下手为强，杀了中宗，自己取而代之。韦后向安乐公主许诺，自己如果当上女皇帝就立她为皇太女，安乐公主听得此言，更是死心塌地要和老妈一起弄死皇帝老爸。

景龙四年六月二日，中宗驾崩于长安太极宫的神龙殿，终年五十五岁。中宗的暴毙正是韦后和安乐公主的"杰作"，她们二人为中宗烹制了一份异常美味的汤饼，其中加入了母女俩费尽心思搞到的毒药。中宗怎么也没想到深爱的妻子会这样待他，毫不知情地吃下了自己人生中的最后一餐，然后就撒手人寰了。中宗的暴毙引起了极大关注，举国上下对此事都议论纷纷，"议者归罪于秦客及安乐公主"。韦后及其党羽商议后决定先秘不发丧，把所有宰相召入宫中，派心腹将领统摄禁军，把守进京要道，做好了各种防范措施，防止其他李氏王族兴兵讨伐。

一个极为重要的问题摆在了韦后面前，中宗死了，接下来谁来当皇帝？她自然是想取而代之，之前她收买人心，宣传造势也是为了自己能登上皇位，但很明显现在不是合适的时机，那下一位皇帝还是得从中宗的儿子里选。中宗的长子，也就是韦后的亲生儿子李重润，他自然是最理想的人选，但因为李重润曾得罪武则天，早已被处死。次子李重福，妃嫔所生，当时已三十一岁，是中宗活着的儿子中年纪最大的，按理说立他也在情理之中，可韦后一直把他视为谋害自己亲生儿子的凶手，把他贬到了边远地区，此时也绝不会拥立他。三子即为前太子李重俊，也已死于政治斗争之中。四子是当时年仅十六岁的李重茂。

韦后思量许久后决定让李重茂继位。她这么做完全是为了自己的将来打算。李重茂年纪小，还没有多少自己的主见，容易控制。韦后作为皇太后就可以以皇帝年幼为借口，和皇帝一同上朝，继续垂帘听政，就此效仿武则天，一步步巩固自己的势力，直到废掉皇帝，取而代之。可是中国古代讲究长幼有序，皇家更是如此，立长不立幼。怎样才能使李重茂的继位合情合理，怎样才能让自己这个太后参与政事呢？韦后费了不少心思终于想到了一个好办法，就是以中宗的名义颁布遗诏，把继位者和自己的摄政身份都写进遗诏。韦后找到了平时负责书写诏书的上官婉儿，让她为自己撰写这样一份中宗遗诏。

起草遗诏对于长期为武则天起草诏书的上官婉儿来说是轻而易举之事，但此刻她却迟迟没有下笔，这是她生命中的一个转折点，她也要为自己考虑。中宗传位于李重茂这件事无可厚非，就算颁布出来，大家也不会反对。但要让韦后临朝却不是一件容易的事，韦后事事都希望效仿武则天，武则天当年是靠着自己的勤勉努力花费了几十年时间才谋得皇位的，仅在皇后位置上武则天就干了二十八年，这二十多年间，她的一系列治国政策都是长远有益的，朝野上下对她均是心悦诚服。可韦后仅仅做了几年皇后，根基不稳，大多数朝臣只把她当作无知妇人，怎么可能听她摆布？况且李唐王室刚刚度过武则天时期，已经是元气大伤，现在韦后玩的这套立幼子的把戏很容易被人识破，她的野心也会昭然若揭，剩下的王族成员绝不会容忍第二个武后的出现。李氏王族中现在还存在着两个举足轻重的人物——李旦与太平公主，他们兄妹定不会坐视韦后胡闹而不采取行动。

上官婉儿自己都不看好韦后，所以聪明的她跑去和太平公主商议，商量后二人决定在原有基础上增加一条，那就是让相王李旦辅佐新帝。这样一来就可以平衡韦后与李氏的地位，让韦后不敢轻举妄动。上官婉儿拟好的诏书并没有通过审核，宰相宗楚客坚决不同意这份诏书。宗楚客是绝对的韦后派，他先后依附武三思与韦后，就是希望有朝一日韦后做了女皇自己能随之飞黄腾达。面对这份明显对韦后不利的遗诏，宗楚客找到了另一位宰相韦温，韦温是韦后的自家兄弟，俩人商议后胁迫所有当朝宰相联名上书，请求修改遗诏，只让韦后摄政。

　　有了宰相们的支持，韦后开始洋洋自得，为自己能登大位做好了一切准备。她昭告天下，唐中宗因病去世，再拿出所谓的遗诏，宣布中宗在过世前已立李重茂为太子，而自己作为太后临朝听政，改年号为唐隆。临朝称制，不过是韦后的一个过渡手段，她的最终目的当然还是皇位。宗楚客等人也开始制造祥瑞征兆，为韦后能顺利登基扫除障碍。安乐公主也伙同宗楚客、韦温等人谋划诛杀李重茂、李旦、太平公主等人。但没等到他们下手，李旦之子李隆基就先一步发动了政变，杀死了韦后、安乐公主、上官婉儿及其党羽，扶持自己的父亲李旦重返皇位。至此，大唐王朝终于走出了武氏家族的阴影，即将走入另一个全新的兴盛局面。

　　对于中宗的真正死因，历史上还有许多争论。有人并不赞同中宗是被韦后及安乐公主毒杀的这一说法。持这种观点的人认为，中宗一直是韦后与太平公主的重要依靠，二人自然不会毒杀中宗让自己陷入措手不及的窘境。而且中宗被毒杀一说有可能是太平公主等人在发动叛乱时为自己师出有名而虚构的借口。

　　但如果中宗不是被毒杀，那他到底死于何种疾病呢？综合李氏各个皇帝的死亡原因来分析，有学者认为李显死于家族遗传的心脏系统疾病。李显的祖父唐太宗李世民卒于五十二岁，而父亲唐高宗李治更是从年轻时就身体不好，终年五十六岁。而李显活到五十五岁，与祖父、父亲寿数相差不大。据史书记载，高祖、太宗、长孙皇后、高宗皆患有心脑系统疾病，依据现代科学，这样的病遗传概率很大，发病突然，很可能造成暴毙的情况，让大夫来不及救治。所以李显也很可能是心脑系统疾病突然发作，造成的死亡，与韦后母女并无关系。但无论中宗李显的死因究竟是什么，在他身后都留下了一个烂摊子，让本就东倒西歪的李唐王朝更加风雨飘摇。

玉殒大明宫

　　中宗驾崩以后，韦后拿出了伪造的中宗遗诏，宣布中宗少子李重茂登基为新帝，即唐少帝，自己则作为太后临朝，把持朝政。韦后的党羽们为了防止夜长梦多，纷纷劝韦后效仿武则天，改朝换代。韦后、安乐公主等人也在积极谋划诛杀少帝，取而代之，当时"南北卫军、台阁要司，皆以韦氏子弟领之，广聚党众，中外联结。楚客又密上书称引图谶，谓韦氏宜革唐命，谋害殇帝，深忌相王及太平公主，密与韦温、安乐公主谋去之"。

　　此时长安城上下，"相传将有革命之事，往往偶语，人情不安"，上至李唐王室，下至寻常百姓都感觉到了气氛的不寻常，韦后及其乱党的种种行径激起了各地将士、百姓的反抗之心。借着这股反对韦氏临朝称制的潮流，李氏王族开始行动了。

　　当时的李氏王族中有两个人地位最高，最有声望。他们分别是相王李旦和太平公主。李旦和李显一样，当了一阵儿皇帝就被母亲武则天废黜，一直以来身份敏感，而且李旦这个人本身性格也比较旷达开朗，淡泊名利，不贪图权势，也自然没什么野心，这时候虽然对韦后的做法有所不满，但也没什么实质行动。但另外一个人可坐不住了，此人正是李旦与李显的妹妹——太平公主。太平公主是唐高宗与武则天最宠爱的女儿，从小就骄傲自信、颇具豪气，她怎么可能忍受让韦后这样一个女人窃取大唐的江山呢？她决定搞一场政变来铲除韦氏及其奸党。当年太平公主曾参与过神龙政变，经验相当丰富，想要成功，现在主要差一个合作的人。这个人当然李旦最合适，但李旦身份太敏感，又在韦后党羽的严密监控之下而无法沟通。就在太平公主一筹莫展之际，，另一个和她有着相同想法的人，主动找到了她。这个人正是李旦的儿子，临淄王李隆基。

李隆基是李旦的第三个儿子，生母为相王的侧妃窦夫人，人称"三郎"。李隆基是李旦庶出的儿子，也并非长子，按理说皇位怎么也轮不到他。但李隆基从小就与众不同，他天资聪颖、气度不凡，颇有其先祖之帝王风范。在韦后即将篡夺李氏江山的当口，李隆基深知不能坐以待毙，必须奋力一搏。

但单靠他自己实力不济，父亲李旦也指望不上，他也害怕给父亲带来麻烦，只有姑姑太平公主可能会帮自己。李隆基的想法正好与太平公主不谋而合，两人经过细致的商议后，决定发动政变，诛杀韦后、安乐公主、上官婉儿等人。太平公主有丰富的政治经验，又参与过神龙政变，她主要负责出谋划策。而李隆基很有先见之明，在早前就与羽林军交好。羽林军是皇帝的贴身警卫部队，人数虽然不算多，但每一个人都骁勇善战。李隆基通过他的一个奴仆与羽林军的将领私交甚密，羽林军的将士们都很拥戴李隆基。因此，李隆基就负责外出联络军事力量。

上天也在帮助李隆基与太平公主，他们又获得了一个重要人物的帮助。当时的兵部侍郎崔日用本是宰相宗楚客的好朋友，两人交往密切。宗楚客告诉他韦后等人要除掉李旦和太平公主的计划，崔日用这个人头脑很清醒，他看得出来太平公主等人的势力更强大，胜算更大，所以他决定投靠太平公主这一派。于是他通过一个僧人找到李隆基，向李隆基告知了韦后党羽的计划。听到这一重要消息，李隆基等人开始加紧准备。

羽林军当时被韦后派去了两个亲信将领韦播和高嵩。这两个人没有统领军队的经验，为了树立威仪，竟然胡乱处罚士兵，让将士们怨声载道。李隆基得知此事后，劝说羽林军将领干脆推翻那两个将军。将领们一听这话纷纷表示愿意跟着李隆基干，听从李隆基领导。就这样，李隆基获得了最重要的军事上的保障。参与这次政变的人还有太平公主之子薛崇暕、内苑总监钟绍京、尚衣奉御王崇晔、前朝邑尉刘幽求、折冲都尉麻嗣宗、宦官高力士等人。

唐少帝唐隆元年（公元710年）六月二十日，傍晚时分，李隆基和一个属下偷偷潜入长安城北边的禁苑中，去找同谋钟绍京，可在这紧要关头，钟绍京竟然有点反悔，不想见李隆基了。这时候多亏钟绍京的妻子极力劝说丈夫参加政变，钟绍京这才赶紧拜见李隆基。二更时，天上下起了流星雨，李隆基的属下都说这是大吉之兆，应该马上开始行动。李隆基的属下葛福顺直接杀进羽林兵营，杀死了韦璿、韦播、高嵩等将领。

接着李隆基又开始鼓动已经是群龙无首的羽林军说："韦后鸩杀先帝，危害社稷，今夜当共诛诸韦，凡韦姓男女长及马鞭以上者，全部斩杀，拥立相王为天子。有敢心怀两端者，罪及三族。"将士们纷纷响应，李隆基带人一路杀入宫中。韦后在睡梦之中听到厮杀打斗的声音，一下子惊醒，她马上意识到是有人发动政变了，但这时候她并没意识到事态的严重，她以为在自己的宫中，守卫都是亲信，自己不会有事的。

她急急忙忙向飞骑营跑去去寻求保护，但没成想，刚一进入军营，就被将士斩杀，士兵还把她的头割了下来，献给李隆基。安乐公主死前还在对着镜子描眉梳妆，可怜这位大唐最美丽的公主也难逃一死，被一拥而入的将士杀死。而驸马武延秀此时早已顾不上公主，自己逃命去了，但没跑出多远，也被士兵斩杀。

　　唐隆政变的主要诛杀对象已死了三个，剩下的就是上官婉儿了。上官婉儿从武则天时代开始，一直周旋在各种政治力量之间，成功地保全了自己。这次她也希望能够逃脱，早前在书写中宗遗诏时她就留了一手，主动向太平公主示好，就是为了现在做准备的。她赶紧带着那份遗诏去找主帅，向他说明自己是心向相王与太平公主的，与韦后等人并不一样。主帅不知该如何定夺，只好把上官婉儿带到李隆基面前。李隆基做事向来果断，又怎会留着上官婉儿这个定时炸弹呢？一声令下，上官婉儿也香消玉殒了。

　　在李隆基于宫中斩杀主要人员的同时，李隆基的部下也开始在宫外追歼韦后的余党。崔日用领兵去清理朝中与韦后同党的主要大臣。大臣窦怀贞娶了韦后的奶妈，并以此为荣。现在意识到情况不对，马上亲手杀死了自己的妻子，把她的头进献给李隆基，他用这种卑鄙做法暂时保住了他的命。赵履温曾为了讨好安乐公主亲自为公主拉车，在政变发生之后，他跑到街上欢呼，妄图以此保自己一命，但显然他拙劣的表演得不到大家的认可，将士与百姓一拥而上，最后竟把他折腾得只剩一具白骨了。宰相宗楚客在藏匿了很长时间后也被抓住，斩首示众。

　　有了武氏家族把持朝政多年的前车之鉴，李隆基当然不会让历史重演，他命人将韦后家族斩杀殆尽。将士们冲入韦氏家族的聚居区，不管年龄大小，见人就杀，连许多与韦氏相邻而居的杜氏家族成员也一起被杀了。经过这一夜战斗，唐隆政变最终以李隆基、太平公主等人的胜利告终。

　　政变胜利结束后，李隆基并没有杀死李重茂。而是请出父亲李旦，让他来辅佐李重茂。李隆基的属下刘幽求等人都希望李旦复位。但李旦之前对唐隆政变并不知情，此时也不愿意再次卷入政治中心，可架不住儿子与大臣们的极力劝说，李旦最终同意复位。

　　唐隆元年（公元710年）六月二十四日，群臣聚集在太极殿，太平公主宣读了以李重茂名义拟写的传位诏书，李旦正式即位，是为睿宗，改元景云。二十七日，李隆基就被立为皇太子。

第三卷

盛极而衰,惊心动魄的拐点

第一章　开元盛世，登上大唐王朝的巅峰

皇权与相权的博弈

江山易主，朝代更迭，历史的舞台上总是闹哄哄你方唱罢我登场。但皇权更迭不过是换汤不换药，刘家下台李家上。看每一朝政治制度的变化，如果看王室，倒不如看相权。钱穆先生说过，汉和唐，是历史上最能代表中国的两个朝代。一朝天子一朝臣，各朝政府的变化都是随着相权而动。相权动，则制度动。

钱穆先生在《中国政治历代得失》借用今语一针见血地点出了唐代和汉代政府的不同之处，他是这样说的："惟就王室论，皇位世袭法，永远无何大变动，只是朝代的更换，刘家换了李家，此等是并不重要。但就政府来说，其间变化则很大。政府中最重要者为'相权'，因为相权的变动，一切制度也自随之变动。唐代政府和汉代之不同，若以现在话来说，汉宰相是采用领袖制的，而唐代宰相则采用委员制。"

汉代由宰相一人掌握全国行政大权，宰相下有副宰相、御史大夫，宰相掌握的是行政权，御史大夫掌握的是监察权。唐代则分三省六部，把相权分散于几个部门，中书省、门下省、尚书省三省职权会合，才等于一个汉朝的宰相，而监察权尚不包含在内。

当统治者限制了原本"一人之下，万人之上"的一国之相后，反而更能放手去组建一个治国的精英团队，没有了权倾朝野的威胁，用起人来也多了几分从容。唐太宗李世民在历代君主中，算得上一位杰出的领导者，尤其是有了三省六部的分立，他更能将"人得其位，位得其人"的用人理念运用得心应手。

后晋刘昫在《旧唐书》中记述："世传太宗尝与文昭图事，则曰：'非如晦莫能筹之。'及如晦至焉，竟从玄龄之策也。盖房知杜之能断大事，杜知房之善建嘉谋。"李世民命宰相房玄龄与杜如晦共掌朝政，唐朝之规章法典皆多为其所制。房玄龄多谋略，但优柔寡断；杜如晦善决断，取舍得当，是以人称之为"房谋杜断"。

唐朝名相，前有房玄龄、杜如晦，后有姚崇、宋璟，玄宗前期著名的宰相还有卢怀慎、韩休、裴耀卿、张说等，他们或以清慎、或以才干、或以耿直、或以文学而知名，明君贤相齐心经营出一个辉煌灿烂的大唐。由相权变化知制度，由宰相人选见兴衰，开元贤相张九龄便是大唐由盛转衰的见证者。

相比于姚崇的通达时变和宋璟的刑赏无私，张九龄更像是一个勤政思危的老成务实者。"海上生明月，天涯共此时。"名相佳句天下知。曾被史称"掌文学之任凡三十年"的"当朝师表，一代词宗"张说称为"后出词人之冠"的张九龄，文采风度俱佳，仿佛盛世大唐第一管理梯队的最佳代言人。

然而，当君主由励精图治转为逸乐享受时，不惜犯雷霆之威、与阿党抗行的贤相便显得有些碍眼了。开元二十四年（公元736年）张九龄被罢相，李林甫把持了朝政，这

也成为唐代由盛转衰的分水岭。《新唐书》亦言："罢张九龄，相李林甫，则治乱固已分矣。"虽然当大臣向玄宗推荐宰相人选时，皇帝依然会问一句："风度得九龄否？"但已是舍本逐末了。

时间是最好的试金石，先明后暗的玄宗在安史之乱后终于悔恨莫及，想起张九龄慨叹不已，"每思曲江则泣下"，言道"蜀道铃声，此际念公真晚矣；曲江风度，他年卜相孰如之"。一个是"所不卖公器，动为苍生谋"，一个是口蜜腹剑、阴险狡诈。张九龄与李林甫的相位更迭，便是朝代兴衰的指向标。

唐朝最初的相权分立摒除了宰相专权的弊端，然而，自李林甫始，加上后来的杨国忠，一人身兼数职，相权又开始集中于一人之手，权力集中导致的腐败成为王朝衰落的一大因素。

伏尔泰说："国家的繁荣昌盛仅仅系于一个人的性格，这就是君主国的命运。"或许这句话还可以这样诠释，君主的性格，决定着管理团队的人选；帝国管理者的性格，则影响着王朝的兴衰。

不是只有刘备才会哭

很明显，李隆基是个心有抱负，富有才华和手段的君主。只要能够找到合适的人来辅佐他，一个黄金时代就必然来临，所幸，唐玄宗遇到了姚崇和宋璟。

姚崇生于永徽元年，本名元崇，字元之。祖籍在江苏吴兴，先辈世代在陕西一带为官，所以他就定居到了陕西的硖石（今属陕县硖石乡）。其父亲便是姚懿，曾任硖石县令。姚崇可谓大器晚成，年轻时，因为出生在官僚家庭，衣食无忧，对于民间疾苦也不甚了解，所以整日沉溺在吃喝玩乐之中。韶华易逝、人生易老，转眼间姚崇已经年过弱冠，可还是一事无成。眼看家境一日不如一日，政治动荡，民生疾苦，姚崇遂决意发奋读书。

在武则天之时，姚崇便已经入朝为官，在这期间，姚崇表现出了非凡的政治才能，对于许多武则天难以解决的政治难题，他都能上书论政，对答如流。于是，武则天将姚崇派遣为主管刑狱的官员。恰逢武则天推行严刑峻法，主管刑狱的官员大多是酷吏。姚崇为官清廉，执法公正，避免了很多冤假错案的发生，甚至还将那些蒙冤受屈之人放了出来，在朝野上引起很大争议，幸好武则天不拘一格任用人才，见姚崇非比常人，遂连连提拔他。

圣历元年，姚崇终于坐上了尚书的位置，同时还兼任了相王李旦府的长史。如此快的晋升速度，不得不让人疑问，为官清廉、执法公正的人，历史上虽然不是很多，但也不少。何以姚崇会独占鳌头呢？

在为人上，姚崇为人豪放、雅量高致。为官上，更是才华出众、沉稳灵活。加之遇到了武则天这样一个不拘一格的君主，让姚崇在步入仕途之后，便一路顺风顺水，平步青云。很快便坐上了武则天大周王朝的夏官（即兵部）郎中。也正是到了这个位置，姚崇的才干才真正地体现和发挥出来。

适时，契丹大举进攻中原，为了防止他们的袭扰，武则天派遣大军前去抵御敌人，一波三折之下，契丹军大败而归，捷报传来，武则天龙心大悦。到了论功行赏之时，武则天发现，在这一期间，兵部的事务极其繁琐，但是姚崇凭借其过人的才能，让原本紊乱不堪的事务变得井井有条。素有爱才之名的武则天，立刻提拔姚崇做了夏官侍郎。

神功元年（公元697年），武则天的政权已经越来越稳固，安下心来的武则天对于那些枉死狱中的朝臣，对于那些酷吏捏造的冤假错案，也进行了反思。姚崇曾在秋官（即刑部）任职，对于周兴和来俊臣等一干酷吏和他们的伎俩，姚崇是很清楚的。虽然没有亲身经历那些风云跌宕的变故，但至今想来，也是心有余悸。这些人借着武则天的护佑，滥用刑罚，无法无天，造成了无数人家破人亡。

如今见武则天有此感悟，姚崇便直言不讳地向武则天陈述了自己的意见。姚崇认为，汉朝最大的冤狱，莫过于党锢之祸。但自大周垂拱时期（公元685~688年）到现在，有多少人因为被冤枉而家破人亡？为了能够立功，那些告密的人可谓无所不用其极，想尽各种办法去罗织别人的罪状。如此一来，皇帝派遣下去的人，一个个都战战兢兢如履薄冰，自身难保之下，哪里还顾得上他人的死活？那些被冤枉的人，只要能够苟全性命，就不会想要重新崛起，闻达于朝野，因为那样一来，他们便会面临酷吏的追杀，惨遭他们的毒手。所以看起来，一切的冤假错案，似乎都是证据确凿，无可辩驳的。

姚崇还认为，幸好武则天早早醒悟了过来，将那些国家的毒瘤清除了，整个朝野才渐渐安定了下来。所以姚崇便用自己以及全家人的头颅做担保，从今往后，朝廷内外一定不会有谋反的人了。同时，姚崇还向武则天建议，今后若有人密告有人谋反，皇帝陛下只要将那些状纸收存起来，不加追究就可以了。如果真的发现了有人谋反的确凿证据，自己甘愿领受知而不告的罪责。

武则天不愧是古今女子第一人，对于姚崇的尖锐批评和毫不顾忌其颜面的建议，武则天不但没有追究其诽谤之罪，反而表现得很是高兴。因为她认为，以前的那些文武重臣，食君之禄却不忠君之事，对于既成的事实不但不加以反思，反而推波助澜，让自己成一个滥杀无辜的君主。姚崇今日的言论，正好说到了自己心里去了。于是，武则天命令给姚崇赏赐了千两白银。更为重要的是，二人的相知和相惜，经过这件事情，可谓百尺竿头更进一步。

一年以后，武则天便提拔姚崇担任了宰相，可是几年以后就因为刚正不阿而得罪了深受武则天宠信的张易之、张昌宗兄弟，遭到了报复，武则天听信了张氏兄弟的谗言，将姚崇调离京城，转而做了灵武道德大总管。临行之前，为了让朝中局势不至于因为姚崇的离去而发生动荡，武则天便向姚崇咨询，由谁来继任宰相之职较为合适。

其实在此之前，姚崇就十分欣赏张柬之的才能，屡次向武则天推荐过此人，而张柬之也因此仕途平顺、屡受升迁，只是一直没有坐上宰相的位置。这一次见武则天向自己问起宰相的继任人选，姚崇毫不犹豫地向武则天推荐了张柬之，武则天也知道张柬之的才能。其实在不久之前，张柬之在武则天的心目中，已经是宰相的不二人选，此时见姚崇有心推举他，武则天索性顺水推舟，让张柬之做了宰相。

此时张柬之虽然已经年近八十，但仍然老当益壮，把朝中一应事务收拾得井井有条。同时，他还利用职务之便，积极联络有志之士，积蓄力量准备打击张易之和张昌宗两兄弟的势力。

不久，张柬之联合了桓彦范，与姚崇等人一起，一举剪除了朝中最大的蛀虫张氏兄弟。其实对于张氏兄弟，武则天早已有心铲除，可是她没有料到张柬之等人竟然趁此机会，将自己推下了天子宝座，转移到上阳宫中了却残生。武则天的第三子李显登基称帝，是为唐中宗。

政变成功了，张柬之、姚崇等功臣，也论功行赏，获益匪浅。但是姚崇却整日愁眉紧锁，一副忧心忡忡的样子。这日，在中宗的率领下，众人前去上阳宫向武则天问安。正在路上，一个人的啼哭声引起了大家的注意。这个人不是别人，正是在政变中立有大功的姚崇。原来姚崇在夺取了武则天的权力之后，由于之前屡受武则天的恩德，故而始终心存愧疚。而且他也认识到，虽然武则天被废黜了，权力似乎重新回到了李家正统的手中。但是实际上，斗争远远没有结束，韦后掌权也是迟早的事情。如果这个时候还留在京师，必然会被卷入宫廷斗争，朝不保夕、祸福难料。

所以对于众人的关心，姚崇大胆地说："我是个恋旧的人，事奉则天皇帝，转眼已经有数十年光景了，现在她突然离开了朝堂，发自内心的感情，又怎么能够控制得住呢？昨天我经过深思熟虑，参与了你们组织的诛杀凶逆之举，也算是尽做了臣子的常道，不敢说有什么功劳；今天与旧日的主子告辞而悲泣，也是作为臣子应有的节操，由此而犯罪，哪里有什么可以惧怕的呢？"

经此一事，姚崇被调离朝廷，做了亳州（治所在今安徽亳州）刺史。暂时远离朝廷的纷争，不失为一个明哲保身的明智举动。果然，姚崇去了亳州后不久，张柬之便被杀死，武三思和韦后则相继掌权。后来武三思被杀，中宗更是被韦后与安乐公主毒死，朝中大权彻底落入了韦后母女的手中，直到李隆基发动政变，政权才最终回到了李氏家族的手中。而姚崇也在这一连串的宫廷变乱之中，得以毫发无伤。

也正是如此，才让姚崇得以在以后的政治生活中，真正大展拳脚，实现其政治抱负。景云元年，继位的睿宗李旦，将姚崇重新调回了京师，做了兵部尚书、同中书门下三品。

算起来，姚崇是第二次坐上了宰相之位。但是这一次，他的政治生命并不是很长久，因为此时朝中大权大都落入了太平公主的手中，眼看着另外一个武则天就要崛起在朝堂之上，姚崇冒着被太平公主记恨的危险，向李旦提出建议：首先，剪除支持太平公主的王侯势力，将他们派遣到各个州县去；其次，则是将太平公主安置到洛阳，远离京师长安。如此一来，李隆基就能够稳坐东宫太子之位。

谁知唐睿宗不仅没有采纳姚崇的建议，反而将他的想法如实告知了太平公主，这样一来，姚崇便成为了太平公主的眼中钉、肉中刺。幸好李隆基早就看出了太平公主的企图，为了保护姚崇，李隆基向唐睿宗进言说，姚崇胆大包天，竟敢挑拨他们兄妹的关系。经过商议，睿宗决定将姚崇贬为地方官。此次距离姚崇上任为宰相，尚不到一年的时间。

不久之后，也就是开元元年（公元713年），唐玄宗率先出击，将太平公主的一干党羽一网打尽，从此从名义上到实际上，都成了大唐江山唯一的君主。姚崇政治生涯的黄金阶段也宣告来临。

十事要说说时事

这一天，玄宗率领朝中众臣前去新丰（治所在今陕西临潼东北）检阅军队，按照制度，皇帝在外出巡，方圆三百里范围内，无论官职大小、地位尊卑，所有的州郡官员都需要去皇帝的行宫朝见。姚崇身为同州（治所在今陕西大荔）刺史，应该按照规定前去朝见皇帝。除此以外，姚崇还得到了唐玄宗的秘密召唤，于是便立刻启程赶往行宫。

姚崇赶到时，玄宗正会同文武百官一起游猎，一见姚崇来了，皇帝顿时心下大喜。只是他担心，姚崇年已老迈，还能否出山为自己重整河山，整肃朝政？于是李隆基便问姚崇，是否能够骑马射猎？姚崇当即答道，自己不仅从小就会，而且到了二十岁之时，更是精于此道，现在自己虽然老了，却希望还能够以呼鹰逐兽为乐，游戏于江湖之远、山水之间。

唐玄宗见姚崇如此自信，就让他加入了狩猎的阵营，只见姚崇在猎场上挥洒自如、动作矫健、身手灵活。静如猛虎假寐，动若狡兔飞驰。唐玄宗看了，心中大喜，甚是满意，遂决意重新重用姚崇。

狩猎结束之后，姚崇被叫进了唐玄宗的营帐之内。玄宗向他问及对于当下国家局势的看法，对于玄宗的问话，姚崇成竹在胸、智珠在握，说得逸兴遄飞、头头是道，让唐玄宗感到心旷神怡、感慨不已，马上表示姚崇应当成为大唐的宰相。

面对皇帝的邀请，姚崇并没有立刻领旨谢恩，他对唐玄宗说，自己有十点意见要说明，只要唐玄宗做到了，自己必将鞠躬尽瘁死而后已，但如果唐玄宗不能做到，则这个看似权倾朝野的宰相一职，自己无论如何也不会去当的。

玄宗一听，顿时觉得很有趣，不管姚崇的意见是什么，且让他说个清楚，再加以定夺不迟。姚崇遂将自己的十条意见娓娓道来。

第一，自唐玄宗做了皇帝以来，朝廷依然延续武则天的做法，以严刑峻法治理天下。这不利于安抚人心稳定朝纲，因此姚崇便建议唐玄宗废除严刑峻法，以仁义治理天下。

第二，朝廷曾经在青海一带被吐蕃打败，但是朝廷不但没有收敛，反而变本加厉，连连对外用兵、征战不休。是故姚崇建议，希望朝廷在十年之内，不要妄动刀兵。唐朝内部刚刚经历了长达九年之久的变乱，正需要休养生息，无论从经济实力还是军事实力而言，唐朝都不适合对外发起新的战事了。所以对于姚崇这一条建议，唐玄宗是打心眼里赞成。

第三，宦官制度流弊无穷，一旦出现宦官专政的现象，就会构陷忠良、搅乱朝纲。但是自从武则天时期，宦官便得到重用，代表朝廷行使权利。所以姚崇向唐玄宗建议，今后一定要杜绝宦官参与朝廷政事。关于这一点建议，唐玄宗并不以为然，因为在他夺回帝位的过程中得到了宦官的帮助，因此他对于宦官很有好感。所以对于姚崇的这一提议，唐玄宗并没有马上作出答复。

第四，姚崇对于唐玄宗的心中所想，也是心知肚明，见唐玄宗心生犹豫，深谙进退之道的姚崇并不在这件事情上多做纠缠。他直接说自己的意见：自从武氏家族坐拥整个江山之后，许多高官要职都被他们所窃取。后来韦后和安乐公主更是大肆任用外戚家族，导致中宗权力空虚。所以姚崇便向唐玄宗建议，希望他在以后的执政过程中，能够做到皇亲国戚不在国家要害部门任职。对于这一点，唐玄宗有切身体会，感触颇深。因此，姚崇的这一建议也得到了唐玄宗的认同。

第五，姚崇又建议唐玄宗，为了做到朝政清明，河清海晏，就要严格执法，对于奸佞之徒，不管职位高低、关系亲疏，只要触犯了国家法律，都必须严惩不贷。

第六，姚崇建议玄宗，除了正常的国家税赋差役之外，要严厉杜绝苛捐杂税和摊派科率，这样才能肃清吏治，与民休息。唐玄宗正是胸怀雄心壮志之时，既然这样做对国家和自己的统治有好处，唐玄宗自然毫不犹豫地答应了下来。

第七，由于李唐推崇道教，而武则天在位时又大兴佛教，因此自开国以来就兴修了不少道观寺庙。姚崇认为，不管是武则天建造福先寺，中宗建造圣善寺也好，还是睿宗建造金仙、玉真观也罢，都是虚耗国库、压榨民力的行为。所以姚崇建议，在唐玄宗统治期间，一定要禁止继续建造寺庙道观。唐玄宗也知道这些现象，对于怨声载道的人民，唐玄宗何尝不是心中难安？今日姚崇既然提了出来，自己断然不会那样做了。

第八，姚崇认为，古人立下了礼不下庶人、刑不上大夫的古训，而武则天任用酷吏，肆意构陷凌辱朝臣，既有违君臣之礼，又容易造成朝野的恐慌。因此姚崇希望唐玄宗对于臣子一定要以礼相待。唐玄宗当即表示，事情本就应该这样做，姚崇的建议很有道理，自己自然要从善如流。

第九，姚崇从武则天时代开始，便在朝中为官，无论官职大小，总算是见多识广。因此他认识很多因为犯颜直谏而被判罪的直臣，姚崇认为大臣动辄以言获罪会让人们对朝廷感到灰心。所以他请求唐玄宗，凡是作为天朝臣子的，皆可以犯颜直谏，无所避讳。玄宗时常以海纳百川、有容乃大的心态，处理朝中事务。对于忠言，不仅乐于去听，而且也愿意按照忠言去做。

最后一条，姚崇总结了东汉和西汉两朝的经验，深知外戚乱政、流弊无穷。如今想起来，也是如芒刺在背，让人感到寒心。自武则天开始，唐朝的外戚政治便日盛一日。因此姚崇请求唐玄宗以此为鉴并且告诫后世子孙，警惕外戚干政。唐玄宗经历过诸武把持朝政的时期，甚至外戚干政的危害，因此也很同意。

唐玄宗基本上认同了姚崇提出的"十事要说"，于是姚崇就正式成为了唐玄宗的宰相。再次拜相的姚崇，以国家安定、百姓康宁为己任，大力打击那些欺压良民的贪官污吏，即便是皇亲国戚也毫不容情。当时薛王李业的舅舅王仙童财大势大，权倾一时，连唐玄宗都敬他三分。但是此人仗着自己的权势为非作歹、欺压百姓，于是姚崇上书唐玄宗痛斥其恶行，然后获得了皇帝的批准对王仙童严惩不贷。

此外，姚崇对于民生也十分重视。开元初年，黄河流域中下游的大部分地区，都爆发了历史上罕见的蝗虫灾害，蝗虫飞过庄稼地之时，遮天蔽日，让人触目惊心。蝗虫过后，整个田野寸草无存。姚崇深知蝗灾的危害，所以在上任之初，对蝗虫的作乱范围、为害方式、治理办法等，都进行了广泛调查和研究。到了蝗灾爆发之时，姚崇亲自披挂上阵、指挥若定，采取以郡县为单位，集中消灭蝗虫，奖励有功劳的，惩罚有过错的，如此一来，蝗灾很快便被控制住，百姓对姚崇的爱民举动，无不赞不绝口。

在姚崇担任宰相的时期，唐玄宗不断推行了奖励清廉、精简机构、惩治贪官、选贤任能、裁减沉员、爱护百姓等清廉政治。为"开元盛世"奠定了坚实的基础。姚崇因为其巨大的功勋被誉为"救时宰相"，与唐太宗时的房玄龄、杜如晦并称为唐朝的贤相。

开元九年（公元721年）九月初三，姚崇带着荣耀和疲惫，离开了人世，享年七十二岁。经过多年的休养生息，国家的经济状况明显好转，官吏之中的厚葬风气也日益兴盛。但是姚崇深刻地了解民间疾苦，不忍耗费民脂民膏为自己大办丧事，于是他吩咐后人不可以厚葬、坚持薄葬，入殓时只穿平常的衣物，抄经、画像等行为，都要坚决反对。对于当时社会上流行的尊崇佛教、敬仰道教的风气，姚崇也坚决反对。

对于这一切，姚崇还把它们订立成为了家法，子孙后代都不得违背，严格执行节俭之风。这件事情，也被后人传为佳话，到了今天，仍然具有重大的教育意义。

宋璟也是个好宰相

宋璟是继姚崇之后担负起将开元盛世推向高潮的宰相，由于姚、宋二人身处同一个时代，所以经常相提并论，并有"崇善应变以成务，璟善守文以持正"的赞词。

关于宋璟的为官历史，和姚崇一样，也大致可以分为三个时期。武则天当政时期、中宗和睿宗当政时期以及唐玄宗时期。唐玄宗在位时是宋璟仕途的巅峰时期。

宋璟生于高宗龙朔三年（公元663年），是河北邢台市南和县阎里乡宋台人。早在北魏和北齐时期，宋璟的祖上便是著名的官宦之家。良好的家庭环境熏陶，加上宋璟自己既聪明又努力，年少的宋璟就博学多才。

十七岁的时候，宋璟就进士及第。当时有"三十老明经，五十少进士"的说法，因为唐朝进士科的考试十分困难，许多人考了一辈子都难以考中，五十岁左右能进士及第就相当少见了，而宋璟才刚弱冠便中了进士，可见他才华横溢，天纵英才。

武则天登基以后，十分重视任用人才，经过仔细观察，武则天发现宋璟是个率性而刚正的人，于是决定重用宋璟，将他从凤阁（中书省）舍人逐渐提拔为御史中丞。只可惜宋璟并没有真正成为武则天的心腹之臣，张昌宗、张易之兄弟，才是武则天最为宠信的人，而宋璟的刚正，正好和他们的谄媚水火难容。

一次，张昌宗违反宫规，私自让相士为自己占卜运程。宋璟得知此事，遂向武则天上奏，请求追究他们的罪责。然而，武则天对张昌宗宠爱有加，哪里肯轻易处罚他呢？于是就下旨特赦了张昌宗的罪过，为了免除宋璟心中的不满，武则天还特别命令张氏兄弟到宋璟的府上谢罪。

岂料宋璟十分倔强，竟然拒不接见，自此宋璟便和二张结下了冤仇。

张氏兄弟是睚眦必报之人，虽然宋璟一直谨小慎微，但是他们仍然不停地想方设法在武则天面前中伤宋璟。只是宋璟一直没有犯下什么大的过错，甚至二人对他的中伤不过是空穴来风，举不出什么有力的证据。加之武则天也不失为一代明君，对于他们之间的恩怨纠葛，自然心知肚明，所以对于他们对宋璟的恶言中伤，她一直是睁一只眼闭一只眼。

到了唐中宗在位时期，宋璟官居黄门侍郎，倔强方正的宋璟有一次因为性格而影响了仕途，因为得罪了权倾一时的武三思，宋璟遭到排挤，被调离京师，担任贝州刺史。不过俗话说，塞翁失马，焉知非福，和姚崇一样，正因为到了外地做官，宋璟才恰到好处地躲过了血肉横飞的宫廷斗争，得以明哲保身。当然，在这一时期，宋璟并没有放松对朝中大局的关注，时刻准备在未来的时代大势中大展拳脚。

功夫不负有心人，宋璟回到了京师长安。此时，唐睿宗登基为帝，而朝政则由太子李隆基和太平公主掌控。虽然离京多年，但是宋璟对于朝廷政务并没有半点生疏，被任命为吏部尚书、同中书门下三品（即宰相衔），之后将政务处理得井井有条。

新官上任三把火，宋璟第一次做丞相，虽然位高权重，却没有延续官场中任人唯亲的恶劣惯例。他的第一把火，便是提出了"虽资高考深，非才者不取"的准则，作为朝廷选拔人才的基本原则。第二把火，便是罢免了上千名昏庸无能的官员。这些官员大多数是太平公主的势力，宋璟这样做，引起了太平公主的坚决反对。宋璟不但没有理会太平公主咄咄逼人的气势，还顺势烧起了第三把火：请太平公主远离京师，到东都洛阳居住，这样一来，就能够有效防止太平公主的不轨举动。只可惜，太平公主的势力实在是太过强大，以至于宋璟这个宰相并没有做多久，便在太平公主的排挤下遭到罢相，逐出京城，被贬为楚州刺史。

直到李隆基夺权登基，彻底打败了太平公主，宋璟又被任命为广州都督。这个官职听来显赫威风，但是今天繁华热闹的广州在唐朝时还是偏远落后的贫陋之地。不过宋璟并不怨天尤人，到了广州，宋璟一心扑在了民生的改善上，并且亲力亲为地教会百姓以砖瓦来建造房屋，取代简陋的茅屋和草屋，这样一来，不仅改善了百姓的居住条件，也使得火灾的发生大量的减少。广州一带百姓因为宋璟的廉洁清正、勤政爱民，对宋璟赞不绝口。他的这一名声也传到了姚崇的耳中，姚崇多次向唐玄宗引荐宋璟，称赞他是勤政廉洁之人，是大唐不可多得的人才。

开元四年（公元716年），阔别京师多年的宋璟回来了，并被李隆基任命为刑部尚书。后来，姚崇在辞官之后，向皇帝建议，让宋璟做了宰相。宋璟再次拜相之后，依然沿袭"虽资高考深，非才者不取"的为官准则。历朝历代的官场弊病除了任人唯亲，还有小人进谗陷害忠良，不管是明主还是昏君，在其身边总会活跃着一批为了私利不惜误导君主、损害国家利益之人。只要君主稍微失察，使得小人得志，国家社稷的根基就会动摇。

为了整肃朝纲，防止这种奸佞之人在唐玄宗耳边进献谗言，宋璟向唐玄宗进言，认为朝堂上下，无论官职高低，只要在皇帝面前奏论政事，就必须要有谏官在一旁监督，史官在旁边记录，以防止那些有不轨举动之人，做出不利江山社稷的事情。这种做法被唐玄宗所采纳，取得了良好的效果。

宋璟的这个建议，虽然是防范小人谗言的有效措施，但是却也限制了皇帝的自由，侵犯了皇帝至高无上的特权。而唐玄宗能够坦然接受，也显示出他的广阔胸怀和对于宋璟的极大器重。据传，当时唐玄宗当时像对待老师一样对待宋璟，宋璟一来，唐玄宗便出门相迎，宋璟要走，唐玄宗便一定会出门去相送，如此一来，不止极大地提高了宋璟在朝中的权威，还和睦了君臣之间的关系。以往用人唯亲的朝廷制度，也随之而改变；奸邪小人诬赖忠臣良将的事情，从此更是少见。应当说，唐玄宗与宋璟的君臣相得，奠定了开元盛世的政治基础，正是由于他们的努力，才有了开元初年的朝政清明、国泰民安。

为了以身作则，宋璟十分注意严于律己，在他做宰相的四年时间内，虽然权倾朝野，却为政清廉，从来不徇私情。据说当时宋璟的叔父宋元超成为了朝廷的候选官员，为了能够优先录取，他就倚仗宋璟的权势，要求吏部官员优先录取自己。眼看着大好前程就在眼前，孰料这个消息竟然不胫而走，传到了宋璟的耳中。宋璟遂向吏部传下自己的意思，招呼他们不能因私废公，于是，宋元超的图谋宣告破产。

唐朝规定，每一年地方的各路官员都必须前往京师述职，简单而言，就是向皇帝和丞相汇报自己在这一年以来的为政得失。当然，更多的人是报喜不报忧。不仅如此，为了能够在权贵心目中留下一个好印象，为自己加官晋爵打通道路，这些人经常带着大量的金银珠宝，送给京师那些执掌大权的权贵高官们。这样一来，官场秩序遭到了很大的破坏。

宋璟见此，心中大为担忧，遂向唐玄宗建议，要求所有官员甚至包括皇帝自己，必须将在这一时期内收到的所有礼品退回去。唐玄宗欣然同意，地方官员走歪门邪道希求上进之路就此断绝，而京城的高级官员收礼受贿之风也为之一肃。

但是，唐玄宗终归不是李世民，在刚刚经历由乱到治的变化之时，唐玄宗能够虚怀若谷，不拘一格地选拔和任用人才，能够大胆纳谏，严肃处理国家政务。但是到了后期，随着国家经济的日益复苏，唐朝国力的不断提升，唐玄宗也滋生了骄傲自满的情绪。

公元720年，唐玄宗终于决定，可以放心地踢开这个帮助自己开创了开元盛世大局的功臣宋璟。在为相期间，宋璟不仅压制那些犯法官员的进一步申诉，更严厉打击市场上流通黑钱的现象。如此，便无可避免地得罪了不少权贵，他们不仅在唐玄宗身边屡次参奏，更通过自己手中的政治特权和经济、军事实力，不断对唐玄宗施压。迫于压力，唐玄宗罢免了宋璟的相位，封了他一个没有实权却地位尊崇的官职——开府仪同三司，说明唐玄宗对于宋璟还是宠信有加，并没有就此疏远宋璟。

九年之后，唐玄宗再一次任命宋璟为尚书右丞相，只是这一次，宋璟感到唐玄宗的精明已经是大不如从前，自己也是力不从心，身体一日不如一日。四年之后，宋璟最终决定归隐田园，在洛阳定居。唐玄宗感念他的功勋，遂特别下旨，他的一应俸禄全部不免。开元二十五年（公元737年）十一月十九日，宋璟在位于洛阳的家中去世，享年七十四岁。玄宗追封他为太尉，谥文贞。

宋璟虽然死了，但他的影响并没有就此烟消云散。甚至在安史之乱之后，他的丰功伟绩依然被人们所深刻记忆。当时一位官员在对唐玄宗进行批评的同时，也毫不夸张地表达了自己对于宋璟的怀念和赞扬，说道："臣犹记宋璟为相，数进直言，天下赖以平安。自顷以来，在廷之臣以言为讳，唯阿谀取容，是以阙门之外，陛下皆不得而知，草野之臣，必知有今日久矣。"

除了当时之人，后世史家对于宋璟的评价也很高，"姚崇、宋璟、苏颋等皆以骨鲠大臣，镇以清净。朝有著定，下无觊觎。四夷来寇，驱之而已；百姓富饶，睡之而已"。

司马光也认为："姚（崇）宋（璟）相继为相，崇善应变成务，璟善守法持正。二人志操不同，然协心辅佐，使赋役宽平，刑法清省，百姓富庶。唐代贤相，前称房（玄龄）杜（如晦），后称姚（崇）宋（璟），他人莫得比焉。"

大唐不差钱

忆昔开元全盛日，小邑犹藏万家室。
稻米流脂粟米白，公私仓廪俱丰实。
九州道路无豺虎，远行不劳吉日出。
齐纨鲁缟车班班，男耕女桑不相失。

——杜甫《忆昔》

唐玄宗统治前期，政治清明，经济空前繁荣，人口剧增，整个社会呈现一派昌盛富强的面貌，这就是历史上著名的"开元盛世"。正是在这种盛世背景下，杜甫才有了《忆昔》这首诗。这首诗从侧面反映了开元全盛之日，小邑藏万家千户，国民富实、物资充裕、治安有序、国泰民安的景象。

在古代，户口的多少决定着国家可支配的税收、粮食、力役、军队等标志国力强弱的标准的高低，是判断一个国家兴盛与否的最直接的标尺。而根据官方的户口统计，唐初全国仅38万户人口，而到了天宝十四载（公元755年）则猛增至8914709户，竟然翻了二十多倍。

《新唐书·食货志》中也用热情洋溢的笔触描写了开元盛世的盛景："是时海内富实，米斗之价钱十三，青、齐间斗才三钱。绢一匹钱二百。道路列肆，具酒食以待行人。店有驿驴，行千里不持尺兵。天下岁入之物，租钱二百余万缗，粟千九百八十余万斛，庸调绢七百四十万匹，绵百八十余万屯，布千三十五万余端。"

商业是经济发展最为明显和直接的显示，而城市的兴起则是商业发展的必然结果。与大唐同一时期的，还有两个伟大而强盛的国家，一个是阿拉伯帝国，另一个则是欧洲的东罗马帝国。由于遥远路途和高山沙漠的阻隔，大唐帝国与东罗马帝国接触交流很少，文化、商业、风俗上的相互影响十分微弱。而毗邻的阿拉伯帝国及其以东的中亚诸国，则因地利之便与大唐的往来十分密切，其中表现最为明显的，便是民间的通商活动。

例如，海上交通便利而对外交流密切的沿海重镇广州，阿拉伯人在整个城市中随处可见，以阿拉伯人为主要人口的外国侨民，数量达到了二十万以上。他们大量聚居在城市中的某些地区，形成了一个个新兴社区，在这些阿拉伯人的聚居区中，到处是异国风情的阿拉伯式建筑。街道纵横、交通发达，世界各国居民都到这里来进行买卖交易，在八方来客的共同努力下，一千年多前的广州俨然成为了一个国际化大都市。

当然，大唐的开放和包容并不仅仅体现在广州一城上，事实上，此时唐朝的对外贸易路线除了传统的由长安出发经甘肃、新疆向西的陆上丝绸之路外，还有经过南海、马六甲海峡、印度洋等地区的海上交通线。

商业的繁荣，促进了帝国经济大发展，上到达官贵人，下到平民百姓，都感受到商业带来的切实好处的同时，沿着两条国际贸易的路线，商业城市如雨后春笋般生机勃发地兴盛起来。

一千多年前的唐朝，沙州（今甘肃敦煌）、凉州（今甘肃武威）等地，在当时由于陆上丝绸之路的繁盛而成为了客商云集、货流庞大的商业城市；而内河航运的港口如洪州（今江西南昌）、扬州（今江苏扬州）等则成为了唐朝内陆的经济重镇；位于沿海一带的交州、广州、福州、明州等城市，则直接受益于海上贸易的繁荣而发展成为了当之无愧的海上贸易城市；在天府之国的蜀中地区，还产生了益州（今四川成都）这一重要的城市。

所谓"扬一益二"，顾名思义，就是说唐朝的城市，扬州数第一，而益州便当之无愧地数第二了。当然，这其中不乏夸张的成分，但也毫无疑问地表现了古代益州在中国城市中的重要地位。

益州之所以能够形成那么大的规模，与天府之国的富足有密切的关系，同时与它四通八达的交通线也息息相关，虽然入蜀的道路号称"难于上青天"，但是这往往指的是蜀中与中原的沟通困难。难以从两条丝绸之路的对外贸易中获益的益州，借助地利之便通过与南方的近邻南诏国以及再向南的天竺（今印度）的商业贸易，也从中获得了很大的发展。加上虽然通往中原的陆路艰险，但长江水运却十分便利，也极大地扩大了益州所能辐射的腹地。

当然，就整个唐王朝而言，真正能够影响世界的国家化大都市，还要数长安和洛阳。它们一个是唐王朝的都城，一个则是陪都，无论从地缘、政治还是经济角度的原因，最终让这两座城市在整个世界上都占据着举足轻重的地位。作为当时世界上最强盛国家的政治、文化、商业中心，都城长安的繁荣和兴盛可想而知。在这里聚集了大量的人口，他们要么把持着全国的最高军事指挥权力，要么掌握着最高的行政权力，甚至一个平平无奇的商人，都可能是富甲一方的大人物。

商业的开放一定伴随着文化的开放，在对待外国人的态度上，唐王朝充分显示了自己海纳百川、有容乃大的宽博气度。

西北之地也逐渐苏醒，以往的苦寒之地一改过去的萧瑟和残破，成就了当时举世无双的内陆大城市——凉州。自东汉末年之后，河西走廊地区便陷入了大分裂时代的泥沼，这些地区本来自然环境就不如东南沿海地区，更是古来兵家必争之地，如此一来二往，摧残不断，河西地区江河日下，汉代兴盛一时的丝绸之路也被割据势力所堵塞，不复昔日的繁荣。

从隋朝杨坚统一天下之后，中原与西域也就此恢复了交通，在河西走廊的广大地区，为了充分地发展农业，国家在该地兴建了许多水利设施用于灌溉和饮用，一个西北粮仓、赛江南的黄金地带就这样逐步形成了。在民间广泛的流传着一句谚语："古凉州，甲天下。"可见凉州之地富甲天下，真正实现了"稻米流脂粟米白，公私仓廪俱丰实"。

农业的兴盛，刺激了人口的增长，加上河西走廊重要的商贸地位，使得这一地区快速成长起了一大批城市。而凉州则成为了西北地区仅次于长安的最大城市，在丝绸之路上"通一线于广漠，控五郡之咽喉"，是隋唐以来中国与西亚诸国甚至更遥远的国家进行经济文化交流的重要交汇中转站，其繁荣程度甚至超过了古城敦煌，呈现出"河西都会，襟带西蕃，葱右诸国，商旅往来，无有停绝"的盛况，而且也孕育了一批文采风流的先贤人物，是一座文化名城。

农业的发达、商业的繁荣和城市的兴盛，极大地促进了手工业的发展，开元时期的手工业飞速发展至一个种类繁多、技术先进、规模庞大的新阶段。当时的手工业分为三类：官营手工业、私营手工业和家庭手工业。官营手工业为社会奉献质量优异的各类产品，私营手工业则注重产品的创新和技术的改进，而家庭手工业则产量最大，保证社会的需求。

手工业中的纺织业是最广泛和最必需的产业，其从业者遍布官营、私营、家庭的手工作坊，并且是国家重要的财政赋税来源。其产品主要为丝或麻制作的布、绢、绵、纱、绫、罗、锦、绮、缣、褐等纺织品，由于棉花尚未推广种植，因此，棉布织品并不普及。

除了上述纺织品，组、绶、绦、绳、缨五大编织品和䌷、线、弦、网四大线结品也是纺织业中的重要种类，细致的分工正标志着技术的提高。当时定州、益州、扬州都以织造特种花纹的绫锦闻名。

唐代纺织业的发达从唐人的服饰上便可窥见一斑。唐代女性时尚的主要潮流是：服装样式由遮蔽而趋暴露，花纹由简单趋于复杂，风格由简朴趋于奢华，体型由清秀而趋丰腴。服装的面料也是相当讲究：绸裙、罗裙、纱裙、金缕裙、银泥裙等，让人眼花缭乱。传说唐中宗之女安乐公主的裙子用了各种奇禽的毛织成，正看为一色，侧看为一色，日中为一色，影中为一色，而且裙上呈现出百鸟的形态，可谓旷世罕见的奇美奢绝，证明了唐朝织纤技艺的高超。

与人们生活息息相关的另一种手工业——制瓷业在这一时期也得到了极大发展。唐朝主要出产的瓷器有青瓷、白瓷、黄瓷、褐瓷和黄、绿、白、赭、蓝五色交相辉映的唐三彩陶器。其中青瓷主要出产于越州窑和岳州窑，胎质细薄、釉色柔润、青莹可爱，被当时人称为"假玉"。而且当时的瓷窑不仅能烧制酒具、茶具、杯盘碗盏等形制简单的生活用具，还能烧制各类装饰品，甚至于细腻生动的瓷人，体现了高超的制瓷技艺。

白瓷主要出产于邢州窑，白瓷的烧制要求去除釉料中的铁元素，使其含量小于0.75%，因此白瓷的出现和发展本身就代表着制瓷技术的发展，在当时，色泽白皙、形态优美的白瓷制品无疑是一件奢侈品。而且白瓷体薄釉润，光洁纯净，十分适合作为茶具使用，陆羽在《茶经》中称赞它："邢州瓷白，茶色红。"杜甫也怜爱有加地作诗云："大邑烧瓷轻且坚，叩如哀玉锦城传。君家白碗胜霜雪，急送茅斋也可怜。"

而唐朝最著名陶瓷制品"唐三彩"，在白地陶胎上，刷上无色釉，再用黄、绿、青三色加以装饰，多姿多彩、花团锦簇，可视为盛唐气象的一大写照。

东汉蔡伦的造纸术在唐代有了更大的发展。新型材料的不断被发现，让纸的价格迅速下降，也让包括书籍在内的各种纸制品在社会生活中得到普及。

此外，当时的造船业、冶铸业、编织业、漆器业、造纸业、制笔业等诸种手工业都得到了长足的发展，均生产出了技艺精湛、品质上佳的产品，丰富了社会文化和人们的生活。

让纸币飞

玄宗时期的商业十分发达,如果说庞大的内河航运网和是唐朝这个商业巨人的血管,那么在各地商业往来之间飞速交流的钱币就是奔流在血管中的澎湃血液,沟通着全国性和地区性的商业网。然而由于唐代的钱币主要是铜币和金银,不便于大额携带,在两地的商贸活动中往来时也缺乏安全性,给商业的发展造成了限制,因此在唐代兴旺的商业活动中出现了一种新事物——"飞钱"。

严格说来,"飞钱"只是唐人俗称。《新唐书·食货志》记载:"(宪宗)时,商贾至京师,委钱诸道进奏院及诸军诸使富家,以轻装趋四方,合券乃取之,号飞钱。"凭纸券取钱而不必运输,钱无翅而飞,故曰"飞钱"。在官府文案中,这种现象叫"便换"。

关于飞钱的产生,有学者认为:"盖飞钱之行,大都由巨商为之(特别为茶商),初非政府所定之制度,且为政府所嫌恶,观《旧唐书·食货志》上明言'茶商等公私便换见钱,并须禁断'可知。"

在"飞钱"产生之前,人们大多用铜钱进行交易,在所需货币增多或者运输条件不好的环境下,它本身的弱点就暴露了出来。《因话录》卷六"羽部"记载:"有士鬻产于外,得钱数百缗,惧川途之难赍也,祈所知纳之公藏,而持牒以归,世所谓便换者,置之衣囊。"这里的"川途"可不是山川路途的意思,而是专指三川(剑南东西、山南西道)之途。李白"蜀道之难,难于上青天"虽然是诗人夸张的说法,但蜀道一向被视为险途,确有其事。三川因地理条件,交通不便,使用携带方便的"飞钱"就成了迫切需要。

为何"飞钱"会产生在蜀地?一是当时唐人嗜茶。而茶之名品中,剑南蒙顶石花茶占第一位。因此,许多茶商便辗转于京城与蜀地之间做起了茶的生意。随着交易的越来越多,"飞钱"也便应运而生了;二是蜀地印刷事业的发达也促进了飞钱的产生。唐后期益州地位陡然上升,商品经济已经相当发达,并和扬州一起成为长江流域商业带一尾一头的两个重要中心,唐宋间人称"扬一益二"。洪迈在《容斋随笔》卷九里则记:"'扬一益二',谓天下之盛,扬州一而蜀州次之也。"

长江三角洲本是富饶的地区,扬州就位于长江三角洲。唐代中叶以后,中原战乱,北方人大量南迁,更促进长江三角洲经济的发展,扬州也借此踏上了发展的捷径。安史之乱时,黄河中下游地区备受摧残,原来富庶的农业地区百业俱毁,皇朝的"军国费用",只好"取给江淮"。当时人说:"今天下以江淮为国命。"扬州就是江淮的中心。江淮是一个富庶的农业地区,是都城长安主要的粮食供给地。这些漕粮大都集中到扬州后才上运至长安,就连从长江以南远逾五岭运往长安的漕粮也都要经过扬州城下,这就增加了由扬州运出漕粮的数量。

另外,扬州周围不仅富产粮食,而且大量产盐,盐税更是国家财政重要的收入。据说代宗大历之末,"天下之赋,盐利居半"。唐代最重要的理财官员盐铁使就驻在扬州。刘晏为盐铁使时,在扬州周围产盐之地设四场十监以相治理,据说每岁所得的钱财,可"当百余州之赋"。

扬州还有其他一些重要的物产,如锦和铜器,特别是扬州的铜镜久负盛名。天宝年间,韦坚主持漕运,把东南各地的奇珍异宝和重要物资用船舶载着运到长安,船上所载的是广陵郡(扬州所在郡)出产的锦、镜、铜器、海味。就是这样便利的交通和富饶的物产，促成扬州成为当时的经济中心。唐人赵嘏称道扬州的诗中有句说，"十万人家如洞天"。

除扬州和益州外，唐代中期以后南方的重要商业都市还有润州、杭州、江州、越州、荆州、鄂州与广州等。

由于南方经济地位的上升与人口的增加，使得唐朝将对工商业的注意力转向南方。长江流域的日渐兴旺发达也就成了唐代中期以后全国商业重心逐步南移的标志。

到欧洲去赚钱

"边城暮雨雁飞低，芦笋初生渐欲齐。无数铃声遥过碛，应驮白练到安西。"唐人张籍的一首《凉州词》，描绘了凉州路上运输丝绸的景象：一串串飘荡在沙漠上的铃声，驮运货物的骆驼以及一行押运人员。在那广袤的大漠之中，头顶炎炎的烈日，脚下焦灼的沙尘，一字排开保持前行的队伍，何等美妙的一幅场景，何等炫目的一幅水彩画。在此之中，与自然中的一切相比，人是渺小的，但能在如此的环境中，走出一条路，人又是伟大的。这条自西汉张骞出使西域而产生的路，在一行人的脚下不断延续着，一直伸向远方。

路的尽头，是那个让中国人为之自豪，令世界为之赞叹的唐朝都城——长安。在这个当时世界上最繁华的都市中，从外奴、艺人到家畜、野兽，从皮毛植物、香料、颜料到金银珠宝矿石金属，从器具牙角到武器书籍乐器，各种物品应有尽有。

好奇之心，无时代之分。在如此琳琅满目的奇异之物面前，上到帝王皇族、豪绅阔户，下至庶民百姓，无不以把玩这些异域之物为乐。无怪乎美国学者说："7世纪（中国）是一个崇尚外来物品的时代，当时追求各种各样的外国奢侈品和奇珍异宝的风气开始从宫廷传播开来，从而广泛地流行于一般的城市居民阶层之中。"

这条带来遥远国度奇珍异宝的路便是"丝绸之路"，"丝绸之路"一词源于西方。在西方人的心目中，中国自古盛产丝绸，中国的海外贸易也以丝绸最为有名，所以19世纪的德国地理学家李希托芬便把中国从陆上和海上通往西域的国际贸易通道统称为"丝绸之路"。之所以用丝绸来命名，只是一种形象的说法，在"丝绸之路"上流通的远不止于丝绸这一种物品，还有茶叶、瓷器等，甚至还包括文化、思想。

在李希托芬眼中，"丝绸之路"只是一个关于商路的统称。事实上，因为中国是丝绸的宗主国，大量的中国丝织品出口，多经长安西运，故后人称之为古代"丝绸之路"。而从陆路通往南亚、西亚以及欧洲、非洲的贸易通道，称为"陆上丝绸之路"；连接东西方的海上通道，称为"海上丝绸之路"。

自西汉时期便形成的"陆上丝绸之路"，在东汉时期陷入了半通半停的状态。唐朝的统治者在建立了大唐之后，再次将注意力放到了这条商路上来。唐代初年，在攻灭西突厥后，丝绸之路再次畅通，当时阿拉伯、波斯以及其他西亚国家的商人，沿着这条道路来到中国，带来珍宝、玉石、香料等商品，再载运中国的丝绸、瓷器等商品返回。天山南北道上出现商旅不绝的繁忙景象，"陆上丝绸之路"进入了它的黄金时代，形成了自汉以来东西陆路交通的极盛高潮。

敦煌，这个"丝绸之路"上的古城，也在这一时期，开始纳入了历史的视野。敦煌壁画中绘有在伎乐天伴奏下起舞的舞女的身姿，伎乐天们肤色各异，她们手持传自西域的乐器进行伴奏。这种西域的舞蹈也传入了长安，李白的诗中也有提及："胡姬貌如花，当垆笑春风，笑春风，舞罗衣，君今不醉将安归？"唐朝在国际上赢得了极高的声誉，"丝绸之路"备受各国商旅青睐，敦煌也随之成了当时闻名于世的一个古城。

但好景不长，随着"安史之乱"的爆发，唐朝驻守西疆的四镇边兵东调长安，一时西北边防空虚，吐蕃乘机占据河陇，回纥南下控制阿尔泰山一带，大食加强了中亚河中地区的攻势，三种力量混战不已。从此，唐朝政府失去了对西域的控制，一时丝路上"道路梗绝，往来不通"，"陆上丝绸之路"由此中断，故而有"乘槎消息断，何处觅张骞"的哀叹。

那场令大唐由盛转衰的战争，割断了"陆上丝绸之路。"中外商业交通的重点，开始由西北陆路向东南沿海转移，从而成了"海上丝绸之路"的发展契机。扬州，在当时是与明州、泉州、广州齐名的海外贸易港口。李白有云："楼船跨海次扬州。"唐代居住在扬州的外国商人数量很多，这些外国商人大多数是沿着"海上丝绸之路"而来的。高僧鉴真在玄宗天宝年间东渡日本，在扬州市场上购买了许多商品以便携往，安息香、沉香、胡椒等香料产于南亚和西亚地区，都是通过船运抵扬州出售的。

"海上丝绸之路"弥补了"安史之乱"后唐朝孤立境地的不足，使这个中国历史上的极盛王朝再一次加入到世界的行列中。无论"陆上"还是"海上"，丝绸之路都是架设在东西方之间的桥梁与纽带，犹如一条彩带，将大唐与当时世界的其他国家联结在了一起。"丝绸之路"是世界交通史上的奇迹，唐朝的"丝绸之路"更因其大国的身份和权威，在世界中显示了自身的分量和影响。那些绚丽多彩的壁画，香气四溢的香料，无一不是东西方交流的见证。

第二章　文化艺术，缤纷绚丽的大唐扇面

孔子、老子和佛祖

著名历史学家黄仁宇先生在他的《中国大历史》中说唐太宗"最具有人身上的吸引力"，而且在他看来，中国历史上之所以会出现唐代盛世，就个人的作用而言，是因为这个时代拥有一个旷世明君——唐太宗，因为他具备了中国传统文化的核心——"仁"的主要内涵及其实践。对一个古代的帝王而言，如此的评价是相当高，也是相当中肯的，因为"仁"是儒家的"根"。

"明月松间照，清泉石上流""大漠孤烟直，长河落日圆""春江潮水连海平，海上明月共潮生"……无论是赞美田园美景，还是歌咏边塞风情，处处体现了"道法自然"。生存是快乐的，死亡是痛苦的，清静无为，与自然和谐相处，这便是唐朝人追求的"道法自然"，一种快乐的生活方式。

佛、儒、道，它们眼中的世间万物千差万别，它们脑中的人生意义大相径庭，它们心中的幸福定义有天壤之别，但它们在唐朝这个盛世中，沿着各自的方向与道路自由地发展。

著名文学家李国文先生曾说："所谓'唐朝的天空'……是一个高度开放，略无羁束的精神天空。"在这片天空下，唐朝以博大的胸怀包罗来自各方的思想，它张开双臂，拥抱整个世界，就像现代史学家陈寅恪先生所言："有所创获者，必须一方面吸收输入外来之学说，一方面不忘本来民族之地位。此两种相反而适相成之态度，乃道教之真精神，新儒家之旧途径，而两千年吾民族与他民族思想接触史之所昭示者也。"唐朝

做到了这一点,所以,它成了中国历史上又一次"百家争鸣"的时代。

佛家、儒家和道家,三者均为中国文化的有机组成部分,而且其在精神层面上有很多是相通的。三家都非常强调人格的培养。佛家追求空寂、空静,与道家讲的虚静、儒家讲的静观有共通之理,具有超越意识。儒家讲"达则兼济天下,穷则独善其身",跟道家的退隐、归隐有共通之处,虽然它不像道家那样追求成道,追求长生不老,但它同样也在对生命、对时间的伤逝思考当中追求生命的超越。孔子主张"克己复礼",认为"立己"是"立国"之本;佛教注意个人对自己心灵的修炼;道教追求对自己的身体修炼。三家都认为根本之道是自身的修养和修炼。精神相通的三者,在唐朝这片自由的天空下,达到了融合。

董仲舒提出"罢黜百家,独尊儒术"后,儒家思想便成为历代统治者的思想工具,这种观念延续千年,贯穿于中国的封建社会,根深蒂固,正如现代史学家陈寅恪先生所说:"其中之一家遂得如武涉说韩信所谓:'足下右投则汉王胜,左投则项王胜。'然儒往往兼攻二氏;而二氏未尝合力攻儒者,则因儒为国家典学,自恃根深蒂固,名正言顺,二氏亦知其不可动摇也。"唐朝也不例外,基本上以儒家思想为指导。但儒家思想在唐朝并不是社会文化中的唯一思想,佛家、道家也逐渐渗透,占据了很重要的位置。

隋朝灭亡的教训,使得唐朝统治者十分注重儒、释、道三教的均衡。维持三教鼎立的局面,是唐朝历代统治者奉行的政策,君主的偏好则造成了佛、道两教地位的起伏变化。

唐朝的开国君王李渊以道教教主李耳为李氏皇帝的远祖,立老君庙,并亲往拜谒。武德八年,还亲自到国子监,正式宣布三教的地位:道教第一,儒学第二,佛教最后。随后,唐太宗虽然大崇儒学,但也未改变道第一、儒第二的秩序。尽管他笃信佛教,但为了确立李姓唐朝与道教教主李耳的亲属关系,他还是于贞观十一年(公元637年)下诏,确定道士地位在僧尼之上。道教得到了统治者的支持,暂时取得了优势。

唐高宗崇道,以道教徒为自己的拥护者,武则天崇佛,高宗死后,武则天明令规定,佛教在道教之上,僧尼处道士之前。睿宗因无法判定两教的先后,下诏僧尼与男女道士并行,以示二教平等。

唐朝发展到顶峰,佛教的势力已经非常强大了,"天下十分之财而佛有七八""出财佐势者尽度法门",唐玄宗即位后,为了压制佛教的势头,大兴道观,将崇道活动推向唐以来的最高潮,但唐玄宗并非从根本上反对佛教,只是以此来抑制佛教的过分发展,他的目的也只在于维持三教间的平衡。

回顾整个唐朝,儒、佛、道三家虽然地位时有变化,但其融合一直在继续。不仅如此,来自其他地方的宗教,也在这里找到了一片属于自己的天地,作为基督教支派之一的景教于唐太宗时期进入中国传教。

如此宽松的思想氛围,如此广泛的思想融合,甚至可以与春秋战国时期的"百家争鸣"相媲美。这种开明的态度使得唐朝的思想发展达到了前所未有的高度和深度,名家层出不穷。李白、杜甫、白居易、玄奘、慧能、义净等都在这个时代出现,后来的禅宗、理学、心学……这些在中国思想史上具有代表性的成果,就是在唐朝"百家争鸣"时奠定的基础。唐朝学者的足迹遍布整个亚洲地区,甚至把中华文化传到欧洲。中国文化成为亚洲文化的重心,就是唐朝时期形成的格局。盛唐就像一个兼容并包的大家,这种包容性不仅仅体现在它的经济与国际交流上,还体现在其对待思想的态度上,且不论当时的宗教给予后世的是什么,至少它们都经历了大唐盛世的万千气象,都在大唐的版图上留下了自己的足迹,也在中国悠久的历史和灿烂的文化中留下了浓重的一笔。

唐装其实不是"唐装"

湛蓝的天空，万里无云，如同刚被水洗过般，清澈、透明。极目远眺，唐朝的长安城被一种温馨、和谐的气氛所笼罩。茶楼酒肆中，动人的音符与不时的欢声笑语充斥其间；地摊商铺中，讨价还价之声不绝于耳；东、西市中，精彩的杂技表演博得了一阵阵的掌声，还不时地有一两个外邦人游走其间；庭院角落中，幼童在越荡越高的秋千上发出稚嫩的笑声；厨房炉灶旁，贤良淑德的妻子正精心准备佳肴美食；屋内正厅中，三五好友品茗间畅谈风花雪月……

长安城中的人共同奏出了一首和谐之音，它与《秦王破阵乐》的恢宏不同，也与《霓裳羽衣曲》的缥缈有异，它是一首现实之音，它的美妙在于作为音符的长安人心中的宽容与大度，还有对生活的宁静与满足。无疑生活在这个时代、这个城市中的人的心中必定溢满了幸福。

与创作的乐曲相配的是曼妙的舞姿，与现实之音相配的便是人们精致的生活，最直观的呈现方式，便是人们的衣着。唐朝的服饰闻名于世。如今复古风潮中，不断涌现的"唐装"便是对这一事实的最好见证，而这种服饰的美又集中体现在女性的着装上。

提到唐朝的服饰，脑中总是会浮现出体态丰腴的杨贵妃，她身着长裙，裙腰高到胸部，半袒露着胸部，裙长及地，裙腰以上绸带高系，几乎到腋下，肩背上搭一块帛巾，飘逸、雍容的形象不仅影响着当时的审美观念，也在后世人的心中生了根。这个中国历史上少有的胖美人，让人们领略到了中国服饰中最为精彩的篇章。

大唐的女子服饰主要分为襦裙服、男装和胡服三种配套服饰。

襦裙服是唐代妇女的主要服饰，也是唐代乃至整个中国服装史上最为精彩而又动人的一种配套装束。女子上穿短襦或衫，下着紧身长裙，佩披帛，加半臂。唐女的襦、衫等上衣，一般只长到腰。襦、衫领型有：圆领、方领、直领和鸡心领等。盛唐时代有袒领，即领口开得很低，后世所见壁画中唐代仕女多袒领。

披帛，又称"画帛"，通常由轻薄的纱罗制成，上面印画图纹，长度一般为二米以上，用时将它披搭在肩上，并盘绕于两臂之间。裙，是当时女子非常重视的下裳形式。制裙面料多为丝织品，穿着时裙腰高系，一般都在腰部以上，有的甚至系于腋下，并以丝带系扎，给人一种俏丽修长的感觉。有时甚至下身仅着裙，外披纱罗衫，致使上身肌肤隐隐显露，造成"粉胸半掩疑暗雪""长留白雪在胸前"的审美效果。

如此的着装，出现在中国的古代社会，足以令人咋舌，女着男装更是对古代社会所推崇的男尊女卑观念的一种颠覆。

早在《礼记·内则》中便有规定："男女不通衣服。"在森严的等级制度的影响下，社会上形成了一种观念：女子着男装，便等同于是不守妇道。这样的观念，在唐朝是不成立的，女着男装在当时蔚然成风，当然这其中也有一部分是受游牧民族的影响。女着男装的风气在大唐开元、天宝年间尤其盛行。《中华古今注》记："至天宝年中，士人之妻，著丈夫靴衫鞭帽，内外一体也。"

受北方游牧民族影响的女性服饰还有一个典型代表——胡服，这是一种包含很多民族成分在内的民族装束。这种服饰刚一传入，便令唐代的妇女有耳目一新之感，于是，一阵胡服热席卷中原诸城，其中尤以长安、洛阳等地为盛。较典型者，上戴浑脱帽，身着窄袖紧身翻领长袍，下着长裤，足蹬高腰靴。这样的女子形象在唐朝的石刻线画等古迹中均可见。

盛唐以后，胡服的影响逐渐减弱，女服的样式日趋宽大。到了中晚唐时期，这种特点更加明显，一般妇女服装，袖宽多在四尺以上。中晚唐的贵族礼服，一般多在重要场合穿着，穿着这种礼服，发上还簪有金翠花钿，所以又称"钿钗礼衣"。

风格各异的唐朝服饰上，总有各式各样的图案，更显其华贵。唐代服饰图案，融周代服饰图案设计上的严谨、战国时期的舒展、汉代的明快、魏晋的飘逸为一体，用真实的花、草、鱼、虫进行写生。到了晚唐时期，花鸟服饰图案、边饰图案、团花服饰图案在帛纱轻柔的服装上，更是花团锦簇，争妍斗盛。这时服饰图案的设计趋向于表现自由、丰满、华美、圆润的艺术风格，使服饰与服饰图案都达到了历史的高峰。

无论是"慢束罗裙半露胸"的开放襦裙，"或有着丈夫衣服、靴、衫"女着男装的时尚，还是"士女皆竞衣胡服"的胡服热潮，无不反映了当时社会思想的开放程度。唐代，这个中国封建社会的鼎盛时期，人们源源不断地吸收来自世界各地的精神与文化。灿烂的中国文化传到世界各地，同时，外国的友好使者云集长安，也把他们的文化种子，播撒在八百里秦川。作为社会气候"晴雨表"的服饰，也在此时将这种融合展露无疑。

唐代的服饰，从外形到装饰均大胆集合外来服饰特点，多以中亚、印度、伊朗、波斯及西域外族服饰为参考。这里没有矫揉造作之态，也没有扭捏矜持之姿，有的只是充满朝气、令人振奋又使人心醉的服饰。各种鲜丽的颜色争相媲美，不甘疏落寂寞，各种动人的图案，祥光四射，生趣盎然。唐代的服饰丰富多彩、富丽堂皇、风格独特、奇异多姿，是中国历史服饰中的一朵奇葩，为世人瞩目。它反映了唐代文化的博大和超前，社会经济的繁荣与发达。这既是美化生活的需要，也展现了唐代社会开放的气度和意气风发的精神风貌。

盛世已然远去，但其遗留的石刻、雕塑、壁画等中，仍然有袅袅的盛唐之音在耳边回响，华美的大唐服饰也在世人的脑中反复盘旋。

艺术也疯狂

富丽堂皇的天竺宫殿中，跋山涉水终于至此的玄奘，正在接受迦摩缕波国国王拘摩罗王的召见。寒暄过后，拘摩罗王问玄奘："现在我的国中有许多人都在吟唱摩诃至那国的《秦王破阵乐》，听说很久了，不知那个国家是不是就是您的国家呢？"玄奘答："那就是我的祖国，那首歌就是歌颂我国皇帝的盛德的。"拘摩罗王又说："想不到您就是那个伟大国家之人，我一直都很羡慕那里的风土人情，早已有东望之心，只不过因为山川阻隔而不无法派遣使者前往啊！"一曲《秦王破阵乐》令整个唐朝扬名于遥远的异邦，真是出乎玄奘的意料，也正是这首远至海外的乐曲，揭开了大唐的艺术帷幕，将一幅幅缤纷绚丽的精美扇面展现于世界面前。

《秦王破阵乐》是一部集歌、舞、乐于一体的大型综合性歌舞剧，是一部歌颂唐太宗李世民以武功定天下的艺术作品。贞观元年正月初三，李世民为庆祝自己的胜利，借春节之时宴请群臣。在君臣欢宴的时刻，李世民命乐工共奏《秦王破阵乐》，这是此曲第一次正式登场。贞观七年（公元633年），由当时精通音乐的大臣起居郎吕才写音律，魏徵、虞世南、褚亮、李百药等一些文官作歌词，李世民根据多年戎马生涯的经验，绘制了《破阵乐舞图》，并命吕才依图教乐工120人披甲执戟而舞。

据《旧唐书·音乐志》记载，舞队摆出各种阵势，"发扬蹈厉，声韵慷慨"，伴奏音乐"声震百里，动荡山谷"。舞蹈不仅具有浓厚的战阵气息，还有一种威慑力，令观者"凛然震竦"。这首《秦王破阵乐》从初唐到晚唐,流传了近三百年,同时也随着唐朝声势的不断壮大,远播海外,所以才有玄奘所遇见的那一幕。

此时的大唐,是一个艺术的国度,"歌舞凌烟阁,酒酣意淋漓"。狂放不羁的音乐,粗犷豪迈的动作,艺术的珠玉便在一个个音符与动作间,坠落到凡间,虽然称不上"此曲只应天上有,人间哪得几回闻",但其彰显的自信与大度也是历朝历代无法企及的。正如著名文学家李国文评价说:"你不能不服气在唐朝的天空下,这种在别的朝代少有的百无禁忌的强烈自信……这一通狂舞,绝对是那个时期大唐帝国活力的最高体现。"

无独有偶,唐太宗李世民去世三十多年后,大唐帝国中最具文人气息的君王——唐玄宗李隆基,再一次创造了一首艺术史上不容忽视的曲子——《霓裳羽衣曲》。唐玄宗这个多才多艺的君王,不仅有辉煌的政绩,还是一个当之无愧的音乐家。他不仅爱好音乐,而且极有天赋。他精通音律,能作曲,随意即成;能演奏乐器,且曲尽其妙。《霓裳羽衣曲》便是他一生百余首作品中,最为后世所津津乐道的。

相传,李隆基一日梦游月宫,耳闻仙乐后参照西凉乐《婆罗门曲》创作了《霓裳羽衣曲》,这首曲子是我国古代发展鼎盛时期最优秀的宫廷乐舞曲之一,它以悠扬典雅、虚无缥缈的特色闻名于世。它由玄宗亲自教人演奏,宫女歌唱,仙乐飘飘、舞姿婆娑的情景,尽现其神仙般的生活。

或雄壮、或绮丽的曲调与舞姿,不应只有身处其中之人可以享受。于是,画师们用他们手中的画笔,记录下了每一次震撼人心的表演。

新、旧《唐书》中都记载了这样一个故事:某天,有人得到一幅奏乐图,却不知其中演奏的是什么曲子,便拿去请教王维。王维仔细看过之后,说:"画中所画乃《霓裳羽衣曲》第三叠第一拍。"人们不信王维有如此深的音乐造诣,便找了一班乐工当场演奏《霓裳羽衣曲》,进行验证,果然如王维所言。不可否认,王维确实是个高手。同时,画作的精准也是不容忽视的,一个懂音乐与绘画的人,单凭一幅画作便可准确地指出其所绘的内容,画作本身便已经是巨大的成功了。

盛世的绘画领域中,除了王维这位将诗和画熔为一炉的艺术大师之外,还有不得不提的是被后世尊称为"画圣"的吴道子。吴道子善画人物,他吸取法画流派的精湛技巧,同时大胆创新,使用圆润的兰叶描画法,又于焦墨痕中微施色彩,使画面富有立体感。他画的人物衣带飘飘欲飞,就像迎面吹来一阵和风,因此人们用"吴带当风"来赞美他高超的绘画技巧。

他还擅长画山水画,笔势洒脱,气势磅礴,一气呵成,对后世影响颇深,后世的水墨山水画,就是仿照他的这种画法。他的艺术风格,被后人称为"吴家样";他的着色方法被奉为"吴装"。他一生画了很多流传千古的名画,单是在长安、洛阳一带的佛寺和道观里,就画了佛教和道教的宗教壁画三百多幅。这位被后世民间绘画和雕塑工匠尊为祖师的"画圣",成了唐代绘画艺术界最典型的代表人物。

在唐朝这个中国古代绘画全面发展的鼎盛时期,无论是逐渐成熟并开始独立的山水画、花鸟画,还是融合秦汉、魏晋风格的人物画,其中所体现的艺术内涵都逐渐渗透到绘画之外的另一领域——书法之中。

中国古代的书法艺术也在这一时期达到了高峰,从南北朝沿袭而来的树碑立志之风尚,大大推动了书法的发展,而且书法艺术在唐朝受到了统治者的提倡和重视。唐太宗爱书法,命人搜求王羲之的墨迹,整理成卷;他把书法的好坏也作为选拔官吏的一项重要标准;他请字体以内刚外柔、雍容华贵而著名的虞世南做书法老师……

书法在唐朝获得了最好的外部发展条件，因而有大批的书法家涌现。与虞世南并称的欧阳询，书法用笔刚劲峻拔，笔画方润整齐，结构开朗爽健，对后世影响颇深。"草圣"张旭往往醉后落笔疾书，常有佳作产生，他的草书变幻无穷，挥墨时飞动的姿势像舞蹈一样美妙；与其同时期的怀素和尚也以草书闻名，他的草书活泼飞动，像飞一样栩栩如生，有如笔下生风，人们把他和张旭并称为"颠张狂素"。唐朝中后期的颜真卿擅长楷书和行书，他的楷书端庄雄伟，气势开阔，他的行书笔力遒劲，气势旺盛……无论是哪一位书法家，大气是其字体共有的特征，而这一特征得益于唐朝这个大环境。

大气的唐朝盛世，孕育并发展出了大气的唐朝艺术，音乐、舞蹈、服饰、绘画和书法不过是大唐艺术这个扇面上的组成部分，辉煌的石窟艺术、闻名世界的唐三彩，还有许许多多，它们共同向后人展示着这个盛世的王朝，这个拥有高度发达文明的时代，这个以无所畏惧、无所顾忌的兼容并包面对世界的大国，它的丰富所代表的魄力将长久地延续下去。

爱喝酒，爱喝茶，爱写诗

自古书生有七件宝，即琴、棋、书、画、诗、酒、茶。诗、酒、茶三剑合璧奏出了盛唐文化的最强音。那里洋溢着生命的快乐，蕴含着盛世的无限风光，也散发着盛唐独有的浓郁芳香。

孙中山说，茶是"最合卫生，最优美之人类饮料；最良之茶，惟可自产茶之母国，即中国得之"。品唐朝的茶文化就是品一个盛世。在唐朝，茶文化的发展，促进了文化的发展。当时的文人、士大夫们将饮茶作为一种愉悦精神、修身养性的手段，将茶文化看作一种高雅文化。因而，从唐代流传下来了大量的茶文、茶诗、茶画、茶歌。如：钱起《过张成侍御宅》吟："杯里紫茶香代酒，琴中绿水静留宾"；杜甫《寄赞上人》记："柴荆具茶茗，迳路通林丘"；李中《赠上都先业大师》说："有时乘兴寻师去，煮茗同吟到日西"；喻凫的《蒋处士宅喜闲公至》描写："尝茗议空经不夜，照花明月影侵阶。"诸如此类，不胜枚举。

中唐以后，尚茶的风俗更加普及，从朱门到柴屋皆嗜茶，有的甚至穷日尽夜，啜之不已。其实茶文化的风靡是与整个社会经济和文化发展分不开的。自贞观以来，社会安定、经济繁荣、文化昌盛，充盈着生机勃勃的气息，这种背景也为茶业提供了充分的发展空间。发达的交通和开明的经济政策，有力地促进了茶的种植和贩卖。随着茶树的栽培与加工技术的成熟，各种高品质的茶叶应运而生，从而使得饮茶之风日盛。

其实，饮茶还借佛教而盛行，并渗透到宗教文化之中。其实佛与茶的关系源远流长。佛教自西汉传入中国以来就与茶结下了不解之缘。晋代名僧慧远曾在江西庐山东林寺亲自烹茶招待好友陶渊明，品茶吟诗，以至于通宵达旦，被传为佳话。到了唐代，僧人们更是以茶敬佛，并且饮茶之风从佛寺向民间传播。由此可见佛教对茶文化的影响。

大唐还为后世人贡献出了一位不可不提的人物，他就是陆羽，被后人誉为"茶圣"。陆羽从小就是个孤儿，被竟陵龙盖寺住持智积禅师收养，他的少年时代是在寺院度过的。在唐德宗建中元年（公元780年），陆羽在考察了各地饮茶风俗以及总结了历代的制茶方法之后，写出了中国乃至世界上第一部茶书——《茶经》，为中国茶道奠定了基础。

著名文学家老舍先生说："我是地道中国人，咖啡，可可，汽水，啤酒，皆非所喜，而独喜茶。有一杯好茶，我便能万物静观皆自得。烟酒也是我的好朋友，但它们都是男性的——粗莽,热烈,有思想,也有火气,未若茶之温柔,雅洁,轻轻的刺激,淡淡的相依,茶是女性的。"确实,茶性宁静清雅、质朴致和、淡泊去欲,并且能够提神醒脑、缓解疲劳,且能修身养性。于丝丝茶香中,人们品味唐朝,盛世如茶,在生命中流转不息,久久不能散去……

茶使盛唐宁静得如同处子,而酒则让一个泱泱大唐活跃起来,盛气凌人,直逼人的心脏,让人无法呼吸。

酒自然也与诗有关,古之诗与酒可谓浑然天成,诗中有酒,酒中诗成。而将二者结合得天衣无缝者,当属唐代。在大唐,酒已经不是什么奢侈品。诗人把饮酒聚会、吟诗作赋两项活动融为一体。诗酒唐朝的诗中有诗仙、诗圣、诗丐、诗魔,诗中皆有酒;酒中有酒圣、酒痴,更有酒中八仙,酒中蕴含着诗。

唐代无酒不成诗。酒在文人来说,大都充当了消遣情感、排解心中郁积之气的工具,正所谓浇胸中之块垒是也。其送别诗有酒,"劝君更尽一杯酒,西出阳关无故人"。唐之忧愁诗也有酒,"五花马,千金裘,呼儿将出换美酒,与尔同销万古愁"。即使是身在战场,也不能缺了酒,"葡萄美酒夜光杯,欲饮琵琶马上催。醉卧沙场君莫笑,古来征战几人回"。唐朝浓郁的酒香被诗人的一支生花妙笔发挥得淋漓尽致。唐朝的诗人,几乎都是诗酒狂客,这个精英荟萃的创作群体,用诗和酒把盛世时代高扬的精神和自信的民族心态表现得愈发潇洒狂放,树立了中国诗与酒的高峰。

谈及唐朝诗与酒,又有三位顶尖的人物值得一提,一位是李白,一位是杜甫,一位是白居易。"李白斗酒诗百篇,长安市上酒家眠。天子呼来不上船,自称臣是酒中仙。"好一位酒中狂客。他可以"兴酣笔落摇五岳,诗成笑傲凌沧州",是因为他有着"黄金白璧买歌笑,一醉累月轻王侯"的高傲,"我本楚狂人,风歌笑孔丘。"李白因酒而狂,酒也为李白的诗陶醉。杜甫少年即豪饮,世称"少年酒豪",他嗜酒如命,"百罚深杯亦不辞",他喝酒"饮如长鲸吸百川",只可惜他一生穷困潦倒,"街头酒价常苦贵"。

白居易晚年自号"醉吟先生",可见他十分爱酒,"酒盏斟来须满满""谓当饮美酒,终日陶陶醉"。据说他死前要求简葬,只待一坛美酒入墓。后来传说有盗墓者挖其坟墓,先见一个坛子,打开后酒香四溢,不禁喝得酩酊大醉,这位香山居士的遗骨竟得以保存。

酒承载着诗人的喜怒哀乐,演绎着世间的悲欢离合。酒也点燃了一个盛世的激情,让盛世如酒般肆意绽放。

茶与酒,动静之间,斟就了一个清香四溢的王朝,留给后人无限的怀想与向往。

第三章 诗文传世,绣口吐出的盛唐

唐传奇,大唐的传奇

文化最直观的反应便是文学,中国文学的发展,一直都是随着音韵的发展而发展,《诗经》是较早的文学代表作。后来相继出现了楚辞与汉赋的文学形式,一脉相承、薪火相传。魏晋南北朝时期,汉赋发生了巨大的变化,成了骈体文,这种贵族式的文字欣赏,四六字句交替出现的韵律形式,虽然格律优美,但是由于脱离了大众的欣赏品味而显得阳春白雪、曲高和寡。

到了唐朝,这种骈体文再次发生了重大的变化,使得散文和短篇小说开始兴起。著名文学家韩愈就是坚决反对骈体文的代表人物,他大力主张恢复骈体文尚未兴盛之时的古文体裁,不讲韵律和对仗,直接抒发自己的心中所想。他的这种主张得到了广大文士的承认,使得散文这一文学形式兴盛起来,韩愈本人也获得了"文起八代之衰"的美誉。

小说这种文学体裁也在唐朝得到了发展和成熟,与明清时代的话本不同,唐朝的小说主要由文人以文言文的形式创作而成,这就是具有明确自觉的小说创作的肇始之端——唐传奇。明代文学评论家胡应麟曾说:"凡变异之谈,盛于六朝,然多是传录舛讹,未必尽设幻语,至唐人乃作意好奇,假小说以寄笔端。"正是说明了唐传奇的出现和成熟对于小说这种文学体裁的发展所起的至关重要的作用。

当然,每一个重大的社会现象的出现,都必然有其更为深刻的社会原因。除了经济繁荣带来的城市兴盛以及市民阶层的兴起的社会背景,唐传奇出现的另一个重要原因,是科举制度的兴盛。相对于后世而言,唐朝的科举制度是相对自由的,高官权贵和皇室宗亲在科考取士中发挥着很大的作用。许多应届举人,为了能够提前为自己铺好道路,往往会选择不择手段,以博取权贵的垂青。

这其中就不乏生活在市井之中的庶族文人们,他们将社会上流传的士子、闺秀、商人、妓女、游侠、僧道的离奇故事收集起来,用文言文的方式作成辞藻华丽、构思精巧的文章,在考试之前呈送给自己干谒的官员贵族们鉴赏,自然更容易得到那些每天羁于枯燥乏味的政府公文之间案牍劳形的官员们的赞赏和青睐。

经过长时间的发展,唐代传奇不仅数量多,而且内容新颖、广泛,更贴近现实生活。上至帝王后妃的宫廷生活,统治集团内部为争权夺利而展开的斗争,下至妓女、士子的恋爱婚姻悲剧,乞儿、商贾羁旅行役的生活状况,无不写入唐人传奇中。传奇所描绘的生活面,几乎触及唐朝社会的各个角落。笔锋所向,既多揭露黑暗丑恶现象,也有对光明理想的追求。有些作品具有高度的文学价值,故而会有古代小说"至唐代为之一变"之说,会被看作是中国文言小说发展史上的第一个高峰。

唐传奇是我国古典小说发展史上的一个里程碑。唐代许多著名的文学家都写过传奇,这些文人借鉴《史记》《汉书》等史传散文和《大人先生传》《桃花源记》等文人作品的传记写法,同时汲取六朝志怪小说和稗官野史在情节处理、艺术构思上奇异新颖、富于变化的特点,创立了小说领域内的"始就一人一事,纡徐委备,详其始末"的传奇体。因而形成了结构严谨完整,波澜起伏,富于悬念的文学作品。

沈既济的《枕中记》是讽喻传奇的代表、袁郊的《红线传》是侠义传奇的代表、陈鸿的《东城父老传》是历史政治传奇的代表,与这些类型的传奇相比,以爱情婚姻为题材的传奇,才是当时影响最大、艺术成就最高、最精彩动人的一类。

爱情关系是人际关系中最耀眼的、最富戏剧性的一种,同时也是整个社会风气的缩影。爱情这个亘古不变的话题,无论在哪个朝代都是人们无法忘却的,正因如此,历朝历代关于爱情的文学作品都深深地烙上了时代的印迹,成为那个时代独特的见证。唐代的爱情传奇也不例外,后人能从中看到当时社会生活的方方面面,包括唐朝人的人生观、价值观和婚恋观等。

唐朝,是一个个性张扬的朝代,在这样的环境与氛围中,人们的生活自然多了几分自由与洒脱,少了几分约束与顾忌。在感情生活上,还没到宋明理学"三从四德"遍行天下的时期,加上唐朝是各方融合的朝代,因此,一些社会的伦理道德规范,人们并不过多地在意,甚至还以狎妓为荣,以风流自诩,杜牧就曾为"十年一觉扬州梦,赢得青楼薄幸名"而感到自豪。风流之事可遇而不可求，因此成了文人显示其才气、魄力与风度的一种手段，追求风流成了一种时尚。这些终日与笔为伴的文人，自然会将这种风流带入到他们的作品中，因而留下了很多的爱情传奇。

元稹的《会真记》（一说《莺莺传》）是唐代传奇中，文字最优美的一篇，而且据说这篇传奇是元稹自己的忏悔录。莺莺作为贵族的千金大小姐，最初对张生的态度也只是矜持和犹豫，但后来红娘将她送至张生处时，她还是将满腔的热情和爱都献给了张生。《虬髯客传》中，红拂是个胆识过人的女子，她本为杨素的侍姬，当见到李靖后，知道他是位胸怀大志的英雄，就乔装打扮成男子与其私奔。她坚持自由选择，为寻找自己倾慕的人无怨无悔。

此类动人的故事，数不胜数，这是李唐王朝兼收并蓄的政治思想、空前活跃的民族融合和开放宽松的社会氛围所带来的百姓之幸。但并非一切身在唐朝的人皆可如愿，也并非人人都能做到《诗经·郑风·褰裳》中所说的："子惠思我，褰裳涉溱。子不我思，岂无他人？"意即你爱慕我，就提起下装趟溱河；你若无此心，难道就没有别人爱慕我了吗？

唐朝毕竟是一个封建王朝，传统的礼教思想、门阀制度等各种现实的力量，仍然会对追求自由婚恋的人们带来压力。爱情需要的是浪漫，对象要有才有色有情；婚姻需要的是现实，对象要有门有第有德行。即便是在自由恋爱的时代，许多人还要将爱情与婚姻区别开来，更何况是一千多年前的封建王朝！

面对爱情与婚姻，人们发现了无法解决的问题，但唐人是浪漫的，他们用一种浪漫的方式，"用美丽的理想去代替那不足的真实"。白居易的弟弟白行简所著的《李娃传》中，让李娃这个感情真挚的妓女成了豪门的媳妇，并被封为"汧国夫人"，不失为一种对现实生活的挑战。

青年男子不许擅自与少女交往，于是就大胆想象，邀请各种美丽的仙与妖，来自己的作品中"客串"一把。李朝威的《柳毅传》中，龙女加入了进来，她在柳毅的帮助下，从丈夫和公婆的虐待中逃脱了，终与有情有义的柳毅结为夫妇；沈既济的《任氏传》中，狐仙参与其中，机智、勇敢、善良的狐仙具有中国传统女性的贤淑品德，为了维持永久的爱情，以死表明了对爱情的忠贞不渝。

当情人们面临无法解决的难题时，无须斗争，便会出现具有超凡本领的英雄，助其脱离苦海。薛调的《无双传》中，古押衙身为皇陵卫官，却破坏皇陵规矩，营救被贬至皇陵的宫女刘无双，使其得以与王仙客成亲；裴铏的《昆仑奴》中，磨勒从一品大官的魔窟中救出红绡，使她与有情人终成眷属。

在这个浪漫的时代里，唐人以各种各样的方式实践或者幻想着爱情的美梦，爱情传奇成了一种重要的工具。传奇不仅适用于爱情，还可遍及社会生活的各个领域，它与唐诗共同为后人展示唐朝的美。如老舍所说："唐朝犹如一位站在东方文化之中的美女。从唐诗，我们可以窥见她柔美胸中的美丽幻梦。"唐代的传奇则更接近于现实的生活，比较注意"对于人和人的生活环境作真实、不加粉饰的描写"，其描绘出的无疑是一幅唐朝的"清明上河图"，将唐朝的百态全部纳入其中，却无凌乱之感。这幅奇异的绚丽之图，是古代文学中至关重要的一环，也是后世戏曲、小说的重要源流。

诗人不只是作诗的人

继秦汉时期以后，盛唐是中国第二个鼎盛时代，这一时代的典型特征是在政治、经济、军事、文化方面取得了大发展,文学领域的诗歌也取得了让世界瞩目的辉煌成就,成为与史学齐名的中国古代文学的两大形式之一。

即使大唐政治在经历了安史之乱后逐步变得昏暗和衰落,但这种诗歌的黄金时代并没有马上随之结束,反而跟随国家命运的变迁,而引起了诗歌的重大变革,诗歌的黄金时代得以延续。前后二百年时间,无数千古名句,万世佳作得以问世。一个无法逾越的巅峰时代便横亘在那里,千百年过去,始终只能被模仿,无法被超越。

国学大师马一浮曾说:"诗其实就是人的生命,'如迷忽觉,如梦忽醒,如仆者之起,如病者之苏'。"诗距离心灵最近,它可以从平庸、浮华与困顿中,唤醒人们心底最深处的美好。中国诗歌的巅峰——唐诗,自然成了诗中的奇葩。

提起唐诗,总有一种齿颊生香之感。它不只是风花雪月,不只是语言艺术,也不只是文学遗产,它用感性的经验表达了古今相通的人性,在那些风花雪月的背后,是中国文化做梦做得最深最美的地方,是永恒的人性世界。

中国近代著名学者王国维在《人间词话·删稿》中说:"词人之忠实,不独对人事宜然。即对一草一木,亦须有忠实之意,否则所谓游词也。"诗人首先应该拥有的是一颗敏感而忠实的心。法国艺术家罗丹说:"生活中不是缺少美,而是缺少发现美的眼睛。"此处的"眼睛"其实指的是心,真正的美不是用眼睛观察出来的,而是用心感悟出来的。唯有拥有了这样的一颗心,诗人才能感受到世间的爱与恨,感悟出俗世的美与丑。拥有如此心灵的唐朝诗人,数不胜数,骆宾王、孟浩然、王昌龄亦属其列。

骆宾王七岁时便写出了那首传唱千年的《咏鹅》:"鹅,鹅,鹅,曲项向天歌。白毛浮绿水,红掌拨清波。"一首再简单不过的诗,却包含了美所必需的两个重要的元素:声与色。于是,这首诗变成了一幅画,一幅有声音的画。无论在何时,它都无须费心解释,即使是再稚嫩的孩童也能在听到它的时候,看到一汪清水中白鹅划动的红掌。甚至会在晚上的梦境中,看到那只唐朝的白鹅朝自己游来。正是骆宾王那颗玲珑剔透的心,让他看到了白鹅的美丽,写出了这首已经传唱千年,并将一直流传下去的诗歌。

"春眠不觉晓,处处闻啼鸟。夜来风雨声,花落知多少。"这首是孟浩然所作的脍炙人口的名诗——《春晓》。孟浩然的一生是平淡的,因此他拥有一颗敏感的心,用诗人的眼睛与嗅觉,体会自然中最细微的感受,从中寻找诗意和人生的真谛。

这首《春晓》用简单明了的词语,讲述了诗人对"毫不相干"的他人的同情。在欣欣向荣的春日,与众人一同欢呼这一年中最美好的时节到来,是再简单不过的事情。只有最伟大的诗人,才拥有一颗对泪水和疼痛最敏感的心,才能在一片欢呼声中看到华丽下的卑微,触到盛世下的伤痛。

高唱"黄金百战穿金甲,不破楼兰终不还"的王昌龄是何等地豪迈!但在他心中,还有一份关注人心的悲悯,因而他能写出表达丈夫出征的少妇心思的《闺怨》:"闺中少妇不知愁,春日凝妆上翠楼。忽见陌头杨柳色,悔教夫婿觅封侯。"在春日的阳光下,那个曾经豪情满怀鼓励丈夫奋勇杀敌、建功立业的少妇,后悔了。她偷偷地在这美好的日子里,晾晒出自己淡淡的愁绪,如一条小溪,婉转而来,又婉转而去,留下的,是耳边潺潺的水声,和眼前激滟的波光。一个以写边塞诗闻名的诗人,能细致地描绘出少妇的"小心思",相信他的心一定也无比细腻,否则何以写出如此的绝唱?

与和者数千人的《下里》《巴人》相比,《阳春》《白雪》无疑是曲高和寡的,而那些真正的诗人也具有与《阳春》《白雪》一般无法排遣的孤独。对诗人来说,孤独是原因,也是结果。当他们用缪斯的眼神俯瞰奥林匹斯山下的芸芸众生时,他们没有意识到,自己与众生已相隔太远,而他们拥有的不过是缪斯的眼光,却未曾获得神灵的身份,他们的肉体还在凡尘,他们只能像蝙蝠一样,在夹缝中咀嚼、享受孤独。

心高气傲的陈子昂经历了世事的变迁,登上幽州台时,他所感到的应该是发自内心的孤独和悲哀,因而写下了名传千古的《登幽州台歌》:"前不见古人,后不见来者,念天地之悠悠,独怆然而涕下。"仰望蓝天,俯视大地,在这广阔无限的天地间,一种寂寞与孤独包围着他,这种孤独从远古来,向未来去,它与永恒的时间和空间一起,永久地存在着。这孤独划破了时间的障壁和空间的阻隔,伴随着陈子昂的涕泪,肆意地充斥于一千多年的时空中,化为无穷。即使到现在,很多人听到这首诗时,还会噙着和他一样的眼泪。

习惯了孤独的李白,一直将空中的一轮明月当作最好的朋友。在游山玩水时,有"一夜飞渡镜湖月";在朋友离别时,有"峨眉山月半轮秋,影入平羌江水流";在随军出征时,有"明月出天山,苍茫云海间";在思念家乡时,有"举头望明月,低头思故乡"。在一个没有人陪伴的夜晚,嗜酒的李白再次想到了"月亮"这个最好的朋友,"花间一壶酒,独酌无相亲。举杯邀明月,对影成三人"。不食人间烟火的月亮,用单纯静穆的眼光看着这个喧嚣的世界,身后的影子,虽很活跃,却也只会跟着人的脚步亦步亦趋。虽有三人之众,李白还是孤独的,三人其实都只是他自己而已。

孤独,是一种永恒,它与人类如影随形。而对于永恒的体味,有一个诗人给出了最好的答案。《全唐诗》中只收录了两首他的诗,史书里也鲜有他的记载,但他仅存的两首诗中的一首,造就了一个诗歌的传奇,诠释了永恒的深义。他就是张若虚,这首诗就是《春江花月夜》。这首诗已经超越了"诗中有画,画中有诗"的境界,它不仅是静止的画,还是流动的镜头,展现美景的同时,会引发一些令人惊异的思索。

"江天一色无纤尘,皎皎空中孤月轮。江畔何人初见月,江月何年初照人。人生代代无穷已,江月年年只相似。不知江月待何人,但见长江送流水。"与陈子昂"独怆然而涕下"的刚烈不同,与刘希夷"年年岁岁花相似,岁岁年年人不同"的悲观相异,张若虚面对永恒,选择的是淡定与从容,他用"人生代代"的蜉蝣瞬间达到了"年年相似"的永恒。他明白,所谓永恒,就是那一瞬间的真情,是"何处相思明月楼";所谓永恒,就是组合起来的瞬间。于是,当别人还在伤春悲秋时,张若虚已将瞬间化为了永恒:用力抓住当下的一丝一缕,便已掌握了永恒。

欢喜、悲伤、幸福、孤寂,无一不是永恒。在这个文化繁盛的时期,诗人们用他们澄澈的心,与自然、与人世亲密接触,静心倾听花朵悄然开放的声音,用心感悟花朵默然凋谢的叹息,永恒便常驻于他们心间。唐诗让人们听到了心灵的声音,唐朝让人们体味到了静谧的魅力。

大漠外,雄浑音

秋风萧瑟天气凉,草木摇落露为霜。
群燕辞旧鹄南翔,念君客游多思肠。
慊慊思归恋故乡,君何淹留寄他方?
贱妾茕茕守空房,忧来思君不能忘。
不觉泪下沾衣裳,援琴鸣弦发清商。
明月皎皎照我床,星汉西流夜未央。
牵牛织女遥相望,尔独何辜限河梁?

——曹丕《燕歌行》

闺中少妇独坐床沿，瑟瑟秋风凉透了心，挂在冰冷夜空里的皓月和她一样的孤独。心中的人远在边塞，何能不牵肠挂肚？思妇的泪随着曹丕的《燕歌行》流淌了四百多年，时时牵动着戍边将士们的心。东汉后，烽烟四起，青壮男人应征入伍。战争之惨烈，刀剑之无情让人看到了生命的脆弱。漫漫征途像一条孱弱的生命线，一端拉着家乡，一端伸向未知的明天。国势不强，军力萎靡，边塞的声音就这样低吟了几个世纪，少有悲壮激昂的吼啸。

　　胜败是每一个军人最关注的事情，自信靠不断的胜利来撑起。自东汉以来，西北大漠、北面草原在中国军人的精神里种植了畏惧感。直到大唐彻底一扫蔓延四个世纪的边塞颓势，雄浑之音方兴起，何等壮阔！

　　　　君不见，走马川行雪海边，平沙莽莽黄入天。
　　　　轮台九月风夜吼，一川碎石大如斗，随风满地石乱走。
　　　　匈奴草黄马正肥，金山西见烟尘飞，汉家大将西出师。
　　　　将军金甲夜不脱，半夜军行戈相拨，风头如刀面如割。
　　　　马毛带雪汗气蒸，五花连钱旋作冰，幕中草檄砚水凝。
　　　　虏骑闻之应胆慑，料知短兵不敢接，军师西门伫献捷。
　　　　　　　　　　　　　　——岑参《走马川行奉送出师西征》

　　同样是风沙雪雨、大漠狼烟，在不同时代的军人眼里，却是不一样的景致。在唐以前的军中文人眼里，它们是催生愁绪和失望的资本，少有能傲视万物的情怀。正如著名文艺评论家所说："雪夜风吼、飞沙走石，这些边疆大漠中令人生畏的恶劣气候环境，在诗人印象中却成了衬托英雄气概的壮观景色，是一种值得欣赏的奇伟美。如没有积极进取的精神和克服困难的勇气，是很难产生这种感觉的，只有盛唐诗人，才能有此开朗胸襟和此种艺术感受。"此话一点都不假，唐朝边塞诗的创作者除了我们所熟知的高适、岑参、王昌龄、王之涣、李颀、崔颢等外，还有像李白、杜甫、王维等也加入了边塞诗的创作团队。

　　边塞诗早在隋朝已经吹响了号角，到了大唐真正集结兴起。卢思道的《从军行》，何妥的《入塞》，杨广的《饮马长城窟行》《白马篇》《纪辽东》，杨素的《出塞二首》、薛道衡的《出塞二首》，王胄的《白马篇》《纪辽东二首》，虞世基《出塞二首》都吟咏出铿锵的味道。到了骆宾王、高适、岑参时期，读其作品，可以纵览金戈铁马，在雄浑的吟唱声中笑看沙场风云变幻。一场惨烈的战斗可以在豪放慷慨的格调里擂鼓而起，在最后一个休止符处又戛然而止，尘埃落定的血色余晖中，冲杀声依旧荡气回肠。

　　唐代边塞诗的数量和质量是前代所无法比拟的。唐以前，主要由历史散文、地理著作来承担反映边塞生活、边塞风光的任务，多以教科书般的感觉来书写军旅生活。到了盛唐时代，诗歌轻松地挑起了重任，但同时它也不排斥在字里行间畅诉儿女情怀，思妇愁肠和征途苦累反而使满怀豪情更加丰满、真实。

　　唐朝强大的边防和高度自信的时代风貌吹起了边塞诗的这股新风。吴庚舜先生指出："边塞诗的繁荣除了可用大家承认的唐诗繁荣的那些原因解释外，还有以下几点值得注意：盛唐时期国力强盛，当时'诗人视野广阔，精神振奋，边塞对他们很有吸引力，当时人热心从军和密切关心边塞，还有政治制度和英雄人物的影响'。""醉卧沙场君莫笑，古来征战几人回。"王翰的《凉州词》里更是笑对生死。宋人严羽在《沧浪诗话·诗评》中说："唐人好诗，多是征戍、迁谪、行旅、离别之作，往往能感动激发人意。"盛唐边塞诗中的豪情并非故作旷达，更不是空洞的豪言壮语，而是在面对艰险甚至死亡的情况下，仍然能一笑置之而无所畏惧。这种真正的洒脱与旷达，只有大唐才有。

唐朝的经济发展为边塞诗的繁荣提供了可能。社会经济的空前发展和社会财富的巨大增长，给世人最强烈的感受，他们认为自己生活在一个值得骄傲、一个强大无比的时代。虽说宋朝的经济一样发达，但在词作里就缺少了这种气派。大唐的军人们从心底里渴望冲锋陷阵，上前线杀敌。

在盛唐时代，边塞诗是人们共同关注的题材。有人是这样来描述这一盛况的："唐代的诗人们无论是著名的作家或不著名的作家，至少有一首以上的边塞诗。而上至掌握国事的政治家，统率军队的武人，下至贩夫走卒，以及不知姓名的鄙人也会作一两首关于民族斗争的诗歌。"欣欣向荣的新气象下，人们对自己的国家和民族充满信心，为自己的国家和民族感到自豪。在这种内在的心理驱动下，人们就会向往着遍览各个地方，无论走到何处内心深处都是一种自豪感，看到的都是美好的天地。

初唐以后，大唐在边境设都护府，增强了边庭的军事力量，不少诗人都曾去过边塞、甚至长期居留在边塞。由于边塞是保卫祖国的前哨，边塞生活本身又是如此丰富多样，因而边塞诗除了有去过边塞的诗人写下他们的生活感受外，还有为诗人普遍歌唱的价值和魅力。

军中诗人怀一腔热血，为正义、为保卫家国驰骋沙场，对于战争的描写，更多的是挥洒时代的豪情和自信。同时，诗人们也对由于征夫长期戍守边疆而造成的夫妇分离、对由于征战频繁而造成的家庭破裂等不幸与痛苦，表现出巨大的关注与深切的同情。尤其太宗晚年的穷兵黩武使得边塞诗中出现了反对征伐的呼声，"万里长征人未还"是历代以来边疆战争的悲剧，唐代也不例外。

唐朝是中国历史上一个最意气风发的时代，边疆战争之频繁和战胜次数之多，在中国古代史上实为罕见。因此，只有唐朝才能诞生专门的边塞诗派，诞生像"年年战骨埋荒外"这样的诗句。而"大漠风尘日色昏，红旗半卷出辕门。前军夜战洮河北，已报生擒吐谷浑"，"青海长云暗雪山，孤城遥望玉门关。黄沙百战穿金甲，不破楼兰终不还"，"葡萄美酒夜光杯，欲饮琵琶马上催。醉卧沙场君莫笑，古来征战几人回？"这种豪言壮语，则由于后世朝代偃武修文的风气，甚至成了古代史上中国人尚武精神的绝响。

"诗仙"李白

李白，字太白，号青莲居士，贺知章称李白为"谪仙"，后人评之为"诗仙"。《新唐书》中记载他是李唐皇室的旁支后裔，其九世祖是凉武昭王李暠，因此他的祖籍也就是李唐皇室的籍贯陇西郡成纪县（今甘肃省平凉市静宁县南），出生于蜀郡绵州昌隆县（今四川省江油市青莲乡），一说李白是其父在被贬中亚西域的碎叶城（今吉尔吉斯斯坦的托克马克市）时所生，神龙元年才随父亲迁回绵州。

李白一生写下了无数脍炙人口的名作，至今传世的还有一千多首诗歌，其中《行路难》《梦游天姥吟留别》《蜀道难》《将进酒》等诗篇是其中的代表性著作，他的诗风雄奇豪放、浪漫瑰奇，与杜甫被后人并称"李杜"。

然而李白一生却命途多舛。在宣、歙、池等州观察使范传正所作的《唐左拾遗翰林学士李公新墓碑并序》中，对李白就进行过一番介绍："骐骥筋力成，意在万里外。历块一蹶,毙于空谷。惟余骏骨,价重千金。大鹏羽翼张,势欲摩穹昊。天风不来,海波不起。塌翅别岛,空留大名,人亦有之,故左拾遗、翰林学士李公之谓矣。公名白,字太白,其先陇西成纪人。"

李白虽然文采风流,雄浑瑰丽的诗句折服了无数当世人、后世人,然而他却并不满足于诗酒老此身,他的志向像大鹏鸟一样高远,有着安社稷、济苍生的强烈政治抱负,在他看来,自己手中的笔不应仅仅写作那些遣怀抒志的诗文,他的如椽大笔是要在江山的巨幅图卷上画出一幅天下太平的盛景。所以他在《代寿山答孟少府移文书》中说自己:"申管晏之谈,谋帝王之术,奋其智能,愿为辅弼,使寰区大定,海县靖一。"因此他始终没有停止对于功名的追求,数次进入长安结交官宦名流,结识了贺知章、李适之等人,后来还游历四方,遍访名山大川,以求晋身之阶。

然而悲剧的是,似乎除了李白自己,所有人都明白他没有政治家的才能。唐玄宗虽然因欣赏李白的诗文和才华而授予官职,但也始终将他作为一位诗人而非政治家来对待,性格豪放不羁、政治敏感度极低的李白很快就被高力士和张垍排挤出了朝廷,而他并不明白自己不能在朝堂上一展抱负的真正原因,只是苦闷愤慨地写诗恨道:"群沙秽明珠,众草凌孤芳。"

自少年时代开始,李白便饱读诗书,经常阅览和通读儒家经典、百家学说和古代的历史学名著。除此以外,李白还好剑术、轻财任侠、喜饮酒、喜游历,不管生活如何潦倒,李白始终怀揣着积极入世、为国家建立功勋的主导心态,这些积极思想在其诗歌中也多有体现。可惜的是,他青年时代在蜀中所作的诗歌现存已经很少,从《访戴天山道士不遇》《峨眉山月歌》等诗歌中,李白突出的才华已经开始向世人昭显。

开元十三年(公元725年),李白开始"仗剑去国,辞亲远游"。这一次,是李白第一次离开蜀中,这次离家,他将会游览江陵风物、泛舟洞庭湖、登庐山玩赏瀑布美景、下扬州享盛世繁华,然而在这漫长的旅途刚刚开始时,李白的心绪十分复杂,船沿着长江顺流而下,望着家乡离自己越来越远,李白的视线渐渐模糊。此去一别,便是良辰好景虚掷,不知道需要多久才能重新回到故土,也不知道自己的这番心绪,该与谁人说。但是李白相信,他的理想、他的抱负、他一生的追求,都在前方等着自己去逐步实现。

让李白没有想到的是,自己一出蜀中便遇到了心中敬仰已久的人,这个人就是江陵的道士司马承祯。司马承祯从少年时代就已笃学好道,后来拜嵩山道士潘师正为师,学习道教神仙之术,后来隐居于天台山玉霄峰,自号"天台白云子"。此人不仅道术精奇,而且雅善书法,尤其善于篆书和隶书,他的字自成一体,被称为"金剪刀书",其诗作也仙风道骨、十分高妙。

武则天时期,司马承祯就因声名卓著而被召至京城并受到表彰,唐睿宗时又被召入宫中与睿宗谈论治国之道,受到睿宗的敬重和赏赐,离开京城时,作诗为他送行的公卿士大夫达百人之多。

唐玄宗在位时,又派人迎请司马承祯入宫,亲自授予法箓并赐予厚赏。几年以后又召他进京,并为他在王屋山修建了阳台观,还根据他的建议在恒山、华山、嵩山、泰山、衡山五岳各建真君祠一所。

李白是一个喜欢道术、喜欢游历名山寻仙问道之人,而且作了不少仙气灵动的游仙诗,他的游仙诗中往往透着沁入骨髓的高妙超俗的仙人气质。在他的诗中没有普通人对仙界和仙人的崇敬和高不可攀之感,在他的笔下,仙人们往往与他把臂同游、平起平坐,《神仙传》中的仙人卫叔卿会邀请他登云台("邀我登云台,高揖卫叔卿"),天上的太白金星与他聊天畅谈,在天关前迎候请进("太白与我语,为我开天关"),他还与仙人们结成好友，诗酒唱酬（"云间连下榻，天上接行杯"），也正是也为如此，初初读到李白诗作的贺知章会惊呼他为"谪仙人"。

不过这些与仙人往还酬酢的快意之事只发生在李白的想象世界中，在真实的世界中，他仍然只是一个普通人，所以无限向往神仙境界的李白一度十分痴迷寻仙访道，遍游名山大川寻访修仙之人。此时见到大名鼎鼎的道士司马承祯，不仅满足了他追求仙道的愿望，更可以通过结识这位数次入宫禁、交游遍京华的高人来获得入朝为官的捷径和博取皇帝青睐的机会，因此李白心中的激动实在是难以用语言表达。

和当时的士子一样，为了获取司马承祯的青睐和好感，李白照例将自己所写的诗文送给了司马承祯。一读之下，司马承祯大喜过望，李白的诗歌，实在是如神来之笔，天外飞仙，再一看李白此人，器宇轩昂、剑眉星目，十足一个神仙下凡。是故司马承祯在欣赏惊叹之余，还称赞李白"有仙风道骨，可与神游八极之表"。

得到了司马承祯如此高调的评价，李白顿时感到前途无限，"神游八极之表"这样一个不朽和永生的世界，是李白一生最大的追求。于是，李白最早一篇名震天下的文章横空出世，这就是《大鹏遇希有鸟赋》，这篇大赋现已不存，依据李白中年回忆，此赋表面上是写大鹏之庞大迅猛，实际上是彰显自己的才华，以大鹏自况，暗示自己将来也必定要有一番惊天地、泣鬼神的作为。也正是从江陵开始，李白的鹏程万里之路徐徐铺展开来。

辞别了司马承祯，李白沿着长江继续南下，计划一路途径岳阳，前往庐山。只可惜，在路过洞庭湖之时，发生了一件悲剧。李白离开家乡外出行游之时，并不是一个人，与他同行的还有蜀中才子吴指南，他们二人志趣相投，都喜欢游山玩水、对景吟诗，因此相约一起遍游天下的名山大川、风景佳物，在旅途中结下了深厚的友谊。

然而，也许是水土不服，也许是旅途疲惫，没过多久，吴指南就染了病，不过他们并没有因此放弃自己游遍天下的理想，于是李白一边悉心照顾吴指南，一边继续他们的旅途。到了洞庭湖畔，吴指南的病症突然加重，最终不治身亡，埋骨在了风景上佳的洞庭湖边。还有一种说法，认为吴指南是被人殴打致死，无论如何，李白这一次都受到了很大的打击，悲痛万分，号啕大哭，"泣尽继之以血"。就连路边的行人看见了，都忍不住会为之伤心落泪。

然而，游历天下的愿望还没有实现，李白不愿意就此放弃游历天下的理想，更希望替吴指南完成他们共同的愿望，于是将吴指南安葬在了洞庭湖边，继续向东行进。

李白买舟顺长江而下，到了历史名城江夏，游览了黄鹤楼、鹦鹉洲、赤壁、南浦等名胜古迹，黄鹤楼上李白遥望大江东流、汉阳城薄云蔼蔼、鹦鹉洲头芳草萋萋，于是诗兴澎湃，想在壁上题诗一首以志眼前盛景，不过却被同时代的诗人崔颢捷足先登，这就是那首著名的七言律诗《黄鹤楼》：

> 昔人已乘黄鹤去，此地空余黄鹤楼。
> 黄鹤一去不复返，白云千载空悠悠。
> 晴川历历汉阳树，芳草萋萋鹦鹉洲。
> 日暮乡关何处是，烟波江上使人愁。

李白看了，发现自己眼前所见、胸中所念，甚至未能言说的幽思全都已经被崔颢说尽了，于是只能长叹一声："眼前有景道不得，崔颢题诗在上头。"甘拜下风，搁笔而去。

离开江夏继续向东，不久便到了庐山，他在此地留下了传颂千古的名篇《望庐山瀑布水》二首：

其一
西登香炉峰，南见瀑布水。
挂流三百丈，喷壑数十里。
欻如飞电来，隐若白虹起。
初惊河汉落，半洒云天里。
仰观势转雄，壮哉造化功。
海风吹不断，江月照还空。
空中乱潨射，左右洗青壁；
飞珠散轻霞，流沫沸穹石。
而我乐名山，对之心益闲；
无论漱琼液，还得洗尘颜。
且谐宿所好，永愿辞人间。

其二
日照香炉生紫烟，遥看瀑布挂前川。
飞流直下三千尺，疑是银河落九天。

在游完庐山之后，李白继续向东方走去，一路上遍览长江两岸的胜迹美景，作出了无数的诗篇。不久，李白终于到达了六朝古都金陵，东有钟山龙盘，西有石头城虎踞，北有玄武湖郁郁碧水，南有秦淮河蜿蜒萦回，好一派壮伟江山、王都气概，李白抚今追昔豪情顿生，感慨无限。

李白到达金陵时，正是开元盛世的一派繁荣，他在金陵城中纵情游赏、及时行乐，结交文士名流，赢遍才子之名，夜游秦淮河，享尽金陵女子的温柔，他的诗作也成为了秦淮河上最流行的曲目被争相传唱。

来年春天，李白决定离开金陵继续自己的旅途，无数的朋友前来码头送行，当垆卖酒的金陵女儿取来新熟的春酒招待来客。有人请李白赋诗一首以为赠别，于是他曼声吟道：

风吹柳花满店香，吴姬压酒唤客尝。
金陵子弟来相送，欲行不行各尽觞。
请君试问东流水，别意与之谁短长。

尽管别意缠绵，然而李白的脚步不会因为对某个地方的留恋而停驻，他还有着更为精彩的前路。顺着长江往上，李白来到了闻名天下的扬州，当时的扬州物产丰茂、人杰地灵，李白也曾对益州的繁华叹为观止，对金陵的王气也是感慨折服，但都不及到了扬州之后的那份惊艳。

当时，扬州是淮南道大都督府的所在地，又是国内国际贸易的重要交通枢纽，其繁荣富庶更超过了古都金陵，在这个世界上屈指可数的繁华都市扬州，李白和一起游玩的伴侣"系马垂杨下，衔杯大道边。天边看绿水，海上见青山"，流连忘返、乐不思蜀。游玩之余，李白还不忘干谒官员，并挑选自己沿途所作诗篇中的得意之作送给他们欣赏，期待能够得到赏识。然而此时官员们大多忙于准备和庆祝唐玄宗封禅泰山的典礼，根本无暇顾及这个充满幻想的诗人。

也许是因为壮志难酬的苦闷，在萧瑟凄清的秋天，李白病倒在了客店之中，一场突如其来的病痛，将李白折磨得消瘦如柴，遂心生伤感。都说人在病中会更加思念亲人，病得昏昏沉沉的李白望着天边的明月，用一手五言绝句抒发了自己的思乡之情：

床前明月光，疑是地上霜。
举头望明月，低头思故乡。

寻觅了这么多的地方，李白无非是想有机会能够建功立业，实现自己的功名大业。只可惜理想是美好的，现实却总是残酷的。李白报国无门、思乡万里，只能在远方友人的书信中寻求一些慰藉。

幸好李白的病情很快有了好转，他在能够下床之后，便迫不及待地离开了淮南，游过姑苏，又前往荆门。李白在这里住了三个月的时间，是他自出游以来，每到一地时间最长的停驻。一方面，李白准备在这里做一番巡游，另一方面，李白决心好好地整理一下思绪，回家固然是不可能的，因为功名大业尚未取得任何成就。但是不回去，又该去到何方呢？

这时候，李白想起了曾经自己对于故友吴指南的承诺：将他的尸骨从洞庭湖边移到江夏（今湖北武昌）。于是，李白再次回到了洞庭湖，将吴指南的尸骨挖起来，去了江夏。

在李白的早年人生最为失落的时候，李白认识了一个足以改变其命运的人，这个人就是僧行融。其实，僧行融不过是一个中间人，通过他的介绍，李白在安葬好吴指南、拜别僧行融之后，来到了襄阳拜会孟浩然，也正是在这个时候，李白写下了他的名作《赠孟浩然》：

吾爱孟夫子，风流天下闻。
红颜弃轩冕，白首卧松云。
醉月频中圣，迷花不事君。
高山安可仰，徒此揖清芬。

凭借这首五言律诗，李白获得了孟浩然的欣赏，二人结成了至交。孟浩然明白李白心中的理想，于是建议他去参加科举考试，博取功名，但是李白并不情愿走这条大多数士子博取功名的必经之路。于是，孟浩然推荐李白去安陆，到了那里之后，隐居在小寿山的道观之中，静待时变。李白听取了孟浩然的建议，在隐居小寿山之时，一方面观察天下大势，随时准备找到机会，投身庙堂。另一方面，李白也常常结交官吏，以提高自己的声誉，为自己的将来铺路。

功夫不负有心人，李白很快就迎来了人生中的第一次转机。安陆许家是世代簪缨的名门望族，唐高宗时期的宰相的许圉师就是安陆许家的人，他的父亲曾与唐高祖有同窗之谊，他的儿子也曾经在唐中宗时出任员外郎。

李白来到安陆时，许圉师早已去世，他的儿子也已辞官回家，经过孟浩然的介绍，他看中了这位才华横溢的年轻人，便作主将自己的女儿许配给了李白。几经周转，李白于开元十五年（公元727年）与许氏成亲，入赘了许家。

李白与许夫人的婚后生活虽然美满幸福，但李白并不是一个可以安逸于温柔乡中之人，于是他便以安州为根据地，以许氏豪门为背景，多次出游，并得以结识一些有识之士和官场权贵。多年的行游，虽然让李白的名声播传天下，却并没有为他的功名找到出路，按捺不住的李白终于决定前去面见大唐帝国的最高统治者唐玄宗。

死可以，浪漫范儿不能变

开元十八年（公元730年），李白离开安陆前往京城长安，并于盛夏时节抵达这座神往已久的城市。在庄重威严、繁华热闹、胡人客商络绎不绝的长安城中，李白游玩多日，兴味盎然，不过他此行还有更重要的任务。

当时的光禄卿许辅乾是李白的姻亲，如果排一排辈分比李白还低了一辈，不过此时许辅乾已经是从三品的官员，虽然主要负责皇室的膳食，没有什么实权，不过毕竟在京城经营多年，举荐个人做官不成问题。于是李白的岳父给李白写了一封推荐信让他带在身上，到了长安就拿着信来找这位姻侄帮忙。

许辅乾很热心地给李白介绍了京城政局的情况，二人商议之后决定去拜访关系比较熟悉而且喜欢举荐贤士的右相张说。在丞相府，李白并没有见到张说，接待他的是张说的儿子，从三品卫尉卿、驸马都尉张垍。张垍帮助李白将他的诗作送给了唐玄宗的妹妹玉真公主，为了博取玉真公主的欢心，李白刻意地称赞公主"何时入少室，王母应相逢"，意思便是说玉真公主是人间仙子，祝愿她能够早登仙界、位列仙班。但是举荐做官之事却石沉大海，杳无音讯。

不久，李白还认识了极为赏识自己的贺知章。一次，李白去紫极宫，竟然在那里巧遇了贺知章，此前，李白就拜读过贺知章的诗文，此番见了贺知章，连忙上前去拜见他，并将藏在袖子中的诗集拿了出来，让贺知章指点。一见之下，贺知章当即拍案叫绝，尤其是《蜀道难》和《乌栖曲》，更是让贺知章喜欢得不得了。于是，贺知章当即解下了衣服上的金龟，让人前去换来美酒与李白共饮。交谈之下，李白潇洒出尘的气度和惊世骇俗的言谈，让贺知章惊为天人，遂道："莫非你是那九天之上的太白金星，今日下凡而来？"李白灿然一笑，二人遂结成知交。

然而，一年时间很快便过去了，李白在长安混迹，却一直不得仕门而入，只好黯然地离开了长安。李白的离去，震动了整个京师，玉真公主和道士吴筠对李白的才华极为赏识，于是向唐玄宗极力推荐李白。得到了玉真公主和吴筠的引荐，唐玄宗终于下旨召李白入京。

李阳冰在《草堂集序》描述了这次相见："降辇步迎，如见绮皓"，"以七宝床赐食，御手调羹以饮之"，可见唐玄宗对李白的重视。以为自己多年志向一朝得偿的李白欣喜万分，但不久他就发现现实比他想象中的更加残酷。唐玄宗并不看好他的政治才能，根本不授予他掌握实权的官职，只是命他供奉翰林，陪侍皇帝左右，为皇帝与大臣、后妃之间的饮宴等活动赋诗纪念，做一个可有可无的文学侍从。

其实这个职位不需要很强的政治才能，但要求高超的文学才华，是一个十分适合李白的职位。但是李白自己并不这么想，他多年来一直满腔热血地想为江山社稷、黎民百姓做一番大事业，好不容易得到皇帝的赏识，却仍然无法大展拳脚。壮志难酬的李白十分苦闷，日日在长安市上的酒肆畅饮沉醉，甚至做出"天子呼来不上船，自称臣是酒中仙"的事来。

不时带醉入宫的李白狂态大发，甚至借机让唐玄宗宠信的大宦官高力士为自己脱靴，高力士在玄宗身边侍奉多年，不少王公贵族在他面前也要尊称一声"阿翁"，如今竟然被这个初入宫廷、眼高于顶的小子如此侮辱，高力士自然不能哑忍。

于是，他借着玄宗命李白为杨贵妃献清平调三首新诗的时机对杨贵妃说："李白自来不太看得起娘娘，今天怎么会在诗中这么殷勤地称赞娘娘？"杨贵妃听了也觉得疑惑，反复低吟李白的三首诗，读到"借问汉宫谁得似，可怜飞燕倚新妆"一句时，高力士说："李白竟然用汉代的赵飞燕来比喻娘娘，这实在是侮辱啊！"杨贵妃觉得高力士说得很对，从此恨上了李白，屡次阻止玄宗授予李白官职。

可以想见，以李白藐视权贵的态度，绝不可能仅仅得罪高力士和杨贵妃二人，事实上京城大多数的权贵们一致厌憎李白，给他的升迁之路多加阻拦，甚至连曾经帮助他的张垍也在玄宗面前诋毁李白。

而在长安日久的李白也逐渐发现了潜藏在帝国内部深刻的危机，这让李白的内心很压抑。豪爽的性格要求李白不吐不快，为了帝国的未来，李白有责任将心中的担心说出来。但是为了自己的千辛万苦求来的前程，李白又只能缄默不言。一时之间，李白陷入了极度的矛盾之中，生出了遁世之心。

最后李白对于自己的前途和国家的未来彻底失望，高呼着"安能摧眉折腰事权贵，使我不得开心颜"，决意离开长安。为了狂放不羁、得罪人无数的李白头疼多时的唐玄宗，见李白要走，也就顺水推舟地赐给李白黄金厚赏，放他还乡去了。

天宝三载（公元744年）夏，李白背起了行囊，离开了长安，又开始了游历四方的生活。李白并没有因为自己失败的政治经历而改掉目中无人的狂傲脾气，一次李白前往华山游览，骑着毛驴一边走一边喝酒，醉眼惺忪地路过华阴县衙而没有按照规定下驴。华阴县令对这样公然的藐视行为十分愤怒，于是派人将李白带入衙门怒斥："你是什么人？怎么敢如此无礼！"

李白醉中瞥了县令一眼，大喇喇地说，你别问我是谁，我"曾令龙巾拭吐，御手调羹，贵妃捧砚，力士脱靴。天子门前，尚容走马；华阴县里，不得骑驴？"一顶大帽子扣到县令头上，县令果然连忙告罪道歉。

天宝十四载（公元755年），安禄山反叛，隐藏在帝国内部的深层次矛盾终于彻底爆发。李白也开始了一段颠沛流离的中晚年生活，而他也再一次得到机会显示他完全不懂政治的本质。当时永王李璘恰带着军队向东而来，邀请李白做他的幕僚，李白完全没有弄清楚永王起兵的目的，还以为他是要率军勤王、平定安史之乱，就欣然地答应了下来成为了他的幕僚。

却不知道永王起兵虽然是奉了唐玄宗的旨意，但是太子李亨已经在灵武即位为唐肃宗，唐玄宗已经成了太上皇，永王此次起兵也已经被肃宗视为"叛逆"而加以镇压，李白稀里糊涂地就成为了"从逆"，在永王兵败后被捕入狱，并被判处流放夜郎（今贵州桐梓）。

至德二年（公元757年）冬，心灰意冷的李白由浔阳道前往流放之所——夜郎，他知道，此去一别，便再也没有了回来的机会。已届暮年的李白只能感叹，"夜郎万里道，西上令人老"，闻者伤心、听者落泪。

谁知天无绝人之路，乾元二年（公元759年），李白跟随流放人员刚刚行至巫山，竟然遇到朝廷大赦天下，判死罪者改为流放，判流放及以下的人全部赦免。李白因此得到了自由，十分欢快地再次顺着长江南下。

到了江夏，在自己做太守的好友良宰那里逗留了一阵。不久之后，李白和好友一道，重游洞庭湖，此地桃花依旧，人面全非，惹得李白发思古之幽情，赋诗抒怀。接着，李白还重新游览了金陵、宣城等地，每到一地，李白几乎都依靠当地的好友旧识来接济自己。上元二年（公元761年），李白已经是花甲之年，加上重病缠身，只能留在金陵。生活窘迫的李白，不得已只能投奔在当涂做县令的族叔李阳冰。一年之后，李白重病不治，临终之时，将手稿交给了李阳冰，赋《临终歌》而与世长辞，享年六十一岁。

李白因为个人经历的传奇，加上其登峰造极的诗歌成就，成了许多人仰慕的风流人物。而关于李白之死，历来也是众说纷纭，莫衷一是。除了病重不治而死之外，醉死和溺死也是其死因的说法之一。在《旧唐书》中，便记载李白"以饮酒过度，醉死于宣城"；而依据民间传说，李白则是因为在江上饮酒，酒过三巡之后醉眼朦胧，一见水中之月，不分清楚便纵身跳了下去，极大地迎合了他诗人的性格，极富浪漫主义色彩。或许在世人的眼中，很难接受向李白这样的不平凡之人，那样平凡地死去，于是为他创造了一个最浪漫的死法。

"死去元知万事空"，无论如何，李白都离去了。不管怎样，李白都成了大唐独具魅力的风流人物，是一个后人无法超越的高峰。

"诗圣"杜甫

在唐代的历史上，有两个光耀千古的人物，他们不是决定国运走势的帝王将相，也不是富可敌国、翻云覆雨的巨商大贾，更不是捐躯赴国难、为大唐王朝开疆拓土的英雄豪杰，然而他们依旧永垂不朽，受万世敬仰，他们就是并称"李杜"的"诗仙"李白和"诗圣"杜甫。

杜甫，字子美，祖籍襄阳（今湖北襄阳）。他出生于书香世家，七岁之时，便开始学习写作诗歌。到了十五岁，杜甫之诗已经闻名乡里。杜甫对于诗文的专注和精通似乎可以从遗传的角度找到端倪，他的祖上有两个在文学史上大名鼎鼎的人物：十三世祖杜预和祖父杜审言。

杜预是三国魏晋时期著名的学者、政治家和军事家，他出生在曹魏政权下的高级官僚家庭，历官三国魏的尚书郎、河南尹、度支尚书、镇南大将军、当阳县侯，官至司隶校尉，参与统帅西晋军队消灭孙吴政权，他的女儿还做了晋成帝的皇后。他在文史上的贡献就是为《左传》作注，著有《春秋左氏经传集解》及《春秋释例》等作品。

在政治方面，杜审言显然不如杜预那样显赫，然而杜审言在文学史上的地位却是杜预难以匹敌的，因为杜审言不仅与李峤、崔融、苏味道并称"文章四友"，更是唐代"近体诗"的奠基人之一。胡应麟在《诗薮》中称："初唐无七言律，五言亦未超然。二体之妙，杜审言实为首倡。"也就是说，杜审言是唐代律诗的首倡者，如果没有他，也许律诗这种影响深远的诗歌体裁的出现将会被推迟。

杜甫从他的祖父那里继承了文学方面的极高造诣，他的诗作被后人称为"诗史"，但遗憾的是在他的有生之年，其诗歌却并没有引起足够的重视。曾经杜甫在《戏为六绝句（其二）》一诗中这样写"初唐四杰"："王杨卢骆当时体，轻薄为文哂未休；尔曹身与名俱灭，不废江河万古流。"其中除了说明自己的雄心壮志之外，也抒发了自己郁郁不得志的愤懑。

在三十五岁之前，杜甫可谓"放荡齐赵间，裘马颇清狂"。家庭还算富有殷实，国家也正值开元盛世，杜甫自然是意气风华，为生在这个盛世而欢欣鼓舞。二十岁那年，杜甫离开了自己的家乡，和李白一样，去漫游吴越地区。读万卷书，不如行万里路，杜甫经历了五年的游历，自信见识广博，文采斐然。但是许多同龄人早已经官至州府长官了，于是，杜甫决意回到洛阳参加科举考试。只可惜，最终名落孙山。

天宝三载，科场失意的杜甫在洛阳遇到了政治失意、被赐金放还的李白。李白比杜甫年长十余岁，虽然政治上并不得志，但也是诗名满天下，并且曾经出入宫廷、得到皇帝赏识的大人物，对于此时落魄的杜甫来说，是一个仰望崇敬的榜样，在李白的面前，杜甫毫不掩饰自己的敬仰之情，而李白对杜甫，也是一副相见恨晚的样子，没有半点倨傲。于是，二人结交为友，并且还相邀到了秋天，同游梁宋（今开封商丘一带），求取仙家道术。

在梁宋的会面中，李杜二人欣赏了大唐的大好河山，还借景抒情作了不少诗篇。在他们的眼中，整个天下都在自己的笔下，更在自己的心中。更让人高兴的是，在这里他们还遇到了著名诗人高适，三人结伴同行，畅饮抒怀，大谈国家大势，纵横捭阖、俾睨天下，对于国家的未来以及潜藏在平静的繁华背后的隐患危机，三人也交流了自己的看法和忧虑。

在辞别了李白和高适之后，杜甫决定再去参加一次科举考试，然而怀着极大盼望的杜甫再一次失望了。在奸相李林甫的阴谋之下，有才华的士子纷纷落榜，杜甫也未能幸免。科举考试的屡次失败，朝堂权臣的一手遮天，使杜甫生出了退隐之心，然而隐居并不是轻易能够做到的，必须有足够的经济基础做后盾，才能保障退隐后的生活。而杜甫落榜之后困居长安，一贫如洗，甚至于"衣不盖体，常寄食于人，窃恐转死沟壑"，显然并不具备隐居的条件，而且与李白相似，杜甫也怀着一腔报国的热忱，终究不愿意放下一切独善其身。

走投无路的杜甫不得不走上了自己深以为耻的道路，"朝扣富儿门，暮随肥马尘，残杯与冷炙，到处潜悲辛"，他到处干谒官员，献上自己的诗作请求举荐。正是在这一时期，杜甫写作了《兵车行》《丽人行》等针砭时弊、讽刺权贵的诗篇。

天宝十载（公元751年），朝廷在唐玄宗的倡导下，一连三次召开了建朝以来最为盛大的典礼，以彰显唐王朝在强大国力，展示唐玄宗的文治武功。于是杜甫又得到机会直接向玄宗献上三大礼赋：《朝献太清宫赋》《朝享太庙赋》《有事于南郊赋》。杜甫的文采终于打动了唐玄宗，唐玄宗让他进入集贤院，然而却并没有及时授予官职。

四年以后，杜甫才得到一个河西尉的小官，但是杜甫"不作河西尉，凄凉为折腰"，于是就被改授为右卫率府兵曹参军，负责看守兵甲仗器，库府锁匙。虽然官不大，但是毕竟让他看到了希望，同时还解决了他迫在眉睫的生计问题。

好景不长，杜甫当上官以后没有多久，安史之乱就爆发了，杜甫只能阔别他生活了十年的长安，安顿好家人后，杜甫决定前去投效掌握实权的唐肃宗。一首《哀江头》，就是在杜甫知晓了大唐官军一败再败的消息之后，挥泪写下的，诗中淋漓尽致地展现了杜甫对于国家沦丧，家破人亡的深刻忧思。后来，杜甫还写下了《月夜》《春望》，深刻再现了当时朝廷腐败无能，政治上的黑暗导致军事上溃败的事实。

很不幸，在半路之上杜甫被叛军所俘虏，叛军之中有一些将领是杜甫昔日的旧识，于是杜甫得以逃出生天。几经周转，杜甫最终逃到了凤翔，也就是唐肃宗的行宫所在。正在用人之际的唐肃宗看到忠心耿耿来投奔自己的杜甫，很慷慨地下旨授其为左拾遗。

然而杜甫似乎遭遇了与李白相似的命运，在乱世，官员不仅要有才能，更必须要懂得明哲保身。但是杜甫却是坚持气节，敢于挺身而出、犯颜直谏之人，不久以后，杜甫就因为替他的朋友房琯说情而触怒了肃宗，被贬为华州司功参军。杜甫与房琯相识于寒微之时，二人交情很深，安史之乱爆发后，房琯被唐玄宗派往灵武颁布传位给太子李亨的诏书，之后就留下辅佐肃宗并被任命为宰相。

一次，叛军来犯，房琯根据春秋时代的战例向唐肃宗献火牛计，谁知竟然导致唐军惨败。为了避免动摇军心导致人心浮动，肃宗放过了房琯没有追究，可是不久以后，有人抓住房琯府上深得信任的琴师董兰庭贪赃枉法的事由，上书弹劾房琯，于是肃宗便借此机会，打算将房琯罢相。

杜甫任职左拾遗，本就有向皇帝谏言的职责，何况房琯又是他的好友，而且此次又是受到董兰庭的牵连，并非他自己有何违法行径。于是他上书皇帝坚称："罪细，不宜免大臣。"肃宗大怒，要将杜甫下狱治罪，多亏宰相张镐提醒皇帝："甫若抵罪，绝言者路。"杜甫才免遭大难，只遭到了贬官的处分。

杜甫就这样被赶出了朝廷，费劲九牛二虎之力才得来的仕途也随之烟消云散，在前往华州的路上，杜甫见识了"流血涂野草，豺狼尽冠缨"的惨象，进一步体会了世态炎凉、人间百态，写就了《石壕吏》《新安吏》和《潼关吏》，《新婚别》《无家别》和《垂老别》等不朽的著作。"三吏"，"三别"代表了杜甫诗歌的最高成就，也代表了整个唐王朝从盛世到衰落的转折点。兴，百姓苦，亡，百姓苦，杜甫作为百姓的代言人，也作为唐王朝由盛转衰的亲历者，他的心情无疑是沉闷的，其诗歌的风格也是沉郁的。

在杜甫作出伟大诗篇的同时，也随着官军四处征战，希望有朝一日，能够攻灭叛军，还大唐一个国泰民安。只是，杜甫担心：即使唐肃宗平定了叛乱，天下还会不会重返太平盛世？然而不管怎样，杜甫都会全力襄助官军，早日打败叛军。只可惜，谋事在人成事在天，官军始终不能彻底剿灭叛军烽火。就在相州一役中，官军再度大败，整个关辅都是饿殍遍野。杜甫发现，这场战争似乎没有尽头，而如同自己这样的人，只能被别人充作毫无意义的炮灰。与其坐以待毙，不如找准机会，逃离这无涯的苦海。

于是，杜甫放弃了官职，带着家人，从秦州、同谷一线，最终到了蜀中益州。应该说，杜甫这次作了一个明智的决定，他在益州过了一段很安定的生活。然而好景不长，不久之后，蜀中的军队也爆发了叛乱。原来，负责镇守蜀中的严武去了朝廷，蜀中矛盾激化加无人镇守，遂爆发了这次暴乱。无奈之下，杜甫只能离开益州，去了梓州、阆州。

后来，严武做了剑南节度使，被皇帝派遣到益州镇守蜀中，杜甫大喜，遂举家回到了蜀中，投奔了严武。然而，这一次的安定生活依然没有持续多久。随着严武的去世，杜甫只能再度流落他乡，在此前，他刚刚经历了白发人送黑发人的悲痛，此时已经是风烛残年。在流离失所、漂泊无依的日子里，杜甫在夔州住了两年，继而又漂泊到湖北、湖南一带。也正是在这一阶段，杜甫写下了《春夜喜雨》《茅屋为秋风所破歌》《蜀相》《闻官军收河南河北》《登高》《登岳阳楼》等大量名作。

不久之后，杜甫死在了湘江边上，如一朵飘落的花瓣，默默无闻逐水而去。杜甫永远离开了让他又爱又恨的世界，但是他的诗歌却永远的流传了下来。到了今天，盛唐诗歌，代表了一个时代的崛起，也代表了一座无法超越的高峰。从现在的历史文献中，记载唐王朝有诗人有二千三百余人，留下的诗有四万八千九百余首，正是这些诗人诗作成就了中国文学史上最为辉煌的时代。

第四章　八方来朝，旷世画卷传宇内

兼容并包是一种气度

　　威严的大殿内，颜真卿正竭力向唐德宗表达自己的意见，他说："障车、下婿、观花烛及却扇诗，并请依古礼，见舅姑于堂上，荐枣栗腶脩，无拜堂之仪。又，毡帐起自北朝穹庐之制，请皆不设，唯于堂室中置帐，以紫绫幔为之。""毡帐"是他所要表达的重点，作为皇帝嫁女儿的礼仪使，他有权力也有必要表明自己的立场与观点。在他看来，"毡帐"乃是"北朝穹庐之制"，实在不应用于大唐公主的婚礼之上。可见，当时在婚礼中使用以"百子帐"为名的毡帐的习俗已经盛行一时，"上自皇族，下至庶族，莫不皆然"。

　　相比汉代的细君公主远嫁乌孙后以"穹庐为室兮旃为墙，以肉为食兮酪为浆"表达对大汉的思念，唐朝对待毡帐的态度更多的是一种接受，甚至是喜爱。

　　贞观四年，唐灭突厥之后，大批突厥人入居唐朝，"其酋首至者，皆拜为将军、中郎将等官，布列朝廷，五品以上百余人，因而入居长安者数千家"。他们的到来，带来了其根深蒂固的生活习俗，也包括其居室文化。突厥的可汗颉利被安置在太仆寺内，"颉利不室处，常设穹庐廷中"，在皇城内张设起了毡帐，无疑这是被唐朝的统治者及其民众所接受的一种行为。

　　不仅如此，突厥文化对唐朝的皇室生活也产生了重大影响，唐太宗李世民的太子李承乾便深受这种文化的影响，是个极端崇尚突厥生活方式的人。这个皇位的继承人堂而皇之地在皇宫中设起了毡帐，并经常居于其中，使突厥的居室文化迅速地传播到民间，并成为一种流行与时尚。

　　身处这个突厥文化大行其道的时代，白居易用他的诗让后人见识到了毡帐的魅力。唐文宗太和三年（公元829年），白居易告老还乡，回到洛阳。在洛阳的旧宅院内，他张设了一顶青毡帐，度过了人生最后的十八个年头。"赖有青毡帐，风前自张设"（《别毡帐火炉》）、"碧毡帐上正飘雪，红火炉前初炷灯"（《夜招晦叔》）、"帐小青毡暖，杯香绿蚁新"（《雪夜对酒招客》）……青毡帐、红炉火，点亮了白居易人生最后的时光。

　　在这个包容性无比强大的国家中，以独特方式存在的还有来自世界各地的众多异族文化。那些跋山涉水而来的外国友人，大多都是通过官方途径进入唐朝的，他们有些是王室成员甚至是国王本人，有些是身居高位的外交使臣，有些是打着使节旗号的商人，还有些是作为物品贡献给唐朝的各色伎艺人或奴婢……他们的到来为唐朝的文化注入了许多新鲜的血液，使之更加新颖、多样。

　　外来的僧侣们大多携经而来，与出生在唐朝的外国人后裔和居住在唐朝的外国居士，共同从事译经工作，为唐代的宗教文化增添了新的内容；来唐的音乐歌舞艺人们，带来了他们各自国家与民族的艺术作品，在唐朝这个大熔炉里，迅速与唐朝的艺术融为一体，那种兼具中原色彩与异域风情的艺术，成了中国艺术史上璀璨的明珠；来唐的百戏艺人们，凭借独具特色的容貌与外形，加上惊险刺激的杂技与幻术，不仅在民间深受欢迎，就连屡次出文禁止百戏的统治者也极为欣赏，这就为唐代的民间文化加入了新的元素……

科技文化的输入，也是外来文化与唐朝文化融合非常重要的一个方面，其中以医药和天文历算最为突出。唐朝统治者不仅屡次派遣专人前往海外采访医药，还对外来医药的性能深信不疑。外来药物、医生、医术和医学著作等都大量涌入唐朝境内，大大丰富了中国古代医学宝库的内容。唐代天文历算深受印度和波斯的影响，多种天文学著作都在此时传入中国，而且与中国固有的传统文化融合在了一起。

唐朝的统治者与其他朝代的帝王相比更具好奇心，虽然他们极力掩饰自己对于"新奇之物"的喜好，但那些在当时流入中原的事物使其初衷无所遁形。

极具神奇色彩的兽中之王、西来的狮子开始与东方的神兽龙相提并论；作为衡量武力强弱的重要指标，唐朝主动到西域的大食国购求良马；唐代绘画中出现的白鹦鹉，也与杨贵妃联系在了一起；补中益气、止咳祛痰，来自于波斯的枣椰树，成功地移植到了唐朝的土地上；可用作芳香制剂的水仙与茉莉，引起了唐朝人的极大兴趣；利五脏、通肠胃，最初起源于波斯的菠菜，也作为蔬菜的一种进入了唐代人的生活……

唐朝时的中国文化，如同一块巨大的海绵，吸收着来自世界各地的文明。同时，唐朝也是当时世界最大的文明聚集地，源源不断地向世界各地输出文化。无论是一衣带水的近邻，还是远隔万里的异域，至今为止都还留有唐朝文化的影子。"赤县扶桑，一衣带水，一苇可航。昔鉴真盲目，浮游东海。晁衡负笈，埋骨盛唐。情比肚肠，形同唇齿，文化交流有耿光。堪回首，两千年友谊，不寻常。"源源不断到来的遣唐使们最大限度地汲取唐文化的精髓。三省六部制、均田制都曾是日本确定政治制度的依据与蓝本，儒家的经典也曾是日本教育的主要内容，8世纪日本的平城京与平安京便是依照唐朝长安城的样子兴建的……思想、制度、艺术、历法、建筑、风俗等方面，日本都受到了唐朝文化的全面影响，甚至在一定程度上，可以说是模仿。

与日本类似的还有新罗。在唐朝的外国留学生，新罗的人数最多，他们回国后，依据唐朝的法制，改革了本国的礼仪和法律，设立科举制；他们广泛研究中国的天文、历法、医学、文史典籍等；他们在与唐朝的贸易过程中，不断输入丝绸、茶叶、绣物、陶瓷、药材、书籍等，其生活习惯与风俗也受到了唐朝的影响。

当时世界上的很多地方，都有丝绸、陶瓷、纸张和唐朝服饰的影子。而唐朝也随处可见不远万里而来的新奇物品，随处可以欣赏外来的音乐舞蹈表演，随处可见颇具异域风情的建筑与衣着。唐朝给世界各地留下了美丽的回忆，世界也给唐朝增添了动人的旋律，文化的交流让中国与世界都获益匪浅。

中国历史上，如此盛大的文化交流，唯唐朝而已，这是一种自豪，也是一种大度。它以自身拥有完备的文化体系而自豪，它也谦虚地接受外来文化以显大度，这是一种穿越了几千年都不曾再有过的完美结合，也是一种跨越了千年未曾消失的厚重积淀。

鉴真东渡不容易

唐朝僧人鉴真，生于垂拱四年（公元688年），俗姓淳于，据说是战国时齐国名士淳于髡的后代，出生在扬州江阳县（今江苏扬州），是律宗南山宗传人，同时也是日本佛教律宗开山祖师。日本人民称鉴真为"天平之甍"，其意指鉴真所代表的一段文化史是天平时代文化的屋脊（意为高峰）。

唐代扬州是国内南北交通的枢纽，也是重要的海路对外贸易港口，居住着大量的外国商人。生长在这样一个繁华的国际化大都市中的鉴真，在各种外来文化的熏陶之下，自然而然地养成了广阔的眼界和开放的气度。

而扬州自从六朝以来就是佛教盛行的城市，到了唐朝更是中外僧人高僧云集，三四十所佛寺遍布城市内外。鉴真的父亲是个虔诚的居士，经常到大云寺参禅拜佛，并随大云寺智满禅师受戒，因而，鉴真的家庭充满着浓厚的佛教气氛。在家庭的影响下，鉴真在幼年之时便对佛教产生了浓厚兴趣，用当时的评价鉴真的话说，就是"总丱俊明，器度宏博"。

武则天长安二年（公元702年），十四岁的鉴真"随父入寺，见佛像感动心，因请父求出家，父奇其志，许焉"。但是当时出家并不容易，需要通过正规的国家考试，才能得到政府颁发的度牒，幸运的是前一年武则天曾经下诏让各地官府招募人剃度为僧，于是鉴真就顺利地得以在大云寺出了家，做了智满座下的沙弥。

大云寺是古时候的名寺，原名长乐寺，武则天统治时期为了向天下人宣传讲述女子做国王故事的《大云经》和神化武则天的《大云经疏》，下令在天下各州兴修三百余所大云寺，于是长乐寺也随之改名为大云寺。武则天去世后唐中宗李显复位，大云寺又改名为龙兴寺，后来开元年间又被改称开元寺，虽然被迫多次改名，但大云寺仍然始终是扬州最大最有名的寺院。

在这样的良好环境之下，鉴真努力地学习佛法，并且很快就小有成就，三年之后鉴真就得以依道岸律师受了菩萨戒。神龙三年（公元707年），鉴真出游洛阳，不久又去了长安游历，并且在长安最著名的佛寺之一实际寺研修佛法。景龙二年（公元708年）三月二十八日，鉴真依当时在长安担任宫廷授戒师的荆州玉泉寺高僧弘景律师受了僧侣的最高戒律具足戒，并跟从他学习了一段时间。

也正是这段时间，鉴真在帝国的首都长安，不仅增长了见识，还提高了佛学修养，并且跟随不少律宗高僧精研律藏经典，成为了造诣精深的僧人。

开元元年（公元713年），鉴真已经二十六岁了，在长安、洛阳一带学习之后，回到了扬州大明寺（今法净寺）。此后，鉴真经常从事宣扬佛文化，布施布道等相关事务，更经常免费为当地人治疗疾病，如此，他的名声与日俱增。

开元二十一年（公元733年），为鉴真授菩萨戒的道岸律师的弟子、授戒师义威圆寂，自此之后，鉴真成为了这一地区无可争议的"宗首"，成为新一任的授戒大师。此时，经过鉴真传戒的门徒达四万多人，在江北淮南地区，鉴真被誉为"独秀无伦，道俗归心"的得道高僧。然而，鉴真并没有满足于现状，一个更大胆的计划在鉴真的心中产生了——东渡日本传教。

中日两国的联系源远流长，根据民间传说，日本人是秦朝时出海寻求长生不老药的徐福等人的后代。事实上至少西汉时期两国就有了联系，班固的《汉书·地理志》中就对日本有了最早的记载，称"乐浪海中有倭人，分为百余国，以岁时来献见云"，日本还曾出土过汉朝皇帝授予的"汉委（倭）奴国王"金印。然而那时中日的交流主要还是以朝鲜半岛为媒介的间接交流。

到了隋唐时期，中国的国家强大、制度发达、经济繁荣、文化昌盛深深吸引着日本人的眼球，面对博大精深的中国文明，他们再也无法忍受坐等从朝鲜半岛缓慢地、少量地、零散地传来中国的信息和典籍，于是遣隋使和遣唐使便大量涌现了。中国先进的文化和制度通过遣隋使和遣唐使传回日本，催生了日本从政治、经济、社会等各个方面高度模仿中国的"大化改新"。

虽然"大化改新"完善了日本的国家制度，促进了日本的社会发展，奠定了其发展方向，但是由于国情的不同，勉强推行一些并不完全适合日本的中国制度反而给日本带来了麻烦，其中就包括中国的租庸调制度。

在人多地少、土地贫瘠的日本，百姓不仅要一年四季耕田务农，还要经常被政府抽调去服兵役。现实的残酷导致日本民不聊生，走投无路的百姓们不是"逃亡他所"，就是"寂居寺家"。

比起唐朝，出家为僧在日本更加容易，而且在唐朝僧人受戒需要三师七证，而在日本只需要一个授戒的大师就可以了。关键是要自认为条件成熟，并且自己发誓出家受戒，所以从某种程度上说，日本僧人实际上是"自度""私度"为僧。日本奈良天平时期，百姓更加困苦，为了"规避课役"，"动以千计"的农民选择入寺为僧，这样一来，他们就不必再负担政府赋税。

然而如何处理佛教问题，对于政府来说却成为了一个两难的问题。一方面，寺院势力的过分增长，不仅会减少政府的财政收入，而且会对政府的统治造成威胁。另一方面，宣扬佛教，可以教化人民服从政府统治，也可以利用僧人去打击世俗豪强地主势力，以加强中央集权。在这两难之间，政府一直无法找到很好地控制佛教、利用佛教的方法。

随着遣唐使学问僧进入唐朝，找到了日本政府失败的根源：唐朝政府控制制度牒的发放，以此控制免于国家赋税徭役的僧人的数量和素质，并且靠这些少而精的僧人来向百姓弘扬佛法，这样国家就能够得到既交纳赋税服徭役而又受佛法教化温驯服从的百姓了。日本的问题在于政府没有有效地控制僧人剃度，不仅很多人以出家作为逃避赋税徭役的途径，也造成了僧人素质良莠不齐，败坏了佛教的声誉。

于是，他们建议政府仿照唐朝施行的佛教徒受戒制度，这就需要得道高僧主持。然而，要找到合乎标准的佛学大师，对日本而言并不容易，所以他们便派出了遣唐使，请求唐朝给他们派遣一些德高望重的高僧。

日本天平四年，即唐开元二十年（公元732年），政府开始在民间招募僧人去唐，此时，日本最富盛名的僧人便是隆尊和尚，他向政府推荐了自己最得意的两个门生，有"跨海学唐朝之志"的青年和尚荣睿、普照。日本政府欣然同意了隆尊和尚的请求，荣睿、普照也多次随遣唐使去唐朝。

荣睿和普照在扬州大明寺拜访了已经闻名天下的鉴真，向他问及如何在日本有效地弘扬佛法。鉴真认为，日本虽然早就有了佛教佛法，却无正规的剃度制度和手续，更缺少著名的授戒名僧。听完鉴真的论述，荣睿、普照二人都觉得很有道理，遂向鉴真请求，希望他能够去日本弘扬佛法，讲经布道。

然而东渡日本谈何容易，用鉴真弟子祥彦劝阻他的话来说就是"彼国太远，性命难存，沧海森漫，百无一至"。首先，在没有指南针的时代，远航的船只常常会在大海上迷失方向。其次，海上变幻莫测的季风也给航行带来了很大的阻碍，轻则偏离航线，重则船毁人亡。无数日本派往中国的遣唐使尚未到达梦想中的彼岸便葬身海底，而著名的和尚义向、道福、圆载等也先后在遣唐和归途中为风涛吞没。鉴于渡海前往日本的危险性太大，为了保证国民的生命财产安全，唐朝政府规定如果要去日本，就必须事先征得政府的允许，否则将面临严厉的法律制裁。

但是弘扬佛法、普度众生是鉴真作为一名僧人毕生的追求，他向门人坚定地说："是为法事也，何惜身命？"于是本来并不希望鉴真前往日本的弟子们被鉴真说服了，祥彦、思托等二十一人当即向鉴真表示，愿意和鉴真一起前去日本。

下定决心之后，想要真正地前往日本也并不是那么容易的事情，首先，鉴真需要取得"护照签证"，也就是当时所称的"过所"。其次，还要为出海远航准备足够的物资以及能够进行海上航行的船只和船员。经过多番努力，一切终于准备妥当，就在他们准备出发之时，一个谁也没有想到的意外发生了。

僧如海与帮助鉴真筹备出海事宜的道航发生了冲突，一怒之下竟然向扬州采访使官厅，诬告道航勾联日本人荣睿、普照，准备攻击扬州，劫掠财物。采访使班景倩大惊，当即派人去各寺搜查，并逮捕了道航、荣睿、普照等人。幸好道航有当朝宰相李林甫的哥哥李林宗的介绍信，经过一番解释，他们才得以免罪。但是此次出海计划也只能就此夭折了。

虽然首战失败，但是鉴真前去日本弘法的决心却一点也没有动摇。之后的二十余年间，鉴真又四次筹备出海，但都因为在海上遇到大风浪而遭遇失败，严重时甚至在海上迷失方向，险些丢了性命。

第五次东渡失败之后，东渡活动的主持者日本僧人荣睿，因为积劳成疾在端州辞世，另一位日本僧人普照也对东渡失去希望，选择了离开鉴真北去。在重重的打击之下，鉴真身心疲惫，眼前也逐渐模糊了起来，虽然寻遍了名医，却没有见到好转。然而，厄运还远远没有结束，不久之后，最支持鉴真的东渡大业，也是鉴真得意弟子的祥彦又因病去世。

东渡日本之事屡次遭受失败，甚至大多数人都开始认为鉴真一行人此生不可能到达日本了，然而鉴真有一颗坚强过大多数人的心，即使命运百般刁难，他却一直不改自己的雄心壮志。

天宝十载（公元751年），鉴真再次开始着手准备第六次东渡，他感觉到，似乎成功就在前方，也感觉到，如果这次还不成功，或许自己就没有机会再次进行尝试了。这一次，鉴真只能孤注一掷。

天宝十一载（公元752年），日本第十次派出了遣唐使团队，其队长便是藤原清河。他早已经听说了鉴真的事迹，对于鉴真高尚的德操和坚忍不拔的精神，藤原清河十分崇敬。

回去日本之时，藤原清河路过了扬州，前往延光寺拜访鉴真。在此之前，藤原清河已经向唐玄宗建议，邀请鉴真和自己一起前去日本，却被唐玄宗拒绝了。藤原清河只能亲自来找鉴真，代表自己的国家向鉴真发出邀请，请他到日本去传授戒律。鉴真当然愿意一起过去，经过商量，藤原清河和鉴真决定于天宝十二载（公元753年）十月十九日出海前往日本。

此时鉴真双目已经彻底失明，三餐起居只能依赖他在扬州的弟子，这一次日本藤原清河的到来，引起了僧众们和当地官府的警觉，他们都害怕这位德高望重的高僧会为了看起来毫无成功希望的事情葬身大海，因此一直严密地看护鉴真，"防护甚固，无由进发"。

原定十九日出发的计划转瞬及至，鉴真还能够和藤原清河去日本吗？山重水复疑无路，柳暗花明又一村，正在鉴真心忧不已之时，婺州（浙江金华）的僧人仁干给鉴真出了个主意，找来船只泊在扬子江边，鉴真只需从寺中出来，到达江边，他就可以载着鉴真离开扬州，到黄泗浦（今张家港西北长江之滨）搭乘日本遣唐使的船前往日本。

鉴真到扬子江边准备上船时，有二十四位沙弥闻讯赶来，他们眼含热泪地对鉴真说："大和尚今向海东，重觐无由我，今者最后请予结缘。"在离开祖国之前，鉴真最后一次为中国的僧人授了沙弥戒。

似乎是上天有意要成全这个饱经忧患的老人，这一次的旅程十分顺利。眼看着就要到达目的地，一场突如其来的灾难爆发了：正当船队继续朝着日本本土航行之时，海上突然刮起了巨大的南风，第一号船很快便沉没了，船上的船员不管水性如何，都无一幸免。幸好鉴真所乘的第二号船平安到达了萨摩国阿多郡秋妻屋浦（今日本鹿儿岛川边郡坊津町秋目）。经过四十多天的风风雨雨，颠簸流离，鉴真一行终于到达日本九州的太宰府（今日本福冈）。

纵观鉴真的东渡历程，前后十二年，鉴真经历了六次启行，五次失败，航海三次，几经绝境。在这期间，三十六个人在船祸和伤病中魂断他乡，先后有二百余人由于各种原因淡出了东渡舞台。唯有鉴真矢志不渝、百折不挠，用宏大的毅力和伟大的斗志，加上天下为己任的责任意识，终于实现了千古壮举。

鉴真东来的消息在日本朝野引起巨大的轰动，在日本政府的授意和民众的呼声中，鉴真与日本当地的一名华严宗高僧"少僧都"良辨统领日本佛教事务，还被天皇封为"传灯大法师"，并且下旨"自今以后，传授戒律，一任和尚"。日本天皇对于鉴真十分重视，非常希望他能够帮助日本规范佛教的制度，杜绝当时社会中普遍存在的托庇佛门以逃避劳役赋税的现象。

不负天皇所望，鉴真通过在兴福寺与日本佛教界的代表进行公开辩论的方法，说服他们接受三师七证作为受戒出家的必备条件，又设立了法坛为圣武、光明皇太后以及其他皇族和僧侣约五百人授戒。鉴于鉴真对日本佛学和政治稳定所立下的伟大功勋，日本政界封鉴真为"大僧都"，统领日本所有僧尼，自此之后，一种正规的戒律制度开始在日本建立。

鉴真不仅在律学受戒、政治稳定上为日本建立了巨大的功勋，还将大量珍贵的佛教经卷和精美的中国艺术品带到了日本；与鉴真同去的弟子们还不乏优秀的建筑家和雕刻家，将中国先进的建筑、塑像、壁画等技术传到了日本；同时，鉴真本人还精通医学，曾经为日本皇室治病，也为日本的医学和本草学的发展作出了卓越的贡献。

然而好景不长，短短两年时间，原本极力支持鉴真的孝谦天皇在宫廷斗争中失势，淳仁天皇做了日本新的天皇。城门失火殃及池鱼，鉴真也就此受到了排挤和反对。淳仁天皇首先下旨，解除了鉴真的"大僧都"一职，为了安抚日本佛教信众，淳仁天皇将在宫廷斗争中败死的原皇太子道祖王的官邸赐给了鉴真，鉴真及其弟子将这座官邸改建成为寺庙，并被淳仁天皇赐名为"唐招提寺"，淳仁天皇下旨要求日本僧人要获得受戒的权利，首先就要到唐招提寺学习，如此一来，唐招提寺顺理成章地成为了当时日本佛教徒的最高学府。

搬进唐招提寺后，鉴真已经年愈古稀，但他却还是不懈地进行佛学宣讲、律学研究和受戒制度的建立。然而，他的健康情况每况愈下，日本天平宝字七年（公元763年），为了弘扬佛法、普度众生耗尽一生心血的鉴真，在唐招提寺面向西方端坐圆寂，享年七十六岁。

千百年过去，鉴真不仅在日本赢得了极高的声誉，在中国也成为了家喻户晓、妇孺皆知的大人物。1963年，鉴真去世一千二百年纪念，中日两国都举办了大型的佛事纪念活动，在日本的佛教界中，该年甚至还被定为"鉴真大师显彰年"。十七年之后，唐招提寺珍藏的鉴真漆像"回乡探亲"，成为中日邦交史上的一件大事。逝者已矣，鉴真的精神却依然为中日交流贡献着力量。

学成回国更不容易

阿倍仲麻吕，姓朝臣，亦名仲麿、仲满，来到唐朝之后改名晁衡，字巨卿。朝臣家族是日本孝元天皇的后裔，阿倍仲麻吕的父亲阿倍船守官拜中务大辅，位至正五位上，是名副其实的贵族。唐朝时中国社会安定、经济繁荣、文化昌盛，对于当时相对落后的日本而言，无疑是实至名归的天朝上国。从小喜好汉文学的阿倍仲麻吕，见遣唐使可以去唐朝一睹盛世风范，回国后受到国家重用、百姓尊敬，心中羡慕不已，所以他从小便立志，要去唐朝，学习唐朝的先进文化和制度，以报效国家。

日本灵龟二年，唐开元四年（公元716年），日本政府派遣多治比县守带领一支557人的使团出使唐朝，从事学习和交流活动，而19岁的阿倍仲麻吕正是其中一员。

经过了六个多月的风浪颠簸，一行人终于到达了唐朝繁华的港口城市扬州，弃舟登岸，向他们魂牵梦绕的文化古城、帝都长安进发。到达长安以后，由于阿倍仲麻吕拥有比较扎实的汉学基础和极其浓厚的学习兴趣，加上他遣唐使团派遣留学生的身份，于是他很顺利地就得到了进入大唐最高学府国子监学习的机会，在国子监中，阿倍仲麻吕与中国同学们一起攻读中国传统经典文化，还结识了不少才华横溢的贵族子弟。

当然，进入了国子监学习的学生，并不意味着一定有一个光明的未来，他们还需要参加科举考试，中榜之后才能够出仕为官。由于阿倍仲麻吕聪颖好学、勤奋用功，在国子监中取得了优异的成绩，毕业之后不久，就考中了进士。唐朝时科举考试中有两个最主要的科目——明经科和进士科，其中进士科比明经科难度大得多，往往一百个人中才录取一两位，因此唐朝人有"三十老明经，五十少进士"的说法。阿倍仲麻吕在中国学习数年之后，就能够轻易打败诸多自幼苦读的中国士子从而得中进士，可见他的聪明和勤奋。

年轻的阿倍仲麻吕在中国成长并成熟了起来，他从一个对于中国文化一知半解的日本青年，成长为精通中国文化和政治，并且得到政府承认，拥有在中国担任官职资格的大唐候补官员。

开元十三年（公元725年），阿倍仲麻吕获得了洛阳左春坊司经局校书的职位，虽然这只是一个正九品下的末流小官，其职责却是校对整理各种典籍。能够得到这样的官职，也可以从侧面上看出阿倍仲麻吕精深的中国文化学养，除此之外，阿倍仲麻吕还承担了辅佐太子李瑛学习的任务，为他以后的政治生涯打下了良好的基础。此后，阿倍仲麻吕得到了唐玄宗的赏识，在朝廷中平步青云，历任左拾遗、左补阙、秘书监兼卫尉卿。

除了专注于政治，阿倍仲麻吕也被大唐文采风流的诗人们吸引，结识了李白、王维、储光羲等名满天下的大诗人。由于他性格豪爽、学识过人，而且又是一位非常推崇中国文化的国际友人，所以李白等人也愿意与他交往，很快阿倍仲麻吕就与他们结成了密友。

开元二十一年（公元733年），阿倍仲麻吕认为自己学到了足够的知识，希望回到家乡，于是就向唐玄宗请求说，自己的双亲年事已高，需要子女的奉养，希望玄宗能够允许他回到父母身边以尽孝道。然而，唐玄宗很喜欢阿倍仲麻吕，所以对其再三挽留，阿倍仲麻吕只能继续留在长安。

天宝十一载（公元752年），藤原清河大使率领日本遣唐使到达唐朝长安，此时阿倍仲麻吕已经是一位五十六岁的老人了，再次看到故国来的使者，他不禁热泪盈眶，于是他再次向唐玄宗请求允许他与藤原一行一同回归故乡、叶落归根。看着这位将自己所有珍贵的青春岁月都贡献给大唐的老人言辞恳切的奏章，唐玄宗被深深地感动了，于是便答应了他的请求。

第二年，藤原清河的使团完成了自己的出使任务，即将归航，阿倍仲麻吕也收拾行装准备一同回国。他在长安的好友们闻讯赶来为他饯行，并且纷纷即席作诗纪念，其中就有王维那首著名的《送秘书晁监还日本国》：

> 积水不可极，安知沧海东。九州何处远，万里若乘空。
> 向国唯看日，归帆但信风。鳌身映天黑，鱼眼射波红。
> 乡树扶桑外，主人孤岛中。别离方异域，音信若为通。

通过这首诗，王维充分表达了他们两人的深厚友谊，为此，王维还专门为诗写了很长的序文，热情赞颂了阿倍仲麻吕的超人才华、高尚品德，也赞美了中日友好的历史。看着长安的热闹繁华，面对朋友们的热情相送，想起自己度过的青葱岁月，阿倍仲麻吕也产生了依依不舍的留恋之情，于是作诗云：

> 衔命将辞国，非才忝侍臣。
> 天中恋明主，海外忆慈亲。
> 伏奏违金阙，騑骖去玉津。
> 蓬莱乡路远，若木故园林。
> 西望怀恩日，东归感义辰。
> 平生一宝剑，留赠结交人。

到了六月，归国使团终于起航了，与他们同船的还有一心前往日本弘扬佛法的鉴真大师。归心似箭的阿倍仲麻吕，似乎已经感受到了故乡的召唤，然而，命运并没有随了阿倍仲麻吕的愿望。由于归国途中遇到了风暴，鉴真等所乘的三艘船顺利到达了冲绳，但藤原清河和阿倍仲麻吕所乘的船却与其他三艘船失去了联系，被风暴裹挟到了越南的驩州海岸。上岸之后又遭到了攻击，只有包括藤原清河和阿倍仲麻吕在内的十几人逃出了一命，其余一百多人全部罹难。

听到阿倍仲麻吕在海上遭遇风暴失踪的消息，远在长安的友人们十分悲痛，因为海上风浪凶险，失踪基本上就是葬身鱼腹的委婉说法，与阿倍仲麻吕交情甚深的李白禁不住潸然泪下，写出了名篇《哭晁卿衡》：

> 日本晁卿辞帝都，征帆一片绕蓬壶。
> 明月不归沉碧海，白云愁色满苍梧。

天宝十四载（公元755年）六月，历经了千难万险之后，阿倍仲麻吕等人终于再次回到了长安，曾经为他悲痛不已的好友们，见到他安然归来，都喜不自胜。然而，刚刚回到长安的阿倍仲麻吕惊魂甫定，却又遇兵燹。同年的十一月，安史之乱爆发了，乱军一路南下，很快便攻克了洛阳，唐玄宗只能逃往蜀中，阿倍仲麻吕也随同唐玄宗一起前往蜀中避难。

两年之后，也就是肃宗至德二年（公元757年）十二月，长安重新回到了唐朝官军的掌控之中，阿倍仲麻吕得以和唐玄宗一起回到长安。虽然唐玄宗已经被迫成为了太上皇，他身边的近臣也大多遭到唐肃宗的打击，然而阿倍仲麻吕却逃过一劫，反而还得到唐肃宗的欣赏，被任命为左散骑常侍兼安南都护，后来还被擢升为安南节度使。

大历五年（公元770年），阿倍仲麻吕在长安去世，享年七十三岁。阿倍仲麻吕作为一个日本留学生，在大唐取得了极高的荣誉，为促进中国朝野对于日本的了解和友谊作出了很大的贡献，并且还提高了日本在东亚的国际地位。阿倍仲麻吕虽然仅仅是中日交往历史上的沧海一粟，却激励着无数人前仆后继地去探索中土文化，去追寻阿倍仲麻吕的足迹。

中外第一城

"假如给你一次机会，你愿意生活在中国这五千年漫长历史中的哪个朝代？"

"要是有这种可能性的话，我会选择唐代。"

"那么，你首选的居住之地，必定是长安了。"

20世纪70年代，一次偶然的机会，日本创价学会会长池田大作与英国著名历史学家汤因比之间有上述的一段对话。长安，唐朝的首都，9世纪前全球顶级的国际化大都市，一个让汤因比舍弃伦敦而前往的城市，堪与罗马帝国的大罗马地区媲美。

长安，位于关中平原，秦岭之下，北临渭水，西有沣河，东依灞、浐二水，南对终南山，气候温和，物产丰富，山明水秀，风景宜人，是古代中国经济区的重心。秦统一六国后，都城咸阳就设在关中平原的渭水北岸。西汉时起，就有"八水绕长安"之说，八水使长安得到灌溉，土壤肥沃，物产丰饶。这个还曾为前赵、前秦、后秦、西魏、北周都城的城市，也是隋朝建立后营建的新都所在。

隋文帝杨坚下令在汉长安城东南营建新都，命当时著名的建筑家宇文恺负责规划设计和督造，定名大兴城。大兴城面积达八十四平方公里，约是现在西安城的七倍多，是中国历史上最大的都城。

唐建朝后，仍建都在这里，改大兴为长安。唐代对长安城的规划布局没有大的变动，仅有局部修建和扩充。随着唐代经济文化的繁荣，以及对外贸易往来的频繁，长安也成为当时世界上最大、最繁荣的国际化大都市。

一千三百多年前的长安，是一座规划严整、气势恢宏的大都会。纵贯南北、横贯东西的主街道宽度都在一百米以上，作为全城中轴线的朱雀大街，宽度达一百五十五米，整个城市粗线条的严整布局，显示出宏大的气势。全城由宫城、皇城、外郭城三部分组成，外郭城从东西南三面拱卫皇城与宫城，这是百姓和官员的住宅区，也是长安的商业区。

白居易的笔下的长安城"百千家似围棋局，十二街如种菜畦"，唐代长安城就像诗中所描述的那样呈棋盘状布局，长安城里笔直的南北十一条街和东西十四条街纵横交错，形成了方格网的布局；各街之间形成的方格是里坊（隋称"里"，唐称"坊"），一百一十个坊、东西两个市，由一条条巷道相连。

各坊都各自为独立的居民区，俨如一座座的小城市。各坊中有不少的小商业店铺，如饮食业、旅馆、酒肆以及各种手工业作坊。而长安的商业区主要在东西两市，它们分别在皇城的东南和西南，位置东西对称。东市和西市是当时全国工商业贸易中心和中外各国进行经济交流活动的重要场所，还是市民消遣游玩的场所。这里商贾云集，邸店林立，物品琳琅满目，贸易极为繁荣。

"东市"在隋代时被称为"都会市"，唐朝时改为东市。位于长安城东，东西南北各长六百步（约1000米）。四面各开二门，中有"井"字形四条大街，把该市划分成九个方形区域。据北宋初宋敏求作的《长安志》记载，东市经营的商品门类有220行，"四方珍奇，皆所积集"。唐武宗时，一天东市失火，烧毁曹门以西12行4000多家。由此推算，一行有300多家，东市的220行，店铺总数估计应超万家，可想当时东市的繁荣景象。

"西市"在隋代被称为"利人市",唐代改为西市。与东市一样,四面各开二门,市内有四条大街,把该市分成九个方形区域。街宽各百步,两侧有衣肆、药材肆、坟典肆、鞦辔行、绢行、秤行、麸行、帛行、寄附铺,经营各种商品交易的商贾近千家。大街四周又设有很多旅舍、旗亭酒肆及饮食摊点。通过丝绸之路来到长安经商的西域及中亚、西亚等地的"胡人"多聚集该市,经营金银珠宝,并购买有中国特点的丝绸、瓷器等运回国去转卖。盛唐以后,西市的繁荣超过了东市,被人称为"金市"。两市都设有官署——"市署""平准局",负责管理集市交易。

"长安的这种布局从一个侧面展示了唐朝初期的统治是多么井然有序。宽阔壮观的市容代表了王朝的繁荣富强。中国在7世纪时是遥遥领先于世界各国的。汉朝时中国与地中海地区并驾齐驱,而唐朝开始的一千年中,中国成为世界上最为强大、富裕和先进的国家。"著名史学家费正清先生的这段评述与星罗棋布的商户店家共同演绎着盛世唐朝的繁荣。

唐代长安城在规划和建设方面的经验对其后中国国都及国外城市建设起到了重要的借鉴作用。如宋代开封城和元、明、清北京城就沿袭了长安城的特点。日本的京都城和奈良城的建设也吸收了唐长安城的经验。

根据考古学家发掘和史籍记载,长安工商业的发展超过隋代。这首先表现在人口的数量上,当时的长安拥有近200万人口,除居民以外,长安城中还有来自全国各地的官吏、游学的文人、做买卖的商贾等。众多的人口产生众多的消费需求,因此来自四面八方的商人都会集在长安,兴贩贸易,推动长安东、西两市的商业走向兴旺繁茂。此外,还有邻近各国如日本、朝鲜和中亚、阿拉伯国家的商旅和友好使节,唐王朝在首都长安设置鸿胪寺等机构盛情接待外宾,其中除使节外,也有商人、文人等。

英国著名学者李约瑟在其名著《中国科学技术史》中指出:"唐代确是任何外国人在首都都受到欢迎的一个时期。长安和巴格达一样,成为国际间著名人物荟萃之地。"

当时,对外国人士(不包括西域已臣服及周边臣服各国)进唐王朝要求甚严,凡来到唐王朝的外籍人士必须穿唐王朝指定服装,并不得擅自前往异地。而且国人对各国人士一律统称为"胡人",外国商贩称之为"胡商""胡贾",外国僧人统称为"胡僧",外国女子统称为"胡姬"。在堪称"太平盛世"的唐朝都城中,许多"胡人"乐不思蜀,就留了下来。西域少数民族向往东方乐土,大唐的都城长安便是众望所归的圣地,所以这里云集着数量惊人的西域"胡人"。许多留居中国的"胡人"和汉人结婚,并在朝廷供职。

融入大唐,来到都城长安的不单是这些胡人,还有他们带来的精神与文化。长安城内,宗教建筑很多,几乎每个坊里都有佛寺或道观,是各国的僧侣、商人到长安后修建的。这些寺观规模庞大,建筑宏丽,也是长安城里著名的游览胜地。佛教、道教、景教、摩尼教等中外宗教,都在这座海纳百川的长安城中风行。

同时,胡乐、胡舞、胡食、胡药,也在此时与中国文化相互融合。它们都是唐朝文化大视野的一个组成部分,在这个自信、开放、博大、发达的时代,一种蓬勃向上的活力与气质,凸显出了大唐帝国的精神。

若能生活在盛唐的长安城,何其幸也!巍峨的宫城不禁令人赞叹其宏伟与壮丽,置身于俗世的坊间很难不被其车水马龙的场景所感染,映入眼帘的一切美好照亮了人们的心灵。但即使如纽约般繁华的都市也有贫民窟存在,一千三百年前的长安城也是如此,一句"朱门酒肉臭,路有冻死骨"掀开了锦衣玉食的城墙,露出了繁华下的残酷现实,衰落在所难免,鼎盛之后扑面而来的是急速的下坡路。

天威播四海

在中国境内曾出土拿水壶的大食人陶俑，从中原到新疆、到广东都发现过上千枚波斯银币。一个是来自古代的大食国，一个来自古老的东罗马，那里的商人、官员不远万里来到大唐，是为旅游，也为取经。

6到8世纪是西欧人眼中的"黑暗时代"，而西欧之外的世界此时并不"黑暗"。西起地中海东到太平洋西海岸，欧亚大陆上三大帝国正书写着自己的传奇历史：它们分别是唐帝国、阿拉伯帝国和东罗马帝国。

8世纪，中东的阿拉伯人异军突起，成为唐朝、吐蕃之外影响西域的另一支不可小视的力量，在唐代史籍里称为"大食"。

8世纪时的唐朝正是天宝年间，达到了中国封建社会前所未有的顶峰。此时的天子是唐朝的第七个皇帝唐玄宗李隆基，虽然在这之前，唐朝权力过渡出现了问题，但武则天这个能干的女人除了要和儒家传统和社会道德作长期斗争外，把国家也治理得井井有条。到了玄宗时期，唐朝的国力达到了巅峰。无论从哪方面比，大唐毫无疑问是当时世界上最令人尊敬的强国，是当时世界上最先进的国家。陆路四通八达，海路开辟更多，有三条路去日本；同时开辟了从广州越南海到东南亚、西亚及埃及和东非的海上交通。因此，唐成为世界各国经济文化交往的中心。

范文澜主编的《中国通史》里这样写道："当时中国文化独步在世界上，为摩诃末所推荐，阿拉伯与中国在精神上的友好关系，从摩诃末时就开始了。"因此，唐朝和大食的外交关系密切。唐高宗时，大食遣使来长安通好，此后的一个多世纪里，入唐使节近40次之多。

大食商人从陆路和海路来到唐朝，长安、洛阳、扬州、广州、泉州等处都有他们的足迹，不少人在唐朝定居落户，有的还在朝廷当官。中国的造纸、纺织、制瓷等技术，传入大食，又通过大食传到非洲、欧洲的许多国家。今天的伊朗属于古代的波斯，唐时，波斯商人是长安城的常客。长安城里的外国人以波斯人最多，波斯富商遍布各地，有些长期留居中国。波斯还是丝绸之路的重要转运站，隋唐的丝绸、瓷器、纸张等沿着丝绸之路，源源输入波斯，再从波斯向西转运。

波斯和大唐的亲密往来，不仅仅是学习技术经验的关系，还有求援的成分在里面。范文澜提到一点："（波斯）因受大食的威胁，对无敌的中国，自然抱有相助的希望……"

贞观十七年（公元643年），波斯遣使来唐，献赤玻璃、石绿、金精等物。唐太宗回书答礼，并回赠绫、绮等丝织品。

近代考古工作者曾在伊拉克底格里斯河西岸的沙玛拉城遗址发掘出大批中国陶瓷，其中有唐三彩、白瓷和青瓷三种，在北非的福斯特（即开罗古城）遗址中，曾发掘出唐朝的青瓷器。

盛唐的气象不仅仅在长安，不局限于中国，它在世界各地留下了美丽的回忆。如今，"唐人街"依然是世界对海外华人居住地的称呼。

第五章 奸臣当道，巅峰背面的陡坡

找工作是一门学问

唐玄宗是个复杂的人、矛盾的人。"（唐玄宗的）一生充满了矛盾，内外矛盾，前后矛盾。在矛盾中成一代伟业，又在矛盾中沦陷下去"。他是个地地道道的君主，恢弘的气度，高瞻远瞩的眼光，势不可挡的吸引力，铸就了一个一流的政治家。他还是个名副其实的文人，舞文弄墨，吟诗唱和，放荡不羁，成就了一个才华横溢的风流才子。他兼具政治家冷峻的现实主义精神和文人的浪漫主义情调，既有敏锐果敢的政治行为，又有感情用事的自由任性。最终，他的复杂和矛盾，让他从平凡走向成功，又从成功转入失败，将正剧演成喜剧，又将喜剧演成悲剧。

李隆基奋力书写的"开元之治"是一部杰作，那时的大唐帝国经济文化空前繁荣，成为西方仰慕的天朝上邦。国民生产总值反映一个国家的经济水平，那么，如果用一些数字来证明唐朝当时社会的繁荣，想必会更有说服力。

第一个数字，7000万。这是唐玄宗统治的天宝年间（公元742~755年）的全国人口数。而那个时候的东法兰克王国从塞纳河到莱茵河之间的人口是200万~300万。直到16世纪，地中海地区的人口才5000万~6000万。在农业经济为主的时代，人口就是生产力。唐玄宗时期人口繁盛，反映了当时中国总的经济实力独步于世界民族之林。

第二个数字，6.6亿亩。这是唐玄宗时期全国的耕地面积。唐朝的版图，比之于汉代，有新的拓展；大运河把黄河流域与长江流域更密切地联系在一起。根据史料推算，当时全国实际耕地面积约850万顷，折合成今亩达6.6亿亩（当下的中国为18亿亩），人均占有达9亩多。

第三个数字，70余国。这是《唐六典》列举的开元时期前来朝贡的蕃国数。这些蕃国，从东亚的日本、朝鲜半岛到东南亚地区，从今日中国边疆少数民族政权到中亚、西亚乃至地中海地区的一些国家，都对唐朝中央政府建立了一种朝贡的政治关系。开元时代，长安、扬州、广州等城市，云聚着从海陆丝绸之路来华的胡商蕃客，成为沟通中外经济、文化与政治联系的重要渠道。

第四个数字，53915卷。这是开元年间整理国家图书馆的藏书数。《新唐书》中记载：唐朝"藏书之盛，莫盛于开元，其著录者，五万三千九百一十五卷，而唐之学者自为之书，又二万八千四百六十九卷。呜呼，可谓盛矣！"

也许是在盛世中生活得太过安逸，玄宗滋长了许多恶习，而且这些恶习越来越严重地表现了出来，骄和侈就是两个。骄是实行言莫予违，侈是贪利边功，轻易用武。终于过犹不及，多次战争让他变得昏昏沉沉，为了虚荣的面子，伤了元气。

开创了"开元盛世"这一巨大功绩后，整天受到身边人的称赞与谄媚，他的内心感到强烈的空虚。他看到荣誉背后也有不为人知的艰辛，他感到自己的渺小与微不足道，于是心中产生了"归隐"的念头，他将权力委托给李林甫，就急忙躲进深宫，将自己满腔的政治热情化成了声色兴趣。

不过，即便是耽于逸乐，唐玄宗也有着过人之处，他的才华横溢已经接近于全才，在他身上除了有政治家的果断、军事家的英武，还有艺术家的气质。如果说他是昏君，那他也是昏君中的翘楚；如果说他是浪子，那他也是浪子中的英杰，他随潮流而动，始终站在时尚的浪尖，成为引领盛唐文化的时尚先锋。

唐玄宗擅长诗文，他的五律风格雄健，骨气峥嵘，妙句连篇；他的乐府诗作得空灵飘逸、生动自然；他的散文情理并茂，意境交融。

唐玄宗在音乐上的才华也丝毫不逊于其政治才干。6岁能歌舞，少年时在府中自蓄散乐一部以自娱。他也擅舞，16岁时曾为祖母武则天表演唐代著名歌舞大曲《长命女》。他还会演奏多种乐器，如琵琶、横笛等，其中羯鼓的演奏技艺尤为高超。他练习时敲坏的羯鼓就有四大柜。他称羯鼓是"八音之领袖"，认为各种乐器都不能与它相比，其演奏技巧之高超被宰相宋璟形容为"头如青山峰，手如白雨点"。唐南卓《羯鼓录》曾说他"若制作曲词，随音即成，不立章度，取适短长，皆应散声，皆中点拍"。

唐玄宗对唐代的音乐制度作了多次重大改革，调整了原九部乐、十部乐为坐、立部伎，促进了音乐艺术的发展与提高。唐玄宗一生作有无数曲子，闻名于世的有《紫云回》《龙池乐》《凌波仙》及56岁时遇上杨贵妃后作的《得宝子》等，最著名的就是歌舞大曲《霓裳羽衣曲》。《霓裳羽衣曲》是根据印度婆罗门曲改编，为音乐舞蹈史上一颗光彩夺目的明珠，代表了唐代音乐舞蹈的最高成就。正是由于这位皇帝音乐家的喜爱和重视，以及与各民族音乐文化的融合，盛唐音乐达到了历史的巅峰。

唐玄宗还被尊为"梨园神"。这里面有一个有趣的故事：一次梨园排戏，玄宗看得兴起，也换上戏衣，参加表演，他演的丑角三花脸惟妙惟肖，演员在演出时将他打了一下，吓得跪下饶命，他一笑了之，说这是演戏，不必当真。

旧时戏班奉他为祖师爷，每逢演出，要在后台他的牌位前供香点烛。在旧戏班里，丑角在诸行当中雄踞首位。在当时，许多名演员有不少出身梨园，梨园也聚集了全国最著名的音乐家，如李龟年、雷海青、张野狐等。梨园的设置，对唐代歌舞的发展起了很大的促进作用。

玄宗的书法堪称一绝，各体皆备，尤善八分、章草，丰茂英特。《述书赋》云："开元应乾，神武聪明，风骨巨丽，碑版峥嵘。思如泉而吐风，笔为海内吞鲸。"《古今法书苑》云："唐明皇工八分章草，丰茂英特。"

玄宗的多情更是一绝，几曾见帝王天子有真情，却怎么三千宠爱在一身？辜负了大好盛世千秋业，却原来不爱江山爱美人。对于李隆基来说，杨玉环已经不仅仅是一个妃子，而是名副其实的妻子。意趣相投，情深似海，正是"七月七日长生殿，夜半无人私语时，在天愿作比翼鸟，在地愿为连理枝"。

杨氏兄弟姐妹五家，"甲第洞开，僭拟官掖。车马仆御，照耀京邑，递相夸尚。每构一堂，费千万计"。曾几何时，清元小殿上，宁王吹玉笛，玄宗打羯鼓，贵妃弹琵琶，李龟年吹篥，张野狐弹箜篌，贺怀智打拍子，谢阿蛮曼舞，其乐融融，仿佛王土之上都是一片祥和。

表面风光无限，实则危机四伏，只可惜玄宗眼中只剩了贵妃，难容其他。玄宗在杨玉环身上找到了真正的爱情。爱之深，情之切，恨不能将全天下捧来给她。她在君王的宠爱中甘之如饴，无心政治权势，只为长相厮守，却不想一笑倾了国。

天宝常和开元合在一起，称为"开元天宝盛世"。其实，天宝是美丽与哀愁共存的时代。唐朝气度恢宏，盛极的时候繁花满天、硕果累累；衰亡的时候枝残叶落、萧索暗淡。

唐玄宗后期的统治，一意孤行，好大喜功，穷兵黩武，于是有很多边将十余年不换，开始久任边境的将领经常挑起对异族的战事，以邀战功。唐玄宗将当时的兵制由府兵制改为募兵制，使得节度使与军镇上的士兵联合在一起，造成了边将专军的局面。其中安禄山一人身兼范阳、平卢、河东三镇节度使，掌握重兵。终于趁唐朝政治腐败、军事空虚之机和史思明发动了"安史之乱"。

对于子民来说,是该为活在盛世而幸,还是为盛极转衰而悲?对于玄宗来说,原说是明月永照长生殿,谁料到渔阳声鼓卷烟尘,到头来,只有马嵬坡前绿草茵茵。唐玄宗的一生充满了离奇色彩,他创造了无与伦比的盛世,创造出举世无双的"开元之治",却又亲手将其推入万劫不复的深渊。

嗟乎,成也玄宗,败也玄宗也。

二张争相

唐玄宗时期既是将大唐盛世推向巅峰的辉煌时代,也是三百年唐朝历史由盛转衰的重大转折点,唐玄宗在位数十年,在其统治后期,虽然社会上仍然一片歌舞升平,但是朝堂上你死我活的权位之争从未停歇,帝国内部逐渐出现了许多危险的蛛丝马迹。

开元初年的名相姚崇、宋璟相继辞相之后,唐玄宗安排了源乾曜、张嘉贞继任。张嘉贞是蒲州猗氏(今山西临猗)人,在武则天统治时期进入朝廷,由于他外貌俊逸、举止大方、应对机智,所以颇得武则天的欣赏和提拔,经过一段时间的历练便将他外放出去做官,先后担任了梁、秦二州都督,及并州长史等职。

唐玄宗即位以后,张嘉贞又因在地方上政绩卓越而得到了玄宗的青睐,正好朝廷要在他任职的并州设置天兵军,于是玄宗就提升张嘉贞为天兵军节度使。然而不久以后,竟然有人上书弹劾张嘉贞在天兵军奢侈僭越、贪赃行贿,唐玄宗震怒,于是命御史大夫王晙进行调查核实,结果却发现此事完全子虚乌有,纯属诬告。按照唐朝的法律规定,诬告者他人是要判处反坐之罪的,于是唐玄宗便想按律处置那个上诉之人。

张嘉贞知道此事之后,向玄宗进言说:"昔者天子听政于上,瞍赋蒙诵,百工谏,庶人谤,而后天子斟酌焉。今反坐此辈,是塞言者之路,则天下之事无由上达。特望免此罪,以广谤诵之道。"劝谏玄宗不要因为处置一个诬告者而堵塞了天下言路,导致下情不能上达,而使皇帝无兼听之明的恶果。

无辜遭到诬告,几乎丢官去职、声誉受损的受害人张嘉贞不仅没有从自己个人利益出发,强烈要求玄宗严惩诬告者,反而从国家社稷、百姓民生的大局出发考虑问题,阻止皇帝处置元凶,这种不计私利、胸怀天下的心态正是难得的宰相气度。从此之后,唐玄宗就记住了这位肚里能撑船的天兵军节度使。

开元八年(公元720年),宋璟、苏颋相继离职,玄宗皇帝需要寻找新的宰相来辅佐朝政,于是又想起了张嘉贞。可是俗话说"贵人多忘事",唐玄宗竟然忘记了他的名字,只记得他北方某地的节度使,尴尬的唐玄宗又不愿意随便询问身边的侍从,避免将如此的国家大事泄露出去引来麻烦,于是只得连夜命人召来负责草拟圣旨的中书侍郎韦抗。

看着不知所措的韦抗,唐玄宗硬着头皮说:"朕想要任命一位宰相,可是忘了他的名字,只记得姓张,名字有两个字,而且颇有重臣风范,是北方的节度使,你记得谁比较符合情况,为朕猜一猜。"

韦抗想了又想,试着说道:"张齐邱现任朔方节度使,皇上说的莫非是他?"

唐玄宗念了念张齐邱的名字,觉得可能就是他了,为了防止消息泄露,玄宗命令韦抗当场在御前草诏。写好诏书之后天也快亮了,韦抗回到值班的地方补觉,而玄宗也不睡觉了,就等着天亮之后发布诏书。

谁知韦抗刚刚睡着,又有宦官来召他去见皇帝,进入寝宫之后,玄宗对他说:"错了！错了！不是张齐邱，是天兵军节度使张嘉贞！如果不是朕偶然看到张嘉贞的奏章，几乎任命错了人。"张嘉贞就这样一波三折地成为了新一任的大唐宰相。

然而张嘉贞虽然很有才干，处理政务井井有条，却性格强势，颇有点刚愎自用，所以得罪了不少人，其中就有张说。

张说比张嘉贞年长两岁，也是在武则天统治时期进入朝廷的，唐中宗复位以后，张说被任命为兵部侍郎，而张嘉贞则在他手下做兵部员外郎。本来面对一位既比自己年长，又曾经是自己上司的同僚，张嘉贞拜相之后虽然官位高过了张说，也应该表示出足够的尊重，但是张嘉贞却对张说态度倨傲、毫不谦让，这让张说十分不满，二人就此结下了矛盾。

开元十年（公元722年），秘书监姜皎犯了罪，张嘉贞讨好唐玄宗妹婿和宠臣王守一，于是便与他联名上奏请玄宗将姜皎处以杖刑，不久以后姜皎就因为带着重伤被流放而死在了路上。没过多久，广州都督裴佃先也因事被捕入狱，张嘉贞又故技重施，请玄宗施以杖刑。

时任兵部尚书的张说趁机进言道："臣听说刑不上大夫，因为大夫们是天子的近臣，又有古语说士可杀不可辱。当初姜皎是三品大员，也曾为国立功，如果他犯了罪，那么就应该按律判刑，该斩则斩，该流放就流放，岂能随意用杖刑来侮辱他？逝者已矣，此时已经无法弥补。现在又出了个裴佃先案，臣以为裴佃先应当根据案情或贬官或流放，不可以轻易处以杖刑。"玄宗觉得张说讲得很有道理，于是便听从了他的建议。

退朝以后，张嘉贞很不高兴地质问张说："你要进谏，就事论事即可，为什么要如此大做文章？"

张说正义凛然地说："宰相之职嘛，谁运气好谁就能得到，岂是一个人能够长期占据的位子？如果高官重臣均可以随意杖责，那么恐怕你我也早晚难免此噩。我今天不是为了裴佃先说情，我是为了天底下的士大夫进言啊！"

张说此举一方面在唐玄宗面前树立了自己为朝廷着想，维护国家法律权威，反对滥刑，保护大臣尊严的形象，在皇帝心中留下了心怀社稷的好印象，另一方面又破坏了张嘉贞在玄宗心目中大公无私、一心为国的形象。而他后来对张嘉贞所解释的话一旦传开，更能在广大朝臣中引起共鸣，为自己培养人望，可谓一箭三雕。如此看来，如果要比政治手腕，鲁莽冲动的张嘉贞的确不是老谋深算的张说的对手。

果然，到了第二年，张嘉贞的弟弟金吾将军张嘉祐被人揭发出有贪赃之事，张嘉贞十分担心自己会受到弟弟的牵连。这时张说给他出了个主意，让他以弟弟受到弹劾的名义暂停办公、素服待罪，以示自己高风亮节，这样自然能够博得皇上的好感。张嘉贞听了觉得十分有道理，完全没有意识到张说的这个馊主意不啻是让他不打自招。

暂时离职的张嘉贞失去了面见皇上进行解释的最后机会，很快就被贬为幽州刺史，赶出了朝廷，而张说则喜滋滋地补上了中书令的空缺，如愿以偿地当上了宰相。张嘉贞这才知道自己被张说所算计，只能恨恨不已地对人抱怨说："中书令明明有两个位子，何苦如此算计我呢！"

张说虽然政治手腕比张嘉贞高明许多，然而他刚愎暴躁的脾气却与张嘉贞如出一辙，所以这位新宰相的人际关系也并不比张嘉贞好多少。他不仅擅权专政、任人唯亲而且还喜欢收受贿赂，如果有官员违逆他的意思，他轻则不顾对方颜面地张口就骂，毫无大臣君子之风；重则运用手中的职权将对方排挤出朝廷。

后来张说奏请唐玄宗举行封禅泰山的大典，说："封禅者，所以告成功也。夫成功者，德无不被，人无不安，万国无不怀。"封禅泰山是历代帝王粉饰太平，夸耀功勋的手段，也是一位帝王能够取得的最大荣耀。接到这样的建议，唐玄宗自然欣然同意。

其实根据开元盛世的繁荣景象，及其八方来朝的国际地位，举行一次封禅大典，唐玄宗也是当之无愧的。然而张说却利用封禅后凡三公以下官员可以升官一级的规定，大肆提拔私人、任用亲信。例如张说的女婿郑镒，原本是九品官，竟然连升数级，一跃而升到了五品。

后来玄宗知道了郑镒升为了五品，觉得很惊讶，便询问这是怎么回事，有人回答说："此乃泰山之力也。""泰山"是双关语，表面上是说郑镒因为封禅泰山的大典而升官，实际上是在讽刺他的"泰山大人"也就是岳父张说滥用职权、任用私人。

本来，张说主持封禅大典，一方面可以讨好于皇帝，另一方面可以接纳与众朝臣，是他改善人际关系，巩固自己权威的大好机会。然而由于张说的贪婪和霸道，得以因此事而升官的大臣怨恨他随意辱骂、不留颜面；未能升官的大臣怨恨他任人唯亲、处事不公；甚至连玄宗皇帝也从侧面知道了他的斑斑劣迹。张说白忙一场，距离罢相去职之日已经不远了。

此事之后，张说失去了玄宗的信任，又受到了玄宗新宠宇文融的排挤，玄宗便逐渐疏远了张说。后来宇文融见张说已经失宠，皇帝只是缺少一个罢相的理由，于是便联合时任御史中丞的李林甫等人弹劾张说"求士占星、徇私僭侈、受纳贿赂"。唐玄宗果然将张说下狱审讯，张说执政的时代就此结束。

开元十七年（公元729年），张说再次拜相，他的长子张均被封为中书舍人，次子张垍也成为了宁亲公主的驸马，荣宠一时。然而一年之后，张说就因病去世。

张说为人虽然有很多这样那样的问题，然而他三任宰弼，政务娴熟，根据国情对政治军事制度进行了有效的改革，一生既有文韬之策，又有武略之功，为国家立下了汗马功劳，《新唐书》赞之曰："发明典章，开元文物彬彬，说居力多。"张说罢相以后，朝廷的中央决策中枢陷入了四分五裂、各自为政的局面，再也无人可以掌控大局，后来的宰相大多为能力平庸、钻营谋利之徒，唐王朝的衰落已经显出了端倪。

风度得如九龄否

张说以后数年，玄宗朝还有一位比较著名的贤相，他就是张九龄。

张九龄，字子寿，一名博物，仪凤三年（公元678年）出生在韶州曲江（今广东韶关市）的一个普通的家庭中，故而后世之人又称其为张曲江。大概不凡之人，在后人的眼中，都很可能有一个不凡的出生。如神话故事中的哪吒，其母亲怀胎三年，才生下一个肉球，最终成就一番大业。又如秦始皇，民间传说他的母亲也是怀胎一年有余，才诞下了这个千古一帝。张九龄也有一个非凡的出生经历：其母亲为卢氏，怀胎十月还没有分娩。而且卢氏的体型粗大、面色泛黄、身体虚弱，很可能得了黄肿病。

这时候，一个挽救了张九龄这个千古宰相之才的高人出现了，他不仅会治病救人，还会算命，高人煞有其事地对张九龄的父亲说，这腹中的胎儿将来必定能够成就一番大业，大人物出生，必须要到大地方才能够生下，所以现在张家住的这个地方，很可能难以容纳下他，是故张九龄迟迟不能降临人世。听了那位高人的指点，张家感激不已，在给了那人大量钱财之后，星夜兼程举家搬迁去了韶州，张九龄遂在韶州顺利出生。

张九龄自幼文采出众、才华横溢，据说在七岁的时候，就能够写出流畅的文章，可谓少年天才。据后来的王方庆回忆说，他在年轻时候于广州做广州刺史时，现在权倾天下的张九龄，当时虽然只有十三岁，却给他上过一道文采斐然的书。王方庆一看其文笔，立马拍案叫绝，如此年轻便有如是行云流水的文笔，实在是千古罕见，于是王方庆预言此子将来必定有非凡的成就。

果不其然，在张九龄三十岁之时，便以第二名的成绩中了进士，被授予校书郎之职。此时的张九龄，尚算不得发迹，他的真正崛起还需继续等待。与喜好严刑峻法的武后和软弱无能的中宗、睿宗不同，唐玄宗即位之后励精图治，以"兼听则明，偏信则暗"作为他的为政信条。

而且李隆基自诩文武全才，尤其喜好文学，像张九龄这种人，性格耿直、文采出众，正是唐玄宗所钟爱的人才。为了能够摸清张九龄的底细，在这之前，唐玄宗还对张九龄进行了一番充分的考察，发现张九龄在对策时，往往语出惊人，不按常规出牌。玄宗认为此人乃是个大才，只是年轻气盛，还需要耐心地打磨几年，才能够对之委以重任。

校书郎虽然品阶较低，但是对于朝廷新人来说却是很有前途的一个仕途起点，尤其是朝廷安排给通过科举考试的进士们的第一个岗位往往就是校书郎。张九龄在刚刚上任做校书郎之时，便向唐玄宗陈述了自己的为政基旨，言辞恳切、道理清晰，唐玄宗从这份上书中发现了张九龄的谏言之才，也意识到自己在为政之时所需要注意的事情，所以当即任命张九龄为右拾遗。

右拾遗是谏官的一种，主要负责向皇帝奏论政事，称述得失，并且有推举遗贤的职权。右拾遗的品阶虽然仍然很低，但是由于与皇帝直接交流的机会比较多，因此是一个很有前途的职位。只要谏言能够合乎皇帝的心意，前程一片大好，当初的陈子昂、此后的白居易等人都是由此崛起，做出一番成绩的。当然，俗话说，伴君如伴虎，这同时也是一个容易得罪皇帝的差事，如果张九龄不懂得迂回，同时遇到的皇帝度量狭小，加上小人在皇帝身边进谗，就很容易招致杀身之祸。

正是在右拾遗的职位上，张九龄第一次展露了他的政治才能和识人用人的眼力，为他日后的仕途晋升打下了良好的基础。不过一个人有着惊世的才华和过人的胆识勇略固然很重要，但孤身一人却难以成就大事。所以张九龄要想安稳升迁，还需要结识一个在朝中呼风唤雨、无所不能的人，大树底下好乘凉，只有获得了足以决定自己前途的人的赏识，自己才能够有更大的可能性成功，张九龄找到的这棵大树就是当朝宰相张说。

张说虽然政治作风问题很多，但是却极有才华，是当时的文坛领袖，也很看重文名卓著的人才，喜欢奖掖后进，提拔文学造诣高的后学之士。张九龄文采风流，因此倍受张说的器重，甚至张说还预言，张九龄定然能够接替自己成为"后来词人称首"，可见其对张九龄的看重。而张九龄也乐得有人赏识，这样不仅能够减少自己为政为官的阻碍，还能够为自己将来飞黄腾达的前程铺平道路，所以，张九龄经常写一些文章献给张说。

可以说，除了钱财之外，张说最喜欢的莫过于与才子文士酬唱往还了。一来二去，二人便成了忘年之交，加上他们都姓张，索性认为同宗。毫不夸张地说，没有张说这个伯乐，张九龄很难平步青云、最后成功坐上宰相的位置，更谈不上实现其理想抱负了。

在张说的介绍下，张九龄的文采很快就被唐玄宗进一步熟知，唐玄宗也很佩服张九龄的文才，曾说："张九龄文章，自有唐名公皆弗如也，朕终身师之，不得其一二。此人真文场之元帅也。"有了张说的支持和唐玄宗的看重，张九龄很快就被提拔为中书舍人。这个职位的官衔是正五品上，虽然在高官云集的朝堂上，正五品上的官员实在不算大官，但是中书舍人却相当于皇帝的秘书，"掌侍进奏，参议表章。凡诏旨制敕、玺书册命，皆起草进画"，因此经常有机会与闻重要的国家大事，甚至于是宰相的任命和罢黜，这是这段经历为张九龄日后入主中枢提供了极佳的学习机会和资历积累。

接触真正的国家大事之后，张九龄很快就展示出了比张说更加敏锐的政治头脑，在张说与宇文融的权力之争中，张九龄曾多次为张说提供正确的建议，然而却未获采纳。后来张说被迫罢相，张九龄也受到牵连，暂时离开了朝廷。不过由于唐玄宗看重张九龄的才华，而他的离开也仅仅是由于受到牵连，并非是自身出现问题，因此很快又得到重用，被召回了朝廷。开元二十二年（公元734年），张九龄被任命为中书令，正式成为宰相。

对于张九龄，唐玄宗十分赞赏，因此在张九龄之后，每逢宰相向皇帝推荐公卿之时，皇帝都会询问："其人风度得如九龄否？"将张九龄的风范作为拔擢大臣的一个重要标尺。过去士大夫阶层要把笏板插在腰带上，才能够去骑马，皇帝考虑到张九龄体弱，遂常派人帮助张九龄拿着笏板，自此，朝廷设立了笏囊。一时之间，张九龄的威望于整个大唐公卿而言，不作第二人想。

然而张九龄的拜相并不代表着张九龄时代的来临，因为另一位名传后世的"名相"也在崛起。他善于权谋，善于运用法家的势，甚至整个唐朝由盛转衰的转变，也在他的手中逐步完成。相信许多人已经知道了他的名字——李林甫。

张九龄与李林甫

与正直敢言且忧国忧民的张九龄不同，李林甫"柔佞多狡数"，靠着巴结逢迎的手段爬上宰相高位，他因为权倾朝野而闻名天下，也因为杀伐果断而让世人胆寒。千年时间过去，这个大唐江山的悲剧，这个历史长河的黑斑，依然和秦桧、严嵩等人一般，在人们的视野中挥之不去、口耳相传，有人为李林甫的一生做了一个定论："口有蜜，腹有剑。"从此"口蜜腹剑"这个成语便流传下来。

古代世人最为崇高的理想，莫过于了却君王天下事、成就生前身后名。李林甫一反常规，他似乎要玩弄天下于鼓掌之中，也似乎要无视历史，视天下百姓如草芥。甚至如唐玄宗这样的千古风流人物，在李林甫的眼中，也不过是过眼烟云一般。李林甫读书不多，但却有着过人的投机钻营的技巧，在位期间，着力于堵塞言路，打击异己，所以最终他以反传统的方式，坐上了宰相的大位，把持唐朝政局十九年，成就了奸相的"名声"。

李林甫有个小名叫作哥奴，从亲缘关系来讲，他还是唐高祖堂弟长平王李叔良的曾孙，凭借着这一层关系，他属于唐朝的第一类贵族，即封爵贵族。因而科举考试这样的进入官场的平民方式，并不被他看在眼里。李林甫选择捷径做了一个小官，这在很大程度上，让他失去了一次通过科举检验和展示自己的机会。

李林甫除了皇室宗亲的关系之外，还有一个舅舅，名作姜皎，是唐玄宗登基大统的功臣之一。正是凭借姜皎的帮助，加上李林甫自己的努力，他才能够从一个籍籍无名的小官一路高升，并且顺利地来到了太子身边，成为了太子身边的红人。连太子也成了他的说客，经常在皇帝身边说自己这个手下的长处。很快，李林甫便当上了国子监的一名官员。

国子监的官员虽然只是当时最高教育机构管理者，和那些宰相仆射的官职相比还有很大的差距，但却有着重大的政治前途。更加难能可贵的是，这个政治机构云集了天下英才、宗室权贵之子。李林甫不失时机地给那些人以力所能及的好处，以便结交和网罗一大批门生故吏，不久之后，李林甫便奠定了雄厚的政治根基。和李林甫不同，张九龄虽然位居人臣之首，却好似孤家寡人一般。所以注定了第一次和李林甫的正面交锋，会以张九龄的失败而告终。

从唐王朝内部而言，正是唐玄宗、李林甫和张九龄三个人之间的相互角逐，政治较量，才使得唐王朝最终的盛衰转折如此有特色。分析唐玄宗此时任用李林甫的时代政治背景：在姚崇和宋璟这样的贤相辅佐下，唐王朝取得了开元之治的伟大成就，毫不夸张地说，这是自唐王朝立国以来，乃至于中国整个古代历史发展最为辉煌的时期之一。

然而，一个依靠几个人而屹立而起的王朝，很难如同用制度法律约束下的盛世来得长久。因为开创唐朝的盛世虽然有明君贤相的重要因素，但是均田制和府兵制的创立，符合国情的军队制度和土地制度更是盛世的保障。然而，随着时局的发展，均田制和府兵制都遭到了破坏，新近创立的募兵制虽然有一定的实际作用，但执行者才是关键，由于制度的不严格执行，致使原本掩藏在帝国内部的危机逐渐显露了出来。尤其是在姚崇和宋璟相继离开权力中枢之后，唐王朝虽然还是那么强盛，但是隐藏在繁华之下的深度危机，却如同一颗会生长的毒药，逐渐生根发芽，最终一发不可收拾。

此时朝堂之上，李林甫被后世认为是奸相，除了奸邪之人外，朝中也不乏德高望重之辈，张九龄一干人等，还力图变革，很有才能。可惜的是，他们都是儒家士子，在性格上有难以弥补的缺陷。

这些儒家士子，从小便接受着修身齐家治国平天下的传统思想，为了能够青史留名，做的事情大多有名无实。这种人，只适合吟诗作对，吟风弄月，对于国家的政治前景不仅缺乏充分的考虑，更提不出具体的改良措施。

正在唐玄宗苦思自己国家发展的前途之时，李林甫不失时机地走入了唐玄宗的视野。

李林甫为人处事有一个特点，即注重原则秩序，不管人情世故，他认为国家的一切都需要一个良好的秩序，要实现这种秩序井然的面貌，就必须以法治国。这种思想可以上溯千年，当初在秦国主持变法的商鞅也和他有着共同的政治理想。

不过他们二人之间，其实存在着本质的不同。商鞅之法，是从秦国的根本弊病出发，从整个战国的局势出发，旨在变法图强，旨在宣扬天子犯法、与庶民同罪；旨在维护君主的中央集权；旨在将把持在旧贵族手中的权力，转移到代表新兴的、进步的社会力量之中。但是李林甫之法，则只要在于治下，主要在于为自己服务。在国子监当官期间，李林甫便将他的"法"推行得淋漓尽致。

当时的国子监，可谓藏龙卧虎、暗流汹涌，兴许一个不起眼的角落里的落魄学生，都可能拥有显赫的家世。随着唐王朝经济的繁荣，社会生活日益的丰富多彩，这里面也是浮夸风盛行，没有哪个官员敢于真正去管理这里面的纪律。李林甫一到国子监，便向学生进行了法理的宣扬，并顺势立下了一系列规章制度，一旦谁违背这些规章制度，必定照章办事，绝不姑息。果然，在李林甫大刀阔斧的整顿之下，国子监的气象很快焕然一新。

当时的学生为了表示对李林甫的敬佩，还一起为他立下了一面功德碑。李林甫知道了这件事情之后，马上意识到，自己的宣传效果已经达到了，但是古语有云，过犹不及。只有懂得取舍，懂得急流勇退的道理，才能够立于不败之地。所以李林甫当即向学生劝说，认为一切的功劳，都是皇帝陛下领导有方，自己没有丝毫的功绩，立碑之举实在是大大的不妥。这样一说，学生当即磨平了石碑上的文字，李林甫虽然没有了功德碑夸耀功绩，却在学生心里留下了良好的形象。

唐玄宗也看到了李林甫的所作所为，一个人行事魄力固然重要，但更为重要的，则是他谦虚谨慎的人格魅力。只有李林甫自己知道，这一切不过是做给别人看的，谁不想飞黄腾达、扬名立万呢？只是自己如今根基未稳、资历尚浅，无论如何也不能够得意忘形，否则在尔虞我诈的官场之上，只会被淘汰出局。

多年以来对于人性的领悟，对于社会的解读，对于官场的认识，使得李林甫的心中产生了一种思想，那就是只有"法"才能够改变这一切，让大家都在"法"的制约下，严守自己的本分。也正是这样，使得李林甫受到了唐玄宗的重视。在唐玄宗的眼中，李林甫做事雷厉风行，更有别人不具备的驾驭百官的能力。按照李林甫的陈述，只要以法治国，则国必治也。无论是哪个部门，哪个高官显位，哪个皇亲国戚，都必须依照严格的规章制度办事。这不正是唐玄宗多年以来所寻求的治国良方吗？他认为，真能实现这样的局面，他再去坐享其成、安享晚年，国家也不会因此而产生变乱，好不容易才实现的开元之治，也只会越加欣欣向荣，更加繁荣昌盛。

所以，李林甫最终顺利地进入了唐玄宗的政治中枢，开始了他左右天下、只手遮天的为政生涯。其实，已经被唐玄宗视为心腹的李林甫，普天之下，已经再也难以找到可以阻挡他荣升的人了。当然，有个人一直以来都没有放弃过和李林甫作对，他便是张九龄。因而李林甫一直把张九龄视作自己的眼中钉肉中刺。

开元二十三年（公元735年），唐玄宗再次加封张九龄为金紫光禄大夫，累官封他为始兴县伯。李林甫看到皇帝如此赏识张九龄，他的心中自然不会好过。眼看着不久之后，张九龄就要擢升为丞相，天下权柄便会尽归张九龄一人所握了。

为了遏制张九龄权势的扩张，李林甫向唐玄宗推荐自己的心腹牛仙客，此人是小吏出身，没有经过正规的科举，因此颇受进士出身的张九龄歧视。事实上牛仙客在治理地方上很有一套，他在河西节度使帐下任职时，节省公费过万，他所管辖的仓库充实，而且其中储备的器械也很精良，可见他治理得当。唐玄宗知道这件事以后，很高兴大唐有如此能干的官吏，于是打算提拔他做尚书，谁知却遭到了张九龄的严重反对。

张九龄正色说："尚书多为退职的宰相或是在朝廷里和地方上都曾担任重要职务，并且享有声望之人才能担任，如果任用牛仙客这样一个小吏为尚书，皇上置天下舆论于何地？"这话说得十分尖锐，然而此时的唐玄宗还是比较开明的，他觉得张九龄此话并不是全无道理，于是退而求其次，打算给牛仙客封爵作为奖励。

谁知又继续遭到了张九龄的反对："爵位只赏赐给有军功的大臣，牛仙客储备粮食、修缮器械是他职责所在，无非只是忠于职守而已，哪有值得封爵的功劳呢？如果皇上一定要赏赐，那就赏点钱帛吧，万万不可封爵。"唐玄宗听了十分恼怒，这又不行那又不行，虽说储备粮食、修缮器械是地方官员的职责所在，然而真正能够做到牛仙客这样的又有几个呢？

唐玄宗认为张九龄也很清楚牛仙客所作所为的典范价值，只是寻找借口来阻挠他提拔牛仙客而已，于是说出了一句诛心之言："岂以仙客寒士嫌之邪？卿固素有门阀哉？"你张九龄还不是嫌弃牛仙客是寒门出身吗？难道说你自己是什么高门大户出来的不成！

听了皇帝此言，被揭了疮疤的张九龄又惊又怒，于是更加强硬地表态："臣的确是乡野出来的粗鄙之人，然而任用官员当用文士，牛仙客是小吏出身，不通诗书，如果陛下一定要任用牛仙客，臣实在耻于与他同朝为官。"话说到这个地步，已经无法再继续下去了，于是玄宗只能暂且压下此事。

第二天，李林甫听说牛仙客晋升之路被张九龄所阻，连皇帝出面他都敢顶撞，于是决定在玄宗面前说说张九龄的坏话，即便牛仙客此次不能成为尚书，也可以借此机会打击张九龄这个挡在自己独掌朝政之路上的绊脚石。于是李林甫对玄宗说："牛仙客有宰相之才,如何不能做尚书?张九龄是书生酸腐顽固的见识,实在是不识大体。"

后来果然不出李林甫所料,张九龄的意见此时在玄宗的心目中还是颇有几分重量的,牛仙客果然没有做成尚书。但是自己的话也没有白说,玄宗对于张九龄也逐渐生出了不满,还是按照自己的第二个计划,给牛仙客封了爵位,并赐给食邑二百户。

事实上,通过此事反映了张李之争的本质内涵和唐玄宗治国思想的转变。张九龄和李林甫的冲突,看似是单纯的相位争夺和政治上的争权夺利,事实上其后存在广阔的社会文化因素。张九龄代表的传统儒家士子,而李林甫则代表着看似不学无术却注重实践的法家人物。

二者一个注重名节名声,一个关心实际和利益,最终的斗争必然会爆发。张九龄喜好文学,擅长文学,有着纯粹的浪漫主义思想,和唐玄宗的心血来潮而产生的生花之作不谋而合,唐玄宗喜欢他,也不过是出于一种兴趣而已。但是李林甫主张残酷严苛的吏治,这样的人,对事负责,对上尽心,能够极好地约束文武百官,不想事事亲力亲为的唐玄宗,把李林甫真正地看作了自己的臂助,看作了一个可以让帝国维持运转的优秀工具。

因此,张九龄和李林甫之间本质的不同,决定了他们在唐玄宗眼中所扮演的角色的不一样;再往深一点考虑,张九龄出身于平民,有着书生意气的政治理想;而李林甫则是传统的贵族,维持贵族的特权、维持官僚政治,是他们这个阶层最为原始的诉求。很不幸的是,这两种政治理想在一个不合适的时间与不恰当的地方交汇,所产生的结果,就是一场没有硝烟的战争。

而对于玄宗皇帝来说,他是不可能让一个人独享国家权力的,在分配自己手中的权力之时,唐玄宗只有将其分给数人,才能降低皇帝被夺权的危险。唐玄宗虽然愿意任命张九龄为宰相,但也不可能将权力尽数交给他,所以才会一意扶持牛仙客,其目的是为了使得权力中枢保持平衡。张九龄几次反对,不但没有得到唐玄宗的赞同,反而在他心目中对张九龄产生了反感。与此同时,随着唐玄宗要坐享其成的思想越来越浓重,法治思想在唐玄宗脑中逐步占据了上风。所以唐玄宗在把张九龄升为宰相之后,便着手准备在李林甫的"篮子"中也放一些"鸡蛋"。

知道了唐玄宗的意图之后,张九龄再次站了出来表示强烈的反对,所谓道不同不相为谋,张九龄认为,不仅是李林甫的个人品格存在问题,就是他的法治思想,也和自己的治国思想格格不入。要和这样的人共事,对大唐而言,不是好事情。只可惜,张九龄不懂君王心,又或者是他明知不可为而为之。最后的结果不出张九龄所料,李林甫最终还入主了中枢。

此时的张九龄,就如同海岸沙滩,而李林甫,则正像海浪潮汐。潮汐一浪接一浪地冲击,泥土便一片接一片地被蚕食。整个过程看似漫长而复杂,实则是大势所趋,最终张九龄彻底地输给了李林甫,从大唐的中枢地位上摔了下来。

张九龄的倒台,对于整个唐朝而言,无疑意味着一系列事务的巨大变革。永远没有一成不变的政治制度,也没有一劳永逸的社会契约。从政治和学术两个方面而言,张九龄的倒台,所带来的变迁无疑是巨大的。

首先,唐王朝原来一直坚持,甚至从汉以来一直盛行的罢黜百家、独尊儒术的治国思想,从此时被暂时打断,转而走上了李林甫的法家之路。当然,这种道路无疑是短暂的,因为儒家思想才是在自然经济流行的中国土地上历经千年演变出的最适合的治国制度,只要朝廷仍然以科举制度为主要的取士方法,那么文士而非吏员就仍然是中国官员的主要来源,而法家的治国之术也很难成为真正被朝廷采纳的主流治国思想。

其次,文学导人向善,文学用以治国,一直是历代儒家思想穷极一生的追求。在张九龄的时代，唐朝以文人治天下。但是到了李林甫的时代，那些官僚不再是会背书的书生，而是富有深厚的社会经验，能够用于实际的实干家，他们虽然注重制度和法治，但是却忽略人心的教化和道德在社会生活中的作用，这为后来社会的动乱埋下了隐患。

而且李林甫深谙权谋之道，在了解了唐玄宗的心思之后，事事都顾着唐玄宗的喜好，博取唐玄宗的欢心。在他当宰相之时，上下言论不畅，李林甫一手遮天，盛唐以来所开创的兼听则明偏信则暗的政治风气就此一去不复返了。

不过，在英国学者崔瑞德在《剑桥中国隋唐史》一书中，对于张九龄和李林甫又有另外一番评价："张九龄是一个有名的难以相处的人，拘泥、固执、碍事，并且对一些小的原则问题斤斤计较；他心胸狭窄，偏见很深。"也就是说，之所以张九龄和李林甫会在中枢机构中爆发那么大的矛盾，与张九龄的个人性格缺陷有着密切的关系，而这似乎与中国历代所认为的"张九龄风度"背道而驰。

事实上张九龄曾论述个人应该秉持的处事原则："夫道行与废，命也，非谋之不臧；命通与塞，时也，岂力之为弊？古之君子推其分，养其和。"在他看来，一个人发达了，就应该为君王分忧，为天下谋福，一个人穷困了，就应该遵纪守法，克己复礼，这多少和"达则兼济天下、穷则独善其身"的处事原则有着相通之处，一个君子，就应该"推其分，养其和"。

由此而观之，张九龄在政治上的总体特征为清和人格，恰如王夫之所总结的那样："张九龄清而和，远声色，绝货利，卓然立于有唐三百余年之中，而朝廷乃知有廉耻，天下乃藉以艾安。开元之盛，汉、宋莫及焉。"张九龄"异于汉、宋狷急之流"，"超然于毁誉之外，与李林甫偕而不自失，终不与竞也"。

张九龄始终坚信："天下之事，自与天下共之，智者资其谋，勇者资其断，艺者资其材，彼不可骄我以多才，我亦不可骄彼以独行，上效于君，下逮于物，持其正而不厉，致其慎而不浮，养其和而不戾。"也就是不拘一格用人才之意，无论何等人才，只要有一技之长可以为国效力，就应当互相尊重、和睦相处，共同为国家社稷作出贡献。

在唐玄宗早期执政过程中，君王和大臣之间的关系始终是相对的平等和轻松，对于张九龄的风度，唐玄宗由衷赞赏，只是随着晚期唐玄宗的安于享乐，对于张九龄的政治风格不再包容，于是就罢免了他。

李林甫正是抓住了唐玄宗的这个特点，这才一举击败了张九龄。

《旧唐书·张九龄传》中写道："与中书侍郎严挺之、尚书左丞袁仁敬、右庶子梁升卿、御史中丞卢怡结交友善。挺之等有才干，而交道始终不渝，甚为当时之所称。"正是由于张九龄和李林甫之间有着不可调和的矛盾，使得二人势同水火。张九龄的性格缺陷就在此刻显露无疑，当他面对李林甫之时，儒士特有的软弱性便凸显出来。

漂亮女人是会骗人的

张九龄倒台之后，李林甫真正地成为了整个朝廷只手遮天的大人物，一连十九年时间，掌控着帝国臣子的最高权力。在开元时期，唐王朝之所以能够在唐玄宗的领导下，一步步走向鼎盛，就在于他有一个重要的执政原则：每一位在任宰相的任职时间都不长，只有不停更换血液，才能够防备宰相专权，同时也可以为帝国提供新鲜的血液。

然而，唐玄宗所创立的这个不成文的规定终于在李林甫在任之时被彻底打破，而大唐的转折点也在张败李胜之间来临。唐宪宗时，大臣崔群曾说："世谓禄山反，为治乱分明。臣谓罢张九龄，相林甫，则治乱固已分矣。"

此时，朝廷核心权力的分配在名义上回到了唐玄宗初年的状态，即由几位宰相共同执掌朝政。然而，到了李林甫时期，宰相握有更多的实权，而唐玄宗已经为开元之盛迷了眼，看不到那些引而未发的隐患和问题，一味满足于自己的功绩，并且等不及用安逸享乐来犒劳自己多年的勤政，再不复当初的励精图治、雄才大略。

除了沉迷在声色犬马之中，唐玄宗也喜好道教等脱离世俗的神仙之学。所以李林甫将帝国的权力都集中在了自己的手中，俨然成了一个独裁者。和武则天时期的崇佛不同，在开元初年，唐玄宗一直致力于抑制佛教，以此来增加社会劳动力，减少寺庙侵吞国家的田产、地产和赋税来源，让朝廷财政得以充实。

然而，随着唐朝国力的增强和唐玄宗观念的转变，这种强制性的政策逐渐软化，但是相对于之前来说，佛教被降到了相对次要的地位。有了皇帝的推波助澜，民间道教的信众也多了起来。在唐玄宗颁布的谕旨中，甚至还要求家家户户都必须要保存一部自己亲自作注的《道德经》。不久之后，各个州郡还必须建造尊奉老子的道观，科举考试之一的明经科也将《道德经》列为应试的科目之一，在官方文书中也时常引用道教典籍。

在宗教的影响下，唐玄宗产生了顺其自然、修身养性的思想，对于政务也就不再那么关心，或许是因为，唐玄宗已经勤政爱民了三十多个年头，见到天下太平，自然在不知不觉之间，生出了倦怠之心。所以，唐玄宗后期的为政策略，与信奉道教虽然有一定联系，虽然这并不是唯一而绝对的原因。

然而，正在唐玄宗心生倦怠，张九龄出走朝廷之时，一个新的问题开始逐步产生了，那就是太子之争。早在唐玄宗还是临淄王的时候，他身边的歌舞伎人赵氏也就是后来的赵丽妃得到宠幸，为他生下了次子李瑛，后来唐玄宗即位以后，因为宠爱赵丽妃所以就将李瑛立为了太子。同赵丽妃相似，后来的皇甫德仪和刘才人也是出身低微但因为容貌出众而进入临淄王府得到宠爱，并先后生下了鄂王李瑶和光王李琚，她们的得宠一直延续到李隆基登基之后。

然而，这一切在一个女人进宫之后发生了翻天覆地的变化，她就是武则天的堂侄孙女武惠妃。武惠妃进宫以后逐渐得到玄宗的专宠，而同时玄宗的原配王皇后不仅无子，而且还逐渐色衰爱弛，失去了玄宗的宠爱。后来在武惠妃的推动下，唐玄宗废掉了王皇后，并且打算立武惠妃为皇后。

此时有人上奏说："武氏乃不戴天之仇，岂可以为国母！"认为如果立武惠妃为皇后，那么她一定会步武则天的后尘，到时不仅非武惠妃所生的太子将面临生命危险，而大唐的国祚也将岌岌可危。由于朝堂上的反对之声太过强烈，玄宗只得改变主意，没有立武惠妃为后。

立后路阻的武惠妃怎肯干休？于是她抓住玄宗此时因为不能兑现立后诺言而对她产生的愧疚心理趁热打铁，想方设法地要促成玄宗废掉太子李瑛而改立她所生的寿王李瑁。为了达成此事，武惠妃除了加紧笼络玄宗以外，还四处寻找朝廷中的支持力量，她曾经一度找上深得圣眷的张九龄，却在他那里狠狠地碰了个钉子。正在此时，政治嗅觉十分敏锐的李林甫投靠了武惠妃。

这时的李林甫虽然已是朝廷高官，却尚未拜相，为了能够百尺竿头更进一步，他不得不寻找唐玄宗身边的力量。此时武惠妃立后之说甚嚣尘上，虽然最终未能成真，但李林甫清楚地意识到，如今在玄宗身边最得宠的女人舍武惠妃再无她人，于是他毫不犹豫地投靠了武惠妃。

果然，不久以后李林甫就得以拜相，为了投桃报李，也为了巩固自己的地位，李林甫积极地为武惠妃出谋划策，并在玄宗面前诋毁太子李瑛，以求实现废立之事。

经过一番筹划,武惠妃等人最终决定由她的女婿、咸宜公主的驸马杨洄出面指控皇太子李瑛、鄂王李瑶、光王李琚以及皇太子的内兄薛锈密谋造反。另一方面则以宫中有贼,需要护驾为名诓骗李瑛、李瑶和李琚披甲入宫。然后武惠妃又故作惊慌失措地跑去禀告玄宗说:"太子等三人已经带兵入宫,意图谋反篡位。"

唐玄宗派去察看的人回报说果然见太子和二位王爷全副武装在宫中横冲直撞,玄宗一怒之下认为太子果然谋反了。由于之前玄宗曾经想废掉太子,遭到了朝臣们的集体反对,于是他急召宰相入宫,看看朝臣们的态度。李林甫本是武惠妃阵营的人,自然不会阻拦玄宗废掉太子,于是慢条斯理地说:"此盖陛下家事,臣不合参知。"也就是代表朝臣默许了玄宗废掉太子。

于是,唐玄宗很快就颁布诏书,宣布废黜太子,并且将李瑛、李瑶、李琚三个儿子统统废为庶人,涉案的薛锈也遭到流放。不久以后又下令将他们全部赐死,而且"瑛舅家赵氏、妃家薛氏、瑶舅家皇甫氏,坐流贬者数十人,惟瑶妃家韦氏以妃贤得免",此事成为了玄宗开元盛世中的一桩大冤案。

当时有一个民间传说,绘声绘色地说及,武惠妃因为作孽太多,以至于招来了报应。尤其是她在此案中,无辜害死的人实在太多,所以他们的鬼魂都回来找她寻仇,因为"数见三庶人(即李瑛、李瑶、李琚)为祟,怖而成疾,巫者祈请弥月,不痊而陨"。无论这些话是不是空穴来风,武惠妃的确在不久之后去世,她生前没有做成皇后,死后终被唐玄宗追封为贞顺皇后。

武惠妃之死为立寿王为太子之事平添了波澜。前太子的母亲早已经死去,唐玄宗一直没有立后,此时,连太子之位也虚席以待。按照武惠妃的想法,她死后把儿子托付给了当朝权臣李林甫,只要他肯帮忙,全力辅助自己的儿子李瑁夺嫡,李瑁就很有机会做皇帝。只可惜,不管李林甫多么尽力斡旋,唐玄宗却始终没有下定决心立李瑁为皇储,以至于太子之位悬而不决一年之久。

此时,除了李瑁之外,还有两个人有望参与皇储之位的竞争。一个是李玙,另一个则是李琮。李琮是玄宗的长子,但是一直不得父皇的喜爱和信任,在才能上也没有过人之处,而且他在一次狩猎中被野兽抓伤了脸,如果立他为太子实在有碍观瞻,于是一直被排除在准太子的名单之外。此时,他因为一直没有子女,所以收养了前太子的几个年幼的儿子作为自己的子嗣,或许在唐玄宗的心目中,对于前太子之事,始终是心存芥蒂的,所以最终李琮没有被立为太子。

倒是李玙,一直为唐玄宗所青睐,他是唐玄宗的第三个儿子,被封为忠王,为元献后所生,恰好宦官高力士向唐玄宗建议,认为李玙比较年长,古来便有立长子为太子的传统,只要立了他为太子,这件事情便不会生出多大的风波。

于是唐玄宗便下定决心,将李玙立为了太子,并为他改名李亨,这就是后来的肃宗皇帝。李玙成为太子之时,天下尚在盛世之中,然而危机已经开始渐渐展露头角,在此之前,唐王朝还作了最后一次挣扎——李林甫变法。

奸臣也能变法

在李林甫的个人角度而言,一个井井有条的法制化、系统化的制度必须尽快建立起来,因此修订法律条文也就成了顺理成章的事情。诸子百家之中,李林甫最为崇尚的当属法家,虽然在当时而言,道家如日中天,但其清静无为的思想却无法用于当时的国家发展实际。法家以"法"得名,以"法"为本派学术的核心。李林甫自始至终,都将他法制运动的基点，定在法律和制度的修改和建设上。

开元二十二年（公元734年），李林甫刚刚进入中枢机构，就被唐玄宗委以重任，主持大规模的法律条文修订工作。对于法律相关事务，李林甫可谓驾轻就熟，因为在此之前的数年时间内，李林甫一直在从事相关方面的工作。

早在开元十九年（公元731年），裴光庭和萧嵩所组成的内阁就颁布了一系列《格后长行敕》，虽然是历年以来首次更新法典内容，但却没有取得十分显著的成效。其实在这些法令颁布以前，已有人抱怨法典条款因应用比拟和援例而被忽视，所以《格后长行敕》的颁布，其首要目的便是要消除由于立法变化而条款又未列入修订的行政法典所引起的种种反常现象。

在汲取了前人订立法典的经验教训之后，李林甫决定对唐朝法典来一次惊天动地的修正。这一次，李林甫召集了大量深谙行政和法律的官员，经过了漫长的三年时间的潜心工作，终于有所成就。

经过这次法典的修订和编排，"共加删辑旧格、式、律、令及敕，总七千二十六条：其一千三百二十四条于事非要，并删之，二千一百八十条，随事损益，三千五百九十四条，仍旧不改。总成律十二卷，律疏三十卷，令三十卷，式二十卷，《开元新格》十卷。又撰《格式律令事类》四十卷，以类相从，便于省览。二十五年九月，奏上之，敕于尚书都省写五十本，发使散于天下"。为了方便查阅，李林甫及其同僚在送呈法典的同时，还呈上按门类摘编的《格式律令事类》四十卷。

在法令颁布之后，李林甫专门请求唐玄宗，降诏宣布之前颁布的诏书中提到的一切未收入新法中的条款不再使用，也不再具有法律效力。通过法典的制定，让唐玄宗充分见识到了李林甫处理行政问题的缜密精确和他的改革决心，所以对于李林甫，唐玄宗更加重用和信任。

而这次法典的修订也具备跨时代的意义，《剑桥中国隋唐史》对于此次法典的重新修订给予的评价认为："这次修订法律是唐代最后一次试图提供包括在令和式中的标准化的、全国一致的行政法规活动。"而且其中的很多原则符合了时代发展特色，对于后世的影响力十分深远。新修的法典一直到十四世纪的元朝时期，唐朝制定的法令依然被沿用，具有无可挑战的权威性。虽然在这期间，也进行过一定的修订，但是大体原则一直没有改变。然而，李林甫对于标准化、一体化、条令化、法制化等尝试并没有获得最大的成功，由于地方活动的多样化，这之中的很多条令成了一纸空文，没有获取实践的验证。

两年之后，李林甫又领衔完成了《唐六典》，在这部中国最早的行政法典中，对于各级政府的部门规制、制度、职责等相关细则都进行了规定，并且附会《周礼》中的记述，作出了符合古典典籍理论的系统介绍。有人曾评论说："以三公、三师、三省、九寺、五监、十二卫等列其职司官佐，叙其秩品，以拟《周礼》，虽不能悉行于世，而诸司遵用殆将过半。观《唐会要》请事者，往往援据以为实。"也即是说《唐六典》虽然有些地方不免脱离实际，但仍然得到了很大的应用，为提高政府办事效率作出了重要贡献，是中国古代立法史上的一项创举。

开元十年（公元722年），在张说使礼仪法制化的努力之下，唐玄宗已经开始命令集贤院比照《周礼》的题材结构编制一部《唐六典》汇编，但是由于政治的原因，张说的这次尝试最终没有成功。到了萧嵩入主中枢时期，开始准备编制一部有关政府机构行政法的提要。张九龄和李林甫等人都先后参与了这件事情。直到开元二十六年（公元738年）这部书终于成型，次年二月被送呈玄宗，经过审议之后颁布全国通行。在以后一个多世纪的时间内，这部法典一直被作为一部最方便的权威性的行政法而通行全国，即使是新旧官署变革，这种制度也一直没有改变。

通过对政府法令法规和法律的调整改革，李林甫为唐玄宗建立了一个有望君王不出力气便可以有效维持政府运转的体制。不得不说，在李林甫执政的早期阶段，他算得是一个称职的宰相，为了让法律得以顺利地施行，李林甫一直以身作则，不管是谁，即使是名门望族、达官贵人，都必须依照法律行事，否则就将面临法律的严惩。

在处理朝政上，李林甫也是战战兢兢如履薄冰，很多史学家对李林甫很反感，但是在他们的记载中，也不乏这样鲜明的辞句："自处台衡，动循格令，衣冠士子，非常调无仕进之门。""每事过慎，条理众务，增修纲纪，中外迁处，皆有恒度。"不管他是沽名钓誉，还是具有更为险恶的用心，但至少在执法上，他真正做到了以身作则。

李林甫之法，力图将法、术、势三者为合为一体，他毫不掩饰地向唐玄宗说明，自己主张以法治人，以术驭人，以势制人。韩非子如果在天有灵，定然会为李林甫而感到欣慰。更为难能可贵的是，李林甫不仅无师自通法家学说，更是炉火纯青地将之运用到了实践之中。

在具备了完备的法典之后，在"术"的方面，李林甫以此为武器，夺权、固位、置敌手于死地，使难以计数的将相大臣败在他的手下。他常借御前进言之机，陷害政敌、异己势力，人称"肉腰刀"；或用甜言蜜语诱导所恨之人犯过失，再在君主面前加以中伤，以至朝廷中传布说："李公虽面有笑容，而肚中铸剑也。"《资治通鉴》中说他"口有蜜，腹有剑"，后世"口蜜腹剑"的成语即源出李杜甫。他的术，在帝王术上作了发展，除了以术驭人外，更主要的是以术击人。

法、术皆备，李林甫很好地处理了权术和法律的结合问题，同时，他更在"势"的方面下功夫，李林甫在为政初期，便积极培植自己的势力，并不断调整其中的人员结构，如对杨慎矜、王铁的先拉后打，对杨国忠先拉复打再拉等，使整个势力体系始终服膺自己。他以术增威，弄得不可一世的安禄山把他当作神明，甚至在隆冬季节见到他时也畏惧得汗流侠背。他处处树立他的威势，培养他的威望，增加他的威权。李林甫执政十九年，朝臣惮怕他的威权，没有敢分庭抗礼者。天宝间，他在朝野的威势实际已经超过玄宗。群臣相见噤若寒蝉，中枢同僚形同木偶，连拥有重兵、包藏祸心的安禄山每次遣使人朝后，也总要向使者询问李林甫给他带来什么话，内心颇为忌惮。

然而，李林甫的初衷也许是制定一个国家之法，却在后期的政治纷乱中演变成了打击异己的个人之法。在他的左右控制下，李通之案、韦坚案、杨慎矜案等许多冤假错案产生，宰相、公卿，都在李林甫的打击下一一败下阵来，这也是李林甫最为后世史家诟病的问题之一。

有一句话说，人在江湖，身不由己。李林甫身在宦海，何尝不是这样？曾经他的儿子李灿手指着役夫告诫他，有朝一日，一旦大祸临头，恐连此也不能得，李林甫也只能叹息着摇头。

玄宗朝发生的另一项重大变革就是府兵制向募兵制的转变，虽然府兵制的破坏是长期的历史发展结果，但是正是在李林甫当政时期，发生了关于军制的重大改革。

由于府兵制日趋遭到破坏，唐朝初年存在的募兵制便逐渐兴盛。这是一种通过临时招募民丁组建军队的方法。府兵制逐渐被"彍骑"和"长征健儿"这样的募兵制所代替。被招募者一般选取富户多丁、人才骁勇者充当，举荐前资官（非现任文武官）、勋官或有才能的人任各级将领。兵募的装备由当地政府供给，不足则由本人自备或由亲邻互相资助。

开元二十五年（公元737年），李林甫推出了新的政策，给予职业军人优越的待遇，以吸引人员投军："令中书门下与诸道节度使量军镇间剧利害，审计兵防定额，于诸色征人及客户中招募丁壮，长充边军，增给田宅，务加体恤。"

根据过去的兵制规定，被挑选前往边境的士兵既有府兵，也有平民，平均服役期为三年时间。而新的诏令规定：边境诸镇的所有士兵应在原征募的士兵和未登记的成员中雇佣自愿服役的合格兵源。获录取之后，将会得到高于标准的津贴并且免去数年的税收，携带家眷前往边境的人还可以长期定居并且获得房屋和田地。到了第二年初，新政策已得到基本落实，"制边地长征兵，召募向足，自今镇兵勿复遣，在彼者纵还"，达到了兵源充足的效果。

对于这次军制改革，李林甫主持编修的《唐六典》中盛赞为"人赖其利，中外获安。是后，州郡之间永无征发之役矣"。当然其中不免自吹自擂之嫌，然而如唐长孺先生所言："所云'是后州郡之间永无征发之役矣'虽不免夸大，""自开元二十五年至天宝十载间兵役至少是大大减轻了"。而新军制带来的效果也十分显著，史称"唯边州置重兵，中原乃包其戈甲，示不复用"。

这种改革建立在强大的国力之下，在当时还是很有效的。然而，这种兵制所带来的弊病也是显而易见的。在崭新的制度下，庞大的边防军消耗了大量的财力，装备及粮食、部队的被服、军需的补给，都需要巨额资金。整个帝国收入的大部分粮食和战略储备、人力资源等都用在了军队之中，使得政府的财政和后勤出现了巨大的亏空。

在建立了职业军队之后，政府不仅需要常年支付军队的开销，更需要应对军队的封赏和特权。为了获取战争胜利，也为了稳定军心，朝廷不得已对军队进行豪爽慷慨的赏赐，巨幅增长的军费使朝廷不堪重负。

除此之外，募兵制还加强了边镇的军队，而中央的兵力反而空虚了，杜牧说到废府兵兴旷骑的失策："至于开元末，愚儒奏章曰：'天下文胜矣，请罢府兵。'诏曰：'可。'武夫奏章曰：'天下力强矣，请搏四夷。'诏曰：'可。'于是府兵内铲，边兵外作。"他对于府兵制的废止非常惋惜，认为这是开藩镇割据之端。本来兵力最为雄厚的关中地区，因府兵制的难以维系，而逐渐空虚起来，边镇地区的实力乘机迅速增强，外重内轻的军事局面形成，为"安史之乱"的爆发埋下了伏笔。

李林甫以雷霆万钧的气势摧毁了一系列改革阻碍的同时，也主持了政府在财政上的改革，开元二十四年（公元736年），时任户部尚书的李林甫发现朝廷的财政制度混乱、数额名不副实，而且税收制度的不严密引起的弊政和贪腐现象十分严重，于是他召集人手对原有制度进行修订，将度支预算简化并固定化，并将新的规定编成五卷本的《长行旨符》呈送玄宗，然后颁布施行。

根据《长行旨符》的规定，每年只要将各地所需征收的赋税数额呈报给皇帝，经过批准后便由相关部门向各地颁布具体的数额及征纳措施等，而细则就可以根据《长行旨符》中的规定由具体实施人来自行处置。《长行旨符》贯彻之后，大唐的财政状况得到了明显的好转。

根据唐朝初年的统计来看，只有38万户人口，而到了天宝末年，则有8914709户人口，户数增加了二十多倍。而在开元十四年（公元726年）到天宝元年（公元742年），人口数量也增加了两成以上。

这里人口增长中的一部分很可能并不是自然增长，而是《长行旨符》颁行之后，由于政府相关部门办事效率得到明显提高，营私舞弊行为得到遏制，从而查出了原先隐蔽于税收范围之外的人口，表明了政府可征税范围的扩大。

对于《长行旨符》，李锦绣所著《唐代财政史稿》给予了很高的评价："《长行旨符》的出现使支度国用计划由三个内容变为一个内容，使支度国用计划由总列全国到分列局部；不仅如此，《长行旨符》的意义还在于它在开元年间财政普遍调整的形势下，使租庸调的收支适应形势的变化而重新固定化、制度化，使支度国用的重点转到对地、户税，尤其是户税的征收上，为量出以制人财政原则成为国家财政的总原则铺平了道路。"

而《剑桥中国隋唐史》称赞其为："这显然是行政合理化的一个重大步骤，它使帝国的财政制度更紧密地切合地方实际情况。它还是一大创新，因为政府悄悄地放弃了要求税率和劳役以及财政管理实施细则全国一致的总原则。"

元稹就曾说过，当时四海之内，高山绝壑，到处可见耕作。史学家汪篯在《唐代实际耕地面积》一文中也证明说，天宝时的耕地大约在800万顷到850万顷，比之开元初期数目增加不少。

此外，在开元、天宝时期，许多州郡都兴建了大量的水利工程，这些水利工程的修建，不仅在防洪抗旱方面具有良好的效果，也让唐朝的运输体系进一步得到改善，使粮食和物资的运输方便得多。

尤其是在李林甫的委任下，韦坚担任了水陆转运使，在他的主导下，政府建造了一条与渭水平行的新运河，在长安还新建了码头，使得漕运船可以直抵长安。运往京都的粮食、货物等产品都大量增加。此外，韦坚还整顿地方的运输供应，提高了来往物品的安全畅通。

经过一系列改革，政府的税收得到了保证，李林甫时期，在税务制度上逐渐松弛，对于户口的登记也开始放松。之所以出现这种变革，是因为在李林甫当政的早期，便确定了各州固定的税收定额。曾经每年一次核查一次各家人口的制度变成了三年一次，男丁纳税的最低年限也从二十一岁提高到了二十三岁。

综合看来，李林甫的改革具有一定的积极意义，他在政治、经济、军事等各方面的才能和设计制度方面的天赋得到了唐玄宗的极高赞赏，甚至在安史之乱爆发以后，狼狈出逃的唐玄宗仍然认为李林甫才能卓著，并不认为李林甫是导致安史之乱的罪魁祸首。根据记载，唐玄宗在逃出长安，前往蜀中的路上与身边的官员裴士淹谈话，玄宗说："李林甫之材不多得。"裴士淹回答说："诚如圣旨，近实无俦。"

如果假定唐玄宗是被李林甫多年的假象所蒙蔽，而认不清李林甫的真实面目的话，那么唐朝著名的直臣韩休"荐林甫堪为宰相"则是对李林甫才干卓越的明证。而《旧唐书》和《新唐书》中虽然对李林甫的为人颇有诟病，但是也不得不承认他的政治才能和显著的政绩。

李林甫处事谨慎、条理分明，而且熟悉政务、精通法令和财政，拥有敏锐的政治眼光和优秀的政治能力，但他的改革终因为安史之乱的爆发和他本人的恶名而被淹没在历史的尘埃中。

马不能随便叫，人更不能随便叫

李林甫和张九龄，分别代表了法家和儒家在朝中的两大体系，他们代替唐玄宗把持着朝中大局，很明显，此前儒家思想在朝中占据着主导地位，李林甫的一系列改革，势必会对儒家集团的生存现状造成巨大的挑战。

黄仁宇在《中国大历史》中，如是描绘法家："他们的法治观念不为传统习惯、古代特权、流行的道德观念、家人亲疏，或甚至恻隐之心所左右。法律代表君主的意志，必为成文法，必须详尽而无疑义地写出，而且不折不扣、不分畛域地强制实施。"儒家思想提倡人性本善，与法家人生本恶的思想基础形成了尖锐对立，于是，这两种思想最忠实的执行者难免会互相攻伐。最终，一言九鼎的君主站在李林甫的一边，张九龄不再如有神助，只能黯然退场，李林甫朝着权力巅峰又进了一步。

天宝元年七月，牛仙客去世。此前，宋璟和张九龄都去世了，他们所代表的阶层士大夫也失去了原来的地位和权利。其他几个前宰相中的裴耀卿死于天宝二年（公元743年），萧嵩已被贬到地方。此时的中央，已经没有任何人可以和李林甫抗衡，即使是唐玄宗，也不过是被他蒙在鼓里，不仅不知道朝堂变故，更不了解民间百态。

李林甫成功实现了一家独大，独揽朝纲的野心，朝廷已经成为了李林甫的一言堂，只有李林甫握有针对皇帝的话语权，任何敢于发出不同声音的人都被赶出了朝廷。李林甫甚至倨傲地对朝廷众臣说："明主在上，群臣将顺不暇，亦何所论？君等独不见立仗马乎，终日无声，而饫三品刍豆；一鸣，则黜之矣。后虽欲不鸣，得乎？"

他威胁这些本应对皇帝畅所欲言地进谏朝政得失，辅佐皇帝治理国家的官员们，在我李林甫的眼中，你们就如同仪仗队里的马一样，如果老老实实地不出声，那么自然有好吃好喝、高官厚禄等着你们；如果谁敢鸣不平，那么对不起，也别享受官员的权利了！后来言官杜琎两次上书玄宗，针砭时弊，提出建议，果然就被李林甫作为"害群之马"而踢出了朝堂，从此以后再也没有人敢于违背李林甫的意思给皇帝上书了。

但从另一个角度而言，李林甫在行政为官上也取得了前所未有的成功，整个帝国在他的一系列改革下，运转得井井有条，极大提高了行政效率。经过改革的唐军，取得了一系列对外战争的胜利，贵族们因为李林甫暂时的宽容和支持，得以获取更多更稳固的权力。

然而，所有的一切都不外乎平衡的结果，牛仙客、宋璟、张九龄等人在世之时，会对李林甫形成制衡，迫使他勤于政务，小心谨慎。即使是牛仙客，对于他也不是绝对的言听计从，手握重权的牛仙客，事实上也起到了平衡朝中权力的效果。所以当牛仙客西去之后，这种平衡便被打破了，原本稳定的政治局面，繁荣的社会背景，在不知不觉之间也发生了一些改变。

牛仙客死后，继任宰相的人是李适之。和李林甫一样，李适之是朝廷中的重要成员，而且还是太宗直系中地位较高的一支后裔。一般来说，像他这样的贵族是不需要通过科举考取功名的。

虽然李适之拥有过人的才能，也有一般人不具备的家世背景，但是他能够以这么快的速度擢升，实在是不可思议。之所以这样大胆地提拔他，就在于唐玄宗已经开始意识到了李林甫的潜在威胁。为了有效抵御山雨欲来的朝廷局势，削弱李林甫的个人影响力，唐玄宗不得已采取措施，实现最初那般朝局的平衡。

神龙元年起，李适之开始在禁军中担任官职。在唐玄宗早期，李适之被分配到州郡做官，素以行政干练而闻名，唐玄宗最先清楚认识到他的执政才能，是在他担任河南尹之时。李适之通过完美地完成治理水涝工程，让唐玄宗认可了他。所以后来他的仕途一片平坦，先后担任了幽州节度使和刑部尚书。

这些都为李适之走上仕途巅峰打下了坚实基础，不管出于何种原因，唐玄宗最终还是将他大胆地提拔了起来，这些多少有着贵族干预的影响，李适之坐上了一人之下万人之上的位子，从此入主中枢，同时也掀开了血腥残酷的党争。

李林甫从来不能容忍别人对他宰相之位的任何威胁，他拉拢和扶植了一批巧言令色的阴险狡诈之徒作为自己的党羽，为他巩固地位、打击异己。为了震慑有人相之心的李适之，李林甫在李适之担任兵部尚书的时候就指使人检举他手下的兵部铨曹有贪赃舞弊之事。

很快兵部的六十多名吏员遭到逮捕和审讯，李林甫授意手下派酷吏吉温进行审讯，在吉温的审讯下，这些吏员全部自诬认罪，而且身上还检验不出用刑的痕迹。由于唐玄宗也清楚此事其实是李林甫针对李适之的斗争，所以也就不了了之，没有将相关人员定罪，但是此事却使李适之在朝堂上大失颜面。

不过，尽管李林甫百般刁难，李适之还是坐上了宰相大位，他不仅拥有过人的政治才能，更有着常人难以企及的野心。面对李林甫的大权独揽，他不可能永远默默忍受。为了壮大自己的实力，李适之在一开始之时便网罗了一大批和自己志同道合，有着共同利益的朝廷重臣，其中不乏六部尚书、受玄宗信重的宠臣和握有军权的将军。他们在无论是在财政还是在军事上，都具有强大实力，让李林甫也不得不退避三舍，敬让三分。

按照唐玄宗的预想，只要双方能够互相制衡，一心为了朝廷，那么自己便可以隔岸观火，坐享其成。却不料一个偶然的事件，使得这一平衡很快便被打破。

天宝三载，时任吏部尚书的李林甫，独揽朝纲，欺上瞒下。选才考试之时，经常要些手腕去扶持自己的人。如果李适之集团还没有崛起，这样的事情并没有人敢于反对。然而这件事情却在李适之集团有意无意的推波助澜之下，影响迅速扩大，李林甫结党营私、任人唯亲的骂名开始在朝中传开，一个胸无点墨的浪荡游子因为和李林甫有交情，竟然杀出重围，获取了头名。这让朝中议论纷纷，很多人敢怒不敢言。

李适之等人觉得，这件事情还有可以利用的空间，于是，他派遣了一位朝中以耿直成名的官员，让他去边关将这件事情告诉安禄山。当今天下，也许只有他可以抗衡李林甫了。此时的安禄山，担任着东北范阳和平卢两镇节度使，手握重权，自然不惧怕李林甫，但是就这样撕破脸皮，为明智之人所不取。

但是在那名官员的激烈陈词和有心蛊惑下，安禄山最终将这件事情告知了唐玄宗。边将干预朝政，本就为历代皇帝所不许，此番可算是开了先河，唐玄宗也乐得给李林甫一个警告，遂对此事进行了彻查，首先开始重新考试，结果那个获取头名之人交了一张白卷。玄宗见此情景，自然大怒，遂将主考的两个吏部侍郎发配边关，李林甫还算有才华，唐玄宗还需要依靠他做很多事情，只能对他免于责罚，但是李林甫知道，这样一来，自己不仅颜面大损，威望也受到了极大的伤害。

这让李林甫很震惊，不知不觉之间，自己的这个政敌已经成长到了足以威胁自己地位的高度。所以从天宝三载起，李林甫下定决心，对自己的政敌施以残酷的手段，让他们从此一蹶不振。

本以为遭受了这次打击之后，李林甫会有所忌惮和收敛，所以李适之等人尚沾沾自喜，不知道危机正在步步逼近。李林甫首先向唐玄宗进谗言，说李适之为了打击政敌，为了获取第一宰相的位置，网罗人马，步步为营，损公肥私。这让李适之名誉扫地，唐玄宗开始对他产生了嫌隙。

天宝五载（公元746年）的一天，李林甫找到李适之，神秘地说："你还不知道吧？华山有金矿，如果派人去开矿采金，那可是朝廷的一大笔收入啊，现在皇上还不知道这件事呢。"

李适之想了想，觉得这确实是个好事，于是就向玄宗建议在华山开山采矿。可是他没有想到，这么好的事李林甫为什么不自己向玄宗邀功，怎么会将这个机会让给自己的对头呢？这后面果然藏着阴谋，原来唐玄宗自诩"协太华之本命"，认为华山是自己的命脉之所系，怎么可能同意在华山开矿，损伤风水呢？

于是李适之向玄宗提出开矿之事后，李林甫便对玄宗说："我早就知道华山有金矿了，但是华山是陛下本命之所在，因此一直不敢提议开矿。"玄宗听了，深觉李林甫办事周到，处处为自己着想，于是对李适之说："以后有事上奏要多和李林甫讨教讨教，别这么冒冒失失的。"从此以后，玄宗越来越认为李林甫既能干又忠心，渐渐地便疏远了李适之。

更为厉害的是，李林甫十分善于用三言两语离间对手，他很容易地便离间了李适之阵营中的重要人物，使他们相互争斗，两败俱伤，最后被派到外地，远离了权力中心。李林甫则成功坐收了渔翁之利，将自己的心腹填上了他们的位置。

然后李林甫变本加厉，进一步打击李适之阵营，他派自己的亲信杨慎矜向玄宗告发太子李亨竟然伙同皇甫惟明和韦坚等人策划政变谋反。遭到陷害的几人中，李亨是李林甫试图扶寿王李瑁上位失败后被立的太子，自然遭到李林甫的忌恨，而韦坚和皇甫惟明则站在李适之一边，反对李林甫。

从如今的史料看来，所谓造反是否确有其事已经不可考，但是造反这样危险的信号即使是空穴来风也能引发皇帝的极大警觉。更何况韦坚和皇甫惟明一个是京师重臣，一个是边关拥有十四万精兵的将领，如果太子真的在他们的支持下发动突然袭击，自不可等闲视之。

当然，唐玄宗并没有武断地下决定，经过调查，发现这件事情很可能并不属实，但也找不到他们没有谋反的证据。于是，皇甫惟明和韦坚遭到贬谪，被赶出了朝廷。而太子没有受到影响，李适之也没有受到牵连。但是这一切都是表面的，李林甫虽然没有一举彻底打倒韦坚等人，但是却达到了他预期的效果，李适之的势力遭到了极大的削弱。

虽然未受到牵连，但李适之却充分认识到了李林甫的厉害之处，不管自己今后是否会继续和他作对，只要自己继续担任宰相一职，就必然会为李林甫所担心，欲要除之而后快。忧心忡忡之下，李适之不得不辞掉宰相一职，获得了唐玄宗的批准之后，李适之遂在东宫担任闲职，曾经积极参与国家政务的宰相一去不复返了，李适之从此过上了采菊东篱下，悠然见南山的闲散生活。

李林甫陷害异己

李适之走了，宰相一职却依然存在，需要找一个德高望重的人去接任这一职位。显然，此时的朝中，这种人已经很少见，即使有，在李林甫的压制之下，也是郁郁不得志。

唯今之计，要坐上宰相这一位置，只能选择合乎李林甫的心意，同时又合乎唐玄宗的心意之人。陈希烈便是这样的一个人，是担当宰相一职的不二人选。

合乎李林甫的心意，是指陈希烈深谙明哲保身之道，从陈希烈的性格看来，此人八面玲珑，对李林甫唯唯诺诺，唯命是从，在担任宰相一职前，便已经完全沦为了李林甫的附庸。合乎唐玄宗的心意，则是因为陈希烈有特殊的才华，他不是经过科举考试进入朝廷的，而是因为精通道家的诸般学说，为玄宗讲解《老子》《庄子》而入朝为官，并且善于用神仙之说和灵符祥瑞等取悦于玄宗，因此很得唐玄宗的喜爱。

于是，陈希烈顺利地坐上了宰相大位，而他所担任职位的相应事务，大多数交给了李林甫决定。这样一来，李林甫成为朝廷的绝对主宰，大小事务全部归于自己手中，连唐玄宗也因为对于李林甫的盲目信任而自愿成为了有名无实的摆设。宰相议事完全成了形式上的事，真正的军国大事都由李林甫在家中自行决定，他手下负责整理、传递文书的官吏们捧着李林甫签好的文件送到陈希烈家中，陈希烈经常看都不看就在后面签上自己的名字。

然而，唐玄宗想要和杨贵妃一起享受人生，李林甫却不可能让唐玄宗安宁，为了维护他的地位，李林甫对政敌还要进行进一步的清洗工作。一开始，唐玄宗认为，前面韦坚和皇甫惟明等人遭受的惩罚，实在是罪有应得，他们本来应该被处死的，但是此刻自己大赦了他们，算得也是对他们的一种恩德。当然，长年累月的感情积累，让唐玄宗认为，太子无论如何是无辜的，即使受到了韦坚等人的蛊惑，也不会动摇。所以唐玄宗没有处罚皇太子，只是狠狠地责难了一下韦坚等人。

唐玄宗是不会去追究了，但是韦坚的那些朋友弟兄、官僚亲属们却不甘心韦坚这样一棵大树无声无息地便倒了下去，所以韦坚的弟弟韦兰、韦芝等一直在上诉，希望为韦坚平凡冤案，并且拉来了太子为其作证，证明韦坚所谓谋立太子的罪名纯粹是遭人陷害，绝无此事。唐玄宗得知此事之后，本来之前稍稍平息的怒火再次熊熊燃烧。

上次太子敢于私下勾结边将和朝中重臣，虽然没有明确的谋反证据，但毕竟是十分犯忌讳的事，玄宗自己碍于父子之情，而且也不愿意留下反复废太子的名声，所以高抬贵手没有深究此事。此次，太子竟然还敢跟韦坚的人来往，甚至还妄图翻案，真是胆大包天！

太子本来是看上次玄宗并没有完全相信李林甫的话，而是轻描淡写地处置了所谓的谋反案，就认为此事颇有转机，所以才会被韦兰、韦芝等人说服出来作证。此时见势头不对，于是赶紧倒戈，向玄宗请求休掉自己的韦妃也就是韦坚的妹妹，并且要求从重惩处韦兰、韦芝兄弟，以此来撇清自己，避免受到牵连。

李林甫抓住时机，向皇帝告状，说韦坚不止和皇甫惟明有密切往来，和李适之也是不清不白，准备死灰复燃，否则李适之也不会主动请辞了。唐玄宗一听，认为他说得很有道理。

于是，韦坚等人再次遭受劫难，与之相关的许多人连同韦坚自己，被放逐到偏远地区，李适之也远离东宫，贬为宜春太守。就连韦坚的支持者，如裴宽和河南尹李齐物也相继被贬。

贬官实在不能平息李林甫对李适之、韦坚等人的仇恨，对于这些敢于挑战自己权威，敢于觊觎自己地位的人，李林甫只有一个字：杀！于是他上奏唐玄宗，要求派御史到韦坚等人的贬谪地将他们赐死。执行任务的是李林甫手下著名的酷吏罗希奭，由于他恶名卓著，路上所经过之处的被贬官员都十分惊慌。

唐朝因公出差的御史可以由沿途官府提供车马食宿，所以要在到达之前先派人前去通知，这种通知要求安排车马食宿的文书被称为排马牒。这次罗希奭手下人不停送出的排马牒简直成了催命符，排马牒送到宜春，李适之就立刻服毒自尽；送到江华，王琚便自缢而死；送到安陆，裴宽本来也想自尽，免受酷吏的非人折磨，但是却不忍抛下妻儿老小，便向罗希奭长跪乞命，好在罗希奭的目标并不是裴宽，所以急匆匆地走了，裴宽这才侥幸逃得一命。

李适之死了，李林甫似乎仍然不满意，他派人诬陷李适之的儿子李霅，将他杖毙于河南府。又派人调查韦坚当初的手下，江淮一带当初负责漕运的官吏甚至是纤夫都遭到逮捕，这场腥风血雨的大案一直持续了许多年，直到天宝十一载（公元752年）李林甫去世才停息。

然而，一波未平一波又起，本以为牺牲韦家可以换来暂时安全的皇太子，后脚刚刚从变乱中走出来，前脚便又踏入了另外一个禁区。

天宝五载（公元746年）年末，一场暴风雨没有任何征兆便袭来。当时太子良娣杜氏的父亲杜有邻与自己的另一位女婿柳勣发生了口角争斗，柳勣一怒之下便"告有邻妄称图谶，交构东宫，指斥乘舆"，不仅陷害了自己的岳父，还将自己的连襟太子也陷了进去。

这个柳勣虽然史载："性疏狂，好功名，喜交结豪俊。淄川太守裴敦复荐于北海太守李邕，邕与之定交。勣至京师，与著作郎王曾等为友，皆当时名士也。"但是这位行走于豪杰名士之间的柳勣却似乎很没有政治头脑，要知道杜有邻是他的岳父，而他自己也因为姻亲关系而不可避免地被视为太子的人。就算他真的能成功地陷害自己岳父，甚至扳倒太子，于他柳勣又有什么好处呢？何况在那种一人有罪牵连全家的年代，他所诬告的这种严重罪名一旦成立，他自己也是要被牵连的。

但是柳勣没有想这么多，被怒气和嫉恨冲昏头脑的他就将这样挑起了轩然大波，连他自己都没有想到，原本一场闹剧，竟会发展到一发不可收拾的地步。

此时韦坚案尚未了结，对于敢于与自己的政敌勾结起来反对自己的太子，十分记仇的李林甫自然不会轻易放过，他要抓住这个本来与太子关系不大的案件大做文章狠狠地打击太子。于是他派出自己手下"能干"的酷吏吉温与御史台御史共同审理此案。

在吉温的审讯下，柳勣不得不按照李林甫所授意地那样供出了自己的好友王曾和李邕，将原本案情简单，牵连不多的案件扩大至中央和地方官员，并且出现"议及休咎，厚相赂遗"这样危险的罪名。于是无辜的李邕被处死，杜有邻也被判处杖责之后流放岭南，而意气用事惹来大祸的柳勣也没有得到什么好下场，同被他诬陷的岳父一样被判处杖责和流放，不久之后杜有邻和柳勣二人便双双死去。

而太子虽然连番遭到李林甫的打击，但是毕竟与唐玄宗是亲生父子，因此玄宗虽然对涉案的其他人员手段狠厉，但是却并未太过为难李亨。而李亨也很懂事地将杜有邻的女儿杜良娣废为庶人，撇清了自己与杜家的关系，让父亲放心。于是李亨的太子之位就这样在飘摇之中再一次保住了。

堡垒总是容易从内部攻破，就在李林甫逐步清除政敌之时，在他的联盟之中，成长起来了一个威胁，这个人便是一直支持他的财政专家杨慎矜。杨慎矜是隋朝宗室后裔，开元年间担任太府寺卿，掌握着大唐的财政收入，而他的兄弟杨慎名则任司农寺卿，掌握着大唐的农业和粮食。李林甫掌权时，杨氏家族选择追随李林甫，为他掌控者全国的财政大权。为了迎合唐玄宗的个人喜好，杨慎矜在李林甫的授意下大开方便之门，放宽限制让唐玄宗肆意挥霍国库中的民脂民膏，享受奢靡豪富的生活，这样唐玄宗自然十分宠信于他。

处理韦坚案时，李林甫派时任御史中丞的杨慎矜进行审问，本来李林甫希望借这个案子狠狠打击太子，动摇太子的地位，然而杨慎矜却看出玄宗并不想将案件扩大也不想牵连太子，于是在审案中保持了中立，这引起了李林甫的不满。

杨慎矜的崛起并且开始不听指挥让李林甫感到坐立不安，如此下去自己的地位终将不保。于是，李林甫决定对自己的盟友动手。杨慎矜自然不会坐以待毙，尝到了被皇帝宠信的甜头的他，决心和李林甫来一次终极对决，昔日的盟友终于转化成了敌人。

高手如果要打击一个人，并不需要自己亲自动手，只需要支持另一个人就成了，关键是那个人必须是自己要打击之人的敌人，而且还要在自己可以有效控制的范围之内。这正好印证一句话：敌人的敌人，就是朋友。

为了彻底打垮敌人，李林甫和杨慎矜都在苦心孤诣地找寻和对手为敌之人，李林甫技高一筹，他首先发现了王鉷。王鉷出生于太原的一个名门望族，但是却是一个私生子，经过一番周折，没有经过科举，便走上了仕途。

自开元二十四年（公元736年）开始，王铁分别在御史台和户部任职，其主要职责便是管理政府财政，推行推行"和籴"制，由于和杨慎矜同在一个部门，出于各种原因，二人生出了难以调合的矛盾，于是李林甫就想利用他们两人的不和打击杨慎矜，并且一次来杀鸡儆猴，震慑自己那些蠢蠢欲动想要效法杨慎矜的党羽们。于是，一个和杨慎矜相匹敌的政敌就这样崛起了。

相比于李林甫，杨慎矜有两个方面的缺陷，一个就是他的身份，是隋朝皇室的后裔，这个身份在皇帝宠信他时可能无关紧要，但是一旦出事就会成为他身上最致命的罩门。另一个则是他过于迷信，收集了一些谶纬之书，并且与一些僧人来往密切。

面对着日益严峻的政治环境，杨慎矜也意识到了自己的危机日益临近，其实在杨慎矜的心目中，李林甫无论是谋略还是势力，始终高自己一筹，和李林甫作对，即使有皇帝支持，也没有必胜的把握。所以他迷信的思想开始作祟，找来一个术士，问他该何去何从。那个术士向他预言，接下来将会天下大变，乾坤逆转，爆发一场政治动乱，如果要明哲保身，就必须去乡村购置一些产业，即使政治动乱爆发，杨慎矜也可以全身而退。

岂料这件事情竟然让王铁知道了，正中下怀的王铁向唐玄宗上了一道奏章称：杨慎矜"是隋家子孙，心规克复隋室，故蓄异书，与凶人来往，而说国家休咎"。唐玄宗虽然想要安享逸乐、纵情声色，但是他绝对不希望李氏江山亡在自己手中。所以乍一听杨慎矜谋反的消息，唐玄宗还有些不信，仔细一想，宁可信其有不可信其无，唐玄宗立马将杨慎矜逮捕下狱，打入天牢。

一旦杨慎矜进了大牢，李林甫有太多的手段可以让他有进无出，让他对自己的罪行供认不讳。果然，在李林甫的几番活动下，唐玄宗相信了杨慎矜谋反的事情，一怒之下将杨慎矜、杨慎余、杨慎名兄弟三人统统处死。然后李林甫借此机会继续打击杨氏兄弟的余党，将一批与杨慎矜有牵连的官员贬官流放，受到牵连的有十几家之多。

通过屡兴大狱，李林甫将身边的对手一一清除，转而换成了自己的心腹或者无所作为之人，在此过程中，下一任的奸相杨国忠，在朝堂纷争中混水摸鱼，得以发展壮大，而朝堂中的正直之士和能臣干吏纷纷遭到打击。不仅人才凋零而且幸存下来的大臣们无不噤若寒蝉、人人自危，政治气氛十分紧张，因而出现了小人进贤臣退的乱世先兆。

同时李林甫提拔的一干党羽也并非省事之人，大多为希图功名、野心勃勃而又阴险狡诈的小人。在李林甫兴起的数件大案中，不少人因为替李林甫办事而得以晋升，掌握更大的权力，这些人中也有一些不甘于一直在李林甫之下，因此也在筹谋取而代之，其中就包括构陷杨慎矜的王铁。

在李林甫的支持下，王铁轻易地坐上了杨慎矜的位置，接管了他的所有财政工作，如此一来，许多财务的专门司署都被置于王铁的控制之下。以前杨慎矜虽然纵容唐玄宗的奢侈，但是他自己还算廉洁自爱，但是王铁却一改杨慎矜的为官风格，利用职务之便，大肆搜刮民脂民膏，许多财富都流入自己的腰包。

为了让唐玄宗过上更加奢侈的生活，王铁不惜打破李林甫税务方面的定额规定，对民间征收重税，唐玄宗不知民间疾苦，还以为大唐歌舞升平、四海人民安居乐业，遂更加肆无忌惮，民间则日益贫苦。自此，王铁对唐玄宗的影响力和对唐王朝权威的破坏性，比之杨慎矜有过之而无不及。

文盲的好处

杨慎矜还没有成长到一个可以彻底威胁李林甫的高度，便被李林甫无声无息地消灭在了襁褓之中。本来以为可以高枕无忧的李林甫，突然又意识到了一个巨大的威胁临近，从天宝元年开始，至天宝五载，这个威胁已经先后控制了朔方和河东两个军事重镇。

不久之后，他还继承了皇甫惟明位置，做了河西和陇右的节度使，在对吐蕃的战争中，他也取得了卓越的成就。此时，大唐虽然潜藏着深刻危机，但是国力和军力却仍然强盛，再加上此人带兵多年，一直以用兵谨慎而著称，所以在边境战争中，唐军经常能够获取对吐蕃战争的胜利。

这个威胁便是王忠嗣。王忠嗣，原名王训，他的父亲就在军队中效力，并且在一次战争中为国捐躯。为了表彰他父亲的功勋，九岁的王训被皇帝赐名王忠嗣，并被授予朝散大夫、尚辇奉御的官衔，而且还被接入宫中养育，与太子李亨一起长大，关系很好。

成年以后，王忠嗣果然继承了父亲的遗志，成为了一名精通武略的将军，备受唐玄宗的赏识，后来在边关立下赫赫战功。到了天宝五载，王忠嗣已经兼任河西、陇右、朔方、河东四镇节度使，其军权之盛、势力之大达到前所未有的程度，史称"忠嗣佩四将印，控制万里，劲兵重镇，皆归掌握，自国初以来，未之有也"，而他少年的经历也使他与太子关系密切，同时在朝中也形成了一方势力，足够和李林甫分庭抗礼。

王忠嗣的谨慎，让他能够很好地避免失败。天宝六载（公元747年），唐玄宗向驻守河西陇右的唐军下令，攻取青海湖以东地区的一个吐蕃要塞石堡城。王忠嗣早就看出了这个地方易守难攻，而且吐蕃军队防守十分严密，如果贸然进攻，很难取得成功，更会损兵折将。于是，王忠嗣向唐玄宗说明了自己的想法，拒不参战，也请求唐玄宗不要轻易发动进攻。

然而，唐玄宗却不相信他的话。一直以来，唐军在对吐蕃的战争之中，胜多败少，他认为此番如果唐军能够乘胜追击，定然可以打敌人一个措手不及，将吐蕃的领土压缩得更小，让吐蕃从此不敢和唐朝言战。

这时，另一个贪功冒进之人董延光接下了唐玄宗的命令，孰料一战下来，唐军几乎全军覆没。为了推卸责任，董延光便诬陷王忠嗣阻挠军事计划，这才导致了唐军的落败。此事本来是边疆将领之间的斗争，实在与身处内宫的太子没什么关系，但是在李林甫的眼中，处处都是陷害太子的机会。

李林甫趁着唐军大败、玄宗恼怒不已的时候，向他进言，说当今的皇太子，又要准备谋反了，而支持他的除了一些王爷之外，还有边镇节度使王忠嗣。据可靠消息，王忠嗣已然答应了太子的要求，在关键时刻出兵，助他一臂之力。

不管有没有这件事情，唐玄宗还是将王忠嗣调到长安，让他接受审查。经过审讯，王忠嗣最终被判死刑，多亏他的继任者，后来在安史之乱中大名鼎鼎的哥舒翰千里迢迢赶回京城，在玄宗面前力保王忠嗣，这才打动了唐玄宗，最后王忠嗣被贬为汉阳郡太守。而不知道是不是玄宗已经看透了几次三番的所谓太子谋反案都是李林甫的阴谋陷害，所以以证据不足为由并没有处置太子。不久以后，王忠嗣突然病死。

李林甫在这一时期多次的党争之中取得了完胜的成绩，真正全面掌控了朝堂，相信只要不出意外，天下之大，已经没有可以威胁他地位之人了。但是对于唐朝而言，这一时期的斗争却是唐朝不可弥合的伤痕。

更让人担心的是，大贪官王鉷掌控了国家财政大权，前代的宇文融、韦坚和杨慎矜都知道如何平衡国家财政收支，如何实现国富民强，但是王铁却只知道中饱私囊，满足个人无底洞一般的贪欲。

国之干城王忠嗣去世之后，大唐损失了一员大将，后来哥舒翰在玄宗的压力下被迫出战，以数万人的损失攻下了石堡城，其损失惨重远远超过了收获的价值。后来边镇之中无人能够制衡安禄山的势力，以至于爆发安史之乱这样的惨剧，其中也很难说不是王忠嗣早死的恶果。

国家和皇帝在堕落，人民百姓在挣扎，危机威胁日益临近，而唐玄宗、李林甫、王铁等人尚且没有半点觉醒。为了维护自己的地位权力，李林甫开始采取措施，实现对边镇的进一步控制，稳定和扩大自己的实力，满足自己越来越大的野心。

经过开元之治，天下承平日久，然而自天宝年间开始，政府通过或者巧取或者豪赌的方式，将人民的财富都掠夺到了统治阶级的腰包中，尤其是如王铁、杨国忠这样的官员，更是掠夺无忌。唐玄宗只知道自己整日都过着锦衣玉食的生活，丝毫不管民间疾苦，他还经常让百官去尚书省观赏天下所上贡的珍奇异宝，事后则将之悉数赏赐给了李林甫。

多行不义必自毙，李林甫自然也知道，今日的地位与他铁血打击政敌有着莫大的关系，正所谓野火烧不尽、春风吹又生，他相信终有一天，自己那些敌人会将自己推向死亡的深渊，眼下自己能做的，只能继续向前，继续走这一条不归路。

经过了皇甫惟明和王忠嗣的谋反之事，李林甫深刻认识到边镇将领的威胁，尤其是让那些有着干预朝政的野心，也有着超人的才能的官员担任节度使，对于自己地位的巩固实在是危险之极。虽然在对付皇甫惟明和王忠嗣的过程中，李林甫胜利了，但是谁也不能保证，这种干预朝政的事情以后还会不会发生，如果要彻底杜绝这种现象，就必须从根源上、制度上解决这个问题。

自唐立朝以来，大凡是边镇重镇，都用的是名臣，只有德才威望兼备，才能够不负众望，前去统帅边关重镇。为了防备手握重兵的边镇将领拥兵自重，这些将领从来不能在一个地方久任，自然也不允许出现一人兼顾几个边镇的现象。这就会引发一个问题：当边镇首领荣膺大功之后，怎么去赏赐？唐王朝发明了一种方法，即将那些有功之人调到中央做官，甚至封侯。这样一来，首先可以在中央制约那些位高权重的将领，其次则可以用加官晋爵的方式，让他们对皇帝感恩戴德。

与此同时，在选择边镇将领之时，唐朝会挑选两员大将，一个是汉族人，另一个则是少数民族，这样便可以让他们互为掣肘。只是到了唐玄宗时期，玄宗一改过去的制度，在中央，采取的是遥领制度，前面提到的牛仙客便在中央任职的同时，也在边关有节度使职务，有时甚至是几镇的节度使。而在地方，则任由节度使长期连任和同时担任几镇节度使，以镇守边境，攻伐四夷之地。

这些边镇将领一旦到达中央，除了担任高官显位之外，也有着十分强横的实力，内呼外应、军权政权都有，在这样的政策下，边镇之上便崛起了一大批实力强大的少数民族将领，首当其冲的便是安禄山。

早在天宝三载，安禄山便是范阳和平卢的两镇节度使，此后又控制了河东地区。安禄山还有一个堂兄弟安思顺，河西和朔方分别在天宝六载（公元747年）和天宝十载（公元751年）被他控制。此外，还有一个将领，就是继王忠嗣之后的哥舒翰，坐镇陇右，扼守长安咽喉。在安西，则是高仙芝一家独大。

值李林甫专权之际，在李林甫和他的智囊团的联合商议下，发现要彻底解除边镇对朝政的威胁，就必须选择一些少数民族将领担任节度使。因为在李林甫看来，这些蛮夷将领只是在军事上拥有野心,对于中原王朝的朝政却提不起半点兴趣。

于是,在李林甫的主导下,唐玄宗同意李林甫实施他所制定的边镇节度使制度。此后短短三四年时间,只剩下蜀中剑南节度使依然为汉人所据,边镇权力落入了少数民族将领的手中,中央王朝的实力进一步削弱。

通过这些政策,虽然暂时性地遏制了自己政敌的崛起,却培养了一些具有狼子野心之人,即使他们无心造反,但如果朝廷继续在李林甫的左右下任意行事,一旦爆发矛盾,中央将无兵可防,天下即将大乱。

第六章 多情贾祸,爱江山又爱美人

儿媳妇与妃子的关系

安史之乱从根源上说,是边镇节度使制度的弊端导致边境将领尾大不掉,中央无兵可用,加上李林甫进行的一系列清洗政策,让中央没有良才良将可堪大任,君王昏聩,国家堕落,人民困苦等一系列原因所导致的结果。但是安禄山和杨国忠的冲突,则是直接的导火索,而这一切发展的脉络,还需要从杨氏家族的崛起开始说起。

杨氏家族的崛起,源自杨玉环的飞黄腾达。古代除了武则天时期,一般而言女子是不可能出仕做官的,要想光耀门楣、光宗耀祖,就只能依靠男人,最显赫的便是进入皇宫,成为妃子甚至是皇后。一旦麻雀变凤凰,其亲人便可以借机鸡犬升天,杨玉环及其家族走的便是这条路线。

杨玉环,字太真,蒲州永乐(今山西芮城西南永乐镇)人,杨玉环属于华阴杨氏家族的一支,更是隋朝皇室的远房后裔。杨玉环的高祖父做过隋朝的上柱国、吏部尚书,父亲杨玄琰是蜀州(四川崇州)司户参军(从七品下的小官),因此杨玉环的童年是在四川度过的,到了十岁左右,其父去世,她便被寄养于在洛阳任职的三叔杨玄璬家。

杨玉环自小便学习音律,能歌善舞,姿色超群。此外,对于诗词歌赋也有所涉及,例如,杨玉环所作的《赠张云容舞》:"罗袖动香香不已,红蕖袅袅秋烟里。轻云岭上作摇风,懒柳池边初拂水。"后世之人对之评价说:"诗不为佳,却字字形容舞态,出语波俏,亦足见其风致可喜。"

开元二十二年(公元734年)十一月,十七岁的杨玉环作为杨玄璬的长女被选为了玄宗第十八子寿王李瑁的妃子。由于李瑁是玄宗当时最宠爱的武惠妃的爱子,因此玄宗亲自为他们主持了盛大的婚礼,不仅场面极尽奢华,而且还由当时的宰相李林甫和陈希烈作为册封文书的正副使者,足见唐玄宗对这次婚事的重视,只不过他没有预料到,这次婚姻会演变成为名传千秋的绯闻。

武惠妃死后,唐玄宗百无聊赖、十分寂寞,于是高力士便四处为他寻找美女填充后宫。除了江采萍以外,高力士还看上了丰满圆润、能歌善舞的寿王妃杨玉环,杨玉环不仅姿色冠代,倾国倾城,而且"最善于击磬拊搏之音,泠泠然新声,虽太常梨园之能人,莫能加也",此外她还精擅舞技,能跳当时流行的高难度西域舞蹈胡旋舞。玄宗一见,果然不负自己期望,顿时大悦,心生将之纳入自己罗帐的意图。

但是唐玄宗尚且不敢直接将杨玉环召进宫中,因为她毕竟是皇家明媒正娶的儿媳,受过正式册封的寿王妃,如果明目张胆地纳入宫中恐怕会招人诟病,所以他想了一个法子，命人前去寿王府传旨，以为逝者追福的名义，将杨玉环度为女道士。或许是杨玉环意识到，自己的机会来了，所以她毫不犹豫便主动进了宫，住在大明宫的道观太真宫内，并且由玄宗钦赐道号"太真"。这一年杨玉环二十一岁。

唐玄宗所做的一切，不过是为了避人耳目，方便他们偷情。终于可以在一起的杨玉环和唐玄宗二人之间的感情升温得很快，杨玉环很快就取代了武惠妃在唐玄宗心目中的位置，"太真……每倩盼承迎，动移上意，宫中呼为'娘子'，礼数实同皇后"。虽然此时杨玉环仍然不能得到册封，只能被宫中之人以百姓称呼妻子的方法不伦不类地称一声"娘子"，但是她已经得到了形同皇后的礼遇，并且紧紧抓住了皇帝的心。

至此，杨玉环终于完成了她人生中重大的华丽转身，从王妃转而成为皇帝的宠妃。由于杨玉环的聪明机智，善于揣人心意，很快便走入了唐玄宗的内心，那个曾经挥之不去的影子武惠妃，那个一度担任武惠妃替代品的梅妃，都渐渐消失在杨玉环和唐玄宗的欢声笑语之中。

恰如著名诗人李商隐在《骊山有感·咏杨妃》里所写："骊岫飞泉泛暖香，九龙呵护玉莲房，平明每幸长生殿，不从金舆惟寿王。"一方面，唐玄宗不顾人伦，让寿王既郁闷又尴尬，而且还敢怒不敢言。这能怪谁呢？唐玄宗是当时最为强大的男人，寿王自然抢不过他。杨玉环除了拥有倾国倾城的绝世容颜之外，对于唐玄宗的生活体贴入微、凡事知心解意，让唐玄宗立马将她当作了自己的精神伴侣。

天宝四载（公元745年）八月，杨玉环正式被册封为贵妃。在唐朝，"贵妃"的封号并不是地位高于"妃"而低于"皇贵妃"的品阶，而是地位仅次于皇后的四妃（贵妃、淑妃、德妃、贤妃）之首，后来玄宗改变了妃嫔制度，取消了贵妃的封号，将四妃改为三夫人（惠妃、丽妃、华妃）。此时，由于玄宗不愿意将去世不久的武惠妃的封号改授杨玉环，又不愿意委屈她，封为位次较低的丽妃或华妃，所以又恢复了贵妃的封号。"太真""娘子"等称呼统统从宫廷中消失，从此以后在宫里只有无冕之后杨贵妃！

自此，杨玉环得以在更加广阔的舞台上施展自己的绝世姿容，朝廷政务只要她想要干预，就没有人能够阻拦。几年之后，她利用自己的地位和姿容，成了安禄山的密友，并收了这位魁梧的将领为义子。

就这样，有关安禄山可以自由出入禁宫，与杨玉环及其姐妹淫乱后宫的传闻便不胫而走，如在姚汝能的《安禄山事迹》中记载称："（安禄山生日）后三日，召禄山入内，贵妃以绣绷子绷禄山，令内人以彩舆舁之，欢呼动地。玄宗使人问之，报云：'贵妃与禄山作三日洗儿，洗了又绷禄山，是以欢笑。'玄宗就观之，大悦，因加赏赐贵妃洗儿金银钱物，极乐而罢。自是，宫中皆呼禄山为禄儿，不禁其出入。"

也就是说安禄山生日的时候，唐玄宗和杨贵妃赐给安禄山丰厚的生日礼物。三天以后，杨贵妃特召安禄山进见，替他这个"大儿子"举行洗三仪式。杨贵妃让人把安禄山当作婴儿放在大澡盆中，为他洗澡，洗完澡后，又用锦绣料子特制的大襁褓，包裹住安禄山，让宫女们把他放在一个彩轿上抬着，在后宫花园中转来转去，口呼"禄儿、禄儿"嬉戏取乐。

玄宗听说以后也加入进来，还装模作样地赐给杨贵妃金银财物作为洗三的贺礼，从此以后宫中众人都称呼安禄山为"禄儿"，而安禄山也得到允许可以随意出入宫禁。可见在当时和后世都不断猜测的安禄山与杨贵妃的种种暧昧也并非空穴来风。

但是唐玄宗始终不相信这些传闻，甚至对于那些传播者一律严惩不贷，而且通过一些调查，唐玄宗发现很多传闻其实都是凭空虚构，很可能是那些看不得杨玉环之人有意为之。

晚年的唐玄宗对于杨贵妃不仅极其宠爱，甚至于到了依赖的程度，在他的溺爱下，杨贵妃养成了娇宠任性、霸道善妒的性格，甚至敢不时地同九五之尊的唐玄宗闹别扭甚至吵架。史书中记载，唐玄宗因为受不了杨贵妃的霸道任性而两次将她遣送回娘家，然而他自己却坚持不了多久就忍不住派人再去杨家将她接回来。

天宝九载（公元705年），杨贵妃因为争风吃醋而与玄宗大吵了一架，玄宗正在气头上，于是就派人将杨贵妃送回了娘家。可是没过多久，玄宗就忍受不住没有杨贵妃的生活，耐不住寂寞，可是碍于颜面又不愿意派人去接她回来，只好拿身边的人撒火出气。后来经过李林甫党羽吉温的劝说，玄宗同意派人到杨家去看看杨贵妃怎么样了。

谁知此时杨贵妃也十分思念唐玄宗，后悔自己过激的言行，于是泪流满面地抽出剪刀剪下一缕秀发交给来人说："珠玉珍异，皆上所赐，不足充献。惟发父母所生，可达妾意，望持此伸妾万一慕恋之诚。"接到杨贵妃的断发更加勾起了唐玄宗对她的思念之情，更何况杨贵妃已经表示了悔过，于是，唐玄宗便高高兴兴地派人将杨贵妃接回了宫中。

随着杨玉环的得宠，杨氏家族的身份也立马高贵起来，朝廷追赠其父杨玄琰为兵部尚书、正三品，后来又赠太尉、齐国公，母亲被追封为凉国夫人，她的叔父杨玄珪被授为光禄卿，后又升为工部尚书。此外，在杨贵妃较远的亲戚中，也有很多人成了朝中权贵，如隔代堂兄杨锜担任御史并娶武惠妃之女太华公主为妻，和皇帝亲上加亲。另一个兄弟杨铦担任鸿胪寺卿。

第三个更为阴险的人物是杨钊，后来玄宗赐给他人们所习知的名字——国忠。

而杨贵妃的三个姐姐也分别被封为韩国夫人、虢国夫人、秦国夫人，并且获得了皇帝赏赐的住宅，住在京城中，可以随意出入宫廷，不仅唐玄宗客气地称她们一声"姨"，而且皇子、公主们也对他们礼让三分，不敢造次。其中虢国夫人还曾经与玄宗有过暧昧，因此最为受宠，并且借此干预政事，行营私舞弊、卖官鬻爵之事。

由于杨氏家族的鸡犬升天，当时社会上便流传开来这样的谣谚："生女勿悲酸，生男勿喜欢。"又云："男不封侯女作妃，看女却为门上楣。"随着后宫政治造成的杨氏家族的崛起，宫廷事务中又添进了另一新的内容——声色犬马。

鸡犬登天

杨国忠本名杨钊，他的父亲和母亲都不是什么显赫人物，父亲不过是一个小小的宜州司士参军，而他的母亲张氏是武则天时的幸臣张易之的妹妹。后来张易之在张柬之等人的发动的政变中殒命，张易之兄弟获罪被"枭首天津桥，士庶欢踊，脔取之，一夕尽"。如此一来，杨钊的母亲也就遭人唾弃了，是故杨钊从小便受尽了别人的白眼，这或许为他长大之后的放浪形骸、祸乱朝纲有些关系。

少壮不努力，老大徒伤悲，转眼岁月蹉跎，杨钊已然三十岁了，却一事无成。他觉得自己再这样混下去也确实是不成样子，便到蜀中从军。然而，杨国忠到了蜀中却依然不被重用，只被任命为新都县尉，而且还受到益州长史张宽的厌烦，因为不满他的恶劣品行，所以张宽经常会找理由惩罚他。

不过，杨钊并非一点收获也没有，至少他为自己日后攀龙附凤做好了准备。在四川的这些年中，杨钊通过各种手段，结识了他的远亲——杨贵妃的家属；并顺利勾引到了杨玉环的姐姐，也就是后来的虢国夫人。当时正值杨钊的堂叔父也就是杨贵妃和虢国夫人的父亲杨玄琰去世，杨钊负起了照顾杨家姐妹的责任，谁知他却趁此机会与堂妹私通了，他的这种行径十分为人所不耻。此时的杨玉环尚且还不知道有他这个远方兄弟，杨钊的前途问题依然是一片暗淡。

好在杨钊不久之后就遇到了生命中的第一个贵人，这就是剑南节度使章仇兼琼的心腹幕僚、时任采访支使的鲜于仲通。当时杨玉环已经被公开封为贵妃，成为天下皆知的皇帝第一宠妃，无数的官员、权贵都想巴结她而不得其门而入。鲜于仲通曾经在杨钊任新都县尉时与他有过交往，还曾经在窘迫时资助过他，因此了解到原来这个落魄不得志的小小吏员竟然是皇帝面前第一红人杨贵妃的堂兄，于是鲜于仲通顿时感到奇货可居。

当时李林甫权倾朝野，大肆培养党羽、打击异己，兴了不少大案，杀了不少与他为敌的朝廷大员，其中也不乏边镇大将。因此剑南节度使章仇兼琼深觉不安，害怕某日就会大祸临头，于是他找来鲜于仲通说："今吾独为上所厚，苟无内援，必为李林甫所危。闻杨妃新得幸，人未敢附之。子能为我至长安与其家相结，吾无患矣。"

鲜于仲通听了，微微一笑说："仲通蜀人，未尝游上国，恐败公事。今为公更求得一人。"于是就将杨钊介绍给了章仇兼琼，章仇兼琼得知杨钊是杨贵妃的堂兄，而且此时尚不得势，正是结纳的大好时机，顿时大喜过望。待见到杨钊以后，发现他仪表不凡、能言善道，是个有能力的人，于是立即任命他为推官，并且对待他十分亲密。

自此，杨钊开始真正享受到了杨贵妃带给自己的好处，得到了待遇优厚的官职，穷困潦倒的局面也大为改观。杨钊知道，此时的自己并不是因为多么才华横溢，而是在朝堂有人做后盾。就连剑南节度使也要看自己的脸色，希望依靠自己往上爬，假以时日，自己定然能够不鸣则已一鸣惊人。

在唐朝，蜀中是重要的纺织业中心，出产的蜀锦以质地坚韧、织纹精细、配色典雅闻名天下，成都更有"锦官城"的美称。因此除了每年要向国库缴纳一定数额的蜀锦作为税赋之外，蜀中的官员们到京师中结纳权贵、讨好皇帝和宠妃时也大多用蜀锦作为礼品。

按照规定，又到了向朝廷贡献"春绨"的时间，章仇兼琼趁机派杨钊负责这趟差事，杨钊临走之前章仇兼琼悄悄对他说："有少物在郫，以具一日之粮，子过，可取之。"杨钊到了郫地之后，果然有章仇兼琼派来的人送上精美异常、品质奢华的蜀锦，让他带到长安结交杨贵妃和杨家的亲属。

经过了连日的奔波劳累，杨钊顺利到达长安。杨钊并没有直接去找杨贵妃，因为禁宫守卫森严，根本不可能让他接近。所以杨钊首先找到了和他曾经有过私情的那位堂妹，也就是后来的虢国夫人，由于这位堂妹刚刚丧偶，于是杨钊公然登堂入室，住在她家里，并赠送给了她很多章仇兼琼私下给他的精美蜀锦。

如今老情人相见，更有珍贵礼物相赠，堂妹自然是甘之若饴，供他驱策。在其堂妹的引荐下，杨钊顺利地见到了杨贵妃，得到了杨贵妃在唐玄宗耳边的美言之后，唐玄宗封了他做金吾兵曹参军，不过这只是一个主管军械的小官，或许是因为他和杨贵妃关系太远的缘故，唐玄宗一开始并没有予以重视，也没有很快就委以重任。但是杨钊并没有灰心，反而信心满满，自己总算是留在了京师长安，也有机会出入禁宫，接近杨贵妃和皇帝，不愁找不到机会扶摇直上。

果然，机会来了，有一次，他奉命参与宫廷宴会，在会上，大家玩"樗蒲"游戏，需要有一人计数，杨钊极尽所能，博得大家的欢心，唐玄宗发现这个人"钩校精密"，当时赞叹了一声："好度支郎！"遂将之擢升到御史中丞的办公场所做了判官。第二年，杨钊又被提拔为监察御史。

杨钊因为依靠着与杨贵妃的裙带关系，爬进了权力的核心，遭到当时的官员们的鄙视和嘲笑，但是这一切对杨钊构不成任何影响，或许不久，他们就会一一匍匐在杨钊的脚下。

李林甫四面楚歌

杨钊的目光盯向了一个人，在朝中一手遮天的李林甫，他知道，如果有朝一日自己能够坐上他的位置，那么天下都在自己的股掌之间，号令群伦，莫敢不从。然而此时此刻，自己还很弱小，甚至在李林甫的眼中，自己就如同一只蚂蚁，不堪一击。

选择和比自己强势之人做朋友而不是敌人，这是杨钊成功的秘诀之一，所以杨钊选择了投靠李林甫，在李林甫打击异己的过程中极尽诬陷之能事，由此便很快便得到了李林甫的亲近和重视，这对于刚刚起步的杨钊而言，是一件好事情。在不到一年的时间里，杨钊便以奇迹般的速度成为朝廷的重臣。

此一阶段，也正是因为有了杨钊的帮助，李林甫才能够在无数的党争之中一直立于不败之地。在天宝五载至天宝七载的清洗中，随处可见李林甫的身影。通过这些大清洗，不仅极大的巩固和提高了杨钊的地位，使他一路受到提升，历任检校度支员外郎、侍御史兼水陆运使、司农使、出纳钱物使等财政方面的职务，后来又升任度支郎中、给事中、御史中丞等高级官员。

此外与杨钊过去关系不错的那些官员也受益匪浅，天宝五载五月，章仇兼琼由于杨氏的势力擢升为户部尚书，户部侍郎郭虚则接替了他剑南节度使之职，直至天宝七载，鲜于仲通接任节度使，而郭虚则被调回了长安。

杨钊通过这些关系，一方面与蜀中官员保持着千丝万缕的联系，另一方面接近李林甫，得宠杨贵妃，受信唐玄宗，他的地位逐渐变得牢不可破，就连一向嚣张跋扈的李林甫，也不得不让杨钊三分。在边镇节度使制度施行之时，唯独剩下剑南节度使依然为汉族将领，也就是由杨钊的亲信所把持，足以说明杨钊的实力之强劲。

由于当时仍然处于开元盛世的富足景象之中，各州县的仓库都盈满了粮食和布帛，所以杨钊建议唐玄宗将各地丁租地税换成布帛送到京城，并且变卖各州县库存的粮食、布帛，买成轻便的货物送进京城。这个政策推行之前，各地要将以粮食、布帛为主的赋税先运到京城，然后朝廷再根据需要从国库支出这些东西，派人到各地去买来要用的各类物资，一来一回徒耗路费和人力。杨钊的建议很好地解决了这个问题，于是玄宗很高兴地采纳了，却没有想到这一买一卖之间又为贪官污吏制造了多少下黑手的空间，又在百姓肩上压上了多少重负。

为了迎合唐玄宗盛世圣皇的心思，展示自己的政绩，杨钊还经常在唐玄宗耳边鼓吹，如今国库充实、空前绝后，吸引玄宗带领群臣参观考察，走了一圈下来，玄宗亲眼所见国库果然如杨钊所说财物堆积如山，当时龙颜大悦，厚赏杨钊。按照杨钊当时的品阶，他是没有资格穿戴代表高官身份的紫袍和金鱼符的，因此玄宗特赐杨钊紫衣金鱼来奖励他的功绩。而玄宗见国库如此丰盈，自然志得意满，更加肆无忌惮地挥霍享乐，也更加对杨钊重视宠信。

随着地位的上升，杨钊自然也开始不满李林甫在自己的面前作威作福，同时也觊觎李林甫一人之下万人之上的宰相地位，于是开始在李林甫背后动手脚。他先将李林甫多年的心腹吉温拉拢了过来，然后让吉温帮忙谋划剪除李林甫的羽翼，果然在吉温的协助下，杨钊很快就找到罪名，先后将李林甫的心腹大员御史大夫宋浑和刑部尚书、京兆尹萧炅排挤出了朝廷，流放到边远荒蛮之地，因为证据确凿、罪名昭彰，李林甫竟然无法营救。

当然，李林甫毕竟树大根深，虽然一时不慎中了杨钊的阴招，但是手中的势力绝对不容小觑。天宝八载（公元749年），咸宁太守赵奉璋上表弹劾李林甫二十余条大罪，想当年李林甫威震朝野、百官禁言，谁敢说一个"不"字？如今一个小小的太守竟敢撄其逆鳞，背后很难说没有杨钊这位贵妃堂兄、玄宗新宠的影子。不过赵奉璋的弹章还没呈到玄宗的案头就被李林甫知道了，于是他毫不客气地以妖言惑众的罪名下令将赵奉璋乱棍打死了，可见虽然杨钊势力急遽膨胀，但仍然不是老谋深算、经营多年的李林甫的对手。

为了将来可以一步登天，在唐玄宗和杨贵妃的支持下，杨钊开始大张旗鼓地扩充自己的势力，并极力改善自己的生活，过上了奢侈靡费的生活。在外之时，杨钊经常拿着剑南节度使的旌节耀武扬威。在宫中陪伴玄宗、贵妃游幸华清宫之时，杨钊时常邀请杨氏诸姐妹先在杨钊家会集，竞相比赛装饰车马。他们常用黄金、翡翠做装饰，用美玉、珍珠做点缀，挥金如土，其浪费奢侈，简直令人发指。

天宝九载（公元750年），杨钊为了表示自己的忠诚之心，上奏皇帝以名字中"金""刀"二字于图谶上不吉，请求允许改名，于是玄宗便为他赐名"国忠"。只要有杨贵妃和唐玄宗两棵大树，杨国忠相信天下之大，已经无人可以和自己抗衡，即使是李林甫也无法逃出自己的五指山。的确，李林甫虽然权势滔天，但却难以和有唐玄宗和杨贵妃支持的杨国忠相抗衡，所以一直处于被动地位。不久，杨国忠再次向李林甫发起了进攻。

这件事的起因来自于李林甫阵营内部，李林甫的心腹王鉷在替李林甫办事的过程中也越发得到皇帝的信任，抓了不少权柄在手，官封户部侍郎兼御史大夫、京光尹，此外还兼有二十多个职衔在身，每日里来找他签字办事的吏员在他家门口排队，甚至一天都排不上号。王鉷的弟弟王锃、儿子王准也在朝中任官，分别担任户部郎中和卫尉少卿的职务。

而且玄宗也十分宠信王鉷，时常派宦官到他家去颁赐赏物，因此李林甫在他面前也不得不退让三分，不敢太过作威作福。不过由于王鉷为李林甫办事一向忠心耿耿、谨慎小心，所以李林甫也不担心他会造自己的反，没有因为嫉妒他得宠而疏远甚至排挤他。

不过王鉷的弟弟王锃却是一个野心勃勃却志大才疏的凶险不法之人，他见哥哥王鉷权势熏天，便脑筋一热筹谋起谋逆之事，更荒唐的是他没有找幕僚谋士来商量计划，却派人找算命的来为他看相。有人为他找来了当时有名的术士任海川，王锃见算命的来了，大喇喇地开口便问："我有王者之相否？"

任海川听言吓坏了，还以为这位大人请自己来是要看家宅风水，或是为新添的小公子算命的，谁知对方张口就问出这么一句大逆不道的话，这样的话听者都是有罪，哪还有回答的心思？任海川二话没说拔腿就跑。

王锃看到自己把算命的吓跑了，丈二和尚摸不着头脑，也就听之任之了。还是王鉷知道以后赶快派人追捕，唯恐王锃算命之事泄露出去，引来祸延全家的大罪，抓到任海川之后，王鉷找了个借口迅速将他杀了灭口了事。安定公主之子韦会偶然知道此事与别人私下谈起，被王鉷得知，于是派人也将他杀了。

王锃虽然受到了任海川的挫折，但是谋逆之心却十分坚定，于是锲而不舍地又搞起了阴谋。这次他找到他的死党朋友邢縡一起策划控制龙武军并除掉李林甫、陈希烈和杨国忠这三大权臣。只要这三个人一死，整个天下便无人可以阻挡他们谋朝篡位的举动。却不料唐玄宗探知到了朝中有人谋反的消息，不过玄宗并不知道这件事情其实和王鉷有关系，甚至都不确定是谁主导的这件事情，便命王鉷将邢縡逮捕起来。

王銲知道王鉷应该在刑縡家里，于是假意派人去找弟弟过来，其实是让人去通知刑縡逃跑，过了好久才派人到刑縡家去抓人。孰料刑縡竟然没有逃跑，还纠集了几十个人拿着刀剑与来抓捕的官军搏斗，官军准备不足，带的人不多，差点被刑縡等人打跑。

消息传回朝廷，王鉷一边暗骂刑縡动作慢，一边无奈只能跟着虎视眈眈的杨国忠带领军队前去增援，此时玄宗身边的高力士也率领护卫宫廷的飞龙军赶来。王鉷一看此事已经闹到了玄宗跟前，无法再徇私放走刑縡，只能看着高力士派人将刑縡一伙人一网就擒。

一行人来到御前，报告抓捕经过，杨国忠本就到处找机会打击李林甫的党羽，现在王銲闹出这么大的事情，他岂肯放过这大好良机？于是他斩钉截铁地对玄宗说："鉷必预谋。"玄宗琢磨着王鉷跟了我这么多年，我一向待他不薄，他怎么会造反呢？于是摇头不信，李林甫也抓住时机为王鉷辩护。

于是唐玄宗下令特赦王銲，不问其罪，其实是给王鉷一个机会，希望他能够亲自上表为王銲请罪。这样既可以处死心怀不轨的王銲，又可以使王鉷博得大义灭亲的名声，为他撇清与王銲谋反案的关联，一举两得。玄宗为自己主意深感得意，于是派杨国忠前去向王鉷暗示自己的意思。谁料王鉷与王銲兄弟情深，不忍用亲弟弟的血染红自己的官袍，竟然坚决不肯，玄宗一场心思落空，十分恼怒。

这时，一个李林甫意料不到的人出头咬了他这个心腹一口，他就是一向被李林甫拿来做摆设的陈希烈。此人颇有才学，而且精通玄学，颇得玄宗爱重，虽然他能够当上宰相多得李林甫之力，他也十分感恩。但是毕竟傀儡并不好当，陈希烈虽为宰相却有名无实，朝政大权多年被李林甫所把持，他陈希烈无非就是一枚橡皮图章。所谓泥人也有土性，多年受李林甫窝囊气的陈希烈早就不想忍下去了，此次抓住机会跳了出来，在李林甫的要害处狠狠咬了一口。

陈希烈在唐玄宗气头上上奏称王鉷大逆不道，罪在不赦，请玄宗下令诛杀此逆，被王鉷的执拗气得不轻的玄宗于是下旨命陈希烈与杨国忠负责此案，审讯王鉷、王銲等人。王鉷落在这两个冤家对头手中哪里还能有好下场？于是当初王鉷算命的事包括杀任海川、韦会灭口的事统统被抖了出来。

案情至此已经十分清楚了，于是王鉷被赐自尽，王銲被拖于朝堂上在众目睽睽之下乱棍打死，王鉷的儿子王准、王俣被流放岭南，不久也被杀害。当初王鉷得势之时亲朋好友上门巴结者无数，每日门口都车马盈门，现在一家横死竟无人收尸，还是当初手下幕僚裴冕冒着被牵连的风险为王氏父子兄弟收尸安葬。

这样一来，不仅王鉷一家被彻底打垮，李林甫失去了左膀右臂，也遭受了沉重的打击，王鉷当初是受到李林甫的举荐才坐上了如今的位子，案发后他又为王鉷辩护，有着同犯的嫌疑。而同时经过此案，李林甫的强劲政敌杨国忠得到了莫大的好处，升任京兆尹、御史大夫、京畿、关内采访等使，总之之前王鉷兼任的所有职权全部归了杨国忠。此外，边关之上极具实力的哥舒翰对李林甫也是恨之入骨，让李林甫身处四面楚歌的水深火热。所有的现象都表明，属于杨氏家族的时代即将到来。

相见争如不见

朝堂上的权势争夺如火如荼，而在边关上，一场危机正在来临，并如同蝴蝶的翅膀一样即将在不久的未来在朝堂上卷起一股风暴。

起因是安禄山营中的一场叛乱，主谋的是一个不愿在安禄山麾下效劳的突厥降将阿布思,归降唐朝后,阿布思取了一个汉文名字叫作李献忠。天宝十一载(公元752年),安禄山集结了一支二十万人的军队,准备攻打契丹,以雪之前的战败之耻,并且命令李献忠统领朔方边镇的骑兵加以援助。

李献忠觉得此事蹊跷,因为自从他进入安禄山帐下就一直与这位嚣张跋扈、目中无人的将领不和,此次安禄山发兵二十万攻打契丹,契丹人还不望风而逃,哪里用得着他率军的援助呢?安禄山这样安排明摆着是将一场大功劳分给自己,可是自己素日与他关系紧张,他又怎么肯做这样的事呢?李献忠越想越不对,这安禄山莫非是要在战场上借机干掉自己的亲信部队,杀了自己这个冤家对头吧?

想到此处,李献忠坐不住了,他决定保全自己,既然自己是个突厥人,对于北方大草原比任何人都了解,更何况他还担任着朔方节度副使,已经控制了大量的军队,只要在安禄山猝不及防之下发动叛乱,定然可以杀他一个措手不及。

果然,正在安禄山准备大举进攻契丹之时,阿不思发动了叛乱,偷袭了朔方的军械库和粮仓,然后逃进大草原。安禄山征讨契丹的计划便宣告流产了,这样一来,不仅边关骤变,还引发了朝廷的一阵腥风血雨。

当时,王鉷一案正在审理过程中,杨国忠接到报告说安禄山帐下的突厥降将阿布思发动了兵变,顿时灵机一动,想到这是一个用来拉李林甫下水的好机会。因为当初李林甫为了担心立下战功的边将回朝以后对他的相位产生威胁,于是大力建议唐玄宗大肆任用不识汉字的少数民族为边镇节度使,现在安禄山帐下出了这样的事情,李林甫虽然并不负有直接责任,但也很容易成为别人责难的对象。

于是杨国忠便想办法让王鉷案中的主犯之一邢𫖮招供李林甫勾结王鉷和阿布思,并且由与李林甫有旧怨的陈希烈和哥舒翰从中作证。虽然由于证据不足,唐玄宗并未以此将李林甫定罪,但是却未尝没有相信之意,从此开始疏远李林甫。

与此同时,唐朝的云南太守张虔陀贪婪好色,不仅向南诏王无度需索财物,甚至还霸占其妻女。南诏王不肯继续忍气吞声,便不再向张虔陀贡献财物,张虔陀竟然恶人先告状地向朝廷诬告南诏王数条罪状。南诏王阁逻凤一怒之下发兵反唐,攻入云南郡,杀了张虔陀,又占领了西南地区的三十二个羁縻州。

事实上,南诏王并不是打定主意要与大唐为敌,只是被张虔陀欺负得狠了才起兵的。如果大唐一方派官员前去解释、安抚,并且处置一众不法官员,也许南诏仍然可以与大唐和平相处。然而杨国忠新近崛起,急需军功来为自己将来高居相位积累资本,于是推荐老朋友鲜于仲通为帅,带领八万精兵攻打南诏。

谁知一战之下,南诏军民众志成城,八万唐军竟然全军覆没,为了掩饰败绩,保全自己和鲜于仲通的地位,杨国忠便向唐玄宗谎称捷报。然而气势如虹的南诏军队并没有因为杨国忠的谎言就停下进攻的脚步,这个问题必须有人来解决。由于担心事情败露,杨国忠不敢将这个烂摊子扔给别人,只好让鲜于仲通以剑南节度使的身份上表请唐玄宗派杨国忠入蜀坐镇。

于是,朝廷果然任命杨国忠代理蜀郡都督府长史、充剑南节度副大使、知节度事,由鲜于仲通留在京城帮杨国忠占好京兆尹的位子。由于担心自己离开京师的日子里李林甫会在自己的背后动手脚,于是杨国忠在向唐玄宗辞行时泪流满面地说:"臣与李林甫积怨甚深,此一去必将为其所害,再也见不到陛下了。"一旁的杨贵妃在一旁为堂兄帮腔。

果然,玄宗看到杨国忠一副委屈又依恋的模样,便安慰他说:"卿暂到蜀区处军事,朕屈指待卿,还当入相。"不仅允了他不久便召回,甚至还承诺等他回来以后就任命他为宰相。得到唐玄宗的保证，又有杨贵妃在宫中坐镇，杨国忠便放心地离开京师，向蜀中而去。

此时李林甫已经重病缠身，然而仍然不肯放弃手中的权力，想要趁杨国忠不在想办法打击他的势力。然而李林甫又担心唐玄宗已经开始疏远自己，而杨贵妃又极得圣宠，此时如果有所动作很难说会不会反而弄巧成拙，甚至反害自身。于是李林甫想了个办法试探一下唐玄宗的态度，他派人告诉唐玄宗说自己病势沉重，将不久于人世，请来看病的巫师说要见皇上一面才能痊愈。

听到这个消息唐玄宗马上就想到李林甫家去探望他，然而身边被杨国忠买通的随从们坚决地劝阻。玄宗无奈只好命人将李林甫抬到他家的庭院中，自己登上建于山上的降圣阁，用红色的手绢对他招手，就算见面了。见到此情此景，李林甫心如死灰，他明白自己圣心已失、大势已去，再也无法与杨国忠抗衡了。

杨国忠刚到蜀郡，便被唐玄宗派人召回，到京以后他去探望病重的李林甫，李林甫已经动弹不得，躺在床上看着如日方中的杨国忠心中五味杂陈，良久才涕泗横流地对杨国忠说："林甫死矣，公必为相，以后事累公！"一向不共戴天、视若仇寇的对手忽然在自己面前示弱，还以后事相托，杨国忠觉得十分惊讶，连忙说着不敢当，不敢当。他也的确不敢当，因为李林甫死后不久，他就阴谋打击了李林甫的家人和党羽，李林甫如果泉下有知，也当死不瞑目。

天宝十一载（公元752年），李林甫永远合上了双眼，他给大唐留下的是弊政丛生的朝政和满目疮痍的边患，而他给家人留下的则是数不清的仇人和虎视眈眈的政敌。

在李林甫死去之后，杨国忠顺理成章坐上了宰相的位置。然而，百足之虫死而不僵，杨国忠认为，即使李林甫死去，他的那些党羽们依然对自己有巨大的制衡作用，于是，杨国忠决定利用阿布思的事情再翻旧账，对朝中势力进行新一轮的洗牌。

杨国忠苦思之下，派人找到阿布思的前任上司安禄山，请他与自己联名上弹章弹劾李林甫指使阿布思反叛。出乎杨国忠的预料，派去联络安禄山的使者竟然带回了阿布思部下的降兵。杨国忠大喜过望，不仅按计划呈上了弹章，还将安禄山派来的降兵送到御前作证，说李林甫曾经认阿布思为义子，否则阿布思改汉名的时候为什么要从李林甫姓李呢？连李林甫的女婿杨齐宣也不堪胁迫，不得不出面作证。

面对如此的铁证如山，唐玄宗终于相信了杨国忠，此时李林甫新死不久，棺木都尚未下葬，就被玄宗下令削去一切官爵，并劈开原来的大棺木，换成小棺材，以庶人的身份下葬。李林甫的子孙也被贬官流放，其他与李林甫有关的亲属和党羽被牵连判罪者约五十余人。

通过这次大换血，杨国忠沉重地打击了李林甫的残余势力，杨国忠和陈希烈都获得了相应的好处，地位得到了巩固和加强。然而，他们充其量不过是帝国的蛀虫而已，对于国家发展和民生改变，难以做出任何建树，即使能，他们也不会去在意黎民百姓的死活，以他们的见识，万万难以预料到数年之后一场颠覆式的动乱会发生。

前有李林甫，后有杨国忠，外有安禄山，内有杨玉环，在唐玄宗的周围，极尽谄媚之能事，极尽贪婪纵欲之能事，中央政权腐朽不堪，地方政府贪赃枉法，富者田连阡陌，贫者无立锥之地，眼看着大唐王朝已经病入膏肓了，而经过四十年的发展，国家政治已经偏离了唐太宗之时的三省六部制，国家权力集中在少数的宰相手中。

之所以在开元年间国家能够正常运转，没有爆发大的叛乱，是因为唐玄宗有能力也有意愿去控制宰相的提拔和任免。但是在李林甫和陈希烈之后，这种权力变得越来越弱化，皇帝不再不拘一格地任用人才，升迁的道路都被权贵的门生堵塞，为了能够维护自己地位的稳固,李林甫、杨国忠和陈希烈等人,都极力笼络住一大批势力为自己所用,可谓树大根深。

而站在帝国最高点的唐玄宗,依然纵情声乐之中,不理国家兴亡。中枢机构中的几个大人物,如杨国忠、陈希烈者流,都只是顾着打击政敌,维护自己的利益。有能力的官员要么在一连串的政治倾轧中丧生,要么被贬谪到了地方,做个无名小卒。

唐玄宗老了,已经不愿意去管理朝政,甚至不愿意相信自己手中的开元盛世已经只剩下一个被虫子蛀空的漂亮果壳,他将国家大事都交给了杨国忠一个人去打理。李林甫虽然打击政敌,但他有魄力和能力强势地控制住整个朝廷和整个天下。可是杨国忠只会蒙蔽视听,玩弄权术,却无法实现国家的正常有序运转,与李林甫的能力实在有云泥之别。

皇帝要改革彻底,要完全的改变社会现状,就要准备为朝廷来一次彻底的换血,唐玄宗自认为没有这样的精力。杨国忠和杨贵妃得到了唐玄宗的宠爱和信任,在这样的背景下,只要杨国忠驱逐了前任宰相的势力,便能拥有一个牢不可破的强大阵营。于是,杨国忠专权的局面逐渐形成。

第七章 长恨悲歌,此恨绵绵无绝期

好话一箩筐

在唐王朝内轻外重的政策下,随着杨国忠的奸相之名越传越远,安禄山的威望也在潜滋暗长,并且渐渐凌驾于朝廷诸位大臣之上。如《金石萃编》卷八十八收《大唐博陵郡北岳恒山封安天王之铭》,立于天宝八载,序称"安公曰禄山,国之英也"。又如天宝九载玄宗《封安禄山东平郡王制》,更是将安禄山传得神乎其神。

安禄山也正是在这种背景下推波助澜,如组成奚、契丹等族壮士联合的敢死队八千人,名曰"曳落河",成为他自己的近卫兵。又如囤积粮草,兵马;构筑城池;四处搜罗人才,配置党羽和爪牙,通过商人贩卖,购置巨额的军需物资及珍宝。而最为有效的方式,便是个人崇拜。这不仅极大地刺激了安禄山的野心,更让天下人对安禄山顶礼膜拜,而一个真实的安禄山,虽然没有世人所传的那样英明神武,但却有十分过人的能力。

安禄山的姓氏读作亚力山大,而他原本的姓氏为康,名为阿荦山(一作轧荦山),足见其父母希望安禄山能够勇于战斗。安禄山的家庭背景一般,其父亲不过是一个碌碌无为的胡人,其母亲的地位倒是比较高,是阿史德氏突厥的女巫。

安禄山的一生颇为曲折,即使是他的出生,也略显传奇。相传,其父母婚后,虽然恩爱有加,但却苦于花开无果。想尽了办法,也不见有子落地之象。于是,阿史德氏便去扎荦山做诚心的祈祷。本来是抱着死马当活马医的心态,却没想到这座山还真就响应了她的祈祷。

长安三年(公元703年)正月初一,安禄山呱呱坠地,故名扎荦山,从此开始了他的一生。然而,这个儿子的到来,并没有为他们迎来幸福的生活,不久之后,安禄山的父亲便因病死去。此时安禄山还是个不谙世事的孩子,只能和他的母亲,还有刚出生不久的弟弟一起住在母亲的娘家。

在安禄山刚刚可以自食其力的时候，母亲改嫁了。这对于安禄山而言，又是一个沉重的打击。安禄山的母亲，嫁给了突厥将军安波注的哥哥安延偃，安禄山兄弟并没有就此一蹶不振，反而改姓为安，安禄山之名就此得来。

当安禄山长大成人之后，生得魁梧雄健，性格却狡黠多智、善揣人意而又凶狠毒辣，长期生活在北方多民族杂居地，安禄山结识了如同兄弟般的史窣干（即史思明），两个人都以凶猛善斗闻名。史称安禄山懂得九种民族语言。虽然他的继父是将军的哥哥，但安禄山一开始并没有走上从军这条路，他选择了做一个不太安分的商人，混迹在边疆地区。

当时范阳节度使是张守珪，安禄山遂加入其军中。一次，安禄山因为偷了别人的羊而遭到追打，情急之下安禄山大声呼喊道："大夫不欲灭奚、契丹两蕃耶？而杀壮士！"见到此景的张守珪暗自感叹，此人言貌不凡，假以时日难保不能成为一个人物，遂释放了安禄山，安排他和史思明一起做了捉生将。

安禄山和史思明都是骁勇过人之辈，把捉生将的工作做得风生水起，不久安禄山便因功擢为偏将。此后更加奋勇争先，见安禄山如此争气，张守珪看到了其远大的前途所在，便收了他为义子，并且大加拔擢。在短短的三年多时间内，安禄山便凭借自己超然的军事才能和勇猛的作战风格，真实再现了战神的传说，做了平卢将军。

然而，在他做了平卢将军之后，第一战对阵契丹便失败了，张守珪只能忍痛奏请朝廷将之斩首。此前安禄山入朝奏事，宰相张九龄便对他有深刻的印象，认为他不是池中之物，久后必会作乱，一度对侍中裴光庭说："乱幽州者，必此胡也。"

这次作战失利，张九龄正好抓住机会除掉这个隐患，于是他在张守珪的奏折上批复："穰苴出军，必斩庄贾；孙武行令，亦斩宫嫔。守珪军令若行，禄山不宜免死。"唐玄宗不明白张九龄的一片苦心，看了批文后说："卿岂以王夷甫识石勒，便臆断禄山难制耶？"这件事情便不了了之，安禄山这次算得上与死神有惊无险地擦肩而过。

天宝元年（公元742年），安禄山再次一飞冲天，成为驻守边疆藩镇的最高军事统帅——平卢军节度使并兼柳城太守、押两蕃、渤海、黑水四府经略使。俗话说，百闻不如一见，唐玄宗一直听使者说及安禄山的才华横溢，清正廉洁是国之栋梁，却很少见到安禄山。于是，唐玄宗于天宝二年正月下旨，让安禄山入长安相见。

为了得到皇帝的喜欢，安禄山不惜欺君罔上，后人惊呼，何以此人会如此大胆？其实这也难怪，在安禄山遭逢大难之后，尤其注重讨好上司，以期明哲保身。如开元二十八年（公元740年），御史中丞张利贞为河北采访使，安禄山抓住这个机会大加讨好，使张利贞满意而归。果然回到长安之后，张利贞在玄宗面前大力赞扬安禄山，从此安禄山平步青云。尝到甜头的安禄山找到了升迁之路，对此后的使者无不尽力巴结讨好，让他们在玄宗面前为自己多说好话，于是安禄山逐渐得到了唐玄宗的信任和看重。

此次进京，安禄山向唐玄宗说及营州在去年发生了蝗灾，于是他便向上天发誓祈福："臣若操心不正，事君不忠，愿使虫食臣心；若不负神祇，愿使虫散。"不知安禄山做了什么手脚，他话音刚落，天上竟真的横空飞来一群红头黑鸟，霎时间将害虫吃得干干净净。

无论这件事情的真假如何，唐玄宗都断定，这安禄山是在表示自己的耿耿忠心，在君王心目中，忠臣比能臣更为重要。安禄山正是看到了这一点，才大胆犯上，只要此次能够夺取皇帝的欢心，不愁前程似锦。

果然，第二年，唐玄宗便任命安禄山代替裴宽兼任范阳节度使。安禄山遂进一步结交中央权贵，李林甫和裴宽等人都时常在玄宗面前大力赞扬安禄山，"由是禄山之宠益固不摇矣"。安禄山即将回去之时,为了表示对他的特别待遇,玄宗特命诸司侍郎、中书门下三品以下正员外郎长官、御史中丞等群官到鸿胪寺给安禄山践行,一时之间,风光无限。

再次入朝之时,安禄山上奏玄宗说:"臣蕃戎贱臣,受主宠荣过甚,臣无异才为陛下用,愿以此身为陛下死。"唐玄宗感念他的忠心耿耿,遂让杨贵妃与之兄妹相称。然而安禄山却不这样认为,他知道此时杨贵妃为六宫第一人,即使自己比杨贵妃大了十八岁,为了巴结她,安禄山还是甘之若饴地认她做了义母。此后,安禄山便有了随意出入禁宫的权力,这也是为何安禄山与杨氏姐妹会闹出绯闻的原因。

除了善于巴结上司,揣测人的心意之外,安禄山还特别喜欢迎合唐玄宗的喜好,以自己肥胖的身躯跳舞,旋转自如,"其疾如风"。这让唐玄宗和杨贵妃更加的亲近他,这样的人,想不飞黄腾达都难了。

当时,为了能够往上爬,安禄山不惜去打击由于和亲与唐朝交好的契丹和奚,他们被迫举兵反抗,并杀了公主。而安禄山在初期的战争中取得了胜利。

回师之后,他向皇帝上奏,说自己梦到了唐朝名将李靖和李勣,这两个人竟然"向臣求食,乃于北郡建祠堂,灵芝又生于祠堂之梁",唐玄宗读罢奏章,心怀大畅,正好这时候李林甫建立了边镇制度,安禄山进一步得到了皇帝的赏识。

随着安禄山地位的日益提高和巩固,朝廷之中也是风云变幻。杨国忠担任了吏部尚书一职,朝中文官的任免权力都握在杨国忠的手中,为他培植了一大批忠实的鹰犬。当然,这些鹰犬不过是看上了杨国忠的权势地位,如果有朝一日他也沦落到墙倒众人推的地步,这些鹰犬们会毫不犹豫地反咬一口。

李林甫死后,杨国忠和陈希烈成了朝廷之中权力的核心,然而,陈希烈虽然是左丞相,但是明眼人都知道,他和李林甫、杨国忠等人,无论是在行政能力、个人背景还是权术玩弄之上,都不是一个台面上的人物。杨国忠一直没有把陈希烈看成能够和自己匹敌的对手,所以继李林甫之后,杨国忠继续将陈希烈当作了橡皮图章,将政务全部搬到家中处理后给他签字。

自李林甫死后,杨国忠不仅升迁做了宰相,还兼任了中书令和吏部尚书。许多在李林甫时期掌控财政的部门都被杨国忠所控制,从此唐玄宗吃喝住行的开销,都由他打点,户部没了尚书和侍郎,杨国忠实际上已经控制了唐帝国的财政大权。

然而,杨国忠并不满足现状,虽然中央是他说了算,但是地方上听不听,则是边镇节度使说了算。尤其是安禄山兄弟、史思明、高仙芝、哥舒翰等军事大佬,一朝没有被削弱权力,就一直是杨国忠的心头大患。尤其是安禄山,大唐的东北和北部边镇都被他牢牢地控制住,二十多万兵力在他的掌握之中,形成大唐的肘腋之患。

当时,安禄山大军对长安和洛阳呈危险的包围之势,而在中央,唯有杨国忠才有实力去谋划削弱边镇节度使的权力。一个文臣,一个武将,无论是从利益角度还是从意识角度,二人都不可能达成妥协。如此,安禄山和杨国忠的矛盾不可避免地日益激化起来。

杨国忠也曾尝试过在唐玄宗身边进献谗言,但可惜,唐玄宗却一意孤行地信任安禄山,既然不能削弱对方,那就只能强大自己。杨国忠决定孤注一掷,以整个帝国的财力物力人力,建立一支起码可以和安禄山相抗衡的军事力量。

他的发源地在四川蜀地,所以剑南节度使是他第一个看上的职位。殊不知,长安距离益州有千里之遥,自古蜀道难,难于上青天。实在是不方便杨国忠有效地控制,一旦京都有难,蜀中军队也是鞭长莫及。更何况,朝廷在那边的防卫编制远远比不上北方地区，即使是杨国忠有意扶持，也万万难以企及北方边镇的实力。

最让人担忧的是，与南诏的战争极大地削弱了剑南节度使的权力和影响力，如果南诏依然和唐王朝保持同盟的关系，那么，杨国忠和安禄山孰强孰弱、鹿死谁手就未可知了。

唯今之计，要么让南诏重新臣服唐朝，要么直接控制这一地区。于是，杨国忠主持设立了由何复光节制的岭南藩镇，以此来制衡南诏。只可惜，此时的南诏比起过去的国力更加强大，更何况它还有一个强大的盟友——吐蕃，所以这一计划并没有取得明显的效果。第二年夏，杨国忠命令大军对南诏重新发动入侵，这次的损失更大，剑南节度使和岭南藩镇的百分之七十以上的兵力都在南诏殒命。

此时的唐王朝，周边局势迅速恶化。当然，出现这种状况，有着深刻的原因。首先，唐王朝的整个统治系统日渐腐败，由于国内已经难以满足其贪欲，尤其是对于金钱、人口、土地的需要，让他们只能将边境少数民族作为掠取对象；其次，如安禄山、史思明等人，一心为了升官发财，建立军功，遂无端去骚扰边境，扰乱民生；此外，就连唐玄宗本人，也因为穷奢极欲而导致内耗无算，导致国库空虚。

杨国忠猜中了唐玄宗的心思，才有恃无恐地向南诏发动了进攻，虽然酝酿多时，只可惜时不我与，天不佑人，杨国忠自认为完美的计划在南诏无情的打击之下落空了。这一次失败让唐军元气大伤，本来倾向唐朝的盟友南诏投靠了吐蕃，此后数十年间，西南边境始终不得安生。

一个都不能多

建立自己军事力量的计划失败了，要实现制衡安禄山的目的，杨国忠只能找一个有实力而又和安禄山不和的盟友了，经过一番筛选，哥舒翰这个安禄山的敌人，很顺利地便和杨国忠接上了头。

当时安禄山与安思顺、哥舒翰三人均为强大藩镇的首领，安禄山与河西节度使安思顺一向关系密切，但是二人一直与陇右节度使哥舒翰不和。由于他们在唐朝政界都是举足轻重的大人物，唐玄宗不希望他们之间关系太僵，乃至因私愤闹出武装冲突，因此常常为他们调解撮合。

天宝十一载（公元752年），三人同时入京陛见，唐玄宗借此机会派高力士在城东设宴，请三人在一起聚一聚，联络一下感情。酒过三巡，酒酣耳热之际，安禄山对哥舒翰感叹道："我父胡，母突厥，公父突厥，母胡，族类颇同，何得不相亲？"

其实安禄山此话颇有亲近之意，但是哥舒翰素性耿直，看不起安禄山这样靠溜须拍马上位之人，于是便冷冷地说："古人云：狐向窟嗥不祥，为其忘本故也。兄苟见亲，翰敢不尽心！"

安禄山听了大怒，这个哥舒翰竟敢以向窟而嗥的野狐狸来讽刺自己的胡人身份，于是大骂道："突厥敢尔！"你哥舒翰不也是突厥人吗？大家半斤对八两，谁也别说谁。

哥舒翰听了还想回嘴，高力士一看若让他们吵下去，这三个武人免不了大打出手，于是赶紧对哥舒翰使了个眼色。哥舒翰不敢得罪这位皇帝身边的红人，只得忍下了这口气，佯称不胜酒力离席而去，从此以后与安禄山积怨更深。

总体而言，安禄山的实力要强上哥舒翰一等，他和其兄弟控制了三个边镇，军事实力一时无两。但是哥舒翰也不是易与之辈，他的军队不仅数量庞大，而且战力惊人。常年征战的哥舒翰让敌人闻风丧胆，原本其兵力总数就达到了十四五万人马，后来哥舒翰迫于局势需要，又大肆扩充军力，分别在陇右建立了八支新军、在河西建立了一支军队。建军之后，丝毫不放松训练，其战力比之久经战阵的老兵也是丝毫不让。

正是因此，杨国忠才选中了哥舒翰与他达成联盟，共同对付安禄山。为了表示诚意，天宝十二载（公元753年）八月，杨国忠以哥舒翰在与吐蕃的战争中立下功勋的名义上表为其请封，唐玄宗果然下旨加哥舒翰河西节度使，封西平郡王。有了哥舒翰的制约，安禄山就不敢对朝廷生出二心。于是，安禄山只能极尽所能前去讨好唐玄宗。

在杨国忠看来，要限制住安禄山，仅仅在他身边安上一副镣铐并不足够，他还要在其与唐玄宗之间加上一道封死的门。于是杨国忠对唐玄宗说安禄山将要谋反，玄宗自然不信，杨国忠说："口说无凭，请陛下宣召安禄山入朝，他肯定不会来的，因为他已经准备好要造反了。"杨国忠敢于这样说，是因为他知道安禄山一定明白这是一场鸿门宴，京城已经是杨国忠的天下了，安禄山将杨国忠得罪得狠了，怎么敢轻易入朝呢？说不定没到京城便被杨国忠派人暗杀掉了。

不过唐玄宗不疑有他，果然派人宣召安禄山来京，杨国忠本以为这次阴谋一定能够得逞，谁料安禄山竟然大大方方地来了。见到唐玄宗以后，安禄山跪在地上委屈地哭诉："臣本胡人，陛下不次擢用，累居节制，恩出常人。杨国忠妒嫉，欲谋害臣，臣死无日矣！"

唐玄宗见安禄山来了，十分高兴，认为他既然敢来就一定没有谋反之心，又听他呜呜咽咽地告状，认为是杨国忠嫉妒安禄山得宠，这才陷害于他。从此以后唐玄宗十分相信安禄山的忠诚，再也不相信杨国忠反复强调安禄山要造反的话了。

其实杨国忠本来打算得很好，安禄山不知内情之下应该不敢来京城冒险的，那么为什么他的如意算盘落空了呢？这是因为安禄山在京城有内线——御史中丞吉温。吉温本来是魏郡太守，后来因为帮助杨国忠打倒李林甫登上相位，被杨国忠升为御史中丞，离开魏郡之前，吉温曾经向安禄山辞行。

安禄山从吉温背叛李林甫的事上知道吉温是个野心勃勃而又容易收买的小人，而且他正受杨国忠重用，可以接触到朝廷机密，因此趁此机会与他密谈一番，将其拉拢过来，然后又极尽礼遇。吉温离开时，安禄山派自己的儿子安庆绪一路护送直到出了辖区，甚至为吉温牵马。吉温见此情况，便选择与安禄山结盟，将朝廷中的风吹草动都派人通知安禄山。

正是因为吉温的告密，安禄山才知道原来这次事件不过是杨国忠为了排挤自己所使的阴谋，自己去了京城不仅玄宗方面不会有什么出人意料的举动，而杨国忠也一定不敢在唐玄宗的眼皮底下搞什么小动作。他这才安然而来，狠狠地挫败了杨国忠的阴谋。

为了安慰安禄山受伤的心灵，唐玄宗决定给他加同平章事衔，也就是任其为宰相，甚至已经命令张垍起草诏书了。杨国忠听说以后大惊失色，赶紧跑来阻止："禄山虽有军功，目不知书，岂可为宰相！制书若下，恐四夷轻唐。"唐玄宗一听言之有理，总不能让四方属国将来嘲笑大唐的宰相是个不识字的吧，于是改变了主意，改封安禄山为尚书左仆射，赐一子三品、一子四品官。

得到升官的安禄山明白自己在唐玄宗面前与杨国忠打的这一仗十分漂亮，从此以后自己在玄宗心目中的地位将大大不同。他趁机请求玄宗允许他兼领一些饲养战马的差事，于是唐玄宗果然封他为内外闲厩使和陇右群牧使。然后他又请求将御史中丞吉温给他做闲厩副使，唐玄宗也欣然答应了。

陇右镇是哥舒翰控制的藩镇，皇帝将安禄山封为陇右群牧使就是将安禄山的手伸到了哥舒翰的地盘上，既有着制约哥舒翰的作用，也在很大程度上增强了安禄山的实力，削弱了哥舒翰和杨国忠的力量。要知道全国骑兵所依赖的国家牧场都集中在河西和陇右一带，安禄山的三镇节度使兵力总数虽然比哥舒翰要多，但是在骑兵和战马的势力方面则远远不如，通过这一职位，安禄山不仅可以名正言顺地纠察和探寻哥舒翰的军事实力动向等信息，还可以肆无忌惮地为自己军队挑选战马，弥补自己军队的不足。

之后，安禄山又对唐玄宗说："臣所部将士讨奚、契丹、九姓、同罗等，勋效甚多，乞不拘常格，超资加赏，仍好写告身付臣军授之。"所谓告身就是空白委任状，安禄山向玄宗要求的是对于自己藩镇的无限制人事任免权，如果答应了他的要求，那么朝廷对于安禄山所控制的大唐最强大的藩镇之一就失去了几乎全部的控制权，而面对这样荒唐的要求，唐玄宗竟然不假思索地答应了。

很快，安禄山帐下顺从他的人有五百多名被升为将军，另有两千多人被升为中郎将，他以这种方式向手下军队昭示着"顺我者昌，逆我者亡"的霸气，为不久以后的造反大业收拢人心。

杨国忠本来打算离间安禄山和唐玄宗的关系，岂料反而将玄宗对安禄山的宠信推到了巅峰。无奈之下，杨国忠只能在朝堂上想办法增强自己的势力，于是他决定把朝中的一个对玄宗有巨大影响力而且和自己敌对的集团清洗掉，他们就是以刑部尚书张均和太常寺卿张垍两兄弟为首的集团。

张均和张垍是前宰相张说的儿子，由于张垍娶了玄宗爱女宁亲公主，所以很得玄宗的宠信和重用，还在宫内为他营建了一个府邸，以供张垍常年在此居住。张均虽然一直在地方上任职，但却因为政绩卓著、家世显赫而一路高升，加上他长于协作，遂赢得了皇帝的喜好，只可惜张均一直被李林甫压制着。

关于这二人的崛起，还得从多年前说起。

唐朝初年，并没有专门的机构专职负责为皇帝起草圣旨、诏书等文书，到了唐高宗年间才开始召一些辞藻端雅的文人入朝来负责起草文书，由于他们常常在北门外等候传召，所以被称为"北门学士"。到了唐中宗时期，这项职责又被文才横溢的核心权力掌控者之一上官婉儿负责。

唐玄宗即位以后，开始设立了集贤院，任命宰相为学士知院，此外另设直学士、侍读学士、修撰官等，集贤院负责整理刊录经书典籍，并且搜寻散逸的图书珍本和未得录用的优秀人才上报皇帝。当时的宰相张说正是第一届的集贤院管事，张说下台之后，陈希烈便接任了他的职位。

然而，这种情景在唐玄宗统治后期被打破，那就是翰林院的出现，与集贤院一样，翰林院拥有大批的年轻有为的文士，同时它也由于集贤院不一样之处，即翰林院是直接归皇帝管辖的宫廷机构，地位虽然算不得显赫，却也不容小觑。翰林院中聚集了一大批文学家、艺术家、佛道僧侣等人才，统称为翰林待诏。

起草圣旨一事十分敏感，因为其中往往涉及极其重要的国家大事，譬如宰相及高官的任命、重要政策的出台和实施、国家军事行为的变化等，一旦被提前泄露，就很可能会带来难以估量的损失和危害。而翰林院由于设在宫禁之中，有足够严密的保密措施，备受玄宗的信任，因此很快翰林院中的学士院便代替了集贤院的职能，专门负责为皇帝处理国务和起草文件，成为皇帝个人的机要部门。

当时官职很高的刑部尚书张均和太常卿张垍都兼任炙手可热的翰林院供奉，张垍由于姻亲关系，更受皇帝信任，一直是皇帝的起草诏书的私人秘书和礼仪导引。而且他对于自己也有着充分的自信，对宰相大位志在必得，玄宗在陈希烈请辞之时，也有意让女婿担任这个职位。张均也不甘示弱，对于宰相大位虎视眈眈，既然他没有一位皇帝岳父做靠山，于是便投靠了陈希烈。

张氏兄弟之所以敢于和权倾朝野的杨国忠作对，虽然与他们的职位和境遇有关，但更重要的是他们在翰林院之中的超然地位，张垍和张均都是翰林院供奉。学士院成立之初，便将院址设立在了宫中张垍的府邸之内，张垍也顺理成章的做了它的第一任成员，天宝十三载（公元754年），张均也成为供奉。他们不仅常常接触皇帝，对玄宗有很大的影响力，而且还与翰林院中的各方人才关系很好，累积了不少政治资本。

张氏兄弟的算盘虽然很响，但是好不容易才得到宰相大位的杨国忠又岂是好相与之辈？连甚得圣宠的安禄山要做宰相，杨国忠都冒险拦住了，何况区区张氏兄弟。

安禄山离开长安之前，玄宗命高力士为他设宴饯行，玄宗很在意自己这位干儿子，于是事后便询问高力士："禄山慰意乎？"高力士答道："观其意怏怏，必知欲命为相而中止故也。"玄宗很愤怒，如此国家大事是谁胆敢泄露出去的？如果安禄山知道自己做宰相的机会竟然因为不识汉字而失去了，会不会心意难平？会不会对朝廷不利？就算他不会，可是玄宗也不愿意委屈自己这位"忠心耿耿"的干儿子。

玄宗一想，知道此事的人并不多，当时杨国忠就在场，于是赶紧召他入宫询问，杨国忠想了一想说："此议他人不知，必张垍兄弟告之也。"开玩笑，皇帝怀疑到了自己头上，杨国忠岂能认下这个黑锅？正好顺水推舟扣到与自己为敌的张氏兄弟头上。

事实上，此事是不是张垍泄露出去的还真不好说，虽然将此事泄露给安禄山可以挑拨安禄山与杨国忠为敌，但是安禄山与杨国忠的关系已经紧张到诬陷谋反的地步了，难道还需要他张垍再去离间吗？再者张垍泄露此事要冒的风险很大，一旦被皇帝知道，那就是泄露国家机密的大罪，张垍毕竟不是傻子，会干这种风险回报极不相称的买卖吗？

那么到底是此事谁泄露出去的呢？史书上并无记载，但是不要忘了，杨国忠手下有一个心腹吉温，虽然此人已经与安禄山勾结，但是杨国忠显然并不知情。所以很有可能在他面前提起唐玄宗有意提拔安禄山为相，提醒自己人以后要多加小心云云。而这位吉温连朝廷中的一点风吹草动都要向安禄山汇报，何况如此大事！

不过虽然疑点重重，但是唐玄宗很轻易地相信了杨国忠的话，在他看来，他所信任的高力士不会泄露，"忠心耿耿"的杨国忠也不会泄露，那还会有谁呢？自然只有当日起草诏书的张垍了，虽然张垍是玄宗所喜爱的女婿，但是对于他的信任显然不如对高力士和杨国忠。于是张氏兄弟全部受到牵连，张均被贬为建安太守，张垍被贬为卢溪司马，弟弟张㙇也被贬为宜春司马，统统被赶出了朝廷，谁也没有做成宰相。

杨国忠设计安禄山不成，从此以后唐玄宗再也不相信所谓的安禄山造反论了，虽然太子也从种种危险的迹象中看出安禄山即将造反，但玄宗仍然不信。而其他敢于上奏安禄山将要造反的大臣们，唐玄宗竟然毫不留情地命人绑了送去给安禄山处置。从此之后，虽然安禄山要造反已经成为了妇孺皆知之事，但是谁也不敢再对皇帝发出警告了。

反了就是反了

朝廷的斗争仍然风云变幻，不久之后，杨国忠成功地解除了陈希烈的威胁，此前陈希烈开始对杨国忠不满，二人经常在政见上存在不和，陈希烈知道自己斗不过杨国忠，只能再三请求辞去宰相一职，杨国忠自然是很赞同。唐玄宗在咨询了杨国忠的意见之后，解除了陈希烈的宰相职务。

杨国忠刚要松一口气，谁料唐玄宗提出的候补宰相人选竟然是吉温，此时杨国忠已经知道吉温投靠了安禄山，若是让他做了宰相，自然是不肯继续为自己做橡皮图章的，更会与安禄山内外勾结对付自己,到时候自己的地位就危如累卵了。于是杨国忠极力地劝阻唐玄宗,玄宗见杨国忠如此抗拒,也就不便太过坚持,杨国忠趁着玄宗心意动摇,赶紧在大臣中物色自己满意的宰相人选。很快他便看中了吏部侍郎韦见素。

韦见素出身于当时的名门望族,而且还通过科举考试考中进士,就此出仕做官。在睿宗登基之前,韦见素不过是王府中的一个低级官员,玄宗遂得以经常看见他,自然也很了解他。此人为人随和,很少与人争执,所以人缘还算不错,后来睿宗做了皇帝,接着唐玄宗继位,韦见素也就担任了京城之中的高级职位,结交更广泛。杨国忠就是看到了韦见素性格懦弱的一面,所以才举荐他做宰相,而且此人在京师中口碑不错,所以反对的声音也很少。在杨国忠的推荐下,韦见素很快被任命为兵部尚书加同平章事,成为了杨国忠新一任的橡皮图章。

杨国忠为了保全自己的地位忙得不亦乐乎,千里之外的安禄山也没有无所事事。天宝十四载,安禄山派遣副将何千年入朝陛见,请求罢免三十二位汉族将领,代之以少数民族将领。在唐玄宗看来,让少数民族担当边关将领,是李林甫时期就订立的政策,这么多年过去,收效也不错,因此安禄山此举似乎并无不妥,于是便要同意,并发给告身。

韦见素虽然比较听杨国忠的话,但并不是没有主见之人,他见到安禄山不敢亲自入京朝见,又做出这样的要求,反状已明,不能再继续姑息,于是找到杨国忠说:"禄山久有异志,今又有此请,其反明矣。明日见素当极言;上未允,公其继之。"约定第二天一起向唐玄宗进言,务必要说服皇帝收回成命。杨国忠考虑了一下利弊,也就答应了。

第二天,杨国忠和韦见素见到唐玄宗,玄宗先开门见山地说:"卿等有疑禄山之意邪?"韦见素便将自己的所见所想和分析出来的结果告诉玄宗,提出安禄山即将反叛的迹象已经十分明显了。但是玄宗却全然不信,要知道以前有人敢报告安禄山要造反,玄宗都是命人绑了送去给安禄山的,此时这位新任宰相言之凿凿,玄宗虽不能如法炮制,但是脸色已经十分不好了。

本来按照杨国忠、韦见素之前的商议,此时杨国忠应该挺身而出继续说服皇帝拒绝安禄山的请求。但是杨国忠是何等机灵之人,他看到玄宗脸色不好,就知道今天只能无功而返了,于是他多次无视韦见素使的眼色,闭上嘴一言不发。这样一来,韦见素独力难支,很快便败下阵来,玄宗终究下旨满足了安禄山的请求。

杨国忠虽然没有按照商量好的去帮助韦见素劝阻唐玄宗,然而却并不是不把安禄山的威胁放在心上,他回去以后苦思冥想多日,终于想到了一个绝妙的好主意,于是拉上韦见素高高兴兴地入宫去见唐玄宗。杨国忠见到玄宗之后神秘地说:"我有主意对付安禄山了!"玄宗看他喜形于色的样子没有答话,你不是又让我召安禄山进京,不来就是要造反吧?

杨国忠也不在意,兴致勃勃地解释说:"安禄山不是想当宰相吗?那就让他当,当了宰相势必就得入京,不能再在地方上做节度使了,然后再另找三个人分别担任他空出来的范阳、平卢、河东三镇节度使的位子。到时候安禄山如果无意谋反,自然可以安心为皇上效力,如果真有不臣之心,那么他身在京城,三镇又被别人掌握,安禄山内外不能相顾,还能有何作为呢?"

唐玄宗听了以后想了很久,觉得这确实是一个好主意,于是就命人去草拟诏书,诏书写好了,玄宗却开始觉得不对了,他担心自己是误会了安禄山,不愿意再让他受委屈,更担心他如果真的心有二意,便会狗急跳墙,那就一发不可收拾了。更何况,前面刚刚传来安禄山的捷报,玄宗担心,如果将安禄山调离边关,是否会引起动荡。这诏书到底发还是不发?玄宗决定先派人去安禄山那儿探探虚实再说。

再三考虑之下,唐玄宗派出自己的心腹宦官璆琳以押送皇帝赏赐安禄山的珍异果品为名前去调查一番,把事情弄个一清二楚、水落石出。只可惜他的这位心腹经不起诱惑,在大量金银珠宝面前,璆琳只记得安禄山的好处,并且回来复命时,在唐玄宗面前盛赞安禄山忠心为国,绝无二心。

玄宗听完了自己心腹的汇报后,顿时如同吃下了一颗定心丸,便对杨国忠和韦见素说:"禄山,朕推心待之,必无异志。东北二房,藉其镇遏。朕自保之,卿等勿忧也!"就这样,最后一个避免安史之乱的机会就此搁浅。

杨国忠知道,唯今之计,只能找出其谋反的证据,才能彻底地扳倒安禄山。不过这证据即使有,又怎么会藏在千里之外的长安呢?即使在长安,也不会轻易让杨国忠找到,他苦思良久,又想出了一个法子。

新近上任的京兆尹,是杨国忠的心腹,在杨国忠的授意之下,带人包围了安禄山在长安的府第,并且逮捕了安禄山的心腹幕僚李超等人,送到御史台严刑逼供。谁料这几人都十分硬气,反复推问之下竟然没有得到什么有价值证据,杨国忠一怒之下,只能命人将李超等人全部秘密处死了事。

安禄山的一个儿子安庆宗娶了荣义郡主为妻,并且一直留在长安做官,他知道杨国忠杀了李超等人,赶忙偷偷告知安禄山。安禄山接到消息,知道杨国忠对他已经撕破了脸皮,再也没有和平共存下去的可能了,于是造反之心越加坚定。后来安禄山的另一个儿子在京城成婚,玄宗下诏宣他入京观礼,他也心虚地推病没去。

天宝十四载七月,安禄山上表请求向朝廷贡献三千匹马,同时每匹马配两名马夫,还有安禄山手下的二十二名将领护送。河南尹达奚珣觉得很有蹊跷,安禄山送的这哪是马啊?这是要将一支三千骑兵、三千步兵、二十二名将领的亲信部队开到京城!于是赶紧上书建议唐玄宗献马可以,但是马夫就不必了,朝廷自会派去马夫接收马匹,这事儿就不劳烦贵军了。

看到如此危险的情况,唐玄宗似乎也有些醒悟了,开始怀疑安禄山。正好上次派去查探安禄山虚实的宦官璆琳受贿一事被揭发了出来,唐玄宗更如五雷轰顶,认定安禄山必反,否则何需贿赂使者蒙骗自己呢?然而此时玄宗不敢轻举妄动,唯恐打草惊蛇,只能找了一件别的事做借口,将璆琳乱棍打死泄愤。

醒悟过来的唐玄宗面对爪牙已利、羽翼已丰的安禄山也是手足无措,只能用起了杨国忠的老办法,他派宦官冯神威去向安禄山传旨,诏书上亲切地说:"朕为你新开辟了一眼温泉,你十月份到华清宫来吧,我等着你哦。"然而安禄山即将起兵,已经不屑再与朝廷来使虚与委蛇了,连床也没下,只略说了一声:"圣人安隐。"就算行过了礼。

冯神威在别人的地盘上也不敢随便发威,只能不顾安禄山的无礼宣读了诏书,听完了圣旨,安禄山倨傲地说:"马不献就不献了吧,十月我一定到京!"然后就命人将冯神威安置到馆驿中再也不见他,过了几天就将他赶了回去,也没有应当回复皇帝的表章呈上。

冯神威见势头不对,一得自由便逃命似的向京城赶,到了皇宫大哭着扑到唐玄宗面前:"我几乎见不到陛下了呀!"见此情状,唐玄宗心中一片冰凉,他知道安禄山的确要反了,或许在明天,或许在不久之后,如今的问题,只能是如何去抵御了。

牛不能随便吹

天宝十四载十一月十五日,华清池里,唐玄宗和杨贵妃正"温泉水滑洗凝脂"。忽然快马来报:安禄山造反了!温柔乡里的唐玄宗这时才清醒过来,想起很多大臣对他的劝告,包括太子。但此时的李隆基处于没有思想准备的状态,安禄山的举动十足给华清池泼了一盆冰凉的水,李隆基的盛世也骤然地抽搐与痉挛。

事情之所以发展到这个地步,除了李隆基政治生涯后半生的昏庸,安禄山的"韬光养晦"是他最终大胆向"干爹"出牌的资本。安禄山一生给两个人当过养子,先是张守珪,后是杨贵妃。前者让他有机会接近长安,后者则是给他的政治资本加上了裙带关系。正是这两个人让他有机会从普通军队的士兵,平步青云,最后拿下平卢、河东、范阳三镇节度使兼河北采访使等职位于一身。

安禄山的谄功是出了名的,在唐玄宗眼里,安禄山几次入朝都表现出他政治思想和实践行动上的"忠君爱国"。对这个听话又懂事的"义子",唐玄宗怎会吝啬他的表扬和奖赏?

天宝六载,安禄山升为御史大夫,他的妻子段氏被封为国夫人。皇帝还给安禄山在京师建立府第,让宦官监督工程,告诫他们说:"要好好部署,安禄山的眼孔大,不要令他笑话我。"台观池沼的华丽超过了他的身份。皇帝登临勤政殿,御座的东间特设金鸡幛,中间放了一榻,给安禄山坐,来表示对他的恩宠。在集大唐的最高级恩宠于一身的同时,安禄山却处处装得愚昧无知,而暗中大行韬晦之计。天宝十四载十一月初九,安禄山以"奉密旨讨杨国忠"为名,召集了兵马十五万人,号称二十万,日夜兼程,以每天六十里的速度长驱南下中原。

安禄山发起兵来和胡旋舞一样,急速、快捷,但长安城的决策者却被他之前一系列低调的动作忽悠了。那么安禄山这一个白手起家的普通人,如何敢对普天之下最强大国家的君主发出挑战呢?他又凭什么这样做呢?唐玄宗仔细思量了一番,首要原因恐怕还得从自己身上找。

唐朝设立了节度使这样一个武官的职位,即节制调度的军事长官,初设时负责管理调度军需的支度使,同时管理屯田的营田使,主要掌管军事、防御外敌,而没有管理州县民政的职责。后来渐渐地,节度使也开始过问民政。天宝后,又兼所在道监督州县之采访使,集军、民、财三政于一身。还常以一人兼统两至三镇,多者达四镇。威权之重,超过魏晋时期的持节都督,时称"节镇"。

到唐朝后期,节度使势力大大加强,已经到了独揽军政大权的地步。唐玄宗在边镇设十个节度使共拥兵四十九万,而中央禁军不过十二万人,典型的外重内轻,外实内空。节度使后来又兼管行政和财政,权力很大,逐渐发展成割据势力。如果在任命节度使的问题上没有仔细考量,节度使一旦起兵造反,后果不堪设想。唐室之崩溃,也可说即崩溃在此一制度上。

唐玄宗又想起自己整天过着纵情声色的生活,任由李林甫、杨国忠更替把持朝政,纲纪大乱。安禄山对朝廷的脉象把握得很到位,造反的阴谋日益炽盛。

另外,民族之间的矛盾,也是使安史之乱爆发的一个不可忽视的因素。隋唐以来,河北北部幽州一带杂居着许多契丹、奚人,唐太宗打败突厥以后,又迁徙许多突厥人在这一带居住。他们的习俗与汉人不同,又互相歧视,安禄山正是利用这点拉拢当时的少数民族上层,作为反唐的亲信。史称安禄山于天宝十三载一次提升奚和契丹族二千五百人任将军和中郎将。在他的收买下，当地少数民族竟把安禄山和史思明视为"二圣"。

唐玄宗前思后量，终于想明白了，但一切都已经晚了。天宝十四载十一月，安禄山已经在范阳起兵了，史称"范阳兵变"。叛军打的旗号便是奉了皇帝诏令，诛除杨国忠这个大奸臣。虽然这个旗号有一些牵强附会，但是他的这个旗号还是很有作用，至少很多不明真相的人会争相附和，因为在杨国忠掌权的这几年时间内，不仅树敌无数，更是惹得民不聊生，百姓怨声载道，因此安禄山大旗一展，便有很多人望风景从。

第一招，安禄山便掌握了主动权，不得不承认，安禄山果然是个老奸巨猾之人。更为可怕的是，安禄山十分擅长用兵之道，他知道，兵者诡道也，既然自己发动了叛乱，就要出奇制胜。

所以，安禄山首先让部下何千年、高邈率奚人出身的二十名骑兵先行出发，太原副留守兼太原尹杨光翙不知道安禄山已经谋反，遂派人开门迎接，何千年抓住时机，将杨光翙劫持而去。直到此时，太原守军才知道安禄山已经谋反，遂飞马将军情报告给长安得知。

谁也没有料到，安禄山就是要将这个军情借太原守军传给长安。后来才发现，安禄山劫持杨光翙，其实是声东击西之计。从幽州到长安，有两条路线可以到，一条为东线，经博陵、常山至陈留，然后西向东都洛阳，过潼关向长安。另一条经太原向长安，此为西线，也是当年李渊起兵反隋进入关中的老路。安禄山的主力并没有打算从太原这条线路，此番虚张声势，便可以让朝廷误以为安禄山会从此进军，如此便可以分散朝廷的注意力和防御力量。

太原发生的事很快传入了京城，可是唐玄宗却根本不肯相信，也不愿相信，他固执地认为，这是嫉妒安禄山的大臣们在诋毁陷害。过了几天战报传来以后，唐玄宗才真正相信这个"乖顺"的义子真的起兵造反了，于是赶快派人传召杨国忠入宫商议对策，然而杨国忠却信誓旦旦地说："今反者独禄山耳，将士皆不欲也。不过旬日，必传首诣行在。"唐玄宗听了此言甚觉有理，见此情景盼望玄宗早定平叛之策的大臣们纷纷瞠目结舌、哑口无言，唯有摇头苦笑而已。

不过毕竟叛乱已经发生，唐玄宗还是作了平叛安排，他派特进毕思琛到洛阳、金吾将军程千里到河东这些安禄山必经之路上的军事重地各招募数万人，稍微训练之后用以抗敌平叛。

不久，安西节度使封常清入朝陛见，见这位骁勇善战的猛将来了，唐玄宗忙问有何平叛方略献上，封常清是个武将，平常最好面子，爱说大话，于是他傲然说："今太平积久，故人望风惮贼。然事有逆顺，势有奇变，臣请走马诣东京，开府库，募骁勇，挑马棰渡河，计日取逆胡之首献阙下！"唐玄宗听了龙颜大悦，于是任命他为安禄山所辖的范阳、平卢两镇节度使，然后像封常清保证的那样数着日子等待安禄山的首级。

封常清是蒲州猗氏人，少年时期，封常清和自己的外祖父在一起生活。后来他的外祖父因为获罪而被流放到安西（治龟兹，今新疆维吾尔自治区库车）充军之时，封常清也跟着他的外祖父到了安西。

幸好封常清的外祖父到了安西之后，因为悍勇异常而做了胡城（今哈萨克斯坦奇姆肯特东）南门的守军。加上其外祖父还读过一些诗书，所以封常清小时候文武兼修，涉猎甚广。更加难能可贵的是，在封常清的心目中，始终存在着一个梦想，希望有朝一日能够从军，做一个名震天下的大将军。

天将降大任于斯人也，必将劳其筋骨、苦其心志、饿其体肤、空乏其身。封常清的这种无忧无虑的生活很快便结束了，不久以后他的外祖父去世，无依无靠的封常清只能过着颠沛流离的生活。此后一直浪迹江湖，游戏山水之间，直到三十岁，依然是一事无成。

后来封常清得到机缘投到了安西四镇节度使夫蒙灵詧的帐下，但是封常清明白，自己在堂堂节度使的帐下只是芸芸众人中不起眼的尘埃。若想出人头地，就必须要找到一个目前官职不高，手下人才不多，但有能力有前途的靠山，他看中了高仙芝。

此时，高仙芝尚是知兵马使，但是他很有才能，因此在军中混得很不错，每日出入都有三十多名随从跟随，每个人都穿得衣甲分明，十分精神体面。封常清看看自己身上的陈旧衣服，咬牙切齿地暗下决心：我也要穿新衣服！于是封常清向高仙芝投书一封，请求成为他的随从。

然而，封常清第一次毛遂自荐却以惨败告终，原来封常清不仅身材瘦弱而且眼斜腿短，甚至还跛脚。想高仙芝是何等样人，做他的随从连衣服都要穿得整齐得体，怎么会招这样形貌不佳之辈到自己身边呢？所以便断然拒绝了封常清的请求。

苏轼说：古之成大事者，非唯有超世之才，亦必有坚韧不拔之志。诚不我欺也，封常清便具有百折不挠的优良品质。在第一次失败过后，封常清没有丝毫气馁。不久之后，便送上了自己的第二封自荐信，不胜其烦的高仙芝只能怒道："吾奏傔已足，何烦复来！"封常清也不是吃素的，人在屋檐下，他却不一定要始终低着头，遂回答道："常清慕公高义，愿事鞭辔，所以无媒而前，何见拒之深乎？公若方圆取人，则士大夫所望；若以貌取人，恐失之子羽矣！"

见封常清谈吐不凡，高仙芝心中惊奇，但还是没有立即让封常清为自己效力。封常清更是厉害，他竟然从此死皮赖脸地留在了高仙芝府邸之内，数十日过去，依然不见有离开的迹象，见他如此诚心，高仙芝便允许封常清做了自己的随从。

尽管只是做随从，但是封常清在高仙芝身边不仅能够好吃好喝，每天穿得漂漂亮亮，而且还有不少立功的机会。尤其是在天宝初年达奚诸部的叛乱中，封常清所展现的军事才华和先见之明更是让高仙芝惊异不已。当时，唐玄宗紧急诏令夫蒙灵詧前去平叛，夫蒙灵詧接到诏令后，便让高仙芝派遣二千精锐骑兵前去抗敌，达奚诸部人困马乏，不是高仙芝的对手，所以战争最后以唐军的完胜告终。

封常清似乎早就料到了战争的胜负结果，所以在营帐之中早就写好了捷报，其中详细陈述了唐军"次舍井泉，遇贼形势，克获谋略"的过程，竟然和高仙芝的心中所想如出一辙，高仙芝见到，大为惊奇。遂让封常清"去奴袜带刀见"，提升了他在自己帐中的地位。大军归来，夫蒙灵詧设宴犒赏三军，判官刘眺、独孤峻便问高仙芝："前者捷书，谁之所作？副大使幕下何得有如此人。"高仙芝故作平常地说："即仙芝傔人封常清也。"自此，封常清一举成名，又因为作战勇猛，谋略高超，相继被擢升为镇将、果毅、折冲。

从军之初，封常清便树立了治军严格的典范，即使是自己最敬畏和最亲近的人，他都丝毫不留情面。天宝六载，高仙芝率部击溃了依附于吐蕃的小勃律（在今克什米尔西北部）。朝廷感念其战功卓著，遂让高仙芝升任安西四镇节度使，封常清作为高仙芝的旧部，随之升任庆王府录事参军，充节度判官，赐紫金鱼袋，不久之后又加了朝散大夫，专门负责四镇的屯田、甲仗、仓库、支度、营田等事宜。高仙芝每每在外征战，封常清便作为留后使，为高仙芝坐镇后方。

高仙芝乳母的儿子郑德诠当时在高仙芝的帐下做郎将，因为从小便一起玩耍，加上乳母对自己的恩德，所以高仙芝一直把郑德诠当作自己的亲兄弟，一家相关大事都交到了郑德诠的手中，因此郑德诠在军中的威望也很高，很多人都不敢得罪他。

此时安西军队中，无人不知封常清的名号，对其甚为敬重。但是这个郑德诠认为封常清不过是自己兄弟高仙芝手下的随从出身，没什么了不起的，因此多少有些看不起他。封常清每次从外面回来，诸将纷纷退让行礼，只有郑德诠不以为意，大喇喇地快马自后面超过封常清扬长而去，留下呛人的漫天黄土给封常清。很削封常清的面子，也动摇封常清在军中的威望，他自然不能容忍这样的事，但是看在高仙芝的面子上，一直没有动郑德诠。

一次，高仙芝外出打仗，封常清留后坐镇，趁着高仙芝不在，封常清派人悄悄将郑德诠骗进节度使府中。节度使的府第进深很大，院落重重不知几许，郑德诠每过一重门，封常清的人就在后面把门关死，郑德诠渐渐开始感觉不太对劲了。

这时恰好到了封常清面前，封常清面前正摆着一桌酒席，握着酒杯不紧不慢地说："我是出身微贱相貌又不好，当初恳请大人收我为随从，大人两次都不答应，这事儿你是知道的。可是你看现如今大人征战在外，将一家老小、全军上下都交在我手上，这份信任这份看重，你看不见吗？怎么敢再三对我无礼相欺！"然后变了脸色大喝一声："郎将须暂死以肃军容！"

说时迟，那时快，郑德诠还没有反应过来，便被封常清的手下架住痛打了六十军棍，随即将之拖出。高仙芝的妻子和乳母闻讯，大惊失色，待到他们前来救援，才发现为时已晚，郑德诠已经魂归九霄了。高仙芝知道此事之后什么也没说，封常清也没有向他谢罪，不久以后封常清又下令杀掉了高仙芝帐下犯罪的两名大将，从此之后对于封常清此人"军中莫不股栗"。

天宝十载，高仙芝任河西节度使（治凉州，今甘肃武威），封常清仍为其判官。后来王正见接替了高仙芝做了安西节度使，便奏请皇帝让封常清做了安西四镇支度营田副使、行军司马。

一年之后，王正见去世，唐玄宗便任命封常清为安西副大都护，摄御史中丞，持节充安西四镇节度、经略、支度、营田副大使，知节度事。自此，封常清的权力开始朝着顶峰迈进。

为了能够尽快获取军功，也为了帮助朝廷解决边患，封常清开始着手整顿军务。天宝十二载，封常清率军进攻大勃律（位于今克什米尔地区），大军一路势如破竹，很快便取得了大胜。凯旋归来的封常清受到了唐玄宗的信任和倚重，并于次年召封常清入朝做了御史大夫，授一子为五品官，赏赐宅第。同时，封常清去世的父母也因之而获赠封爵。不久之后，封常清又代理入朝任职的程千里做了北庭都护、伊西节度使。

封常清自此声名鹊起，因为他生性节俭、吃苦耐劳，而且赏罚分明，所以很多人慕名而来投效他。著名的边塞诗人岑参就在他的帐下担任判官，而且还为之写下了许多脍炙人口的诗篇，如《轮台歌奉送封大夫出师西征》：

> 轮台城头夜吹角，轮台城北旄头落。
> 羽书昨夜过渠黎，单于已在金山西。
> 戍楼西望烟尘黑，汉兵屯在轮台北。
> 上将拥旄西出征，平明吹笛大军行。
> 四边伐鼓雪海涌，三军大呼阴山动。
> 虏塞兵气连云屯，战场白骨缠草根。
> 剑河风急雪片阔，沙口石冻马蹄脱。
> 亚相勤王甘苦辛，誓将报主静边尘。

古来青史谁不见，今见功名胜古人。

天宝十四载，封常清再次入朝，眼见国家沦落至此，不禁心怀感伤，忧思难忘。当安禄山叛乱的消息传到长安，确定之后，封常清便顺理成章地成为了皇帝阻击敌人的最佳将领人选。

误信奸妄，自毁长城

封常清临危受命，很快便到达了洛阳，然后在十日内招募了六万兵众，不过其中大多为市井间的流氓混混。然后又下令截断河阳桥，在洛阳做好防御准备。同时，朝廷方面也作出了相应的举动，唐玄宗决定，在长安处死安禄山的儿子和儿媳，以此来让安禄山分心，同时也发泄一下自己心中的愤恨。

与此同时，唐玄宗还发出调令，让安思顺为户部尚书，令朔方右厢兵马使、九原太守郭子仪为朔方节度使，右羽林大将军王承业为太原尹，以协防中央。在叛军的军事要冲，都要设置一个防御使，全力对抗叛军。然后又任命荣王李琬为元帅，右金吾大将军高仙芝为副元帅领兵东征。

那么，他们率领的是哪支军队呢？竟然和封常清一样，是用皇帝内库里的钱帛在十日内雇佣的一伙市井混混，大约十一万人，虽然起了个颇为威风的名字叫"天武军"，不过其战斗力到底有没有那么威武则可想而知了。天宝十四载十二月，高仙芝就带领着飞骑、彍骑、在京师的边兵和新招募的这一群乌合之众一共五万人从长安出发，到陕郡驻防，随大军开拨的还有唐玄宗派来监军的宦官边令诚。

然而这些措施并没有起到让安禄山望而却步的作用，儿子被处死，儿媳荣义郡主被赐自尽，使得安禄山更加地疯狂。不久，安禄山大军直接从洛阳黄河段的下游渡过了黄河，很快便临近陈留（今河南开封市陈留镇）。十二月，陈留沦陷，其守军数万人被俘虏，陈留为运河体系的主要港口之一，它的失守切断了朝廷的南方供应线。一不做二不休，为了报复杀子之仇，安禄山屠杀了在陈留俘虏的全部军队。之后留下一部分军队留守，自己则亲自率领大军向东都洛阳前进。

安禄山的军队先攻克荥阳，由于承平日久，无论百姓还是士兵都太长时间未经战火的磨练，守城的荥阳士兵听到城下如雷的鼓声竟然有一些腿脚发软坠下城头。可想而知，荥阳城很快就被攻破了，然后安禄山以手下将领田承嗣、安忠志、张孝忠为前锋，进攻东都洛阳。

守在洛阳的是封常清仓促之间招募的乌合之众，而且还没来得及训练就被派到武牢关抗敌，于是很快就被安禄山派来的骑兵打得大败。封常清收拾残部又在葵园、上东门内两次与叛军接战，仍然两次落败。天宝十四载十二月十二日，洛阳的外层防御被撕开，叛军如潮水般从洛阳的四个城门涌入，烧杀抢掠无所不为，封常清又率部与叛军展开巷战，仍然失败，只好带着残部从被毁坏的城墙缺口逃走。

仓皇败退的封常清率领一众残军败将向陕郡败退，当时陕郡太守窦廷芝已经放弃了自己的职守逃往河东，治下的官吏和百姓也都四散奔逃，只有高仙芝和他的五万杂军驻守，陕郡已成为了空荡荡地等待着战争和流血到来的战场。

从接连的惨败中逃得一命的封常清再见高仙芝，简直热泪盈眶，他赶紧扑过去警告高仙芝："常清连日血战，贼锋不可当！"然后又将自己血的教训告诉这位老上司："陕郡无险可守，而潼关则有险而无兵，如果叛军攻入潼关，那么长安就唾手可得，我们不如放弃陕郡，退守潼关去吧！"

高仙芝看看盔甲上溅满鲜血的封常清，再看看他手下士气萎靡、伤兵累累的军队，虽然不愿意不战而退，落得个怯战的罪名，但是他思考良久终于决定退兵，撤到潼关去！由于他们行军速度缓慢，竟然在半路上被叛军追了上来，于是只好狼狈而逃，也顾不上队伍先后了，士兵和马匹相互踩踏，平白损了不少人马。

到了潼关以后，安禄山见壁垒森严、防御严密、易守难攻，于是并未恋战，撤兵而还。回到洛阳休整军队，巩固战果，预备称帝，正因如此，叛军才稍微止住了势如破竹的进攻脚步，朝廷也得到了整军备战的时间。

天宝十五载（公元756年）春，安禄山在唐王朝一大批有声望的官员支持下，以洛阳为根基建立大燕朝，自称皇帝。自此组织起了一整套中央王朝系统，军队士气大振。虽然安禄山当上了皇帝，但是战局仍然不容松懈，叛军从范阳一路打到洛阳只花了四十多天，而在当时就算只是从范阳走到洛阳，也要三十多天的时间。

过快推进必定遗留下重重隐患，果然安禄山进攻之时虽然势如破竹，但是大军过后，河北各郡却纷纷起兵反抗叛军。其中以唐朝大书法家颜真卿和他的哥哥颜杲卿最为著名，他们的反抗极大地干扰了叛军的进军计划，并且将一部分叛军力量拖在了敌后，减少了叛军进攻的力量。而安禄山派往东南企图控制江淮地区，切断朝廷税赋来源的张通晤、杨朝宗部也遭遇了重重阻力，草草而还。加上在河东地区的朔方节度使郭子仪带领的朔方军也与叛军进行了殊死搏斗，并且取得了一系列重大胜利，打通了井陉关的通道，可以直接威胁叛军的后方，也使叛军无法集中力量全力西进。

因此虽然安禄山在洛阳称帝，看似气势正盛，但实际上却是被阻在潼关之外进退维谷，甚至生出了放弃洛阳退守范阳之心。因此不仅高仙芝、封常清二人看出了固守潼关的好处，大将郭子仪、李光弼等也上书朝廷建议固守潼关，不要轻率出战。正在双方将要进入僵持的时候，唐玄宗却做出了一件自毁长城的蠢事。

当初高仙芝率军从长安出发时，唐玄宗派宦官边令诚作为监军与他一同出发。事实上玄宗如此安排也有照顾高仙芝之意，因为高仙芝和边令诚是老相识了，在当初高仙芝立下大功的小勃律之战中，边令诚就是他的监军。打仗时，高仙芝还特意照顾边令诚，为他安排了比较安全的留守工作，因此二人关系还算不错。

但是与当时大多数宦官尤其是做监军的宦官一样，边令诚既贪婪又无耻，这次他又做高仙芝的监军，便毫不客气地向他提出很多私人要求，高仙芝不愿意营私舞弊，故此大多婉言拒绝。于是边令诚便怀恨在心，不管国家正处于危难之际，不管高仙芝对于平定叛乱多么重要，只想着要置高仙芝于死地。

于是他在向唐玄宗汇报的时候添油加醋地夸大高仙芝、封常清的大败之状，并且污蔑二人说："常清以贼摇众，而仙芝弃陕地数百里，又盗减军士粮赐。"当初封常清在御前夸下海口要"计日取逆胡之首献阙下"，然而与叛军接战之后却屡战屡败，甚至于丢失了东都洛阳，然后又临敌而退撤到潼关固守。远在长安的唐玄宗对此非常愤怒，他承平日久，又每日在深宫之中，根本接触不到外界的真实情况。他完全理解不了高仙芝与封常清是在对战争形势进行全盘考量之后，不惜自己的声名前途与身家性命才作出的这种选择，这样退可以拱卫京城长安，进可以遏制叛军进攻步伐，是当时形势下损失最小最保险的选择。他只认为高、封二人胆小怯战，竟然不战而放弃了潼关之外的大片土地，辜负了自己的信任。

因此后来封常清将自己在战争中总结出的叛军形势和作战经验写成奏章，三次派人送到长安呈给玄宗，唐玄宗都不接不看。封常清心急如焚地赶往长安，他当初在长安时就听到朝中不少大臣都认为安禄山造反作乱狂悖已极,用不了多久就会灭亡,因此十分轻敌。然而封常清到了前线才知道事实并不如此,因此急切地想要亲自将这些前军将士们的生命换来的经验教训亲自讲给玄宗,也希望向玄宗解释自己与高仙芝退守潼关的深意。然而封常清刚刚到达渭南,就有圣旨传来削去他的一切官职,命他退回高仙芝军中,不许再去长安。

边令诚既是唐玄宗所信任的宦官,又是亲自在前线目睹了一切,唐玄宗自然相信他的话,现在边令诚报告说高仙芝、封常清不仅作战不利,甚至还滥用职权私扣军粮。唐玄宗再也压制不住自己的怒火,于是命边令诚到军中传旨将高仙芝、封常清二人斩首。封常清默然良久,写了一封遗表请边令诚转呈皇上,其中泣血呐喊:"臣死之后,望陛下不轻此贼,无忘臣言!"

封常清死后,高仙芝也被边令诚斩首,死前高呼:"我遇敌而退,死则宜矣。今上戴天,下履地,谓我盗减粮赐则诬也!"一众兵将士卒也为高仙芝喊冤,然而一切都已无法挽回,大唐的两名平叛勇将就这样死在了谗言之下。

此刻,唐军只能依靠哥舒翰负责关中军队的守备事务和潼关的防务,也只有哥舒翰,在实力和威望上,堪与安禄山一战。只可惜此时的哥舒翰病重不起,军中无人可以替代他的位子,整日争吵不休,原本拟订收复洛阳的计划也只能宣告失败。

哥舒翰也守不住潼关

唐玄宗和杨国忠领导下的朝廷,既然做了一件蠢事,就不怕再做另一件蠢事。而正是这件蠢事,导致了安禄山大军攻破潼关直指长安,导致了玄宗幸蜀,导致了肃宗登基,导致了也许本可以早早结束的安史之乱持续了八年之久。此事还要从很久之前谈起。

当初安禄山、安思顺和哥舒翰分别担任大唐最强三个藩镇节度使时,哥舒翰就与安禄山和安思顺关系紧张,虽然唐玄宗也曾百般设法弥合,但终究没有什么效果。安思顺与安禄山虽然都姓安,但是并没有血缘关系,不过安禄山的继父与安思顺的父亲是亲兄弟,所以安思顺与安禄山是名义上的堂兄弟,相互之间的关系也很不错,也曾经一起对付过哥舒翰。

后来安禄山即将造反,安思顺不相信他会成功,不愿意日后被他连累,所以就趁着入朝陛见的机会将安禄山要造反的事情报告给了唐玄宗。后来安禄山果然造反了,因为安思顺曾经提前对朝廷作出过警告,所以唐玄宗认为安思顺与安禄山不是一伙儿的,并没有将他治罪,安思顺也就安心地继续留在朝廷里做官。这样看来安思顺似乎与安禄山反叛没什么关系,这件事也就可以告一段落了,但是哥舒翰并不这么认为。

哥舒翰与安氏兄弟结怨甚深,现在安禄山造反了,还在潼关之外耀武扬威,哥舒翰自然十分气结。不过对付不了安禄山,难道还对付不了你安思顺吗?于是哥舒翰派人模仿安禄山的笔迹伪造了一封写给安思顺的信,然后将安思顺抓了起来,并上书朝廷历数安思顺七大罪请求诛杀。唐玄宗不辨真伪,而且又正倚重哥舒翰,不愿拂逆于他,于是便下令处死了安思顺和他的弟弟安元贞,全家均流放岭南。

这件事本来是哥舒翰与安氏兄弟的事,到此也应该告一段落了,但是当朝宰相杨国忠却生起了唇亡齿寒之感,从此对哥舒翰颇为忌惮。后来有人对杨国忠说:"今朝廷重兵尽在翰手,翰若援旗西指,于公岂不危哉!"此话正触动了杨国忠的心思,想到稀里糊涂被杀的安思顺,杨国忠再也坐不住了。

杨国忠一向是个先下手为强之人,他不会等到屠刀落到头上才奋起反抗,当他一感受到哥舒翰的威胁，就立刻进宫对唐玄宗说："潼关大军虽盛，而后无继，万一失利，京师可忧。请选监牧小儿三千于苑中训练。"所谓"监牧小儿"就是皇家马场的卫士，杨国忠这一请求就是在京师筹备起一支军队，防范哥舒翰入京夺权。三千人的队伍自然不足以防备哥舒翰，于是杨国忠又下令招募了一支万人的队伍，由他的亲信杜乾运带领，假托防御叛军之名驻扎在灞上。

哥舒翰是久经沙场的老将了，一看杨国忠的布局就明白，杨国忠布置的军队根本不是为了防范叛军，纯粹是为了对付自己，加上杨国忠每天在玄宗皇帝身边，若是进谗言陷害自己，那么自己就死无葬身之地了。

哥舒翰也不是肯坐以待毙之人，于是他想了个主意，以兵马副元帅的身份上书请求调杨国忠屯在灞上的军队来潼关加强防守，这个要求名正言顺，唐玄宗也不好拒绝，于是便答应了。杜乾运率军到潼关后不久，就被哥舒翰找了个借口杀了，杨国忠的一番心血付诸流水，于是也更加忧虑哥舒翰这个强大的威胁了。

正好当时安禄山留在陕郡的崔乾祐部只有不到四千的军队，装备也很落后，而且陕郡离潼关很近，当初高仙芝和封常清就是从这里退守潼关的，此处守军如此疲软，实在是一个巨大的诱惑。但是哥舒翰很清楚这是安禄山使的一个引蛇出洞之计，潼关自古被称为"三秦锁钥"，有一夫当关万夫莫开之险，安禄山久攻潼关不下，只能诱守军出战然后消灭掉，这才能够攻入潼关。

哥舒翰担心唐玄宗不明白不出兵的深意，特意上书解释："禄山久习用兵，今始为逆，岂肯无备！是必赢师以诱我。若往，正堕其计中。且贼远来，利在速战；官军据险以扼之，利在坚守……要在成功，何必务速！今诸道征兵尚多未集，请且待之。"郭子仪和李光弼也上奏建议玄宗派兵攻取安禄山的根据地范阳，俘虏叛军的妻儿老小为人质，来打击叛军士气，而"潼关大军，帷应固守以弊之，不可轻出"。然而此刻到底是否由潼关出战已经不再是单纯的军事问题，而是转变成为了一个复杂的政治问题，所以也不再是一众军事将领们可以决定的事情了。

杨国忠毫无军事阅历，只看到陕郡防守空虚而哥舒翰拒不出兵，还将他的心腹将领杜乾运骗到潼关去杀了。便十分担心哥舒翰是拥兵自重，以潼关为据点胁迫玄宗，图谋除掉自己。于是他力谏玄宗说："陕郡防御薄弱，而哥舒翰反复犹豫不战，如此下去必将贻误战机，待叛军补充了陕郡的防守力量，再想攻取就难了。"唐玄宗听了甚觉有理，便连续不断地派出宦官传旨催促出战。哥舒翰无法抗旨，大有赴汤蹈火之感，只能与部下一起抱头痛哭，然后率领着军队向安禄山的圈套中进发。

天宝十五载（公元756年）六月，哥舒翰的大军在灵宝县西原与崔乾祐的军队遭遇。崔乾祐早有准备，占据了南边靠山，北临黄河的七十里狭窄山道两侧的险要之地，又在关键地点埋下了伏兵。哥舒翰部下王思礼率领精兵五万作为先锋开路，庞忠带着剩下的十来万部队跟上，而哥舒翰则带着三万人马登上黄河以北的高山上遥望战局，并擂鼓助阵。

哥舒翰这边十数万的官军严阵以待，而崔乾祐的叛军却稀稀拉拉不过万人，而且也没有排成阵势，见此实力悬殊之状，官军将士们无不嘲笑崔乾祐胆大才疏、不自量力，纷纷有了轻敌之心。双方一交战，叛军便偃旗息鼓如欲逃遁，官军更加松懈，便追击叛军往狭道方向而去。

进入狭道之后，官军方知中计，在狭窄的山道中，士兵的枪槊等长武器都施展不开，更加雪上加霜的是，一见官军入彀，叛军埋伏在两侧山上的伏兵一齐发动，推着滚木擂石便从山上往下滚，砸死官军无数。然后崔乾祐又利用吹往官军方向的东风使用火攻，滚滚浓烟遮住了官军的视线，引得他们互相残杀。正在迷乱之际，忽然又有叛军从后方而来驱赶着狭道中的官军向外，并且一路追击，本就乱成一团的官军更加惊骇，根本不知应如何抵御，于是便纷纷溃败，四散而逃。

在黄河北岸观战的哥舒翰部见官军大败，也不由自主地溃散，一瞬间便逃得干干净净，只剩下一百多骑兵保护着哥舒翰从首阳山西麓渡过黄河回归潼关。一些溃逃的官军逃到潼关外，不少人马惊慌之下掉进了关外一丈深两丈宽的壕沟中，掉进去的人马尸体竟然将壕沟都填平了，后面的人踩着前军的尸体才得以渡过壕沟。回到潼关以后一点兵，当初派出去攻打陕郡的二十万官军活着回来的竟然只剩下了八千多人。潼关地势再险要，八千失魂落魄的残军也是守不住的，于是崔乾祐乘胜追击，很快就攻克了潼关。

哥舒翰逃到关西驿，收拾残部打算重新打回潼关去，他的部将火拔归仁带领手下人马劝哥舒翰投降安禄山，他们的理由也很充分："公以二十万众一战弃之，何面目复见天子！且公不见高仙芝、封常清乎？请公东行。"的确，高仙芝、封常清丢掉了东都洛阳就被处死，哥舒翰失去潼关，从此叛军攻打长安的路上一马平川，再也无险可守，这样的罪名无论如何也逃不脱一个死字了。

哥舒翰一向与安禄山有积怨，实在不愿投降，但无奈被部下胁迫着向东而行。到了洛阳之后，安禄山得意洋洋地看着俯伏在地的哥舒翰问道："汝常轻我，今定何如？"哥舒翰败军之将，何以言勇，只能唯唯喏喏，答应为安禄山写信招降唐朝大将李光弼等人，但是也没有什么成效，于是安禄山就将哥舒翰囚禁了起来。潼关失守之后，关中无险可守，河东、华阴、冯翊、上洛等地的防御使看到叛军来袭纷纷弃城而走，对于叛军来说，长安城已近在咫尺。

唐玄宗惊闻潼关失守，叛军长驱直入，顿时感到长安不保，赶紧召集大臣商议对策，在杨国忠的建议下，唐玄宗决定退守四川，并且还信心满满地认为，有了这个天府之国作为基地，就不怕叛军实力强横，他朝卷土重来，凭借这个大后方，定然能够重整旗鼓。

其实，杨国忠早就让剑南道副使着手准备避难场所，如今时局危急，这个避难场所正好可以派上用途。六月十三日早晨，长安宫廷之中已经不见了过去上早朝的场景，唐玄宗早就带着杨贵妃姊妹、皇妃、公主、皇子、皇孙、杨国忠、韦见素、魏方进、陈玄礼及亲近宦官、宫人出延秋门逃出长安。皇妃、公主、皇孙不在宫内的，皆弃之不顾，为了尽可能地封锁消息，唐玄宗只能选择孤注一掷，人越少，危险越少。而在此之前，很多官员和平民百姓早就逃到了山区和周围的农村地区，留在京城的，只是那些和皇帝不怎么亲近的官员和皇亲国戚，这一刻，他们和平常人一样地无助。

被牺牲的女人

唐玄宗逃出长安，过了便桥之后，杨国忠便命令下属放火烧毁桥梁，希望以此来阻止叛军的追击。而唐玄宗却觉得，自己弃之不顾已经是大大的不仁不义，如今再断绝了官吏和百姓的逃生之道，何其残忍呢？于是，唐玄宗让宦官高力士带着随从，留下来灭火。

与此同时，唐玄宗还让另外一个宦官王洛卿先行一步，告知沿途的郡县为自己安排好食宿事宜。很快，唐玄宗一行便到达了咸阳望贤宫，本来还准备到那里好吃好喝一顿，然后再好好休息一下，洗洗奔波劳碌的满身风尘。却没想到，当队伍到时，王洛卿和县令早已经不知去向，大概是大难临头各自飞了。

无奈，随行官员只能向当地百姓乞食，不过在名义上，还是为了皇帝接受供奉。只是玄宗有意，百姓却无心，一直到正午时分，唐玄宗依然是饿着肚子，只能拿着杨国忠买的胡饼为自己充饥。

后来，一些百姓听说了皇帝蒙难的消息，便来见见这个皇帝。见堂堂皇帝都沦落到此，善良的百姓不禁同情心大起，遂争相为他们献上自己家里的粮食麦豆，平时吃腻了山珍海味的皇孙们，此刻都变得饥不择食，直接用手抓着食物来吃，完了之后还感到肚中饥饿。玄宗命左右拿出带来的钱财付给百姓们作酬劳，百姓们见状，心中更是感伤，不由得眼泪便落了下来，惹得唐玄宗也掩面而泣。

负责禁宫伙食的官员为唐玄宗送来了御膳，玄宗并没有先吃，反而让那些官员先吃。随即便让军士们分散到村落中去寻找各种可以吃的食物，下午继续启程逃亡，到了半夜时分，队伍终于到了金城县，然而到了此地才发现，官员百姓竟然都逃走了，好在还留下了食物和器皿，于是唐玄宗一行便在驿站中休息，吃完饭以后也没找到油灯，大家摸着黑胡乱睡着了。

真是墙倒众人推、树倒猢狲散，见唐玄宗沦落至此，很多自长安跟随而来的随从都纷纷逃走了，就连曾经表示为唐玄宗赴汤蹈火、在所不辞的内侍监袁思艺也不知去向。不过这一切，唐玄宗都顾不上了，他甚至怀疑，自己还能不能活着到达四川。在黑灯瞎火之中，大家不分彼此，挤在一团睡觉，也算得是患难见真情了。

然而噩耗很快便传来，从潼关归来的将领王思礼告诉唐玄宗，哥舒翰彻底失败了，连他自己也被安禄山擒获做了俘虏。唐玄宗只能任命王思礼为河西、陇右节度使，让他马上动身前去收合散卒，等待时机收复河山。

同时，唐玄宗继续朝着四川方向前进，六月十四日，终于到达了马嵬坡，关于马嵬坡地名的由来，要追溯到西晋时期，据说当时有一个名叫马嵬的人到此筑城，此地便得名马嵬坡，距离长安一百多里地。正是因为唐玄宗经过了这个地方，并且发生了一段凄惨迷离的故事，才让这个地名永远地铭刻在了历史的记忆之中。而在当时，马嵬坡不过是一个再普通不过的驿站。

吃了上顿儿没下顿儿，过了今天还不知道有没有明天的生活，让唐玄宗手下的将士们逐渐产生了抱怨情绪。禁军龙武大将军陈玄礼早在长安之时，便想要除去帝国的这个祸害，只可惜杨国忠权势熏天，陈玄礼的计划没有成功。现在杨国忠最大的靠山唐玄宗已经落魄不已，身边的禁军大都听陈玄礼的命令，他感觉到除去杨国忠的时机到了。

于是他通过东宫的宦官李辅国向太子传递消息说祸国殃民、导致叛乱骤起的罪魁祸首是杨国忠，自己打算杀死他，请问太子的立场，太子知道以后由于很久也难以决断。太子李亨一向怯懦怕事，之前屡遭李林甫的陷害已经使他成了惊弓之鸟，每次出事就休妻避祸，后来杨国忠也多次排挤打击他。他虽然也很想除掉杨国忠，但是他还想不明白杨国忠以及自己的父亲还有多大的影响力，杀掉这个宠臣会不会惹怒父亲给自己带来灭顶之灾，所以一直不敢答复。

不回答也是一种表态，太子已经以此表示了自己的默许，只是以沉默来为迷茫的未来多做一份担保而已，这样一旦事情败露，他就可以再次将责任推到别人身上，将自己撇得干干净净。太子的态度成为了杨国忠的催命符，事已至此，大家所需要的，不过是一个冠冕堂皇的理由。

在此次的逃跑队伍中，还有二十多名吐蕃使者，因为考虑到吐蕃实力强横，所以没有让他们死于乱军之中。然而此次随众入川，吐蕃使者饥肠辘辘，只能拦着杨国忠，要他为他们的吃喝想办法。

杨国忠还来不及答话，士兵中便有人大喊，声言杨国忠和吐蕃使者密谋，准备谋反。这话一传开，立马有人以实际行动响应，一个人弯弓搭箭，"嗖"的一声射了过去，恰好中了杨国忠的马鞍。慌不择路的杨国忠随即策马狂奔，士兵紧追不舍。刚到马嵬驿西门里，杨国忠便被赶来的士兵截住杀死，其头颅也被人挑了起来，到驿站门口示众。

为了斩草除根，太子和陈玄礼、李辅国等人又杀了杨国忠的儿子，即户部侍郎杨暄。此外，杨贵妃的姐姐秦国夫人、韩国夫人也相继被杀，御史大夫魏方见状赶快站出来大喝："汝曹何敢害宰相！"可是杀红了眼的士兵们怎么可能被一个文臣阻住，几下就打死了魏方。

韦见素听见驿站外吵吵嚷嚷，便出来问大家这是怎么回事，不管他是谁，乱军抓住韦见素就是一顿狂殴，韦见素生平第一次被人打得头破血流。幸好有人识得韦见素和杨国忠不是一伙的，大声喊着："勿伤韦相公！"韦见素才在混乱中捡回一条性命。

随着外面呐喊声不断，唐玄宗走了出来，竟然发现军队将整个驿馆都包围了起来。唐玄宗马上感到出大事了，遂问左右怎么回事，左右皆称，杨国忠和吐蕃国使者密谋造反，已经被将士们杀死了。

唐玄宗叹息一声，龙游浅底遭虾戏，跟了自己多年的心腹之臣自己此时竟无力保全，又想到跟着自己一路过来的杨贵妃还在里面不知道这个消息，她若是知道哥哥和姐妹统统被杀，不知会多么地伤心。只是自己落难，要活命都还依靠将士们的支持，现在也只能顺着他们来了。唐玄宗拄着手杖走上前去，大力称赞了众位军士为国锄奸的壮举，然后命令他们收队撤离，孰料这些人根本不听使唤。玄宗无奈，只得让高力士去问问怎么样他们才愿意散开。

陈玄礼出面回答："国忠谋反，贵妃不宜供奉，愿陛下割恩正法。"唐玄宗闻言，心中十分不忍，到底是陪伴自己多年，而且也是自己最为宠爱的女子，如今就这样处死她，自己实在是于心不忍。然而如今骑虎难下，不管杨贵妃如何的美貌动人，如何的善解人意，如何的洁身自好，如今玄宗自己的性命都在别人的掌握之中，还谈什么保全别人呢？

见唐玄宗依然犹疑不决，京兆府的司录韦谔立刻进谏："今众怒难犯，安危在晷刻，愿陛下速决！"唐玄宗闻言，心中伤感不已，面显为难之色。韦谔扑通跪了下来，力劝皇帝要当机立断，否则军心大乱，国将不国、君将不君。

虽然群臣和将士都给了唐玄宗巨大的压力，唐玄宗也知道今日之事很难善了，但仍然不死心地说："贵妃常居深宫，安知国忠反谋！"最后还是高力士说出了众将士的心里话，也绝了玄宗心里最后的一点希望："贵妃诚无罪，然将士已杀国忠，而贵妃在陛下左右，岂敢自安！愿陛下审思之，将士安，则陛下安矣。"

今天一众将士非要杨贵妃的性命，不是在乎她有没有罪，而是因为他们已经杀死了杨国忠。事已至此，如果不杀杨贵妃，他日局势稳定下来，玄宗重新掌控所有人的生死，以杨贵妃的受宠，今日参加兵变之人谁还能有安稳日子过？所以他们今天铁了心要杀杨贵妃，无非是为了求得日后的安全而已，玄宗保证了他们日后的安全，他们才肯保证玄宗现在的安全。

唐玄宗经过一番深思熟虑，最终决定，只能弃车保帅，唯一的要求，就是留杨贵妃一个全尸。杨贵妃得知了这个消息，并没有唐玄宗预料中的那样惊慌，仿佛一切都已经顺理成章，她平静地跟随高力士走上了佛堂，曾经的恩爱情缘，缠绵悱恻，曾经的回眸一笑，百媚顿生，都即将化作烟云过眼而去。这一天，杨贵妃被缢杀在佛堂之上，唐玄宗最钟爱的妃子死在了乱世之中。

杨贵妃死后，唐玄宗不得不忍住心痛，让陈玄礼等人进来验尸，让所有人彻底安心。陈玄礼检验已毕，确定杨贵妃是真正死了，这才解下盔甲，跪地请罪。唐玄宗自然知道，他们不过是做作一番，其实并没有将他这个皇帝放在眼里。却也只能虚以委蛇一番，安慰他们说大家非但无罪，反而有功，到了四川之后，定然要为大家论功行赏。唐玄宗只能以此来安定军心，否则更大的乱事就在眼前。

这是事变便是历史上著名的马嵬坡之变，在《辞海》中解释"马嵬坡"时道："唐安史之乱，玄宗从长安西奔成都，缢死杨贵妃于此。"可见正是出现了这个事件，这个再普通不过的驿站，才就此进入了史册。

第八章　乱世登基，走出战乱的艰辛之路

自由的味道真好

炙手可热的杨氏家族虽然覆灭了，但朝廷内部的利益纠葛却还远远没有结束。眼见兵变成功，当初一言九鼎莫敢不从的父皇如今受制于人，连最心爱的女人都保不住了，蛰伏隐忍多年的太子意识到，翻身的时机已经到了。

李亨当初能够坐上太子宝座，并不是因为他得到玄宗的宠爱，而是由于当时玄宗爱子寿王李瑁与原太子李瑛争夺太子之位，落了个两败俱伤，玄宗这才退而求其次，立了年长的李亨为太子。由于李亨并不很得父皇宠爱，因此当上太子之后日子过得战战兢兢、如履薄冰，很是艰难。先是遭到李林甫以谋反大罪反复陷害，李亨被迫连休了两个姬妾自保，才有惊无险地渡过了重重难关，后来又多次遭到杨国忠的排挤，好在他一向在玄宗面前小心谨慎，这才保住了太子之位。

杨国忠也知道自己将太子得罪得狠了，安禄山举兵反叛以后，很快便攻克了大唐的北方重镇陈留，唐玄宗见战局急转直下，便准备御驾亲征以鼓舞士气，并且理所当然地留下太子在长安监国。杨国忠听说玄宗要留太子监国，心中十分恐惧不安，便将这件事情告知自己的亲人，杨国忠对三位堂妹韩国夫人、虢国夫人和秦国夫人说："太子素恶吾家专横久矣，若一旦得天下，吾与姊妹并命在旦暮矣！"可见他十分清楚太子对他的忌恨，虽然后来杨贵妃说服唐玄宗改变了御驾亲征的主意，但是太子和杨氏家族的矛盾却是更加深重，已然是水火不容，要么你死，要么我亡的局面。

所以当陈玄礼和李辅国要诛杀杨国忠，太子虽然十分赞成，但是在唐玄宗多年的积威之下，仍然十分忌惮事后父皇可能做出的处置，便只默默地表示了自己的支持态度。现在大患已除，而唐玄宗也已经不再有任何力量可以约束限制太子了，太子终于可以名正言顺地摆脱唐玄宗控制下朝不保夕的生活，开辟自己的新天地了。于是太子身边的大宦官李辅国便为太子献了一计，请太子分玄宗麾下的军队前往朔方去建立自己的根据地。于是太子召来高力士、陈玄礼等人商议一番，订下了一个计谋。

第二天，唐玄宗打算离开马嵬驿继续向蜀郡前进，谁料再次遭到了禁军将士们的阻拦。杨国忠是蜀人，在蜀中经营多年、势力极大，这些参与剿灭杨氏家族的官兵们担心遭到杨国忠余党的报复，谁也不愿意去那里，于是便纷纷请求玄宗："国忠谋反，其将吏皆在蜀，不可往。"然后七嘴八舌地讨论应该去哪里，有的说去河西，有的说去陇右，有的说去灵武，有的说去太原，甚至还有人想回长安。

唐玄宗一心想去蜀中，借助杨国忠之前留下的布置摆脱禁军的控制，恢复自己的

权威，但是又不敢贸然违逆众意，于是就放任他们乱哄哄地讨论，也不加制止。韦谔见此情景便高声说："还京，当有御贼之备。今兵少，未易东向，不如且至扶风，徐图去就。"众人听了都觉得有理，便纷纷应是，玄宗见大家都要去扶风郡，也只得答应了。

玄宗一行正要启程，真正的好戏开锣了，在这个官吏百姓早已逃散，连食物都不知向何处措置的地方竟然出现了一群百姓父老，他们聚集在道路之旁劝阻唐玄宗："宫阙，陛下家居；陵寝，陛下坟墓，今舍此，欲何之？"唐玄宗见此情况十分惊讶，拉住马缰琢磨了很久这伙儿人是从哪儿冒出来的，然后命令太子留下安慰这些父老。

这些人一看正中下怀，赶紧说："至尊既不肯留，某等愿帅子弟从殿下东破贼，取长安。若殿下与至尊皆入蜀，使中原百姓谁为之主？"呼啦一下子站出来数千人请求太子留下，太子推辞说："至尊远冒险阻，吾岂忍朝夕离左右。且吾尚未面辞，当还白至尊，更禀进止。"太子手下的李辅国和太子的两个儿子李俶、李倓也极力劝太子留下，一众百姓赶紧上前拦住太子的马，不让太子离开。于是太子便派李俶去将这里的情况报告玄宗。

唐玄宗在前面还骑在马上等太子劝服了百姓们一起上路呢，等到汇报之后才明白真相，只得仰天长叹一声："天也！"便认命地分出两千军队和飞龙厩马交给太子，并且对将士们说："太子仁孝，是可继承大统之人，你们要好好地辅佐他。"又对太子说："你好好努力，不要顾念我，我一向待西北各部落不薄，你此去可以向他们寻求帮助。"

在史书中记载，当时唐玄宗还准备传位给太子，只是太子坚持不接受。同时，也有很多史学家怀疑，这可能是李亨后来找的一个借口，增加他在灵武即位为帝的合法性。甚至还有人怀疑，马嵬坡的一场闹剧，也不过是他精心策划导演的一出好戏。蜀地已经不能去了，而如果自己提出不去，又会让别人觉得不孝，让皇帝心生警惕，所以只能借助民声民意了。此番自己离开了这个高大得难以超越的皇帝，从此便海阔凭鱼跃、天高任鸟飞，太子踌躇满志地想着，自己终于可以大展身手了。

一个时代的结束，正是因为另一个时代的开始。玄宗毫不犹豫地走去四川，在远离了残酷的战乱和难料的政治斗争的同时，也偏离了权力的中心。而太子在去向战争的前线之时，也开始一步步地走进时代的前沿，面对金瓯残缺的局面，太子只能孤注一掷，全力以赴地收拾旧山河。摆在他面前的，是重重困难和步步危机。

幸运的是，此时的叛军刚刚攻入长安，只知道烧杀抢掠，对于太子一行基本上构不成威胁。河西行军司马裴冕为河西留后，对朝廷一直忠心耿耿，太子很信任他。因此，最终太子和臣子们商议决定，就去朔方重整山河。

很快，太子一行便到达了渭水河边，然而谁也没有料到，在这里，太子一行竟然遇上了从潼关一战败退的官军。大水冲了龙王庙，一家人不认识一家人，双方还没有开口，太子这边便草木皆兵地以为，这些都是安禄山的叛军。于是不管三七二十一，拔刀便杀，两军交战死伤很大，幸好后面有人识得是太子，双方才罢战。

收拾残众，太子的人马减少了很多，如今他也只是在心中默念，以后可不能再这么马虎，不分青红皂白便和别人交战，只有能够合理地利用各方角力，才能够在乱世中图存和发展。此役之后，太子一行渡过渭水，北上三百余里，沿途兵士和器械四散而去，到了新平郡，队伍缩小到只剩下数百人。

本以为到了新平郡，可以好好地吃上一顿饱饭，睡上一个好觉，谁曾想，这里的太守竟然临危变卦，太子一行刚刚到，他就慌不择路地逃跑了。太子当机立断，将这个不称职的太守抓回来当众处死，以震慑群雄，表达自己立抗叛军的决心。

无独有偶，到了安定郡，这个郡的太守也逃走了，太子还是效法前面新平郡的做法，将之抓回来处死。这件事情很快便天下皆知，当太子到达彭原郡之时，终于太守没有再逃走，反而在城门前迎接太子，为队伍送上了衣服和干粮。

在当地太守的支持下，太子还招募到了数百名士兵。到达天凉郡，太子还在唐朝的一个大型马场上挑选了几万匹优良战马。再招募了五百军士，至此，太子的实力终于开始稳步扩张。

"被"太上皇

为了能够扩大部队反叛的合法性，安禄山也派遣了许多宣慰使去各地安抚百姓，宣扬自己的主张。只是各地百姓对于盛唐和平安静的生活已经习惯下来，不管是出于何种原因，都不愿意战乱四起。更何况如今杨国忠已经死去，按说安禄山已经没有了出兵的理由，而他迟迟没有退兵，反而四处攻城略地，所以安禄山谋取天下的心思，已经算得是司马昭之心路人皆知了。

明白了这一层，本来对安禄山掀起叛乱就心怀怨愤的百姓就更加不满了，一旦宣慰使前来，百姓无不抵制。当安禄山的宣慰使薛总到达扶风之时，竟然被当地百姓当场狙杀，他所带来的人马也被杀了二百多人。陈仓县令薛景仙更趁机杀了叛军在扶风的守备将领，和四处的勤王军队遥相呼应。足见大唐人心尚在，江山仍然可以保证不失。

在此之前，安禄山本来有机会抓住帝国的最高领导人唐玄宗，只可惜安禄山稍稍来迟，白白错过了时机。安禄山万万没有料到，唐玄宗会不顾一切地逃离长安。当得知唐玄宗已经离开长安之后，安禄山又觉得，不必急着进入长安了，反正已经抓不住唐玄宗，长安也已经成为了自己的囊中之物，犯不着急于一时，便派人到潼关去命令崔乾祐将部队留在潼关。

十天之后，安禄山派帐下大将孙孝哲率兵入长安，派安守忠领兵屯于西京苑中，镇守关中。同时还任命张通儒为西京留守，崔光远为京兆尹。到了长安之后，安禄山倒是很快行动起来，他下令，凡是官员、宦官和宫女，都抓来押送到洛阳，充实东都。而跟随唐玄宗一起进入四川的大臣家眷，只要抓住就立即诛杀，无论老幼，绝不放过。

一到长安，安禄山便纵容他的那些手下奸淫抢掠、无恶不作，惹得民怨沸腾。而对于向西扩张，彻底打击唐朝势力，却没有一个详细可行的计划，甚至很多人都没有那么想过。

在长安的那些唐朝重臣们中，前任宰相陈希烈，素来就对唐玄宗有怨言，于是直接投靠了安禄山，被杨国忠排挤遭到贬官的张均、张垍也投靠了安禄山，并且得到了安禄山的重用。陈希烈、张垍还被安禄山任命为宰相，其他投降安禄山的原唐朝官员也都被授予官职。叛军因为接受了大量的唐朝重臣而声威远播，士气大振之下，河东道全部为叛军所占领，同时叛军还向南部的江汉地区与西部的汧、陇地区进犯。

而另一边，太子正秘密北上，谋求号令天下，诛杀逆贼。这是安禄山做梦也没有想到的事情，他只知晓唐玄宗进入蜀中，一时半会儿难以发动反攻。如此一来，安禄山便被太子所麻痹，因而产生松懈之情。他没有料到，就在灵武方向，一股反对叛军的洪流正在悄然形成。同时，安禄山也觉得，唐玄宗在蜀中翻不起什么大浪，所以也没有立即下令追击唐玄宗。但他没有想到，只要唐玄宗不死，唐军的正统地位便不容挑战，天下民心便也大多在唐朝的掌控之中。

当太子到达灵武之时，只剩下朔方留后杜鸿渐、六城水陆运使魏少游、支度判官卢简金、盐池判官李涵、节度判官崔漪等尚在，朔方军队最高统帅郭子仪则在外征战。听说太子驾到，这些留任的官员纷纷前来迎接。

在此之前，众人便商议，觉得要将朔方的军事重心放在灵武郡，而且太子也应该被接到灵武来。要知道，此前太子暂居的平凉，不过是一个孤城，四周无险可守，也没有兵力可以相互驰援。灵武则不同，它的城池坚固异常，而且储备了充足的粮食和兵器，只要将太子接过来，登高振臂一呼，天下勤王义士定会云集响应。太子可从西面调发河西、陇右的精骑，北集守军，南定中原。如此千载难逢的天时地利人和，大家自然不会放过，遂让李涵带着统计朔方武器、粮食、兵马、布帛等军需物资的账簿前去面见太子，劝他到灵武领导军队。

太子见到李涵，知晓了他的来意，正和自己的想法不谋而合，心中大喜。与此同时，被任命为御史中丞的河西行军司马裴冕也赶来劝谏太子前去朔方，太子欣然同意，择日不如撞日，索性现在就准备启程。而灵武方面，得知太子即将前来的消息，也是振奋不已，派遣了开元时宰相杜暹的儿子杜鸿渐负责建造太子行宫，安排太子的衣食住宿。经过一番有序的繁忙，此时的灵武，终于万事俱备，只等太子前来，一切便会快速运转开来。

杜鸿渐接受了建造太子行宫的任务之后，便让魏少游着手负责此事，自己则去迎接太子。七月九日，太子一行终于到达灵武，一见魏少游建造的宫室，竟然和长安的宫室别无二致。太子以为这样太过奢侈了，遂将那些陈设全部撤除。群臣一见太子如此作为，无不交口称赞，认为太子勤俭，更能勇于涉险，为社稷黎民不辞辛劳，实在是为君者的典范。

暗地里，群臣再将太子和现在的唐玄宗一比，觉得实在是有天壤之别。于是，裴冕、杜鸿渐等人便向太子上奏，请他遵从唐玄宗在马嵬坡的嘱咐，即位为皇帝。如此，便可以挽狂澜于即倒、扶大厦于将倾。

太子自然要假意推辞一番，以堵住悠悠众口。因为他知道，裴冕、杜鸿渐等人一定会找到更加冠冕堂皇的理由让自己登基称帝。果然他们劝谏太子说："将士皆关中人，日夜思归，所以崎岖从殿下远涉沙塞者，冀尺寸之功。若一朝离散，不可复集。愿殿下勉徇众心，为社稷计！"的确，现在天下大乱、天子蒙尘，这些跟随太子的人们无非是为了能够博取功名。只要太子即位，他们便可以立马晋升，太子之威信大增，对于打败叛军十分有利，为了国家社稷考虑，太子非上位不可了。经过了五次反复，太子最终半推半就的答应了群臣的请求。

天宝十五载（公元756年）七月十二日，太子李亨即位，是为肃宗。在灵武郡内，群臣百姓无不争相舞蹈以示庆贺，太子更是喜极而泣。为了彰显自己大孝的美德，太子即位为皇帝之时，立即宣布尊奉唐玄宗为上皇天帝，并且大赦天下，改天宝十五载为至德元载。

既然登基称帝，唐肃宗对那些扶持自己上位的人，也就少不了要论功行赏，这也是他们支持自己上位最为重要的原因。肃宗遂任命杜鸿渐、崔漪为中书舍人，裴冕为中书侍郎、同平章事。在这样一个非常时期，这几个人看准时机，抓住机会，从小小的藩镇幕僚一举成为了大唐的肱骨之臣。

而另一边，得到了上皇天帝称号的唐玄宗依然被蒙在鼓里、毫不知情。七月十五日，唐玄宗一行到达了剑门关所在地——晋安郡。在这里，唐玄宗终于可以暂时松一口气了。为了能够早日的平定叛乱，唐玄宗特意下达了一纸诏书：

"以太子亨充天下兵马元帅，领朔方、河东、河北、平卢节度都使，南取长安、洛阳，以御史中丞裴冕兼左庶子，陇西郡司马刘秩试守右庶子；永王璘充山南东道、岭南、黔中、江南西道节度都使，以少府监窦绍为之傅，长沙太守李岘为都副大使；盛王琦充广陵大都督，领江南东路及淮南、河南等路节度都使，以前江陵都督府长史刘汇为之傅，广陵郡长史李成式为都副大使；丰王珙充武威都督，仍领河西、陇右、安西、北庭等路节度都使，以陇西太守济阴邓景山为之傅，充都副大使。应须士马、甲仗、粮赐等，并于当路自供。其诸路本节度使虢王巨等，并依前充使。其署置官属及本路郡县官，并任自简择，署讫闻奏。"

此外，唐玄宗还下令对一些地方州郡的建制进行了调整，正是通过这一纸诏令，外人才知道唐玄宗自潼关失守之后，从长安逃到了四川。到了巴西郡之后，唐玄宗得到了当地太守崔涣的热情接待，因而很喜欢他，经过房琯的推荐，玄宗任命韦见素为左相，又任命崔涣为门下侍郎、同平章事。虽然他在极力完善这个流亡政府，但是也似乎料到，这不过是自己苦心寻求的一个自我安慰，过后自己还能不能做皇帝，还是一个未知数，经过唐玄宗整顿后的唐军布局，士气得到了很大提升，对于太子称帝后的军事行动有积极意义。

就在太子即位称帝后十余天内，唐玄宗一行终于到达了益州，随行人员走的走、散的散，只剩下一千三百多人。不过到了杨国忠的大本营，给唐玄宗注入了一支强心剂。不过唐玄宗似乎已经预料到，不管最终能否战胜安禄山的叛军，这个流亡政府都不过是个形式了，因为杨贵妃之死，唐玄宗已经感到身心疲惫、筋疲力尽，更何况，自己已经是个迟暮老人，实在是不适合再去争权夺利。

八月十二日，从遥远的朔方传来消息，肃宗僭越自立为皇帝。唐玄宗很释然，似乎这一切都是理所应当的事情。六天过后，唐玄宗让大臣们带着自己皇帝身份的象征物玉玺，前去朔方灵武，觐见这位新即位的皇帝。唐玄宗所开创的开元之治和他一手所造成的天宝危局，随着他的退位而步入了一个新的阶段，玄宗朝到此正式结束了，从此唐玄宗真正地退出了历史舞台。

收复两京

唐肃宗即位以后，将全部的精力都放在了收复两京这个目标上。其实自从长安失陷之后，官军就一直在试图收复两京。天宝十五载秋到次年春天，官军首次开始尝试对叛军占领的长安发动进攻，只可惜都被叛军击退，而且遭受了巨大的损失。胜利之后的叛军开始了以洛阳和长安为中心的辐射性扩张，北方已经暂时落入了叛军的手中，眼下叛军将自己的战略重点放在了西方和南方。

而远在蜀中的唐玄宗则下令将仍属唐朝控制范围内的几个地区交到了自己的几个儿子手中。在皇帝无力控制全局的情况下，给予诸王化整为零、各自为战的自由，以期激起诸王的战意。此外，唐玄宗也希望能够通过这个策略，加上大家的忠心来维持皇朝的稳定。然而唐肃宗登基之后，这些各自拥兵出战，不听肃宗指挥的诸王们便成为了反叛者，遭到了来自官军的打击。

至德二年（公元757年），唐玄宗的另外一个儿子，永王李璘根据唐玄宗的圣旨，被派到长江中游地区镇守，这是一个很有利的位置，兵多将广、粮草充足，李璘自信满满地认为，只要自己在坐拥这个鱼米之乡、天险之地起兵，就有可能取代私自登基称帝的太子李亨，继而领导大唐中兴。

李璘在反叛之后，迅速溯江而下夺取富饶的长江下游地区，企图通过这个举动，稳固后方，继而夺取天下。只可惜，李璘出师未捷身先死，他的大军刚刚与唐勤王军交锋，便败下阵来，李璘被俘房后遭杀害。

就在叛军大肆扩张，李唐王朝内部不稳的危殆情势下，一个收复两京的机遇悄然到来。原来安禄山称帝之后，便常常居住在深宫之中，很少见将军和大臣的面，所有政事大多通过他的心腹大臣、中书侍郎严庄上奏。而安禄山最宠爱的妃子是段夫人，爱屋及乌，她的儿子安庆恩便成为了他心目中太子的不二人选。安禄山的次子安庆绪听到了这个消息，心中惶恐不已。

严庄素来富有远见，又极其接近权力中心，很敏锐地嗅到了这洛阳城内将会有大事发生的信号。一旦发生变乱，则自己很可能会遭受不利，遂私下面见了安庆绪，他对安庆绪神秘兮兮地说："事有不得已者，时不可失。"请他在关键时刻大义灭亲。长期以来，安庆绪便用心观察何人可用，渐渐将严庄收为己用。对于严庄的提议也表示赞同，并且让严庄为自己想想办法。

严庄又找到安禄山的贴身宦官李猪儿，安禄山自从起兵以来，身体情况十分不妙，而且性格也变得十分暴躁，时常随意责打甚至杀死身边伺候的仆人，弄得所有人都人心惶惶。甚至连严庄这样受到倚重的大臣有时候也免不了挨安禄山的打，李猪儿因为贴身伺候安禄山，因此挨打最多。现在严庄要筹划杀死安禄山，很自然地就找上了既有机会接近安禄山，又对安禄山怀有怨恨的李猪儿，严庄对李猪儿说："汝前后受挞，宁有数乎！不行大事，死无日矣！"李猪儿一想，如果不杀了安禄山，自己早晚有一天会被打死，还不如趁此机会先下手为强，于是便爽快地答应了。

至德二年正月初一，安禄山召集了群臣，准备商议对抗勤王军的事情，只是刚刚上朝，便感到身体不适，只能草草说了一些军事战略布置，就散朝了。

入夜以后，安庆绪便和严庄一起手持兵器在安禄山的大帐外面把守，李猪儿拿着一把刀溜进帐中，狠狠地砍向了安禄山的腹部。安禄山顿感一阵刺痛，赶快去摸自己一向放在枕头旁边的宝刀，然而一摸之下竟然摸了个空，知道必然是早已被人偷偷挪走了，于是大怒地摇晃着帐篷的支柱大喝："必家贼也。"然而如何愤怒也无济于事了，安禄山帐外的卫士早就被安庆绪的人控制了，他的最后一声呼救渐渐淹没在夜色之中，待得血液流尽，这个叱咤风云的枭雄，就此梦断黄泉。

安庆绪在杀死父亲之后，草草地将尸体就地埋在了床下，然后秘不发丧。之后才由严庄出面宣布安禄山已死，遗诏立晋王安庆绪为太子，并且立刻登基，然后才为安禄山发丧。由于安庆绪生性怯懦，又没有什么才能，严庄唯恐他不能服众，因此让他像安禄山一样住在深宫之中不见大臣。安庆绪乐得每日寻欢作乐，将一众朝廷大事全部交给严庄处置，并加封他为御史大夫、冯翊王，还厚赏了他的亲信手下以取悦严庄。

安庆绪和严庄在稳定洛阳之后，并没有进一步采取措施，对于长安也无心经营，似乎渐生懒惰。安庆绪开始将政治中心放在自己幽州的老巢，甚至开始觉得，洛阳也不再适合他当作一个帝国的权力中心。而另一方面，洛阳虽然暂时稳定了下来，却忽视了远在河北的巨大威胁。尤其是史思明，实力强劲，并不服从安庆绪的管制，他的眼睛，一直盯着洛阳的最高位置。

在这种情况下，唐军收复长安和洛阳的时机宣告成熟。至德二年八月，唐肃宗感到自己兵少将少，实力弱小，遂召集李光弼和郭子仪来和自己会合。二人带着五万多人马经过千里跋涉，终于到达了皇帝的行宫所在。顿时，灵武地区军威大振，人民心中也开始燃起了希望，平定叛乱、复兴大唐也就不再是一句空话。唐肃宗很快任命郭子仪为兵部尚书、同中书门下平章事，同时还兼任灵州大都督府长史、朔方军节度使。

宰相房琯率先请求带领军队一万人马，去收复京都。见房琯主动请缨，唐肃宗很欣慰地同意了。只可惜，房琯虽然忠心可嘉，却无甚谋略，当房琯的军队开到了陈涛之时，还没有明白过来怎么回事，便中了伏击，被贼军打得大败亏输，所带的一万人马损失殆尽。攻取长安的大计也就暂时告一段落，此时，唐肃宗只能全力仰仗郭子仪和李光弼所带来的大军了。

此时郭子仪认为承平日久、武备蒙尘，导致大唐没有足够战斗力强悍的军队，只能仓促召集一群乌合之众来抵御叛军是战争初期屡战屡败、丧失大片土地的重要原因。因此如果要收复两京，空有几位有勇有谋的大将并不够，必须要有一支精锐的军队才行，于是便向唐肃宗建议向军事力量比较强的回纥借兵，唐肃宗答应了。

于是不久以后，回纥的怀仁可汗就派他的儿子叶护和将军帝德等人率领四千精兵来到凤翔，与唐肃宗谈判借兵事宜。求胜心切的唐肃宗对回纥使者许以重利："克城之日，土地、士庶归唐，金帛、女子皆归回纥。"回纥见自己能够获取如此大的好处，便答应了借兵之事。

至德二年九月十二日，天下兵马元帅、广平王李俶率领着战斗经验丰富的朔方等镇军队和从回纥、西域借来的精兵共十五万，从凤翔出发，向长安挺进。为了拉拢回纥方面，广平王李俶还与叶护结为兄弟，回纥军队到了扶风郡，郭子仪还大宴三天以为招待。看到唐朝方面如此有诚意，叶护高兴地说："国家有急，远来相助，何以食为！"

九月二十七日，各路大军在长安城西郊会合，列阵于香积寺北沣水之东，郭子仪率大军居中，李嗣业部、王思礼部分别为前军和后军，而叛军方面也在北边布置了十万大军。交战之初，官军被叛军冲了阵脚，略有落败的迹象，前军大将李嗣业一看不好，立刻脱掉上衣，手执长刀，立于阵前大喝一声："今日不以身饵贼，军无孑遗矣！"由于李嗣业过于神勇，以一人之力竟然砍杀了数十敌军，叛军士兵被吓呆了，于是官军得以喘息，稍稍站住了阵脚。

正在李嗣业身先士卒，率领部下排成人墙、高居长刀缓缓前进，杀得敌军望风披靡之时，叛军埋伏在东侧的精锐骑兵突然偷袭官军的后方。在此危急时刻，朔方左厢兵马使仆固怀恩率领回纥骑兵迎面而上，将偷袭的叛军杀了个片甲不留。就这样，官军与叛军交战近八个小时，斩首六万级，坠入壕沟而死者无数。残余的叛军终于支持不住，败退入城中。

见此情状，官军在城外扎下营来，第二天，叛军守将安守忠、李归仁、张通儒、田乾真等全部弃城而逃。官军避免了残酷的巷战带来的无谓损失，兵不血刃地进入了长安城。

回纥王子叶护见收复了长安城，便提出要按照事先的约定抢掠长安，广平王李俶当然不能任由自己的胜利果实被回纥破坏，更担心一旦放任回纥军队抢掠百姓，消息传到洛阳，那么必然激起洛阳百姓的守城之心，洛阳也就再难攻克了，于是李俶一咬牙，跪在叶护的马前乞求道："今始得西京，若遽俘掠，则东京之人皆为贼固守，不可复取矣，愿至东京乃如约。"

叶护见状大惊，他一向称呼李俶为大哥，十分尊重，怎么能让大哥跪拜自己呢？于是立刻跳下马来回礼，并且按照回纥的礼节捧着李俶的脚说："当为殿下径往东京！"然后率领部下退出长安城，在浐水之东扎营。李俶此举为自己赚取了大把人心，长安的百姓、士兵们都感激地说："广平王真华夷之主！"连唐肃宗听说之后也感慨说："朕不及也！"李俶在长安整军三日，然后将太子少傅虢王巨任命为西京留守，自己带领大军向东而去，准备收复洛阳。

逃走的长安守将张通儒等人收拾残部逃到陕郡固守，同时安庆绪又派御史大夫严庄率领洛阳军队前来支援，两处合军大约有步兵、骑兵约十五万人。郭子仪部在新店与叛军遭遇,一开始被叛军打得很狼狈,幸好回纥骑兵及时赶到,偷袭了叛军的后方。叛军听到响亮的弓箭声,惊恐地大呼:"回纥至矣!"听见的叛军闻风丧胆,顿时溃不成军。官军趁此机会与回纥军队两面夹击,将叛军打得大败。

在新店战败的叛军已经是洛阳城附近所有的军队了,失去了这些部队,洛阳城几乎就成了不设防的城市。于是严庄连夜逃回洛阳报告新店大败的消息,安庆绪大惊失色,只得趁官军没来之前带人逃出了洛阳,顺便还将之前俘虏的唐朝大将哥舒翰、程千里等三十余人统统杀光,然后向河北逃去。

十月十八日,广平王李俶率军进入洛阳。这次他再也没有理由阻止回纥兵的抢掠了,洛阳的百姓挨家挨户搜集了罗锦万匹献给回纥兵,回纥兵这才心满意足地收刀。

作为唐朝的两京,长安和洛阳的收复极大地鼓舞了大唐军民的士气,在战火流离中挣扎了两年多的百姓们终于看到了安定的曙光,大唐王朝也看到了重新统一天下的希望。

归义王不义

安庆绪称帝之前,史思明便开始私自收拾在河北地区的叛军残部,安庆绪坐上了帝位,对史思明产生了不满,欲要杀之而后快。史思明也渐渐生出了不服安庆绪管制的现象。尤其是在太原围攻李光弼遭遇惨败之后,史思明便返回了范阳,为了暂时稳住史思明,安庆绪封之为妫川王,兼范阳节度使。

范阳是什么地方?那可是安禄山的老巢,是安氏家族起家的地方。从洛阳和长安掠夺到的金银珠宝,都被安禄山运到了这里储藏。史思明顺势接收了那些富可敌国、堆积如山的财富,面对这样的飞来横财,加上安庆绪的无所作为和威望不足,让史思明渐生叛离之心,一心想着能够将范阳据为己有。

唐军占领东都后,安庆绪便逃到了邺郡,将邺郡改为安成府,并将年号改为天成。此时安庆绪可谓狼狈之极,身边只有骑兵不到三百,步军不到一千,各位大将如阿史那承庆等人也都风流云散,流落到常山、赵郡、范阳等地。为了能够东山再起,安庆绪开始在邺郡招兵买马,召集旧部。田承嗣、蔡希德、武令珣等安禄山的老将都先后率领所部来投奔于他,又在河北诸郡招募军队,很快安庆绪手下军队就达到了六万人马之众,遭到严重打击的士气重新高昂起来。

然而,在所有的大将中,唯独史思明没有派兵前来,甚至连一个使者都没有过来,这不得不让安庆绪怀疑史思明心怀二志。越想越不放心,安庆绪遂派遣自己的心腹阿史那承庆、安守忠带五千精骑到范阳去征兵。当然,名义上是征兵,实际上是要探查范阳的情况,找准时机发动突然袭击,除掉史思明。

史思明一听到这个消息,立马便看出来这定然是安庆绪的阴谋诡计。于是便找来心腹商议对策,判官耿仁智对史思明说:"大夫所以尽力为安氏者,迫于凶威耳,今唐室中兴,天子仁圣,大夫诚帅所部归之,此转祸为福之计也。"裨将乌承玭则说得更加直接露骨:"今唐室再造,庆绪叶上露耳。大夫奈何与之俱亡!若归款朝廷,以自湔洗,易于反掌耳。"

史思明思量再三,觉得一方面安庆绪对自己已经起了杀心,自己已经不能继续留在安氏政权下了;另一方面,唐王朝已经收复了两京,明眼人都看得出整体局势开始倾向于唐朝一边,安氏的灭亡已经是指日可待之事了。趁着如今局势尚未完全明朗,如果带领手下归顺朝廷,朝廷为了收取人心,吸引叛军将领投诚,一定会对自己十分礼遇,这也许是眼下最好的办法。因此,史思明决定先下手为强,与其让敌人前来,逼到自己处于被动地位。不如先动手,给敌人来一个措手不及。

于是,史思明在营帐之内布满甲士,设下埋伏,然后亲自率领了数万兵马前去迎接阿史那承庆和安守忠。双方一见面,史思明立即下马行礼,并热情地寒暄,这让几位使者都有些不忍心对付史思明了,他们觉得,对安庆绪的使者都如此恭敬,史思明又怎么会有反叛之意呢?然后史思明又客气地请求:"相公及王远至,将士不胜其喜,然边兵怯懦,惧相公之众,不敢进,愿弛弓以安之。"阿史那承庆和安守忠对史思明戒心已除,便欣然同意,命令部下放下弓箭。

到了营帐以后,史思明亲自引导阿史那承庆和安守忠进入内厅饮宴,还有舞乐歌姬为之助兴。弄得阿史那承庆如同身处仙宫,待得酒兴正酣之时,史思明悄悄派人收缴了二人部下的兵器,然后发给粮食就地遣散,有愿意留在史思明军中的都给予厚赐,然后分到各个营房里去任职。

第二天,史思明派人将宿醉未醒的阿史那承庆和安守忠囚禁了起来,然后派部将窦子昂带着自己写的表章和窦子昂统领的十三郡以及八万兵马前去京师请降,史思明手部下的河东节度使高秀岩也带着自己军队准备投降。窦子昂一行人到达长安之后,唐肃宗很高兴地接见了他们,并且当即下旨封史思明为归义王、范阳节度使,他的七个儿子也被授予了很高的官职。然后肃宗又派遣宦官李思敬与史思明的部下乌承恩一起到范阳去宣旨,命令史思明率军去讨伐安庆绪。

为了表示自己对朝廷的耿耿忠心,史思明在得到册封之后,将安庆绪派来的使者安守忠当众斩杀,却留下了阿史那承庆,因为他早年和史思明有着深厚的交情,史思明不忍心杀他。带着朝廷招降叛将的圣旨,史思明又开始四处游说,几个州郡的人马都相继归降了唐朝。而乌承恩则在前往范阳的一路上不停地宣布朝廷诏令,招降了沧州、瀛州、德州等许多州郡,这样一来河北地区就只剩下了邺郡还在安庆绪的手中。

明眼人都知道,史思明所做的这一切,不过为了增强自己的威望,同时也取信于唐朝。在史思明的内心深处,对于天下怀有必得之野心。用史书上的话说,便是"外示顺命,内实通贼"。显然,史思明成功地取得了皇帝信任。

不过并不是所有人都被史思明恭顺的假象所欺骗,例如宰相张镐就对肃宗说:"思明凶险,因乱窃位,力强则众附,势夺则人离,彼虽人面,心如野兽,难以德怀,愿勿假以威权。"但是由于肃宗太过相信史思明,加上派去范阳勘察情况的宦官也在肃宗面前极力为史思明说好话,所以肃宗反而将张镐贬为荆州防御使。与张镐一样,平叛名将李光弼也不相信史思明,不过作为久经战阵又有军权的将军,李光弼的做法比张镐更加实际。

乌承恩的父亲乌知义曾经是史思明的老上级,而且对史思明很好,安史之乱爆发后,时任信都太守的乌承恩又带领全郡投降了史思明,看在老上级的面上,史思明对待乌承恩十分亲近信任。当初史思明投降唐朝,也听取了乌承恩的意见,如此机密要事,乌承恩都能够与闻,可见史思明对他的信任。

李光弼知道史思明久后必反,因此早早地布置计划对付史思明,他说服唐肃宗将乌承恩由信都太守升任范阳节度副使,并且向他承诺干掉史思明之后可以让其取而代之,以此将乌承恩收买过来,暗地里指使他设计史思明。另一方面,唐肃宗又在李光弼的建议下赐给留在史思明身边的阿史那承庆铁券,命他与乌承恩一起对付史思明。

之前乌承恩背着史思明做了一些手脚,史思明知道之后虽然产生了怀疑,但是并没有派人查清。后来乌承恩离开京城,与李思敬一起回到范阳宣读唐肃宗封赏史思明的圣旨,史思明便将乌承恩留在自己家中过夜,趁此机会埋伏了两个人在乌承恩的床下窃听。安顿好一切，史思明派人请来乌承恩的儿子来拜见父亲，到了夜深人静之时，乌承恩对儿子说："吾受命除此逆胡，当以吾为节度使。"

听到此话，在床下等待多时的二人大声呼喝着跳了出来，于是史思明命人绑了乌承恩，从他的行囊中搜出了铁券和李光弼的信，信上写着："承庆事成则付铁券；不然，不可付也。"又搜出了数百页的花名册，上面全是忠于史思明的将士名字。史思明看到这些证据，愤怒地咆哮："我何负于汝而为此！"

让人大跌眼镜的是，这个乌承恩虽然野心勃勃，却是个胆小怕事之人，见到史思明和众将领怒发冲冠的样子，顿时吓得"咕咚"一声跪了下来，同时把责任完全推给了李光弼。于是史思明高声大呼："臣以十三万众降朝廷，何负陛下，而欲杀臣！"

大怒的史思明将乌承恩及其儿子、随从及相关人等两百多人全部杀死。然后囚禁了唐肃宗派来的宦官李思敬，并且上表质问唐肃宗，唐肃宗无奈只得派人劝慰史思明，并且将一切责任全部推到了死无对证的乌承恩头上："此非朝廷与光弼之意，皆承恩所为，杀之甚善。"史思明表面上接受了朝廷的解释，但是内心之中已经下定决心要重新反叛，史思明的这种心态在官军讨伐安庆绪的过程中表露无遗。

史思明的率众投诚，使唐肃宗认为彻底消灭安庆绪的时机已经到来了。乾元元年（公元758年），唐肃宗颁下了讨伐安庆绪的总动员令，命令朔方郭子仪，淮西鲁炅，兴平李奂，滑濮许叔冀，镇西、北庭李嗣业，郑蔡季广琛，河南崔光远等七镇节度使和平卢兵马使董秦统率步兵骑兵共二十万大军征讨安庆绪；又命河东李光弼，关内、泽潞王思礼两位节度使各率本部兵马从旁援助。由于郭子仪和李光弼资历相当，立下的功勋也差不多，如果任命其中一人为元帅，另外一人一定不会心服，因此唐肃宗干脆就没有设元帅。只是派他信任的宦官鱼朝恩前去监军，不过由于宦官监军实在恶名卓著，因此改称观军容宣慰处置使。

十月，郭子仪渡过黄河，进围卫州，眼见卫州局势危殆，安庆绪将邺郡中全部的七万军队分成三军，由当年攻破潼关的大将率领上军，安庆绪自己率领中军，田承嗣率领下军，浩浩荡荡地驰援卫州。结果在与郭子仪会战之时，中了郭子仪的诱敌深入之计，落得大败而归，弟弟安庆和也被俘处死。丢了卫州的安庆绪只能逃回邺郡，郭子仪一路追击而至，此时许叔冀、董秦、王思礼及河东兵马使薛兼训也带领兵马及时赶到。安庆绪被迫在愁思冈与官军一战，结果再次战败，损失了三万余兵将。

安庆绪只得逃回城中固守不出，郭子仪便率军围城，此时李光弼的大军也赶到邺郡城下。安庆绪见官军越聚越多，情急之下不得不派人去向史思明求救，并且不计代价地承诺，只要史思明肯来救援，安庆绪就把皇位让给他。史思明此时既不相信安庆绪，也不再相信朝廷，于是率领十三万大军出征，但是并不急于前进，只是先派手下部将李归仁率领一万人驻扎在邺郡观察时局，随时准备趁火打劫，从中渔利。不久之后，果然被史思明占到了便宜。

十一月，河南节度使崔光远攻下了魏州，史思明一见魏州城刚刚经历大战，城墙等防御设施损毁严重，而崔光远刚刚进城立足未稳，还没来得及修补城墙，正是进攻的大好机会。于是史思明便亲率大军兵临城下，崔光远派部下将军李处崟出战，结果李处崟不敌史思明的大军败退而还。

史思明追到城下命令军队大声呼喊："处崟召我来，何为不出！"崔光远竟然相信了史思明的离间计，轻易地处死了李处崟。李处崟一向骁勇善战，是崔光远帐下最得力的一名干将，见李处崟这样死于敌人的离间计之下，崔光远的部队顿时失去了斗志。于是崔光远再也无力守住魏州，只得弃城逃入汴州。

得到了魏州的史思明欣喜异常，便在第二年的正月初一筑坛于魏州城北，自称大圣燕王，重新举起了反唐的大旗。李光弼认为："思明得魏州而按兵不进，此欲使我懈惰，而以精锐掩吾不备也。"于是想要与郭子仪的朔方军一起进逼魏州，史思明一定不敢轻易出战，只要将史思明的部队拖在魏州，被官军团团围困的邺郡等不到援军就一定会很快被攻克。只要安庆绪一死，史思明背上背信弃义，不及时救援的恶名，也就没有托辞来收用安庆绪的部下了。

这本来是一个一箭双雕的好计，谁知唐肃宗派来的观军容宣慰处置使鱼朝恩就是不同意，也许是为了显示他的权威，也许是为了显示他的军事才能比李光弼更高，也许是其他荒唐的理由，总之鱼朝恩就是不允许李光弼依计行事。由于鱼朝恩是唐肃宗的心腹之人，又有高仙芝、封常清的前车之鉴，李光弼和郭子仪两员大将谁也不敢得罪鱼朝恩，这个将安庆绪、史思明两方势力毕其功于一役的妙计就这样搁浅了。

在鱼朝恩这样的无能而又霸道的宦官的带领下，九镇节度使虽然实力强大，却无法施力，同时史思明又亲率大军驰援邺郡，在他的强大攻势下，官军只能节节败退，多亏郭子仪当机立断截断了河阳桥才好不容易地保住了东都洛阳，连东京留守崔圆与河南尹苏震都逃走了。唐肃宗闻讯，心中痛悔不已，知道是自己用人不当。所以当九镇节度使前来请罪之时，唐肃宗并没有追究他们，即使是临阵逃脱之人，也不过是贬官削爵而已。

打败了围攻邺郡的官军，安庆绪日夜不安的心终于放了下来，于是就反悔不愿意依照前约将自己的皇位让给史思明了。史思明便使了个计策将安庆绪骗入自己的营帐，并且斥责他："弃失两都，亦何足言。尔为人子，杀父夺其位，天地所不容！吾为太上皇讨贼，岂受尔佞媚乎！"然后将安庆绪和他的四个弟弟以及高尚、孙孝哲、崔乾祐等人统统处死。

安庆绪稀里糊涂地便丢了自己的脑袋，邺郡的守军一下子群龙无首，史思明很容易地便带军进入了城中。然后史思明下令将安庆绪的军队收为己用，并打开府库大肆奖赏将士们，安庆绪之前所掌控的州、县及其军队全部归入史思明手中。

史思明稳定了邺郡之后，担心自己的后方不稳固，便留下他的儿子史朝义留守，自己带领大军回归范阳。回到范阳之后，史思明宣布继承安禄山的国号大燕，自称大燕皇帝，改元顺天，改称范阳为燕京，立妻子辛氏为皇后，儿子史朝义为怀王，又任命了周挚为宰相、李归仁为将军。

大唐官军与安庆绪大战一场，损失人力物力无数，结果却让史思明渔翁得利，成为了最大的受益者，不仅杀死了安庆绪，还收用了安禄山所留下的大片势力。

这个句号不很圆

继承了安禄山遗留下来的力量，史思明的势力一时间迅速膨胀，足以与大唐朝廷分庭抗礼，并且在之后的三年中始终保持着优势。史思明的叛军积极进攻，而唐朝官军被迫防御，甚至于屡立战功的天下兵马副元帅郭子仪也因受到宦官鱼朝恩的排挤而去职。史思明雄心不已，意图"夺回"长安和洛阳，开辟比安禄山更恢宏的局面，然而却没有料到，他不仅拥有了安禄山留下的一切，也步上了安禄山的后尘。

与安禄山相似，史思明晚年也多疑残忍，动辄杀人甚至灭人九族，使得身边的大臣、随从人人自危。同时他又犯了另外一个与安禄山相似的错误，史思明的长子史朝义为人谦和恭谨，而且多年来一直跟随史思明南征北战，又非常爱护士兵，因此在军中威望很高。然而史思明却不喜欢这个大儿子，反而十分宠爱他的小儿子史朝清，总想杀了史朝义，将小儿子立为太子。于是史朝义和他身边的将领们都惶恐不安，唯恐哪一天就会大祸临头。

有一次史朝义随史思明在外征战，晚上史思明住在鹿桥驿，由他的心腹曹将军带兵守卫，而史朝义和部下住在客栈里，他的部将骆悦、蔡文景趁机对史朝义说："悦等与王，死无日矣！自古有废立，请召曹将军谋之。"于是史朝义便派人将曹将军请来商议大事，曹将军见大部分将领都十分怨恨史思明，于是不敢拒绝，唯恐会惹祸上身。

当夜，骆悦等人带领史朝义部下三百士兵来到鹿桥驿，卫兵们看到负责护卫史思明的曹将军也在其中，便没有阻拦。骆悦带领众人冲入驿馆，史思明正在如厕，还没反应过来发生了什么事，身边已有数人被杀。见此惨状史思明回过神来，赶快跳墙跑到马厩里，准备骑马逃脱，这时一支冷箭飞来，正中史思明手臂，史思明当即痛得掉下马来，就此被擒。

由于担心史思明一日不死，史朝义的地位一日就不安稳，于是骆悦作主缢杀了史思明，用毛毡裹了放在骆驼背上运回洛阳。史思明死后，史朝义登基为帝，改元显圣，为了斩草除根、解决后患，史朝义派人秘密到范阳传令散骑常侍张通儒等人将史朝清及其母亲辛皇后和数十名不服从自己的人全部处死。这一行为在范阳城中引起了轩然大波，各方势力互相攻击，死者超过数千人，乱局过了几个月才慢慢平定。

然而史朝义的号召力显然不及安庆绪，经过反复的拉锯战，洛阳周边的州县都几乎成了废墟，很难再招募到军队或筹集到军粮。而镇守其他地方的将军大多是安禄山的旧部，与史思明平辈论交，都是史朝义的长辈，谁也不愿意听这么一个毛头小子指挥，因此史朝义多次召集部将，却没有几个人肯来他麾下听用。

眼下要向唐军发动新的攻势已经是不可能的事情，曾经高涨的胜利决心已经在尔虞我诈的内部斗争中严重动摇。昔日安庆绪在诛杀了安禄山之后，很快就被史思明解决掉了。弑父夺权，不管是外部还是内部都离心离德，可想而知这场叛乱已经没有了胜利的希望。

不过，此刻的叛军刚刚大胜，实力上还是不容置喙的，而且史朝义也感到头顶上悬着一把利刃，所以异常努力地维持战果。只可惜人心所向才是大势所趋，叛军的高层军事将领不满史朝义陷害功臣、杀父弑君的举动，如同除掉安庆绪一般，准备除掉史朝义。

宝应元年（公元762年）三月，唐肃宗去世，太子李豫也就是原先的广平王李俶继承皇位成为了帝国的最高统治者，即唐代宗。唐代宗登基之后，为了收揽人心，大肆封赏朝臣之中拥护自己的人，使得朝局渐趋稳定。同时唐代宗还宣布大赦天下，对于叛将回归者，一律宽大为怀，这对叛乱者的军心产生了极大的动摇作用。

十一月，唐朝官军在回纥大军的帮助下，与史朝义的叛军在洛阳城外进行决战，叛军几乎全军覆没，洛阳重新回到了唐王朝的手中。同时，洛阳又一次遭受了官军和回纥军的联合洗劫。经过这场大战，史朝义的叛军不仅在军力上开始处于劣势。在河北的那些手握重兵的叛军军事将领也认为，史朝义时日无多、大势已去。

宝应二年（公元763年）春天，史朝义的大将，也是史思明的旧部田承嗣献莫州投降，还将史朝义的母亲及妻子一起献给了唐军。史朝义仓皇带人逃往范阳，谁知部下李怀仙也投降了唐军，并献出了范阳。走投无路的史朝义无奈之下只能自缢而死，他的部下很多人都投降了唐军。就这样，持续了多年的安史之乱以史朝义之死戛然而止，没有慷慨激昂的京城保卫战，没有轰轰烈烈的最后大决战，这场叛乱就似驮着重物蹒跚行走了多年的骆驼，在最后一根稻草下轰然倒地。

安史之乱结束以后，只要不是安禄山家族、史思明家族以及他们的直接支持者、主要领导人，朝廷对其余叛军大多宽大为怀、既往不咎，甚至还可以继续为朝廷效力，在当地或者中央担任官职。朝廷可以保证他们的生命安全甚至权力、兵力都不受到任何的威胁和削弱。

漫长的安史之乱虽然结束了，但是它却犹如一道永世之伤在大唐的肌肤上划下了一道难以磨灭的疤痕，从此以后大唐发生了翻天覆地的变化，也为之后百余年的政治经济军事的变化和逐渐凸显出来的痼疾推波助澜。

首先，藩镇的权力被推向了极致。地方的行政权力和战略要地，都被武将们掌控。在地方上，超过七十五万军队不受中央的控制，而军人因为战功，他们在政府中得以加官晋爵，甚至成为宰相。从此以后武将在朝堂上的地位得到了明显的提升，成为了国家政治中不可小视的一支重要力量。这更为后来的藩镇割据提供了源头，如宣武（今河南开封、商丘一带）的李灵曜，淄青（今山东淄川、益都一带）的李正已，淮西的李希烈等，纷纷各地据守，不服从朝廷的统一管辖。"自补官吏，不输王赋"，或"贡献不入于朝廷"，有甚者甚至僭越称王，列镇相望，互相攻伐，从而形成了藩镇割据，进而导致了一系列的社会矛盾。

第二，经济中心开始南移。由于国家的政治、经济、文化中心聚集的黄河流域和关中地区遭到战火涂炭最为严重，导致战后北方经济的恢复和发展受到了极大限制。同时由于南方战火比较少，相比起来较为安全，因此在安史之乱中，大量的北方人口南迁。史称"自至德后，中原多故，襄、邓百姓，两京衣冠，尽投江、湘，故荆南井邑，十倍其初。"

人口的南迁带动了经济的发展，安史之乱后，长江和淮河流域逐渐成为了唐朝的生命线所系，不仅成为了国家财政赋税的主要来源地之一，也是粮食等生活必需品的重要产地，而漕运也随之成为了大唐帝国奋力搏动的大动脉，维系着关中地区甚至整个国家的生死存亡。

再次，战乱年连，兵祸联结，整个社会都遭受到了物质上的沉重打击。"宫室焚烧，十不存一，百曹荒废，曾无尺椽。中间畿内，不满千户，井邑榛荆，豺狼所号。既乏军储，又鲜人力。东至郑、汴，达于徐方，北自覃、怀经于相土，为人烟断绝，千里萧条"。整个黄河中下游地区，曾经繁华无限，富贵无比的地区，变得一片荒凉凄惨，断壁残垣比比皆是。杜甫有感而发地写道："寂寞天宝后，园庐但蒿藜，我里百余家，世乱各东西。"经过这场兵乱，许多百姓流离失所、家破人亡。

而反观政府，在这关键时刻，不仅没有励精图治，改善民生，反而是贪官污吏横行霸道，社会阶层之间的矛盾和压迫更加严峻。尤其是趁着战乱把持了大量土地的地主，对农民进行残酷的剥削，为求三餐温饱，农民只能揭竿而起。

此外，当初威震东亚的大唐帝国也失去了对原来版图的控制能力，西域、甘肃、宁夏地区逐渐脱离大唐的控制，此外，北方的契丹、女真、蒙古等民族也开始发展壮大起来，为后来一直困扰宋朝的边患问题埋下了伏笔。

开始往往都在结束之后，安史之乱虽然告终，但是它留下的影响却是难以磨灭的，为了换取这场胜利，唐朝不惜付出过于沉重的代价，也埋下了更大的隐患。烽烟寂灭，一个黑暗的时代即将到来。

第九章　新朝开篇，从阴影中重新站立

认清敌人的朋友

唐代宗李豫，原名李俶，初封广平郡王，唐肃宗乾元元年四月被立为皇太子。因为他出生时正逢豫州献上颗粒饱满的双穗嘉禾，为了纪念这一祥瑞，故而在立为太子之时更名为李豫。

李豫是唐肃宗的嫡长子，在唐玄宗上百个孙子中，李豫年纪最长，从小就是嫡皇孙。而且李豫聪明好学、博闻强识，精通《周易》卦象，而且为人宽厚，城府很深，喜怒不形于色。

当初安史之乱爆发以后，李豫随着唐玄宗和父亲，即当时的太子李亨逃往蜀郡，在马嵬驿之变的第二天与弟弟李倓等人一起劝说李亨留下平叛，而不要继续随着唐玄宗前往蜀郡。正是这一决定使当时地位不稳、朝不保夕的太子李亨摆脱了唐玄宗的控制，得到了大展拳脚的空间和提前登基为帝的机会。

离开唐玄宗的李亨独自走上了平叛之路，而李豫也一直随着父亲，即南征北战，立下不少战功，其中最为他日后的政治生涯积累资本的当属收复两京之战。自从西京长安、东都洛阳失陷于安禄山之手，朝廷上下无不时刻期待着收复之日，至德二年九月十二日，受封为天下兵马元帅的李豫率领着各方筹集来的精兵共十五万，肩负着收复两京的任务从凤翔出发。

在骁勇彪悍的回纥军队的援助下，李豫带领的部队很快扭转了不利的战局，顺利收复了长安。按照借兵时立下的约定"克城之日，土地、士庶归唐，金帛、女子皆归回纥"，李豫本应放任回纥军队在长安城中大肆抢掠一番。但是为了保护百姓的安全，李豫不惜向回纥王子叶护屈膝请求，终于保全了长安百姓的生命财产安全。

后来李豫又带军收复了洛阳，并且召集百姓用万匹罗锦作为赎金，阻止了回纥人的抢掠，同时也为自己赚取了大把人心，无数军民都感激地说："广平王真华夷之主！"连唐肃宗听说之后也感慨地说："朕不及也！"于是在回到京师之后的第二年就将李豫立为了太子。

唐肃宗统治时期，朝政大权为大宦官李辅国所把持，而后宫则为张皇后一手遮天，二人一外一内互为表里，共同控制着大唐王朝的核心权力。建宁王李倓向唐肃宗揭发他们二人的罪行，谁知反而受到他们的合力陷害，诬陷他怨恨父皇没有将自己任命为天下兵马元帅而意图谋害元帅李豫。

唐肃宗一向最信任的就是李辅国和张皇后，于是不分青红皂白便下令处死了亲生儿子李倓。李倓死后，李豫也深感唇亡齿寒，希望想办法除掉李辅国和张皇后，然而却担心步李倓之后尘而不敢轻举妄动，只能不计代价地尽快收复两京为自己积累政治资本。

当然，掌握最高权力之人最终只能有一个，所以当唐肃宗步入晚年，李辅国和张皇后这一对政治搭档也开始分道扬镳。为了在新朝掌握至高无上的权柄，他们各自拥护不同的皇子。李辅国一向拥护太子李豫，而张皇后则拥立唐肃宗的次子越王李系。

事实上，由于张皇后自己的儿子年幼，而肃宗的成年儿子又多立有战功，她几乎不可能说服肃宗和朝臣改立自己的儿子为太子。因此张皇后的目的仅仅是除去李辅国独揽大权，而并不一定要对付太子李豫。

于是当唐肃宗病重时，张皇后召来李豫说："李辅国久典禁兵，制敕皆从之出，擅逼迁圣皇，其罪甚大，所忌者吾与太子。今主上弥留，辅国阴与程元振谋作乱，不可不诛。"直接问他愿不愿意铲除李辅国，同时也将自己与太子放在同一阵营中，暗示太子只要除掉李辅国，自己当然会支持李豫继位。

然而李豫并不相信张皇后的表态，张皇后的儿子现在虽然年纪尚幼，但毕竟有长大的一日，如果除掉了李辅国，失去制衡张皇后的力量，一旦张皇后把持了朝政大权，数年之后自己的皇位危矣。而李辅国不过一个宦官，只要满足他的权力欲，即使他权力再大也不可能弑君篡位，所以相比起来，李辅国是比张皇后安全得多的盟友。因此李豫断然拒绝说："陛下疾甚危，二人皆陛下勋旧之臣，一日不告而诛之，必致震惊，恐不能堪也。"

张皇后见太子不愿出面诛杀李辅国，便又找来越王李系将自己的计划说了一遍，并问他："太子仁弱，不能诛贼臣，汝能之乎？"李系早就受不了李辅国的专横跋扈，听说张皇后有意要杀李辅国，就已十分高兴，何况如做成此事，皇帝大位也就跑不了是自己的了，便干脆利索地回答："能！"于是李系便命令段恒俊挑选二百多名力气大有胆量的宦官带着兵器埋伏在长生殿后，然后派人召太子入宫。

李系没有想到的是，他召集一群宦官伏击太子，怎么可能瞒得过宦官头子李辅国呢？李辅国很快就得知了张皇后和李系的计划，于是派飞龙副使程元振拦住太子不让进宫，然后带领禁军入宫把李系、段恒俊一伙人一网成擒。当时张皇后正在长生殿陪伴肃宗，程元振不顾病体沉重的皇帝，凶神恶煞地闯进长生殿，将张皇后驱赶下殿，与她身边的亲信数十人一起软禁在后宫中。

本已处在弥留之际的唐肃宗受此惊吓，很快就魂归九泉，李辅国甚至没有等得及为肃宗发丧就急急忙忙杀死了张皇后和李系以及他们的党羽。然后才让太子李豫身穿素服在九仙门与宰相见面，并告知皇帝驾崩的消息。几天以后，太子李豫登基，史称唐代宗。

刺客不只刺皇帝

晚唐政治的一大特点就是宦官专权，而这种局面大抵形成于安史之乱以后。《资治通鉴》中就认为宦官专权"始于明皇，盛于肃、代，成于德宗，极于昭宗"。

吸取东汉宦官专权给国家带来严重危害的教训，唐太宗对于宦官的控制十分严厉，规定宦官机构内侍省的最高官衔不过四品，而且不允许宦官奉命出使，只能在内宫充任各类杂役使唤，不过是皇帝家奴而已。唐高宗、武则天和唐中宗统治时期，宦官势力虽然由于人数的大幅增加而有所增长，但仍然没有摆脱皇帝家奴的地位。

而到了唐玄宗时期，宦官的地位有了质的突破，这表现在玄宗不仅大肆赐予宦官官职，导致出现"品官黄衣已上三千人，衣朱紫者千余人"的局面，而且还打破了太宗时期传下来的旧制，将高力士、袁思艺二人授予三品内侍监的官职。但是无论如何，唐玄宗时期，朝政大权还是主要掌握在皇帝和宰相朝臣的手中，得宠的宦官如高力士等人虽然可以影响朝政，但毕竟还是通过劝说皇帝来间接地对朝政施加影响。

但以此为突破点，宦官的权力在安史之乱后发生了井喷式的膨胀，宦官集团甚至逐渐掌握了护卫皇帝安全的禁军军权，从而形成了足以左右宫廷政变，随意废立皇帝的力量。唐宪宗"其后绛王及文、武、宣、懿、僖、昭六帝，皆为宦官所立，势益骄横"，而且唐宪宗、唐敬宗等一些皇帝很有可能是由于触及了宦官集团的利益而惨遭杀害。到此时，宦官集团已经成为了晚唐政治中不可忽视的重要力量之一，晚唐政治中的主题——南衙北司之争和朝臣党争等无一不与宦官集团息息相关，而宦官这一奇特的人群也成为了掌控大唐帝国核心权力的最显赫的团体之一。

自唐肃宗即位登基开始，唐王朝的中央权力机构，在很大程度上由李辅国把持。虽然节度使和藩镇制度极大地削弱了中央集权，但无可否认，此时除了唐肃宗之外，李辅国便是唐朝为数不多且名正言顺的发言人。李辅国历仕玄、肃、代三朝，官至判元帅府行军司马、兵部尚书、太子詹事、司空、中书令，加开府仪同三司，晋成国公，尊尚父，死后赠太傅，恩宠至极。从他开始，唐中后期宦官专权的局面就此奠定。

四十岁之前的李辅国无所作为，他相貌不好因而很难出头，一直在皇家马厩养马，不过是高力士手下一个名不见经传的小宦官。后来有人将他推荐给太子李亨，也就是后来的唐肃宗，这才有了他以后一切平步青云的基础。他开始时的名字也不是辅国，本名为静忠，曾被赐名护国，后来又改成了辅国。这李辅国虽然貌不惊人而且身份低微，但是却很有政治眼光，正是他的这份眼光，才将涂炭生灵、祸及社稷的安史之乱变成了他个人发家的天赐良机。

安史之乱爆发后，唐玄宗带着太子等人出逃，在马嵬驿遇到兵变，太子与玄宗分道扬镳，从而得以摆脱束缚，开辟自己的天地，而这些正是来源于李辅国的谋划。在李辅国的帮助下，太子与陈玄礼一道，杀了杨国忠、除了杨贵妃。后来到了灵武，李辅国又积极活动，劝导太子李亨即位。

单单这两件事情，就足以让李辅国成为唐肃宗的心腹和臂助，也足以让李辅国加官晋爵，享受荣华富贵。果然，唐肃宗在灵武登基称帝之后，便立即册封李辅国成为元帅府行军司马，宣传诏命，管理四方文奏、宝印符契、晨夕军号等军政大权全都交由李辅国掌握，并且赐名李护国，后来又改为李辅国，可见唐肃宗已经将他视为保护国家的屏障，辅佐社稷的臂膀。

灵武的局势逐渐稳定，李辅国便全力投入了打击异己的活动之中，并且在皇帝的支持和纵容下掌握了很大的权力。至德二年，官军收复两京，肃宗回到长安，李辅国的权力达到了顶峰。皇帝的敕旨都由李辅国署名然后才能实施，宰相和百官要向皇帝奏事也必须通过李辅国传递。甚至御史台、大理寺等司法机关也慑于李辅国的淫威，凡有断案都先问他的意思，听凭他随意判断轻重。

当时皇宫中的宦官们连李辅国的官职都不敢称呼，只敢恭敬地称一声"五郎"，甚至出身豪门贵族的宰相李揆，在李辅国面前也要以子弟之礼相待，并且尊称他为"五父"。

由于唐代三省六部等国家机关大多设置在皇城以南，故称南衙；而李辅国统领的宦官机构都在皇城之内，故称北司。而后来伴随晚唐百余年历史的南衙北司之争，正来源于李辅国的专政。上元二年（公元761年）八月，李辅国被任命为兵部尚书，他上任时宰相和百官都来相送，专为皇帝服务的御厨和太常寺为他筹备筵席、提供乐舞。

不久以后李辅国又想做宰相，唐肃宗并不愿意答应，但是又不想得罪李辅国，只得说："以卿之功，何官不可为，其如朝望未允何！"意思就是说，只要朝臣们同意，我就同意，然后肃宗又秘密召来宰相萧华说："辅国求为宰相，若公卿表来，不得不与。"请他约束朝臣不要上表为李辅国说话，李辅国这才没能当上宰相。但是李辅国从此深恨萧华，几年以后就找借口给萧华安了个罪名将他赶出了朝堂。

唐肃宗回归长安，便把唐玄宗也接了回来。昨日是天子，今朝却成了太上皇，虽然时过境迁，唐玄宗却还是难以适应过来。不过，唐玄宗并没有复位的心思，如今这样自由自在、无所事事的生活，倒也乐得清闲，唐玄宗已经年过古稀，要回到过去的生活，不仅唐肃宗等人不会允许，他自己也没有了那份心思。

只是，唐肃宗和李辅国却不这样认为，虽然大局已定，但朝中还是有很多旧臣对唐玄宗怀有君臣之义，只要唐玄宗振臂一呼，就很可能让朝局产生大的变动。回到长安后，玄宗住在城南的兴庆宫里。肃宗本就对玄宗心怀猜忌，加上李辅国的挑拨，对玄宗更是冷漠少礼。

在唐肃宗的默许之下，李辅国对唐玄宗步步紧逼。当时唐玄宗有三百匹最喜欢的马匹，李辅国神不知鬼不觉地弄走二百多匹，仅留下来十匹。后来还将玄宗转移到偏僻的太极宫，为了剪除玄宗最后的羽翼，他还把高力士流放到巫州（今湖南黔阳县），并且强令玄宗的亲信官员陈玄礼致仕回家。

昔日呼风唤雨的绝顶人物，竟然沦落到了如今这样的一个境地，换做任何一个人，都会感到落寞和凄凉，几次三番下来，唐玄宗心中郁结，连饭都吃不下，觉都睡不好，终于生了重病。身为人子的唐肃宗也感到了些许的同情，所以在唐玄宗病重之时，唐肃宗在恻隐之心的影响下，屡次想要去看望唐玄宗，只可惜因为李辅国的百般阻挠，一直没有成行。

上元三年（公元762年）四月五日，唐玄宗于长安太极宫神龙殿去世，享年七十七岁。后人在形容唐玄宗的晚年生活之时写道："南内凄凉西内荒，淡云秋树满宫墙。由来百代明天子，不肯将身做上皇！"

自此之后，朝野上下，李辅国说一不二，文武朝臣只知道有李辅国，却不知道有唐肃宗。为了有效地掌控朝局动向，李辅国专门建立了完备的情报监控系统，将所有官员的一举一动都置于自己的掌控之中。顺我者昌逆我者亡，只要是顺从李辅国的官员，便能够加官晋爵；而只要是反对李辅国的，便会遭受雷霆打击。全国上下的讼案，李辅国都打着皇帝的旗号，依照自己的好恶去处理，甚至连地方上的节度使的任免都是李辅国一手经营。

宗室李岘对李辅国不服，多次向唐肃宗报告其不法行为，只是唐肃宗不但不相信，还被李辅国玩弄于鼓掌之间，将李岘贬出了京城。李辅国知道，大树底下好乘凉，要想彻底地稳固和提升自己的权力，就必须要仰仗于一个可以庇护自己的人。因而，他在建立监控系统的同时，也极力寻找有实力的盟友，后宫之首张皇后自然成为了李辅国的首选，二人内外勾结，上下相通，控制了政权。只要是不利于自己的人，无论官职多高，地位多么的显赫，都逃不过他们的魔掌，摆脱不了他们的控制。

唐代宗登基之后，李辅国因为拥立之功而在权力之路上更进一步，他甚至直接对唐代宗说："大家但居禁中，外事听老奴处分。"所谓"大家"就是唐朝宫廷中对于皇帝的称呼，唐代宗听了，心中惊恐不已，或许有朝一日，时机成熟，李辅国会不介意取而代之？所以唐代宗开始想要剪除李辅国。只是李辅国权倾朝野，更手握重兵，唐代宗不敢轻举妄动，只能在表面上继续维持对李辅国尊重有加的态度，甚至授予李辅国"尚父"这一荣誉称号。

后来唐代宗又册封李辅国为司空兼中书令，也就是宰相之职，还实封户八百，不管事务大小，群臣出入，都要先告知李辅国，然后再禀告自己，这些政策让李辅国戒心大减。在消除了李辅国的戒心之后，唐代宗便"以左武卫大将军彭体盈代为闲厩、嫩牧、苑内、营田、五坊等使，以右武卫大将军药子昂代判元帅行军司马，赐辅国大第于外"。这无疑是釜底抽薪的致命一击，将被李辅国把持的权位重新收归己有，又以赐第的方式将李辅国赶出皇宫，文武百官听说了这件事情，无不拍手庆贺。

经过此事，李辅国终于意识到他的飞扬跋扈已经使皇帝对他起了杀心，于是上表请求解除官职，本意是以退为进，希望以示弱的方式博得代宗的同情。谁知唐代宗接到他的表章一看正中下怀，很快就罢免了他的宰相职衔，为了表示安抚，唐代宗又晋封了他一个博陆王的虚衔。李辅国一看自己的计策落了空，愤愤不平地找到唐代宗哭诉耍赖："老奴事郎君不了，请归地下事先帝！"唐代宗表面上好言相劝，但实际上颇有成全他的意思。

从李辅国对待唐玄宗的所作所为开始，天下臣民无不嫉恨李辅国，唐代宗在宫闱之中，也震怒不已，只是当时李辅国权势滔天，唐代宗只能仰仗他扶持自己上位。此时时机已经成熟，唐代宗终于可以除掉他，只是李辅国之死关系重大，而且他扶持自己上位有功，唐代宗可不想背负一个忘恩负义的骂名，遂授意让一个刺客去刺杀了李辅国，"抵其首涵中，殊右臂，告泰陵。然犹秘其事，刻木代首以葬，赠太傅，谥曰丑"。

关于李辅国被杀的经过，史书含糊其辞，莫衷一是。《统纪》曰："辅国悖于明皇，上在东宫，闻而颇怒。及践阼，辅国又立功，难于显戮，密令人刺之，断其首，弃之涵中，又断其右臂，驰祭泰陵，中外莫测。后杭州刺史杜济话于人曰：'尝识一武人为牙门将，曰：'某即害尚父者'。"《旧唐书·李辅国传》云："十月十八日夜盗人辅国第，杀辅国，携首臂而去。"《资治通鉴》记载："上在东宫，以李辅国专横，心甚不平，及嗣位，以辅国有杀张后之功，不欲显诛之。壬戌夜，盗人其第，窃辅国之首及一臂而去。"大概是出于对唐代宗名声的考虑，并没有详加叙述，无论如何，此人终于脱离了唐王朝的政坛，但唐王朝却并没有改变宦官专权的厄运。

大凡乱国枭雄，都有一套超乎常人的心术，李辅国正是此中高手。他不是军事天才，却有其阿谀奉迎、溜须拍马的"天分"，为了能够达成个人的目的，他无所不用其极。无论是宰相还是亲王，是太子还是皇后，有用之时便是李辅国的垫脚之石，无用之日或者对李辅国构成威胁时，李辅国便手起刀落，将他们一一剪除。

《资治通鉴》中对唐朝的宦官专政作了一下点评："东汉之衰，宦官最名骄横，然皆假人主之权，依凭城社，以浊乱天下，未有能劫胁天子如制婴儿，废置在手，东西出其意，使天子畏之若乘虎狼而挟蛇虺如唐世者也。……李辅国以东宫旧隶参预军谋，宠过而骄，不能复制，遂至爱子慈父皆不能庇，以忧悸终。"也就是说宦官专权导致了唐王朝的政治危机，而李辅国的骄横跋扈达到了皇帝也无法控制的地步。事实上，是政治危机导致了宦官专权，而宦官专权更加重了政治危机，因此在李辅国之后，与李辅国相似的为害一时的大宦官层出不穷，陆续填补着前任留下的政治真空。

太舒服了就会不太舒服

李辅国被诛杀后，朝政大权并没有落入唐代宗的手中，把持朝政的是另外一个宦官——程元振。拥立唐代宗为皇帝，成为了程元振一生官宦仕途的转折点。因为拥立之功，且为了制约李辅国，程元振被拜为右监门将军，知内侍省事，皇宫大权也被置于掌中。

从小程元振便生活在一个贫困的农民家庭，为了养家糊口，在乱世之中苟全性命，程元振选择挥刀自宫，并找到门路，到了皇宫之中当差。直到唐代宗夺权之前，程元振都不过是一个名不见经传的小宦官，在宫中无权无势，即使心中贪婪，野心十足，却也翻不起什么大浪来。

在得到了皇帝的任命后，为了博取别人的信任，程元振可谓处处尽力，事事尽心，很多事情都办得漂亮至极。加上程元振出色的溜须拍马的功夫，得到了唐代宗的极大宠爱，是故不久之后，程元振便被擢升为元帅行军司马，加镇军大将军、右监门卫大将军，封保宜县侯，统领禁军，权倾朝野。

不久，唐代宗又升任程元振为骠骑大将军，晋封邠国公。手中权力大了，程元振的胆子也越来越大。他甚至感觉，不管多显赫的官职、多巨大的权力，都难以满足自己。是将军也好，是丞相也罢，如果自己乐意，要提拔便提拔，要斩杀便斩杀，和李辅国相比，也是丝毫不让。

史载："是时，元振之权甚于辅国，军中呼为十郎。"

当然，朝中也不乏痛恨宦官专权的官员。只是他们还没有成事，便被程元振以迅雷不及掩耳之势杀掉。不止是反对程元振的人，即使是和他稍有口角，也会被程元振陷害。如著名将领李怀让，便是因为和他不和而被害致死，各路藩镇素来敬重李怀让的为人和能力，对于程元振此举，恨得咬牙切齿。

在安史之乱中立下大功的襄阳节度使来瑱，竟然因为曾经拒绝程元振的索贿而遭到诬陷，冤屈而死。宰相裴冕也因为在小事上与程元振口角，而无辜被贬为施州刺史，赶出了朝廷。还有另外一位安史之乱中的名将郭子仪也在程元振的阴谋之下被罢黜天下兵马副元帅之职，不仅散置在家，而且每天提心吊胆，唯恐因功劳太大而引来杀身之祸。

由于程元振肆意构陷藩镇将领，导致各边镇节度使对朝廷离心离德，出现了"天下方镇皆解体，元振犹以骄豪自处，不顾物议"。事实上程元振这种肆意妄为的行为显然得到了唐代宗的默许和支持。

自安史之乱爆发后，朝廷抽调了很多在陇右、河西、朔方边镇的军队来勤王平叛，导致出现边境空虚的情况。虽然安史之乱已经结束，但是要重新整顿边防并非一朝一夕之事，而当程元振夺取帝国最高权力的计划稳步推进之时，吐蕃危机的爆发，顿时打乱了程元振的计划。

广德元年（公元763年）九月，吐蕃大军向长安开进，边关告急，眼看着就要威胁到京师长安。收到消息的程元振，竟然将消息封锁，半点也没有告知唐代宗，一直到吐蕃和党项联军占领关中西部的武功、乾县一带，继而又占领了泾州之时，唐代宗依然被蒙在鼓里，对边关战事一无所知。

吐蕃军队一路上势如破竹，十月就到达了渭水便桥，直接威胁长安，惊慌之下，唐代宗只能向各镇节度使发出诏令，让他们调兵勤王。只可惜，此时的唐代宗人心尽丧，各镇节度使无不对程元振恨之入骨，是故当吐蕃大举攻向长安之时，节度使们乐得隔岸观火、坐看成败，竟无一支兵马前来勤王。最终唐代宗只能仓皇逃到了陕郡，长安遭受乱军洗劫，上至来不及逃走的官员，下到平民百姓，无不任乱军践踏，搞得家破人亡，哭嚎声震天。

太常博士、翰林待诏柳伉闻讯，遂向唐代宗上书，请求他杀了程元振以谢天下。其中言辞恳切地说道：

"犬戎犯关度陇，不血刃而入京师，劫宫闱，焚陵寝，武士无一人力战者，此将帅叛陛下也；陛下疏元功，委近习，日引月长，以成大祸，群臣在廷，无一人犯颜回虑者，此公卿叛陛下也；陛下始出都，百姓填然，夺府库，相杀戮，此三辅叛陛下也；自十月朔召诸道兵，尽四十日，无只轮入关，此四方叛陛下也；内外离叛，陛下以今日之势为安邪，危邪？若以为危，岂得高枕，不为天下讨罪人乎！……必欲存宗庙社稷，独斩元振首，驰告天下……"

柳伉大胆地指出，由于程元振的擅权，已经将唐代宗推入了众叛亲离、危如累卵的境地，如若不斩程元振则难平天下人之怒，那么社稷危矣，唐代宗自己也危矣。但是程元振一直被唐代宗引为心腹，对于唐代宗而言，程元振还有拥立的功劳。

所以唐代宗并没有杀程元振，仅仅罢了程元振的官职，将他贬为庶民。吐蕃军队进入长安之后，准备建立一个由吐蕃支配的傀儡政权，并且将唐宗室广武王李承宏立为他们的傀儡皇帝，有了这些助纣为虐的帮凶，长安百姓更加水深火热。

仓促之间，唐代宗只能启用老将郭子仪为副元帅，负责全权指挥对吐蕃的战争，同时让雍王李适为挂名元帅。在郭子仪的英明领导下，唐军积极有力地向吐蕃发起反击，同时还定下妙计，让长孙全绪率二百精锐骑兵出陕西蓝田，夜晚多多燃起篝火，而白天则大肆擂鼓并竖起旗帜，故作疑兵以迷惑敌人。吐蕃本就不相信这么容易便攻取了长安，此刻更是草木皆兵。同时，吐蕃军士开始不适应长安的气候，许多都生了病。不久，长安城中更传开消息，说郭子仪的大军转瞬及至。惊慌失措的吐蕃军队带着无数洗劫而来的财富，就此撤出了长安。长安在吐蕃手中十五天，终于再次回到了唐军的手中。

这是郭子仪第二次收复长安，在安史之乱之时，也是他一手将东都洛阳、京师长安收回。只是后来郭子仪遭到了唐代宗的猜忌，才被罢官，此番被重新启用，再次见证了老当益壮、姜是老的辣的道理。当郭子仪回到长安，唐代宗惭愧地对他说道："用卿不早，故及于此。"

广德二年（公元764年）十一月，得知唐代宗返回京师的消息，回到家乡的程元振认为自己东山再起的机会来了，便打算重回京师，以图重见皇帝。为了避人耳目，他不惜穿上妇人的衣服，女扮男装偷偷回到京师。然而可能是程元振的易容术实在不精，刚刚进入长安他就被京兆尹抓了个正着，并将此事上奏给了皇帝。代宗知道此事之后就想不了了之，并不想真的将程元振治罪，幸好被当时的御史发现而弹劾，陈述了其中的厉害之处。代宗只能下令，将程元振流放溱州，到了江陵（今湖北江陵），程元振一病不起，结束了自己波澜起伏的一生。

不过程元振的死并不是宦官专权的终点，而只是另一名宦官专权的起点。随着制度上的松懈，唐王朝的宦官擅权现象开始层出不穷，自高力士之后，便是李辅国，紧接着便是程元振，现在则轮到了鱼朝恩。短短十余年时间，宦官专权乱政，以致如斯。高力士并没有对朝廷构成多大的威胁，反而让统治者因为其忠心，对宦官更加的宠幸。然而，此后的宦官在皇帝的支持下，变得越来越贪婪。

鱼朝恩本是泸州泸川（今重庆泸州）人，于唐玄宗时入宫。安史之乱后，随着唐玄宗出逃，后来他又跟随太子李亨，和李辅国、程元振一样，因为拥立有功，得到了他的宠信。此时，鱼朝恩刚刚进入内侍省，初为品官，在得到了唐肃宗的宠信后，派为李光进的监军。虽然遭遇大败，但因为得到了皇帝的信任，不仅没有受到惩罚，反而还被任命为三宫检责使，左监门卫将军知内侍省事。

乾元元年（公元758年），安庆绪遭遇李光弼和郭子仪大军的猛烈攻击，在相州一带被围困，史思明遂从范阳前来相救，由于鱼朝恩的胡乱干涉，诸军行动紊乱，结果交战失利。为了拱卫东都洛阳，唐肃宗遂让郭子仪在洛阳留守，并且任命他为东都畿、山南东道、河南诸道行营元帅。在郭子仪的努力下，叛军前进的步伐终于停住。

郭子仪立下如此大功，不仅没有得到奖赏，反而遭到了鱼朝恩这个卑鄙小人的嫉恨，将相州兵败的责任悉数推给了郭子仪。如此无稽之谈，唐肃宗竟然也听了进去。郭子仪被调到了长安掌控，并且解除了一切职务。

然而郭子仪的失势并没有使鱼朝恩感到满意，似乎他一定要将郭子仪置之死地才能安心。于是当吐蕃进犯，郭子仪在外御敌时，鱼朝恩为了找借口陷害郭子仪，完全不顾国家危亡，竟然派人挖了郭子仪的祖坟，试图以此来激怒郭子仪做出过激行为，这样鱼朝恩就可以找到把柄将郭子仪治罪。

好在郭子仪深明大义，不肯为了这个奸诈小人将自己的性命和国家安全置于险地。于是当他回到京师时，虽然从皇帝到朝臣都十分担心他一怒之下挥师攻打长安，但是郭子仪却悲戚地对唐代宗说："臣久主兵，不能禁士残人之墓，人今发先臣墓，此天谴，非人患也。"既向代宗强调了自己的损失，又委婉地提醒代宗自己为大唐立下的功勋，四两拨千斤地化解了鱼朝恩对自己的陷害。

广德元年，仆固怀恩遭到宦官陷害，为求自保，与吐蕃、回纥等军队联合，向长安浩浩荡荡地杀来。唐代宗只能仓皇逃到陕郡，鱼朝恩却因为保驾有功，被封为天下观军容宣慰处置使，并统率京师神策军，成为京师防卫的掌权人物。

取得了京师警备大权之后，鱼朝恩加紧讨好皇帝，不久便加封了国子监事，兼鸿胪、礼宾等使，朝廷大权也落入了他的掌中。从此，他便大肆干涉朝政，连皇帝都不放在眼里，为了个人私欲，不断鲸吞国家财产，搜刮民脂民膏，置狱北军，人称地牢，陷害忠臣良将，惹得百姓群臣敢怒而不敢言。

后来鱼朝恩的专横跋扈逐渐引起了唐代宗的不满，据说鱼朝恩错过了一次朝廷议事，事后他愤怒地说："天下事有不由我乎！"此外鱼朝恩还擅自勾结同华节度使周智光，控制禁军的宦官与控制军队的藩镇节度使相互勾结、互为内应使唐代宗感受到了极大的威胁，于是便与宰相元载密谋伺机除掉国家的这个祸害。

大历五年（公元770年）三月初十，为寒食节，唐代宗在宫中设下宴会，大宴群臣百官。鱼朝恩不防唐代宗，亲身赴宴，被唐代宗捕杀。由于鱼朝恩并没有真正的谋反事实，因此为了掩人耳目，唐代宗命人假称鱼朝恩是自缢而死，并赐钱予以厚葬。

国家和百姓终于从这个噩梦醒来，只是不知道，此后还有多少个夜晚会重复这样的噩梦。

国家也需要理财顾问

刘晏从小便对财政产生了浓厚的兴趣。经过持续而刻苦的学习，刘晏逐渐形成了自己富有创建性的一系列经济思想，尤其是到了安史之乱后，面对国家羸弱和混乱的局面，刘晏的经济思想也逐渐走向了成熟。安史之乱后，刘晏被唐肃宗任命为户部度支郎中，主管江淮租赋之事，虽然做出了一些成绩，但是在当时安史之乱阴云笼罩下的朝堂中，在官场倾轧的沉浮里，刘晏的才华并没有得到充分施展的机会。

到了唐代宗时期，刘晏历任京兆尹、户部郎中、吏部尚书、户部尚书以至于宰相，由于一直主管度支、盐铁、铸钱、转运、租庸等财政方面的政务，因此被人称为"计相"。他主管国家经济财政十余年，将安史之乱后百废待兴、满目疮痍的社会经济重新导向正轨，堪称功勋卓著。

刘晏理财主要集中在漕运、盐业、常平、均输等方面。

首先是对于漕运的整顿，唐朝的政治、经济、文化中心集中于关中地区，然而关中地区的粮食产量远远不够满足京城的大量人口和军队生活之用，朝廷必须从江淮一带调运上百万石粮食到京城。但是安史之乱以后，较为便捷的汴水河道被堵塞，漕运船只只能从长江、汉江长途跋涉，经过水势湍急、事故频发的三门峡才能抵达梁州、洋州等地，路途远、危险大、运量小、花费大，十分不便。

由于战火的荼毒和漕运的不便，关中地区粮食短缺，竟然出现了一斗米涨价到一千到一千五百钱的地步。禁军的粮食来自百姓自田中捋下的青穗，宫中的御厨中都没有存粮。

面对这种情况，刘晏上书宰相请求疏浚汴水，重开运河漕运。刘晏经过考察后下令，长江上的漕船只负责运到扬州，汴水上的漕船只负责运到河阴（今河南郑州西北），黄河上的漕船只负责运到渭水河口，而由渭水上的船负责将粮食运送到长安。然后又在各个中转地建设仓库，储存暂时积压的粮食，这样就将漕船解放出来，可以利用以前等待的时间去运输更多的粮食。而由于分段运输，河工更加熟悉附近河道的水情，减少了船毁粮沉的情况。

经过刘晏的努力，漕运不仅加大了运量而且降低了成本，每年的粮食运量增加百万石，而漕运成本则从斗钱运斗米降低到每石粮食运费三百四十文，京城的米价也降了下来，民生得到了恢复。

另外，面对大乱之后国库空虚亟需充实，而民生凋敝不堪重负的情况，刘晏没有采用历朝惯用的增加赋税的方法，而是选择通过商品经济的发展来增加财政收入。刘晏"自言如见钱流地上"，也就是只要肯动脑子，处处都是挣钱的地方。"因民所急而税之，则国足用"，而当时人们最急需的商品莫过于盐了，因此，只要能够控制盐的买卖，就能够极大地增加政府的财政税收。

唐朝初年，为了让人民休养生息，并没有对盐的交易进行限制，也没有对人民征收盐税。唐肃宗乾元元年，为了充实国库、保证军费，朝廷对食盐进行专卖，每斗一百一十文。国家对盐业进行了垄断，便能够征收重税，许多贪官污吏借此而中饱私囊、大发横财，让百姓身处水深火热之中。同时也有一些人看准了盐业的暴利而铤而走险，贩卖私盐，为了有效地管理盐业市场，政府设立了庞大的监管机构，开支惊人。

刘晏在主管这一事务之时，大力削减了负责食盐专卖的政府机构，裁撤冗员和贪官污吏，同时对食盐买卖制度进行了调整。朝廷盐官统一收购亭户所产的盐，按照一定的盈利卖给盐业商人，国家不再直接负责销售，只管统购和批发。此外，朝廷还在各地设立了常平盐仓，以防止盐商哄抬物价、囤积居奇。刘晏的改革，使得政府机构办事效率增大，盐价大跌，税收增加，百姓喜悦不已。据记载，当时政府在盐业上的收入占了国家财政收入的半数，有能力维持政府的各项开支。

为了改变安史之乱后各地民生凋敝、户口零落的情况，刘晏不顾国库空虚的压力，废除了不少不合法的苛捐杂税，并且设立专门的"知院官"负责察看各地农业情况，报告庄稼好坏、收成多寡、雨雪数量等情况，作为朝廷调整租税的依据。同时派人设立常平仓，在丰年以高于市场价的价格由政府收购粮食，防止谷贱伤农的情况发生，而在灾年则以低于市场价的价格出售粮食以平抑粮价，遇到严重的灾年朝廷还会适当减免赋税。

恰如刘晏所总结的经验所述："王者爱人，不在赐与，当使之耕耘纺织，常岁平敛之，荒年蠲救之。"又言："善治病者，不使之危殆，善救灾者，勿使至给。"刘晏的做法既保证了民生，促进了民户滋长，又保证了国家的财政收入，使"朝廷获美利而天下无甚贵甚贱之忧"。此外，当时的国家税赋除了货币赋税以外还有实物赋税，一些地方出产的特产价值不高，但是却要长途跋涉运送到京师长安，常常出现运费高于货价的情况。针对这种情况，刘晏采取政策，让地方上将实物赋税折算成货币上缴国库，再由政府按照需要到各地低价购买货物，再运到京城等地高价出售。这样一来不仅赚回了原本高昂的运费，甚至还有盈余补充国库。

刘晏认为国富民强，是相辅相成的两个方面，而且只有优先养民，才能够保证政府有充足的钱财入库。"户口滋多,则赋税自广,故其理财以爱民为先"。只要户口增加了,税赋增加的基础才牢靠,税源才得以扩展。

通过一系列改革,刘晏让安史之乱带给人们的创伤逐渐康复,在安史之乱后的二十年时间中,经济得到了恢复和发展,人民得以休养生息。刘晏刚刚为转运使之时,国家财政收入只有60万缗,全国人口才230万户。十余年过去,户口增加到380万户,财政收入达1300万缗(其中盐利过半),农民的税收负担还降低了,真正实现了"敛不及民而用度足"。

第四卷

夕阳西下,无可挽回的衰败

第一章 昙花一现，再建盛世的努力

搬起石头砸自己的脚

大历十四年（公元779年）五月，唐代宗李豫因病薨逝于长安宫中，时年五十八岁。代宗死后，皇太子李适遵遗旨在父亲的灵前即位，次年改元建中，这便是唐朝历史上第十位皇帝——唐德宗（除殇皇帝李重茂外）。

德宗李适于天宝元年（公元742年）四月十九日生于长安的大内宫中，是唐代宗的长子，唐肃宗的长孙。天宝年间的唐朝正处在鼎盛的局面之中，可谓是"鲜花着锦，烈火烹油"，幼年的李适作为帝国的皇子更是享尽了这盛世繁华。但物极必反，经历了极度的奢华过后，唐朝终于迎来了一场亘古少见大灾难，那就是安禄山和史思明在天宝十四载发动的叛乱。那一年，李适才只有十四岁。

"渔阳鼙鼓动地来"，这场叛乱随着时间的发展变得愈发不可收拾。到了天宝十五载，唐玄宗眼见局势不能控制，不得已只得带着皇室成员们从长安逃亡四川，而年幼的李适就在其中。李适在帝国的盛衰之中渡过了自己的童年和少年，饱尝战火和家国之痛的他比其他的皇帝更能体会民生之苦。

广德二年（公元764年）正月，李适以皇长子身份被立为皇太子。李适这个太子之位虽然来得顺利，但也并非名不副实。早在唐代宗即位之初，他就封李适为天下兵马元帅，率军前去征讨安禄山和史思明的叛军残部。李适此时虽然经验尚浅，但还是没有辜负父皇的重托，顺利完成了任务。叛军平定之后，李适官封尚书令，并和郭子仪等人图入凌烟阁，成为大唐帝国的万世功臣之一，可见李适本人在行军打仗方面还是有一定的能力的。

刚刚即位的唐德宗还在服丧期间就迎来了一次"考验"，也正是因为这次事件使他收获了他在位期间的第一位新宰相——崔祐甫。这件事的起因很简单，代宗死之前在遗诏有"天下吏人，三日释服"的要求，意思是说臣子们在他驾崩之后，为了不耽误国家大事的处理，只需为他服丧三日即可。但宰相常衮却认为臣子们为表对先帝仁爱的感激，也应该像皇子们一样服丧二十七天。不仅如此，他还以身作则，在灵前不时放声大哭，让其他的人都进退两难，不知如何是好。

不管是出于什么原因，常衮如此怀念和尊敬代宗本是无可厚非的，但如果所有的大臣都像他一样，未免会影响国事的处理，更何况他的这些做法在别人眼中未免有些矫情和做作。为了这件事，当时的中书舍人崔祐甫就和他发生了争执，于是举朝上下就臣下们的"丧服期限"展开了讨论。

朝会上，常衮坚持自己的看法，他认为当初汉文帝将臣子服丧三年的古制改为三十六日，那是为了从权变通。虽然从本朝开始，臣下只需为君主服丧二十七天。当年玄宗、肃宗也在遗诏中说臣下"三日释服",但当时的臣子们也是二十七天之后才除去丧服。正因如此,代宗朝的臣子们也应照例为先帝服丧二十七日。

虽然常衮振振有词,但崔祐甫也有自己的看法,他认为先帝在遗诏中说,"天下吏人,三日释服",因此应该尊崇先帝的遗志,三天之后除服。常衮和崔祐甫二人一人出于"情",一人出于"礼",双方你来我往,闹得不可开交。常衮见崔祐甫态度强硬,丝毫没有退让之意,便率先将这件事告知了德宗,他说崔祐甫轻易改变礼法,有悖为臣之道,希望德宗下旨把他贬为潮州刺史。唐德宗听了常衮的奏报后非常震惊,但崔祐甫所说也是为国事考虑,不无道理。

那么,身为一朝宰相的常衮为什么偏偏和一个小小的中书舍人过不去呢?原来他二人早在代宗朝便有过结。常衮此人虽然刚正,但喜欢擅用职权,虽为宰相,却喜欢斤斤计较。崔祐甫刚任中书舍人的时候,常衮就经常利用宰相的权势来干涉他的工作。

崔祐甫是个不畏权势的人,对于常衮的做法他更是不以为然。为了刁难崔祐甫,常衮让他管理吏部选官的事宜,但对于他每次上报的人选,常衮不仅不予赞同还经常斥责崔祐甫,说他选人不当。又有一次,幽州节度使朱泚的手下赵贵的家中发生了一件奇怪的事,"猫鼠同乳而不相为害"。猫和老鼠本来是水火不容的天敌,又怎么会相处甚恰呢?且不管这件事是真是假,朱泚也是深以为罕,便将这件事作为一件祥瑞之事上表了朝廷。

闻得出现祥瑞,初为君主的唐代宗自然也是十分欣喜。常衮见龙心大悦,便率领百官向天子祝贺。此时,崔祐甫又"独树一帜",他认为"猫鼠同乳"是违反常理的,是不祥之兆,根本不值得庆贺。不仅如此,他还向皇上上书道,"须申命宪司,察听贪吏,诫诸边境,无失儆巡"。崔祐甫的说法得到了代宗皇帝的认可,这无疑就是对常衮的一个巨大的讽刺。因为这件事,常衮对崔祐甫的偏见和恨意愈发地加深了。

常衮和崔祐甫之间的瓜葛唐德宗显然是不知情的,但对于一个刚登基不久的帝王来说,如何处理眼前的这件事可以说是对他的一个"考验"。此事一旦处理不好,不仅会使忠良的臣子受到冤屈,更严重的是会影响君王在臣下们心中的形象。经过多番考虑,唐德宗采取了一个折中的办法,他并没有听取常衮的意见将崔祐甫贬为潮州刺史,而下旨将崔祐甫降职为河南少尹,以此作为他"轻论礼制"的惩罚。

常衮的做法本来就有很多人看不过去,只不过是崔祐甫率先站了出来。如今常衮又添油加醋地向皇帝告状,这更是引起了很多大臣的不满。再加之崔祐甫此人为人刚正,在朝中上下很有口碑,所以降职的诏书一下发,就引起了朝臣们的议论。就在德宗左右为难的时候,一封奏疏使这件事情发生了转机。

原来此时朝中虽是常衮主政,但依据唐朝三省共同审理政事的原则,朝中还有两位宰相,那就是德高望重的汾阳王郭子仪和大将军朱泚。这二人虽然不太干预朝政,但遇事时奏章还是需要三人联合署名方能上奏君主。因为当时常衮是在政事堂处理事务,所以都是由他代郭子仪和朱泚署名,但此次弹劾崔祐甫之事,常衮并没有知会郭、朱二人,只是为了意气之争擅作主张。所以贬斥崔祐甫的诏书下发之后,郭子仪和朱泚便联名上书力保崔祐甫无罪。

看着郭子仪和朱泚的奏疏,唐德宗一头雾水。他召来二人说道:"卿等早先说崔祐甫有罪,现在又言其无罪,这到底是为什么?"郭、朱二人对皇帝说当初常衮弹劾崔祐甫之事,他二人并不知情。德宗听后大怒,如此一来,常衮不仅是欺君罔上,独断专行,而且还利用职权之便诬告同僚,罪不可恕。德宗大怒之后,局势一时天翻地覆,宰相常衮在众目睽睽之下被贬斥到潮州,而崔祐甫则被调回长安担任门下侍郎、同平章事，职同宰相。

崔祐甫一朝之内位极人臣固然让人羡慕，但"伴君如伴虎"的道理也是众人皆知，一着不慎，谁知明日又是什么下场呢？在回京途中的崔祐甫陷入了深深的忧虑之中，他本来就是个刚正不屈的人，更不会为了权势取悦主上，一旦入朝为相，以他的性格势必会引发很多争端。

唐德宗在少年时期经历的苦难使他立志做一个有所作为的君王，而此时他新君登位，信心满满，精力尤其充沛，再加上他对国家政事充满了抱负和激情，正是他大展拳脚的时候。于是在崔祐甫进京之后，唐德宗便马不停蹄地召见了他，向他询问治国良方。崔祐甫毕竟是两朝的臣子，对于代宗时期的种种弊端他更是深有体会。面对唐德宗的询问，他从容地答道："陛下君临天下，首先应该将前朝的旧弊一一革除，只有开创新风才能有治世的指望。"

崔祐甫此言正中唐德宗下怀，便问他对于"革除旧弊，开创新风"有什么具体的计策。崔祐甫答道："皇上首先要做的是广开才路，选拔有才能之人。因为只有人才充裕，国家才能兴旺。前朝常衮为相之时，为了防止天下人贿赂官员的弊病，所以规定非登科第者不得进用，这是因噎废食，因小失大。"

唐德宗又问他道："朕近来罢除了梨园和宫廷乐工三百余人，并下旨免除了四方对皇宫的进献，不知天下反应如何呢？"崔祐甫答道："陛下此举可谓是民心大悦，如今朝野内外，俨然是耳目一新。尤其是陛下下旨免除四方贡献一事，臣在入京途中，就听过往行人说过。听说现在河北各藩镇的士兵都感叹陛下是明主出世，不敢再有反意了。"

听了崔祐甫的禀报，唐德宗大喜过望。在他的心中，重振帝国雄风的决心又进一步加强了。在唐德宗君臣的携手努力下，大唐王朝就将迎来翻天覆地的变化。

天上掉宰相

唐朝三百年之所以产生了"贞观"和"开元"这样的盛世，在于当时的经济基础十分雄厚。"安史之乱"发生之时，唐朝的社会经济受到了很大的创伤，于是唐朝的政治、军事等各个方面都开始走下坡路。唐德宗深知"国之命脉，在于经济"，想要恢复大唐的盛世气象，首先要做的就是恢复经济基础，于是他即位之后便着手开始进行经济政策的改革。

想要给国库积累雄厚的资产，历朝历代的做法其实都是相差无几的，那就是"开源节流"。那么，面对着纷繁的财政该如何下手呢，唐德宗首先想到是大开节俭之风，为国库减少开支。为了给天下臣民做出表率，唐德宗还以身作则，首先削减了皇室的费用。

按照以往的惯例，全国各地的官府在每年的冬至、端午等节还有皇帝的生辰时，都要向朝廷缴纳贡品。向皇帝进献是历朝历代都无法革除的弊端，这不仅加重了百姓的负担，还给地方官员剥削百姓提供了一个借口。

德宗即位之后，为了革除这种弊端，下令从此以后各地不许再向宫廷缴纳常规赋税之外的贡品。这个诏令刚下发，转眼就到了唐德宗的生辰。这是新帝即位之后的第一个生辰，各地官员当然不敢怠慢，于是便纷纷进贡了不少奇珍异宝。没想到唐德宗竟然下令将这些贡品悉数交送度支，以此来抵用这些藩镇的赋税。

唐德宗这么做有两层意思，其一，他对自己之前作出的承诺实施了兑现，其二，他没有直接将这些贡品退回去，而是用它们来抵消百姓的赋税，这不仅给各藩镇的长官留足了面子还减轻了当地百姓的负担。

如果说以上的"节流"措施都属皮毛的话，那么德宗时期最为著名，影响最为深远的就要数杨炎的"两税法"了。说到两税法，就不得不提及他的创始者，也就是德宗年间大为有名的宰相——杨炎。杨炎，字公南，凤翔人。生得仪表堂堂，又写得一手好文章，可谓是才貌双全，在当时颇有名气。杨炎有个雅号唤作"小杨山人"，是因为他和他的父亲杨播一样有隐士之风。他的父亲自号"玄靖先生"，在玄宗时代中过进士，但却厌恶官场，遂两次弃官回家。

杨炎才华横溢，早在唐代宗时期就官至中书舍人。当时的宰相元载和杨炎是同乡，他非常欣赏杨炎的才能，便举荐杨炎为吏部侍郎。杨炎也因为元载对他有知遇之恩，因此和他十分亲近，元载大有培养杨炎继承他衣钵之意。但世事难测，大历十二年（公元777年）三月，曾经一人之下的宰相一夜之内便获罪被诛，杨炎也因为这件事受到了牵连。但不幸中的万幸，杨炎因为在朝中的声誉一直都较好，所以只被贬到道州做了司马。

被贬道州的杨炎虽然心中充满怨恨和时不待我的愤懑，但俗话说"山重水复疑无路，柳暗花明又一村"，不久之后这件事情便发生了转机。时人都说唐德宗之所以重新启用杨炎是因为他所撰写那篇举世闻名的《李楷洛碑》，正是因为这篇碑文，杨炎的才华早就被当时还在做太子的德宗所认同。据载，唐德宗甚至把《李楷洛碑》镶在太子宫的宫墙之上，每日诵读。所以在代宗死后，德宗便自然而然地将杨炎召回了京城。

话虽如此，但杨炎再次任官京师还与一个人有着莫大的联系，这个人不是唐德宗而是当时的宰相崔祐甫。崔祐甫在出任宰相之后，自然而然要革除常衮在任时的旧制，推行新法，选举一些新的官员来帮助实施自己的政治抱负。正是因为崔祐甫的推举，再加之自身傲人的才华，杨炎才得以如此迅速地再次步入万众瞩目的政治中心。

官场沉浮，一切都来得那么突然，杨炎此次的出任，基本上可以用"平步青云"这个词来形容。在接到诏书的那一刻，杨炎的心中恐怕也是忐忑不安的，但既然命运注定要让他成就一番大事业，杨炎也只得接受这一切的安排。大历十四年（公元779年）八月初七，杨炎踏上了从道州返回京师的道路。于杨炎来说，一段新的人生旅途即将展开，是福是祸都不得而知，而对大唐王朝来说，它将要迎来一个新的时代，一个属于杨炎的时代。

杨炎拜相之后，一方面为了实现自己的政治抱负，一方面为了报答皇帝和朝廷的恩德，自然要努力成为一个为人所称赞的贤相。从他后来在处理政事方面的表现来看，他也确实做到了这一点。

在唐朝的西南有个叫南诏的小国，就在这一年，南诏的老国王阁罗凤因病去世了，即位的是他的孙子异牟寻。异牟寻即位之后奉行的是和其祖父不同的外交策略，或许是看唐朝的势力在战乱之后大不如前，南诏竟然和吐蕃联合，公然进犯中原。南诏和吐蕃此次来势汹汹，兵力也算浩大，有十万之众，分三路向唐朝进发。

南诏和吐蕃的军队想要进入中原，四川是必经之地，但不巧的是当时驻守四川的将军崔宁正好不在成都。这样一来，四川的守军在没有将领的情况下接连丧失了数州，情况十分危急。唐德宗听说了此事后马上将崔宁召来问话，言下之意是向让崔宁马上回川抗击敌军。

这次的战乱对崔宁来说是个大好的机会，他本就是驻扎四川的大将，手握重兵，但这些年来，天下太平无事，崔宁也无施展的机会。此次南诏和吐蕃来犯，正好可以利用手下的兵马称霸一方，所以崔宁毫不犹豫地接受了唐德宗的安排。

就在众人都以为万事妥当的时候，杨炎站了出来，认为此事万万不可。杨炎之所以有这样的举动是因为他深知蜀地对于唐朝的重要意义，它位置险要，不仅易守难攻，而且还是中原地区的重要屏障。不仅如此，从唐朝的历史发展来看，在"安史之乱"后，四川似乎就成了一方霸主，中央对其的控制也是似有实无。杨炎更知道崔宁的心思，一旦他回蜀之后，四川日后就更无法控制了，会为以后的藩镇叛乱埋下隐患。

听了杨炎的分析，唐德宗也觉得不无道理，但如果不派崔宁回去，南诏和吐蕃的叛乱又该如何处置呢？就在唐德宗左右为难的时候，杨炎又一次向皇帝提出了中肯的建议。他认为应该派中央禁军前往四川，再遣范阳节度使朱滔带领手下的兵马一同前往，而将崔宁留在京都。等到边境太平之后，再将崔宁更换，将蜀地重归中央所有。

杨炎此计可谓令人拍案叫绝，西南边境的战争结束之后，唐德宗大喜过望，杨炎的仕途也自此如日中天。就在此时，又发生了一件事，使得杨炎的政治地位进一步提升，也为日后"两税法"的施行打下了基础。

自"安史之乱"后，唐朝的经济一直是处于混乱的状态之中的。为了改变这种混乱的局面，使朝廷的经济政策能重新跟上时代的潮流，给天下万民们谋福利，杨炎可谓是着实费了一番心思。他一开始便触动了经济的敏感部位，将国家财政和皇家私藏清楚地划分开来。

历史发展到了唐德宗时期，国家的赋税和皇帝的私藏并不是分开的，而是统一由皇家内库的宦官进行管理，所谓"天下公赋为人君私藏"，说的就是这种情况。之所以会出现这种"国""家"不分的现象是有很深的渊源的。在唐朝前期，天下的财富都是收归左藏库所有的，是属于国家财产。

但到了代宗时期，由于京城的皇室贵族们奢侈无度，当时的判度支、盐铁使第五琦根本无法管理和控制，于是就上书给代宗皇帝，将左藏库并入了大盈库。左藏库本是属于国家的财产，而大盈库却是皇家的内库，是由宫中的宦官们掌权的。第五琦这么做虽然把管理贵族消耗的责任推卸了出去，却使得国家和皇家的财产分割不清。自此之后，皇室成员的花费根本不用经过国家财政官员的同意，愈发地养成了他们骄奢淫逸的作风。更为严重的是，由于大盈库是宦官们管理，这项制度一开始实施，便大大方便了宦官们贪污腐化，可谓是弊多利少。

唐德宗即位之后，为这个问题也是大伤脑筋，不知用什么办法解决才好。而新任宰相的杨炎对于这个问题的态度却是十分明确，在他看来，财政是国家的根本，是天下的治乱的关键。据此，他提出了一点建议，那就是请唐德宗下旨恢复以往的财政制度。新制度的弊端是很多人都看在眼里的，但杨炎的可贵之处就在于他敢于为人之先，首先将这个问题提到议程上来。

但从唐德宗的角度来看，他之所以迟迟不肯下定决心的原因也是因为这样做会损害到他作为天子的尊严和皇室的切身利益。但杨炎不愧是名相，他早就看出了唐德宗的顾虑，所以他也作出了一些退让，那就是朝廷会先保证天子的用度，其后才将钱财用于政事之上。这样一来，唐德宗不仅保障了自己的私用，还向天下显示了大公无私的宽广胸襟，何乐而不为呢？于是他马上更换了主管财政的大臣，并下令恢复以往的制度，把国家的财富和皇家的府库重新分开，革除了宦官们贪污腐化的弊端。

一件事的益处往往不是单向而是双向的，这件事不仅给朝廷和天下百姓带来了利益，也使得杨炎在朝廷的地位直线上升。左藏库重新划分出来之后，唐德宗对杨炎的办事能力大为赞赏，对他的信任程度也与日俱增。这样一来，杨炎实施自己心中大计的时机也逐渐成熟了。

一年两次，轻松交税

公元780年是唐德宗即位后的第二年，按照惯例，德宗将年号改为"建中"，新的年号意味着一个新的时代即将到来。也是在这一年，唐朝廷完成了这四五年来的一件大事，就是开始推行新的财政政策——"两税法"。

中国经济史上，曾有过两次影响深远的改革，一次是"两税法"，一次是"一条鞭法"，此言不假。"两税法"在唐代历史，甚至是整个中国古代史上的地位自不必言，它对于后代经济体制改革的影响力也是众所周知的，关于它的优势和弊端的论争从古到今也没有停止过。

自唐高祖李渊建国以来，唐朝沿袭的是北周和隋朝的土地制度，即所谓的均田制。均田制创始于北魏孝文帝太和年间，一直为后代沿用。按唐朝均田制的规定："凡男女始生为黄，四岁为小，十六为中，二十有一为丁，六十为老。每一岁一造计账，三年一造户籍。县以籍成于州，州成于省，户部总而领焉。"从上述记载来看，唐朝的均田制也是以人口为基础，将男子分为"黄""小""中""丁""老"五个等级，以此来授予田地。例如"丁男、中男以一顷；老男笃疾废疾以四十亩，寡妻妾以三十亩，若为户者则减丁之半"，而寡妇和残障者只可授予三十亩等。不仅如此，唐朝的均田制还放宽了对土地买卖的限制，还鼓励百姓开垦荒地。

为了和均田制配合，唐朝施行的税制是租庸调制。唐代"凡赋役之制有四：一曰租，二曰调，三曰役，四曰杂徭"，而"租庸调之制，以人丁为本"，根据租庸调制的规定，唐朝的百姓是按人口数来缴纳赋税和承担徭役的。均田制和租庸调制配合施行，不仅保证了百姓的日常生产，也使得国家的税收有了充分的保障。不仅如此，经过唐朝历代皇帝的改革和完善，均田制和租庸调制到了唐代中期已经相对完备，对唐朝的经济发展有着不可忽视的作用。那么既然均田制和租庸调制有这么多的好处，杨炎又为什么要改变它而推行"两税法"呢？

均田制和租庸调制虽然于国于民有益，但仔细分析其内容，不难看出这其中是存在着很多弊端的。例如均田制就有这样的规定，"凡道士给田三十亩，女冠二十亩，僧尼亦如之"。不仅如此，对于官僚贵族，均田制也规定了他们的特权的，例如亲王可授予田地一百顷，职事官正一品可授予六十顷，郡王及职事官从一品可授予五十顷，国公及职事官二品可授予四十顷等。

这样的规定就给官僚贵族阶级以各种手段占用土地提供了可能，起初这种现象还不是十分明显，但随着时间的发展，官僚经济和寺院经济等发展起来，土地私有化的现象日益严重了。土地兼并的出现使得众多百姓在地主豪强的势力下丢失了自己的土地，不得不逃亡他乡。根据敦煌出土文物的记载，唐朝时期百姓的授田数往往是不足的，而这些土地就以各种各样的方式转归到了地主豪强们的名下。

官僚贵族们不仅可以无偿地占有土地，而且还有特权可以不必向朝廷缴纳赋税。长此以往，缴税和服役的人越来越少，国库的收入也急剧下降。国库的入不敷出，最终受害的只有百姓，并不会对贵族们产生冲击力。但如此恶性循环，均田制就变得名不副实。而且因为赋税不能按时按量地收缴，朝廷官员们就想尽办法向百姓们收取各种苛捐杂税，以至于"所在赋敛，迫趣取办，无复常准，赋敛之司增数而莫相统摄，各随意增科，自立色目，新故相仍，不知纪极"。而在"安史之乱"后，这种现象就更为严重，根本不能控制，百姓们可以说是苦不堪言，社会矛盾也在急剧地激化。面对这种情况，杨炎开始推行"两税法"，目的就是改革已经不合时宜的租庸调制。

租庸调制是唐朝一直都奉行的经济制度，有着很深的传统意义，杨炎想要撼动它是需要一定的勇气和魄力的。根据杨炎的分析，弊端产生的根源是租庸调制以人丁为基础的规定，因为随着土地兼并的日益严重，很多失去土地的百姓已经变成了没有户籍的游民，而这些游民的数量更是多于有户籍的百姓。既然如此，如果还以人丁为基础来收税，那显然是收不到什么实效的，而"两税法"就是针对上述情况而提出的新的经济制度。之所以称之为"两税法"指的是百姓们的赋税每年缴纳两次，分别称为"夏税"和"秋税"。

建中元年（公元780年）正月，唐德宗在杨炎的建议下开始推行"两税法"。根据"两税法"的规定，原来的户籍全部取消，而按百姓的实际居住地点来登记其户籍。不仅如此，每户所要的承担的赋税也不再按照人口数，而是按照家庭的实际财产来划分，改变了原来按照年龄来承担赋税的规定。新的基础建立之后，杨炎还对朝廷的收税方式作出了改革。

在新的制度下，朝廷在每年的开始都要根据国家的财政收支来计算出一年所需的财政金额，其后再根据这个金额来分派赋税。这种"量出为入"的方法不仅使得财政能够得到合理的运用，还在很大程度上遏制了各地随意收取苛捐杂税的现象，百姓的负担也得到了减轻。至于所有税收中最为重要的土地税的收取，则是根据全国百姓在代宗大历十四年所登记的土地所有情况为标准。

两税法是根据现实经济状况而制定的，它较为实际，适应了经济变动的形势。它使国家扩大了税源，扩大了纳税对象，从而极大地改善了国家财政拮据的窘况。它也减少了无地者的赋税负担，同时取消了名目繁多的苛捐杂税，抑制了贪官污吏的横征暴敛，使民众稍稍得以安居乐业。

的确，"两税法"的推行彻底改变了原来以人口为基础的赋税制度，按照土地和财产来收税较之以前更为公开和公平，也确实给当时的经济发展起到了很大的作用，更改善了之前较为混乱的财政状况。

然而事实总是和愿望有一定差距的，从各地的地主和官僚贵族来看，"两税法"的实施无疑大大损害了他们的利益。为了逃脱缴纳赋税的责任，他们想尽一切办法来隐瞒自己名下的土地。至于朝廷方面，唐德宗虽然采纳了杨炎的"两税法"，但在施行的同时为了保证自己和宫廷的用度，他又颁行了茶税和间架税等苛捐杂税，这些税收很大程度上抵消了两税法带来了正面效果，反而给百姓们增加了不少的负担。但不管怎么说，"两税法"推行还是相当成功的，它的出现也是历史发展到此的必然趋势，而它的推行则象征着唐朝的财政改革向前推进了一大步。

杨炎因为"两税法"得以闻名天下，而"两税法"也因为杨炎的努力而成为后来一千多年间财政变革的不二法则。"两税法"的成功使得杨炎最终站在了德宗朝大臣中的最高位置，也走上了他仕途的巅峰。但成功后的他却做出一项不明智的举动，那就是对付自己的政敌，也就是当时和他一样因财政闻名天下的刘晏。在其后的争斗中，杨炎虽然成功地击败了刘晏，但不久之后，他也即将为这错误的决定付出生命的代价。

同行是冤家

德宗朝虽然不像"贞观""开元"时期一样人才济济，但也是有着一大批有才有德之士。在这段时期，除了有因推行"两税法"而闻名天下的杨炎之外，还有着一位因财政而得名的大臣，那便是刘晏。

而杨炎和刘晏之所以产生过节还要追溯到代宗末年的元载之死。元载是代宗朝的宰相之一，他曾经帮唐代宗诛杀了当时的大宦官鱼朝恩，对朝廷有不可磨灭的功勋。可能是因为居功自傲，也可能是因为信奉道家的及时行乐，元载到了代宗后期便有些狂妄，为人所不服。元载的狂放和有意结党的行为最终传到了唐代宗皇帝的耳中，唐代宗于是下令命左金吾大将军吴凑缉拿了元载，并命刘晏主理此案。

元载对杨炎有过知遇之恩，所谓"滴水之恩，当涌泉相报"，何况元载之于杨炎的恩情呢？更重要的是，杨炎因为此事受到了牵连，从天子近臣转眼间被贬斥到穷乡僻壤。杨炎的心情可想而知，于是他所有的仇恨便很自然地转嫁到了直接导致了这个结果的刘晏身上。

但从事实来看，刘晏对于元载一案是不该负有太大的责任的，当时他负责审理此案也不是出于自愿，但皇帝的旨意又有谁能够推诿呢？作为主审的大臣，为了保证结果的公正性，刘晏还特意向代宗请旨，希望皇帝能派其他的官员和他一起审理元载一案。元载的被诛本来原因就是源自政治上的需求，而最后的定罪也是由皇帝的近侍们完成的。

早在杨炎回到长安的时候，就因为当年元载的事在政事堂与刘晏不合，且处处为难刘晏。刘晏身处官场多年，又怎会不知杨炎的用意所在呢？但对于这件事，刘晏或许认为只是杨炎的情感因素在作怪，只要不去与之发生正面冲突，相信也不会引发什么太大的事端。但这次刘晏的想法却发生了偏差，常言道"宰相肚里能撑船"，杨炎却不是一个诸事不计较，以德报怨的人。

当时的刘晏总领大唐的财政，度支、租庸、盐铁等职责都集于一身，可谓是位高权重。虽然手中的权力令人羡慕，但"高处不胜寒"，处在风口浪尖的他就算做得再出色也不免会引起他人的议论和指责。这些本都是难以避免的，但杨炎却将这些议论作为攻击刘晏的依据。

杨炎先是向德宗皇帝上书，认为刘晏所担任的职权过重，难免会引起众人的猜测，所以建议皇帝将部分财政大权收归户部所有。从表面上来看，杨炎不仅是为了国家着想，也是为了刘晏的名誉考虑，根本无可非议。但就当时的形势来看，唐朝的财政状况很不容乐观，如果不是刘晏的多年运作，情况只会更糟，这一点相信杨炎也是心知肚明的。尽管如此，凭借着皇帝对自己的信任，杨炎最终还是成功了。

削弱刘晏的权力，使其不能在政治上与自己抗衡，这是杨炎计划中的第一步。在这之后，杨炎并没有停止自己复仇的脚步，而是一步步地将刘晏推进了深渊。杨炎深知刘晏在道德品质方面是无懈可击的，于是他便采取了另一种方法，就是制造舆论，称刘晏"图谋不轨"。杨炎在朝堂上公开抨击刘晏，称其参与过代宗当年立韩王李迥的生母独孤氏为皇后的事，并说他与刘忠翼等人合谋，想要谋朝篡位。

当时崔祐甫和崔宁等人都在场，对于刘晏的人品，朝臣们都是心知肚明的，所以崔祐甫首先站出来为刘晏辩解。崔祐甫说道："立韩王母妃为后之事已是前朝旧事，本就毫无根据，况且刘忠翼等人勾结之事也是无实据的，如今陛下已经下旨大赦天下，不应该再追究这些子虚乌有之事。所以这件事臣等还是企望陛下能慎重处理。"而对于崔祐甫的话，本就对杨炎不满的朱泚和崔宁也表示赞同。

眼见局势向刘晏倒去，杨炎马上站了出来，他声色俱厉，坚持自己的看法，并扬言自己身为宰相，如果不能公正地处理这件事，就是罪该万死。唐德宗本来疑心病就较重，听杨炎如此坚持，一种被人欺骗的感觉瞬时间便笼罩了全身。没有经过周密的思考，盛怒之下的唐德宗马上下旨，将刘晏贬为忠州刺史。杨炎的目的达到了，但他依旧没有罢手，刘晏离京之后，他又向德宗请旨，希望朝廷派庾准为荆南节度使。

庾准之事表面上和刘晏没有任何关系，但杨炎之所以作出这样的安排是有其深意的，他的最终目的就是置刘晏于死地。庾准本来是王缙的门人，也是因为王缙的关系官至中书舍人的。王缙和元载关系非凡，当年也是因元载一案被诛，再加上他这人没有什么才华，为世人所讥讽，被贬之后，仕途更是无望了。德宗即位之后，庾准蒙圣恩官至司农卿，他一直以来都和杨炎交往甚密，所以他对刘晏的恨和杨炎比起来可谓是有过之而无不及。刘晏被贬的忠州在荆南节度使的管辖范围之内，接到调令的庾准明白此次是"一雪前耻"的大好机会，所以在临行之前，他还特意到杨炎府中拜谒。

杨炎这次联合了庾准，利用的还是相同的罪名，那就是咬准了刘晏谋反。在封建王朝，谋反是不可能饶恕的大罪，刘晏一旦被证明有谋反之实，那被处死就是不可挽回的了。有了杨炎的支持，庾准上任后不到半年，就向德宗上书，说刘晏准备在忠州起兵谋反。再加上杨炎在朝中的配合和响应，刘晏的谋反之罪就从子虚乌有变为了确有其事。

可能德宗当时太过震惊，已经失去了判断能力，他竟然没有和大臣们商议就派出密使杀了刘晏，其后才将此事诏告天下。从杨炎上述的种种行为来看，他对刘晏的报复行为是有计划、有目的的，并不是毫无章法，一味地为了自己心中复仇的快感。在打击刘晏的同时，他尽可能地将自己置于一个安全地带，将这一系列的复仇之举进行得如此迅速而又尽量不留痕迹。

但纸终究包不住火，杨炎在朝中处处为难刘晏，这事很多朝臣都看在眼里，如今刘晏被冤杀，大家都明白是杨炎从中唆使。所以刘晏因谋反罪被杀的诏书下发之后，朝廷上下都陷入了议论之中。

朝臣们为刘晏打抱不平，除了维护正义的目的，还有就是从这次的事件中感到了危机，像刘晏这样有功无过的大臣尚且遭受到了这样的待遇，何况于他人呢？对于朝中的议论，杨炎本来是不放在心上的，但事情的严重性就在于，一些驻扎在藩镇的节度使也开始因为这件事而惴惴不安，生怕刘晏的今天就是他们的明天，例如淄青节度使李正己就按耐不住，接连上书责问刘晏到底因何被诛杀。

藩镇的压力使得杨炎不得不采取措施，然而面对强大的舆论压力他首先想到的就是推卸责任，但聪明一世的他此时却糊涂一时，居然将刘晏的死归咎到唐德宗的身上。不仅如此，他还派出自己的心腹到各地去告知节度使们，称刘晏被杀与自己无关，是唐德宗因代宗当年改立皇后之事记恨刘晏。杨炎这么做无疑是自掘坟墓，这也就注定了他最后不得善终的悲惨结局了。

虽然这些事都是杨炎的秘密行动，但最终还是传到了唐德宗的耳中。当初是杨炎力保刘晏有罪，如今面对议论他却如此推卸责任。杨炎的态度和做法让唐德宗怒不可遏，纵使他以往再信任、再宠爱杨炎也是枉然了。

"一去一万里，千知千不还。崖州何处在？生度鬼门关。"唐德宗下令将杨炎贬为崖州司马，崖州地属今天的海南，路途险阻，被贬到此，可见德宗心中对杨炎的恨意了。但悲剧并没有就此终结，等到杨炎离开京城之后，唐德宗的怒气还没有消散，随即又下旨将他赐死。正所谓"冤冤相报"，元载的死和刘晏本来关系不大，倘若杨炎能够豁达一些，也就不会造成这样的结局了。

削藩不成蚀把米

　　唐代的藩镇称之为"道"，设置的初衷是为了形成区别于州县的观察区，以此来保卫中央的安全。藩镇本来是不属于行政范围之内的，但随着时间的发展，它的长官节度使的权利越来越大，使之成为了在州县之上的行政实体。自"安史之乱"后，唐朝的藩镇割据问题不仅没有得到妥善的解决，反而愈演愈烈。

　　经过了肃宗朝和代宗朝的发展，到了德宗时期，藩镇割据的状况进一步加重，各地的节度使们拥兵自重，势力非常强大，随时都有可能威胁到中央政权的统治。唐德宗在即位之后，一直就试图改变这种状况。为此，他采取了很多措施，其中最有力的就是武力削藩。

　　在唐中后期的藩镇中，以河北道的魏博、成德、幽州三镇的势力最为强大。这三镇的节度使都和当年引发"安史之乱"的安禄山有很深的渊源，例如成德节度使李宝臣就是安禄山的义子，幽州节度使李怀仙也曾经参加过安禄山的叛军。即使如此，为了安抚地方势力，在"安史之乱"后，朝廷还是不得不将这些人册封为节度使，可见唐朝到了中后期，中央的实力是如何衰微。虽然这样的做法存在着较大的风险性，但幸运的是，自肃宗朝以来，这几个藩镇还相对太平，并没有闹出什么大的争端。

　　除了河北三镇外，齐鲁之地的淄青镇实力也是不容小觑。淄青节度使原本是侯希逸，但后来被他的表弟李正己所驱逐。淄青从代宗时期开始就是对抗朝廷的一股强大力量，也是当时朝廷防范的重要对象之一。但奇怪的是，唐德宗即位之后，李正己却表现出了和往常不一样的态度。他主动派出使者到都城觐见德宗皇帝，还表示愿意向皇帝进献铜钱三十万缗，以表他和淄青的将士、百姓对新君的敬仰之情。

　　李正己不合常理的殷勤自然引起了唐德宗和朝中大臣们的怀疑，宰相崔祐甫首先站出来表示绝对不能接受李正己进献的钱财。在崔祐甫看来，李正己只不过是想借此机会试试新登基的皇帝对藩镇的态度，可以说"司马昭之心，路人皆知"。唐德宗虽然也明白这个道理，但又害怕拒绝会惹怒李正己而引发事端。最后还是崔祐甫解决了这个尴尬，他建议德宗将这三十万赏赐给淄青的将士，这样不仅不会拂了李正己的面子，还维护了皇帝在百姓心中的仁君形象。

　　对李正己事件的处理展现了崔祐甫出色的处事能力，从这件事也可以看出唐德宗还在积攒实力，这么做只不过是暂时的妥协，为以后的削藩做好完全的准备。除了想尽办法安抚各地的节度使外，唐德宗还做了一件事，那便是解除了大将郭子仪和崔宁的兵权，其后又解决了一些小的叛乱，稳定住了西北地区的局面。准备工作完成得差不多之后，唐德宗就要开始大刀阔斧地实施他心中酝酿已久的削藩大计。在他的计划中，首相要除去的就是为患已久的河北三镇。就在不久之后，改革的机会便适时地到来了。

　　按照朝廷以往的规定，各地的藩镇由节度使控制，节度使不仅拥有强大的地方管理权，还拥有大量的土地。节度使死后，他们的子嗣有权继承他们的职位和土地还有其他的一切特权。之所以当初有这样的规定，也许是为了安抚各地的节度使，使他们为朝廷效力并使其有所依靠，避免引发争端和叛乱。但随着藩镇势力的扩大，这样的制度便引发了许多弊端。

　　首先，是这些节度使的职位代代相传，就使得家族势力在地方生根发芽，很多地方的百姓只知有藩镇，不知有朝廷。这样一来，越来越多的节度使就不像原来那样听从朝廷的号令，自成一家，中央政权对地方的控制力大大减弱。

其次，原本从中央派到各地的节度使都是经过朝廷甚至是皇帝亲自挑选的人才，对于地方的管理和统治都起到了不可忽视的作用。但这批节度使陆续死去，他们的后代却并非每个都继承了祖上的才能，其中也不乏碌碌无为的庸才，这就违背了当时朝廷选派节度使驻扎地方的初衷。

建中二年（公元781年）的正月，河北成德镇节度使李宝臣病死。李宝臣死后，他的儿子李惟岳秘不发丧，向朝廷上表请求继承父亲的职位。本来按照常理，这件事情很快就能得到批复，但让李惟岳吃惊的是，唐德宗一改代宗当年对藩镇姑息的政策，竟然拒绝了他的请求。朝廷坚决的态度让李惟岳大为恼火，生气的同时，他也意识到皇帝要削弱藩镇势力的决心。为了维护自己的利益，李惟岳联合了山南节度使梁崇义、淄青节度使李正己等各地的节度使，武力对抗朝廷。

虽然这次的叛乱范围比较大，但唐德宗应该心里早有准备。李惟岳等人发动兵变的消息传到朝廷之后，唐德宗毫不示弱，马上就将驻扎在京西的一万多兵力调到关东抵抗。为了壮大中央军的声势，他甚至亲自在长安设宴犒劳去前方征讨叛军的将士。虽然地方势力来势汹汹，但毕竟势力不敌中央政权，很快便纷纷败落下来。李惟岳最后被自己的部将王武俊杀死，李正己父子一个病死，一个被打得大败。眼见局势完全倒向中央政府，驻守在成德镇的大将张忠和主动向朝廷投降。

各地的削藩战争节节胜利，就在唐德宗觉得大计就要成功之时，局势陡然发生了逆转。原来唐德宗在削藩的过程中，不仅征调了中央的军队，还有一个重要途径，那就是利用藩镇的军队来攻打藩镇。这一做法不仅触犯到了各地藩镇的权益，还使得节度使们的危机感与日俱增，他们认为，李惟岳等人的今天或许就是他们的明天。建中三年（公元782年）年末，驻守在淮西的节度使李希烈自封为天下都元帅，称建兴王，并联合卢龙节度使朱滔（称冀王）、淄青节度使李纳（称齐王）、魏博节度使田悦（称魏王）、成德节度使王武俊（称赵王）四人发动叛乱。

李希烈等人这次发动的叛乱相对于前期可谓是声势浩大，战火一下便从河北蔓延到了河南。唐德宗听闻之后大吃一惊，但随着时间的发展，叛乱越来越严重，眼见东都洛阳就要落到叛军的手中了。在如此危急的局势下，唐德宗马上派大将哥舒曜率军前去征讨，建中四年（公元783年）十月，又下旨命泾原节度使姚令言率泾原兵马前往淮西助哥舒曜平乱。但却出乎意料的是，在途经长安时这支军队发生了历史上著名的"泾师之变"。

事情的起因是朝廷没有处理好部队的后勤事宜，军队士兵们所吃的糙米和素菜根本不能使他们负荷长时间的行军作战，再加上朝廷没有赐予他们应有的赏赐，士兵们便在生理和心理的双重压力下发生了哗变。当时愤怒的将士们将粗糙的饭菜倒到地上，放声说道："吾辈弃父母妻子，将死于难，而食不得饱，安能以草命捍白刃耶！国家琼林、大盈，宝货堆积，不取此以自活，何往耶？"姚令言见状马上上前劝阻，并许诺到了洛阳皇上一定会有赏赐。但已经极度失望的士兵根本不听姚令言的敷衍之词，依旧向城中冲去。

与此同时，哗变后的泾原之师拥立朱泚为帝，改元应天。朱泚是此时正在反叛的卢龙节度使朱滔的哥哥，也曾经担任过泾原军的统帅，他在称帝之后便即刻率大军围困了唐德宗的避难之所——奉天。李唐王朝的实力虽说大不如前，但在全国还是有一定号召力的。皇帝在奉天被困的消息传出后，朔方节度使李怀光等人便火速率军回撤，前来奉天勤王。

奉天危机的解除也宣告着唐德宗削藩政策的失败，兴元元年（公元784年）正月，他向天下人颁布了一道"罪己诏",称这次战乱的责任都在自己。在诏书之中,他说"朕抚御乖方,致其疑惧",意思是说是自己的失误最终引发了各地的叛乱,而李希烈等人都是被逼无奈,完全没有责任。最终的结果是,这些参与叛乱的藩镇和节度使全部被赦免,皇帝"一切待之如初"。王武俊等人见皇帝如此,便见好就收,马上取消了自封的王号,上表向朝廷请罪。而这次的削藩之乱就以唐德宗的完全妥协而告终。

猫尾巴不能踩

好景不长,就在"泾师之变"结束后的一个月之内,朔方节度使李怀光又联合长安的叛将朱泚开始了新一轮的反叛。那么,一向对朝廷忠心不二的李怀光为什么会在为唐德宗解除了危机之后反而倒戈相击呢?这一切的原因都是因为唐德宗对他的不信任,李怀光此次的叛变虽然罪不可恕,但唐德宗对此也有着不可推卸的责任。

唐德宗的性格中有一个很大的弱点,那就是猜忌心较重,并且遇事时往往不能自己作判断,总是依靠身边的大臣帮自己作决定。德宗这样的性格引发了很多事端,最鲜明的例子就是他听信杨炎的一面之词而将重臣刘晏诛杀。也许是历经过乱世,也许是自小就受尽了藩镇叛乱的痛苦,所以在唐德宗的内心深处一直认为武将是不可信任的,必须对他们进行严格的控制。所以这次的危机虽然是在李怀光的帮助下才得以解除,但唐德宗却并不因此心怀感激,而是对李怀光的用心产生了怀疑。不仅如此,为了控制李怀光的势力,唐德宗还采取了一系列的极端措施。

唐德宗对李怀光的态度除了有自己的"心病"在作怪之外,很大程度上来源于周围奸臣和小人的唆使。当初杨炎为了一己恩怨在朝中和刘晏闹得不可开交,这是所有人都看在眼里的。为了牵制杨炎的势力,唐德宗在建中二年的二月拜卢杞为相。卢杞为人阴险毒辣,为了自己的权益排除异己,结党营私,无恶不作。

但就是这样的奸臣不知为何却能得到唐德宗的信任,杨炎在世的时候尚且可以与之抗衡,但杨炎一死,卢杞就独掌大权,可谓是"一人之下,万人之上"。除了卢杞之外,此时环绕在唐德宗身边还有京兆尹王翃、判度支赵赞等人。这些人终日只知逢迎主上,并不将国家大事放在心中,对朝廷和百姓的危害极大。

虽然朝廷上下有不少人都对卢杞心生不满,但却是敢怒而不敢言。但李怀光却根本不买卢杞等人的账,他性格粗枝大叶,遇事不多加考虑,多凭自己的喜恶。再加上他此次为皇帝解了围,言语之中就更无所顾忌。李怀光曾多次宣称是因为朝中奸臣的专权才导致皇帝遭受战乱,逃离京师。不仅如此,他还称在奉天解围之后,要请求皇上将这些奸臣诛杀,言下之意,他回京之时就是卢杞等人覆灭之日。

卢杞等人听到这个消息之后当然不会坐以待毙,他们想到的解决措施就是马上阻止李怀光面见圣上。卢杞说:"怀光勋业,社稷是赖,贼徒破胆,皆无守心,若使之乘胜取长安,则一举可以灭贼,此破竹之势矣。今听其入朝,必当赐宴,留连累日,使贼入京城,得从容成备,恐难图矣!"意为收复长安迫在眉睫,如果李怀光前来奉天则会耽误了大事,于社稷和百姓无益。

唐德宗本就十分信任卢杞,如今卢杞如此为国家考虑,唐德宗更是不疑有他。于是,唐德宗改变了主意,马上下旨命李怀光率军火速与神策河北行营节度使李晟、渭北节度使李建徽以及神策兵马使杨惠元会合,马上收复长安,不必先来奉天。

皇帝的态度在短短的一天时间内就发生了如此巨大的改变,李怀光当然知道是卢杞等人从中挑唆。这件事之后,李怀光对卢杞的恨意日渐增加,他多次向唐德宗进言,称卢杞等人蒙蔽主上，祸国殃民。在李怀光的坚持下，朝中许多人也纷纷表示出对卢杞的不满，一时间舆论哗然。眼看局面难以控制，唐德宗为平众怒，只得下旨将卢杞贬为新州司马，其余等人也都被贬黜到外地。

李怀光虽然达到了目的，但事后他又十分担心。他深知皇帝贬斥卢杞等人不是出于自愿，害怕事后唐德宗会加罪于他，所以他便开始为自己谋划退路。也就是在这个时候，李怀光对唐王朝产生了反叛之心。

兴元元年（公元784年）二月，李怀光与神策河北行营节度使李晟合军，驻扎在咸阳以西的陈涛斜。为了使这些武将们相互节制，德宗封李怀光为都统，命他率部火速收复长安。但此时的李怀光此时却在暗中和朱泚谋划，准备和他一起瓜分大唐的天下，所以总是以兵马疲惫为理由迟迟不肯发兵。李晟见李怀光如此，心中已对其心也略知一二。为了保存自己的实力，他马上上书请求将自己的部队和李怀光分开，移驻于东渭桥。

李怀光所做的一切都表明了接下来将要发生的事，逐渐感觉到危机的唐德宗也秘密地加强了奉天的守备。此时李怀光的部将赵升鸾向浑瑊密报，说李怀光准备火烧乾陵，挟持唐德宗。李怀光手下兵力强大，此时若是一味抵抗无异于是以卵击石，无奈之下的唐德宗只得又一次逃到了梁州（今陕西汉中）。

李怀光虽然来势汹汹，但他的谋反行为在军中却得不到支持。唐德宗出逃之后，李怀光马上命手下将领前去追赶，但孙福达等人却故意拖延时间，最后无功而返。其后李怀光又下令进攻李晟，但军中将士不听命者占多数。就在此时，本来以兄弟互称的朱泚也改变了态度，先前他们约定共同称帝，但此时朱泚却给李怀光颁下诏书，与他君臣相称。一时间，李怀光众叛亲离，进退两难。无奈之下，他只得率领兵马东去，希望能够积攒实力，日后再图进取。

兴元元年七月，李晟率军光复了长安，唐德宗得以返回长安。朱泚虽败，但李怀光的兵马还在河中盘踞。到了贞元元年（公元785年）的秋天，马燧才率军收复了河中，李怀光也自尽而亡。贞元二年（公元786年）四月，李希烈被其部将陈仙奇杀死，淮西被收复。直到此时，这场藩镇之乱才算告一个段落。尽管如此，唐后期藩镇割据的局面依旧没有得到控制，在唐德宗之后，唐王朝的君主们依旧要承担接连不断的藩镇危机。

德宗年间的削藩之举之所以未能成功，这其中有唐德宗个人的原因，但也与当时的政治状况有着不可分割的联系。从唐德宗本人来看，以武力手段来削藩一开始就过于极端，势必会引起节度使们的反感。但从相反的角度来思考，如果唐德宗的手段柔和一些，是不是就会取得意想不到的成效呢？

纵观唐朝的历史，在德宗之前，成功控制藩镇势力膨胀的例子不在少数，唐太宗在贞观年间的做法就是一个鲜明的例子。当年唐太宗为了削弱地方的势力，将继承祖上爵位的子弟们降级，无疑不是一种柔和削藩的手法。但德宗时期的状况毕竟不能和唐初相比，两个时期藩镇问题所引发的弊端大小也不能同日而语。如果此时的德宗不采取强硬的手段，藩镇问题不但得不到解决，反而会愈来愈严重。

所以说，唐德宗武力削藩的手段虽然有些极端，但却不失为一个彻底解决问题的好方法。但唐德宗没有预料到的是，此时藩镇的军事实力已经远远超出了自己的想象，而且这些节度使往往会为了共同的利益联合到一起，共同对抗朝廷。这是历史发展到此时必然会出现的状况，并不是唐德宗的个人能力能够解决的。

武力削藩的政策使得中央与地方之间的矛盾加剧，也正是因为削藩之事，唐德宗经历了两次颠沛流离的逃亡生活，这不得不说是作为一个帝王的悲哀。这些经历都让唐德宗的心态发生了严重的改变。在这之后,他再也没有采取什么有效措施,而开始对藩镇一味姑息,他的这种消极的态度使得当时的局面和优势丧失殆尽,使自己完全陷入了被动。随着时间的发展,藩镇问题愈加积重难返,也给后期的藩镇叛乱埋下了沉重的隐患。

第二章　永贞革新,乌云正在逼近

瘫痪也不能阻挡登基的脚步

贞元二十一年(公元805年),唐德宗李适薨逝,享年六十四岁。死后葬于崇陵,谥号"神武孝文皇帝",庙号"德宗"。唐德宗在位共二十六年,是唐朝历史上在位时间较长的皇帝之一。

纵观唐德宗的一生,可以说是一位充满着悲剧色彩的皇帝,他的前半生为了改革而励精图治,唯一的理想便是在自己在位期间使唐朝恢复以往的盛世气象。这位果敢的皇帝为了实现自己的政治理想采取了很多措施,但不幸的是都收效甚微。

"安史之乱"后,唐朝在各方面都积重难返,是当时的社会现实更是历史发展的局限,也是人力不可轻易变更的。正所谓"当局者迷,旁观者清",处在时代洪流中唐德宗不能清楚地看到这一点,纵使他明白也无法改变现实。政治上的挫折使得这位曾经雄心壮志的皇帝逐渐变得力不从心,于是他的锐意改革之心也在晚年逐渐消失殆尽。晚年的他宠幸宦官,好敛钱财,所以得到的评价不过是"失败"二字。可以说,德宗时期的改革失败不仅仅是他的个人悲剧,更是这个时代的悲剧。

唐德宗死后,继承他皇位的是皇太子李诵。据史料记载,唐德宗共有十一个儿子,其中舒王李谊和文敬太子李謜并非唐德宗所生,所以实际上德宗的儿子共有九个。

舒王李谊本是郑王李邈的儿子,也是唐代宗的孙子。郑王去世得早,所以李谊很小就失去了父亲。德宗看李谊孤苦,就将他收做自己的儿子,因为当时德宗还没有子嗣,所以李谊在名义上就是长子。

至于文敬太子李謜则是李诵的儿子,从血缘关系上来说是德宗的孙子,但因德宗特别钟爱于他,所以也当作自己的儿子。除了李谊和李謜外,在剩下的九个儿子中,宣王李诵为其长子,生于肃宗上元二年(公元761年)正月。代宗大历十四年(公元779年)六月,李诵被册封为宣王,德宗登基后的一年内又以长子的身份被册立为皇太子,成为大唐的储君。

本来皇长子继承皇位时完全符合"嫡长制"的继承传统的,但唐顺宗这个皇位却来之不易。因为父亲唐德宗在位时间较长,所以李诵前前后后做了二十六年的太子。建中元年他被册封时是十九岁,到了贞元二十一年即位时,顺宗已经四十四岁了,这在历朝历代即位的新君中也算得上一个特例了。

在史书的记载中,顺宗李诵是个"慈孝宽大,仁而善断"之人。他在当太子的时候爱好学习各种技能,对书法尤为钟爱,写得一手好字。每当唐德宗赐予臣下诗作时,几乎都是让太子执笔的。李诵不仅精通文墨,更为可贵的是他武艺出众且勇气过人,当年的奉天保卫战就有他的一份功劳。建中四年,长安暴发了"泾师之变",唐德宗仓皇的向奉天逃窜,负责断后的就是太子李诵。

后来奉天告急,也是他身先士卒,率领将士们守城抗敌。就在奉天即将失陷之时,李诵亲自到城门上督战，还为受伤的士兵包扎伤口。因为李诵的努力，军心受到了极大的鼓舞，将士们无不奋勇抵抗，终于取得了战争的胜利。

李诵在其二十六年的太子生涯中最为可贵的就是为人不张扬，事事都小心谨慎。但纵使他再小心，皇位这个巨大的诱惑还是使很多人想尽办法来陷害他，目的就是取而代之。在这些事件中，尤以发生在贞元三年（公元787年）八月的郜国大长公主之狱影响最大。

郜国公主是唐肃宗的女儿，所嫁的驸马名叫裴徽，因为裴徽早死，后又嫁给萧升。郜国公主与萧升有一个女儿，因为和李诵年纪相当，就亲上加亲，许给李诵做了太子妃。因为是当朝公主，又是太子的岳母，郜国公主经常无所顾忌地出入东宫，并和当时的太子詹事李昇等人交往甚密。驸马萧升去世得早，郜国公主两度丧夫，心情十分沮丧。可能是对生活失去了信心，她居然和彭州司马李万等人私通。这件事的确是皇室的一大丑闻，但就是有一些小人无端生事，将这件事情牵扯到了皇太子的身上。

晚年的德宗对宦官极其宠信，但太子却十分看不惯这些仗着权势嚣张跋扈的宦官，对他们从来没有好脸色。这些宦官在宫中多年，深知皇室的规矩，现在太子这般厌恶他们，等到太子继承了皇位，他们的下场就可想而知了。所以为了保证自己的未来，这些宦官秘密商议想要让德宗另立储君。正当他们苦于没有借口的时候，发生了郜国公主之事。这些人不但向皇帝告发了郜国公主的"淫乱"，还称她在宫中行"巫蛊之术"。"巫蛊"在皇室是一个很敏感的话题，历朝历代宫廷之人只要沾上了"巫蛊"的嫌疑，几乎都没有什么好下场。

德宗听闻这件事之后大为震惊，马上召太子前来问话。李诵自然知道父亲召他前来所谓何事，为了洗刷自己的冤屈，他主动请求废除自己的太子妃萧氏。这件事虽然是子虚乌有，但却使得德宗父子之间产生了隔阂，自此之后，德宗便动了废除太子，改立舒王为嗣的心思。有了这个想法之后，德宗召来了宰相李泌前来商议。

李泌是三朝元老，在德宗面前还是有一定地位的。听了德宗想改立子嗣的想法后，李泌坚持认为此事不妥。不仅如此，他还举了太子废立所引发祸端的例子来劝谏皇帝，最终使德宗打消了这个念头。经历了郜国公主一事之后，李诵变得更加小心谨慎。之前他还敢于表达自己的政见，但这件事后凡事都不敢顶撞父亲。

和其他的皇子不一样，李诵到了德宗后期便患有严重的疾病，身体状况一直很不好，根本不能承担繁重的政务。据《旧唐书·顺宗本纪》记载，唐德宗在贞元二十年（公元804年）就患上了中风，到了后来甚至到了不能说话，不能行走的地步。

到了德宗病危的时候，诸位皇子都在父亲身边侍奉汤药，唯独太子李诵因为身体有病不能前来。而德宗在临死之前因为想见太子而不得见，涕咽久之。更为严重的是，由于皇帝去世时太子不在身边，所以朝中就皇位的继承人究竟是谁这个问题引发了一场争执。关于此时的帝位之争，《资治通鉴》中有如下记载：

"（正月）癸巳，德宗崩；苍猝召翰林学士郑絪、卫次公等至金銮殿草遗诏。宦官或曰：'禁中议所立尚未定。'众莫敢对。次公遽言曰：'太子虽有疾，地居嫡嫡，中外属心。必不得已，犹应立广陵王；不然，必大乱。'絪等从而和之，议始定。次公，河东人也。太子知人情忧疑，紫衣麻鞋，力疾出九仙门，召见诸军使，人心粗安。"

可见当时反对李诵，拥立广陵王李纯的应该就是以刘贞亮为首的宦官集团。他们的目的很明确，就是为了保住自身的利益。

李诵此时虽然卧病在床，但他也知道这是一个关键时刻。为了保住自己的皇位，他拖着病体召见了禁军的首领们。贞元二十一年正月二十四日，朝廷公布了立太子李诵为新君的遗诏。

两天之后，李诵在太极殿即皇帝位，改元永贞，是为唐顺宗。事情发展到了这个地步，还是有很多将士怀疑即位的人到底是不是太子，等到他们亲眼目睹唐顺宗登上皇位时，才喜极而泣地说道："那真是太子！"从这些卫士的表现也可以看出一点，那就是李诵在当时还是颇得人心的，只是他因为自身的疾病，在即位的关键时刻没能出现在公众的视线之中，从而才造成了恐慌，也给了宦官们一个可乘之机。好在顺宗终于继承了皇位，那么朝廷上下的疑虑就自然而然地消除了。

天黑请闭嘴

和父亲唐德宗一样，唐顺宗李诵也是一个饱受过战争之苦的皇帝。正是因为如此，年轻时的他就下定决心做一个圣贤的君主，成就一番大事业，为天下苍生造福。因为李诵宅心仁厚且又胸怀大志，所以在他还是太子之时身边就环绕着很多有识之士。这些东宫官员时常和李诵探讨国家大事，是李诵在政治上不可或缺的支柱。而在众多的东宫官员中，尤以王叔文最得李诵信任，可以称得上是东宫集团的核心人物。

"弱冠游咸京，上书金马外；结交当时贤，驰声溢四塞"，出于对朝政和民间疾苦的关心，同时也是为了实现自己心中的政治抱负，德宗时期，大批南方的有识之士跋涉到长安，而王叔文就是其中之一。

王叔文是越州山阴人，因为棋艺精湛而被德宗皇帝选中，担任东宫待诏一职。王叔文虽然是因棋艺发迹，但其擅长的还有为政之道。自进入东宫的那一天开始，王叔文就忠心不二地陪伴在李诵的身边，为李诵出谋划策。李诵的太子之位在德宗末年之所以能够保全，主要得益于两个人，一个是前文所提到的宰相李泌，另一个就是王叔文。

太子宫坐落在宫城以东，所以通常被称为"东宫"，是皇太子生活起居之所。按照封建王朝的传统，皇帝一般都会给储君配备一些官员，这些人负责教导和帮扶太子，使之熟悉政治并加强其处理国家大事的能力，为日后成为一国之君做好充足的准备。

众所周知，皇帝和太子之间的关系是十分微妙的，他们虽为父子，但又是君臣。皇帝一方面希望自己的接班人能够在各个方面能够超越他，成为让世人敬仰的君主，另一方面又害怕储君功高盖主，借机篡夺皇位。正是因为这微妙的关系和地位，历朝历代的东宫都是个多事之地，在这里不知发生过多少父子、兄弟相残的惨剧。所以不论是东宫的官员还是它的主人皇太子，处都都需万分小心，一不小心就会面临着杀身之祸。

唐顺宗李诵二十六年的太子生涯可以粗略地化为两个部分，其断点就是"郜国公主之乱"。从他的表现和处事态度来看，之前的李诵在政治上还是较为主动的，遇事也敢于向君主进谏因而得到了韩愈"居储位二十年，天下阴受其赐"的评价。例如当年唐德宗十分宠信裴延龄和韦渠牟，想任用他们为相，但李诵早就听说这两个人没有什么才华且在外声誉不佳，所以便找准机会力劝唐德宗。正是因为李诵的努力，裴、韦二人一直没有得到重用。

又有一次，唐德宗在鱼藻宫大摆筵席，命宫女们在彩船上戏水游玩，齐唱船歌，又名乐官大奏乐曲，好不热闹。唐德宗十分欢乐，兴致勃勃地问一旁的太子："几天宴会如何啊？"李诵没有多言，只是说了一句"好乐无荒"。这句话语出《诗经》，意为劝谏人不要沉湎于享乐。

李诵的所作所为虽然得到众人的称赞，但身为师傅的王叔文却颇为担心，如果太子锋芒过露，一定会引起小人的嫉恨。再加上唐德宗到了晚年猜忌心很重，对太子并没有之前那么信任，更有不少人对太子之位虎视眈眈，所以眼下最为要紧的是"韬光养晦"，用低调的态度来保住自己的地位。王叔文虽然想到了这一点，但却一直没有找到合适的机会来劝说太子。也是机缘巧合，因为当时宦官们引发的宫市弊政，李诵才明白了王叔文的一片良苦用心。

唐德宗晚年好敛钱财，所以大量地任用宦官。这些宦官打着皇上的旗号贪污腐化，流毒甚广，造成了当时著名的"宫市之弊"。因为宦官们深得皇帝的信任，所以御史和谏官们也是敢怒不敢言。这天，李诵和东宫官员们谈到这件事，可谓是群情激奋。

李诵见众人都义愤填膺，但却惧怕威势不敢进谏，便有意担起责任，请求德宗革除这一弊端。众人见太子如此为国为民着想，纷纷称赞他贤德，只有王叔文一人坐在旁边默默不语。等到众人都散去之后，李诵特意将王叔文留下，询问他刚才为何一言不发。

王叔文对李诵说道："微臣蒙太子信任，自是'知无不言，言无不尽'，请问太子，身为国之储君应当以什么为重呢？"李诵不解其意，王叔文又接着说："太子侍奉皇上，关心的应该是皇上的饮食起居，他事又何必过问呢？如今陛下在位已久，倘若有小人从中挑唆，怀疑太子以此来收买人心，您又如何向皇上解释呢？"

听了王叔文的一番话，李诵恍然大悟。之前"郜国公主"一事就是因为他得罪了宦官，如果这次再出面建议罢除宫市，等于就是公开和宦官宣战了。想到这里，李诵吓出了一身冷汗，他对王叔文说："如果不是先生提醒，我怎么会知道这件事，险些铸成大错啊。"

自此之后，李诵就奉行王叔文所教导的"韬光养晦"之术，在东宫闭门休养，尽量不参与政事，以免给人以把柄。也是因为这件事，李诵对王叔文愈发地敬重，将他引为心腹，事无巨细都与他商议。为了报答太子对自己的信任，王叔文为其详细地分析了朝中的势力发展，并建议他即位之后对朝政作出一番新的改革。

得到了太子的支持后，王叔文便开始了实际行动，确切地说就是为太子网罗人才，为将来做准备。王叔文暗中结交了大批在当时大有前途的人士，并经常向李诵推荐何人可以为相，何人可以为将。不仅如此，他还有意结交了许多军事将领，希望这些人能在关键时刻力保太子。

在王叔文的努力下，李诵身边很快就集结了许多才德兼备之人，陆淳、吕温、李景俭、韩晔、韩泰、陈谏、柳宗元、刘禹锡、韦执谊等人都在其列。这些人多是年轻的文人，平均年龄不超过三十岁，官职不高，所以并不引人注目。他们以"二王"（王叔文和王伾）为核心，经常在一起讨论时政，结成了生死之交，为了共同的政治理想而努力。

在东宫集团中，较为有名的除了王叔文和王伾，就要数刘禹锡和柳宗元了。这二人在文坛上颇负盛名，在政治上也是顺宗朝不可忽视的人物。

韦执谊是德宗时的翰林学士，出生于名门望族，自幼就聪敏过人。年纪轻轻的他因为才华横溢深受唐德宗的喜爱。唐德宗喜欢诗歌，韦执谊便常常陪侍左右，与之唱和。韦执谊在德宗朝后期的地位是较高的，作为皇帝的亲信，他可以自由地出入皇宫。一次恰逢德宗的寿辰，无论是皇亲国戚还是官僚贵族都要向皇帝进献贺礼，而作为皇太子的李诵当然也不例外。李诵自青年时期就喜好佛学且颇有建树，而这次他进献给父皇的礼物便是一尊佛像。收到佛像的唐德宗很是高兴，马上命韦执谊为之作了一篇赞词。

这篇赞词文辞优美，德宗于是下旨皇太子赐缣帛给韦执谊表示谢意。按照惯例，接受答谢的韦执谊来到东宫谢恩。韦执谊虽然是德宗的宠臣，但却和裴延龄、韦渠牟二人不同，很受太子的倚重。趁此机会，李诵郑重其事地对韦执谊说："学士你对王叔文熟悉吗？他的确是个有才之人啊。"而对于韦执谊，王叔文也是耳闻已久，二人相见恨晚，自此之后关系日益密切。作为东宫集团的重要成员之一，韦执谊后来也是官至宰相。

除了拥有韦执谊这样的天子近臣，东宫还结交了宫中的宦官李忠言。这些人在李诵最困难的时期陪伴和扶持着他，如果没有他们，在德宗病重的那段时间里，身患重病的李诵很可能就与皇位失之交臂。

李诵在贞元二十年（公元804年）九月患上了严重的风疾，面容扭曲，口不能言。不久之后，唐德宗也因为年老多病而卧床不起。因为两宫都身患重病，不能互通消息，朝中也因此产生了恐慌。就在德宗生病的这段时期内，是王叔文陪伴在李诵的身边，为他传递消息。李诵虽然不能说话，但看着师傅的一言一行，对朝中大事的发展也有了大概的了解。后来宦官俱文珍等人见李诵病重，并以此为借口，想立舒王李谊为帝。

德宗薨逝之时，俱文珍等人秘不发丧，准备谋取李诵的皇位。就在这个关键的时刻，是王伾和宦官李忠言偷偷地将这个消息告知了王叔文，让他们早做准备。得到消息后的王叔文马上找来了刘禹锡、柳宗元等人商议对策，也是他们想尽办法取得了朝中大臣的支持，最终击败了俱文珍等图谋不轨的宦官，保住了李诵的皇位。

贞元二十一年正月二十六日，李诵克服了种种困难，拖着病体在太极殿即位。自此，东宫众人的努力终于收到了成效。顺宗登基之后，一场声势浩大的改革即将拉开帷幕，那便是历史上著名的"永贞革新"，而王叔文等人也终将走上历史的舞台，创造出一个属于他们的时代。

新皇帝，新风尚

唐顺宗的病情并没有因为即位之事的顺利进行而好转，随着时间的发展，他的中风越来越严重，面目扭曲，身体不能动弹，只能靠点头和摇头来处理政务。贞元二十一年三月二日，新即位的唐顺宗第一次召见了百官，大臣们见皇上病体如此，也没有人敢当面奏事。既然皇帝不能理政，那么大权自然而然地落入了原来的东宫集团的手中。对于王叔文和王伾等人来说，一展抱负的时机终于到来了。

正所谓"一朝天子一朝臣"，顺宗即位，王叔文等人得到重用也是意料之中的事。但此时王叔文等人却要面对一个十分尴尬的问题，那就是他们的职务，也就是官衔。因为资历不够，恐不能服众，王叔文和王伾只能担任翰林学士和翰林待诏的职位。虽然职位上不是宰相，但所有的实权都是掌握在王叔文手中的，所以说此时的王叔文是以翰林之名担宰相之职。

顺宗朝这种这种官位和实权不相等同的现象或许在历朝历代的历史上都是极其少见的，这种尴尬的身份不仅使王叔文等人无所适从，更为严重的是影响了他们与重病皇帝的直接交流。关于此时朝中的情况，《资治通鉴》《旧唐书》《顺宗实录》等史籍中都有较为详细的记载：

"时顺宗失音，不能决事，常居宫中施帘帷，独宦者李忠言、昭容牛氏侍左右；百官奏事，自帷中可其奏。自德宗大渐，王伾先入，称诏召王叔文，坐翰林中使决事。伾以叔文意入言于忠言，称诏行下，外初无知者……辛亥，以吏部郎中韦执谊为尚书左丞、同平章事。王叔文欲掌国政，首引执谊为相，已用事于中，与相唱和。"

从中可以很明显地看出，身为手握实权的官员，王叔文却因为官职低下，奏事都要通过王伾，极为不便。为了防止大权旁落，王叔文推荐韦执谊为相。韦执谊出身望族，在前朝又颇受德宗宠爱，论资历论声望都可以胜任。但实际上，韦执谊这个宰相可以说是有名无实，只不过是负责传达皇帝的诏令而已。

除了"二王"和韦执谊外，东宫集团的其他成员如柳宗元、刘禹锡、吕温、陆质等人都得到了重用。在其后的时间内，这些大臣以"二王"为核心，颁行了一系列的改革措施，因这段时间后来改元"永贞"，所以历史上便称其为"永贞革新"。

也有一种观点认为"永贞革新"的说法并不准确，因为唐顺宗自登基到禅位给宪宗李纯，前后还不到一年，并没有改元。而"永贞"这个年号是贞元二十一年八月五日，顺宗退位为太上皇的时候才定的，所以这场变革其实应称为"贞元革新"，而不是"永贞革新"。

当然，这些问题都是细节上的争论，无论如何，由王叔文等人主导的这场运动的的确确地是在顺宗朝发生了，而且还影响颇大。此时的唐顺宗虽然病重，但却没有忘记心中造福苍生的理想，所以不遗余力地支持着这场革新运动。

"永贞革新"以贬黜道王李实为开端，包括了控制财政、抑制宦官、裁减藩镇等多方面的内容，在当时产生了极大的轰动效应。道王李实是皇室成员，是道王李元庆的玄孙。他为人刚愎自用且为政十分残暴，当初在山南节度使李皋的麾下效力，身为判官却故意克扣士兵的粮饷。

对于他的这种行为，将士们十分气愤，群起而攻之，差点把他杀死。李实从山南逃出之后，凭借自己的皇室身份又获得了京兆尹一职。原以为李实会"吃一见长一智"，做些好事为百姓造福，没想到他死性不改，反而变本加厉。

贞元二十年，关中大旱，粮食歉收。当德宗问及京兆的情况是，李实竟然回答道："今年虽然大旱，但庄稼收成良好，并不影响秋稼。"他不仅不减轻百姓的赋税，反而为了向皇帝邀宠，继续督征租税，以此来向德宗进贡。

当时有个叫成辅端的优人，就此事编了几句歌谣，李实就说他"诽谤国政"，将他杀死。监察御史韩愈也因为此事上书弹劾他，但最终被贬职。贞元二十一年年初，唐德宗还是知道了京兆的灾荒情况，为了安抚受灾的百姓，他下旨免除了京兆百姓的赋税。而李实却阳奉阴违，逼着百姓卖田缴税，并因此残害了几十个百姓。永贞元年二月，唐顺宗据李实的种种恶行，将他贬为通州长史。李实被贬之后，"市人争怀瓦石邀劫之，实惧，夜遁去，长安中相贺"，可见当地百姓对他的恨意。

贬斥李实本来是一件小事，但却显示了朝廷一改旧弊的决心。自此之后，一系列的改革措施如火如荼地铺展开来。王叔文等人首先做的是罢除"宫市"，这也是他们一直想做而没有做到的一件事。"宫市"这个名称产生于唐德宗后期，来源是因为皇帝任用宦官为自己采购所需之物，而这些宦官却假借皇帝的名义在各地收揽钱财，造成了极坏的影响。唐代著名诗人白居易的名作《卖炭翁》描写的就是当时宦官盘剥百姓的真实情况，这些宦官表面上说是采买，实际上就是强取豪夺，百姓们对其都是恨之入骨。

除了罢除"宫市"之外，"永贞革新"中还有许多内容是针对宦官的，目的就是抑制宦官的权力，防止他们专权。而在这之中，较为重要的就是罢"五坊小儿"。"五坊小儿"指的是为宫廷的雕坊、鹘坊、鹞坊、鹰坊、狗坊服务的差役，这些人终日无所事事，专以刁难和危害百姓为乐。这些人被罢除之后，百姓们无不欢欣鼓舞，拍手称快。

其后，朝廷又下旨释放了宫女和教坊女乐共九百人；蠲免了民间对政府的五十二万六千多贯石匹束的旧欠。为了将改革进行到底，唐顺宗海下旨废除了各地的"月进"和"日进"，为百姓减轻了负担；降低了全国各地的盐价，使百姓们不必再为买盐而苦恼。

以上措施都出现于"永贞革新"初期,完成了这些准备工作后,王叔文等人就着手向财政和军事等问题进发了。自德宗朝以来,财政问题就一直是让人头疼的大问题。财政是国家振兴的关键,德宗在位的时候虽然也对此花费了很多心思,但一直也没有得到妥善的解决。

　　唐顺宗登基之后,下决心要兴除利弊,彻底地解决这个棘手的问题。唐顺宗命杜佑为"度支"和"盐铁使",主持帝国的财政。杜佑是当时的理财名臣,声望很大,唐顺宗选择他自然是经过一番深思熟虑的。为了保证财政改革政策的推行,唐顺宗又派王叔文为他的副手,表面是协助杜佑,实际是将大权掌控在当年的东宫集团手中。

　　控制了财政之后要做的便是夺取宦官的兵权和抑制藩镇了,这也是所有改革措施中最为艰难的。至于到底如何进行,王叔文等人花费了很多心思,经过详细的讨论,终于达成了共识。永贞元年五月,朝廷封右金吾大将军范希朝左右神策、京西诸镇行营兵马节度使,希望借助范希朝的威望夺回宦官手中的兵权。

　　除了任命范希朝外,王叔文等人还任命度支郎中韩泰为左、右神策军行军司马,目的是进行对神策军的控制。唐朝的神策军虽是禁军,但却分别驻扎在禁中和京西北诸镇,而驻扎京西北的神策军的指挥部设在奉天。所以范希朝和韩泰接到诏令之后,便火速赶往奉天。没成想这个消息传到了宦官俱文珍等人的耳中,这些人感觉到大事不妙,马上下密令,命神策军的将士们不许听从范、韩二人的命令。等到范希朝和韩泰赶到奉天的时候,根本没有人前来拜见。至此,夺取宦官禁军兵权的计划也无果而终。

　　不仅夺取兵权没能成功,其后的裁抑藩镇也因为实施不利,同样宣告流产。王叔文早有裁抑藩镇,革除其弊端的想法,但却一直苦于没有机会,更不知从何下手。永贞元年四月,剑南西川节度使韦皋派人来到长安,希望朝廷能够将"剑南三川"全部封给他。

　　对于这种无理要求,王叔文当然是严词拒绝。与此同时,王叔文也看准了这是个绝佳的机会,能够给其他的藩镇一些警示,为今后的裁抑藩镇打开缺口。所以王叔文随即与韦执谊商量,希望将韦皋的来使刘辟处死。但韦执谊和王叔文的想法不同,因为在这个问题上二人达不到共识,最终这件事也是不了了之。

　　以上基本上就是顺宗朝"永贞革新"的全部内容,这些措施总的来说力度都不是很大,其目的也主要是为了革除旧弊,并没有什么新的创新。话虽如此,"永贞革新"还是以它全新的改革姿态给那个沉闷的年代吹去了一股新风,在当时也很得百姓们的拥护。

　　然而,这场革新运动中的许多措施都触及到了当权的大宦官和各地节度使的利益,这些人对改革派非常不满,想尽一切办法阻挠改革。再加上改革派自身后来也出现了一些问题,所以"永贞革新"和历史上很多的革新运动一样,最终不得不以失败告终。

二王八司马

　　从罢黜道王李实开始,逐步向财政、军事等各个方面进军,"永贞革新"就这样在王叔文等人的希冀和努力下有条不紊地进行着。但好景不长,随着时间的发展,改革派的内部也发生了一些变化,"这个集团的结构本身存在着严重的问题",至于为什么会出现这些问题,原因有以下两个。首先从其领导阶层来看,就有人不能秉公办事,甚至是为一己之争,擅用权力。关于这种现象的例子数不胜数,其中较为有名的就有当时闻名天下的刘禹锡和柳宗元。

　　自"永贞革新"开始后不久,刘禹锡就被擢升为屯田员外郎,负责天下的盐铁事宜。当时刘禹锡大权在握，再加之自视甚高，不免看低周围与之共事的官员。时间一久，朝中的许多大臣都受过刘禹锡的奚落和中伤，当时的侍御史窦群看不惯刘禹锡的做法，便上书弹劾。

窦群是御史台的官员，纠正官员的日常过失本是他的职责所在。刘禹锡曾经也任过监察御史，并不是不知道这一点。面对御史们的弹劾，有则改之，无则加勉，这方能显现一个大臣的风度，但最后的结果是，窦群反而因为这件事被罢官。不仅刘禹锡是如此，时任礼部员外郎的柳宗元也因和御史大夫武元衡有私人恩怨，所以便找了个借口将武元衡贬职。

核心人员都如此，手下办事的人就更不用说了。因为改革急需办事人员，光靠几个决策者是远远不够的，所以改革派掌握大权之后就有很多的政治投机者前来投靠他们。这些人参差不齐，才能和素质并不都像核心人物一样那么出色，又有很大一部分都是靠取悦上级得以升官。但事情紧急，王叔文等人也顾不得细细甄选，然而，事就坏在这些人的身上。

如今站在客观的角度来看，这个现象之所以会发生也是不可避免，连著名的"王安石变法"中也有着这样用人不慎的弊端。不仅如此，集团人员中也不乏有借改革之际大发横财的人，例如，当时的改革派成员王伾就是个典型的例子。据说在王伾的府中立有一个大柜子，其作用就是专门储藏各地来访者送给他的贿赂。不仅王伾如此，还有不少官员成日以推行改革政策为借口，赶着车马到处收取好处，在当时造成了极坏的影响。

因为改革派自身的问题，在当时受到的议论是可想而知的。更为严重的是，那些被打压的大臣纷纷走到了自己的对立面，和大宦官以及藩镇们一起联手对付改革派。虽然情势不容乐观，但此时的王叔文对改革还是满怀信心的，但他不知道的是，在他的身后，一贯支持改革派的唐顺宗却在此时改变了自己坚持的态度。就唐顺宗此时的心境来看，他对改革的态度已经转变为犹豫和暧昧了，毕竟"人言可畏"，疾病缠身的他整日听着那些议论之声，心下也不免对自己当初的决定产生了怀疑。

眼看皇帝方面有所松动，反对派们马上就看到了反击的希望。首先做出行动的是大宦官俱文珍，在他的反复"努力"下，唐顺宗下旨将王叔文的翰林学士之职罢免，不许他再进入翰林院。这样一来，就等于直接解除了革新运动的措施发布机构，最后幸好有王伾出面周旋，事情才有了转机，但也只不过是允许王叔文三五日出入一次翰林院。

其后收取宦官兵权和抑制藩镇的措施失败之后，王叔文彻彻底底地陷入到了一个尴尬的局面中。因为这些措施施行不成功不仅挫伤了改革派们的信心，还提高了宦官和藩镇的警觉心，加速了他们的报复计划。王叔文毕竟是个书生，面对这样的情况，他首先想到的解决之策就是妥协。也就是从他对宦官们的态度开始变得低下的那一天开始，就注定了他苦心经营了多年的变革覆水难收。

妥协之后的王叔文开始向宦官们解释他变革的初衷，见俱文珍等人对他的话不屑一顾，甚至逐渐变得讨好起来。然而俱文珍等人却不理会王叔文的示好，在他们看来，改革派的示弱正是他们彻底夺权的时机。

从一开始他们就意识到，王叔文等人之所以敢如此"放肆"，就是因为从根本上控制了整个帝国的主人——唐顺宗。经过多番考虑，他们认为，彻底地推翻王叔文等人的唯一办法就是改变国家权力的格局，简而言之就是换个皇帝。同样也是出于这个原因，王叔文等人为了保住手中的权力，也一直压制着皇帝立太子的想法。

想另立新主就得有个合理的借口，这个并没有难倒俱文珍，唐顺宗自即位以来就卧病在床，不能理政，这就是再好不过的理由。为帝国册立储君，一直以来就是国家的一件大事。唐顺宗身体状况不好，随时都有撒手西去的可能，因此，立定太子更是宜早不宜迟。因此，俱文珍等人的建议一提出来就得到了大臣卫次公、郑絪、王涯等人的支持。

在众人的劝说下，唐顺宗终于下旨立皇长子李纯为皇太子。在李纯看来，储君地位的获得，俱文珍等人是有很大的功劳的，所以对这些宦官们，李纯的态度是十分友好的。他身为皇长子，再加之顺宗的身体情况，本应该早就立定他的太子之位，都是因为王叔文等人的阻挠才拖到了现在。所以在太子李纯的心中，对王叔文等人的意见是很大的。

册封太子事件使王叔文有一种穷途末路的感觉，一旦李纯即位，且不说"一朝天子一朝臣"，就以太子现在对改革派和宦官集团的态度来看，他的下场也是显而易见的。在这种难以言喻的失落感和挫败感的笼罩下，王叔文变得越发消沉，这段时间他念的最多的一句诗就是唐代著名诗人杜甫的名句："出师未捷身先死，长使英雄泪满襟。"

王叔文的消极情绪不仅从侧面加快了俱文珍等人行动的脚步，还使得改革派内部发生了裂痕。韦执谊见王叔文已无心抗争，便觉得他不是成大事之人，于是二人之间产生了分歧。气急败坏的王叔文居然扬言要杀了冲撞他的韦执谊，王叔文对待当日同僚的这种态度使改革派众人对他逐渐失去了信心。自此之后，这个集团逐渐分裂为一盘散沙，再无任何作战能力。

改革派分裂之后，局势以越来越快的速度向宦官集团倒去。毫无疑问，掌控了大权之后的俱文珍等人接下来要做的就是把王叔文等人一个个地清除出中央。眼见大势已去，王叔文主动上书辞官，理由是要回家为母亲丁忧。但王叔文并非完全放弃了一切，按照他离开长安之前的议定，王伾在王叔文走后请求追回王叔文，并拜他为相。这一招"以退为进"并没有达到预期的效果，王叔文的离开是宦官们日夜盼望的，怎么会再将他召回呢？在王叔文之后，改革派的另一核心人物王伾，也因病辞去了官职。

有人说："二王的退隐，等于宣布了革新集团的全面失败。"的确，王叔文和王伾一走，整个朝廷马上变成了宦官们的天下。俱文珍等人以迅雷不及掩耳之势全面实行了夺权计划，他们首先要顺宗把监国的权力赐予太子，目的是为了日后好代替唐顺宗。过了不久，他们又逼迫唐顺宗退居二线，由太子李纯继承皇位。可怜的唐顺宗此时重病缠身，根本没有任何能力与之抗衡，几乎等同一个任人摆布的傀儡。

唐顺宗退位之后，太子李纯登上了皇位，是为唐宪宗，尊称顺宗为太上皇。新君登基后，革新派马上就遭受了大清洗，王叔文和王伾虽然已经辞官归家，但还是受到了最严厉的惩处，二人都被贬黜，王伾病死，王叔文被赐死。除了"二王"之外，革新派其他的核心成员也纷纷被贬到偏远的地区做司马，这八个人分别是刘禹锡、柳宗元、韦执谊、陈谏、韩泰、韩晔、凌准和程异，这就是唐朝历史上著名的"二王八司马事件"。"二王八司马事件"的发生象征着为时仅八个月的"永贞革新"彻底落下了帷幕，这场如昙花一现般的改革运动留给后人的是无尽的回忆和反思。

谁杀死了皇帝

"永贞革新"进行了八个月就草草收场，那么到底是什么原因使得这场革新运动这么快就落下了帷幕？从浅层次来看，造成运动最终失败的原因不过有二，一是来自于内，二是来自于外。

从内部原因来看，集团成员内部本身就有许多问题，再加之其核心领导者王叔文的书生之气，面对宦官们的挑战只知消极抵抗，最终丧失了主动权。从外部原因来看，这次革新所要打击的势力，如宦官和藩镇根本没有受到任何的损害。从改革开始的那一天起，他们就有计划有目的地开始了一系列的抵制和报复计划，而且次次击中要害。不仅如此，连改革派自身出现的失误也成为他们利用的把柄。

引起宦官们出离愤怒的原因很明显，就是这些改革的措施从根本上触及到了他们的利益。但王叔文等人没有想到的是，朝中反对他们的不仅只有宦官和各地的节度使，还有不少的大臣。这些大臣之所以站在王叔文集团的对立面，原因有两个，一是王叔文等人的掌权使得他们手中的权力大大丧失，这部分人就包括高郢、贾耽、郑珣瑜等四位宰相。

顺宗朝的宰相共有五位，除了韦执谊是属于集团内部的，其他四人都是唐德宗时期的旧臣。王叔文等人的上台让他们手中的权力逐渐消失，王叔文虽名不为宰相却有宰相之权，而他们虽身为宰相却名不副实，这怎么能不让他们心里产生极大的不平衡呢？

除了四位宰相之外，此时还有为数不少的朝臣都是不赞同王叔文等人的。这些人一部分是因为本来就反对新法，一部分是因为受到王叔文集团内部人员的伤害而转投到其对立面的。正是因为如此，改革随着时间的发展阻力越来越大，夺取宦官禁军之权和裁抑藩镇的失败已经显现出这个集团在当时的不得人心。最为重要的是，宦官们早就看到了事情的根源，于是想尽办法册立了太子，这就使得王叔文等人愈发地无计可施，只得任由人摆布。

从一开始，俱文珍等人的行动就很有计划性。他们先是静观其变，不论王叔文等人怎么折腾，就是不买他的账。等到改革派内部出现破绽，他们就将目标瞄准了他们的靠山——唐顺宗。皇帝的态度发生动摇后，他们就开始施行他们的立太子计划，寄希望于新即位的皇帝。李纯一旦被立，王叔文等人就自然而然地陷入了被动局面，使他们既不能取得顺宗的绝对信任，又不能讨国之储君的欢心。

等到局势开始倒向宦官集团的时候，俱文珍等人才开始拿王叔文等人开刀，而这个过程也是缓慢的。他们先是逐步削弱王叔文的权力，将他赶出了翰林院，其后又和藩镇联合，掣改革派的肘。紧接着，为了进一步地掌握实权，他们又上表请求太子监国，将王叔文等人一步步赶出了中央，然后赶尽杀绝。就这样，"永贞革新"和它的倡导者一起走向了灭亡。

纵观历史，可以很清楚地看到这样一个事实。一个王朝如果想要革新，一直以来都是一件极其困难的事情，尤其是在一个帝国由繁盛变得衰落的时期，想靠改革来扭转颓势，那就更是难上加难。历朝历代这样的例子并不少见，而"永贞革新"就是其中之一。唐王朝在历经"安史之乱"后，政治、经济各方面已经开始转向颓败的趋势，逐渐朝着更为严重的方向发展的时代弊政已经使得这个曾经辉煌的国家不堪重负。

然而这些都是历史必然的发展趋势，王叔文等人想靠着一个重病在床的皇帝，凭着一己之力就扭转乾坤，这显然是不合时宜的。所以，这场变革从一开始就注定了它昙花一现的悲剧，但却不能就此否定王叔文等人作为时代的领先者为国家的兴盛和自己治国平天下的理想做出的努力。这不是任何人都能做到的，尤其是随时可能为此付出自己的生命。

"永贞革新"虽然就这样结束了它的历史征程，但对于它的争论一直存在着。关于"永贞革新"的价值和对其倡导者们的评价历来都是存在着很大争议的，其中争论的焦点主要集中在王叔文等人的这些措施是否真的达到了内抑宦官，外制藩镇的效果。

首先看第一个问题，"永贞革新"虽然采取了一系列的措施，其目的无外乎抑制宦官和裁抑藩镇，而其中最为重要的就是抑制宦官的权力。一开始施行的罢"宫市"的举措是取得了成功，但后来触及到宦官手中的兵权的时候，面对宦官的反击，改革派可以说是毫无还手之力。至于裁抑藩镇，更是还没有开始实施就宣告流产。

所以，就改革目的来看，"永贞革新"从根本上来说就是不够成功的，它所做到的就是废除了一些旧时代的弊政，然而这些也都只是皮毛而已。不仅如此，改革派和宦官集团本应该是属于水火不容的两个对立面，但作为领袖的王叔文却一而再地对其妥协，最终葬送了改革。

"永贞革新"因其"虎头蛇尾"和"无果而终"在历史上得到的评价是很低的。现在去翻看《新唐书》《旧唐书》和《资治通鉴》，无一不是对它进行严厉的谴责。但在如此强大的声讨声中，也有人持不同的意见，例如宋代著名的政治家、文学家范仲淹和清初的学者王夫之就认为这种说法有失偏颇。

范仲淹认为"《唐书》芜驳，因其成败而书之，无所裁正"，两唐书以"永贞革新"的成败来决定它的历史地位和意义是不公正的。而王夫之的态度更为明显："自其执政以后，罢进奉、宫市、五坊小儿，贬李实，召陆贽、阳城，以范希朝、韩泰夺宦官之兵柄，革德宗末年之乱政，以快人心、清国纪，亦云善矣。顺宗抱笃疾，以不定之国储嗣立，诸人以意扶持而冀求安定，亦人臣之可为者也。"

永贞元年八月四日，唐顺宗在宦官们的逼迫下，无奈地将自己的皇位传给了太子李纯，自己退居二线，当起了太上皇。唐宪宗即位称帝之后，唐顺宗拖着病体移居到兴庆宫。宪宗元和元年（公元806年）正月十九日，也就是唐顺宗移宫五个多月之后，年仅四十六岁的唐顺宗就终老于兴庆宫的咸宁殿。唐顺宗李适是唐朝皇帝中在位最短的一个（不包括唐隆政权），从他即位到退位前后时间不超过两百天，而"永贞"的年号更是宪宗即位之后才议定的。

关于唐顺宗的死因，史书中没有详细的记载。在很多人看来，唐顺宗自德宗晚年开始就重病缠身，现在驾崩毫无疑问就是因病而亡。但唐代的一本名叫《续玄怪录》的书中的记载，却使得唐顺宗的死因成为了一个悬而未决的疑案。《续玄怪录》是唐人李复言所撰，其中有一篇《辛公平上仙》，用小说的笔法描写了一位唐朝皇帝非正常死亡的过程。

据《辛公平上仙》的描述，辛公平是洪州高安县的县尉。元和末年，他和吉州庐陵县尉成士廉一起入京参选，途中遇到了一件怪事。他二人在去长安的路上遇到了一个叫王臻的绿衣吏，这个人告诉他们，他并非普通人，而是一个阴吏。所谓"阴吏"就是不属于阳间的官吏，王臻还对他们说，他这次来到阳间的目的就是迎接即将仙逝的皇帝。王臻说辛公平命中注定可以看到这一场面，并让他夜间在灞西古槐下等候，同他一起进入皇宫。

其后，李复言就描述了这些人如何将皇帝带走，当然，辛公平是亲眼所见的。事后，王臻将辛公平送回成士廉的居所，才与之告别。辛公平一直都不敢泄露此事，数月之后也"攀髯"而去。到了元和初年，这件事才从辛公平的儿子口中传出，最后被记载了下来。

在小说之中出现了两个关键的时间点，那就是一开始提到的"元和末年"和文末提到的"元和之初"，这两个时间点很矛盾，如果皇帝被杀一事发生于元和末年，那么传出的时间怎么又会是元和初年呢？根据"元和末年"这一时间，陈寅恪先生推断这篇小说描写的应该是唐宪宗的死亡情况，这看似毫无可疑之处，实则疑点重重。

黄永年先生曾在他的文章《〈辛公平上仙〉是讲宪宗抑顺宗》中说出了自己的看

法。黄永年先生的突破点是文末提到的"元和初"这一时间，他认为这篇小说根本就是描写顺宗之死而非宪宗。唐顺宗于贞元二十一年八月退位，五个半月之后就驾崩离世，正是这段时间才有了文中的"更数月，方有攀髯之泣"之说。

据此他推断，唐顺宗可能在退位后不久就被宦官们杀害，直到几个月后才将死讯公布天下。至于文中出现的前后时间矛盾的现象，黄永年认为是宋人为避仁宗赵祯之讳，才将"贞元"改为"元和"，实际这件事发生的时间应该是"贞元末元和初"，这就刚好和顺宗的死亡时间相符。这些观点虽然有一定的道理，但《续玄怪录》中的描述毕竟只是小说笔法，就算所记载属实，也很有可能只是当时的民间传说了。

第三章　元和中兴，朝廷对藩镇的短暂胜利

第三天子

唐顺宗的时代过去，迎来了属于唐宪宗的年代。据《旧唐书》的记载，唐顺宗有二十三个儿子，而在《新唐书》中，这个数量就变成了二十七个。无论如何，顺宗是个子嗣颇丰的皇帝，唐代历史上除了玄宗有三十子，无人可以和他比肩了。宪宗原名李淳，后改为李纯，是唐顺宗的长子，出生于大历十三年（公元778年）二月，生母是庄宪皇后王氏。

关于宪宗的生母，说起来颇为奇特。她本是在代宗时期以良家子的身份选入宫中的，当时是唐代宗的才人。王氏进宫的时候年龄很小，据记载只有十三岁。唐代宗怜悯她小小年纪就进入皇宫，于是便做主把他赐给了自己的孙子李诵，也就是后来的唐顺宗。王氏在李诵的府邸先是孺人，后被封为太子良娣，在顺宗十八岁的时候为他生下了第一个儿子——李淳。由于唐顺宗在位时间很短，所以他的后宫嫔妃们还未来得及册封。王氏这个庄宪皇后的名分应该也是顺宗退位，宪宗登基之后追封的。

唐宪宗自幼聪慧过人，加之又是皇长孙，所以深得祖父唐德宗的喜爱。他六七岁的时候，德宗将他抱在膝上玩耍，问他道："你是谁家的孩子，怎么在我的怀中呢？"年幼的宪宗答道："我是第三天子。"如此巧妙的回答居然出于一个幼童之口，自此之后，德宗对这个孩子更加看重。从这个故事中不仅可以看到宪宗自幼时就表现出来的聪颖，也可以看出，在这个小小的孩子心中，皇位毫无疑问日后就是由他来继承的。

但宪宗幼年的想法未免太过天真，虽然按照"嫡长制"的继承原则，身为长子的他毫无疑问是有着绝对的优势的，但宫廷自古以来就是一个多事之地，在过去的历史中，又有多少长子最终得以顺顺利利地继承了皇位呢？李纯虽然为皇长子，但在父亲登上皇位之后并没有马上被册封，所以在"永贞革新"的那段时期内，他的内心始终是十分忐忑的。因为俱文珍等宦官们和王叔文集团的斗争，使得李纯被宦官们推上了太子之位，其后又登上了皇位。唐宪宗的皇位得益于宦官，但他最后却是死在宦官的手中，这也不得不说是一个巨大的讽刺。

贞元二十一年八月九日，历经坎坷的李纯终于登上了皇帝位，成为大唐的第十一位皇帝，是为唐宪宗。他将年号改为"永贞"，一年后改为"元和"。这一年，宪宗李纯只有二十七岁，年华正好，正是大有作为的时候。

刚登基的唐宪宗马上便开始制裁顺宗时期推行革新运动的王叔文集团，唐宪宗这么

做表面上是为了打击当年阻碍他顺利当上太子的王叔文等人，从而也给支持他的势力作出一个交代。确实，因为王叔文等人，他在当储君的那几个月的心情是十分煎熬的。但从实际意义上来看，宪宗迫不及待地处理"二王八司马"的深层次原因是因为他想迅速地将处理国家大事的权力从王叔文集团的手中夺回。毕竟，作为一个刚登基的皇帝，为自身的统治积累力量是十分重要的。

幼年时的唐宪宗亲身经历了他的祖父唐德宗和父亲唐顺宗时期藩镇动乱给朝廷所带来的战乱之苦，所以自他懂事以来，他就下决心解决这个危害国家多年的大问题。如今他已经登上了皇位，成为了这个帝国的主宰，他理应放眼天下，重振大唐失去已久的威望，这也是先帝们遗留下来的愿望。

虽然解决藩镇问题成为唐宪宗登基后首先要解决的大问题，但他很清楚地知道，想要将天下藩镇的大权都重新收归朝廷所有，那么战争就是不可避免的。一旦要开始大战，如果财力物力跟不上的话，那一切都是空谈。鉴于此，他在处理藩镇问题之前，着手处理的国家运作的核心——财政问题。

唐宪宗首先做的是将宫中的剩余资财悉数转入左藏库，左藏库是国家的正库，这样一来，这些皇帝私有的财产就转为公有。这些钱财不做别用，是防备以后不时之需的，由国家统一管理。紧接着，他又下旨任命李巽为盐铁转运使，掌管江淮财物的整顿。李巽是当时的名臣杜佑所推荐，在财政方面很有自己的主张和见识。李巽上任之后"掌使一年，征课所入，类晏之多，明年过之，又一年加一百八十万缗"，整顿的效果十分显著。《资治通鉴》称赞他说："自刘晏之后，居财赋之职者，莫能继之。"几乎可以与德宗时期的财政名臣刘晏比肩。

元和四年（公元809年），在宰相裴垍的建议下，唐宪宗下旨改革赋税制度。唐宪宗之所以要改变原有的赋税制度，其目的无非是为了增加国家的财政收入，使中央的实力不断加强。在元和初期，各地的地方税收是由三个部分组成的，分别是上供、送使和留州。意思就是说地方的财政收入除了要上交国库和留下自己使用之外，还要留出一部分作为送使钱物，而这一部分往往是不必要的。

宪宗改革之后，"天下留州、送使物，一切令依省估"，三部分并为两部分，原来的送使钱物则归入了国库。不仅如此，新的政策还规定，各地政府所需的费用从当地首府所在州的税收中支取，如果不足才可以征收其他州县的赋税。这样一来，不仅削弱了地方的财政实力，也使得国库日渐充盈起来。

自古以来，无论哪个朝代哪位皇帝想要增强国家的财政实力，途径无非两条，一是开源，二是节流。唐宪宗做到了"开源"，那如果同时做到"节流"，他改革财政的收效也就会成倍增长。和历史上许多初登宝座的君主一样，唐宪宗首先做的也是罢除四方进贡，给百姓们减轻负担，使他们专心于农业生产。

他还曾经向当时的宰相李藩寻求过这方面的意见，和他探讨节俭和足用的关系。李藩向宪宗皇帝进言道："自古以来足用无不来源于节俭。倘使君主不以珠玉为贵，一心一意地对百姓劝课农桑，那么那些所谓的'奇技淫巧'就没有作用了。"唐宪宗若有所思，李藩接着说道："如果天下百姓富足了，天子怎么会不富足呢？反而言之，如果百姓们尚食不果腹，君主想要富足也是不可能的。"

对于李藩的看法，唐宪宗也是表示十分赞同的。他说道："勤俭节约之事是朕诚心诚意想追求的，而天下贫富的关系与你所说的也丝毫不差。所以我们应当上下齐心，方能保住此道。"正是因为明白这个道理，唐宪宗在元和初期就多次拒绝了地方进献给他的歌舞乐伎，理由是这些人会消耗巨额的财富，不能为了他一己之乐，就使国家"剥肤槌髓"。

虽然唐宪宗致力于做一个勤俭节约的好君主，也曾下旨罢除过四方进贡，但各地的官员还是照旧将各种奇珍异宝送入皇宫。对于这些珍宝，唐宪宗也几乎是来者不拒，但有时迫于舆论的压力，就将所收的这些财物转交到度支库，受国家财政的统一支配。例如在元和三年（公元808年），山南西道节度使柳晟和浙东观察使阎济美按照惯例来到长安述职。但他们这次来除了公事之外，还带来了一批进贡给皇帝的珍宝。

按照皇帝之前所颁布的诏令，柳晟和阎济美是违反了规定的，按照律令，应该受到相应的惩罚。但对于他二人这次所带来的财物，唐宪宗不但从容不迫地收下了，还赦免了他们的违例进贡之罪。御史中丞卢坦看不下去，便上书弹劾他们，希望朝廷能够给他们应有的惩处。

唐宪宗对此事却回复说，他已经下旨赦免了他二人的罪，君无戏言，如果按照卢坦的说法，那就会失信于天下臣民。事情发展到了这个地步，皇帝的态度已经很明显了，如果是一般的臣子也就会到此为止，但这个卢坦偏偏是个执拗的性格，他认为错的事情就一定要辩个清楚，就算对方是高高在上的皇帝也不能例外。

卢坦认为，当初唐宪宗为了天下百姓下旨罢除四方进贡这是"大信"，而这次收取供奉本来就是违反了当初的诺言，而且赦免柳晟和阎济美只是"小信"，不能因小失大。面对执拗的御史，唐宪宗也是毫无办法。无奈之下，他只好将这批财物交归国库。

自此之后，凡有反对他收取进贡之物的，他便将所收取的财物交到国库，并没有按照之前说的拒绝纳贡。所以说，事情总是知易行难，唐宪宗虽然是个君主，但也无法抵制钱财的诱惑，以至于背弃了当初所作出的承诺。正是因为皇帝的这种做法，所以在元和年间，各地的供奉还是源源不断地送入长安。而各地的官员为了收集各式的奇珍异宝来讨好主上，也是加紧盘剥任下的百姓。

虽然唐宪宗收取供奉的这种行为在一定程度上增加了百姓的负担，但人无完人，作为一个君王，这些财物对于他来说也许不止是物质上的满足，更重要的是这个过程给他带来的"高高在上"的心理慰藉。但从事实来看，唐宪宗在元和初期所推行的一些措施确实是有利于恢复经济和积累国家资产的。在国力慢慢充实起来的时候，唐宪宗心中多年的理想即将要付诸行动，一场巨大的改变将要在元和年间拉开帷幕。

别逼朝廷对付你

唐宪宗在元和初期所做的一切，都是为了他祖辈父辈未完成的理想，那就是将分散在各藩镇的权力重新收回中央所有。唐宪宗未登基之前虽然憎恨王叔文集团，对他们的改革也不屑一顾。但从他登基之后的实际做法来看，他也并非完全否决了王叔文等人当年的革新措施，尤其是在裁抑藩镇方面，唐宪宗甚至比他们做得更好，而且取得了十分显著的成效。

在万事俱备之后，宪宗朝与藩镇之间的斗争就要拉开帷幕，他的目光首先落到的是一个叫西川的藩镇头上。西川原来的节度使叫韦皋，就是那个曾经向王叔文请求扩宽属地最后被严词拒绝的人。韦皋任节度使之时，西川尚能听命于朝廷。但唐宪宗登基后不久，韦皋就突然暴毙而亡。

韦皋死得很不寻常，关于这件事，历史上的猜测颇多。韦皋是在宪宗刚刚当上太子时第一个向朝廷上表请求太子监国的，但却在新帝登基后突然死亡，因此很多人都认为这背后隐藏着许多不可告人的秘密。

更为蹊跷的是，当年韦皋上表之时，河东节度使严绶和荆南节度使裴均都先后向朝廷递上了内容和韦皋差不多的表章。再加上当时敦煌壁画《胡商遇盗图》中透露出的线索，不少人都认为是当时掌握大权的大宦官为了逼迫唐顺宗退位而指使这些节度使上表，事成之后便将这些知情者杀人灭口，而韦皋就是其中之一。

且不说韦皋是因何而死，但因为他的突然死亡，引发了一场在当时影响颇大的叛乱。事情的起因是韦皋的节度副使刘辟在其死后没有申报朝廷批准就擅自作为留后，事后才上了一封奏疏向朝廷报告了此事。

刘辟之所以敢这么做也是有原因的，因为唐中后期藩镇的势力增加了之后就不把中央的政令放在眼里，而这种做法也是各藩镇之间产生了默契的。不仅如此，刘辟又怂恿自己的部下联名向朝廷上书，希望朝廷能将他封为新一任的西川节度使。

对于刘辟的要求，唐宪宗马上作出了反应。他当然不会答应刘辟，唐宪宗下令命中书侍郎同平章事袁滋为剑南西川节度使，至于刘辟则调入长安任给事中。从地方到中央本来对官员来说是无上的光荣，但刘辟接到调任的诏书之后居然拒不奉召，不肯入京。此时的唐宪宗才刚刚登基，地位还不够稳定，他虽然不想答应刘辟的请求，却又并不想因为此事引起过多的争端。于是宪宗主动妥协，他下旨封刘辟为西川节度副使和知节度事，暂时主理西川的事务。

唐宪宗这样的做法引起了许多朝臣的不解，当时的右谏议大夫韦丹就认为这种"姑息养奸"的做法只会留下后患，没有任何的好处。他对唐宪宗说："如今一旦赦免了刘辟的罪行，其他藩镇一定会效仿他的这种做法。到时候朝廷就会只剩下东、西二京，还会有谁听从朝廷的指令呢？"

唐宪宗也明白如此不是长久之计，但此时削藩的时机还未成熟，只有卧薪尝胆，日后方能成就大事。但从此事中，唐宪宗也看到了韦丹等大臣对藩镇问题的态度。于是，唐宪宗命韦丹为东川节度使，用东川的势力暂时压制住刘辟，并着手准备讨伐西川的事宜。

唐宪宗这么做已经是仁至义尽，但不知好歹的刘辟又提出了新的要求。元和元年（公元806年）正月，刘辟再一次向朝廷上书，希望他能够兼领包括西川、东川和山南西道在内的"三川之地"，这也是韦皋当年在王叔文那里求而不得的东西。此时东川节度使韦丹还未上任，刘辟不顾朝廷任命就提出如此无礼的要求。

唐宪宗闻之后大怒，马上严词拒绝了他。朝廷的态度发生了如此巨大的改变，刘辟一时难以适应。可能他认为是西川方面给中央的压力不够大，所以他马上将西川的兵马召集起来，随后就围攻了东川节度使驻扎的梓州，并将原东川节度使李康囚禁了起来，想又一次来个先斩后奏。此时，距离唐宪宗即位也仅仅只有三个月而已。

但刘辟万万没有想到的是，三个月的时间已经让新皇帝的地位日渐稳固，此时的唐宪宗根本不会再买他的账。在唐宪宗看来，刘辟之前就贪婪无度，如今竟敢起兵造反，完全不把朝廷放在眼里，自己当然要还以颜色。而对付这种无耻小人的办法只有一个，就是用武力消灭他们。就在唐宪宗决定出兵讨伐西川的时候，又有许多臣子站了出来。

虽然唐宪宗一再向他们说明，这次出兵一定会小心谨慎，不会再像德宗时期那样轻举妄动，但他们还是认为巴蜀之地地势险峻，易守难攻，且刘辟的军队在西川多年，对当地的地形和民风肯定是了如指掌，此战于朝廷是大大的不利，所以请皇帝三思而后行。这些大臣之所以反对以武力攻打西川，一方面是出于上述的原因，为朝廷考虑战机，还有一方面就是多年的藩镇割据状况已经使他们心中对藩镇产生了一种恐惧感。如果这次征讨失败，不仅不能够平息叛乱，反而会引发天下藩镇的动乱，很有可能会因小失大。

即使是如此,当时的宰相杜黄裳还是站在唐宪宗一方的,因为他清楚地知道,藩镇问题如果还不下狠心去解决,必定是后患无穷,前朝受藩镇割据之苦受得还不够多么?正是因为有这样的想法,所以他曾经对唐宪宗说过这样的话:"当年德宗皇帝在经历了藩镇战乱之苦后采取了妥协的政策,对藩镇姑息而不再使用武力。各地藩镇的节度使死后,朝廷曾派中使前去视察,看谁有才能可以继承节度使的位子。那些想要自立的人往往用钱财贿赂这些使者,让他们回来之后在皇帝面前为他们说好话。那时德宗皇帝不知就里,几乎都采纳了中使的意见,所以朝廷再没有向各地派出过节度使。如今国家想振立纲纪,必须用一定的法度来制裁藩镇。只有这样天下才能得到治理。"

杜黄裳的一番话正中唐宪宗的下怀,也正是因为有杜黄裳的鼓励,唐宪宗解决藩镇问题的决心更加坚定了。有人甚至说,杜黄裳的这些话是"一字千金",正是因为他的几句话,就奠定了整个元和年间,甚至是九世纪初期唐朝的基本格局。

虽然有许多大臣持反对意见,但决心已下的唐宪宗还是力排众议,决定出兵讨伐刘辟。而宰相杜黄裳不仅支持唐宪宗,还将神策军使高崇文推荐给了皇帝。高崇文虽然资历尚浅,在当时不为人所知,但却是个文武双全之人,此去定能不负所托。对于杜黄裳的做法,当时的翰林学士李吉甫也表示十分赞赏。

元和元年正月二十三日,唐宪宗颁布了《讨刘辟诏》,下旨命左神策行营节度使高崇文为统帅,宦官刘贞亮为监军使,率唐朝中央大军前往西川平叛。这次朝廷派出的兵马势力十分强大,除了有高崇文亲率的五千精兵为前军之外,还有神策军京西行营兵马使李元奕率领的两千骑兵殿后。不仅如此,山南西道节度使严砺也发兵兴元,和朝廷的两路大军一起直指西川。

前方的道路虽然艰险重重,但大军分斜谷和骆谷两路终于顺利地进入了蜀地。"安史之乱"后唐朝中央的实力虽然有所减退,但毕竟还是有一定的基础的,再加之宪宗之前的财政整顿,给这场战争提供了充足的后备力量。所以对西川的战役一开始,唐军就以绝对的优势占据了主动地位。主将高崇文也没有辜负朝廷的一番重托,在他的率领下,唐朝大军兵分二路,浩浩荡荡地向西川的治所成都开去。与此同时,山南西道的军队也与之相呼应,声势更加浩大。

在如此强劲的攻势下,刘辟的西川军不堪一击,不久之后就败退下来。无奈之下的刘辟只得带着自己的残兵败将向吐蕃逃去。但刘辟还没有到达目的地就被活捉,随后被押送长安问罪,最后被斩首示众。

平定西川的战役从元和元年正月二十三日开始,到该年九月二十一日结束,前后所经历的时间不到九个月。用时之短,效果之明显都是以前对藩镇战争中很少见的。就这样,唐宪宗平定藩镇的计划成功地向前走出了第一步,等待着他的,将会是更艰难的挑战。

削藩并不难

就这样,唐朝廷顺利地收回了西川的管理权。与此同时,唐宪宗又马不停蹄地命河东节度使严绶前去讨伐夏绥节度使留后杨惠琳。杨惠琳是夏绥节度使韩全义的外甥,早在永贞元年八月,韩全义请求到长安面圣,希望将自己的职位传给外甥杨惠琳。唐宪宗本来就想改变藩镇节度使的留后问题,自然不会轻易答应韩全义的请求。

元和元年三月,唐宪宗下旨,命韩全义致仕,同时派遣了新一任的夏绥节度使。眼看计划就要落空，杨惠琳马上将兵马召集起来，并在夏州自为节度使，以此来抵抗朝廷的诏令。对于杨惠琳的举动，唐宪宗首先想到的就是武力讨伐。正好此时河东节度使严绥请求率军前去征讨，于是宪宗就下旨命他为大军统帅，率领河东和天德的部队火速开往夏州。就在发兵后不到一个月的时间内，夏州内部就发生叛乱，杨惠琳被自己的部下张承金所杀，首级也被传送到京师。捷报传来，夏州的叛乱就这样轻易地被平定了。

正是因为和西川与夏绥战争的胜利，中央政府的威望瞬间提高了不少。再加上如今各地藩镇的力量已经在逐渐地衰落，德宗时期那种鼎盛的局面已经不复存在了。所以在朝廷的武力威慑下，各地的节度使都不敢轻举妄动，对朝廷的命令和安排也开始慢慢听从了。不仅如此，大部分的藩镇遇事也不再敢擅自做主，而是纷纷上表请求进京面圣，以朝廷的安排为即行的准则。

虽然战争带来了良好的效果，但并不排除有些藩镇只是表面服从，毕竟这些节度使威风多年，怎么会甘心被朝廷的政令所束缚呢？而在这些人中，镇海节度使李锜就是其中之一。

李锜系出李氏皇族的一个旁支，因为这层关系，在德宗时期做到了湖、杭二州刺史的位置。他是个为了官位不择手段的人，通过贿赂上级，居然得以任润州刺史并领盐铁使，但后来被王叔文罢免。李锜一直因为王叔文解除其盐铁转运使一职而十分不快，这次也并非真心屈从于朝廷，只是迫于局势想保住自己的节度使之位而已。

蜀、夏被平定之后，李锜也向朝廷上了一道书，称自己要入朝觐见。不仅如此，他还主动请辞，希望能够让自己的判官王澹为其留后。他的本意是借此搪塞过去，没想到唐宪宗却当了真，他不仅批准了李锜的请求，还封他为左仆射，命他不日就来京任职。

左仆射虽然是天子近臣，但却只是个虚职。而镇海地处浙江的西部，是唐朝南方的重镇，也是国家财政收入的重要来源地之一，是个人人都想去的好地方，李锜又怎么会轻易放弃呢？李锜想留在镇海这是显而易见的，而对于唐宪宗来说，他当然知道镇海对于朝廷的重要意义，所以这次也是收回其管理权的绝佳机会。

为了防止事情有变，精明的唐宪宗特意派遣了一位中使前去镇海劳军。中使前来劳军是假，催促他入朝是真。无奈之下，李锜只得以生病为借口推辞。消息传到长安后，唐宪宗当然知道李锜的心思。正在宪宗考虑如何处理这件事的时候，宰相武元衡站出来说道："李锜只不过是个小小的节度使，想来朝就来朝，想不来就不来，这成何体统！况且陛下刚登基不久，如果放纵他这种行为，以后如何号令天下？"听了武元衡的意见，唐宪宗向李锜下了最后通牒，命他即刻入朝。

事情发展到了这一步，对于李锜来说已经是无路可走了。在这样的情况下进入长安，结果只有一个，那就是"人为刀俎，我为鱼肉"，只能受人宰割。但朝廷的诏书送抵镇海之后，判官王澹和中使就频频催促李锜动身，弄得他烦不胜烦。走投无路的李锜只得走最后一步险棋，那就是起兵造反。这么做虽然风险很大，但一旦胜利，大唐的天下就会重归藩镇所有。

决定起兵之后，李锜先是将王澹和卫将赵琦杀死，随后又将中使囚禁起来。元和元年十月，李锜谎称镇海发生"军变"，正式起兵造反。起兵之后，他马不停蹄地派人将苏州、杭州、湖州、睦州、常州五州的刺史悉数杀害，将这些州府的领导权都收归己有。与此同时，他还派兵进驻石头城，在此驻防，来抗击北下的政府军。

得知李锜造反之后，唐宪宗马上下旨剥夺了他的一切官爵，并将他的宗室之名除去。随后，唐宪宗又命淮南节度使王锷为大军统帅，前去征讨叛军。诏令一下，王锷率领淮南军，和江西以及浙江的军队在镇海会合，逼向李锜的驻地。

但出乎意料的是，还没等到战争打响，李锜就被活捉了。原来就在王愕率大军前来之时，镇海军发生了内部分化。李锜的部下有很多是不愿意跟随他作乱的，再加上他不得人心，所以其兵马使张子良等人便在阵前倒戈，率部杀进了京口，也就是当时镇海的治所，李锜被当场活捉。随后，李锜被火速押往长安，最终被处以腰斩的极刑。李锜被处死之后，他的财产全部被收归国库，以此来抵纳浙西百姓该年所需缴纳的赋税。

因为对西川、河东和镇海这几个藩镇的战争都取得了喜人的战果，使得唐朝的南方政局逐步变得稳定起来。然而这些措施可以说都只是唐宪宗平抑藩镇大计划的前期准备工作，在这些事情都解决了之后，唐宪宗便开始着手于历史的遗留问题——河北诸镇。

在唐朝中后期的藩镇中，河北诸镇，如成德、魏博、淄青三镇，都是实力最为雄厚的，也是唐政府长久以来的一块心病。虽然如此，但时间发展到了宪宗朝，局势却有了很大的改观。虽然这些北方重镇不为朝廷所屈服，但此时势力也是大不如前，而且内部矛盾重重，随时面临着分裂。再加上南方的逐步稳定，国家的财政也在慢慢恢复，这些都不得不说是唐宪宗将理想付诸行动的重要条件。

多年以来，河北各个藩镇沿袭着子承父业的传统，衍生了诸多弊端。这些问题由来已久，宪宗之前的皇帝也不是没有想过要去解决，但几乎都是以失败告终。想要解决河北诸镇的问题，首先必须找到一个切入点，而唐宪宗首先下手的就是"河北三镇"之一的成德镇。

此时成德节度使王士真已死，他的儿子王承宗依照藩镇之间多年的传统，继承了父亲的事业。唐宪宗见这是个机会，便想就此开始解决藩镇父子相袭的弊端。唐宪宗的想法一提出来就遭到了许多大臣的反对，他们认为河北诸镇的积弊已久，不是一时就能消除得了的。不仅如此，河北的藩镇势力彼此交错，根基颇深，不容易轻易撼动。倘若处理不当则会反受其乱，得不偿失，所以不应该这么草率就下这样的决定。

正如这些大臣们所说，打击成德镇的时机此时还是不够成熟的，这些从后来此战的结果也能很清楚地看出。但唐宪宗因为之前多次的胜利而信心满怀，根本听不进去这些意见，而当时的一个名叫吐突承璀的宦官为了在皇帝面前邀宠，告诉宪宗王承宗已经开始进攻德州。唐宪宗听闻之后更是来不及多考虑，就马上下令出兵讨伐。

这次唐朝出动了大批军队，在战争开始时也取得了一定的胜利。但随着时间的发展，由于朝廷内部出现了一些问题，使得讨伐军粮饷缺失，再加上行军日久，人疲马乏，就再没有受到什么显著的成效了。与此同时，王承宗方面也是再难抵抗下去了，于是他主动表示愿意向中央屈服。并提出接受朝廷委派的官吏，定期向朝廷纳贡。而唐宪宗此时也正好需要一个台阶下，于是他便马上答应了王承宗的条件，草草结束了这场战争。其后，唐宪宗下旨，命王承宗为成德节度使，统领成德的一切事宜。

其后，王承宗也有反复，但一旦宪宗采取军事行动，他便马上就举手投降，然后再与朝廷谈条件。所以从实际意义来看，成德镇虽然表面上是归顺朝廷的，但实际从某种程度上来看还是脱离政府独立存在的。

失败的成功暗杀

虽然对成德镇的最后处理结果有些尴尬，但唐宪宗并没有放弃自己统一版图的理想。不久之后他的目光又落到了河北另一个藩镇——魏博镇的身上。和成德镇的情况颇为相似，魏博镇的老节度使田季安已死，他的儿子田怀谏依照"传统"被拥立为节度副使，而牙内兵马使田兴则被封为步射都知兵马使。当然，这些都是先斩后奏，并没有事先征得朝廷的同意。

换个角度来看，即使是朝廷不同意他们的这种做法，他们也未必会将朝廷的意见放在心上。所以，于藩镇看来，向不向中央报备已经是一件基本上没有实际意义的事，所以他们自然就省去了这一环节。而对于中央政府，尤其是帝国的领导者唐宪宗来说，这就是一个巨大的讽刺和侮辱。

对魏博镇事件的处理马上被提到了朝廷的议程之上，宰相李吉甫认为解决这些不把中央放在眼里的藩镇的唯一办法就是发兵征讨，而唐宪宗也是持同样意见。但当时的另一位宰相李绛也说出了自己的看法，在他看来田怀谏经验尚浅，恐怕根本控制不了魏博的局面，不久之后魏博就会自顾不暇，根本用不着朝廷花费一兵一卒。

唐宪宗见李绛成竹在胸，就同意了他的意见，暂时不对魏博镇出兵，而是静观其变。果不其然，魏博镇不久就发生了内乱。在这个适时的情况下，唐宪宗封田兴为魏博节度使。不管表面还是现实，魏博就这样和平归顺了中央。

接下来，唐宪宗又发兵平定了淮西的吴元济。此次对淮西的战争前前后后一共进行了四年，影响十分深远，甚至可以说是唐宪宗一生平定藩镇中最为辉煌的一次，史称"淮西大捷"。元和四年（公元809年）十一月，淮西节度使吴少诚因病身亡，并没有留下任何遗言。当时的申州刺史吴少阳为了能够继承吴少诚的节度使之位，于是便伪造了一份遗书，自称为淮西节度副使并任知军州事。

吴少阳这种任意妄为的做法本来应当受到朝廷的严厉谴责，但此时的唐宪宗正忙于对成德王承宗的讨伐战争中，根本分不开身处理淮西的事。为了稳定淮西的形势，使讨伐成德的战役顺利进行，唐宪宗只好答应吴少阳为吴少诚的留后，并正式下旨封他为新一任的淮西节度使。

时间一晃过去了五年，元和九年（公元814年）八月，吴少阳也一病而亡。这时朝廷对成德的战争早已结束，不仅如此，各地的藩镇都开始听命于朝廷，原来的那种父子相承的传统已经改变。正是因为如此，吴少阳的儿子吴元济将父亲的死隐瞒了起来。随后，在没有朝廷批准的情况下，他自任为吴少阳的留后，开始领兵作乱。吴元济不仅攻占了周围的州县，还纵容手下的士兵掠夺当地百姓的财物，甚至屠害百姓，无恶不作。

得知吴元济反叛后，唐宪宗马上下旨将吴元济的一切封爵削去，并命严绶为招抚使，率领大军讨伐淮西。这次的战争并不像唐宪宗想象的那么顺利，而问题的关键就在于皇帝选错了领军之人。以严绶的才略来看，根本不能胜任统领各路军队的重责。正是因为他的指挥不当，各路兵马都不愿主动出击，而是集聚在淮西镇的边缘观望。

就在一切处于胶着状态的时候，忠武节度使李光颜率先出击，斩杀了数千个敌人，也打破了战争的僵局。就在情况要逐渐好转的时候，京城却发生了一件惊天动地的大事，宰相武元衡在上早朝之时被刺客暗杀了。

这件事情发生在元和十年（公元815年）的六月三日。这天清晨，宰相武元衡和往常一样去上早朝。就在他带着两名仆从，骑着马走到靖安坊东门不远处时，从街边的树后窜出了两名刺客。这两名刺客先将两名仆人击倒（一死一伤），随后便将武元衡的左腿打伤，拖下马来，不仅将他杀死，还将他的头颅割下带走。等到众人赶到现场时，武元衡早已身首异处，一命呜呼。宰相被杀的事件很快就传遍了长安的大街小巷，一时间人心惶惶。唐宪宗听说了这件事后，马上下旨免除了当日的早朝，并召集众位大臣前来商议此事。

就在皇帝焦虑万分的时候，又传来了一个骇人听闻的消息。不仅武元衡遭到了袭击，御史中丞裴度也在上早朝的路上遇到了刺客，所幸的是他没有被杀，但也身受重伤，不能来朝。刺杀事件发生之后，长安进入了紧急的戒备状态中，宰相出入家中和朝廷都由特定的护卫保护。那么，武元衡和裴度身为朝中要员，怎么会在天子脚下遭到暗杀呢？这次行动的幕后主使者又是谁，为什么非要置武、裴二人于死地呢？

从刺杀案件发生的过程来分析，这些杀手很明显是经过了专门的训练的。而且他们目的明确，人数众多，显然在事先有过周密的计划。武元衡和裴度之所以成为暗杀的对象，是因为他二人是朝中力主对藩镇用兵的主战派的重要成员，而这次活动的策划者就是早就对其怀恨在心的淄青节度使李师道。

刺客虽然是淄青节度使李师道所派，但始作俑者却是此时正在淮西作乱的吴元济。原来吴元济因为自己的实力不足以对抗朝廷的大军，于是便向淄青的李师道求援。李师道本来就对朝廷的削藩政策十分不满，在他看来，唐宪宗之所以如此执意削藩，全都是听了武元衡等人的挑唆。于是，他作了一个十分冲动而且愚蠢的决定，就是派出刺客去长安刺杀武元衡、裴度。他认为，只要武元衡等人一死，唐宪宗自然而然就会放弃削藩的举动。

然而他没有想到的是，武元衡被杀之后，宪宗对藩镇的恨意进一步加深。武元衡和裴度被刺杀的事件虽然一度打断了唐宪宗对淮西战役的部署，也使得吴元济暂时获得了一个喘息的机会，但唐宪宗根本没有就此放弃自己的削藩计划。武元衡死后，唐宪宗马上就拜裴度为相。裴度的上任很明显代表了皇帝对藩镇的强硬态度，不久之后，裴度就在宪宗的旨意下亲自到淮西督战。

元和十一年（公元816年）八月，淮西宣慰招讨处置使裴度如期来到了淮西。裴度的到来陡然改变了淮西的局势，他先是告慰了在前线苦战的众位将士，废除了宦官的监军之权，使得将领们都得到了对部队的控制权。其后，裴度又正式颁布了军机，明确了各路军队的职责。裴度的一系列做法不仅调动了军队的积极性，还一改征讨大军一年多来的颓废局势。

除了保障后方的工作之外，裴度还亲自进行了战略部署，他将南线交给李愬，而北线则由李光颜指挥作战。裴度的信任让李光颜十分感激，所以他在战场分外卖力，因为北线的进攻猛烈，吴元济被迫将淮西军的主力都调往了北边。李光颜的做法不仅报答了裴度的知遇之恩，也给李愬创造了一战留名青史的可能。

李愬字元直，洮州临潭人氏。他系出名门，是唐朝名将李晟之子。因为其父在德宗朝解奉天之围时立了大功，所以李愬也得以进入仕途。他原是太子詹事兼宫苑闲厩使，后经裴度推荐担任了唐邓节度使一职。淮西吴元济叛乱之后，李愬也奉命率大军前来征讨，并在这次的战争中有了不俗的表现。裴度来到淮西之后，将南线的重责交付给他，李愬也没有负其所托，顺利解决了淮西的叛乱。

就在李光颜将吴元济的兵马都引到北线之后，李愬决定亲自率军突袭已经被孤立的蔡州。蔡州是淮西的军事中心，也是吴元济重要的后方据点。在这之前，李愬成功地抓获了淮西骑将李祐，用心收服了他，并和他密议夺取蔡州之计。

元和十二年（公元817年）十月十五日，李愬亲率已经训练好的九千精兵，连夜冒雪赶往蔡州。由于大雪弥漫，道路泥泞，一般的军队根本无法在这样的天气状况下行军，但李愬却带着兵马在大雪中急行了七十余里，终于到达了蔡州城下。当然，这一切，城中的守军都不得而知。

就这样，李愬率军进入了蔡州城，包围了吴元济的牙城。天亮之时，李愬下令进行总攻，吴元济猝不及防，只得束手就擒。元和十二年（公元817年）十一月一日，被俘获的吴元济被押往都城长安，游街示众后被斩杀于长安城中的独柳树下。

宪宗年间平定藩镇的最后一步是在淄青李师道身上结束的。在淮西吴元济死后，各藩镇都在中央强大的军事威慑力下表示了对朝廷的忠诚，李师道当然也在其列。他之前和其他节度使一样表示愿意质子割地，以此来换得自己的平安。但好景不长，可能李师道一开始也不是出于自愿，总之不久之后他就故态复萌，不再听从中央的指令。李师道的这种态度激起了唐宪宗早就想对其用兵的想法，这一次，唐宪宗下定决心要让这个不知天高地厚的李师道对自己所做出的行动后悔终身。

　其后，唐宪宗火速调兵遣将，召集了包括魏博、宣武、义成、武宁与横海五个藩镇的兵马前去淄青讨伐李师道。但相同的戏码又一次在淄青上演，还没等到五镇的兵马到达目的地，李师道就被自己的部下、淄青军都知兵马使刘悟杀死。由此可以看出，朝廷对各藩镇的影响力在当时还是十分强大的。李师道死后，淄青十二州的管理权自然而然就收归朝廷所有。

夹缝中的宦官

　在唐宪宗多年的努力下，"安史之乱"后分崩离析的唐朝基本上归为了统一，即使有许多藩镇只是表面归顺，但这并不妨碍唐宪宗成为"安史之乱"后唐朝最有作为的皇帝。有学者对唐宪宗这样评价："（唐宪宗）使唐帜重新飘扬于全国大地，也使唐祚得以多绵延了一个世纪。"

　作为唐朝的"中兴之主"，唐宪宗的功绩自然为世人所赞叹。但他在位期间任用宦官，到了后期甚至到了娇宠的地步，给他身后的皇帝留下了许多难以革除的弊病。顺宗时期，由于王叔文等人要倚靠皇帝推行新政，所以一直压制着立储之事。而唐宪宗之所以能够顺利地登上皇位都与当时的大宦官们有着剪不断的联系，虽然这些宦官当时推立宪宗也是出于对自身利益的考虑，但对于宪宗来说，没有他们的帮扶，他的确不能这么快就坐上皇位。

　正是因为这一层关系，再加上刚登基之时唐宪宗的地位还不够稳固，所以元和初期他对待宦官的态度是十分忍让和宽容的。而从宦官们的角度来看，因为他们曾经对皇帝有过拥立之功，所以新帝登基之后，他们就以"天子一派"自居，争权夺势自然是不在话下。元和初期，宦官们的势力强大，不仅在中央的各个机构，甚至在地方的各级官府中，都有他们的势力分布，尤其是朝中的一些大宦官气焰更是十分嚣张。而这一切唐宪宗都是看在眼里的，只不过是因为此时的地位还不够稳定，睁一只眼闭一只眼罢了。

　例如，朝廷在讨伐西川时，宦官刘贞亮奉旨担任统帅高崇文的监军。当时作乱的西川节度副使刘辟将被俘的东川节度使李康放归了朝廷。李康作为东川节度使，不仅丢了自己的管辖之地，还被叛军俘获，按照朝廷律法是应该治以重罪的。但刘贞亮当时根本没有将这件事上报朝廷就将李康斩首，这显然违反了处理这种事件的法定程序。

　《新唐书·刘贞亮传》记载他"故以专悍见訾"，他之所以敢这么做当然是有自己的原因。事后刘贞亮确实没有因为先斩后奏受到处罚，反而官升右卫大将军、知内侍省事，死后还被赠予开府仪同三司的殊荣。

　随着时间的发展，唐宪宗的地位也越来越稳固，但他在其后的时间里对宦官基本上也没有采取什么强硬的措施，这又是为什么呢？宦官擅权在宪宗朝虽然是一开始就存在的弊端，但对于宪宗本人来说，这些宦官并不是十恶不赦的，相反还很有利用价值。

　对于宦官问题，唐宪宗也曾经和宰相李绛展开过讨论，李绛对唐宪宗说："自古以来宦官败坏朝纲的事情数不胜数，陛下您不得不防。"在他看来，这些宦官每日在皇帝身边花言巧语，挑拨是非，根本就是百害而无一利。然而唐宪宗却对李绛说道："这些人都是朕的家奴，是因为使唤他们日久，所以才对他们施以恩宠。如果他们敢违法乱纪，朕除去他们如除去毛发一样轻松。"

其实自从宦官这个阶层产生了之后，他们和君主之间的关系就是十分微妙的。从宦官的角度来看，他们作为皇帝的家奴，可以说是和君主最亲密的人。所以他们对君主的喜好往往了如指掌，更能获取主上的欢心。

而从皇帝的角度来看，这些宦官比大臣们更容易控制，因为相处的时间长，所以彼此的信任也更深些，这也是历朝历代很多皇帝宁愿任用宦官而疏远大臣的原因。但很多皇帝没有想到的是，物极必反，如果对这些宦官听之任之，后果就将不堪设想，甚至会对自己的主人取而代之。就比如唐宪宗认为家奴去之容易，却没有料到正是因为他的纵容，宦官问题愈演愈烈，到了最后根本无法控制，成为了中晚唐难以解决的弊政之一。

无论结果如何，地位稳固之后的唐宪宗还是力图把宦官控制在自己的权力范围之内。所以他对宦官们采取了分化、打击等一系列措施，可谓是"恩威并施"，"为我所用"。一旦这些宦官做出触犯律法，有损皇室荣誉的事时候，皇帝对其也是严惩不贷。

例如，有一个名叫郭曼的宦官曾经因为酒醉而触犯了内廷禁令，唐宪宗毫不犹豫地就下令将其杖杀。如果说郭曼的地位太渺小，根本得不到皇帝的重视的话，那么对宦官吕如全的惩处也足以看到宪宗对宦官的态度。吕如全是顺宗时期的宦官，因为拥立宪宗有功所以后来得以官至内侍省内常侍和翰林使。吕如全仗着皇帝的恩宠私自用樟木修建了自己家的房子，这在当时是不符合礼制的。

唐宪宗得知了这件事后，马上下旨将吕如全的官职全部剥夺，并将他押送东都。而在押送队伍行至阌乡县的时候，吕如全就畏罪自杀了。作为顺宗时期拥立太子的宦官之一，吕如全从某种程度上来说对唐宪宗是有恩的，但一旦这些宦官触及到皇帝的声誉，皇帝根本不会顾及昔日的恩情，"去之轻如一毛耳"。

不仅如此，唐宪宗也清楚地知道，这些宦官倚仗皇室经常在外面作威作福。为了防止他们的权力过分膨胀，他还巧妙地利用了朝中的大臣来牵制宦官，也收到了很好的效果。元和初年，宦官李昱向长安的一个人借钱八千贯，过了三年，也就是到了元和四年（公元809年）依然不归还。此人无奈之下只得一纸诉状将李昱告到了京兆府，希望官府能为他解决这个问题。当时的京兆尹名叫许孟容，他在调查过实际情况之后便下令将已经是左神策军吏的李昱逮捕入狱，并命他将所欠之款悉数还清，如若不然，定将依律惩处。

宦官之事本是皇帝的家务事，许孟容这么做很快就惊动了上层，连唐宪宗也知道了这件事。为了使事情不再扩大，唐宪宗下旨将李昱移交到神策军，由宦官内部自行处置。事情发展到了这一步，许孟容也看到了皇帝的态度，但固执的他坚决不将李昱交出，并说道："臣知道如果不遵从皇上的旨意只有死路一条，然而臣职责在身，应当为陛下弹抑豪强。如果钱未还清，绝不将李昱交出。"唐宪宗听他如此说，只得依从了他。这件事不仅打击了宦官们的嚣张气焰，还使得许孟容一时间名望大增。

虽然唐宪宗会不时地运用一些手段控制宦官的权力，但实际上这些手法都是十分有限的，打击的范围也很窄。而对于大部分的宦官，唐宪宗还是十分看重的。不仅是宪宗如此，纵观历史上所有任用宦官的皇帝，都认为这些宦官从某些程度上来说都代表着皇家，尤其是皇帝的尊严，如果过分抵制就会有触犯皇权的嫌疑。正所谓"打狗也看主人面"，这句话也不无道理，所以通常在宦官和大臣的斗争中，无论谁理亏，皇帝一般都是偏向于宦官的。而在宪宗朝，不少大臣就吃了宦官的亏，这中间就包括当时和大诗人白居易并称"元白"的元稹。

元和五年（公元810年），时为东台监察御史的元稹因擅自处理了河南尹房式之事，被召回长安。在经过华阴敷水驿时，元稹被安排在驿站的上厅居住。不久之后，宦官刘士元（也有说仇士良）也来到了驿站。他见元稹住到了上厅，认为伤了自尊，于是怒不可遏地将元稹赶了出来。不仅如此，刘士元还对元稹大打出手，并将其脸部打伤。

这件事很快就传到了长安，唐宪宗不问事情就里，就将所有的罪责归到元稹一个人身上，并下旨将他贬为江陵府士曹参军。这件事的结果让朝中的许多大臣十分不满，元稹本没有错却被贬职，刘士元蛮横无理却没有受到丝毫惩罚，天理何在？虽然李绛、白居易等人纷纷上书向皇帝表达自己的不满并为元稹求情，但唐宪宗依然将元稹贬到了江陵。

这件事虽然是件小事，但却象征着在皇权和士族权力的斗争中，皇权的完胜。唐宪宗并非是个昏君，他之所以坚持这么做无非是为了证明这些宦官代表的不仅仅是他们自己，而是代表着皇室，而皇权的不可侵犯性是不容许这些大臣对这件事情有任何异议的，辩解越多只会越引起皇帝的猜忌和愤怒。

到了宪宗时期，出现了"知枢密"之职。这个职位的出现象征着枢密院制度的进一步的成熟，也象征着宦官权力的进一步加深。不仅如此，宪宗朝的宦官还逐步控制了天子六军，成为除藩镇之外的又一股军事力量。因为唐宪宗后期对宦官的纵容，所以宪宗时期的宦官专权的现象愈演愈烈。到了唐宪宗死后，宦官的遗留问题便逐年泛滥开来，成了继藩镇之后，唐朝的又一弊病。

亦仙亦魔白居易

知我者以为诗仙，不知我者以为诗魔。何则？劳心灵，役声气，连朝接夕，不自知其苦，非魔而何？偶同人当美景，或花时宴罢，或月夜酒酣，一咏一吟，不觉老之将至，虽骖鸾鹤、游蓬瀛者之适，无以加于此焉，又非仙而何？

——白居易

唐代诗歌在中国文学史上的重要地位自不必言，说起唐代诗歌，人们首先想到的当然是诗仙李白和诗圣杜甫。盛唐诗歌以它的华美绚烂给人以感官上的绝美感受，然而到了中晚唐，诗坛上也是人才济济，其中较为有名的就是唐宪宗时期的大诗人——白居易。

白居易，字乐天，祖籍山西太原太谷县。白居易出身官宦家庭，祖上世代为官。他的祖父原是河南巩县的县令，因为和新郑县令交好，所以举家迁到了上水秀美的新郑，而白居易正是生于此。

大历七年（公元772年）正月二十日，白居易出生于新郑的东郭宅。他出生后不久，河南就爆发了李正己的叛乱之事。两年之后，白居易的祖父母相继去世。父亲白季庚为了保护家人免受战乱，就将年幼的白居易送到宿州的符离。符离的秀美山水培育了诗人旷达的性情，在这里，他和刘翕习、张美退、张仲远、贾握中四人每日游山玩水，吟诗作对，并称为"符离五子"。

白居易自幼就"聪慧绝人，襟怀宏放"，加之读书十分刻苦，一度被称为"神童"。他少年时期所做的文章连当时颇负盛名的才子顾况都称赞有加，并说白居易是难得一见的文章道统的继承人。正是因为有顾况的赏识,年纪轻轻的白居易很快就在文坛上崭露头角。贞元十四年(公元798年),白居易高中进士,和当时的又一才子元稹是同科。初入仕途的他就被授予秘书省校书郎一职,文学和仕途的双丰收,此时的白居易可谓是春风得意。

元和元年(公元806年),白居易参加了唐宪宗亲自主持的制举考试,并取得了不俗的成绩。不久之后,他被任命为盩厔县尉,暂时离开了长安。身在盩厔的白居易用他的传神之笔将当地的很多时事都描绘成了诗歌,他的名作《观刈麦》就是作于此时。因为他的诗句通俗易懂且又时代感极强,所以很快就被传颂开来。正是因为这些诗歌得到了宪宗皇帝的青睐,所以白居易得以从一个小小的县尉被擢升为翰林学士,随后又升任左拾遗一职。

白居易虽是放浪不羁的才子,但骨子里流的始终还是忠君报国的传统儒家血液。对于唐宪宗的赏识和破格提拔,白居易感激不尽,唯有用一腔热血来报答君主和国家。在他担任左拾遗的这段日子里,白居易不断地向皇帝提出自己对于治国的意见与建议。对于白居易的建议,唐宪宗还是较为重视的,很多都给予采纳,并不时地给予他奖励。有了皇帝的认可,白居易的信心加倍增长。仁君贤臣,一时被称为佳话。

就在白居易以为一切都将顺利地发展下去的时候,一件事情的发生却突然打断了君臣之间的信任。元和四年,成德节度使王承宗起兵叛乱。经过一番讨论之后,唐宪宗决定一改以前的妥协策略,用武力来解决这个问题。他下旨命宦官吐突承璀为处置使,前去成德征讨叛军。

任用宦官是中晚唐时期的一个传统,并不是没有先例,但用宦官为大军统帅确实是前所未有。宪宗朝的大臣们对宦官可以说是很不屑的,而这次的吐突承璀只是为了邀功就鼓动皇帝出兵,自己本身也并无多少军事才能。这一点,从成德镇后来的处理结果上就可见一斑。

所以,皇帝的诏令一颁布,自然就引起了很多朝臣的不满。这一次,白居易对唐宪宗进言道:"国家有征伐之事,选取合适的将领是理所应当的。然而自古以来,从来没有用宦官为将的。如今陛下用吐突承璀为将,恐怕会被天下人看轻和耻笑,难道您要开这个先例吗?如果陛下您用宦官为将领,手下们定然不会听命,这肯定会影响到战争的成功与否。倘若您念及吐突承璀勤劳忠诚,可以赏赐给他钱财,让他富贵一生,万不可为了他坏了祖宗的规矩,为后代所取笑啊。"

然而白居易的这次进谏却遭到了宪宗皇帝的拒绝,他还是坚持用吐突承璀为统帅,后来由于朝臣们一直反对,唐宪宗才作罢,将吐突承璀改任为宣慰使。这件事之后,唐宪宗渐渐对白居易产生了不满。常言道"忠言逆耳",劝谏的话说多了也会引起人的反感,就连当年以"纳谏"为人所称道的唐太宗也是如此,更何况于宪宗呢?然而正处于事业上升期的白居易并没有意识到这一点,他还是像往常一样对皇帝知无不言,言无不尽。甚至可以说是把"劝谏"作为己任,一往无前,无所畏惧。

元和五年(公元810年)正月,发生了大臣元稹被宦官殴打的事件。唐宪宗不问青红皂白就将元稹贬黜,遭到许多大臣的反对。作为元稹的好友,白居易当然要站出来为朋友说话。白居易向皇帝上了一封奏疏,言辞十分激烈:

"况闻士元踢破驿门,夺将鞍马,仍索弓箭,吓辱朝官,承前已来,未有此事。今中官有罪,未闻处置;御史无过,却先贬官。远近闻知,实损圣德。臣恐从今已后,中官出使,纵暴益甚,朝官受辱,必不敢言,纵有被凌辱殴打者,亦以元稹为戒,但吞声而已。陛下从此无由得闻。"

元稹之事最后还是无果而终，不仅如此，这件事情反而增加了宪宗对白居易的不满。随后，对成德的战争失利，加上白居易又多次劝谏皇帝，使得唐宪宗隐忍了多时的怒火瞬间爆发了出来。幸亏当时有宰相李绛从旁劝解，白居易才逃过此劫。虽然唐宪宗没有治白居易的罪，但却将他调去东宫，让他远离自己。

元和十年，就在朝廷对淮西用兵之际，主战派的主力武元衡在京城被刺客暗杀。热血方刚的白居易忘记了自己不再是左拾遗，依旧像往常一样给皇帝上书，要求严惩凶手。白居易的做法引起了很多大臣的不满，宰相们都认为这件事不在他的管辖范围之内，他如此多事根本是犯了僭越之罪。再加之有不少往常嫉恨他的人这次也落井下石，说他有"不孝"之罪。最后白居易被贬为江表刺史，后又被贬为江州司马。

"浔阳江头夜送客，枫叶荻花秋瑟瑟"，就这样，白居易离开了让他风光一时的长安。宦海沉浮，也正是因为这固执的性格，白居易历经五朝，始终不得志。"面上灭除忧喜色，胸中消尽是非心"，时光荏苒，白居易的心态已经由早年的"达则兼济天下"转变为了"穷则独善其身"。

政治上的不得志使得白居易更加贴近了文学，被贬之后的白居易更加体恤民众。他的诗歌与当时百姓的生活十分贴近，语言通俗易懂，"老妪能解"，一时美名远播。他还是新乐府运动的倡导者之一，并提出了"文章合为时而著，歌诗合为事而作"的主张，在当时影响很大。晚年的白居易热衷于佛教，经常与僧人为伍，这很大程度上也是源于他在政治上所受到的困苦。因为他居住之所在洛阳香山，所以自号为"香山居士"。

缀玉联珠六十年，谁教冥路作诗仙？
浮云不系名居易，造化无为字乐天。
童子解吟《长恨》曲，胡儿能唱《琵琶》篇。
文章已满行人耳，一度思卿一怆然。

武宗会昌六年（公元846年）八月十四日，白居易溘然辞世，终年七十五岁，死后葬于香山琵琶峰，大诗人李商隐为他撰写了墓志铭。

白居易纵然没有"李杜"的大名，但却有"诗仙""诗魔"两个尊号。据白居易自己的解释，了解他的人称他为"诗仙"，不了解他的人却称他为"诗魔"。但"诗仙"已有李白，他的地位是后人无法超越的，所以白居易这两个尊号的知名度并不很大。作为中晚唐时期重要的现实主义诗人，白居易的诗歌题材广泛、通俗易懂，对当时和后世都有很大的影响，其代表作有《长恨歌》《琵琶行》《卖炭翁》等，现有《白氏长庆集》七十一卷传世。

一死成谜

在唐中期的众位君主中，唐宪宗是颇具特点的一位。他之所以被称为唐朝的"中兴之主"，是因为唐朝自"安史之乱"以来多年的藩镇割据问题在他的手中基本得到了解决。宪宗时天下统一的局面和德宗、顺宗时期形成了较为强烈的对比，因为唐宪宗在位期间的年号为"元和"，所以这段时期在历史上也被称为"元和中兴"。

作为一个皇帝，唐宪宗有着双重的宗教信仰，既崇信佛教又迷信道教。唐宪宗崇信佛教的原因可能和他一生频繁地发动平藩战争，杀戮太多有关。至于迷信道教，原因更是简单不过。和历史上数不胜数的君王一样，唐宪宗也希望通过服用道教丹药寻求长生不老。

唐宪宗崇佛，尤其到了晚年时期，这种思想发展得更为严重，甚至到了为迷信佛教不顾一切的地步。元和十二年（公元817年）四月，唐宪宗为了礼佛，特意下旨修建了通往兴福寺的专用通道。这条通道从芳林门西开始，直接连接了大明宫和兴福寺，耗费了右神策两千军士的人力，其中所消耗的物力更是不言而喻。

在唐宪宗的倡导下，不仅京城的王公贵族，包括许多的平民百姓都开始信仰佛教，一时掀起了一股施舍奉养的潮流。在唐宪宗的崇佛历史中，最有影响力的当属"法门寺迎奉佛骨"，为此，大文豪韩愈还特上《论佛骨表》一文，表达了自己对举国礼佛的不满。

法门寺历史悠久，始建于公元四世纪的东汉，地处长安以西的凤翔府（今陕西扶风）法门镇。法门寺原来叫作"阿育王寺"，隋文帝时期改名为"成实道场"，直到唐高祖武德八年（公元625年）才更名为现在的"法门寺"。法门寺之所以能够享誉天下，是因为寺内有一座砖塔，塔中供奉着佛骨舍利。相传天竺阿育王是个崇佛之人，他在佛祖释迦牟尼涅槃之后，将其遗骨分为了八万四千份，分别埋葬在世界各处。凡是埋葬佛骨的地方，都会建造一座佛塔，而法门寺"因塔置寺，寺因塔著"，自然而然就成了佛教圣地，闻名天下。

法门寺的规模较大，占地面积有百余亩，共分为二十四个院落，在唐朝时共有僧尼五百余名。法门寺虽然有名，但因为建造时间太过久远，所以在历史上遭受过多次的焚毁。但幸运的是，因为历朝历代都会有一些皇帝信仰佛教，所以法门寺经常得到皇家的修葺和维护，最终得以保存至今。

在唐代，迎奉佛骨是极其隆重也是最高的礼佛形式，而法门寺作为皇家道场，自然成为了皇帝礼佛的不二之选。迎奉佛骨先是要将佛骨从法门寺迎到都城长安，在皇宫供奉之后，再送往其他的寺院，一切仪式结束之后再送归法门寺。

元和十三年（公元818年）十一月，主管佛寺供奉的功德使进奏"凤翔府法门寺所藏佛骨舍利，相传三十年一开"，更有传言说这佛骨舍利可以使"岁丰人和"。功德使说明年就是开塔的时间，所以请奏宪宗皇帝下旨开塔迎奉佛骨。听了功德使的奏报，唐宪宗欣然同意了迎奉佛骨的建议。

在唐代的诸多皇帝当中，唐宪宗并不是从法门寺迎奉佛骨的第一人。早在贞观时期，唐太宗李世民就曾经在岐州刺史张亮的建议下，将佛骨舍利从法门寺迎出，"遍示道俗"。唐太宗这次的礼佛行动使得"京邑内外，奔赴塔所，日有数万。舍利高出，见者不同"。

除了唐太宗之外，高宗显庆四年（公元659年）、武则天长安四年（公元704年）、中宗景龙二年（公元708年）、德宗贞元六年（公元790年）都有过开塔迎佛的活动，但规模都较小，影响力也不十分显著。

元和十三年十二月，唐宪宗下旨命中使开始筹备迎佛仪式，并昭告了天下百姓。与此同时，他还召集了长安各大寺院中的高僧，由朝廷特派的中使带领，前往凤翔法门寺迎接佛骨舍利。元和十四年（公元819年）正月，佛骨顺利地抵达了长安以西的临皋驿。

因为皇帝的大肆倡导，再加之佛教在唐朝时期的鼎盛，所以京城的达官贵族和百姓们对于此次佛骨的到来，望眼欲穿，企盼之情犹如久旱盼甘霖。为了表达自己对佛祖的信仰，以此来求得佛祖的庇佑和恩泽，一些信徒甚至将家产变卖，恨不得将自己所有的财产都用来供奉佛骨。

自从唐宪宗宣布开塔迎奉佛骨的那一天起，整个长安就陷入了一种莫名的狂热氛围之中。尤其是在皇帝命宦官杜英奇率宫人手持香花，将佛骨从临皋驿迎接到大明宫供奉之时，整个长安都沸腾了。一时间，无论是王公贵族还是平民百姓，都纷纷拿出自己的钱物。为了表达自己的虔诚，有些人甚至在街市之上号叫爬滚，局面十分混乱。

至于唐宪宗本人，自从佛骨进入皇宫的那一刻开始，在供奉的三日之内，他除了向佛祖进献钱物之外，每日都在舍利之前念诵佛经，希望死后能登极乐之地。在这之后，佛骨舍利又被送到各大寺院，场面之轰动自不必言。就在唐宪宗和整个长安都陷入崇佛的喜悦和期盼之中时，一篇文章瞬间击碎了天下人的美梦。元和年间的迎奉佛骨之所以影响如此之大，一是因为它的规模和参与人数远远超过了以往任何一次礼佛活动，还有一个重要的原因，就是韩愈的《论佛骨表》。

韩愈，字退之，河南河阳人，因自称郡望为昌黎，所以世称韩昌黎。韩愈是唐朝著名的古文运动主将，有着"文起八代之衰"的美誉，被推为"唐宋八大家"之首。韩愈三岁时父母就相继去世，他是在伯父的家中长大的。幼年的韩愈读书十分刻苦，这也培养了他深厚的写作功力。

韩愈是德宗年间的进士，因为在文坛颇负盛誉，所以做过宰相董晋的巡官。在这之后，他又做过四门博士、监察御史等官职。韩愈性格直率，当监察御史之时就因为向德宗进言，希望他改革宫市所带来的弊端，最后被贬为阳山县令。唐宪宗即位之后，因为听说过韩愈的才名，就将他召回长安做了国子博士。因为耿直的性格不改，韩愈的仕途颇为曲折，起起伏伏多次，但他所做的最为轰动的一件事，还是在唐宪宗迎佛的时候上了一道《论佛骨表》。

在这篇文章中，韩愈列举了古往今来的众多事实，以此来证明佛骨能保佑苍生根本就是无稽之谈。不仅如此，他还劝告皇帝不要迷信佛教，更不要因为此事坏了朝纲和父子伦常。最后，他还称佛骨舍利是"枯朽之骨，凶秽之余"，应将其烧毁，倘若佛祖真有灵验，那所有的灾难都会降在他的身上，所以请皇帝不要担心。

这篇表文无疑给此时因佛骨之事而热血沸腾的唐宪宗浇上了一盆冷水，简直是冒天下之大不韪。唐宪宗在接到《论佛骨表》之后十分恼火，扬言要杀了韩愈。当时幸好有宰相裴度和崔群从旁劝解，韩愈才幸免于难。但死罪能免，活罪难饶，韩愈最终还是被贬为潮州刺史。

除了信奉佛教之外，唐宪宗还非常迷信道教。早在元和五年（公元810年），宦官张惟则从新罗回来之后，唐宪宗就开始相信世间确有神仙和长生不老之术。在此之后，他就广招天下术士为自己炼制丹药，其中较为有名的便是术士柳泌。柳泌虽然读过一些医书，但实际上却是个官场骗子。他以炼药为名，让唐宪宗赐予他台州刺史的职位。虽然此举遭到了群臣的反对，但为了长生，唐宪宗义无反顾地给柳泌加官晋爵，命他专门为自己炼制丹药。

自从开始服用丹药之后，唐宪宗的身体每况愈下，终日浑身燥热，焦渴难耐。身边的大臣也曾劝谏过他，让他不要听信这些术士之言，不料宪宗大发雷霆，于是便再无人敢提及此事了。到了元和十五年（公元820年），唐宪宗的身体越来越差，甚至连常规的朝会都无法出席。

元和十五年正月二十七日，唐宪宗暴崩，谥号为"圣神章武孝皇帝"，庙号"宪宗"，死后葬于景陵。据官方的史书记载，唐宪宗死于服用金丹过多，体内热气上涌。也有说唐宪宗并非死于丹药，而是被当时一个叫陈弘志的宦官所杀。

唐代刘禹锡有诗云："汝南晨鸡喔喔鸣，城头鼓角音和平。路旁老人忆旧事，相与感激皆涕零。老人收泪前致辞，官军入城人不知。忽惊元和十二载，重见天宝承平时。"唐宪宗在位十五年，以祖上的圣明之君为榜样，虽然有过不少过失，但其每日勤勉于政事，与手下的大臣们共同缔造了大唐的中兴气象。正是因为"元和中兴"的出现，唐宪宗得以和创造贞观、开元的唐太宗和唐玄宗并驾齐驱，成为唐朝历史上不平凡的一位君王。

第四章　甘露之变，扫除宦官的失败努力

宦官专权是怎样形成的

"宦官"又被称"阉宦""宦寺""宦竖"，意指在宫内侍奉皇室成员的侍者和仆人。这些人起初并不都是阉人，直到后汉时期，才逐渐形成了这个传统，并一直延续了下来。阉人之所以会出现，其中是有着很深的历史渊源的。

皇帝乃九五之尊，地位尊贵，自然需要全天下的人来侍奉他。既然皇帝贵为天子，必然身居华室，后宫佳丽三千，更别说什么舞殿歌台，美酒佳肴了。也正是由于皇帝的这种特殊性，所以必然要有人专职为他打理日常生活的一切事宜。

自从封建王朝诞生以来，女性就逐渐失去自己的社会地位，变为了男人的从属，那么除了妇道之事外，其他的都一概不能过问。然而如果用男人来管理后宫，势必会引发一些风流韵事，有损皇室的荣誉和尊严。要知道在皇帝的后宫之中，无论是妃嫔还是宫女，都是皇帝的私有财产，别人是丝毫不能触碰的。正是在这样的情况下，阉人应运而生。阉割之法虽然残酷，但这些被阉割之人因为已经失去了人道，所以在后宫当差既不会出差池也不会对自己的主子抱有二心。这对于皇帝们来说，何乐而不为呢？

作为一个被压迫的特殊群体，宦官们的心理是复杂而且微妙的。这些刑余之人既失去了做人的最基本权力，又被人践踏和鄙夷，所以大多数十分偏激。他们深处皇宫，权力斗争之事对他们来说简直是司空见惯。虽然皇帝们对宦官定下了诸多规矩，但自阉人出现始，宦官干政就成为了千百年来历朝历代都无法避免的事件。

皇帝们和宦官之间的关系是很微妙的，通常来说，宦官们因为常在君王左右，对皇帝的脾气喜好都了如指掌，所以更能够取得皇帝的信任。这种情况在一些自主能力不够强，遇事没有主见的皇帝身上表现得尤为明显。除此之外，用宦官来分担一些政治权力对皇帝来说也不失为控制朝局，平衡大臣们手中权力的一个好办法。

在皇帝们看来，这些宦官的人生根本没有依托，所以对自己不会抱有二心，更不会对自己构成什么威胁。而且相对于那些足智多谋、能说会道的大臣们，宦官们还是比较好控制的，倘若有什么擅权之事，自己的家奴也比较容易处理，例如唐朝的"中兴之主"唐宪宗对这个问题持的就是这种看法。

晚唐的宦官擅权是唐朝历史上不容忽视的一个重大问题，那么唐朝的阉党之乱又是从什么时候开始的呢？早在唐朝建国初始，后宫之中虽然也有宦官，但人数不多，规模也不是很庞大。起初宦官只是负责掖庭、宫闱等日常事宜，常设机构也不过只是"六局"和"内侍省"而已。前代的宦官乱政给了唐朝初期的皇帝很多警示，例如为了限制宦官们的权力，唐太宗就曾特意下旨规定宦官的职位不得超过四品，并且基本上不派宦

官出使外地。

唐太宗之所以有这样明智的做法，是因为当时的名臣魏徵的一番话。太宗早年还是陆续派遣过一些宦官到外地出使的，当时魏徵就对他说："阉宦之人的地位虽然低微，但是和君主的生活十分贴近，常常陪伴在君王的左右。所以这些人对皇帝说的话很容易被取信，如果口出谮言，为国家的危害是很大的。如今陛下您英明睿智，所以可以不用考虑这个问题。然而为子孙后代着想的话，就不可不杜绝宦官擅权的源头。"

魏徵对宦官问题的这番言论可以说是见地颇深，从他的话中也可以看出一点，那就是宦官们在士族心中的地位是极其低下的，为大臣们所不齿。而魏徵的观点基本上可以代表古代封建王朝大臣们对宦官的态度，这也就能解释为什么历朝历代朝臣们和宦官集团大多势同水火的局面了。

然而太宗时期的抑制宦官政策之所以能取得良好的效果，除了因为唐太宗本人的英明还和其社会背景有关。贞观年间，国家基本上都处于和平稳定的状态之中，宦官们除了处理皇帝和后宫的日常琐事，基本上也没有什么其他的用武之地。

和贞观年间相比，唐朝发展到了天宝时期情况很显然发生了翻天覆地的变化。"安史之乱"爆发之时，唐玄宗用宦官监军，其目的就是为了保证中央对各地军队的控制。唐玄宗此举虽然有利有弊，但考虑到当时的社会现实，这也是不得已而为之。

但在大战之后，这项措施本应该适时地改进或给予废除，可玄宗之后的皇帝们基本上都没有慎重思考过这个问题。晚唐时期的宦官问题之所以愈演愈烈，玄宗之后的皇帝难辞其咎。尤其是在唐德宗贞元年间，宦官插手朝政的局面基本上确立了下来，而且一直延续到唐朝灭亡。

以唐德宗在位期间的表现来看，他在唐代后期的君主中也勉强可以算得上是差强人意了。至少相比之后穆宗和敬宗的荒唐，唐德宗在即位之初还是表现出了自己重振唐室的愿望，并为之付出了一些实际行动。以"泾师之变"为断点，唐德宗的一生基本上可以分为两个时期，而他在这两个时期内对宦官问题的态度也是有着明显的差异的。

因为自己父亲代宗是由宦官所拥立，所以幼年时的唐德宗就亲眼目睹了宦官给朝政带来的种种弊端。和藩镇问题一样，唐德宗即位之后对宦官专权现象的解决也是下了一番心血的。为了表示自己"疏斥宦官"的决心，他刚即位就下旨将图谋不轨的宦官刘忠翼赐死。

到了建中元年（公元780年）闰五月，唐德宗派宦官代表朝廷前往淮西给淮西节度使李希烈颁赐旌节。按照一贯的情形，宦官领旨出使外地，尤其是到藩镇都会受到隆重的款待，甚至会在当地大肆收受贿赂。

据记载，这个宦官在到达淮西之后，收受了李希烈送给他的大批财物。这件事情被唐德宗得知后，马上下旨惩处这个宦官，不仅对他处以杖责，还将他流放到偏远之地，永不得回朝。唐德宗这招"杀鸡儆猴"充分显示了他在建中初期对待宦官的严厉态度，也使得宦官们在这段时期内气焰有了很大的收敛。自从收受李希烈贿赂的宦官被处以流刑之后，出使各地的宦官再也不敢随便收受地方官员的贿赂了。

建中三年（公元782年）年末，淮西节度使李希烈起兵叛乱，唐德宗下旨征调泾原军前去征讨，却在半路发生了哗变。"泾师之变"彻底中断了唐德宗的削藩大计，在经历了这次叛乱之后，他的雄心大志丧失殆尽。德宗不仅在政治上的态度从强硬变为妥协，在对待宦官问题上，唐德宗的态度也逐渐发生了改变。其实唐德宗也并非看不到宦官给国家的运转带来的一系列弊端。而他之所以在后期还如此地包庇和倚重宦官，完全是因为他在经历了藩镇之乱后在纷纭的朝政面前失去了自信心，所以最后的结果便是只能倚靠和依赖这些宦官。

出逃长安的狼狈磨灭了唐德宗原来对中央禁军的信任，因为在整个逃难的过程中，保护他的不是禁军而是他从前不屑一顾的宦官。如果说一个人曾经在某段时间处于极度恐慌的状态之中，那么他往往会对于当时陪伴他、给他安慰和鼓励的人抱有很大的依赖。这种依赖的感情甚至会一直跟随他的后半生，从而影响他对于正常事务的判断，这也是常人所不能理解的。

这样的例子在历史上也是比比皆是。比如说明宪宗朱见深，之所以对大自己十几岁的宫女万贞儿极尽宠爱，甚至在她因为嫉妒之心杀死自己的子女后也不改变，就是因为在他幼年极具恐惧和孤独的时候只有一个万贞儿死心塌地地陪伴在他的身边，而这种感情也是他人所不能体会的。

在唐德宗逃亡的途中，他看到了朝臣难以依靠，同时更感觉到了他的内侍宦官窦文场和霍仙鸣对他的忠心和关怀。正是因为有这样的经历，他最终把宦官划归到自己最亲近、最信任的人群之中，以至于他在回到长安之后，迫不及待地将禁军的统领大权全部交给了窦文场和霍仙鸣等人。

宫廷禁军原来又称"北军"，是由"龙武军"和"羽林军"所组成，驻扎在皇宫北边的玄武门，负责保卫皇帝的安全。而神策军原本是陇右节度使手下的军队，后因在代宗广德元年（公元763年）立了大功而收编到禁军之中，是保卫宫廷的重要兵力。

兴元元年（公元784年）十月，唐德宗下旨将神策军分为左、右两厢，命窦文场和霍仙鸣为兵马使。到了贞元二年（公元786年），唐德宗更进一步将神策军左、右厢的规模扩大，依旧由宦官们掌管。贞元十二年（公元796年）六月，唐德宗又亲自授予窦文场和霍仙鸣神策军护军中尉之职，直接置他们于神策军大将军之上。自此之后，唐德宗将自己的人身安全交到了宦官的手上，而唐代宦官分典禁军的制度便由此延续了下来。

除了在中央实施宦官统领禁军之外，在地方上，唐德宗也采取了措施保证宦官监军的职权。贞元十一年（公元795年）五月，他特意下旨，将宦官监军的制度以法定的形式确定了下来，还给各地监军使颁赐了官印。唐德宗的种种做法使得宦官手中的权力空前地膨胀起来，成为了朝廷的一股强大的势力。这种状况虽然满足了晚年德宗的心理需求，但却给自己的后代埋下了苦果和灾难。

他也曾经有理想

唐德宗后期对宦官的纵容虽然给后期的君主留下了严重的隐患，但其后也并不是没有皇帝想要解决它。例如唐顺宗永贞时期曾任用"二王"进行改革，其中有一项重要的内容就是抑制宦官的专权。因为种种原因，"永贞革新"只进行了八十天就宣告结束。其后宦官们为了保障自己的权利甚至逼迫病重的顺宗退位，拥立宪宗登基。唐宪宗虽然是"中兴之主"，在藩镇问题上有很大的成果，但对于宦官问题，他基本上也是视而不见，放纵多于管制。

从唐宪宗开始，唐朝后期的皇帝多数都是宦官所拥立。这些皇帝从登基开始就没有属于自己的政治权力，为了保住自己的地位，他们不得不纵容和巴结宦官，而对这些弊政视而不见。更有甚者，干脆把朝政交给了宦官，自己安于享乐，做起了傀儡皇帝，比如唐穆宗和唐敬宗。这段时期，宦官不仅仅是掌握禁军大权，而且逐渐深入到了朝廷机构的各个角落，和朝臣们分领天下。也正是因为这样的情况，从唐宪宗开始至唐昭宗，成为了宦官专权乱政的鼎盛时期。

宦官专权问题在晚唐时期愈演愈烈，终于到了一发不可收拾的地步，而真正下定决心要解决它的是唐文宗。

唐文宗名李昂，是唐穆宗次子，也是唐敬宗的亲兄弟。唐敬宗死时虽然只有十八岁，但已经有五个儿子，并不是没有子嗣，那么为什么他的皇位不是由自己的儿子继承，而是传给了自己的弟弟呢？有种说法解释，是因为唐敬宗死时年纪尚轻，所以子嗣都过于幼小，这显然不符合皇位继承的基本逻辑。纵观历史，历朝历代中年幼的皇子继位的数不胜数，显然年龄不是继位与否的标准，那何以敬宗的儿子就因为年纪太小而不能继承父亲的皇位呢？这其中肯定另有原因。

唐敬宗是死于宦官策划的宫廷谋杀，这是众所周知的事情。唐敬宗死后，刘克明等人便假传圣旨，命翰林学士路随拟写了一份诏书，称敬宗死时留下遗诏，命六弟绛王李悟当军国事，暂理朝政。刘克明等人这么做无非是为了将王守澄手中的大权抢夺过来，于是便于第二天清晨让李悟在紫宸殿外接见了百官，想另立新主。

王守澄得知此事后大吃一惊，他马上与杨承和等人商量，带领神策军迎接江王李涵入主大内，随后便以"谋反"之罪将刘克明等人悉数斩杀。事后王守澄找来翰林学士韦处厚商议如何善后，韦处厚知道王守澄等人的意思，便说讨伐乱党本来就是理所应当的事，当务之急是要让江王向天下宣告，内乱已平，接着让大臣们请江王即位，如此大事方可成。王守澄听后也觉得此法可行，便把江王迎入皇宫，在紫宸殿外廊和文武百官相见。

公元827年年底，江王李涵改名李昂，正式继承了哥哥的皇位，改元太和，是为唐文宗。唐文宗出生于元和四年十月十日，与唐敬宗同年。他之所以能够继承皇位，完全是因为宦官们之间的互相争斗。当时刘克明拥立李湛为帝，对于王守澄一派来说的确是一个突发事件。为了和刘克明一争高下，王守澄在仓促之中只得选择了李昂。

唐朝在唐穆宗之前，除了唐高宗有两个儿子（中宗和睿宗）先后做了皇帝外，皇位基本上都是父死子继。但奇怪的是，从唐穆宗开始就频频出现了兄终弟及的现象，比如唐穆宗就有三个儿子登上了帝位，他们分别是唐敬宗、唐文宗和唐武宗。

这三个皇帝都为宦官所拥立，唐敬宗十六岁登基，两年之后就死于宫廷政变；唐文宗十八岁即位，死时也只有三十三岁；至于唐武宗，和唐文宗一样，都是三十三岁那年丧生，三人在位时间一共不到二十三年。这种罕见的历史现象不仅反映出了此时的皇室的大权已经旁落到宦官之手，还从侧面折射出了晚唐时期政治状况的恶化，作为一个皇帝，连自己人身安全都不能保障。

唐文宗即位之后也尊祖母郭氏为太皇太后，居住在兴庆宫；奉自己的亲生母亲萧氏为皇太后，居大明宫；敬宗的生母王氏为宝历太后，居义安殿。唐文宗本想任用外戚来牵制宦官，但无奈的是萧太后父母早亡，只有一个弟弟，但已经失去联系多年。萧太后是闽人，文宗为了找到这位舅舅，曾特意派福建的官员暗中寻访，但却无果而终，最后这件事只好作罢。

因为唐文宗的特殊身份，所以文宗朝三宫太后并存。唐文宗为人恭顺，对三宫太后都十分孝顺，对太皇太后郭氏尤为尊敬。他不仅自己经常到兴庆宫给太皇太后问安，还要求大臣和后宫嫔妃们也要在宫门之前请安。唐文宗每五天就会亲自去给各宫每位太后问安，遇到节庆之日更是不敢怠慢。除此之外，每次臣下进献了什么珍稀之物，唐文宗肯定是先奉太庙，然后再送到各位太后的宫中，从来不会先行享用。原来有司在将四时蔬果送到后宫是都称之为"赐"，唐文宗认为这是对太后的不敬，所以便将"赐"改为了"奉"。

唐文宗对长辈的尊敬之心着实令人感叹，他之所以能够如此孝谨恭顺，也和他自幼爱好学习有着莫大的联系。唐文宗从小便聪敏好学，尤其喜欢阅读《贞观政要》，心中最佩服的人就是先祖唐太宗。

唐文宗读书的习惯一直到登基之后也没有更改，每当退朝之后他便手不释卷，很少饮宴，也不近女色。他曾对身边的侍者说过这样的话："如果我不能在甲夜亲自处理政事，乙夜博览全书，又怎么能做好天下之主呢？"文宗还十分热爱文学，对那些有学识的臣子们十分欣赏。他经常和翰林学士柳公权一起讲谈经义，还留下了"人皆苦炎热，我爱夏日长。熏风自南来，殿阁生微凉"的佳句。

历经三朝的唐文宗早在当江王的时候就深感时代的弊政，心中便产生了"中兴唐室"的想法，只是碍于身份，才华不得施展。"天将降大任于斯人也"，突如其来的皇位对他来说是一个从天而降的机会，一个帮助自己完成多年夙愿的机会。正是因为心中多年的理想，所以文宗登基后不久就开始对唐朝的弊政进行大规模的改革。

穆、敬二朝虽然只有短短的七年时间，但因为两个皇帝的昏庸无道，整个朝廷已经是面目全非，了无生机。为了改变穆、敬二朝奢靡成风的现象，他即位之后便将后宫多余的宫女释放回乡，人数达到了三千之众。接着他下旨将五坊内各种珍稀的观赏动物都放归山林，大有仁君之风。唐敬宗在位之时喜欢大肆封赏，宫中的财物都被他挥霍殆尽。唐文宗废除了这一制度，宣布无功不受禄。他还免除了四方进贡，并将皇宫强占百姓的土地全部归还，停止了唐敬宗时期一切无用的享乐设施的修建。

裁减后宫、停止营建之后，唐文宗还拟订了裁撤朝廷冗员的计划。唐文宗即位之初，朝廷各个机构冗官的现象较为严重，不少官员尸位素餐，不仅浪费国家的财政收入，还大大降低了政府部门的办事质量和效率。唐文宗在统计了各部门的官员人数后，下旨将一千二百多名官员遣放还乡。

除此之外，唐文宗还身体力行，用自己的实际行动给天下臣民做出了表率。作为一个皇帝，唐文宗的日常生活十分简朴，史称"恭俭儒雅，出于自然"。他经常身着粗布素服，对臣下和皇亲国戚们也是如此要求。

以往的皇帝每逢自己的生日都要大肆庆祝，而唐文宗却将自己的生辰定为"庆成节"，不许屠杀牲畜，只许食用蔬果，也不许臣下饮宴祝寿。而且每当各地发生了水旱灾荒，唐文宗都是痛心疾首，主动要求削减自己的膳食。唐文宗的种种做法都是在向天下人宣示他的决心，那就是他是一个勤俭的皇帝，而他的朝代将不会再有不合时宜的靡靡之音。

和穆宗与敬宗的慵懒懈怠不同，唐文宗十分勤勉，对政事也非常关心。自从他即位，便下令恢复了原来皇帝单日听朝、双日放朝的制度，并付诸实践，风雨无阻。不仅如此，他还特意将节庆之日安排在双日，这样就不会影响到单日上朝的时间。

为了了解民间的困苦，为治理寻找良好的办法，他将臣子们都召集起来，一起讨论治国之道。到了太和九年（公元835年）十二月，唐文宗还下旨铸造了"谏院之印"，赋予了谏官们权力，让他们能够充分发挥匡扶社稷的作用。因为他的努力，文宗朝俨然形成了一种多年未出现的政治清平的氛围。当时的宰相裴度眼观唐文宗的种种表现，激动得热泪盈眶，大呼"太平可期"。在群臣和天下百姓看来，拥有了这样一位好皇帝，那盼望多年的太平盛世还会远吗？

零分作文

　　对于新帝的振作，王守澄等人并没有放在心上。在他看来，唐文宗所做的这些裁减后宫和官员、罢免进贡之事只不过是每个皇帝刚即位之后都会做的笼络民心的小伎俩。王守澄依旧我行我素，对裴度、韦处厚等朝中大臣不屑一顾，经常和他们对着干。不仅如此，他倚仗自己拥立有功，从来不把唐文宗放在眼里。王守澄这么做虽然有损唐文宗的尊严，但这也未尝不是给文宗积蓄力量提供了一个良好的时机。

　　然而理想虽然美好，现实却极端残酷。唐文宗虽然锐意进取，为了朝政宵衣旰食，但他自己心里也很清楚，以他的一己之力又怎能如此轻易地消除唐朝多年的积弊呢？以他多年的观察来看，要恢复大唐帝国原有的万千气象，有三个问题亟待解决，那就是藩镇割据、宦官专权和朝廷内部的党争。

　　藩镇割据问题本来在宪宗朝已经基本解决，虽然有些藩镇是表面归顺，但总体还是保持了统一和稳定的局面。但到了穆、敬二朝，因为皇帝的无能，藩镇问题又死灰复燃，已经不是那么容易解决的了。对于这种态势，唐文宗一时也想不出什么好的解决之道，于是他运用了软硬兼施的办法，尽量将全国的政局稳定在可以控制的范围之内。只要藩镇不爆发叛乱，那么基本上不会牵制到他在朝廷内部的改革。

　　至于党争问题，此时历史上著名的"牛李党争"已经悄然拉开帷幕。唐文宗在万般无奈之下只得陆续将这两派的官员调离中央，这样就减少了两党发生冲突的概率。这么做虽然不是万全之策，但一时间还是取得了一定的效果。

　　稳住了藩镇和朋党之争后，唐文宗将要面临的是一个巨大的挑战，那便是多少年来也没能解决的宦官专权问题。虽然说在唐文宗的登基过程中，宦官立下了不少功劳。甚至可以说没有王守澄，唐文宗根本不可能坐上皇帝的宝座。但唐文宗却并不想成为宦官手中的木偶，所以他在即位之初就下定决心要解决"天子受制于家奴"的问题。

　　根据分析，唐文宗之所以对宦官们如此深恶痛绝，除了他作为一个皇室成员，亲身感受到了宦官专权给国家带来的危害，还有两个十分重要的原因。

　　其一是王守澄虽然拥立他为帝，但也不过是出于自己利益的考虑。在他登基之后，王守澄将他看成了和穆宗、敬宗一样的傀儡皇帝。王守澄不仅对他毫无尊敬之意，而且气焰越来越嚣张，简直到了不可一世的地步，这大大损害了唐文宗作为一个皇帝的尊严。

　　其二是自己的哥哥唐敬宗虽然是个荒唐的皇帝，但他的确死于宦官之手，这是个不争的事实。不仅敬宗如此，之前的宪宗和穆宗的死都和宦官脱不了干系。然而更为荒唐的是这些犯了大罪的宦官们不仅没有受到任何惩罚，反而依旧过着自己逍遥的日子，这怎么能不让唐文宗气愤，要杀宦官而后快呢？

　　唐文宗想要铲除宦官专权的想法一经提出，马上得到了朝廷上下的一致赞同。其实朝中上下对铲除宦官的呼声一直都很高，就在不久之后的一次制举考试中，一位考生的对策就充分显示了士大夫阶层与宦官们日益激化的矛盾。

　　太和二年（公元828年）三月，朝廷照例举行制举考试，以贤良方正与直言极谏问策取士。在这次考试中，幽州昌平人刘蕡的对策如平地惊雷，震撼了整个朝野。在这篇对策中，刘蕡详细论述了宦官专权乱政的弊端，言辞十分犀利。

　　刘蕡的对策条理十分清晰，他先是指出了本朝宦官擅权的现象，称宦官"裹近五六人，总天下大政，外专陛下之命，内窃陛下之权，威慑朝廷，势倾海内，群臣莫敢指其状,天子不得制其心,祸稔萧堵,奸生帷幄",使得"海内困穷,处处流散,饥者不得食,寒者不得衣,鳏寡孤独不得存,老幼疾病不得养"。随后他又指出出现这种状况的原因是朝廷的法度不能统一,而且任用官员的方法也有问题。最后,他甚至说宦官问题如果不彻底解决,势必会"宫闱将变,社稷将危,天下将倾,海内将乱",可见当时天下人对宦官是何等的恐惧和憎恨。

刘蕡的对策一举击中了时代的弊政,在当时的影响极大,大家都争相传阅他的这篇惊世之作。不仅如此,朝中很多官员都对刘蕡的观点十分认可,连当时主持对策的主考官冯宿也认为这篇对策堪比汉代晁错与董仲舒的对策。

大宦官王守澄得知有个叫刘蕡的进士写了这样的对策后简直是怒不可遏,当场大骂刘蕡:"何其狂妄乃尔!"另一个宦官仇士良甚至当着满朝文武的面质问当年进士科录取刘蕡的杨嗣复,为什么会录用刘蕡这个疯汉。杨嗣复本是个书生,见仇士良气势汹汹而来,一时不知所措,于是只能说:"当初刘蕡进士及第之时尚未疯癫!"听杨嗣复如此回答,仇士良又恶狠狠地望向了裴度和韦处厚,他二人在这种局面下也只有沉默。宰相都如此惧怕宦官,其他的大臣更不敢多说一句话了。最后冯宿和庞严只得将刘蕡的对策暗中压下,并没有递交给唐文宗。

虽然刘蕡一语大快人心,才华和眼光也被世人所肯定,但考官们因为惧怕宦官的权势,都不敢录取刘蕡。三月初九,朝廷的诏制颁行天下,该年的"贤良方正科"共取了二十二人,杜牧、裴休都在其列,就是没有语惊天下的刘蕡。

刘蕡落榜之后,朝中的许多官员都上书为他鸣不平。就连此次考试被录用的河南府参军李郃认为:"刘蕡下第,我辈登科,诸位能不羞愧?"于是便上书唐文宗,称自己的对策远远不如刘蕡,没有资格上榜,愿意把自己的名额让给刘蕡。但奇怪的是,这封奏疏直递中书省后,便如泥牛入海,杳无音讯。

宰相们也知道朝中上下对此事的议论很大,但为了稳定局面,不至于引发事端,只好大事化小,小事化了。在当时的四位宰相中,裴度和韦处厚一直对此事没发表态度,窦易直资历不如裴、韦,更不敢站出来说话。至于王播,本来就是因为和宦官交好而获得的宰相之位,就更不可能为刘蕡说话了。不仅如此,王播还对愤愤不平的御史们说:"刘蕡这个人就只会招黄门之怨而已,怎么能解救得了呢?国家开科取士,本来就是为了求辅弼之才。这些人一定要识大体,岂容狂犬吠日?所以说刘蕡不取也罢。"

唐文宗虽然没有看到刘蕡的对策也没能看到李郃等人为其鸣不平的奏疏,但对这件事他也是有所察觉的。无奈当时宦官权势熏天,而他又羽翼未丰,地位尚不稳定,根本没有办法公正地对待此事。但这件事情也让唐文宗看清了朝中大臣们的态度,加速了他一举铲除宦官的决心。

刘蕡虽然没有被录用,但他的名声却已经传遍天下,不少人都仰慕他的大名。其后刘蕡先后在令狐楚、牛僧孺的任下做过幕府,被授予秘书郎一职。但好景不长,不久之后他就因被宦官诬告被贬为司户参军,最后死在了柳州任上。

刘蕡虽然惨遭毒害,但他的事迹还是被载入史册,为后世人所敬仰。唐朝的许多诗人,如李商隐等,都先后为他作过哀悼的诗文。昭宗时的大臣罗衮甚至向皇帝感叹,如果文宗当时采用了刘蕡的对策,那么后来国家也不至于演变到如此地步。唐昭宗对此事也深有感触,其后追赠刘蕡为左谏议大夫,并在民间寻访到他的子孙,授予其官职,让他们继承祖上遗志,为国家效力。

泄密的代价是丢了性命

> 辇路生春草,上林花满枝。
> 凭高无限意,无复侍臣知。
>
> ——唐文宗李昂

刘蕡对策让唐文宗感到了一股无形的压力和推动力。在此之后,他便开始在朝廷上下物色可靠的、与自己志同道合的人才,准备逐步将他的计划付诸实践。朝廷虽是天下人才会聚的地方,但很多时候也会出现"无人可用"的现象,唐文宗此时面临的就是这样一个局面。唐文宗本来十分看好对他拥立有功的宰相韦处厚,但不幸的是韦处厚因为横海镇留后的问题太过操劳,在太和二年就去世了。

韦处厚死后,窦易直也罢职,由翰林学士路随接替宰相之职。不久之后,李德裕从地方回到了长安,在兵部任侍郎之职。朝中元老裴度非常欣赏李德裕的才华,并向唐文宗举荐他为宰相。但当时的宰相李宗闵和李德裕的父亲李吉甫有过节,所以便想尽办法把他从长安的政治圈子中排挤出去。李德裕无奈之下只得前往义成去担任节度使,随后又被调到偏远的西川。

李德裕走后,李宗闵为了进一步掌控朝中大权,便推荐了牛僧孺为相。牛、李二人结成一派,排除异己,连裴度这样的重臣都被迫离开长安去往地方。裴度一走,整个朝廷就变成了牛、李二人的天下。与此同时,文宗朝大臣之间的朋党之争也愈演愈烈。这些大臣为了争权夺利往往和当权的大宦官们勾结在一起。唐文宗既不能依靠他们,还要为他们之间的斗争费心费力,真是烦不胜烦。就在唐文宗苦于没有人才可用的时候,一个人走到了他的面前,这就是时任翰林学士的宋申锡。

宋申锡,字庆臣,出生于一个普通人的家庭。宋申锡自幼就失去了父亲,靠着自己个人的努力才得以入朝为官。宋申锡考取进士后,曾经很长一段时间在外地节度使的幕府中任职,后来才辗转回到长安,先后做过起居舍人、礼部员外郎、中书舍人等官职,最后才官至翰林学士。

宋申锡为人忠厚且办事十分谨慎,这也正是唐文宗看重他的地方。而唐文宗之所以最终选择了宋申锡,还有一个原因,就是此时大部分朝臣都陷入党派斗争之中,但宋申锡却不在朋党之列,政治背景比较清白。

一天,唐文宗将宋申锡召来为他讲解《贞观政要》。途中唐文宗为了试试宋申锡的心意,便故意叹了口气。宋申锡不知皇帝为何如此,便站在一旁,默默不语。唐文宗问他:"你每日与朕一起讲经论道,难道还不了解朕的心意吗?"宋申锡心中也知道唐文宗为何事烦恼,但心中也是十分无奈,除了请罪之外也无话可说。

唐文宗见他如此,便说道:"如今宦官如此强势,元和、宝历年间的弑逆之徒仍然活在世间。朕每日受他们逼迫,如果就此下去,还有什么脸面见列祖列宗?"话说到这个地步,宋申锡不得不表态了,他哽咽地说道:"陛下且宽圣怀,不必为此事太过烦恼。微臣虽然不才,也愿为陛下效死力!"

君臣互表心意后,唐文宗又秘密召见了宋申锡,与他探讨解决宦官问题的办法。承蒙君主的信任和厚爱,宋申锡毫不掩饰地表达了自己对宦官的厌恶,并向唐文宗提出了具体的解决办法。宋申锡的想法和自己不谋而合,于是唐文宗下诏加封宋申锡为尚书右丞,不久之后又加同平章事,委任他来解决这个令人头疼的问题。太和四年(公元830

年）七月，唐文宗正式拜翰林学士宋申锡为相，一场大的变革就要上演。

太和五年（公元831年）初，经过了种种商讨，唐文宗终于决定开始着手解决宦官问题。一次成功的变革除了要有好的领导者和良好的措施之外，还需要有大批的人来对改革的计划付诸行动，而宋申锡再怎么有才华也难以一个人担当此重任。

此时的唐文宗和宋申锡不仅要面临手中无人的局面，还面临一个非常可怕的现实，那就是对方是手握禁军大权的王守澄，而自己手中既没有兵马也没有任何的后援。在这种情况下，想要撼动王守澄就只有一个办法，那就是获得京兆尹的绝对支持。京兆尹是长安城的行政长官，手中掌握着长安的兵权，是整个行动的关键人物。正是因为京兆尹如此重要，所以宋申锡经过反复考虑，举荐了时任吏部侍郎的王璠出任京兆尹一职。

王璠本来不知就里，升任京兆尹之后他才得知自己的任务是要和宰相宋申锡一起铲除宦官专权。为了不打草惊蛇，唐文宗和宋申锡的计划基本上是没有其他人知道的。但不幸的是王璠得知了此事，觉得风险太大，所以便将此事透露了出去。很快，这件事便传到了大宦官王守澄的耳中。

王守澄得知此事之后，对宋申锡恨之入骨，他马上指使自己的手下、神策军将领豆卢著向唐文宗递上了一份奏章，内容是宰相宋申锡图谋不轨，想要推翻唐文宗，拥立其弟漳王李凑为新帝。很显然，这是一封诬告的奏折，但据说当时唐文宗并没有多加审查，就听信了豆卢著的话。

唐文宗之对宋申锡产生了怀疑，完全是因为漳王李凑在朝中有些声望，所以他早就对其有猜忌之心，而豆卢著此时所报之事与他心中的想法不谋而合。但因为心中还是有一些疑虑，所以唐文宗也没有马上下决断，而是让王守澄将此事调查清楚再说。但王守澄回到神策营后马上就召集了兵马，准备到宋申锡家大肆屠杀。

就在这个时候，飞龙厩使马玄亮站了出来。他虽然也是宦官，但颇具正义之心，他对王守澄说道："如今宋申锡的罪名还没有坐实，倘若你杀了他全家，会引起众怒的。如果长安因为此事乱了起来，我们也没办法收场。现在当务之急是和众位宰相商议该怎么处理，最好不要轻举妄动。"

王守澄觉得马玄亮的话也在情在理，于是便派人将宰相牛僧孺等人召集到延英殿商量此事。当时宋申锡并不知道事情已经泄露，作为宰相之一的他也来到了中书省。众位宰相陆续进入了东门，只有宋申锡被挡在门外。到了这个时候，宋申锡才隐隐感觉到不妥。但此时他尚不能肯定，于是就望着延英殿，以笏叩头而退。

虽然朝中大臣们都觉得宋申锡谋反一事不可思议，但几乎没有人敢站出来说几句公道话。为了将宋申锡的罪名坐实，王守澄逮捕了一些漳王府的人，用屈打成招的办法让他们告发宋申锡。意图谋反是诛灭九族的大罪，宋申锡落到了王守澄的手中，纵有千般本事也解释不清楚。审问还没有开始，就传来了唐文宗罢相，贬宋申锡为太子右庶子的旨意。

事情发展到了这个地步，马玄亮又一次站了出来，他跪求唐文宗要慎重处理此事。唐文宗也有此意，于是便将牛僧孺等人召来商议。牛僧孺此时也说："做人臣的官不过宰相，宋申锡如今已为宰相，有什么理由谋反呢？我看他应该不会做这种事。"而王守澄一方也害怕再闹下去反而横生枝节，所以便就此作罢。

在大臣们的百般求情之下，最终唐文宗免除了宋申锡的死罪，但还是将他贬到开州去做司马，漳王李凑也被贬为巢县公。就这样，第一次铲除宦官的行动还没有实施就宣告流产。

有人说宋申锡的事唐文宗要负主要的责任，正是因为他中了王守澄等人的反间计，这才导致了计划的失败,并由此推断唐文宗是个不能自己作决断的愚蠢之君。其实从深层次上来分析,以唐文宗的判断力应该不会轻易相信所谓的"谋反"之事,何况状告宋申锡的还是神策军中人。那么唐文宗会做出将宋申锡贬到地方的举动就只有一个原因,那就是他不想过早地暴露自己,无奈之下才只能选择放弃宋申锡。

这个医生是危险人物

宋申锡一事给唐文宗的打击很大,就在此后不久,党争问题又一次浮出了水面,弄得唐文宗无所适从。宋申锡一案发生在太和五年三月,到了九月,与吐蕃的边境上发生了纠纷。当时朝廷派李德裕前往边境指挥作战,本来李德裕觉得应该对其采取强硬的措施,好借此机会稳定住边境的少数民族,但牛僧孺因为意气之争,坚持不让李德裕这么做,而是要"和平"解决这个问题。

牛僧孺所说的"和平"表面上冠冕堂皇,实则就是一种妥协策略,最后"维州事件"虽然得以解决,但朝廷却因此丢尽了脸面。

两个月之后,原西川监军王践言回到了长安。他对朝廷的举措表示十分不理解。唐文宗对当朝的几位宰相简直是失望透顶,甚至当朝责问牛僧孺等人到底闹到何时天下才能太平。

唐文宗本来只是发发牢骚,没想到牛僧孺居然和他顶撞了起来,说道:"如今四夷没有侵犯我朝,百姓也没有流离失所。我朝虽非大治,也可以说达到了小康。陛下您还要求取别的太平,那不是臣等所能做到的。"牛僧孺一番话让唐文宗一时不知说何是好,同为君臣多年,牛僧孺不但不理解他的苦心,反而用这种话来搪塞他,难道作为一个皇帝想让自己的国家富足、百姓安康还有什么过错吗?

不久,唐文宗将牛僧孺罢相,召西川节度使李德裕回长安接替他的位置。太和七年(公元833年)二月二十八日,文宗拜李德裕为相。这一天,干旱了多时的长安居然下了一场瓢泼大雨,众人都认为这是新宰相带来的吉兆,天下大治有望了。听闻此事后,唐文宗也对自己作出的决定暗暗高兴。

然而此时位极人臣的李德裕不得不面对一个问题,那就是朝廷之内的党派之争。除此之外,还有权势熏天、顽固不化的宦官们。自从宋申锡被贬至死后,王守澄一派更加肆无忌惮,朝中根本无人敢与之对抗。

牛僧孺虽然离开了长安,但朝中还有一个李宗闵。李宗闵对李德裕一直就心存不满,他在自己身边聚集了一大批亲信,目的就是为了和李德裕一较高下。李德裕深知朋党之害,所以拜相后不久就向唐文宗提出要清除朝中的朋党。他还指出杨虞卿、杨汝士、杨汉公三兄弟和给事中萧澣以及中书舍人张元夫公开结党,已经引起了朝臣的猜测和不满。

李德裕所说的这些人都是李宗闵一手提拔起来的,而且都是李宗闵的亲信。所以说李德裕虽然表面是指责杨氏三兄弟等人,其实是直指李宗闵。唐文宗也不是不知道这个情况,于是他便对李宗闵说:"据朕所知,杨虞卿、张元夫、萧澣等人确有结党之实。"李宗闵一时下不来台,开始还否认他提拔杨氏三兄弟等人,但在李德裕的追逼下,他也不得不承认了这个事实。

在证实了此事后,李德裕将这些人陆续贬出长安,同时将原来被牛僧孺和李宗闵打压的郑覃擢升为御史大夫。李德裕这么做等于是公开向李宗闵宣战,李宗闵又岂会坐视不理?在李德裕提出要将郑覃升任后,李宗闵马上进见唐文宗,表示此事万万不可。唐文宗以前就非常欣赏郑覃的才华，所以完全没有理会李宗闵的反对意见，最后任命郑覃的诏书根本就没有通过中书省就直接宣布了。

郑覃一事让李宗闵大为恼火，但从中他也看出了唐文宗的态度和偏向。太和七年六月，李宗闵罢相，到山南西道做了节度使。同年七月，右仆射王涯进入中书省，掌管了帝国的财政大权。不到一年的时间，朝中的局势可以说是发生了翻天覆地的变化。

李宗闵走后，李德裕终于可以放开手脚。在这之后，他也的确是施行了不少改革举措，例如变革科举考试的内容等。但需要指出的是，李德裕在之前打压李宗闵的过程中得罪了不少人，这些人也就成为了继牛僧孺和李宗闵后新的与之对抗的力量。所以说，此时朝廷中潜伏着的危机还是巨大的，时时刻刻都有可能爆发。

也是因为接连发生的一系列事件，唐文宗一直有一股郁结之气在胸中难以抒发。太和七年十二月十八日，身心俱疲的唐文宗患上了风疾，后来竟然发展到了口不能言的地步。在王守澄的推荐下，神策营行军司马郑注前来为皇帝诊脉。

郑注是山西翼城人，因为家中十分困苦，所以便四海游历，以行医谋生。他本来姓"鱼"，所以又被称为"鱼郑"。郑注在治病方面有些手段，曾经在地方上治好了许多官员的病，所以名声渐渐大了起来。后来徐州的一个牙将把他推荐给了徐州节度使李愬。郑注不负所望治好了李愬的病，随后就被推任为徐州节度使官署的衙推。

郑注自恃有些才能，当官了之后就对徐州的军政有些看法，但他的这种做法却惹怒了当时在徐州担任监军使的王守澄。王守澄向让李愬把郑注赶出军营，但李愬却把郑注推荐给了王守澄，并说他是一个值得一用的奇才。

王守澄虽然大感不解，但因为有李愬的推荐，他还是同意和郑注谈一谈。这一谈，王守澄大喜过望，两人气味相投，简直是相见恨晚。其后，王守澄被调回长安任知枢密，郑注也随他一起来到了都城。

起初郑注只是在王守澄手下做些杂事，但随着人际关系越来越宽广，郑注在长安也结识了不少权贵。加上他为人圆滑，能讨人欢心，这些人看他是王守澄的亲信也不能不买他几分面子，久而久之，郑注就在长安做了不少不法之事，名声很不好。

郑注仗势欺人的行为很快就引起了朝中正直官员的不满，不久之后就有个侍御史上书弹劾他，请求将他法办，并且在十天之内连上十几封，在当时造成了很大的影响。王守澄怕会惹出祸端，便将郑注藏在神策军营里，但郑注在那里也受到厌弃。当时左军中尉韦元素、左右枢密杨承和与王践言对王守澄很不满，于是对郑注自然也是没有好脸色。左军将官李弘楚知道韦元素等人的心思，便向其献了一计，想置郑注于死地。

郑注是以医术闻名，于是李弘楚就让韦元素谎称有病，让郑注前来诊治，趁机将他杀死。韦元素认为此计可行，于是就诈病召郑注前来。郑注也知道韦元素等人与王守澄素有嫌隙，知道此去凶多吉少。但他"临危不惧"，见到韦元素后就扑在地上大哭，滔滔不绝地讲述了一番他的苦难经历。韦元素见他如此可怜，心一软就放弃了杀他的念头，二人交谈了一番后便把郑注放了回去。郑注走后，李弘楚叹道："大人你今日不杀郑注，日后肯定会受其祸的！"

这个郑注医术十分高明，半个月之后便将唐文宗的风疾治好了。太和八年（公元834年）的正月初五，唐文宗召见了群臣，满朝文武悬着的一颗心终于落下了。

病好之后，唐文宗对郑注十分感激，以至于在后来的时日里对他十分宠信。郑注一时间成为了皇帝身边的红人，前来巴结他的人更是络绎不绝，而贪财的郑注对于这些人所送的财物全部照单全收。在这些行贿之人中，有个名叫李训的流放之徒，他送了大量的钱财给郑注，希望郑注能在皇帝面前为他多说好话。李训原名李仲言，出身名门，是李逢吉的侄子。在钱财的诱惑下,郑注便向王守澄引荐了李训。在王守澄的安排下,李训很快就来到了唐文宗身边。

李训不仅长得一表人才,风流倜傥,而且才识过人,尤其精通《周易》,这大大合了唐文宗的心意。王守澄引荐郑注和李训本来是为了间接地控制唐文宗,然而唐文宗不知就里,反而将他二人引为知己。在多日的相处之后,唐文宗便将他心中的苦闷倾诉给了郑、李二人。

郑注虽然是个贪财之人,但也有些见识,而李训自不必言,他费尽心力回到长安就是为了一展抱负。所以他二人听了唐文宗的倾诉之后都表示愿意为主上担当起诛灭宦官的重责。继宋申锡之后,唐文宗觉得自己又一次找到了得力的人才。于是他便下旨拜李训为相,擢升郑注为凤翔节度使,又一次将自己的理想付诸行动。

大权在握之后,李训首先想到的是解除宦官手中的兵权。这一步十分关键,只要没有了兵权,宦官们可以说就丧失了安身立命之道。对于李训的想法,唐文宗十分赞成,于是他下旨将王守澄调任为神策军右中尉,而命宦官仇士良接替了他之前的左中尉之职。

仇士良本就和王守澄有过节,所以也同意帮助李训等人除去这个心头大患。分割了王守澄的兵权之后,李训等人旧事重提,将当年唐宪宗的死又翻了出来。而仇士良更是十分肯定地说,唐宪宗就是被陈弘志和王守澄害死的。李训的本意是将陈弘志调来长安指证王守澄,但陈弘志却在不久之后莫名其妙地被人杀害了。

这个计划落空之后,唐文宗又将王守澄调任为六军十二卫观军容使,目的是把他调离出他的根据地——长安。失去兵权之后的王守澄毫无还击之力,随即就被唐文宗用毒酒赐死,对外却宣称"暴病身亡"。与此同时,韦元素、王践言、梁守谦、杨承和等宦官也先后被赐死或者流放。

苦涩的甘露

王守澄虽然已死,但他多年经营的势力依旧存在着。为了彻底铲除这股势力,李训和舒元舆等人商量了不少对策。他本想让郑注在王守澄的葬礼上率兵将他的余党们一起缉获,但又怕如此一来郑注的功勋会超过自己,所以这个计划最后竟然作罢。

为了进一步掌控局势,李训又把自己的心腹们分派到各大重镇去担任节度使。其后,他召集了金吾使韩约、太原节度使王璠、邠宁节度使郭行余共同商议如何处理王守澄的遗留问题。

在李训的示意下,太和九年(公元835年)十一月二十一日,韩约在朝堂之上向唐文宗奏报说金吾厅出现了难得一见的祥瑞,后院的石榴树上降下了甘露。听闻祥瑞出现,唐文宗也是大喜过望。李训和舒元舆等人趁势向皇帝祝贺,并请求唐文宗前去观赏。处在兴奋状态中的唐文宗马上便下旨命文武百官们前去观赏,这其中当然也包括了当时掌权的宦官。实则甘露祥瑞是假,李训等人想借此机会除掉宦官是真。

一行人到了含元殿后,唐文宗先是派了李训前去金吾厅看看情况。李训回来报告说甘露已经不是很明显了,但叫唐文宗不要宣扬出去。唐文宗对此事深表怀疑,便命身边的仇士良和鱼弘志带着宦官们前去看个究竟。

仇士良和鱼弘志出去后,李训马上召集王璠和郭行余等人进入含元殿布置行动。然而此时王璠已经吓得全身发抖,根本无法动弹。最后是郭行余带着自己数百名亲兵来到了丹阳门外等候诏命。

与此同时,仇士良等人已经进入了金吾厅的后院。众宦官纷纷围到石榴树下看祥瑞何在。因为树上本就没有所谓的祥瑞，再加之计划还未施行，所以韩约的情绪十分紧张，甚至汗流满面。韩约的反常很快就引起了宦官首领，神策左、右军中尉仇士良的注意，就在仇士良询问他身有何故的时候，金吾厅后院突然刮起了一阵狂风。

就是这阵风吹起了幕帐的一角，早早埋伏在里面的将士就这样暴露了。机警的仇士良知道情况有变，马上带领众人回撤到含元殿。他来到唐文宗的面前，说金吾厅有人作乱，请皇帝赶紧回宫避难。李训见计划被打乱了，马上下令手下将士们提前动手。他命金吾厅的卫士们赶快前往含元殿保护唐文宗，并许诺时候给每人赏钱一百缗。

就在此时，宦官们率先带着唐文宗迅速从含元殿撤离。李训见状，马上拦住文宗御驾，奏报说："臣尚有要事禀报，望陛下留步。"然而仇士良根本不容许他说话，气势汹汹地称他要谋反。唐文宗事先知道此事，于是便想挣脱宦官们的控制。就在混乱之中，仇士良和李训扭打到了一起。然而李训孤掌难鸣，最后宦官们还是抬着唐文宗的御驾进入了宣政门。

等到众人等率兵赶来，宣政门已经紧紧关闭。李训等人知道大势已去，便开始想要出逃。气急败坏的仇士良怎会放过他们？马上派神策军将领魏仲卿和刘泰伦从三面包围了朝官们办公的场所。大臣们不知何时，纷纷来问当值的宰相。当时值班的宰相王涯和贾𫗧并不知情，所以便请百官们回去。但此时宫门已经全部关闭，没能出宫的官员全部被当场斩杀，人数多达六百余人。

因为李训、舒元舆等人在事发之后就逃出了皇宫，所以在宫内的大屠杀之后，仇士良马上由派了千余名神策军在长安城内外大肆搜捕。一时间，整个长安陷入了骚乱之中。其后，李训、王涯、舒元舆都纷纷被捕。李训被抓之后不想忍受宦官们的侮辱，于是就恳求押送自己的官军说："现在朝廷的禁军在到处搜捕我，是因为抓到我就能得到朝廷的重赏。倘若禁军们见到我，肯定会抢先领功。你们还不如把我杀了，拿着我的首级去长安领赏吧。"这些人听李训如此说，便将他杀死，并把他的首级递上长安。

到了第二天清晨，朝会照常举行，但皇宫内外都有全副武装的禁军把守，气氛十分严峻。文武百官聚集在大殿之上，都噤声不语。唐文宗见状，便询问道："怎么不见王涯来上朝？"站在一旁的仇士良马上站出来禀报："王涯等人意图谋反，罪无可恕，已经被禁军逮捕入狱。"唐文宗此时已经失去了人身自由，在接到仇士良递上来的"谋反"罪状后，他只得命令狐楚和郑覃代行宰相之职。其后，令狐楚和郑覃便依令拟写了宣布李训、王涯等人"谋反"之罪的诏书。

太和九年十一月二十三日下午，王涯、舒元舆、郭行余等一干人被斩杀。在这之前，仇士良还让禁军挑着李训的人头在长安城中游街示众。这场事件前前后后延续了十几天，共有六七百个朝臣被诛杀，这便是文宗朝著名的"甘露之变"。

"甘露之变"的发生标志着唐文宗多年来想要铲除宦官的理想破灭，在这之后，唐文宗一改以前的强硬态度，对宦官问题变得不闻不问，任其发展。而宦官们在"甘露之变"后更是提高了警惕，为了保障自己的人身安全，他们一边将唐文宗软禁起来，一方面想尽各种办法巩固自己手中的权力。

与此同时，全国各地也开始了多年未遇的自然灾害。在开成年间，天空之中频频出现彗星，用古人的说法就是凶兆不断，这对封建王朝的统治是有很强的影响的。在自然灾害的影响下，粮食减产，严重的时候甚至颗粒无收，不少百姓都流离失所。为了安抚灾民，唐文宗下发了很多赈济的诏书，但都没有收到什么成效。

开成四年（公元839年），旱灾波及到了长安。六月，唐文宗派出许多使者去各处祈雨，但都没有收获。对于这种状况，唐文宗极度灰心。他召来宰相们说："如果上天再不降雨，朕就退居兴庆宫。你等另选贤明之主吧，朕也不再做这个皇帝了。"同年十二月，唐高宗和武则天合葬的乾陵竟也发生了大火。

因为这些事情的接连打击，唐文宗的意志逐渐消沉，原本已经痊愈的风疾也复发了。他无心问政，终日饮酒消愁。开成四年的一天，唐文宗和翰林学士周墀共饮，他问周墀："朕可以和前代的哪位君王相比呢？"周墀回答道："此事不是臣所能评价的。但依臣所看，陛下您堪比尧、舜。"

唐文宗惨淡地说道："朕怎敢自比尧、舜。我问你，朕比之周赧王和汉献帝如何？"周赧王和汉献帝都是历史上著名的亡国之君，唐文宗这么说，周墀无言以对。唐文宗继而说道："周赧王和汉献帝被诸侯钳制，如今朕却受制于自己的家奴。这样说来，朕连他们都不如。"

唐文宗的一番话道尽了他心中的苦闷，"甘露之变"给予他的不仅仅是打击那么简单，他的自信、他的尊严、他登基时的意气风发都随着金吾厅里的那场刀光剑影而飞灰湮灭。如今的他已经不再是那个雄心壮志、挥斥方遒的皇帝，而是变成了一具自暴自弃的行尸走肉。

带着自己未完成的理想，唐文宗惨淡地度过了自己的余生。开成五年（公元840年）正月初四，唐文宗崩逝于太和殿，谥号"元圣昭献孝皇帝"，终年三十三岁，死后葬于章陵。"有帝王之道，而无帝王之才"，这是历史上对唐文宗的评价。唐文宗的一生虽然抱有远大的理想，也为此勤勤勉勉，但最终还是因为缺少治国才能而抱憾终身。

对于唐文宗为什么会在众多事件面前一事无成，无所适从，陈寅恪先生在他的《唐代政治史述论稿》中有这样的论述："夫唐代河朔藩镇有长久之民族社会文化背景，是以去之不易，而牛李党之政治社会文化背景尤长久于河朔藩镇，且此两党所连结之宫禁阉寺，其社会文化背景之外更有种族问题，故文宗欲去士大夫之党诚甚难，而欲去内廷阉寺之党则尤难，所以卒受'甘露之祸'也。况士大夫之党乃阉寺党之附属品，阉寺既不能去，士大夫之党又何能去耶？"

第五章　会昌中兴，在困局之中异军突起

不得不死的太子

唐武宗本名李瀍，登基之后更名为李炎。他出生于元和九年（公元814年），是唐穆宗第五个儿子，也是唐文宗的弟弟，即位之前的封号是"颍王"。唐文宗崩逝于开成五年正月，死时虽然只有三十三岁，但也已经有了自己的子嗣，甚至曾经册立过太子。所以说唐武宗的即位又是一场不正常的权力斗争的产物，这当然也与晚唐的宦官专权乱政有着推脱不掉的干系。

武宗李瀍二十七岁时登上皇位，在此之前，作为穆宗第五子的他可以说是根本和皇位无缘的。事实上李瀍心里也清楚地知道这个事实，所以一直本分地做着他的王爷，任凭皇位频繁地在父亲和哥哥几个手里转来转去，对自己没有抱太大的希望。正是出于这种想法，唐武宗在做王爷之时便一直寄情于山水之中，将所有的心思都花在颐养性情上。

不仅如此，他还效仿自己的父亲唐穆宗笃信道教，并经常与道士相往来，也炼制一

些丹药。李瀍性情爽直,与哥哥唐文宗的关系颇好。但即使是这样,他也没有引起皇帝或者当权者——宦官们的过分关注。而这在那个宦官当道、权力纷争的年代,不得不说是一种幸运。所以说唐武宗最终能够登上皇位,也和他当时的这种幸运有着莫大的联系。

和唐朝的其他子嗣众多的皇帝相比,唐文宗的儿子并不多,只有长子李永和次子李宗俭,分别被册封为"鲁王"和"蒋王"。长子李永乃王德妃所生,因为是自己的长子,所以唐文宗十分重视对其的教育和培养,从朝中才德兼备的大臣中选了不少师傅来教导他。

虽然唐文宗对李永倾注了很大的希望,无奈"子不类父",李永不仅不爱学习,甚至可以说是胸无大志,每日只知游玩嬉闹。对长子的希望破灭之后,文宗便将目光转到了晋王李普身上。李普是唐敬宗之子,并非文宗所生,但其生性谨慎,深得唐文宗的欢心。唐文宗甚至一度想将他过继为自己的儿子,但现实又一次给予文宗以打击。

太和二年六月,年仅五岁的李普夭折了。当时唐文宗十分感伤,并追赠李普为皇太子。也是因为这些事情的接连打击,唐文宗对自己的子嗣问题一直是很苦恼的,所以一直都没有册封太子。

唐朝从宪宗死穆宗即位之后,皇位和嗣位都极其不稳定。就在李瀍安享他的王爷生活时,哥哥文宗却频频遭遇危机,后宫及朝堂暗涌不断。唐文宗是个胸怀大志的皇帝,欲改革却心有余而力不足。

"甘露之变"失败之后,朝廷完全落入了大宦官仇士良、鱼弘志等人的掌控之中,就连册立太子这种关乎帝国未来的事,文宗都没有实权。到了太和六年(公元832年),在大臣们接二连三的请求下,唐文宗才不得不依照"嫡长制"的规矩将鲁王李永立为皇太子。

既然已经册封鲁王为东宫太子,那么唐文宗就不得不对这位国家下一代的君王负起责任。为了让太子李永改掉之前终日无所事事的毛病,唐文宗特意挑选了当时有名的萧俛为太子少师,翰林侍讲高元裕为太子宾客,又命给事中韦温、兵部尚书王起等人充任太子的侍读。

虽然唐文宗为太子费尽心思,但"江山易改,本性难移",李永还是像往常一样终日沉迷于享乐之中。韦温看不过去太子的这些做法,就好言相劝道:"殿下您正处于盛年,应当每日早起,向周文王学习,鸡鸣时问安西宫。"然而习惯了享乐生活的李永又怎么会听取韦温的意见呢?最后韦温实在看不下去就辞官回乡了。

唐文宗虽然对太子不满意,但事已至此,他也没有其他的好解决办法。但奇怪的是,到了开成三年(公元838年)十月,唐文宗突然下旨将太子李永赐死。这件事情发生得十分突然,史书之上都没有记载具体的原因,只说李永"暴薨"。根据当时的情况分析,李永的死和后宫中两个女人有关,一个就是他的母亲王德妃,另一个就是当时唐文宗的宠妃杨氏。

关于这件事的前因后果,《旧唐书·庄恪太子永传》中有较为详细的记载。当时李永的母亲王德妃晚年失去了文宗皇帝的宠爱,而文宗的宠妃杨妃又对太子李永十分不满意,害怕其一旦登上皇位,自己将无任何地位,所以总是费尽心机想要废掉他。

正因为如此,颇有心机的杨妃便经常在唐文宗面前说李永的不是。唐文宗对太子本来就是"恨铁不成钢",听了杨妃的话,就对李永母子日渐疏远了。而此时杨妃的心中早有下任皇帝的人选,那就是安王李溶。至于这一人选是她自己的想法还是受到仇士良、鱼弘志的唆使就不得而知了。

开成三年十月的一个风雨交加的夜晚，太子李永暴毙，死因不详。李永死后，唐文宗悲恸不已，追赐其为"庄恪太子"。根据史书中的记载，唐文宗确实和李永的死有着密切的联系，而且在其死后他是十分后悔的。开成三年的一天，唐文宗召尚书左仆射牛僧孺入朝。当时李永刚死不久，牛僧孺便和唐文宗探讨了有关父子君臣的人伦道理。据说当时唐文宗在谈到此事时竟然泪流不止，可见他对当初草率地处理李永的行为深有悔意。

李永的死使得文宗十分伤感，甚至抑郁成疾。在开成四年（公元839年）的一次饮宴之上，唐文宗甚至感叹自己枉为天子却不能保全儿子的性命。说完这番话后，他便将东宫的乐官刘楚材和一干宫人等叫上前来，怒骂道："都是你们这些小人让朕妄害了太子，如今有了新的太子，你们是不是还要重蹈覆辙？"盛怒之下他便下旨将这些乐官和宫人全部处死，这件事情说明当时的后宫也不能避免地受到朝堂纷争的波及。

太子一死，杨妃终于如愿以偿。随后她便极力向文宗推荐安王李溶为皇太弟，并希望唐文宗能将皇位传给他。其实除了李永，唐文宗还有一个儿子，那就是蒋王李宗俭。但不幸的是这个皇子也在开成初期就去世了，所以唐文宗此时也不得不考虑杨妃的意见了。正当文宗犹豫时，宰相李珏力劝文宗立唐敬宗第六子、陈王李成美为太子。开成四年（公元839年）十月，文宗立李成美为皇储。但是还没有来得及行礼册封，文宗就一病不起，随后便匆匆离开了人世。

唐文宗一死，继承人问题马上就成为了整个朝廷的头等大事。唐文宗生前虽然有意立陈王李成美为太子，但仪式还没有举行，难免还存在着变数。其实在唐文宗弥留之际，他曾密旨召宰相李珏与宦官、枢密使刘弘逸等奉太子，也就是李成美监国。但是宦官、神策军左右护军中尉仇士良、鱼弘志心中却另有打算。

从他们的角度来看，一旦李成美顺利登基，宰相奉旨监国，那么他们就很有可能地位不保。所以为了贪拥立之功，他们竟置文宗的圣旨于不顾，以陈王李成美年幼多病，难以掌管国事为由，要求更换皇太子。当时的宰相李珏虽然反对他们这么做，但无奈的是手里没有兵权，根本无法跟大权在握的仇士良和鱼弘志相对抗。最后仇士良等人便伪造了圣旨，准备册立安王李溶为皇太弟，并迅速派出神策军前往十六王宅迎请李溶即皇帝位。

但是事实上，最后被神策军迎入宫中，在文宗枢前即位的并不是安王李溶，而是颍王李瀍。这又是为何呢？说到此事，就不得不提及颍王背后的一个女子了。这位女子姓王，原本是一名歌妓，是颍王一次去邯郸游玩时偶然结识的。这个王氏不仅生得花容月貌，而且歌舞俱佳，深得李瀍的喜爱。而正是这位能歌善舞的美人在这个关键时刻发挥了巨大的作用，从而改变了颍王李瀍后半生的命运。

被女人推上皇位

李瀍十分喜爱出宫游玩，早在他还是颍王时，他就游历过众多的名山大川、历史名城，而风景秀丽的邯郸就是其中之一。邯郸东临滏阳河，西倚太行山，不仅自然环境得天独厚，而且风土人情别致，古风犹存，颍王当然得去看看。李瀍到达古城不些时日，就听说当地有一个非常有名的王姓歌妓，不仅长得美艳惊人，而且歌舞俱佳。

当时的李瀍正是年少风流，得知有这样一位美人存在，便想去一探究竟。当李瀍见到王氏之后，马上发觉坊间的传闻非虚。王氏相貌出众，其歌舞更可以用"缓歌慢舞凝丝竹，尽日君王看不足"来形容。李瀍自与王氏相识之后，二人彼此中意，相谈甚欢。

随着时日的增加，李瀍对王氏的了解也逐步加深。更让李瀍惊喜的是，王氏不仅举止谈吐宜人，而且才学冠绝，绝非一般风尘女子所能比拟。

对于这样一位奇女子，颖王又怎能抗拒？于是不久之后就决定为她赎身，迎娶她进府。好在唐朝当时世俗婚姻观念相对开放，王爷娶一位歌妓并没有遭到太多非议，婚后王氏便随同李瀍一起住进了十六王宅中的王府。他二人婚后的感情一直很好，即使李瀍后来成了皇帝，依然对其宠爱有加。

李瀍的颖王府位于长安的十六王宅，这是唐朝王爷们的聚居之地，而当时的安王府也坐落于此。唐文宗在世时，颖王李瀍和安王李溶都受到哥哥文宗的喜欢。此时的大唐宗室正处于水深火热之中，宦官掌权，帝王病危。本来李瀍只是个普通的王爷，本本分分。因为在他的前面有众位哥哥，而他也非嫡出，所以说皇位对于他来说是遥不可及的。而正是这位他最挚爱的王姓美女，通过自己的胆识，在关键时刻抓住了机会，将自己的丈夫推上了皇帝的宝座。

据《唐阙史》中的记载，唐文宗病重时，突然决定立陈王李成美为太子，但还未册立便快不省人事。仇士良等人在杨妃的帮助下趁机篡改圣旨，同时派出了神策军前去迎接安王李溶，欲偷梁换柱。但这其中突然出现了一点小波折，这个突如其来的状况发生之后，唐朝的大局便开始朝新的方向发展。

由于当时事发突然，仇士良于匆忙之间派去十六王宅的神策军是一帮没文化的粗人。当他们一大群人浩浩荡荡地来到十六王宅时，却连要迎接哪位亲王都没弄清楚。仇士良得知此事后，马上派自己的亲信赶了过去。但这个匆忙赶到的宦官脑子里清楚嘴上却讲不明白，居然大喊道："迎接大的！迎接大的！"意思是接年长的安王李溶进宫即位。但是此时的神策军根本听不明白他的意思，依旧是一头雾水，不知道该接谁进宫。

同住在十六宅里面的安王和颖王此时虽然都听到了外边的喧哗之声，但是在没有最终确定之前谁都不敢贸然行动，气氛就这样僵持着。就在这千钧一发之际，颖王在邯郸带回的王氏突然做出了一番出人意料的举动。王氏之所以敢这么做，一方面是因为她遇大事机敏而有胆略，又因为考虑到自己是歌妓出身地位卑贱所以无所顾忌，而正是因为她的勇敢和决断，在那个混乱的时刻起到了决定性的作用。

只见王氏从容地走到此时乱作一团的神策军将士和宦官面前，用自己清亮的嗓音完成了唐朝历史上最成功的一次忽悠："你们听着，'大的'说的就是颖王殿下。你们看颖王殿下身材魁伟，连当今皇帝都称他为'大王'。"见众人愣住的刹那，王氏继续说道："颖王与你们的上司仇中尉还是生死之交，经常一块喝酒的。拥立新君可是头等大事，你们可要谨慎，一旦出了岔子可是要满门抄斩的！"众人一听完全辨不出真假，王氏毫不含糊，接着转身把隐藏在屏风后边的颖王李瀍推了出来。

果然，李瀍生得高大魁梧，和王氏所说无异。当时时间紧迫，丝毫耽误不得，神策军便即刻拥李瀍上马，护送至少阳院。仇士良看到站在少阳院里的李瀍完全不知道怎么回事，经过一番询问才知道迎错了人。虽然宦官们发现了，但此时已反悔不及，时局已经容不得再作任何改变，仇士良只好将错就错，拥立颖王为皇太弟。

几天之后，被立为皇太弟的李瀍就在哥哥的灵前即位，是为唐武宗。李瀍登基称帝之后，依然对王氏宠爱有加，并封其为王才人，还时不时地带着她去乐坊酒肆歌舞宴饮。"才人"虽然在后宫妃嫔中品阶不高，但对于歌姬出身的王氏来说已经是无尽的恩宠了。后来武宗在病危之际曾问过王氏："朕死了你怎么办呢？"她回答道："臣妾愿追随陛下于九泉之下。"武宗听完就给了她一条白绫，王才人便自缢于其帐下，随他而去了。唐宣宗即位后，赠其封号"贤妃"，以此来嘉奖她的"节操"。

唐武宗即位后，将已过世的生母韦氏追册为皇太后。武宗在位时期，任用历史上有名的李德裕为宰相，使得"藩镇之乱"和"宦官之祸"得到了极大程度的遏制，并且改变了唐朝后期佛教昌盛威胁到朝廷的局面。

而武宗就其个人来讲，也算是颇有王者风范的。他身材高大，性情豪爽刚毅，处理问题十分果断，年少时被封为颍王，并被授予开府仪同三司、检校吏部尚书。《旧唐书》中评价唐武宗："能雄谋勇断，振已去之威权；运策励精，拔非常之俊杰……戎车既驾，乱略底宁，纪律再张，声名复振，足以章武出师之迹，继元和戡乱之功。"司马光在《资治通鉴》中也这样评价当时还是颍王的李瀍："沉毅有断，喜愠不形于色。与安王溶皆素为上所厚，异于诸王。"

与唐文宗不喜欢歌舞声色不同，唐武宗非常喜爱骑马游乐，豪爽不拘小节。武宗经常会带着王才人到教坊与乐人谐戏，饮酒作乐，就像普通百姓家的宴饮一般。但是武宗又和敬宗无节制地游乐不同，在声色娱乐过程中他时刻保持着清醒的头脑，并没有沉湎其中，也没有因此耽误了国家大事。

唐武宗读书虽然不如文宗，但是因长年在外游历，接触到社会现实较多，观察社会的机会也更多些。正因为如此，他更为知人善任，同时也少了一些迂腐的书生意气，更加能够面对现实，为百姓们着想。唐武宗为人十分谦虚，也能够虚心接受臣下们中肯的建议。很多时候他都敢于放下身份，向宰相当面认错，这在历朝历代的皇帝中都是十分少见的。唐武宗重用李德裕并充分信任他，李德裕在任之时，提出过"政归中书"等政策，使得国家渐渐回复元气，被后人称为"会昌中兴"。

常言道"一朝天子一朝臣"，几乎所有的新帝在登基之后都要进行一番人事任免，以此来建立适宜自己统治的权力机构。正是出于这个原因，唐武宗在即位之后便马上下旨罢免了一些官员，例如曾经反对他继承大统的宰相杨嗣复和李珏就在这一时期被罢黜。唐武宗之所以解除杨、李二人的宰相之职，并不单单只是因为他二人曾经站在自己的对立面。

以唐武宗的眼光来看，杨嗣复和李珏的能力、威望和资历都有限，实在不能满足他对于新任宰相的要求。更何况唐武宗一直受到宦官集团的势力压制，他想要摆脱、打压宦官，这些人显然是靠不住的。

杨嗣复和李珏罢相之后，唐武宗便启用崔铉为相。但在他的心中有着极其远大的政治抱负，单单凭一个崔铉是不足以帮助他成就大业的。唐武宗此刻急需一个人来帮助他重振李氏王朝的雄风，这个人首先必须有出色的才华，其次必须有卓著的威望，与此同时还必须拥有多年的从政经历。因为只有在这样的人才的帮扶之下，才有望一扫文宗时代的孱弱萎靡之风。

一朝天子一朝臣

唐武宗的愿望虽然是好的，但是想找这样一个人又谈何容易呢？幸运的是，在武宗朝确实有这样一位全才，那就是时任淮南节度使的李德裕。事实上，李德裕此次拜相，很大程度上还得益于宦官杨钦义。李德裕任淮南节度使时，杨钦义也在淮南任职，是他的监军使。武宗即位之后，杨钦义很快就被召回长安。至于皇帝为什么突然将杨钦义召回，人们也是议论纷纷，都猜测杨钦义是否将出任新一任的知枢密。

虽说当时有杨钦义高升的传言，但李德裕为人一向清高，也从来不巴结宦官，所以此时对杨钦义仍未见丝毫礼待。而杨钦义虽然为此大为恼火，但也奈何不了他。不知为何，几天之后，李德裕居然主动设宴款待杨钦义。李德裕在宴席之上恭贺其高迁，而且从头至尾都礼遇甚周。席罢之后，李德裕还赠送给他珍玩数床。李德裕的态度在数天之内转变得如此之快，这让杨钦义大喜过望，对他也非常感激。

但出乎意料的是，杨钦义启程后刚行至汴州，唐武宗便一道圣旨让其返回淮南。君心难测，杨钦义觉得自己入主中枢无望，遂将李德裕所赠的礼物悉数奉还。可李德裕坚持不受，这让杨钦义大为感动。其后杨钦义终于如愿以偿地回到了长安，并当上了枢密使。杨钦义的心中一直就对李德裕十分感激，所以便不遗余力地举荐李德裕为宰相。唐武宗对李德裕的才能早就有所耳闻，如今再加上枢密使的举荐，唐武宗心中拜他为相的想法就更加坚定了。

开成五年（公元840年）九月初四，李德裕被唐武宗重新征召回朝，就任中书侍郎兼同平章事，成为了大唐王朝的第一宰相。说起李德裕，大家都不陌生，他在文宗朝就一度活跃在政坛之上，虽然执政能力无可挑剔，但是作为众所周知的党派领袖，他的回归是否会给朝野带来新的一轮党派之争呢？

其实李德裕心里如明镜般清楚，如果入朝为官无依无附，以一人之力是根本无法立足的。毕竟是在政坛混迹多年的人物，当年不是吃了这份亏，他也不至于被人排挤出朝廷。或许正是因为这个原因，他才突然改变了自己的从政策略，看准时机，主动对杨钦义示好。不仅如此，李德裕也很明白该如何与宦官集团打交道，对此他有自己的原则和策略。

虽然此次拜相很大程度上是因为与枢密使杨钦义这批宦官中的新贵保持深厚私谊的结果，但他却不会去刻意讨好宦官，反而是让杨钦义感受到同僚般的情谊。李德裕不会向宦官低下自己的姿态，双方只是互利互惠而已。而对于仇士良这种根深势大、一手遮天的强权宦官，李德裕绝不妥协，千方百计地与其抗衡。因为他深知，一旦向这些人示好，就很有可能沦为其手中的傀儡，违反自己的初衷。

李德裕回到长安之后，唐武宗马上接见了他，二人就朝局和国事深谈了一番。《新唐书》中明确地记载了君臣二人的这次会面，当时李德裕很感激武宗的知遇之恩，当场便向皇帝说了如下一番话：

"辨邪正，专委任，而后朝廷治。臣尝为先帝言之，不见用。夫正人既呼小人为邪，小人亦谓正人为邪，何以辨之？请借物为谕，松柏之木，孤生劲特，无所因倚。萝茑则不然，弱不能立，必附它木。故正人一心事君，无待于助。邪人必更为党，以相蔽欺。君人者以是辨之，则无惑矣。"

一向自命清高的李德裕表示自己将一心一意侍奉君王，洁身独立，绝不与奸佞小人结为朋党，如果陛下能提拔贤能，罢黜奸邪，倚重宰相，则必能大治天下。李德裕的这番话无疑是一封决心书，这让唐武宗大为感慨，也为自己任用了这样一位贤才为相而甚感欣慰。

虽说李德裕这番话说得有些言过其实，也着实有些令人不敢恭维，但是他所要的效果不久之后就见了分晓。此次谈话之后，唐武宗对李德裕表现了超出寻常的信任，当然这也是看重他的能力而产生的。总而言之，唐武宗之所以能成功地开创"会昌之治"除了源自他的知人善任，其中还有一个十分重要的原因，那就是他能够充分信任自己的臣子。而作为一个高高在上的皇帝，要做到这一点是很难的，历史上不少的皇帝就是因为不能坚持对自己的大臣的信任，最后将自己重振朝纲的梦想付之一炬。

李德裕入相后，以宰相为中心的中书省充分发挥了其作用。他加强了宰相的权力，其目的在于提高朝官的声威，抑制宦官权力扩张，保证中央集权统一管理。自打回到长安的那天起，李德裕就几乎站在了仇士良的对立面。与唐武宗一样，他并不会主动去和仇士良等人相抵抗，而是通过壮大自己的势力，来慢慢削弱对方的势力。虽然李德裕的强权有党朋之争的嫌疑，但是事实证明了此做法大体上来讲收效显著，也给后来的"会昌中兴"创造了条件。

唐武宗对李德裕除了信任之外还十分尊重，几乎可以说到了言听计从的地步。当初武宗将前宰相李珏、杨嗣复贬谪罢黜，本已下令将二人处死，但李德裕上表力谏，唐武宗也就依他的意思，赦免了他们。

唐武宗在即位之初，就下旨罢免了前宰相杨嗣复和李珏。到了第二年正月，新帝改年号为"会昌"，同时依照惯例宣布大赦天下。但仇士良心里却不甘就此罢休，担心已被贬为地方观察使的杨嗣复和李珏有朝一日东山再起，便决意斩草除根。

当年三月，等到赦令的有效期一过，他便再次拿起屠刀对准这两个政敌，并不断对天子施加压力，上表请求除掉二人。武宗派出了两路宦官前去诛杀二人，当时的杨嗣复身处潭州（今湖南长沙市），而李珏任职桂州（今广西桂林市）。

李德裕在第一时间就获知了此事，立即召集大臣到中书省紧急磋商，并请枢密使杨钦义入宫面奏皇上，反对诛杀二人。与此同时，他还联络另外三位宰相，在武宗下诛杀令的第二天采取行动，一天之内三度向武宗递交奏书，劝唐武宗不要听信仇士良之言，杀杨、李二人。

李德裕对唐武宗说："当年德宗皇帝就是因怀疑大臣刘晏唆使太子谋反，仓促地就将其诛杀了，使得朝野上下皆替其喊冤。两河流域的藩镇官吏甚至以此为借口不服朝廷的管治，德宗皇帝其后也为此后悔不已，只得录用刘晏的子孙为官来作为补偿。先帝文宗也曾因猜疑大臣宋申锡与亲王串通谋反，将他贬谪流放，致使其客死他乡，事后也是追悔不已。倘若杨嗣复与李珏真的有谋反之心，也只能再次贬谪。无论如何也应当先行审讯，等到罪证确凿，再杀他们也为时不晚。而今陛下不与百官商议便派人诛杀二人，朝中臣子无不震惊。恳请陛下能登临延英殿，允许我们当面陈述！"

此时的李德裕很清楚，如果这次仇士良得逞，那么其气焰会越来越嚣张。杨嗣复和李珏虽然不是他一党的成员，但为了与仇士良对抗，也得拼尽全力保住他们的性命。武宗在接到李德裕等人的上疏之后，当天傍晚便宣他们上殿。几人上殿时，神情异常激动，含泪劝谏："陛下请慎重考虑，三思而后行，以免做出后悔之事！"

唐武宗断然没有想到，他眼下宠信的这臣子居然如此重视两个前朝旧臣。几乎所有人都知道他当时为何罢黜杨、李二人，难免心生不悦，于是便说道："朕不后悔！众爱卿都请入座！"言下之意是让他们不必再劝他了。武宗没想到自己连说了三遍，李德裕等人还依然直挺挺地站着。虽然皇帝面有怒色，李德裕还是再次劝说："臣等希望陛下下旨免除二人死罪，不要因其之死而让天下人皆喊冤。陛下若不同意，臣等不敢就座。"

李德裕如此固执己见，唐武宗大惑不解。但此时他也看出了李德裕眼中的决心，仔细思量许久，觉得为了两个无足轻重的人而跟宰辅闹僵，实在是不值得，何况这本来这就是仇士良出的主意，自己也不是非杀他们不可，于是便挥挥手说："罢了，看在众爱卿的面子上，就免除他们的死罪吧。"随后，两路使者被追回，二人性命得以保全。但"死罪可免，活罪难逃"，杨嗣复再度被贬为潮州刺史，李珏也再贬为昭州刺史，此事就算告一段落了。

仇士良虽然对这样的结果极度不满但又无计可施，因为此次反对他的势力不可小觑，其中既有李德裕这样的资深政治强人，又有明摆着要与他分庭抗礼的宦官新贵杨钦义，最重要的是唐武宗对他们的话非常重视，自己也不能与之相比。虽然仇士良明白李德裕等人不好对付,但他也不会就此罢手。

之后,李德裕向唐武宗提出了"政归中书"的政策,并公开让武宗简政放权。对于李德裕的意见,唐武宗当然欣然接受。唐武宗虽然重用李德裕,但也不是完全失去自我,盲目崇拜。而当时那种君臣二人共治天下的局面,几乎就是唐太宗李世民和良臣魏徵的那种经典"君臣之道"的再现。

而对于李德裕来说,他之所以能够将他的政治才能充分地发挥出来,还得感谢唐武宗为他搭好了一个宽广的政治舞台。纵观李德裕的一生,最辉煌的时期就是武宗在位的六年。在这六年的时间里,他帮助唐武宗内制宦官、外平回鹘,而且汰冗官、助灭佛,可以说功绩赫赫,几乎可以称之为晚唐之时最著名的宰相。而他们君臣之间的合作则被史学家们称颂为"君臣相知成为晚唐之绝唱"。

游戏皇帝的治世

武宗时期的君主之治,可以说是昏庸和英明并存,其特点是表现出了复杂的多样性。初上台的唐武宗是个少年天子,风流倜傥,喜好玩乐,劲头不亚于自己的哥哥唐敬宗。唐武宗非常喜欢骑射、打猎、击毬、鞠球、角抵这类活动,疯狂沉迷于各种武戏。

登基之后他并没有减轻年轻时对游玩的喜爱,并经常让五坊中的人员陪同他出入宫内外。和唐敬宗一样,他对五坊之人非常宠爱,经常一掷千金地大肆赏赐他们,并且允许他们自由出入宫禁。大臣们见他如此,都十分失望,认为他完全是第二个敬宗,接下来唐王朝在他的统治下肯定是混乱不堪。

但令人稍感欣慰的是,唐武宗并不是一个只懂得游玩享乐的君主。和其他的皇帝不同,他在疯玩之后依旧能保持清醒的头脑。其实隐去他玩乐无度之事,在他的内心深处还是很想在自己在位期间有一番作为的。唐武宗曾经特意去兴庆宫拜见他的祖母郭太后,诚恳地询问她如何能当好一位天子。郭太后早就知道这个孙儿的所作所为,但她不愧是身经数朝的名门之后,对于唐武宗所做的荒唐之事她只字不提,仅说了一句话,就是要他学太宗皇帝虚心纳谏。

唐武宗听了祖母的话后如醍醐灌顶,回去后马上将高积在案的谏书全部读了一遍,并发现这些奏疏中很大一部分是劝他节制玩乐的。在此之后,唐武宗好像瞬间长大了不少,外出游玩的次数明显减少了,也不再随意赏赐五坊中人。例如唐武宗有一次到泾阳狩猎,有大夫高少逸、郑朗进谏说:"陛下近日来出猎太频繁,而且早出晚归,出城太远,影响了国事的处理。"唐武宗马上表示接受他们的建议,还擢升了高、郑二人的官职,以此来鼓励臣下们积极进谏。

唐朝在举行宴饮时风行酒令,唐武宗也深谙此道。他听说扬州的女伎多才多艺,尤其擅长行酒令,于是便命令驻扎在扬州的淮南监军使在当地选区十七名女伎献入宫中。为了逢迎君主的喜好,监军使要求当时的淮南节度使杜悰在进献皇帝要求的女伎之外,再加选一些良家美女,教她们练习行酒令之后一起进献到长安。

杜悰为人颇为正直,所以表示拒不参与此事,不管监军使再三要求,杜悰始终不从。监军使见他如此固执,一怒之下就上表唐武宗弹劾杜悰。唐武宗接到状表后,沉默了许久,终于说道:"朕命淮南藩臣选女伎入宫,岂是圣明天子所能有的作为!杜悰能够不附从监军之意,真是宰相之才。与他相比,朕实在惭愧啊。"

说完这番话后,他便下令淮南监军停止选美的活动。不久之后,淮南节度使杜悰入朝拜相。唐武宗亲自接见了他,并对他说:"贤卿不从监军使之言,朕才知道你有让朕成为圣君之意。今以卿为相，如得一魏徵。"由这件事可以清楚地看到，唐武宗为人还是较为知人善任的。率直的他能够从容地面对现实，比唐文宗少了些迂腐又比唐敬宗多了些正气，颇有些唐太宗李世民的遗风。

唐武宗在位期间最成功的一大举措就是重用了宰相李德裕。可以说他中兴大唐的统治，有很大一部分是李德裕帮他完成的。在良相李德裕的帮扶之下，千疮百孔的大唐终于重振雄风。

唐武宗在李德裕的帮助下于会昌年间进行了一系列的改革，其中较为有效的就是对吏治的整顿。为了提高朝廷各部门的行政效率，节省国库的开支，李德裕在征求了唐武宗的同意后，开始大刀阔斧地裁减冗余官员。李德裕认为："省事不如省官，省官不如省吏，能简冗官，诚治本也。"此举虽然于国于家都是有利无害，但却触及了不少既得利益者的痛处，因此一经实施就引起了不少人的反对。但是在唐武宗的坚持下，裁减官员的措施还是突破了重重阻碍，推行了下去。

根据会昌四年（公元844年）六月吏部奏，这一年削减官员共一千二百一十四员。到了十二月，地方州县又增加了官员三百八十三名，这样一增一减，这一年实际减少官员的数量是八百三十一员。减少官员的数量之所以不是很理想，根本原因是来自各方阻力太大。虽然情况不尽理想，但也不能不承认，武宗年间的朝廷政治的确出现了一些新的气象。

除了对冗官进行了裁减之外，李德裕和唐武宗还对贪污、腐化等行为进行严惩，以此来加强集中管理，提高办事效率。武宗为了整顿吏治立法极严，尤其是对官吏贪赃枉法的惩治，更是从严从重，绝不姑息。

因为贪腐的官僚行为一直是百姓痛恨的，为了改善政府在人民心目中的形象，武宗在即位赦文中宣布："自开成五年二月八日昧爽已前，大辟罪已下，无罪轻重，咸蠲除之。惟十恶、叛逆、故杀人、官典犯赃，不在此限。"即将官典犯赃归于十恶、叛逆、故意杀人等罪行之列，排除于大赦范围之外。

李德裕当上宰相后，更是辅佐其加强了廉政肃贪的建设。早在会昌元年（公元840年）正月，唐武宗就曾正式下诏："朝廷典刑，理当划一，官吏坐赃，不宜有殊，内外文武官犯入己赃绢三十匹，尽处极法。"同年二月二十六日再次下诏，官吏贪污满千钱的，处以死刑。从这样严厉的标准不难看出武宗廉政改革的决心。之后武宗两次大赦天下，但都申明贪污之罪不在赦宥之限，而且还公开说："由是退恶进贤，化行令举，刑奸赃之吏，破黩货之家，此宗社降灵，助成时政。"

除此之外，唐武宗还限制官员大办丧事。因为如果大办丧事，难免有人会借机变相行贿受贿。贪污腐败自古以来一直都是政府的一大棘手难题，而且一味地依靠严刑峻法，并不能从根本上解决问题。唐代官员的俸禄不并高，许多官吏的薪水甚至不能养家糊口，还有许多地方薪俸由于种种原因不能及时发放，有些人就难免心生他念。了解到这一层原因后，唐武宗便在加强法制的同时对官员的俸禄进行统筹管理，力图从根本上解决贪污的现象。

有些官吏为了进京赴选，多有举债。虽然他们都说到任填还，但是俸禄就那么多，导致了很多人的贪求。为解决官吏的京债问题，会昌时期增加了这些人的薪俸，同时出台了新的政策，允许国家借款给他们以偿债。此外还给官吏养廉银以促使其奉公守法，"月选官许借支养廉，较当日加给两月俸料，体恤尤厚"，虽不能从根本上解决贪赃枉法问题，但也有一定的积极作用。

唐代到了后期，进入仕途的方法简直到了泛滥的地步。为了改变这一现象，李德裕提出严格控制官吏的选拔，从官吏来源入手控制官僚腐败。对于李德裕的提议，唐武宗也十分赞同。这次改革首先做的是严格进士科的考试制度，选拔真才实学。对此，史家称赞为："抑退浮薄，奖拔孤寒。"

在这之后，朝廷又对新科进士的实授作了较为明确的说明，规定：

"进士初合格，并令授诸州府参军，及紧县簿尉，未经两考，不许奏职。盖以科第之人，必宏理化，黎元之弊，欲使谙详。……近者诸州长吏，渐不遵承。虽注县僚，多縻使职。苟从知己，不顾蒸民，流例寝成，侵费不少。况去年选格，更改新条，许本郡奏官，便当府充职，一人从事两请料钱，虚占吏曹正员，不亲本任公事，其进士宜至合选年，许诸道依资奏授州县官，如奏授州县官，即不在兼职之限。"

也就是说新科进士除了考理论文化知识还得考时政，方可实授；限制地方奏官的人数，减少国家财政负担的同时也防止地方集权。

不仅如此，新的诏令还对利用门荫特权入仕者进行了限制。中晚唐时期，滥用、冒用门荫特权取仕已成为吏治一大弊病，许多豪门子弟往往是凭借家族的功绩"自幼授官，多不求学，未详典法，颇有愆违"的纨绔子弟。所以严格执行用荫标准，明令限制门荫特权，在一定程度上提高官吏队伍的素质。

此外，唐武宗还下敕规定官员兼职不得超过两道，如果情况特殊而兼三四道的，必须接受中央朝廷的监督，以此来防止有的官员兼职太多而无力全面顾及兼领之地的情况，并能有效抑制地方势力的过分膨胀。

针对中唐后期官员游宴无度的现象，武宗在改革中也有涉及，会昌时期严禁官员无节制游宴。游宴无度不仅造成物质财富的巨大浪费，还易滋生腐败，更严重的是有的官吏因嗜酒贪杯耽误公事。再加之有的官员利用科举选士以结党营私，所以李德裕便请奏取缔了进士的曲江集宴。

为了扶正社会风气，抑制贪污腐化，这一时期还加强了御史和谏官的权力品级。例如会昌二年（公元842年），朝廷下旨将御史大夫由从三品提升为正三品，将御史中丞由正五品上升至正四品下。御史台作为古代吏治的监督机关，肩负着监察百官的重任。唐武宗这么做就是为提高其热情，使其更尽心尽职地工作，并充分发挥其舆论监督作用。

谏议大夫在初唐时期一直享有重要的地位，作用就是上疏劝谏、补过拾遗。唐武宗效仿先帝纳谏，从他主动提高谏官品级就可见一斑。武宗会昌年间对吏治的改革，令中晚唐的二十年间受益颇多，虽未能阻止李唐王朝的衰败，但最终使得当时的政治局面达到了相对清明的状况。

大权是我的，你不能抢

唐武宗在位年间，除了推行了一系列对国家有利的政策之外，还在很大程度上压制了宦官，比如罢黜仇士良就是鲜明的例子。事实上，唐武宗想要抑制宦官的想法在他即位初期就开始表现了出来。

唐武宗即位之初，朝野仍处于仇士良等人的完全掌控之下，政治状况极其黑暗。武宗初期受其胁迫，曾大开杀戒，不得已赐死了安王李溶、陈王李成美与文宗的宠妃杨氏。当时的大宦官枢密使刘弘逸和薛季棱等人因为曾有宠于文宗，所以便引起了仇士良等人的嫉恨。为了消除自己的敌对势力，仇士良要求武宗在文宗葬礼上杀死刘弘逸等人。唐武宗迫于权势，便顺水推舟，下诏赐死了这些宦官。

对宦官也有诸多不满的唐武宗，并不是像自己的哥哥唐文宗那样采取极端措施来打压他们，而是采用逐渐冷淡的态度和隐秘的手段来对其进行压制。当初武宗拜崔铉为相时，没有同枢密使等大宦官商量，自己作了决定之后就直接颁旨了。

但按照中唐时期以来的惯例，皇帝选择宰相应当与枢密使商议并达成共识，所以崔铉拜相之后，当时的枢密使杨钦义等人颇受宫中有资历的老宦官们诟病，认为是他们懦弱不敢任事，导致皇帝破坏了老规矩，损害了宦官集团的权益。其实杨钦义又何尝愿意如此？只是新皇决意削弱宦官的势力，而且态度十分强硬，他杨钦义又岂敢去撄皇上的逆鳞呢？

还有一次，大宦官仇士良自恃拥立武宗有功，所以武宗即位之初，便上表要求按照惯例根据他开府仪同三司的官阶恩荫他的一个儿子为官，谁料竟然被经办此事的给事中李中敏驳回了，理由是："开府阶诚宜荫子，谒者监何由有儿？"

李中敏此举不仅大大地削了风头正盛的仇士良的面子，还十分毒舌地暗讽了宦官们身有残缺，只能断子绝孙，不能有儿子。这句话辱及了整个宦官集团，已经不仅仅是李中敏与仇士良二人之间的恩怨了，如果在宦官专权已达极致的文宗时期，李中敏做出这样的事必定难逃一死。正是因为看到了唐武宗坚定地要打击宦官势力的态度，所以李中敏才敢于这样做，而仇士良也只能打落牙齿和血吞，不敢对李中敏有所报复。

在武宗执政的前几年的时间里，并没有花太多的时间处理宦官之事，而是将主要的精力都放在了对外事宜的处理之上。唐武宗可以说将所有的希望都寄托在宰相李德裕的身上，李德裕当然也没有辜负唐武宗的期望，在对这些事的处理上都表现出了极强的能力与魄力，例如收降回鹘等地就是在这一时期内达成的。

仇士良等人因拥立武宗登基有功，加上在前朝一手遮天，所以此时在朝廷上很是跋扈，可以说是谁都不放在眼里。然而李德裕的出现给了仇士良一个下马威，唐武宗对李德裕的信任和喜爱使得仇士良逐渐感到了危机和压力。为了打击李德裕，以便重新控制武宗，仇士良决定先发制人，给李德裕一个警告。但出乎其意料的是，这件事丝毫没有打击到李德裕，反而给了自己制造了难堪。

会昌二年（公元842年）四月，群臣上表向天子进献尊号，称其为"仁圣文武至神大孝皇帝"。按照惯例，唐武宗将登上丹凤楼接受尊号并宣布大赦天下。此前一天，曾有人私下里告诉了仇士良，宰相和度支正在草拟诏书，打算削减禁军的日常供给以及马匹所需的草料，并将在第二天皇帝宣告大赦令时发布。

仇士良一听此言，便想趁着这个机会给李德裕难堪，他思忖道："明天皇帝大赦天下，满朝文武必将云集于丹凤楼。在这样一个盛大的典礼上，要是出了什么状况，岂不是有场好戏看？"想到这里，仇士良不管消息是真是假，就把这件事假装无意地散播给了禁军的将士们，目的就是为了引起禁军士兵的哗变。

仇士良更是当着朝臣们的面扬言说道："要是果真这样，到了明天，军士们一定会跑到丹凤楼前请愿。"这一番话与其说是在向朝臣们提出警告，不如说他是在向神策军士兵发布行动指令。

这件事传到了李德裕的耳中，李德裕听说了此事之后马上就意识到了事态的严重性。为了稳住局面，他立即进宫面见唐武宗，请求他在延英殿上亲自澄清此事。武宗听了事情的原委后大怒，马上派特使带着圣旨到左、右神策军前宣布道："大赦的诏书中根本无此事。而且赦书都是出自朕意，并不是宰相拟定的，你们从哪听说的这些话！"神策军的将士们一时都被震慑住了，都默默无语。

皇帝亲自辟谣，而且姿态如此强硬，可见武宗对宦官的态度是何等分明。仇士良听说唐武宗派特使来到神策军后，也知道自己完全陷入了被动的境地。与此同时他也明白了一点，当今的皇帝和宰相李德裕可不像当年的李昂和李训、郑注那么简单。他们君臣二人作风强硬，办事滴水不漏，行动果决，不是那么容易对付的。面对这种情况，骄横惯了的仇士良也不得不妥协，惶恐不堪地前去晋见唐武宗，并惭愧地称自己罪责难逃，还当面对李德裕表示歉意。

仇士良的阴谋虽然败露了，但他毕竟在宫中多年，不仅饱经风雨、经验丰富，而且在后宫和前朝都有着盘根错节的关系网，不能轻易撼动。因此唐武宗不仅没有严厉查办仇士良及其党羽，反而给他升了官。早在会昌元年（公元841年）八月，唐武宗就忽然加派他为观军容使。

武宗此举十分巧妙，因为"观军容使"虽然品阶较高，但却是个虚职，唐武宗这么做表面是在擢升仇士良，实际上却是将他慢慢从拥有实权的神策军调离出去。此时的仇士良虽然依旧兼任着左神策军中尉，但他在内心深处也隐隐感觉到，唐武宗也许下一步就会将他的禁军兵权解除掉。

而作为大唐帝国的一位久经政坛的旧臣元勋，李德裕当然十分清楚"阉党擅权"给皇帝、朝廷和社稷造成的巨大的危害。且不谈他的心中有着重振朝纲、澄清宇内的伟大政治理想，单就论李德裕的个人心性和他的家世背景而言，他也绝不能容忍自己屈居于宦官集团的控制之下。更何况"一山不容二虎"，仇士良等人也不可能容忍自己的权力受到威胁。

这样一来，在有限的权力和利益资源下，李德裕想要争得一席之地，就必须制约并打击对方势力。因此于公于私，李德裕都知道自己的地位和立场。所以李德裕和仇士良从一开始就必然处于绝对的对立面，根本不可能产生调和。

而此次李德裕得以战胜仇士良，关键就在于他反击及时，使仇士良"刀未出鞘"时就宣告失败。此次的成功，也说明他和武宗对付宦官的这套办法有了效果。对于他们无懈可击的举措，仇士良等人完全没有招架的能力。秉持着这种战略思想，在之后的几个月内，宦官们的势力大大削弱。

李德裕的成功除了措施得当之外，还有两个重要的原因：一是唐武宗对李德裕的绝对信任，二是李德裕与宦官新贵、枢密使杨钦义的深厚交情。如果没有唐武宗的绝对支持，李德裕此举根本不能发挥其作用。至于杨钦义，虽然也是宦官中的一员，但作为后起势力的他，当然是站在皇帝和李德裕这边的，对制约仇士良一派很有帮助。

这件事过后，仇士良感觉到唐武宗似乎越来越不重视他了，一丝危险和冷意也慢慢朝自己逼来。在武宗和李德裕的统治之下，他很可能很难再掌控这个政坛了。随着这种不妙的预感越来越强烈，仇士良决定以退为进，以身体有疾提出辞职。唐武宗看了他的辞书，于是便顺水推舟，同意了他暂时从神策军营退下。

在这之后，唐武宗下旨解除了他的军权，改任他为内侍监。到了会昌三年（公元843年），仇士良明白自己大势已去，觉得再在皇宫待下去也没有什么意思，于是又一次向武宗要求致仕，而武宗这次没有挽留他。不久之后，仇士良离开了内侍监，正式退出了他热衷多年的政治舞台。

仇士良在离开皇宫回到私邸之前，其宦官党徒纷纷都来送他。看着这些昔日的战友，仇士良语重心长地说了这样一番话：诸君善事天子，可能听老夫一言？你们万万不能让天子闲着，必须用各种新颖奢靡的娱乐活动来使他无暇他顾。如若不然，他一有闲暇就必定读圣贤之书，亲儒学之士。一旦他知晓了前代兴亡的教训，就必将心存忧惧，听取大臣们的谏言，专心理政。这样一来，吾辈定然被疏远，权力和恩宠也定然被剥夺。"

这番话是仇士良的肺腑之言，也是他对其党徒们的谆谆训诫，同时也是几十年来宦官行事的经验之谈。听了仇士良这一席话，党徒们可以说是心服口服，唯唯承训。但此时的唐武宗在玩乐方面还是很有控制力的，所以仇士良的这一办法并不奏效。

仇士良致仕后不久，便于会昌三年六月死在了自己的府邸里。第二年六月，唐武宗诏令削去了仇士良的所有官爵，并抄没其全部家财。仇士良这一去，另一个大宦官鱼弘志遂成了惊弓之鸟，再也无法兴风作浪。有李德裕这样强势的宰相撑腰，唐武宗终于在宦官面前重拾了帝王的自信。为了回报李德裕，唐武宗对其的信任倍增，在朝政上也对其越发倚重，仇士良这一派彻底丧失了专权的基础。

不过看到仇士良的衰败，李德裕心里还是有所顾忌的。会昌三年四月，李德裕就屡次向武宗提出隐退或调任闲职。对李德裕的请求，唐武宗坐立不安。在他看来，如今大业未成，怎么能离开李德裕的辅佐呢？经过唐武宗的再三挽留，李德裕这才放下心来，没有固执地弃武宗于不顾。

唐武宗拆寺

唐代，因为君王的提倡和引导，佛教一度达到了极其鼎盛的局面。有唐一朝，全国各地都遍布着佛寺，僧尼的数量也是以往任何朝代也无法比拟的。为数众多的僧尼和寺庙消耗掉了国家的大笔财富，并且随着佛教的兴盛，寺庙经济逐渐演变成了一种新的经济形式，并在国家各类经济中的比重越来越大，严重制约了社会经济的发展。

根据唐代文人杜牧在他所写的《杭州新造南亭子记》中的记载，武宗之前的文宗在其在位时期便感觉到了寺庙经济对于国家财政的强大影响力。唐文宗曾经对自己的宰相说过这样一番话："古者三人共食一农人，如今又加上了军队和僧佛两道，那就是一农人为五人所食，其间吾民尤困于佛。"

但就当时的政治情况来看，唐文宗虽然有此感叹，不过他主要的精力仍放在清除宦官专权一事上，所以也无暇顾及此事。再加上佛教在唐朝根深蒂固，唐文宗想撼动也未必可行。唐武宗即位之后，也深刻地感受到佛教过盛的弊端，性情率直的他甚至为此事大怒道："让朕的天下如此贫困的正是佛教！"

而在唐武宗其后颁布的《拆寺制》，也有这样的叙述："两京城阙，僧徒日广，佛寺日崇。劳人力于土木之功，夺人利于金宝之饰……且一夫不田，有罹其馁者；一妇不织，有罹其寒者。今天下僧尼，不可胜数，皆待农而食，待蚕而衣。寺宇招提，莫知纪极……"意思就是说佛教的发展使得天下人除了负担自己生活之外，还要养活这些不劳而获的僧尼，于国于家都是大大的不利。正因为如此，唐武宗下定决心灭佛，这也是出于对国家财力、人力的一种保护措施。

除了为经济问题考虑之外，唐武宗在会昌年间进行大规模的灭佛活动还有一个重要原因，那就是佛、道二教之间因为各自的信仰不同，时有分歧和斗争，而信奉道教的唐武宗自然也就站在了佛教的对立面上。和其他的君王一样，唐武宗也十分向往长生不老，他在位时宠信一个叫赵归真的道士，并拜他为师学习"神仙之术"。

赵归真心地狭隘，因为受宠于皇帝，便每每在与武宗交谈的时候诽谤佛教，目的就是想让道教一统天下。他对唐武宗说："佛教系外传宗教，本就不是中国之教，而且蠹耗生灵，危害颇多。恳请陛下尽快将它废除。"对于赵归真的话，武宗是深信不疑。王谠的《唐语林》也记载了这件事，称："……上惑其说，遂有废寺之诏。"意指正是道士们的唆使，唐武宗才下旨灭佛。

除了上述的两种原因外，还有一种说法是认为唐武宗是为了找寻流亡在外的王叔李怡，也就是后来的唐宣宗，才以灭佛作为掩护。宣宗李怡是宪宗的第十三子，为人颇为低调，但实是韬光养晦之举。唐武宗即位之后，对自己的这位叔叔十分猜忌，为了防患于未然便想将其杀死。

但当时奉旨处死李怡的宦官都很同情他，于是便偷偷将他救下，而李怡为了躲避武宗的诛杀便遁入空门，隐于江湖之中。正因为有这样一段故事，所以不少人就猜测唐武宗大肆灭佛的真正目的就是为了找到自己的这位叔叔，斩草除根，免于后患。

虽然这种说法于情于理也说得过去，但到底有没有确实的依据呢？后世持这种观点的学者一般都是依据唐朝旅居中国的一位名叫圆仁的日本僧人所撰写的《入唐求法巡礼行记》中关于此事的记载：

"道士奏云：'孔子说云：李氏十八子昌运方尽，便有黑衣天子理国。'臣等窃惟黑衣者，是僧人也。"

这段话看起来毫无章法，其中又有什么深意呢？在道士们看来，"十八子"组合起来就是唐朝君王所姓之"李"，而唐武宗正是唐朝自开国以来的第十八位君王。所以说这句"李氏十八子昌运方尽"是一句谶语，意思指会有僧人会取代唐武宗的地位，而这个黑衣天子便是指云游为僧的光王李怡了。

但这个说法至今也只是猜测而已，聊做补备，终不能尽信之。如果真有其事的话，那么武宗灭佛也应该是上述原因的综合作用，光王之事和道士们的挑唆应该只是直接的原因，并不是根本目的。

为了灭佛举措能够更好地推行，唐武宗先是命祠部调查了唐朝当时各地的寺庙和僧尼的数量和分布情况。祠部是唐朝主管宗教事宜的部门，所以调查这些数据费力也不是很多。

会昌五年（公元845年）的五月，祠部给唐武宗呈上了一封奏疏，称全国各地有寺院共四千六百余所、兰若四万余所、僧尼更是多达二十六万余人。在调查清楚了各地的情况之后，唐武宗便开始制订具体的推行方案，为后续工作做好准备。

会昌五年七月，唐武宗正式颁布制书，宣布推行其打压佛教的政策。在这封制书之中，唐武宗严格规定了各地所能保留的寺院和僧尼数量。

例如长安和洛阳作为都城，可以各保留寺院两座，而每座寺院仅可保留僧人三十名，也就是说整个长安一共只允许有两座寺庙，六十名僧尼。至于地方各州，则分为三等，所留僧人依等级递减，依次是二十人、十人和五人，且不论州的等级高低，都仅允许保留一座寺院，而那些没能保留下来的寺院全部勒令拆除。

根据《唐大诏令集》中的记载，这次灭佛共拆毁四千六百余所，兰若四万余所，这和之前祠部所公布的数字符合，也就是说几乎所有的寺庙都在这一时期被拆除了。《武宗实录》中的记载的数字比这个稍微少些，但也是所差无几。寺庙被拆之后，僧尼们也被强制还俗，而寺院之前所拥有的田地和财产全部没收，佛像等佛器也被朝廷回收用于铸钱之用。

"会昌灭佛"一经实施，效果很快就显现了出来。首先，拆除的寺庙不但日后不用再消耗国家资产，而且还有大批的田产和钱财充公，大大缓解了国库的压力。其次，这些僧尼还俗之后便从享乐阶层直接转变为农户，自此之后便要开始向朝廷缴纳税粮，也要相应地承担徭役，这也确实给当时的政治和经济减轻了不少负担。

但"有一利必有一弊"，唐武宗的这次打击佛教的行为大大伤害了百姓们的宗教感情，或多或少也给自己的统治带来了一些负面的影响。不仅如此，在这次的灭佛行动中，一些其他的宗教，如摩尼教、景教等也受到了冲击，这就大大影响了中国宗教文化的多面发展。

发生在唐武宗会昌五年的这次打击佛教的事件，在古代史上一般称为"会昌灭佛"，而在佛教史上则被称为"会昌法难"。"会昌灭佛"是中国古代为数不多的打压佛教活动中比较重要的一次，对当时和后世都产生了较为深远的影响。

唐武宗最大的缺点就是过于信奉道教，喜好神仙之术。他信奉道教，从年轻之时就一直与道士们来往密切，并且常年效仿其父痴迷于炼制仙丹。他虽然在其他事情上都能听取臣下的意见，但在这件事上，他一直是固执己见，从不听人的劝告。他甚至把唐敬宗当年所宠信的道士又重新请入宫中，耗费巨资修建了九天道场。当时的右拾遗王哲对此事很不理解，就上书力谏，武宗不但不听，反而下旨贬王哲为河南府士曹参军。

唐武宗还封宠爱的道士赵归真为左右街道门教授先生。对于这件事，宰相李德裕也劝谏过武宗好几次，但武宗却对他说自己只是与赵归真论道排忧而已，绝不让其过问军国政事。李德裕见唐武宗故意搪塞他，便说道："小人见势利所在，则奔趣之，如夜蛾之投烛。闻旬日以来，归真之门，车马辐凑。愿陛下深戒之！"但唐武宗依旧是将他的话当成耳边风。不过唐武宗虽然对赵归真极其宠信，但确实从未让其染指过军国政事，这一点也算是给李德裕的一点安慰吧。

因为过分迷信术士，唐武宗最终也成为了唐朝服食丹药而亡的皇帝之一。长期服用一些金属含量过高的丹药使得唐武宗的性格十分暴躁，且喜怒无常。出于这个原因，后世对于唐武宗的评价也是褒贬不一。

到了会昌五年，武宗的身体状况一日不如一日，但还是很相信术士，依旧服用那些对自己身体伤害极大的丹药。而到了会昌六年（公元846年），唐武宗的病体已经无法支撑他上朝议事了。该年三月二十三日，唐武宗薨逝，临死前口不能言，终年三十三岁。武宗死后，继承其皇位的是他的叔叔——光王李忱，也就是后来的唐宣宗。

第六章　宣宗之治，最后的希望之光

装傻装出来的皇位

知我者希，则我者贵。是以圣人被褐而怀玉。

——老子《道德经》

唐宣宗名李忱（原名李怡），是唐宪宗的第十三个儿子。他的生母郑氏本姓朱，乃润州人士，是原浙西观察使李锜家中的一个小妾。李锜之所以纳郑氏为妾是因为在他到达浙西任职之后，有个术士告诉他，郑氏的面相以后会生出天子。其后李锜作乱被朝廷处死，郑氏就随同李锜的家眷们没入掖庭为奴。当时宪宗的贵妃郭氏看中了她，便把从掖庭调到自己身边充任侍女。

郑氏天生丽质，不久之后为唐宪宗所宠幸，从一个普通的宫女成为了后宫妃嫔中的一员。宪宗元和五年（公元810年）六月二十三日，郑氏在大明宫生下了儿子李怡，这就是后来的唐宣宗。李怡并非唐宪宗的嫡子，而且名次比较靠后，所以几乎是没有可能继承皇位的。长庆元年（公元821年）三月，继承了宪宗皇位的唐穆宗封李怡为光王，所以自此之后他就一直以亲王的身份住在十六王宅中。

十六王宅是位于长安城西北角的一个独立坊区，南邻兴宁坊，西边是长乐坊。这片区域内的建筑和普通的民宅不同，都是一些十分华丽的住宅，而住在这里的就是唐朝的诸位亲王。

和其他朝代亲王驻守各地的情况不同，唐朝自建国始，尤其是唐玄宗之后，亲王们除遇特殊情况，一般都不离开长安，这可能也与抑制亲王们的权力发展有关。自从唐朝的继承制度在唐敬宗之后由原来单一的"父死子继"逐渐开始出现"兄终弟及"后，十六王宅里就诞生过不少皇帝，唐敬宗的弟弟唐文宗就是其中一例。

和其他的皇子不大一样，光王李怡从小在智力方面就有些缺陷，而且为人沉默寡言，不善与人交谈。由于李怡的这种特殊情况，所以他在当时成为了对皇位最没有威胁的一位亲王。

也正是因为他和其他人在政治上几乎没有利益冲突，所以十六王宅中的其他王爷对他的态度也很特别，他们既同情这个呆头呆脑的王爷，又忍不住经常戏弄和取笑他。之后的敬、文、武三位皇帝都是以兄终弟及的方式继承了皇位，李怡就自然而然成了三代天子的皇叔。李怡虽是皇叔，是他们的长辈，但几乎从来没有受到过这几位侄子的尊重。

唐文宗是十六王宅中第一位登上皇位做天子的王爷，他在即位之后还会不时地回到自己的故地，和自己的皇叔以及兄弟们叙叙旧。一日，唐文宗又来到十六王宅与亲王们饮宴，李怡作为皇叔，当然也在其列。宴席之上，众位王爷与唐文宗觥筹交错，欢声笑语不断，只有光王一人在旁默默不语。

唐文宗见他如此，便笑言道："你们谁能让皇叔开口说话，朕重重有赏。"王爷们本来就经常戏弄光王，如今听说皇上有赏便纷纷离席前去逗弄他。但奇怪的是，无论众人怎么捉弄，光王就是一言不发，而唐文宗看着他木讷的样子和其他王爷无奈的表情居然大笑不止。

文宗之后的武宗性格颇为爽直，对这位皇叔更是无礼，经常以捉弄取笑他为乐。武宗在位之时还一度怀疑光王的沉默寡言和那种与世无争的态度都是故意装出来的，其实内心深处有着不可告人的秘密。正是因为有这样的猜疑，所以唐武宗即位之后从内心深处对自己的叔叔产生了一种厌恶感，经常让他难堪，在众人面前下不来台。

为了彻底消除光王对自己的威胁，唐武宗甚至想将他杀死，以绝后患。根据《续皇王宝录》中的记载，唐武宗为了除去自己的皇叔，偷偷命宦官将光王幽禁起来，并把他沉于宫厕之中。宦官们十分同情光王，就对皇帝说："光王不应被沉于厕中，还不如就此将他杀死吧。"唐武宗听了便同意了他们的做法。其后这些宦官将光王解救出来，并秘密地供养起来，并对上谎称光王已死，这样才保住了他的性命。

也有说是唐武宗借打马球之机，命宦官仇士良趁机将光王杀死。仇士良于心不忍，于是便让手下的宦官将光王抬出皇宫，并向唐武宗奏报说："光王不小心落马，已经救不活了。"就是因为仇士良的一丝善心，可怜的李怡才保住了一条性命。据说为了远离纷争，李怡选择了出家为僧，自此之后他就离开长安，一直在江湖之中游荡。但这件事是否属实也还存在着很大的争论。

无论如何，唐武宗虽然用尽办法打压和折磨他，李怡还是坚强地活在这个世上，而他对生活的乐观态度和对一切人事都豁达的胸怀渐渐地打动了众人的心。这也就可以解释为什么在诸多的记载中，唯一不变的一点就是他人都是因为不忍和同情冒着欺君之罪保存了他的性命。

从光王之前的经历来看,他的人生可谓是坎坷不断。但纵观他的一生,他所受到的苦难还远远不止这些。武宗时期,还在做光王的李怡曾经有一次和唐武宗外出。在回来的途中,李怡不慎落马,顿时就昏迷了过去,但周围居然没有任何人发现。

那时正值寒冬,室外更是冰天雪地,李怡的命运又一次悬在了生死之间。也许是上天特别眷顾宣宗,半夜二更的时候,他竟然苏醒了过来。醒来的他浑身冰凉,没有一点力气,但此时四周空无一人。就在这个危急的关头,一个巡夜之人发现了奄奄一息的李怡。

此时的李怡犹如抓到了救命稻草,对他说道:"我是光王,不幸坠马落在此处,能不能给我一碗水喝?"巡夜之人看他实在可怜,便取了一碗水给他。李怡喝了水后,身体逐渐恢复了一些知觉,便踉踉跄跄地自己走回了十六王宅的住所。所谓"天将降大任于斯人也,必先苦其心志,饿其体肤,空乏其身",饱受磨难的光王在武宗死后终于迎来了自己的春天。

唐武宗英年早逝,死时长子也只有几岁,还是个懵懂无知的幼童。在这种情况下,光王李怡慢慢地走进了人们的视野。其实早在唐武宗病重之时,宦官就已经蠢蠢欲动。因为对于晚唐的宦官来说,皇帝的更替是一次进行权力重组的大好机会。只要在这个关键时刻选准了对象,日后的富贵荣华便唾手可得了。

正是因为这种强大的利益驱使,内侍仇公武首先提出可拥立光王李怡为帝。仇公武之所以会提出这样的建议是有其深刻原因的。在宦官们看来,光王李怡是个憨痴之人,即位之后肯定是受人摆布,无所作为的。如果拥立他当上了皇帝,那日后的天下就如同自己的一样了。所以仇公武拥立光王的想法一经提出,马上就得到了左军中尉马元贽的赞同。

会昌六年三月二十日,唐朝廷向天下人宣布了唐武宗的遗诏:"皇子冲幼,须选贤德,光王怡可立为皇太叔,更名忱,应军国政事令权勾当。"意思是武宗的皇子年龄太小,而光王李怡贤德,可立为皇太叔,而所谓的"应军国政事令权勾当"就是在正式即位之前代理国事。遗诏公布后的第二天,已经被立为皇太叔的光王李怡在少阳院接见了文武百官。

在之后的日子里,皇太叔李忱开始代病重的唐武宗处理政事,而他举手投足见表现出的自信和果敢与之前木讷呆滞的光王简直判若两人,积压了数月的政务在他的手中都迎刃而解。李忱的出色表现让所有的人都大吃一惊,他们甚至不知该为此高兴还是担忧。群臣们高兴和欣慰的是拥有这样英明睿智的皇帝后,国家治理有望,担心和恐惧的是这样一来光王之前的表现的确只是在韬光养晦,真实的目的可想而知,那么新君的心机深重可见一斑。

无论如何,李忱还是在重重阻碍下名正言顺地成为了皇位的继承人。会昌六年三月二十三日,唐武宗驾崩,皇太叔正式即皇帝位,是为唐宣宗。这一年,李忱已经三十六岁,算是唐朝即位新君之中年龄较长的一位了。唐宣宗登基之后不久便尊称其母郑氏为皇太后,并将她安置在自己的出生地——大明宫,朝夕侍奉,丝毫不敢怠慢。

姓牛还是姓李

自唐宪宗始,朝廷之中就有着所谓的"牛李党争"。一般来说,牛党的代表人物是牛僧孺和李宗闵,而李党的代表人物自然就是李德裕了。其后,又因为在"牛党"之中,李宗闵所起到的作用比牛僧孺更大些,所以又有"二李党争"的说法。但不论哪种说法,指的都是大臣们之间为了争权夺势,组成党派,二者之间产生的矛盾和纠葛。

说到"朋党之争"，在历朝历代都不少见，也是不少皇帝用来驾驭臣子的一种必要手段，目的就是"分而治之，为我所用"。而始于宪宗，终于宣宗的"牛李党争"是中晚唐时期影响最大，持续时间最长的一次政治斗争，和唐朝后期的治乱兴衰关系密切。

"牛李党争"开始于唐宪宗元和三年的"贤良方正能言直谏科"，直到宣宗朝"李党"首领李德裕罢相，其党派成员也大多数被贬职而宣告结束。

唐朝的科举制度对汉代到魏晋南北朝的选士经验教训进行了总结汲取，比较详明严密地开创了考试取士的规模，在前代的选士制度基础上有了长足的发展。唐朝的科举考试分"常科"与"制科"两种，而尤以"进士"科最为士人看中。当时又有"殿试"和"廷试"之说，士子们可在君主面前"应诏直言"，接受皇帝的考验。

在当时，科举考试具有一定的客观标准，使出身低微的知识分子得到进入仕途的机会，打破旧的严格的门阀等级界线，选拔某些有才干的人。与察举和九品中正制相比较，它是比较进步、比较合理、比较符合历史发展要求的制度，对当时社会的发展起了一定的积极作用。

然而，任何事情都是双面的，有利必有弊。庶族们的平步青云让养尊处优的士族们感到强烈的心理失衡。于是，正当文人才子们都在寒窗苦读，为挤过这道狭窄的入仕之门而争得你死我活、头破血流的时候，一场政治斗争在文人间展开了。这让两耳不闻窗外事的书生们摸不着头脑，他们茫然了，无助了，不知怎么就一股脑儿地被卷了进去，想出都出不来。

元和三年，朝廷照例举行"贤良方正能言直谏科"考试，李宗闵和牛僧孺都是这一年参考的士子，在策文中他二人不约而同都探讨了对藩镇的策略，都认为不该对藩镇大加征讨。李、牛二人才华横溢，洋洋洒洒，征服了考官杨于陵和韦贯之，最后被"擢为上第"。

但当时的宰相李吉甫，是主战派的重要成员，对李、牛二人的言论十分不满，而支持对藩作战的唐宪宗也自然站在李吉甫一边。因为这件事，杨于陵和韦贯之都被贬斥，而牛、李二人当然也没有得到重用。本来寄希望于通过科举考试进入仕途好一展抱负的李宗闵和牛僧孺居然因为与当朝宰相政见不合受到这样的打击，当然对李吉甫怀恨在心，这也是可以理解的。

穆宗长庆元年，李宗闵、牛僧孺终于摆脱了李吉甫的阴影，进入朝廷为官，而此时与他们同朝的还有李吉甫的儿子李德裕。父债子偿，李宗闵和牛僧孺自然就将当年和李吉甫的恩怨记在了李德裕的头上。

长庆元年三月，朝廷又举行了常科考试。当时的翰林学士李绅和西川节度使段文昌都在之前告知过考官钱徽，希望他们能够照顾自己所荐之人。但到了最后，他二人的亲属无一中举，而裴度之子、李宗闵之婿等公卿子弟都位列其中。段文昌不满这个结果，就上书揭发主考官钱徽和杨汝士徇私舞弊。

时任翰林学士的李德裕和李绅都认为段文昌所说有理，建议唐穆宗一定要严肃处理此事。唐穆宗于是命白居易等人对这次参加考试的士子再进行一次检验，果然这些被录取的公卿子弟都是没有才学之人。李宗闵因受此事牵连，被贬剑州，而当时的他好不容易做到了中书舍人一职，前途远大。因为这件事，李宗闵对李德裕父子可谓是恨之入骨，发誓与之势不两立。至此，"牛党"和"李党"之间的斗争正式拉开帷幕。朝廷大臣分化组合，形成以牛僧孺、李宗闵为首的"牛党"和以李德裕为首的"李党"，两派相互倾轧四十余年。

牛李两党的政治主张截然不同，主要表现在：李党力主摧抑藩镇割据势力，恢复中央集权；牛党反对用兵藩镇，主张姑息妥协。其实，这样的争论一开始是有一定的历史意义的，可是自长庆以后，党争已经丝毫看不到有意义的内容，而完全是一些将对手打倒在地的鸡毛蒜皮的小事，已经完全演变成了一场争权夺利的政治斗争，置国家前途于不顾，这正是唐代党争的实质所在。

唐文宗即位之后，因为牛僧孺等人对地方势力的妥协态度，发生了著名的"维州事件"。因为此事，唐文宗脸面尽失，遂将牛僧孺一干人贬职。之后的武宗是个颇有想法的皇帝，于是在宦官的推荐下启用李德裕为相，对其极为宠信。武宗会昌年间是"李党"的繁盛期，李宗闵等人都被打压。

和唐武宗一样，唐宣宗一上台也开始了自己的权力重组。他不仅将朝臣做了全方位的更替，更将武宗当初所信赖的官员一律弃之不用，其目的就是为了改变武宗时期的治国方略。当时京兆少尹权知府事薛元龟、工部尚书判盐铁转运使薛元赏等人都在这次换血中被贬职，而武宗朝曾经叱咤风云的李德裕也从一开始就遭到了唐宣宗的打压。

会昌六年三月，就在唐宣宗即位的那一天，李德裕作为前朝宰相，理所应当地站在皇帝身边奉册。没想到册封的仪式一结束，唐宣宗就问左右之人："方才站在朕身边的可是李太尉？只要他看朕一眼，朕就觉得毛骨悚然。"几天之后，唐宣宗就下旨将李德裕罢相，贬到荆南做节度使。就算如此，唐宣宗还感觉到不满意，于是不久之后又将他贬到一个更低的职位，那就是在东都洛阳担任留守一职。

或许是因为唐武宗的关系，宣宗对李德裕十分厌恶，这从他将其一贬再贬就可以清楚地看出。除了将李德裕贬官，对于其之前推举的为政之道，唐宣宗也是十分不满意，纷纷都给予废除，有时竟然执拗到反其道而行之。

李德裕当年为了整顿吏治，曾经改动过科举制度。而且为了防止官员腐化，他还向唐武宗请旨罢除了新科进士们的杏园宴集，更不准他们在雁塔题名。但到了宣宗朝，这些规定全部被解除。在大中元年（公元847年），唐宣宗就特意颁下敕书，将杏园宴集恢复。不仅如此，他还鼓励公卿子弟积极参加科举考试，对科举之士十分看重，大反李德裕之道。

逝去了武宗朝的光环，李德裕在大中年间一路走低，仕途极其不顺，他先后任过潮州司马和崖州司户等职，最后死在了崖州任上。李德裕在武宗和宣宗朝仕途出现了如此巨大的反差，或许正是应了"物极必反"那句古语吧，自古以来做臣子的有几个能终其一生都位极人臣，一帆风顺呢？

李德裕罢相之后，唐宣宗启用白敏中为相。白敏中是晚唐著名文学家白居易的堂弟，他自幼父母早亡，是由哥哥抚养长大的。长庆初年，白敏中进士及第，先是在地方的藩镇任职了几年，其后唐武宗有启用其堂兄白居易的想法，故把他调到长安任殿中侍御史并分司东都。李德裕当宰相之时就将白敏中推荐入朝，可以说李德裕对其还是有着知遇之恩的。

但白敏中为此不仅没有感激李德裕，还在他被贬之后在宣宗面前添油加醋，使得李德裕的后半生一直在苦难和坎坷之中度过，就连当年受李德裕恩、与其交好的人不论贤愚，全部不予取用。与此同时，白敏中还大量启用了李德裕当年打压的朝臣。在白敏中的努力下，被贬循州的牛僧孺、封州的李宗闵、潮州的杨嗣复、恩州的崔珙都纷纷升任。

有人说唐宣宗在这场党争之中支持牛党，打压李党，也有人说唐宣宗并不是有意参与朝臣们的党派之争，而是刚好他讨厌的官员几乎都是李德裕一派，也就是唐武宗所用的那一批人。除了罢黜李德裕，擢升当时所谓"牛党"的一批人之外，唐宣宗还启用了令狐绹为相。

令狐绹之所以被宣宗看重，完全是因为他的父亲令狐楚曾经在宪宗朝担任过宰相一职，而且对唐宪宗十分忠心。当年宪宗死后出葬之时，途中风雨交加。送葬的官员和宫人们为了避雨都逃散开了，置宪宗的灵柩于不顾，当时只有宰相令狐楚一人紧紧地护住唐宪宗的灵驾。令狐楚当年年事已高，而那时在场的唐宣宗更是对他留下了极为深刻的印象。

宣宗即位之后，令狐楚早已不在人世，唐宣宗于是便问白敏中他是否有后代存世。白敏中回答说有个儿子令狐绪，如今正在随州担任刺史。唐宣宗得知此事之后便继续询问这个令狐绪才能如何，能不能委以宰相之职。白敏中摇摇头说，"令狐绪身患风痹病多年，但有个弟弟令狐绹曾为湖州刺史，很有才。"于是唐宣宗便下令将令狐绹升为知制诰，其后更拜其为宰相。

从唐宣宗擢升令狐绹这件事来看，他是很重视宪宗时期的大臣的，不仅如此，对于他们的后代，唐宣宗也有着一种莫名的好感。《资治通鉴》记载其为："上见宪宗朝公卿子孙，多擢用之。"除了令狐绹之外，元老重臣裴度的儿子裴谂也被宣宗提拔为翰林承旨学士。再比如当年首请唐宪宗监国的宰相杜黄裳之子杜胜在宣宗朝担任刑部员外郎一职，唐宣宗知道他的身世之后便马上下旨升为给事中。

牛李党争虽然落下了帷幕，但是它却暴露了中晚唐政治中阴暗的一角，"朋党"之所以成为中晚唐朝政的痼疾之一，是因为这些朋党往往是由宦官作后盾或牵线的。汉、明的朋党之争主要是宦官与外戚或朝臣的权力之争；宋朝的朋党之争主要是朝臣的政见之争。唯有唐朝的朋党之争有些特别，与其他三朝不同的是，带有明显的"阶级"性。有专家认为：李党是公卿显官集团的政治代表，他们与中小地主结盟，反对藩镇割据，从而与代表豪强大地主政治利益的牛党发生冲突。换而言之就是，日趋灭亡的士族阶级与科举进士之间"不是你死，就是我亡"的政治游戏。

这场党争带来了严重的后遗症。王朝的统治者为了加强统治，支持利用新兴的庶族打击士族门阀。而随着庶族势力的增强，士族不甘心失去已有的特权。双方为了各自利益，进行争斗。在国家强盛时，这种党争对皇权是有利的，皇帝得以用支持或反对来平衡王朝的稳定。而当混乱来临，则是皇朝灭亡的祸根。

小太宗

宣宗性明察沉断，用法无私，从谏如流，重惜官赏，恭谨节俭，惠爱民物，故大中之政，讫于唐亡，人思咏之，谓之小太宗。

——《资治通鉴》

虽然在宣宗即位之初，朝中的大臣都对这位有些"痴呆"的皇叔没有抱多大希望，但宣宗却凭着自己的努力，让天下人对他另眼相看。因为之前的人生经历，唐宣宗的心中一直有重振帝国朝纲的强烈愿望。再加之阅历颇深，他对于朝政和为君之道的成熟看法也是唐朝后期的其他皇帝无法比拟的。

大中元年，刚登基不久的唐宣宗就因为天气干旱，下旨减膳撤乐，并释放宫女五百人。除此之外，又释放五坊鹰犬，停止各处的营建，并且下诏大赦天下。

大中二年（公元848年）二月，唐宣宗召见了翰林学士令狐绹，与他探讨了唐太宗所撰《金镜》中的治国之道。在这个过程中，唐宣宗对这位翰林学士十分尊重，君臣二人相谈甚欢，而令狐绹也明显能感受到这位皇帝的成熟稳重与其心中对于国家所寄托的希望。

《金镜》中有言："乱未尝不任不肖，理未尝不任忠贤。任忠贤，则享天下之福；任不肖，则受天下之祸。"唐宣宗极为赞赏。他曾说过："《尚书》也说：'任贤勿贰，去邪勿疑'，朕每至此，未尝不三复然后已。欲致升平，当以此言为首！"

在吏治改革方面，唐宣宗也在武宗朝的基础上作出了自己的努力，而"任贤勿贰，去邪勿疑"正是他所信奉的标准。唐朝的官员人数众多，宣宗年间已有近三千人。为了了解官员们的情况，以便能够将他们的才华用在可用之处，唐宣宗特意命宰相们编撰了一部《具员御览》，并放于案头，以便随时浏览。

唐朝在地方施行州县制，各地的最高长官便是刺史。刺史作为地方的行政长官，直接关系到朝廷政令的推行和百姓的生活好坏，所以对于刺史的任命唐宣宗更是格外重视。

他曾经说过这样的话："朕认为如果刺史选择不当肯定会危害当地的百姓，所以朕要一一面见，亲自询问他们到地方之后如何施政。这样才能了解其优劣，确定他是否可以担当此重任。"正因为如此，以至于在宣宗一朝，刺史凡被选定之后一律要经过皇帝的亲自审查方可上任。

前朝的高官太过泛滥，而唐宣宗则十分珍视高官的授予，不是对朝廷有大功劳的是不可能在他手中获得这样的殊荣的。不仅对高官如此，就算是一般官吏的任免，唐宣宗也要亲自审查，绝不只听信他人的一面之词。

一次他到泾阳游猎，恰巧听到当地的一位砍柴之人说泾阳县令李行言为人刚正，不惧怕权势，经常为民做主，是个难得的好官。唐宣宗听后便将此人牢牢记在心中，回宫之后就授予李行言紫服。

唐宣宗任命官员还有一个特点，就是奖惩分明。对于有政绩的官员他肯定给予鼓励，而对于那些贪官污吏，一经发现绝对是严惩不贷，毫不留情。例如淮南发生了严重的饥荒，百姓流离失所，而节度使杜悰却只知每日游宴，完全不管任下百姓的死活。杜悰身为淮南节度使还兼着宰相的头衔，威望颇高，唐宣宗为了不引起事端就马上把他调离淮南。

宣宗为人十分公正，不任人唯亲。他在位期间，有一个叫梁新的医官治好了他的厌食之症，梁新便想以此向宣宗求取一官半职。唐宣宗虽然对梁新心怀感激，但还是严厉地拒绝了他的请求，赏给他金银作为补偿。

宣宗即位之后曾任命自己的母舅郑光为平卢、河中节度使，但后来发现他无甚才华，而且语多鄙浅，就把他调回长安，留在身边任右羽林统军一职。地方节度使是个美差，右羽林统军当然不能与之相比，于是郑太后就多次对宣宗说，希望能将郑光依旧放回地方。宣宗虽然是孝谨之人，但却没有因此将没有政治能力的舅舅放到地方，而是赐予了他田地金帛作为补偿。

不料郑光的手下仗自己的主人是皇亲国戚，居然不缴租税。时任京兆尹的韦澳为人十分刚正，将这些人全部抓捕入狱。之后唐宣宗为此事还颇为担忧，怕舅舅知道后闹事，于是还想替其求情，让韦澳看在自己的面子上不要追究此事。

但韦澳却劝他道："国舅爷倘若不缴赋税，那么朝廷的律法就是只针对贫户，留之何用？陛下任臣为京兆尹，清理京师之弊是臣的职责，万万不敢奉诏。"最后韦澳责令这些人补足了所欠税款，并重杖一顿才将他们放归，以儆效尤，而宣宗也再未有他言，甚至为之前替舅舅求情向韦澳道歉。

唐宣宗不仅对自己要求严格，对子女的管束也颇为严厉。他十分宠爱自己的女儿万寿公主,并把她嫁给了起居郎郑颢。郑颢有个弟弟郑颉,病危之时,唐宣宗还特意遣使前去探望。使者回到宫中之后照例要去皇帝面前回复,唐宣宗就问他万寿公主在做些什么。

使者不敢隐瞒,就如实回禀道:"公主殿下正在慈恩寺戏场看戏。"唐宣宗闻得此事后大发雷霆,说道:"难怪士大夫之家不愿与皇室结为姻亲,原来是因为这个原因!"言下之意是埋怨自己没有教育好女儿。说完之后,他马上下旨召万寿公主入宫。

公主接到诏令之后也知道父亲召见所为何事,于是便匆忙赶去。等到公主来到宣宗寝殿之时,唐宣宗对她不理不睬,只让她站在台阶之下反省。万寿公主十分惶恐,泣涕涟涟,马上向父皇谢罪。毕竟是自己的爱女,宣宗也于心不忍,于是便教育她道:"岂有自己的小叔子病重自己还去看戏的道理呢?"这件事情过后,皇亲国戚们都谨守礼法,不敢有丝毫越矩的行为。

至于唐朝的边境地区,到了宣宗时期也出现了新情况。吐蕃自唐武宗时期发生内乱之后,势力削减了不少。唐宣宗初年,本来被吐蕃所有的秦、原、安乐三州和原州七关都陆续归顺了朝廷,这一情况也大大提高了刚即位的唐宣宗的政治声望和资本。

在此之后,唐朝在宣宗时期还收回了河西走廊的控制权,并在沙州设置了归义军,命领导这次战役的张义潮为沙州节度使。河西走廊和沙州地区收复之后,唐宣宗抑制不住内心的激动,兴奋地说:"先父宪宗皇帝生前有志收复河、湟地区,但因忙于中原藩镇战争,一直没能完成这个心愿。如今朕竟然完成了他的意愿,足以告慰列祖列宗的在天之灵了。"

在唐宣宗的屏风之上书写的是一整部的《贞观政要》,而他自己也是经常阅读此书。他自小就十分仰慕先祖太宗皇帝的为君之道,而他之所以被称为"小太宗",其中很大一部分原因就是他和唐太宗李世民一样善于纳谏。

他在位期间,不论是朝臣们的意见还是门下省的封驳他都能欣然接受,每逢大臣们提出了良好的建议,他甚至要洗手焚香,大有唐太宗当年的风范。有一次他想要去唐玄宗修建的华清宫去游玩一下,但大臣阻止,他也就放弃了这个想法。

唐宣宗还因为羡慕太宗和魏徵之间的"君臣佳话",特意从民间寻访到了魏徵的后代——魏謩。魏謩是魏徵的五世孙,入朝为官后便被唐宣宗拜为宰相。魏謩颇具其祖魏徵的风采,对于劝谏之事是"知无不言,言无不尽",连唐宣宗也称赞他有"祖风",故十分看重他。

宣宗此人公私十分分明。每当上朝之事必然是正襟危坐,不论多久都不露一丝倦怠之意。他甚至经常提醒大臣们:"卿等好自为之,朕常担心卿等负朕,日后难以相见。"以至于当时的宰相令狐绹说每次上朝之时都紧张得汗流浃背,不敢出一丝差错。但公事一旦结束之后,他便和颜悦色起来,或谈天说地或一起游玩,和大臣们相处得如同朋友一般。

朕不是软柿子

对于自己之前的几位皇帝,唐宣宗的态度是不尽相同的。对穆、敬二宗和文宗,宣宗称不上有什么特别明显的厌恶之情,但对于前一任的武宗,唐宣宗就难以抑制住自己内心的愤怒了。这也可以解释唐宣宗为何一上台就对武宗朝的官员和政治进行大规模的清洗了。

但对于自己的父亲唐宪宗,宣宗则是充满了无尽的怀念和敬仰。从他前半生坎坷的经历来看，只有宪宗在位的元和年间，他是相对平安幸福的。因为对父亲的这种美好的印象，所以在即位之后他便开始追究当年父皇到底是因何那么早便离开了人世。

唐宪宗虽然名义上是死于丹药，但其实可能是死于宦官之手。在手中权力日渐增大，政治地位初步稳定之后，唐宣宗便开始着手处理为害唐朝多年的宦官问题。唐宣宗之所以如此迫切地想解决宦官问题，根本目的是为了恢复唐朝的清明政治，但直接目的却是为自己的父亲唐宪宗报仇。

为了解决宦官问题，他特意召来翰林学士韦澳密谈。唐宣宗虽然听韦澳说近来宦官有所收敛，但内心还是十分担忧，于是便问韦澳有何良策对付宦官专权。韦澳认为与其用朝臣的力量铲除宦官，不如在宦官内部提拔一些人才，不然很有可能会酿出像"甘露之变"那样的惨剧。唐宣宗觉得此计不妥，于是又招宰相令狐绹前来商议。

令狐绹对唐宣宗说："要想清除宦官势力不可操之过急。有罪必究，有缺必补。等他们的势力自己消耗殆尽就可以了。"晚唐的宦官势力过于强大，要想毕其功于一役确实很困难，由此看来令狐绹的办法也不是没有道理，但深究之又未免太过消极。然而令狐绹的建议还未被采纳，就很快传到了宦官的耳朵里。因为这件事，朝臣和宦官之间的矛盾又进一步加深了。

对于强大的宦官势力，之后唐宣宗也没有和文宗一样采取强硬的手段，而是听取了令狐绹的意见，一直抑制其发展，不让它愈演愈烈就行了。当时有个叫李敬的宦官为人十分嚣张，遇到宰相郑朗居然不回避也不下马。唐宣宗得知此事后大怒，马上召李敬前来问话。宣宗问他："你奉命出使，自可通行无阻。但怎么能因私外出，遇宰相而不回避？"没想到李敬却禀报宣宗道："供奉官照例不必回避。"唐宣宗听他如此说，更加愤怒，马上下旨收回李敬的一切职权，发配到南衙去当贱役。

再如宣宗年间，朝廷有个宦官奉旨外出办差，途径砍石时在一个驿站歇脚。砍石地处深山之中，物资十分匮乏。而这个使者仅仅因为驿站的小吏呈上来的饼食有些发黑，就扬起鞭子将这个小吏打得血流不止。这件事很快就传到了陕虢观察使高少逸的耳中，愤愤不平的高少逸马上将使者所食之饼上呈给了唐宣宗，并向他报告了此事。等到那个鞭打小吏的使者一回到长安，唐宣宗马上将他召来痛斥了一顿，最后将他发配到恭陵去守陵。

唐朝有宦官监军的传统，为了防止这些宦官在地方上扰乱军政，作威作福，唐宣宗重新制定了相关规定。在新的法规中，一旦地方的节度使出现了什么差错，那么该地的监军使与节度使一起领罪，这样也就实现了当时设立监军使的初衷。唐宣宗的一系列举措虽然没能彻底地解决宦官问题，但也确实大大打压了宦官们的嚣张气焰，颇受朝臣和天下百姓的赞扬。

不仅如此，据说宪宗之死，当时唐宪宗的贵妃郭氏也参与了此事。唐宣宗早就对这件事颇有了解，也是因为这一层原因，他即位之后对郭太后并不十分礼遇。作为四朝太后的郭氏认为受到了羞辱，甚至在大中二年（公元848年）五月中的一天登上兴庆宫中的勤政楼想要自尽，但被身边的人所阻止。

奇怪的是，郭太后虽被救下，但在自尽未遂的当夜就突然死去。这件事在当时影响很大，唐宣宗也因此受到不少猜测，因为当时在他得知郭太后要自尽的时候曾经愤怒地说过这样的话："太后身为国母，听任光陵商臣之酷而不怀惭惧，犹藏异心，言死尚轻！"

除了"宣宗因宪宗之死加害郭太后"一说外，也有说是唐宣宗的母亲郑氏曾经是郭太后的侍女，两个人本来就有些恩怨纠葛，因为此事，宣宗才对郭氏礼遇不加，所以郭太后才想到了自尽。

郭太后死后，于情于理都要作为后妃陪葬在宪宗皇帝的身旁。而唐宣宗确认为郭氏根本不配享有陪葬父亲的资格，所以便想把她葬在景陵的外园。郭氏是太皇太后，这么做显然不合礼制，当时太常寺有个叫王暤的官员就站出来反对宣宗的这一做法。

王暤很显然不清楚唐宣宗心中的真实想法，居然将自己的想法写成了一封奏疏递了上去。唐宣宗见状后，大怒不止，让宰相白敏中去调查此事。白敏中马上去见了王暤，询问他为何递上这样一封奏疏。此时王暤依然理直气壮，说道："太皇太后是汾阳王郭子仪的孙女，是宪宗皇帝的原配，身经五朝，是天下之母。宪宗死时之事现在尚不清楚，怎么能因为这样不清不楚的事就废除了正嫡之礼！"

白敏中与他理论，但孤直的王暤还是坚持自己的看法。这件事发生的第二天，王暤被贬为句容县令。宣宗死后，懿宗即位，王暤又被召回朝中，固执的他又旧事重提，唐懿宗也就依了他的奏请，将郭太后的神位移至唐宪宗的宗庙内配享。

郭太后死后，唐宣宗便开始着手处理当年宪宗被谋害一事，将当年涉及宪宗谋害事件的大批宦官和外戚处死或者流放。这次的清洗活动前前后后共进行了六年，直到大中八年（公元854年）初才告一段落。

对于发生在文宗时期的"甘露之变"，唐宣宗心里也有着无限的感慨。他虽然为文宗所惋惜，但又颇看不起李训和郑注两人，所以后来为在"甘露之变"之变中被枉杀的官员平反的过程中独独缺少李训和郑注。从唐宣宗为在"甘露之变"中冤杀的臣子平反昭雪这件事来看，他对宦官和朝臣的选择问题还是十分在意的，所以对于大臣们和宦官之间的来往他也密切关注，严厉禁止他们交往过密。

一日朝会之上，宣宗看宰相马植腰间佩戴了一条十分贵重的腰带，便问他从何而来。马植不敢隐瞒，就对宣宗禀报说是左神策军护军中尉马元贽所赠。马元贽在拥立宣宗的时候立有大功，而这条腰带就是唐宣宗当年为了嘉奖他特意赏赐给他的。因为马元贽在宣宗朝极受皇帝的恩宠，所以大臣们都争相与之交好，而宰相马植就是其中之一。因为他二人同姓，马植就与马元贽攀为本家，往来十分密切。为了表示自己的情谊，马元贽便将唐宣宗当年所赐的这条腰带转赠给了马植，没想到却被宣宗一眼认出。

唐宣宗看到腰带的时候也大概明白了是怎么回事，心中十分不快。第二天，他就下旨将马植贬为天平军节度使，后又贬为常州刺史，马植的从属们也都受到牵连。这件事后，朝臣们都知皇帝不喜他们与宦官交结，所以都断了此念。这些举措对抑制宦官与朝臣勾结，擅权夺政也产生了一定的效果。

除了抑制和打压宦官之外，唐宣宗对宫廷之内的乐工也加强了管理，不准他们在外仗势欺人，危害天下。这些乐工之所以气焰如此嚣张，完全是因为前朝，尤其是穆、敬两朝皇帝的娇宠。但唐宣宗一反常态，对他们绝不过分宠信，更不允许他们干涉朝政。

例如宣宗朝有个乐工名叫罗程，琵琶堪称一绝，深得唐宣宗的喜爱。然而这个罗程却仗着皇帝的喜爱在外仗势欺人，甚至因为一件小事就闹出了人命官司。罗程因为此事被逮捕入狱，乐坊的乐官们纷纷向唐宣宗求情，希望宣宗看在往日恩情上网开一面，不要因此就损失了一位有绝艺之人。

这些乐官恰好犯了唐宣宗的忌讳，皇帝怒声说道："你们心中惋惜的是罗程的技艺，而朕所惋惜的却是高祖和太宗皇帝所立下来的法律！"像罗程这样的事在宣宗朝屡见不鲜，优人祝汉贞也是因为干涉朝政被流放。久而久之，这些宫中之人也慢慢收敛自己，再也不敢胡作非为了。

把寺庙再建起来

> 已将世界等微尘，空里浮花梦里身。
> 岂为龙颜更分别，只应天眼识天人。
>
> ——苏东坡《匕寺悟空禅师塔》

和唐武宗的崇尚道教抑制佛教不同，唐宣宗一上台就明确地表明了自己对宗教的态度。他即位后就马上下旨杖杀了道士赵归真等人，并把武宗时期的很多术士都流放岭南。在他即位的前两年时间里，他颁行了一系列强有力的政治举措，其中较有影响力的一项就是复兴佛教。

会昌六年（公元846年）五月，刚登基不久的唐宣宗便下旨命祠部除前朝规定的僧尼人数之外继续发放度牒，而长安两街原来的两座寺庙各增加八座。除此之外，僧尼的管辖权从主客司重新回归到两街功德使。

到了大中元年闰三月，宣宗复兴佛教的举措从长安推行到全国。唐宣宗在圣旨中称：

"会昌季年，并省寺宇。虽云异方之教，无损致理之源。中国之人，久行其道，厘革过当，事体未弘。其灵山胜境、天下州府，应会昌五年四月所废寺宇，有宿旧名僧，复能修创，一任住持，所司不得禁止。"

在他的推动下，武宗会昌年间被拆毁的佛寺许多都复原并加以修葺，东都洛阳更是加修了不少佛寺。

除了兴修佛寺，大肆增加僧尼之外，唐宣宗还亲自下旨为已经圆寂的宗密法师等人恢复法号。不仅如此，宣宗还邀请了当时德高望重的高僧定期到长安的寺院之中设法坛，宣讲佛法。至于他自己，禁宫之内也经常有僧人出入，都是为了和皇帝探讨佛法玄义。

唐宣宗之所以这么做是经过了深思熟虑的，有着其特殊政治意图，而这个举措之所以能产生效果，针对的也是当年唐武宗灭佛所产生的弊端。对于武宗的灭佛举措，宣宗是十分不满的，他曾对翰林学士说："佛者虽是异方之教，但可以帮助国家治理。可存而不论，不必过毁而伤令德。"

一直以来，唐朝的宗教信仰在中下层是以佛教为主，而道教一般都是上层崇信的。唐武宗时期大肆灭佛的行为在很大程度上毁坏了以佛教为信仰的统治基础，而宣宗反其道而行之正是为了利用宗教重建臣民和百姓对皇帝和朝廷的信任，为自己日后的统治铺平道路。

除了政治因素外，宣宗复兴佛教还有个人的情感因素在内，这一点和武宗也是一样的，只不过他二人所倾向的角度不同罢了。宣宗的情感因素来源于两点，一是对唐武宗的憎恨，所以他施行的政治举措都要反其道而行之，除此之外，第二点就是他对佛教的特殊感情。

武宗在位期间内，曾经多次加害过宣宗，但都没能成功。据说当时宣宗为了躲避武宗的毒手，一度出家为僧，在江湖游历。当时在长安的佛寺之中经常可以见到一位素服的儒士，气质儒雅洒脱，那便是年轻时的宣宗。他也经常和佛寺的高僧们探讨佛理，对此也很有见解。除此之外，这位儒士还会经常和那些寄居在寺庙之中的举子谈天说地，听取各地的见闻以及他们对时下朝政的评价。

据《唐杭州盐官海昌院齐安传》中的记载，当初有个叫齐安的和尚，也是李唐皇室之后，所以知道宣宗的身份。在寺庙举行法会的时候，齐安特意事先告知这些僧人说："明天将会有异人到此，你们说话做事都需小心谨慎，不要带累了佛法。"

第二天，唐宣宗果然到此参加法会，齐安认出他后，便将他迎为上座。二人交谈之后，齐安见他谈吐不凡，对佛法的理解十分精到，于是对他更加尊敬。齐安还对宣宗说："你的时运就要到了，不要在僧人之中混迹了。"他更恳求宣宗发迹之后一定要兴复佛教，让佛法发扬光大。

宣宗即位之后，为了报答齐安当年的知遇之恩，想要把他迎到长安奉养，但此时齐安早已圆寂。唐宣宗知道此事后怆悼久之，遂敕谥齐安为"悟空"，还亲自作了诗追悼他。而宋代大文豪苏东坡在游览盐官时所作《匕寺悟空禅师塔》一诗说的就是这件事，诗后还有一行题注曰："名齐安，宣宗微时，师知其非凡人。"而在孙光宪《北梦琐言》中也记载了宣宗曾经游历四方，"多识高道僧人"。

关于唐武宗在位期间虐待并谋害宣宗的事，正史之中是不予承认的，但在很多野史和唐人笔记之中对这些事件都有或多或少的记载，所以宣宗曾经一度出家为僧的事还是较为可信的。

无论宣宗是否真的出家为僧，他与佛教和僧人的关系密切，这一点是十分肯定的。在那个备受煎熬的年代，佛教给予唐宣宗的并不仅仅只是玄义那么简单。是佛法解救和保护了他，也让他懂得了忍受现实中的种种艰辛。正是因为有了佛教的精神支持，他才有信心，有勇气存活了下来，最后从一个被压迫的人成为了这个帝国呼风唤雨的人物。

决定复兴佛教的唐宣宗要面临的问题还是很多的。唐朝的佛教繁盛，想要将如此众多的佛寺和僧尼全部恢复势必要耗费大批的财力和物力。例如在大中五年（公元851年）六月，就有一位名叫孙樵的进士就上书反对宣宗大肆复兴佛教，他指出：

"百姓男耕女织，不自温饱，而群僧安坐华屋，美衣精馔，率以十户不能养一僧。武宗愤其然，发十七万僧，是天下一百七十万户始得苏息也。陛下即位以来，修复废寺，天下斧斤之声至今不绝，度僧几复其旧矣。陛下纵不能如武宗除积弊，奈何兴之于已废乎！日者陛下欲修国东门，谏官上言，遽为罢役。今所复之寺，岂若东门之急乎？所役之功，岂若东门之劳乎？愿早降明诏，僧未复者勿复，寺未修者勿修，庶几百姓犹得以息肩也。"

在这封奏疏中，孙樵详细地分析了唐武宗当年灭佛的原因，并陈述了大肆复兴佛教的弊端，层次清晰，有理有据。但当时的唐宣宗正处于对武宗举措全面推翻的状态之中，所以基本上没有采纳这些意见。

就如孙樵所述，到了大中六年（公元852年），全面复兴佛教的弊端逐渐显现了出来。同年十二月，宰相们也向唐宣宗上书陈述了此事。当时各地为了修建佛寺不仅耗费了巨大的物资，而其频发扰民事件，而僧尼的品质也是良莠不齐，大大影响了佛法的传播，这些唐宣宗都是很清楚的。所以在经过了仔细的思索后，唐宣宗也决定修改当时所下的诏令。从这一点也可以看出宣宗这种能够知错就改的良好品质。

不仅如此，从当时资料中的记载，也可以很清楚地看出，唐宣宗的"崇佛"从一开始就十分冷静，除了在即位之初因为"务反会昌之政"的原因有些操之过急之外，还是比较理性的。

例如在僧尼的数量上，唐宣宗就在大中二年（公元848年）正月下诏进行了具体的规定，例如"上都除原置寺外，每街更各添置寺五所；东都共添置五所，僧寺三所，尼寺二所。仍每寺度五十人"，至于地方的寺院和僧尼的数量也有严格的规定。不过五台山这样的佛教圣地，可以破例多修寺院，但也不可过多。

除此之外，唐宣宗还规定"如缘修饰佛像，但用土木，足以致敬，不得用金、银、铜、铁及宝玉等，如有犯，衣冠录名闻奏"。可见他对于佛教的推崇还是较关注于精神层面，这和其父唐宪宗当年为了崇佛迎奉佛骨的"盛举"形成了很鲜明的对比。

和"会昌灭佛"一样，宣宗在大中年间复兴佛教的举措也是有利有弊。其中的弊端已有论及，至于这次活动最大的益处就是弘扬了佛法，推进了佛教文化在我国的发展。

佛教自传入中国以来，唐朝是其极为繁盛的时期。从玄宗朝开始，禅宗就逐渐开始分为南、北二宗，而南派禅宗五家七宗中的曹洞宗、临济宗和沩仰宗基本上都是在宣宗年间形成和发展的。沩仰宗是高僧灵祐在潭州沩山开创，故称"沩仰宗"，这一宗派在会昌年间受到灭佛的影响，一度沉寂，直到宣宗大中年间才得以恢复，而其他宗派的情况大多也是如此。

所以说，宣宗时期是禅宗的鼎盛时期，而作为皇帝的唐宣宗为佛教的发展和繁荣作出了很大的有贡献。但从政治经济的角度来看，大面积地复兴佛教确实对社会的发展产生了冲击，所以宣宗复兴佛教的举动在历史上还是颇受争议的。

第七章　盛世末路，起义蜂起的乱局

宦官选天子

李唐历史上最为昏庸的皇帝之一的唐懿宗的登基即位可以说是宦官斗争的结果。作为宣宗李忱十一个儿子中的长子，唐懿宗原本应该是理所当然的皇太子，但是因为他的父亲唐宣宗李忱对他感到十分地不满，所以在他在位期间太子之位是一直空悬着的。

作为给李唐王朝带来希望之光的唐宣宗李忱也有自己的私心，即使他是一名热衷朝政，治国严谨的英明神武的天子。

李忱非常讨厌自己的长子郓王李温，他甚至命令本该是储君的不二人选的李温搬出皇宫，住到十六王宅的亲王府里去。而在唐宣宗李忱的心目中他最喜欢的儿子，也是他心中最为理想的太子人选是皇三子夔王李滋。

在唐宣宗李忱的心中一直存在着废长立幼的念头，他认为长子李温和三子李滋相比起来没有成为皇帝的气度，而且李温还是一个生性荒唐、目光短浅的人，他害怕大好的江山会断送在这个孩子的手中。

大中十年的春天，唐宣宗李忱已经四十七岁了，这时他已经坐在李唐王朝的皇座之上十年了，宰相裴休上书皇帝，希望他能够尽快决定储君的人选，对于裴休的催促，唐宣宗感到十分不满，不久就将裴休贬职了。

对于唐宣宗李忱的想法，大臣们是知道的，但是满朝文武百官没有人表示赞同，这是因为自古以来，立嫡立长是天经地义的事情，他们认为废长立幼是不合乎礼制的，因此在大臣们的心中李温才是储君的不二人选。由于皇帝和大臣们各执己见，立储之事只能悬而未决，而且这种状态一直持续到宣宗驾崩。

和唐朝历代的李唐天子一样，为大唐王室带来了希望之光的唐宣宗也没能摆脱前几代帝王的老路，他为了追求长生不老开始服食各种丹药，这些丹药中蕴含着各种毒素，在这些毒素的长期腐蚀下，唐宣宗的身体终于垮掉了，在一年中气候最好的春夏交换之时，长期积蓄在唐宣宗身体中的毒性集中爆发了出来，唐宣宗的背上开始生出大量恶疮，之后没过多久这些恶疮就开始大面积地溃烂了。这时唐宣宗已经知道自己时日无多了，他的健康状况迅速恶化，后来已经完全卧床不起，再也不能上朝了。

面对这种情景，朝中的各种势力都行动了起来。生命即将走到尽头，依然没有册立储君的宣宗没有时间浪费了，当时大权大都掌握在宦官们的手中，满朝官员人心惶惶，面对着太子未立，天子病危的状况，他们完全一筹莫展。因为宦官们将宫内的消息完全隔绝了，就连宰相也没有机会能够见到天子，对于他们来说这是大唐皇朝最为危险的时刻。

这时躺在病榻之上的唐宣宗，依然不想将帝位传给长子郓王李温，他希望夔王李滋能够成为皇帝。唐宣宗知道这时自己已经来不及册立太子了，而且即使他下诏册立李滋为太子，也必将会遭到站在皇长子一边的群臣的反对。所以他选在了在深宫内院中最得他信任的宦官们来秘密帮助他拥立李滋为太子，然后助其登上帝位。

这几个被唐宣宗托以重任的宦官就是内枢密使王归长、马公儒和宣徽南院使王居方，唐宣宗将夔王李滋托付给了他们，嘱托他们当自己死后，一定要扶持李滋，避免长子李温继承王位，掌控整个国家的命运。

面对宣宗的托孤，三名宦官立刻就明白了这是一个机会，如果把握住了这次机会他们将会一生荣华富贵，但是同时这也是一次危机，因为一旦失败，他们就会万劫不复。

王归长等人预见到这场废长立幼的事件会在朝堂之上引起十分巨大的波澜，所以必须要谨慎行事。他们首先想到的就是，现在大臣们因为宣宗病重而一直被阻挡在宫门之外，就连宰相也没能见到皇帝，这为他们谋划行事提供了充足的时间。

王归长等人经过反复讨论，认为要在混乱的环境中保证夔王李滋登基，就一定要将军队把持在自己的手中，只有这样才能在斗争中取得有利的地位，令群臣信服。所以王归长等人做的第一件事就是对禁军下手，他们和当时担任禁军右神策中尉的王茂玄联手积极活动，但是当时禁军中的另一个重要人物左神策中尉王宗实和王归长他们有很深的矛盾。王归长等人知道王宗实绝对不会和他们一同扶持夔王李滋，甚至可能将王归长等人的计划全盘破坏，于是他们决定要先解决王宗实。

王归长假借宣宗的名义下了一道敕命给王宗实，任命他为淮南监军，这就等于是将他外放出京城了。对于这道命令，王宗实虽然有所不解，但也只能老实地接受，于是他很快整顿好行装，准备离开京城。就在这时，王宗实的一名手下，心思缜密的左神策军副使亓元实，对于这道敕命表示出了怀疑，他认为皇帝是不会在这种局势混乱，形势不清的情况下做出重大的人事变动的，更何况王宗实是保卫皇帝安全的禁军将领。亓元实告诉王宗实这必然是有人假借圣命，而这假传圣旨的人一定在图谋些什么，因为王宗实妨碍了他们的计划，才想要将他调离京城。

王宗实听了亓元实的话之后认为十分有道理，于是决定入宫一探虚实，他带领着大量的禁军强行闯入皇宫，怒气冲冲地奔向了皇帝寝殿。在寝宫之中，王宗实看到皇帝已经驾崩，宫中的侍女和宦官们正站在皇帝的遗体周围大声哭泣。这一切都表明了王宗实所收到的圣旨是假的，于是他立刻下令手下将倍受宣宗信任、假借皇帝的名义发布敕命的王归长等三人抓了起来。

面对突然出现的王宗实、亓元实等人，王归长等三人完全慌了手脚，他们虽然也做了一些准备，对于皇宫的把守、兵力的布置应该也作了相应的安排。但是在双方悬殊的兵力，掌握着右神策军兵权的王茂玄又不在宫中的情况下，王归长等人只能承认自己在这场斗争中失败了。虽然他们的行动是在宣宗授意之下进行的，但也只好承认自己假传圣旨，趴在王宗实脚下乞求他饶恕自己的性命。他们的祈求并没有起到效果，王宗实将王归长、马公儒、王居方等人全都处死了。

因为王归长等宦官的失利,王宗实取得了皇宫的控制权,之后他立刻派遣宣徽北院使齐元简将郓王李温从十六王宅中迎出。然后王宗实用大行皇帝的名义发布了遗诏,册封李温为太子,改名为李漼,同时让太子监国。大中十三年八月十三日,二十七岁的李漼正式登上了帝位,史称唐懿宗。

众人皆醒我独醉

唐懿宗李漼是一个相貌英俊,很有帝王之气的人,他的外表给予大臣们一种将要天下大兴的错觉。在他刚刚登基为帝之时,大臣们都对他寄予了厚望。那时,刚刚成为皇帝的唐懿宗也还是有些雄心壮志的。

大中十四年(公元860年)的二月,这一年是懿宗即位的第二年,他刚刚忙完宣宗的葬礼,作为皇帝,他要开始考虑自己的将来了,首先他为自己选定年号为"咸通"。因为刚刚登基为帝的唐懿宗心中向往着成为一个和他父亲一样明君,于是他选了唐宣宗一首曲子词中的一句"海岳晏咸通",取"咸通"二字,这是他在位期间唯一使用的一个年号。

但是遗憾的是,唐懿宗没能成为一位明君,他的行事作风中完全没有宣宗的影子,被皇权迷住了双眼的唐懿宗不久以后就成了晚唐著名的荒淫无道的昏君,在他的统治之下,国家从宣宗时的清明迅速变得腐败不堪,正是他将大唐彻底地拖入了毁灭的泥潭。

所谓的明君,他的每一个决定都应该经过深思熟虑,他的每一个官职的任免都要充分考核,这些唐懿宗都做不到。他会被称为昏君的原因之一,就是他在政令上的昏庸无能和肆意妄为。

作为一个气量狭隘的君王,唐懿宗不仅自己荒唐享乐、不思朝政,在官员的任免上十分随意。他在登基之后所做的第一件事是下令处死当初没有签名同意让他监国的宰相。这道完全出于私怨的命令虽然最终没有被执行,但是从这之后,唐懿宗就不停地更换宰相,他在位期间,一共任用了21位宰相,这些宰相中几乎全都是庸碌奸诈的人,真正的能臣良相寥寥无几。

唐懿宗即位不久之后,任命的第一任宰相是白敏中,应当说白敏中作为前朝老臣能力非常不错,而且也很有宰相气度。但是这些都不是唐懿宗选择他的原因,唐懿宗选中白敏中的原因只是因为白敏中是一个不能上朝的宰相,他在入朝时不慎摔伤了自己,因伤卧床在家,四个多月无法上朝办公,对于唐懿宗的任命,白敏中曾三次上表请求辞职,但是懿宗都没有批准。

宰相作为皇帝的左右手,本应是十分重要的职位,宰相的优劣更是攸关国运的大事,但是唐懿宗却拒绝选用能帮助他治理朝政的宰相,一个卧床不起的宰相正好给了他一个肆意玩乐、不理朝政的理由。

在唐懿宗即位之初,大臣们对他寄予和厚望,所以那时对于他的一些任免,谏官也会提出进谏。像是任命白敏中这件事,当时的谏官右补阙王谱就上书唐懿宗表示:"陛下即位之初,是宰相尽心之日。陛下与各宰相交谈,未尝满过半个时辰,白敏中病了数月,又怎和他交谈?此如何治理天下之事!"

作为谏官,王谱所做的本是分内之事,但是气度狭小的唐懿宗完全接受不了,在他的眼中,王谱所做的事情是对王权的藐视,是对他的忤逆,所以他下定决心要狠狠地惩罚他,他下令将王谱贬为县令。那时的朝廷还有着宣宗的遗风,所以有封驳之权的给事中认定唐懿宗的命令不符合体制，拒绝执行唐懿宗的这个命令。

给事中的这种做法激怒了唐懿宗，他不能接受这种对自己皇权的挑战，愤怒的唐懿宗决心无论如何都要处罚王谱，所以懿宗将此事交由宰相们进行复议，这些由唐懿宗一手任命的宰相们为了讨好唐懿宗，不顾国家的体制判定王谱有罪，而且因为他的言论还涉及到了宰相白敏中，这是对朝廷的不尊重，他们一致同意皇帝将王谱贬职。

唐懿宗甚至还不顾国家法度，肆意滥杀，他最宠爱的女儿同昌公主因病去世，唐懿宗竟然毫无理智地处死了所有为公主诊治的医官，并且逮捕了他们家属。这个决定震惊了朝野，当时宰相刘瞻希望谏官能够上表进谏，但是被懿宗吓怕了的谏官们不敢进谏，所以刘瞻亲自出面，希望劝懿宗能够释放那些医官的家属。

对于刘瞻的谏言，懿宗感到十分生气，于是将刘瞻贬为荆南节度使。这时原本就和刘瞻不合的驸马韦保衡趁机公报私仇，向懿宗编造了同昌公主是刘瞻和医官合谋投药毒死的谎言，懿宗就将刘瞻连续贬为康州刺史、驩州司户参军，其他与刘瞻关系密切的朝廷官员如高湘、杨知至、魏笃、孙湟、郑畋、尹温璋等人也受到牵连被贬职，尹温璋更是在被贬之后自杀了。

唐懿宗在任命官员上十分随性，与不轻易授人官职的宣宗不同，懿宗经常会随心所欲地赏赐官职、钱财，而并不在乎所授之人是否有受赏的资格。懿宗的授官已经到了毫无节制的地步，可能就连他自己也不知道自己到底给多少人授予了官职，科举制度原本是朝廷取士的重要途径，但是在唐懿宗时期，原本具有崇高地位的进士科也被搞得乌烟瘴气。这是因为只要是懿宗的亲信就可以不参加每年春天由礼部主持进行的科举考试，而以"特敕赐及第"的方式被皇帝直接授予进士出身。进士的选择完全依靠懿宗的个人的爱憎，他的敕书取代了礼部的金榜。这对于那些寒窗苦读的人十分不公平，同时也导致了奸佞之臣充斥朝堂而贤良之士遗之于野的情况。

在这些人中比较有代表性的就是咸通初年的宰相杜惊和咸通五年（公元864年）担任宰相的路岩。杜惊能够得到高位完全是凭借身份，作为德宗朝宰相杜佑的孙子、宪宗的驸马，他有着足够显赫的身份。而路岩则是一个更加恶劣的人，本是一个昏庸无能的人的他因为唐懿宗的偏宠成为李唐王朝的宰相，他在职期间大肆搜刮民脂民膏，结党营私，公开收受贿赂，肆意妄为，视王法为无物。更和后来拜相的驸马都尉韦保衡沆瀣一气，他们两人权倾天下，在人们的心中像厉鬼一样阴恶可畏。

由此可见在懿宗统治的时期，那些宰相们是如何昏庸无能、贪污腐化，当时的长安城还流传着一首关于曹确、杨收、徐商、路岩等几个宰相的歌谣："确确无论事，钱财总被收。商人都不管，货赂几时休？"这首歌中包含了这几个让人痛恨的宰相的姓名。

唐懿宗虽然十分昏庸，但是同时他又十分向往成为一名明君，他希望被世人称颂。他爱慕虚荣、好大喜功，为了表彰自己，他为自己添加了字数众多的尊号，就是"睿文英武明德至仁大圣广孝皇帝"。唐朝高祖、太宗在活着时都没有为自己加尊号，后来，历代皇帝的尊号大都也就四到六个字，达到八到十个字就已经很少了，比较多的是唐玄宗的十四字尊号"开元天地大宝圣文神武孝德证道皇帝"，懿宗自称的尊号字数虽然只比唐玄宗差了两个字，可两者的功绩相差十分悬殊。

就这样，唐懿宗统治时期的政治越来越腐败，他任命的大臣们大多是一些鱼肉百姓、横行霸道、贪污腐败之流。他们做尽所有中饱私囊之事，唯独不会去做有利国家的事。在对政事没有兴趣的唐懿宗身边围绕着的都是一些或庸碌、或谄媚、或阴险的人，正是这些人和唐懿宗一起加速了李唐王朝的毁灭。

唐懿宗：掏空国库的感觉真好

唐懿宗是一个十分会享受生活的人，他纵容宗室亲属，肆意玩乐、出游，行事完全依靠个人的感觉，唐懿宗有一个非常宠爱的女儿，这个公主就是郭淑妃为唐懿宗生的同昌公主。这里其实还有一段唐懿宗和郭淑妃的故事。

在唐懿宗还没有登基为帝时，他只是一个不受宠的皇子，那时他独自居住在十六王宅中，他的父亲唐宣宗一心想要册立三皇子夔王李滋为太子。在那样的环境之中，可以说唐懿宗一直处在风雨飘摇之中，他时刻担心着将要地位不保，而且因为他的不受宠，在他身边帮助扶持他的人非常少，而郭淑妃就是其中之一。

郭淑妃并不是名门贵族出身，但她自幼便入宫陪侍在还是郓王的唐懿宗的身边，在唐懿宗的心中，郭淑妃是陪伴他在十六王宅中度过人生最困难的一段时光的重要的人。所以在懿宗登基之后，他甚至曾经有过立她为皇后的念头，但是碍于大臣们的反对才册封她为淑妃。而且郭淑妃一直是他最宠爱的妃子，所以对于她为自己生的同昌公主，唐懿宗也十分宠爱，再加上这位公主身体并不是很健康，这就更使得唐懿宗对她怜爱有加。

看着自己的女儿渐渐长大，唐懿宗除了感到高兴之外，也意识到要尽快为同昌公主物色一位出色的驸马了。于是唐懿宗在宗亲和朝臣中精心挑选，最后选中了当时担任右拾遗的韦保衡，韦保衡这个人当时的官职并不高，但是他是进士及第出身，并且年轻，可想而知一定是前途无量的。

而且唐懿宗还看中了他的家世背景，韦保衡是门第高贵的京兆韦氏的后裔，这样的身份足以匹配同昌公主了。所以当时唯一的问题就是，韦保衡的官职太低，于是唐懿宗很快拔擢韦保衡为起居郎、驸马都尉，之后在咸通十年（公元869年）的正月，他就和同昌公主举行了婚礼。

唐懿宗为他最宠爱的女儿举行了一场极其奢华的婚礼。作为嫁妆，懿宗将长安广化里的一座豪华的府邸送给了同昌公主作为公主府。《资治通鉴》是这样描述这座府邸的："窗户皆饰以杂宝，井栏、药臼、槽匮亦以金银为之，编金缕以为箕筐。"这座公主府中的家具都是用从福建、云贵等地深山里运来的上好的木材打造的；器皿都是用五色玉石打造的。陪嫁中更有一些举世无双的珍宝，像是用七种宝玉制成的鹧鸪枕，用飞禽羽毛装饰的翡翠匣，缀有小珍珠、绣了三千只鸳鸯的神丝绣被，轻薄无比、滴水不沾的碧绿色瑟瑟幞，洁白如雪、拭水不湿的纹布巾，温和保暖的火蚕绵，等等。

当时的同昌公主府中还有一种懿宗赐给她的传说中含有龙涎的"澄水帛"，这是一种大约八九尺长，虽然很像是布但是和布比起来又更加细腻、亮丽、透明。这种"澄水帛"的作用是为了帮助同昌公主在炎炎夏日中消暑的，因为将它挂在房子里，房间会变得非常凉爽。

这场盛大的婚礼，为韦保衡带来了大量的财富和名声，朝中的大臣们纷纷将钱财和珍异宝物进献给他们，极尽谄媚之术，以求讨好公主和驸马。在婚后，同昌公主经常用红琉璃的盘子盛放夜光珠用来照明，玩叶子戏，极尽奢华。

然而这样一场声势浩大的婚礼并没有给同昌公主带来好运，在咸通十一年（公元870年）八月，出嫁未满两年的同昌公主就病故了。这场变故沉重地打击了宠爱同昌公主的懿宗，他悲痛欲绝地下令将为公主诊治过的二十多名医官全部处死，同时株连这些医官的家属，可以说这是一种毫无道理的迁怒。为了同昌公主的葬礼，懿宗又一次大肆花费国库，同昌公主的葬礼完全超出了一个公主应有的规格，其场面的宏大，引得京城的居民纷纷驻足观看。懿宗亲自为她写了挽歌,同时要求文武百官都为公主吟唱,在这场葬礼中,懿宗将所有同昌公主生前所用的衣服、器皿、珍宝都做了陪葬。同时他还用木料为她雕刻了一座宫殿,陪葬的陶俑和其他随葬品一应俱全,出殡时竟然排列出了三十多里。

懿宗还觉得不够,他又将咸通九年(公元868年)刻印的数尺高的《金刚经》卷子、金骆驼、凤凰、麒麟等作为公主出殡的仪仗。即使是送葬的役夫,懿宗也给了大量的赏赐,他赐给他们一百斛酒和用四十头骆驼驮着的二尺宽的大饼。在此次的公主葬礼中,懿宗不顾百姓困窘、国家危亡,将皇家的私事变成了朝廷大事。

同昌公主的事,不但表现出了懿宗的公私不分,同样展现出了他的奢侈无度。懿宗是一个十分喜好乐舞和热闹的昏君。为了满足他玩乐的欲望,他在宫中豢养了五百名伶人常年为他提供服务,有时懿宗可以夜以继日地观赏这些人为他表演。

为了玩乐,懿宗还时常在宫中举办各种宴会,而且懿宗举行宴会之频繁已经到了无节制的地步,可以说是每日一小宴,三日一大宴。懿宗的宴会有时是和百官宴饮,有时是和诸王、嫔妃们聚餐,这些宴会都十分新颖奇特,经常会出现水陆瑰奇、山珍海味,可想而知,这样的宴会也都花费十分巨大,这样的日日奢靡,大量地虚耗了民脂民膏。

有时懿宗兴致来时,他就会带领着随从和亲王们外出巡游。懿宗一旦决定出游,就会立刻执行,不允许有丝毫的耽搁,因此宫中负责皇帝出游的官员经常被弄得无所措手足,以至于后来他们会随时把皇帝出游时需要的乐工、优伶、乐器、道具、饮食、帐幕等都准备好,以便于皇帝可以随时出发。至于那些可能被诏令陪同皇帝一起出游的诸王更是时刻都处于待命状态。

懿宗每次出行的场面都十分宏大,他的随行人员众多,其中单是乐工、优人等就有五百人,军士更是有三千人,车马有一百辆,其中盛装着用于赏赐从行人员的金帛的车就有五辆,这些车中所装的钱至少有十万。

这样豪华的阵容花费是非常昂贵的。对于懿宗的奢靡,很多大臣曾上书劝谏,希望他能减少开支,但是懿宗对于这些意见是完全不理不睬,他依然我行我素,过着他的巡游生活。

懿宗去过很多地方,宫城以北的禁苑则是他最常去的地方,近的有长安周围的曲江池、昆明池、兴庆宫、灞水等地,远的有昭应的华清宫、咸阳的望贤楼等地。

一切为了回家

庞勋起义发生在唐懿宗咸通九年(公元868年)七月,这次起义是矛盾长时间积累之后爆发的结果。其根源可以追溯到咸通三年(公元862年)的一次朝廷派兵行为。当时的李唐王朝为了预防南诏北侵,所以下令将当时徐州的兵马派去南戍桂林。咸通四年(公元863年),南诏的军队攻陷了安南地区,于是朝廷急忙将征募来的两千兵马派去支援安南,而其中的八百人后来又被派去驻守桂林,这些人就是庞勋起义最初的人马。

李唐王朝对于戍边的士兵有着非常明确的换防规定,即每三年一换防,也就是说这八百个离家的戍兵只要桂林待满三年就会有新的戍兵来接替他们的工作,而他们就可以回归家园了。在驻守桂林的三年期间,虽然将领徐泗观察使崔彦慎治兵严苛,引起了官兵们的诸多不满,但是他们还是忍了下来,因为他们知道,只要平安地度过这三年,自己就可以衣锦还乡了。

然而除了崔彦慎自己治兵严苛外,他手下所重用的都押牙尹戡、教练使杜璋、兵马使徐行俭等人都对士兵们十分残虐酷烈，怒火在每日都生活在水深火热之中的士兵们心中逐渐燃烧。不久，士兵们最后的希望也破灭，由于崔彦慎总是推说经费困难，不放他们回去，这些士兵没能在三年之后按时回到家乡，不得不在桂林一待就是六年，而且这种状况还在一直持续着，朝廷完全没有让他们回家的意思。

面对着朝廷的这种行为，那些期待忍满三年后就可以回家乡和妻儿老小团聚的士兵，再也忍无可忍了，他们所有的不满和愤怒都在咸通九年（公元868年）七月爆发了出来。这些士兵在军校赵可立、姚周、张行实等人的带领下策划了兵变，杀死了负责监视他们的军官，在取得控制权之后，推选受人尊敬的粮料判官庞勋为首领，就这样，一场兵变正式爆发。起义军洗劫了仓库，为自己的长途行军储备了足够的军需，然后在没有朝廷命令的情况下擅自北归，向着家乡徐州攻了过去。

当时的李唐王朝在唐懿宗的统治下，已经十分腐败了，藩镇各自为政，朝廷国库空虚、兵力匮乏，面对军队的叛变，唐懿宗甚至抽不出足够的兵力来镇压。为了拖延时间，朝廷给这些戍兵下了一道赦免的诏令，表示只要起义军停止一切的军事行为，朝廷就同意让这些戍兵回到徐州。对于这道赦令，湖南、浙西、淮南这些地方政府确实服从了，他们不但没有难为这些士兵，放他们过境，甚至还给他们补充给养。

不过这道赦令虽然给起义军带来了一些便利，但是从军多年、经验丰富的庞勋等人并没有轻易相信，他们明白这一切不过是缓兵之计。因此他们一路上从没有停止过招兵买马，到达距徐州仅一百四十里的彭城时，庞勋在全军召开大会，告诫所有士兵，朝廷是绝对不可以相信的，他们之前所做的一切都是为了在徐州城内布下罗网而使的缓兵之计，因此与其回到徐州被彻底消灭，甚至于株连九族，不如现在奋起抵抗，和在徐州城内的守军里应外合，共同反叛朝廷。

看到起义军并没有进入徐州城，崔彦慎派人给起义军送去了安慰信。在信中表示不管庞勋提出任何要求他都可以答应，对于这封信，庞勋的答复非常简单，一是要求解除尹戣、杜璋、徐行俭三人的职务，以平息士兵们的愤怒；二是要求将戍兵将士自立两营，由一将来统领。

崔彦慎看到起义军的答复之后，他明白起义军已经洞悉了他的意图，所以他索性也不再假意安抚起义军了，便命令徐州上下严阵以待，公开在徐州城内做军事部署，并命令宿州的兵马主动出兵攻打起义军。

接到命令的宿州兵对于起义军毫无战意，遭遇到起义军之后，立刻望风而跑，不战而退。起义军花了不到半天的时间就攻下了宿州城，然后打开了全部府库，将其中的物品都分发给了百姓。同时大规模招募士兵，为以后的军事行动储备力量，这一系列的行为使得起义军的部队在短时间内得到了很大的扩充。

至此起义军和李唐王朝之间彻底决裂了，庞勋自称为"兵马留后"，起义军打出了自己的旗号，决定和朝廷抗争到底。在朝廷的围攻之下，庞勋放弃了宿州，没有选择和朝廷正面对抗，起义军利用三百艘大船来到了彭城的城下，奇袭彭城是起义军取得的一次很大的胜利。

但是驻守彭城的崔彦慎决心要死守，这种决心即使面对着包围着彭城的起义军也不为所动，但是可惜的是他并没有得到城内的民心。精通军事的庞勋知道，想要攻占彭城只可智取，不可强攻。所以当起义军兵临城下之后，庞勋就明确地告诉城外的所有居民，起义军不会扰民，并且对百姓大加安抚，分发粮食，这样彭城外的很多居民都纷纷加入到了起义军的队伍当中去。

因此庞勋带领着起义军开始攻城之后，城中的居民都站到了庞勋这一边，他们翘首以盼起义军能够早日进城，甚至帮助庞勋攻城，在和城中居民们的里应外合之下，罗城很快就被攻打了下来，退守到子城的崔彦曾等人被俘，愤怒的起义军肢解了尹戡、杜璋、徐行俭三人。就这样整个彭城都落到了起义军的手中。

取得了彭城的庞勋很快又控制了徐州，这时他上书朝廷，要求朝廷任命他为节度使，对于他的要求，朝廷没有给出任何答复，这让庞勋感到十分不满。为了向朝廷示威，他又接连攻占了濠州、滁州等城，同时起义军还攻占了都梁城，将江淮的运输线控制在自己手中。就这样，起义军在切断了唐王朝的主要经济命脉的同时还充实了自己的财力。

庞勋的起义军为了保证自己能够取得胜利，十分重视收揽民心，就是因为他们对百姓们的爱护，使得庞勋在募兵的时候曾出现过"至父遣其子，妻勉其夫，皆断钼首而锐之，执以应募"的场面，一时间各地民众纷至沓来，起义军的队伍扩大到二十多万，达到了空前的强大，同时这样的军队数量使得这次起义从单纯的兵变，转变成了一次农民起义战争。

就在起义军的形势一片大好的情况下，在一片胜利的欢呼声中，庞勋被胜利冲昏了头脑，他所想的不再是单纯的回家，也不再想反抗朝廷，他开始得意忘形起来。他昭告天下自己是无敌于天下的，同时他宣告各地都必须要归顺于他，为他的军队提供士兵和军需，这时庞勋的行为一改当初的爱民如子，已经和李唐王朝的行径别无二致了。

起义军的多次胜利在全国引起了很大的震动，一方面淮南地区的地主官吏害怕战乱波及到自己的身上，于是纷纷逃亡江南。另一方面淮南的百姓们面对已经变质的起义军，首当其冲地遭受到了迫害，也被吓得纷纷逃向了江南。

这时淮南节度使令狐绹害怕庞勋还会危害其他的地区，于是他对庞勋说，会上书朝廷，请朝廷册封庞勋为节度使。面对这个明显是为了拖延时间的说辞，庞勋没有了原本的理智，可以说他渴望成为节度使的愿望盖过了一切，竟然相信了令狐绹，暂停了向淮南出兵。于是令狐绹为自己争取到了足够的作战准备时间。

当时因为起义军已经掌控住了江淮运输线，所以朝廷只能通过寿州将南方的贡赋送入朝廷，庞勋立即出兵围攻寿州，就这样唐朝廷的运输线彻底被切断了。这次的胜利使得庞勋更加自傲、自满了起来。他每日醉心于歌舞享乐，对于军事拓展再也不给予关注，他静静等待着朝廷委命的佳音，幻想着自己成为节度使之后的生活。对于庞勋的行为，他的谋士周重曾劝谏过他："满招损，谦受益，成功之后因骄傲自满而复归于失败的例子比比皆是。何况今日尚未成功！"但是庞勋并没有将这些话放在心上。

在庞勋等待的时候，唐王朝一边表面上向他示好，一边暗中集结结各地的部队。所以在庞勋还做着美梦的时候，官军已经集结到了宋州，这时庞勋才知道自己中了缓兵之计，朝廷从最初就想要消灭他，这时他所占领的各地也纷纷要求他派兵增援。面对这种情况，庞勋已经处于无兵可用的境地，便开始四处抓壮丁，搜刮大户和商旅，导致民怨沸腾。同时起义军的内部也发生了危机，起义军的组织纪律日益衰败，那些和庞勋起在桂州一起事的士兵，仗着自己的身份和地位胡作非为，"夺人资财，掠人妇女"，这些都使得民不聊生，让人们在起义军最危险的时候和他们离心离德。

咸通九年十月，朝廷任命戴可师率领官军三万人去征讨起义军，朝廷大军和起义军在都梁城展开了大战。面对人数众多的敌人，起义军首先佯装失败，放弃了都梁城，面对一座空城，官军轻敌冒进地进入了城中，恰在这时，城中下起了大雾，雾气浓重到已经伸手不见五指了。就这样，在官兵放松警惕又立足未稳的情况下，起义军趁着重雾反攻入城，这时的官军只能手足无措地应战，最后的结局必然是官军战败，戴可师被杀，并且他的首级被送到了徐州。

面对多次的失败,朝廷终于意识到庞勋率领的起义军的厉害,于是推出了一个非常强大的阵容,命右金吾大将军康承训作为义成节度使、徐州行营都招讨使,任命王晏权等统领着各地的军队,全线向前推进。同时还从沙陀、吐谷浑等少数民族征调骑兵,对起义军形成了合围之势。

在咸通十年的正月,康承训带领七万多官军去进攻起义军,驻扎在徐州城西南方向的柳子城的西面,官军在这里排兵布阵,阵营一直从新兴延续到了鹿塘,他们虎视眈眈地观望着徐州,面对这样的威胁,起义军派遣出了王弘立,由他带领着仅三万大军来夜袭鹿塘寨,偷袭在官军的轻敌之下取得了成功。

但是以少胜多的成功毕竟只能是少数,起义军在之后和康承训在柳子的数十战中,都没能取得胜利,非但如此,在这些战役中起义军还付出了巨大的代价。起义军受到了很大的打击,他们所占领的很多地方都失陷了,起义军的大将姚周也战死了。

为了重振士气,庞勋采用了周重的倡议,他杀死了多名被俘的朝廷官员,其中就包括崔彦慎,然后起义军正式打出了反旗。庞勋在誓师大会上大声疾呼:"勋始望国恩,庶全臣节;今日之事,前志已乖。自此,勋与诸君真反者也,当扫境内之兵,戮力同心,转败为功耳!"表示自己原本是感念国恩的,想要为国效力。但是现在朝廷却将他当成了反贼,所以倒不如现在真的反了。

在庞勋正式打起反唐的旗号之后,战事一度发生了改变,之后又多次打败了王晏权,朝廷被逼无奈只好再次更换将领。

面对这种情况,康承训利用沙陀骑兵的优势,重新调整了作战计划,然后朝廷军队以更强劲的来势向起义军的各城展开了进攻。面对各地的连续失守,一直负责镇守宿州的张实给庞勋提出了一个建议,他认为现在全国的兵力都聚集在了徐州,这时西方一定处在兵力空虚的状态,所以如果这时起义军能够带兵出击,一定能够出其不意,就这样在攻击宋州、亳州之后,唐军一定会调兵救援,这时起义军在徐州城外设好埋伏,就一定可以大败唐军。那时已经被逼无奈的庞勋接受了这个建议,他亲自带兵出彭城,向西经宋州、亳州等地,希望可以通过两线作战来打破官军对他的包围。

但是出兵在外的庞勋还没有到达宋、亳二州的时候,负责镇守宿州的张玄稔就已经投降唐军了,对于他的投降,当时其他的起义军并不知情,在这种情况之下,张玄稔带领大军来到徐州下,表明要进入徐州,当时的徐州守将以为他是来帮忙对抗唐军的,所以很轻易地就放他进入了城中。这时张玄稔就和一直围在城外的康承训里应外合,攻陷了徐州城。在激战之后,彭城陷落,守将战死。

徐州城的失守使得康承训可以回军追杀庞勋,同时出征的庞勋在攻打宋州失利之后准备转攻亳州之时,被沙陀骑兵追击,无奈之下他想要返回彭城,但是这个计划却没有实现,因为他们在沙陀骑兵的围攻之下全军覆没了。在庞勋战死之后,驻守濠州城的吴迥部在和唐军僵持了半年之后,因为弹尽粮绝,在突围时全军覆没。

庞勋起义维持了一年零两个月,是继裘甫起义之后的又一次大规模农民起义,正所谓"唐亡于黄巢而祸基于桂林",可见庞勋起义在唐末的农民起义战争中占有非常重要的地位。

骨灰级玩家唐僖宗

唐僖宗李儇出生于懿宗咸通三年(公元862年)五月八日,他是懿宗的第五子,母亲是王氏，最初册封为普王。关于这位皇帝，《资治通鉴》有这样的记载："上年少，政在臣下，南牙、北司互相矛盾。自懿宗以来，奢侈日甚，用兵不息，赋敛愈急。关东连年水旱，州县不以实闻，上下相蒙，百姓流殍，无所控诉，相聚为盗，所在蜂起。州县兵少，加以承平日久，人不习战，每与盗遇，官军多败。是岁，濮州人王仙芝始聚众数千，起于长垣。"

按理作为皇五子，李儇原本是没有资格继承皇位的，他的即位是由当时特定的环境所决定的。那时的李唐王朝已经日薄西山，社会矛盾日益尖锐，朝政腐败，民不聊生。

唐懿宗一生有八个儿子，但是由于这些儿子的母亲都并不很受宠爱，而且唐懿宗的皇后也没有为他生出嫡子，所以唐懿宗在太子的人选上一直拿不定主意，迟迟没有册立太子，这就给了宦官们以可乘之机。

整日沉迷于佛事之中的懿宗将朝廷中的政事都交给了韦保衡。这使得韦保衡独掌大权排斥其他的宰相，他打击异己，专横跋扈。到了咸通十四年（公元873年）六月，懿宗得了重病，医治无效，七月时病情加重，这时懿宗自知时日不多，此时他想要安排后事，但他和外界的联系早已被宦官们完全切断了，皇帝见不到宰相和群臣，选择皇位继承人的权力又一次落到了宦官手中。

懿宗病危的当天，在皇宫中权力最大两个宦官，左、右神策军中尉刘行深和韩文约就开始考察哪一位皇子适合成为方便他们掌控的新君。从唐宪宗时代开始，掌握京城主要武装力量、负责守卫宫城的神策军就成为了宫廷政变中最主要的力量，所以左、右神策军统帅的态度对于择立新君十分重要。

刘行深和韩文逐一考察了唐懿宗的几个儿子，他们发现普王李俨既年幼又贪玩而且威望不高，既没有足够的能力，也没有坚实的后台，非常易于掌控。于是他们选择立李俨为太子，然后杀掉了懿宗其他的儿子。就这样年仅十二岁的李俨登基称帝，并改名李儇，史称唐僖宗。

唐僖宗因为是幼年登基，对于什么是国家政事完全不了解，他将国家大事全都交给了臣下们去做，每天所做的事就是不停地游玩，这也是他庙号僖宗的原因。在僖宗即位的第二年，改年号为乾符，在唐僖宗时期，唐朝的政治变得更加混乱了。

咸通十四年，唐朝西南方的南诏已经发展壮大到了足以威胁大唐的地步，南诏王派大量的军队进攻巴蜀和黔南等地，此时的唐朝军队已经十分腐败，几乎毫无战力，完全无法阻挡南诏军的步伐，南诏军长驱直入，一直到了成都，然后将这座繁荣兴盛的城市抢掠一空，临走时还不忘放了一把大火。

面对唐军的节节败退，朝廷能做的只有不停地更换将领，但是都没有能够成功阻挡住南诏军前进的势头，最后还是派出了功勋卓著的大将高骈，才终于反败为胜，将南诏军打回了云南，收回了失地。唐军还来不及庆祝击退南诏的胜利，第二年，黄巢起义就爆发了。在黄巢军的逼迫下，唐僖宗被迫逃亡到了成都，直到光启元年（公元885年）才得以返回长安。

面对混乱的政局，僖宗一生都没有停止过游乐。他的日常生活要么是吃喝玩乐，要么是走马斗鹅，就是没有国家大事。僖宗年幼时，虽然不喜欢读书和处理政务，但是他本身是一个十分聪明的人，可以说僖宗在玩的方面十分博学多能，才华横溢，他玩什么精什么，像骑术、射箭、舞槊、击剑、音律、法算、蒲博、蹴鞠、斗鸡、斗鹅、弈棋等，僖宗无一不是个中高手。

僖宗十分擅长蹴鞠，这是他最拿手的把戏，他身边有一位优人名叫石野猪，很得僖宗的欢心，常常伴在皇帝身边陪他玩乐，有一天僖宗得意地说："如果设了击球进士，朕去应试，一定会获得状元。"石野猪应声答道："陛下前去应试，要是碰到尧舜当主考官，恐怕陛下就要落第了。"可见虽然身为优人，石野猪也看出僖宗不理朝政、整日玩乐不是明君所为，因此大胆地用巧妙的话语做出劝谏。

然而此时国势倾颓，已经不是僖宗一人之力所能扭转的了，面对凶狠霸道而又大权在握的宦官集团，僖宗只能耽于逸乐才能保住自己的性命和皇位，又何谈效仿尧舜成为明君圣主呢？然而这些心思并不能对任何人谈起，面对石野猪的讽谏，他只是笑笑，没有解释，也没有怪罪。

就这样，在宦官们的引导之下，僖宗整日醉心于声色犬马、游戏人间，为了使他耽于逸乐而不生出忧心国事、整顿朝纲的念头，宦官们大肆地搜刮财货来供僖宗挥霍。僖宗年幼登基，长于妇人、宦官之手，本身就不解世事，再加上宦官们的刻意引导，作为天子的僖宗完全不了解国家政治黑暗、百姓民不聊生的境地。

因为喜爱游乐，僖宗经常在宫中和一众随从亲昵狎戏，玩到高兴之时，他经常会挥金如土地将大量的黄金珍宝赏赐给那些陪他玩耍的乐工和伎儿们。

据记载，僖宗曾经在十六王宅和诸王比赛斗鹅，其中参与比赛的一只鹅的赌注竟高达五十万钱。至于给予那些伶人、艺伎的赏赐，更是动辄上千万。面对挥霍无度的唐僖宗，本就空虚的国库完全无法承受，同时此时各地起义蜂拥而起，镇压起义也需要军费。于是僖宗便命令地方官员加大搜刮的力度，当时的兵部侍郎、判度支杨严尽全力东挪西凑，甚至用政府的名义向商贾富豪借贷钱粮以筹集镇压农民起义的军费。

尽管如此，筹集到的钱财仍然是杯水车薪，于是朝廷又开始卖官鬻爵，但仍然无法满足唐僖宗和宦官们的需求。以至于黔驴技穷的杨严不得不上书请求辞职，但是他已经是朝中最好的财政官员，所以僖宗并没有批准他的请求。

面对这种窘境，大宦官田令孜对皇帝说，可以将京城两市商人的货物都征调过来，当时的两市指的是京城中的两大贸易区，东市和西市，西市大多是胡商，东市大多是华商，在唐朝时期，中国的商业贸易十分繁荣，在集市上宝货堆积如山。因此田令孜认为只要掌握这两市就能缓解国库的空虚。

这种行为无异于杀鸡取卵、白日抢夺，影响十分恶劣。然而为了充实国库，唐僖宗竟然不顾后果地下令实施。这就引起了很多人的反对和不满，对于这种情况，唐僖宗命令宦官作为执行时的监视人，要他们在现场监视那些商人，如果发现有商人对调整令稍有不满就将他捆起来，送到京兆府中乱棍打死。虽然朝臣们明知皇帝的行为十分不明智，但是迫于淫威没有人敢出面劝阻。

黄巢义军就快要打到长安的时候，急需军费和逃亡路费的僖宗再一次想出了筹钱的办法。这一次唐僖宗的目标不单是商贾，他还想要将富户大室一半的财产充入国库，表面上唐僖宗说的是要借，但是人们都知道这种形同抢劫的借贷是有借无还的。当时被派去镇压农民起义的大将高骈上奏劝谏他说："天下盗寇蜂起，就是因为百姓饥寒交迫走投无路，只有富户、商贾未反。"高骈的意思就是，现在天下百姓都要反叛，只有这些富商尚未造反，现在皇帝要抢占他们的财产，这不就是在逼迫他们也造反么？这样的一席话，使得僖宗不得不放缓了搜刮的步伐，他的强取豪夺的行为稍稍有所收敛了。

光启四年（公元888年）初，僖宗将年号改为"文德"，在这之后不久，僖宗就旧病发作，没有多久就不治身亡了。作为唐王朝史上最为年轻的皇帝，僖宗在位的这十四年朝政黑暗、战乱纷起、生灵涂炭，而僖宗也在享尽了富贵的同时饱尝了颠沛流离之苦，死的时候只有二十七岁。

在僖宗统治时期，唐朝国势急转直下，作为一名皇帝，僖宗没有太大的才干，但他也不是一个凶狠残暴的人,只是他生不逢时。在那样的环境中,僖宗甚至没有机会明白什么是明君,更没有机会去尝试做一位明君。

又一个专权的宦官

田令孜是唐朝末年最具权势的宦官之一,他原本姓陈,字仲则,祖籍西川,但是因为他幼时被一位姓田的宦官收养,所以改姓了田。田令孜之所以能够掌权一方面是依靠义父的提拔,另一方面也是因为田令孜本人十分机警。他才智多谋,博览群书,颇有文采,所以很受重用。

在懿宗朝的后期,田令孜已经担任了小马坊使,他主要的工作是管理州县进献给皇帝的马匹,因此有一些接近皇帝的机会,可以算是小有权势。当时唐僖宗还是普王,田令孜凭借他敏锐的政治直觉觉察到当时的普王很有可能成为下一任皇帝。因此他很注重对普王的政治投资,经常陪着普王到处玩耍,建立了十分亲密的关系。对于侍奉普王,田令孜做到了寸步不离、曲意逢迎,当普王饿了的时候他就亲手为普王调食,当普王冷了他就亲手为普王加衣,后来甚至要好到经常同榻而眠。

通过长时间的相处,善解人意的田令孜已经成了普王生活中必不可少的宦官了,由于从小就时常受到他的照顾,普王经常会将田令孜称为"阿父",这个称谓直到他当上了皇帝之后都没有改变过。

僖宗登基之后做的第一件事,就是将田令孜提升为枢密使,就这样,押对了宝的田令孜一跃成为四贵之一,所谓的"四贵"指就是左、右枢密使和左、右神策军中尉。不久之后僖宗又将田令孜提拔为神策军中尉,也就是禁军统领。凭借和新皇帝的亲密关系,田令孜得到了高位,同时手握兵权,一时间成为了僖宗时期最炙手可热的大宦官,也成为了当时统治集团的中心人物。

随着地位的提高,田令孜对僖宗越来越不恭敬,他甚至态度非常放肆地公然对僖宗说,皇帝年正富强,不需要为一些小事劳神,把国家政事都交给老奴处理即可。对于这样的话,僖宗完全没有感到不高兴,相反他对于田令孜主动为自己分忧的行为感到十分欣慰,就这样僖宗将大量的时间都浪费在了游乐之中,再也不关心朝政的事了。

皇帝的这种做法正中田令孜下怀,但是他自己心里非常清楚,如果让渐渐长大的小皇帝学习更多的知识,他迟早会明白掌权的重要性,到那时皇帝一定会疏远自己。为了永远地将皇帝控制在自己的手中,他学习当年的大宦官仇士良的做法,想办法让皇帝整日沉浸在享乐之中,封闭他的思维,不让他博览群书、接见儒臣。

因为皇帝一旦开始看书,就会开始智虑深远,开始和大臣交流就一定会纳谏勤政,这样他就会明白宦官对他有害无益,他的嗜好会逐渐变少,同样对宦官们的重用和宠幸也就慢慢的减少了。所以宦官们想要隔断皇帝和外界的联系,保住自己的荣华富贵就要大力搜刮财物,收买爪牙,将天下的奇珍宝物都献给皇帝,让皇帝把所有时间全部放在打球、歌舞、美女上,让他每日都忙于玩乐,没有时间想朝政的事情。

为了独揽大权,田令孜凭借皇帝对自己的宠信,联合了当时的两个大宦官家族杨氏和西门氏,使用阴谋逼迫左神策中尉刘行深和右神策中尉韩文约致仕回家。然后又利用西门家族成功地将杨氏家族拉下了马,丢掉官位的先是右神策中尉的杨玄,接着是枢密使杨复恭被降为飞龙使。杨氏家族失势以后,剩下的西门家族,也不得不对田令孜礼让三分了。

田令孜在排除异己、独揽大权的同时也不忘讨好皇帝,他常常派人准备两盘精美的食品，与僖宗二人面对面，一边吃着美食，一边闲谈一些异闻趣事。他们会谈论很多事情，但是唯独没有军国政事，这些事情在僖宗的心中都是应该由田令孜来代劳的，他从不会主动去问朝政之事，作为一名傀儡，僖宗过得很是心满意足。

控制了皇帝和朝局以后，田令孜开始为自己攫取财富，他卖官鬻爵，各大官职都被田令孜明码标价，公开售卖，大到宰相、节度使，小到刺史、县令，通通可以通过金钱从田令孜那里买到。至于赏赐给官员们的绯鱼袋、紫金鱼袋，则不必等例行公事的诏敕，田令孜的一句话就可以办到。

田令孜的哥哥陈敬瑄出身寒微，田令孜得势以后曾经想让陈敬瑄到崔安潜治下的许昌镇担任兵马使。由于兵马使在节度使镇衙中掌握兵权，很有实权，是一个非常重要的职务，所以崔安潜并没有同意田令孜的请求。后来田令孜就将陈敬瑄安排在了左神策军，几年之后又将其封为大将军。

后来朝廷需要选派官员去镇守三川等地区，田令孜便向僖宗推荐了陈敬瑄和自己的亲信杨师立、牛勖、罗元杲等人。对于要选谁成为封疆大臣，唐僖宗并没有认真地考察，他让这四人通过击球来赌，赌赢的就是封疆大臣，完全将国家大事当成了儿戏。在这场游戏中，陈敬瑄取得了第一名，于是就取代崔安潜成为了西川节度使，而杨师立和牛勖则分别被封为东川节度使和山南西道节度使。

关于田令孜卖官鬻爵还有一个有趣的小故事，当时在江陵有一个叫郭七郎的商人，由于中国古代重农抑商，商人虽然家财万贯但社会地位十分低下，因此郭七郎产生了通过买官来改变自己命运的想法，于是他到长安花了一大笔钱从田令孜那里买下了横州刺史的官职。

谁知天有不测风云，在郭七郎衣锦归乡时，正好赶上了王仙芝的起义军正在江陵一带和官军激战，他的家园和财产全部在毁于战火。无奈之下郭七郎只能赶去横州赴任，希望在横州可以重新建立起自己的事业，谁知祸不单行，一天他坐船来到永州，船家将船停泊在了一棵大树的下面，夜里突然刮起狂风竟然将停船的大树吹倒了，船被树压沉到了水里，郭七郎留在船上的钱财、告身全都沉入了河中。

倒霉的郭七郎没了上任的凭证，也没有能够维持生计的金钱，在万般无奈之下，为了维持生活，他只能当起了撑船人，每天拿着长梢为往来的船只撑船，知道他来历的人都将他称为"捉梢郭使君"。

与此相似，当时还有一个长安人名叫李光，他和田令孜关系很好，被田令孜任命为朔方节度使，但是在任命的诏书下达后的第二天，李光突然死亡了。田令孜颇有义气，在李光死后为他的儿子李德权谋了一份肥差。

由于李德权和田令孜的密切关系，文武百官想要走田令孜的门路时都会先来找李德权，因此李德权沾了田令孜光也风光一时，不仅财源滚滚，而且官位也很高。不过好景不长，田令孜失势之后，李德权也狼狈出逃，一路上乞讨为生，后来一位曾经与他父亲有过交情的喂马老兵李安看他可怜就将他认为侄儿，将他收留下来。但是半年之后，李安就死了，万般无奈的李德权只得将自己的名字改为李彦思，并且继承了李安的旧业以喂马为生，从此被人称为"看马李仆射"。

对于田令孜一手遮天，扰乱朝纲的行为，左拾遗孟昭图曾经上疏进谏，他在奏本这样说："君臣一体，安则同宁，危则共难。昔日西来，不告知南衙，故宰相、御史中丞、京兆尹悉遭屠杀，唯有北司得以保全。黄头军作乱，陛下仅与田令孜及内臣闭城登楼，并不召朝臣。事后，又不召宰相，不安慰群臣。陛下不体恤群臣，于君之义安在！天下是高祖、太宗的天下，非北司的天下；天子是四海九州的天子，非北司的天子。北司未必尽可信，南衙未必尽无用。天子疏远宰相，视朝臣为路人，如此，天下将危，天子将危！"

很遗憾的是，这样一段言辞恳切的谏言并没有被唐僖宗看到，因为它被独掌大权的田令孜扣了下来，同时为了杜绝隐患，田令孜将孟昭图贬为外官，之后又在孟昭图述职的途中将他杀死，并抛尸河中。

一手遮天的田令孜气焰嚣张、为祸朝堂，当时不但文武百官十分怨愤，军队中一些将士同样也对他有着强烈不满。在唐僖宗时期，田令孜始终独掌大权，田令孜专政成为了唐末宦祸的最后一个高潮，也是宦官被消灭的契机。

不靠谱的招安

王仙芝是濮州人，他为了贩卖私盐在全国各地奔走。在那时食盐的买卖是被国家政府垄断的，对于私下里从国家收入里分一杯羹的私盐贩卖，李唐王朝一直是大肆打压的。所以王仙芝在逃避官府的查缉之时，四处游荡，拜了不少师父，学得了一身好武艺，这些为他将来领导起义军和唐军作战打下了坚实的基础，发挥了巨大的作用。

在晚唐时期，面对着日益腐朽的统治阶级和藩镇割据的局面，加诸人民身上的负担日益加重，唐僖宗乾符元年（公元874年），黄河中下游赶上连年大旱，夏季麦收一半，秋季颗粒不收。失去了生机的农民流离失所，他们的食物只有野菜和树皮，无依无靠，朝廷对他们也是不闻不问，而且朝廷加在他们身上的徭役、赋税不但没有减少，反而有加重的情况，面对这些日益加重的负担，百姓们已经无法生活了。在这种情况下，群众已经走投无路了，所以农民起义的爆发也是必然的了。那时人们纷纷聚集在了一个叫作王仙芝的人的周围，开始了他们的抗争。

王仙芝在唐僖宗乾符二年（公元875年），于濮州濮阳向李唐王朝发出檄文，在文中他斥责朝廷放任官吏收取重税，赏罚不平。之后王仙芝带领着尚君长、柴存、毕师铎、曹师雄、柳彦璋、刘汉宏、李重霸等三千余饥民在长垣揭竿而起，他本人自称是"天补平均大将军"。

当年的五月，起义军在王仙芝的带领下连续攻占了濮州、曹州等地，他们成功地打退了前来镇压他们的官兵。因为起义军呼应民心，他们所到之处，一定会打开仓放粮，这就使得生活在困苦中的百姓欢呼震天。

六月的时候，冤句人黄巢看到了王仙芝的檄文，为了响应王仙芝，黄巢聚集了数千人，他带领着这些人来到了曹州和王仙芝会合。就这样，起义军声势日益浩大起来。慢慢地，整个山东地区都在起义军的控制下了。那些被苛征暴敛的百姓们、庞勋的旧部们，都争先恐后地投奔起义军，起义军的队伍迅速发展到了数万人。

面对着日渐壮大的起义军，唐王朝既惊且惧，十二月的时候，唐僖宗派平卢节度使宋威作为诸道行营招讨草贼使，为了让宋威能够更好地镇压起义，唐僖宗派给他禁军三千人，甲骑五百骑，同时告诉河南的各个藩镇都要派遣军队，由宋威统一指挥和调遣。

后来朝廷又任命左散骑常侍曾元裕作为招讨副使，命他镇守洛阳。命令山南东道节度使李福带领步骑两千到汝州、邓州，负责扼守要道，任命凤翔节度使令狐绹和邠宁节度使李侃带领步兵一千人、骑兵五百人进驻到陕州、潼关等地，这样他们就形成了一条以洛阳为中心的坚固的防线，唐王朝希望通过这样的防线阻止王仙芝西进的步伐并歼灭起义军。

唐僖宗乾符三年（公元876年）七月，宋威在沂州城和王仙芝的起义军展开了大战。宋威一直等到各路诸侯的军马赶到之后，才开始出兵攻打王仙芝，他们双方血战一番之后，王仙芝意识到以起义军现在的实力，面对正规军这样的强敌，他们是没有胜算的。于是王仙芝选择避实就虚，带领部队长途跋涉，离开了沂州城。

面对王仙芝的离开，宋威认定他是因为被击败了所以才逃走了。当时更有谣传说王仙芝已经战死了，于是好大喜功的宋威上奏朝廷，说是自己已经将起义军的首领杀掉了，王朝已经可以高枕无忧了。宋威让各路军队都回到了自己的属地，同时他也率领着自己的兵马回到了青州。

当时朝廷听到了这个消息，感到十分高兴，官员们纷纷向皇帝道贺，但是没想到的是，在三天之后，王仙芝出现在了河南，同时他成功地与黄巢军会合了，就这样他们在不到十天的日子里，一连破了八个县，之后他们又转战阳翟、郓城等地，攻占了汝州，活捉那里的刺史王镣。汝州距离洛阳只有一百六十里地的距离，所以汝州的陷落使得洛阳大震，百官出奔，市民吓得纷纷携眷出逃。

这时朝廷没办法，只能再次命令宋威出兵攻打起义军，但是当时的士兵们刚刚回到家乡，转眼之间又要出战，于是心中十分不满，士气也很低落。唐僖宗为了这件事取消了重阳内宴，并且下诏赦免王仙芝的谋反罪，并且"除官，以诏谕之"，想要以此来收买王仙芝。

在已经取得这样的胜利之后，王仙芝乘胜追击，攻占了阳武城，虽然在攻打郑州时和由唐昭义监军判官雷殷符所率领的部队在中牟大战中战败，但是在这之后战败的起义军分兵两路。王仙芝率领的义军南下继续战斗，乾符三年（公元876年）十月，联军攻打下了唐、邓等州。之后起义军继续向前推进，他们先后攻占了郢州、复州等地，在攻打随州之后，又转战东南，一直到安州、黄州。

另一支义军则是选择东进淮南，他们从申州、光州一路打到舒州、庐州，在淮南地区威望震天。在半年的时间里，这支转战在江淮河汉之间广大地区的起义军，凭借着流动作战的方式，使得官军经常顾此失彼，疲于应付，慢慢地，起义军已经发展壮大到了三十万人。面对这样的大军，蕲州刺史裴偓甚至不敢抵抗，直接开城投降。

在汝州之战中被俘的王镣是宰相王铎的堂弟，王仙芝很尊敬王镣的为人，因此十分优待王镣，而王镣也一直在努力劝说王仙芝归顺朝廷，并且表示自己愿意上表为王仙芝求官。王镣还给自己堂兄的门生，时任蕲州刺史的裴偓写了一封信，告诉裴偓王仙芝非常愿意接受"招安"，并且希望裴偓能够把这种情况上报给朝廷，以化解这次起义。

当时的宰相王铎知道自己的堂弟落在了起义军的手中，十分担心王镣的处境，所以当他看到王仙芝有投降的意愿时，便排除众议，说服了僖宗同意招安王仙芝。于是僖宗下达命令，任命王仙芝为左神策军押牙兼监察御史。对于这样的高官厚位，王仙芝的心动摇了。

出仕毕竟是所有人的心愿，但是当黄巢发现王仙芝有投降的意图之后，他表示坚决反对。黄巢对着王仙芝破口大骂："始吾与汝共立大誓，横行天下。今汝独取官而去，使此五千余众何所归乎？"起义军将领们大都赞同黄巢，纷纷表示出对王仙芝准备投降的不满。

在这样的情况下，王仙芝被逼无奈地表态说，他是绝对不会接受朝廷的招安的。但是对于这次拒绝降唐，王仙芝一直感到十分后悔。这次事件之后，王仙芝带领自己的三千多人，黄巢带领着自己的两千多人，分道扬镳，各自为战，这为他们后来的各自覆灭埋下了伏笔。

王仙芝虽然拒绝了唐朝的招安，但是他并不是心甘情愿的，所以他心中的抑郁无法发泄出来，对于这种"招安不成"的愤怒，他通过放任军队在蕲州内大肆劫掠来宣泄自己的情绪。面对这些肆无忌惮的军队们，蕲州城的百姓不是被赶出了城外，就是被士兵们杀死了，城中的房屋全都遭到了焚毁。前来招安的蕲州刺史裴偓和一些宦官们逃向了襄州，而王镣则一直被起义军扣留在军中。

离开王仙芝以后，黄巢虽然也颇有斩获，但是因为是孤军作战，所总是显得势单力薄。就在这时，王仙芝的心腹大将尚让屯兵在了嵖岈山，为了自保也是为了保住嵖岈山，黄巢带兵来和尚让会合。

就这样王仙芝和黄巢又一次合作，他们共同出兵攻打了宋州，他们原本的目的是为了切断李唐王朝的运河交通。但是朝廷也明白运河对他们的重要性，所以朝廷派来了大批的援军，就这样，面对强大的兵力，起义军最终没能取得作战的胜利。在这次短暂的合兵之后，王仙芝和黄巢再次分兵，王仙芝再次带领自己的兵马南下，这之后王仙芝曾经过江攻下了鄂州，这时他的主力部队还在江北。到了乾符四年八月份，王仙芝带兵攻占了安州、随州，之后开始进攻复州和郢州。

在这些战斗中，虽然王仙芝一直不断取得胜利，但是在三月唐王朝发布《讨草贼诏》之后，起义军面对的压力就越来越大了。朝廷动员了各地的官军和地方武装一起镇压起义军；同时还在精神上瓦解起义军，朝廷对起义军承诺说只要他们解甲投降，就一定会授予官爵，同时对他们厚赏资财。

这时，唐招讨副使、都监、宦官杨复光再次派人去劝降王仙芝。因为上次的招安没有成功，所以对于这次机会王仙芝感到十分的珍惜，在十一月，王仙芝郑重地写了降表，他派遣自己的心腹大将尚君长、蔡温球等人到邓州去请降。负责陪同他们的就是招讨副使都监杨复光，但是这次的招安同样也没有取得成功，因为尚君长、蔡温球等人在前往长安的途中，被妒嫉杨复光功劳的招讨使宋威得到消息后中途拦截了下来。

宋威这个人一直在青州任职，是一个老奸巨猾之人，对于朝廷这次镇压起义军的行动，他就曾私下里和部将曾元裕说过："以前庞勋造反时，朝廷派康承训带军平叛，可是起义平定了之后，康承训反而被安上了罪名。现在咱们剿贼，即使能够成功，可是功高震主，谁能保证以后能够平安无事？不如留着贼军，皇上虽然头疼，但是我们可以经常报些军功领赏。"

宋威是这样说的，也是这样做的，在和起义军作战的过程中，他的军队一直都是"蹑贼一舍，完军顾望"，试想，两军交战总是相距三十里，观望不前，避免正面交锋，又怎么可能取得战争的胜利呢？

当初宰相王铎、卢携曾将张自勉的部队划归到了宋威的管制之下，但张自勉认为宋威不是一个干将，并不愿意服从他的命令。关于此事朝廷经过反复讨论之后，认为宋威比较年长，比张自勉资格老，所以就用张贯代替了张自勉。这件事使得宋威更加有恃无恐，欺上瞒下，冒领军功，十分放肆。

宋威截击劫持了王仙芝派来请降的尚君长、蔡温球等人之后，竟然厚颜无耻地上奏朝廷说，这些人是自己在颍州西南的作战中俘获的，对于他的这种说法，知道内情的宦官杨复光十分愤怒，他上奏朝廷说尚君长等人是在他的劝说下来投降朝廷的，他们不是宋威在战场上擒获的。这两个人说得都有理有据，让皇帝搞不清楚到底谁说的是真的，于是他派御史归仁绍来调查此事，可是由于宋威提前做了手脚，所以归仁绍的调查毫无结果，在这种情况下宋威私自将尚君长等人带到了狗脊岭杀害了。

尚君长被杀的消息让王仙芝感到十分悲痛，同时朝廷杀害请降使者的行为，也彻底断绝了王仙芝的投降之念,面对朝廷的背信弃义和部下遭到的惨杀,愤怒的王仙芝在乾符五年(公元878年)正月,攻入了荆南的罗城,但是朝廷从襄阳派来增援的五百沙陀骑兵也及时赶到,王仙芝的军队打不过这些勇悍的骑兵,于是赶紧在城中抢掠一番然后离开。

此时,朝廷解除了宋威的兵权,同时任命他原先的部下颖州刺史张自勉作为招讨副使,又将西川节度使高骈调为为荆南节度使兼盐铁转运使,就这样朝廷加强围剿王仙芝的兵力。

到了二月,王仙芝带领部队南下蕲州,遭到了曾元裕的穷追不舍。在黄梅,双方展开了决战,这场战斗中,起义军大败,战死士兵五万多人,王仙芝也在突围中被杀,他的首级被唐军送到了长安报捷请赏,就这样,曾经轰轰烈烈的王仙芝起义落下了帷幕。

满城尽带黄金甲

黄巢是曹州冤句县人,原本是一个盐商家庭的孩子,他精通于骑射,同时还颇有文采,能够作诗。五岁时,黄巢的父亲让他以菊花为题作一首诗,黄巢随口就作了一首诗,其中两句是"堪与百花为总首,自然天赐赫黄衣"。黄父听了很不满意,因为黄巢诗作得还不错,可是其中的王者气度却不是一个普通的孩子应该具有的,在君权至上的古代,这样的诗如果不是出自一个五岁幼童之口,甚至可以作为心存不轨、意图谋反的证据。

黄巢自幼就有凌云之志,不甘于人下,但是在他成年之后多次参与科举,却是屡试不中。面对这种状况,失意的黄巢决定弃文从武,继承祖业。他豪爽豁达、喜爱扶危救急,结交了不少英雄豪杰,也收留了很多投奔于他亡命之人,由此组织起了一支武装队伍,这就是他后来起兵造反的基础。

其实唐末的农民起义领袖大都是靠贩卖私盐起家的,像是黄巢、王仙芝、王建、钱镠、徐温等无不如此。这和当时的历史环境密不可分,盐是人们生活的必需品,但是唐朝的盐业却牢牢掌握在政府手中,任何私下贩卖盐的行为都被严厉禁止。

由于唐朝政府对于私盐贩子的严厉打击,他们不得不去结交社会上三教九流的人物,扩充自己与政府对抗的实力,而私盐带来的高额利润,也为私盐贩子们提供了雄厚的经济后盾。这些都是他们后来能够组织起义军反叛朝廷,甚至自立为王的条件和基础。

唐僖宗乾符元年,关东大旱,百姓们颗粒无收,面对这种情况当地的官员们不但没有给予百姓们帮助,反而还强迫他们必须按规定缴租税,服差役。走投无路的百姓们纷纷投靠黄巢,希望能得到帮助。在这种情况下,黄巢和当地的官府已经发生了多次的抗争,所以当他听到王仙芝起义的消息,看到王仙芝起义的檄文的时候,就下定决心要参加王仙芝的起义军。

于是当王仙芝带领着尚君长等人攻破濮、曹二州,攻入郓州之后,黄巢在冤句揭竿而起,响应王仙芝的起义,并且很快招募了数千人前来投军。黄巢和王仙芝一起打着起义的大旗,到处征战,并且得到了天下人的响应,这支起义军联军在短短的数月之中就发展到了数万人。

黄巢的军队最初开始进攻沂州但是未能成功,于是就开始在山东、河南等地转战进攻,成功攻占了阳翟、郑城等八个县。到了乾符三年的九月,黄巢和王仙芝的军队攻占了汝州,并杀死了唐朝的大将董汉勋,俘虏了宰相王铎的堂弟汝州刺史王镣,这之后起义军的目标就指向了东都洛阳。

受到威胁的朝廷看到起义军来势汹汹,一味态度强硬地派军平叛效果并不很好,因此下令招安起义军领袖,将王仙芝封为左神策军押牙兼监察御史。对于这次招安黄巢非常反对,甚至对心存动摇的王仙芝破口大骂,最终这次招安以失败告终,但是从这以后,黄巢王仙芝就开始分兵行动,之后虽然有过短暂的合作,但是没能长久地在一起。

乾符四年二月,黄巢带领军队成功地攻占了郓州,杀死了节度使薛崇。同年三月,又将沂州攻破。乾符五年(公元878年)的二月,王仙芝在黄梅战败,被曾元裕部斩杀。这样王仙芝的余部面临着群龙无首的状况,于是他们决定投靠黄巢,这时黄巢正带兵攻打亳州,就在战事胶着不前的时候,尚让率领着王仙芝的部队来投靠,使得黄巢的部队实力大增。这之后黄巢成了整支起义军的首领,他统领着这支队伍继续和唐王朝抗争着,黄巢被人们推选为王,称"冲天大将军"。

为了镇压起义军,朝廷调集了大量的兵马围攻黄巢,面对这样的场面,黄巢知道自己没有胜算,于是假装要投降朝廷,面对这个消息,唐僖宗感到十分高兴,他立刻下诏任命黄巢为右卫将军。同时黄巢和朝廷达成协议,准备完成投降的仪式。

就在朝廷积极准备相关事宜的时候,黄巢也在准备着,但是他准备的却是战略部署,所以当约定的时间到来的时候,黄巢出其不意地进攻了唐军的多个州城,然后又开始向洛阳进军,但是这时唐军已经明白了黄巢的策略,所以黄巢北上的愿望没有能够实现。

这时黄巢发现朝廷在北方屯兵的数量要远远多于南方,起义军很难在北方与人多势众的唐朝正规军正面对抗,行动处处都受到限制。于是黄巢就采取了避实就虚的策略,主要进攻兵力空虚的南方,在这些地方作战中,他一方面采用灵活的转战战略,一方面扩展自己的实力。

乾符五年(公元878年)的三月,黄巢带领军队开始进攻汴、宋二州,这次的进攻被时任东南面行营招讨使张自勉成功地阻击了,于是黄巢开始转而进攻叶、阳翟等地。为了抵御黄巢的军队,朝廷在东都附近的伊阙、武牢等地派遣了三千人士兵守卫,面对这种局面,黄巢挥兵南下,和王仙芝的旧部遥相呼应,他们接连攻占了下饶、信等州。同年十二月,黄巢军成功进入福州。

就这样起义军渐渐向南推进,乾符六年(公元879年)的九月,最终攻下了广州,并且俘获了岭南东道的节度使李迢。之后黄巢又派兵攻击桂州,进而控制了整个岭南地区。

经过连年征战,黄巢也有过同朝廷议和的念头,希望能够和朝廷分地而治、互不侵犯。但是朝廷认为,广州是一个非常富饶的地方,不能把它交给叛军,因此拒绝了黄巢的要求,只授予了黄巢一个太子东宫率府率的虚职。面对传旨的特使,黄巢非常愤怒,也对朝廷彻底失望了。

当时的岭南气候十分湿热,黄巢军队中的很多将士死于瘴疫,将士们都请求黄巢北归,以成大业。就这样,黄巢带领部队从桂州出发,乘坐木筏,他们沿着湘江而下,直逼江陵,他们的目标是北上襄阳。一路征战下来,起义军的队伍已经扩大到了五十万,沿途的很多城市都成了起义军的囊中之物。

连番的胜利使黄巢开始轻敌,所谓骄兵必败,起义军后来进攻荆门时果然大败于山南东道节度使刘巨容的部队,遭受了惨重的损失。面对这种情况,黄巢只能带领起义军再次南下。

南下的起义军中再一次爆发了瘟疫,这场瘟疫使得起义军遭到重创。此时淮南节度使高骈的部下张璘又率军围攻黄巢,为了拖延时间赢得转机,黄巢再次诈降。高骈得知黄巢请降的消息之后，欣然同意了黄巢的要求，并且答应帮他谋求一个节度使的职位。为了表示诚意，也为了独占功劳，高骈竟然将各地的援军都遣送了回去。黄巢趁此机会立刻出兵击杀了张璘，这次的胜利使得低迷已久的起义军士气大振。这之后起义军连战连捷，一鼓作气攻克了睦州、婺州等多个城市，之后更是渡过了长江，兵力直指淮南。

与黄巢军队万众一心、势如破竹相比，朝廷派来平叛的各路军队之间矛盾重重，无法协调，很多城市更是发生了兵变。这样的联军显然无力阻挡起义军前进的步伐，联军的防线就这样不攻自破了，起义军渡过了淮水，进入中原。

当时的宰相王铎认为黄巢只不过是一些乌合之众，所以他主动请战，对于他的请战唐僖宗感到非常高兴，僖宗一口答应了王铎，派他带兵征讨黄巢。然而，随着王铎出战的，除了朝廷派给的大军，竟然还有他的姬妾。对于他的这种行为，被留在京城的正房夫人十分恼怒，甚至派遣丫鬟到前线向王铎问罪。

无奈的王铎只得对自己的幕僚们连连感叹，说现在黄巢在北上，但是夫人又要南下了，自己到底该怎么办？他的那些手下们和他开玩笑说，要不大人可以先投降黄巢，躲躲风头。由此可见当时军纪之松散，大臣将军国大事当儿戏的做派。

当时朝廷任命李系为行营副都统兼湖南观察使，派遣他带领十万大军驻守在潭州，期望他能够阻断黄巢前进的步伐，但是当起义军攻占了永州和衡州，抵达了潭州城下之后，胆小的李系不敢应战，他紧闭城门，躲避着黄巢的军队，起义军用了不到一天的时间就攻下了潭州，湘江的水全都被十万唐军的血染红了。之后黄巢军乘胜追击，他率领着五十万大军逼近江陵，然后兵不血刃地占据江陵。

广明元年（公元880年）的八月，黄巢军成功打败了曹全晟，他们渡过了淮河，高骈不敢和黄巢军队抗争，只是留在扬州，观望形势，各州县更是纷纷投降，到了十月，申州被黄巢攻陷，起义军进入了颍州、宋州、徐州、兖州等地。十一月的时候，黄巢的军队行至汝州，他们于十七日攻下了东都洛阳，王铎的防线很快就被黄巢攻破了。十多天后，起义军从洛阳出发，继续向西行进，在激战了六日之后，黄巢又一路向潼关进攻，最后终于杀到了长安城下。

不久，黄巢带兵攻进了长安城，当时的金吾大将军张直方带领着众人迎接黄巢进入皇城中，黄巢治军严谨，他命令部下"整众而行，不剽财货"。因为如此，这支大军在取得胜利之后依然能够在城内保持军纪严明，他们告诉城中的人："黄王起兵，本为百姓，非如李氏不爱汝曹，汝曹但安居无恐。"同时黄巢向贫民们分发财物，因此起义军受到了百姓们的热烈欢迎。

广明元年的十一月一月十六日，黄巢在含元殿称帝，他建立了大齐政权，将年号定为金统。对于原来李唐王朝的官员，黄巢留用了四品以下的，其他的高官全都遭到了罢免。黄巢任命尚让做太尉兼中书令，任命赵璋为侍中，任命孟楷、盖洪为尚书左、右仆射，任命皮日休为翰林学士。

但是没过多久，黄巢所立的军规就荡然无存了，黄巢的那些部下，在城中烧杀抢掠无所不作，对于这些就连黄巢也禁止不了，这样导致了留守在长安的唐室官员整日惶惶。同时黄巢对于逃走的唐僖宗没有及时派兵追击，给了唐军喘息的机会，这些都为黄巢起义的失败埋下了祸根。

皇帝的避难所

唐朝末年起义不断，社会矛盾十分的尖锐，被生活所迫的人民不断地爆发起义，像是在懿宗时期爆发的裘甫、庞勋起义，都是唐朝政府在花费了大量的人力和财力之后才平息的。但是这都是只是一时的镇压，在那个社会矛盾非常激化的时代，也只能是治标不治本。在唐僖宗统治的时期，不但没有励精图治，反而使政治变得更加的腐败，这个时期百姓身上的负担变得更重了，所以在僖宗统治的时期又爆发了王仙芝、黄巢的起义，这些斗争都给李唐王朝以沉重的打击，使得日渐腐朽的政权变得更加摇摇欲坠。

广明元年，潼关以东的广大地区已经是战火连绵了，这些事情无心政事的僖宗完全不知道，但是掌控大军的田令孜早就已经知道了当时的大局，所以他提前做好了逃跑的准备。当然，因为皇帝是他荣华富贵的保证，所以他要为皇帝事先准备好逃跑的道路。

十一月，东都洛阳被黄巢义军攻下，田令孜知道危机已经临近了，于是当黄巢的起义军兵临长安城下时，僖宗在田令孜的引导之下，甚至没有来得及通知文武百官，也没有召集军队，就只带着身边的五百名神策军和福、穆、泽、寿四王及几个妃子，一起步行到了长安西门。

因为起义军的进攻十分迅猛，很多的大臣并没有来得及逃离长安，宰相卢携饮鸩自尽，尸体被后来攻入长安的黄巢军队从棺材里拖了出来，当众将他碎尸万段，其他的一些高官如崔沆等人纷纷遭到杀害，一时间长安城到处一片惨象。

就在长安城陷入一片混乱之时，僖宗在五百神策兵的保护下从长安城的金光门逃了出去，他们一行人匆忙地向西逃去，连一匹马都没有来得及带。就在他们急忙出逃的时候，恰好遇到了一行骑兵，他们向着僖宗喊道："黄巢是来清君侧的，如果皇上西迁，置关中父老于什么境地？请陛下快回长安！"面对这些言论，田令孜急忙命人将这几名士兵处死，然后将他们的马抢了过来，就这样僖宗才终于摆脱了步行的窘境。

僖宗本身是一个喜好玩乐的人，所以他的骑术十分了得，这一路上他并没有受太多的苦。但是和他一起的几个嫔妃从小都是娇生惯养、养尊处优的，所以这一路上她们体会到了前所未有的颠沛流离。由于马匹有限，甚至连福、穆、泽、寿四王也只能步行，寿王李杰走不动了停在半路上的一块大石上休息，田令孜担心拖慢行军速度，被起义军赶上，竟然挥鞭抽打寿王，并且呵斥着命他快走。面对着跋扈的田令孜，李杰感到十分愤恨，他狠狠瞪了田令孜一眼，在心中暗暗下定决心，将来一定会报复回来。之后李杰只能在小宦官的搀扶下继续前进。这件事情就使田令孜为自己留下了满门抄斩的种子。

十二月十三日，唐僖宗等人终于到达了兴元，这时僖宗命令全国的兵马一起进攻黄巢，收复京城，在全国军队的围攻下，黄巢军被孤立在了长安近郊的一块狭小的土地上。然而由于各路官员纷纷赶到，偏僻贫穷的兴元难以支持越来越大的开支，钱财粮草等物资出现了周转不灵的现象。面对这种境况，僖宗在田令孜的劝说下又来到了成都，在很长的时间里，这里就成为僖宗新的避难所。

田令孜之所以选择这里，是因为他的哥哥陈敬瑄是西川节度使，早已在此处进行经营。在这里田令孜可以最大限度地发展他的势力，拓展他的权力。昏庸的僖宗并不知道田令孜的用意，当他知道可以去一个物产丰富的地方时，就满心欢喜地答应了。中和元年（公元881年）正月二十八日，在长途跋涉之后，僖宗到达了成都。在成都安顿下来之后的僖宗，完全不懂得吸取教训，他依然独宠田令孜，将所有的权力都交给了他，对于大臣们的谏言不闻不问，他任命田令孜为行在都指挥处置使，这就等于是将自己在成都的一切事务都交给了他。

僖宗最初来到成都时，曾经给蜀军的每个将士赏钱三缗，后来从其他地方进献的金帛越来越多，这时田令孜就私自将这些奖赏给了自己的亲信，而再也不交给蜀军的将士，对于这件事，当时在蜀军中不满的人很多。这种不满积攒到了一定程度之后就爆发了出来，当时田令孜在宴请诸军将领，在所有将领中只有西川黄头军使郭琪没有接受田令孜的敬酒，他威胁田令孜说，希望蜀军能和其他保护皇帝的军队得到同等的待遇，如果再有赏赐不均之事发生，那么难免会发生变故。

听了这话，田令孜十分不悦，便换了一杯毒酒给郭琪，郭琪明知此酒有毒，但田令孜势大不敢违抗，也只能喝了下去。好在此酒毒性不烈，郭琪回家以后延医治疗，保住了性命。愤怒之下，郭琪果然带兵作乱，在城中烧杀抢掠了一番，然后逃出了成都，前去扬州投奔了高骈。

在四川生活的僖宗，虽然满意在成都的奢侈生活，但是再怎么说成都和繁华的长安是不能相比的，所以每当他望向长安的方向都会伤心地哭泣，每次多是因为田令孜的安慰，才稍稍得到宽慰。这一时期田令孜为了讨好皇帝，经常拿打胜仗的捷报给僖宗看，对于那些打败仗的战报则是隐瞒不报的。

这时的僖宗偶尔也会为朝政费心，当时诸道都统高骈和相邻的镇海节度使周宝之间有矛盾，这矛盾直接对与起义军的作战产生了影响。为了使他们尽快和解，僖宗这一次亲自看了大臣们给高骈与周宝写的诏书，他一连看了几份翰林学士起草的诏书，都觉得不是十分满意，最后田令孜找人代笔写了一篇诏书，才博得了僖宗的欢心。

中和四年（公元884年）七月二十四日，黄巢起义失败之后，僖宗在成都举行了一场盛大的献俘之礼，然后带着官员们高高兴兴地准备返回长安。因为黄巢军队对长安造成了非常严重的破坏，所以很多宫殿都需要整修，再加上那些官员们大都忙于争权夺势，所以僖宗真正从成都启程返回长安的日期是中和五年（公元885年）的正月。在历经千辛万苦之后，僖宗在三月二十二日回到了已经离开四年之久的京师，然后宣布大赦天下，并改元光启，希望从此以后唐王朝的统治拿能够和平稳定，天下太平。但是遗憾的是这样的愿望最终并没有实现。

第八章　日落长安，众叛亲离的大唐残照

冷庙烧香

唐懿宗咸通八年（公元867年）二月二十二日，宫人王氏在大明宫诞下了一个婴儿，不久以后，这个出身微贱的女子便在默默无闻之中去世。然而没有人能够料到几十年后，正是这个婴儿为她带来了世间女子可以得到的最高荣誉，因为这个婴儿就是日后的唐昭宗李晔。

李晔是唐懿宗的第七子，唐僖宗之弟，出生以后，他的父亲为他起名李杰，希望他日后能够成为杰出的人才。而幼小的李杰也不负父亲的殷殷期望，十分聪颖好学，六岁时被封为寿王。随着李杰慢慢成长，他的才华也逐渐显露，少年时代的李杰不仅书读得很好，而且雅善文学，时常与文采出众的大臣们吟诗作赋、诗词唱酬，此外李杰在音乐方面的造诣也很高，精于填词谱曲，史籍中有不少他亲自谱曲与大臣一同欣赏的记载。

广明元年，黄巢带领起义军攻下了唐朝的东都洛阳，并势如破竹地向长安进发，僖宗皇帝望风而逃，西幸蜀中，寿王李杰就在随行之列。由于出逃十分仓促，准备不足，而入蜀的道路又"难于上青天"，一路上李杰吃了不少苦，也看尽了乱世艰辛，从此更加注重对于骑射武艺的练习，练出了一手精妙箭术，一箭就能射下高空中翱翔的凶悍秃

鹫，称之为百步穿杨也并不为过。

光启四年（公元888年）二月，流亡蜀中的唐僖宗终于得以返回长安，只是此时他已经在长期愁苦忧患的颠沛流离中重病缠身了。回到长安的僖宗拖着沉重的病体，用繁复的礼仪拜谒了太庙，然后下令改元"文德"，并大赦天下，希望以此来稳定民心，一扫过去的风烟尘迹，开启一个崭新的时代，然而事与愿违，一个月后，年轻的僖宗就在武德殿"暴疾"而终，享年仅二十七岁。

僖宗年轻而崩，生前并没有立过太子，也没有成文的遗诏指定下一位皇帝的人选，所以在三月三日僖宗"暴疾"之时，朝臣和宦官们就开始考虑拥立谁来继位的问题了。僖宗虽然年轻，但已育有两位皇子，只是他们年纪幼小，不通世事，所谓"国赖长君"，何况又是如此叛乱纷起，内外交困的乱世，无论是朝中大臣还是实际上掌握皇权的宦官集团都不愿拥立这两位小皇子，而倾向于在懿宗诸子中择立新君。

唐懿宗李漼共有八子，其中僖宗是皇五子、吉王李保是皇六子、寿王李杰是皇七子。按照中国古代立嫡立长的原则，寿王李杰本没有继位的资格，而众位大臣也大多认为吉王李保贤能仁善，有人君之相，年纪也长于寿王，如果继位一定能够励精图治、爱护百姓，成为一位明君，因此愿意拥立吉王李保为皇嗣。

然而掌握军权的宦官杨复恭却力主拥立寿王李杰，一方面因为李杰受到僖宗器重，在僖宗多年的流亡生活中一直随侍左右，与僖宗身边的宦官们关系也比较不错。更重要的是众多朝臣都拥立吉王李保，如果宦官集团也拥立吉王，那么只能算锦上添花，而拥立相对来说比较冷门的寿王李杰则能独得拥立之功，待李杰登基之后自然能够得到皇帝的宠信，攫取更多的利益。

事实证明，晚唐宦官专政的环境下，在废立皇帝的问题上，宦官对朝臣拥有压倒性的优势。三月五日，僖宗进入弥留之际，已经不能言语，杨复恭对卧于榻上的僖宗提出立寿王李杰为皇太弟、继承皇位，命垂一线的僖宗不知是表示同意还是无意识地略点了一下头，杨复恭就认为已经得到了僖宗的恩准。

于是他立即命人下诏立寿王李杰为皇太弟，监军国事，并更名为李敏，又派右神策中尉刘季述率领禁军到诸王聚居的十六王宅去迎接寿王入宫，安置在少阳院。为了给朝臣一个交待，杨复恭又派人请来宰相孔纬、杜让等到少阳院参见寿王，其实此时大事已定，无论朝臣对于寿王是否满意，都已经没有变更的余地了，好在群臣见到李杰后发现他"体貌明粹，饶有英气，亦皆私庆得人"。就这样李杰得到了宦官集团的支持和朝臣们的认同，皇位归属就此尘埃落定。

第二天，唐僖宗驾崩，皇太弟李敏在灵柩前即位，又更名为李晔，成为了历史上的唐昭宗，也是唐朝最后一个以皇太弟身份即位的皇帝。

被挖墙脚的杨复恭

唐昭宗李晔是唐懿宗第七子，根据立嫡立长的原则，本来没有资格继承皇位，因此他在十六王宅居住时并没有参与朝政的念头，只将精力花费在了读书、音乐、骑射等业余爱好上，或者与二三同好饮酒畅谈、吟诗作对来打发时间。后来他随僖宗皇帝出逃蜀中，一路上看到乱世烽烟、刀兵处处、十室九空、民不聊生的惨景，受到震撼的李晔对于如何解决晚唐宦官专权、藩镇林立、叛乱纷起的乱局进行了深入的思考。到成都后，由于随行人员有限，于是从不参政的李晔也得到了参与政事的机会，并且受命掌管随侍禁卫。

回到长安后不久，僖宗驾崩，李晔被立为新皇，初掌大权的李晔意气风发，他很高兴自己成为了大唐的皇帝，掌握全天下至高无上的权力，终于可以为饱受荼毒的李氏王朝以及天下苍生做些什么了。

他一腔热血地准备重整河山，恢复祖宗基业，他礼遇贤臣、重视儒家经典、勤奋地研读经史，力图寻求为万世开太平的治国之术，又招募十万大军，试图以此增强朝廷的军力，以威慑天下各自为王的诸家藩镇。《旧唐书》称："帝攻书好文，尤重儒术，神气雄俊，有会昌之遗风。以先朝威武不振，国命浸微，而尊礼大臣，详延道术，意在恢张旧业，号令天下。即位之始，中外称之。"

然而沉疴难返的大唐已经日薄西山，昭宗这剂药即使下得再猛，又怎能治愈病入膏肓的病人呢？百年来诸家藩镇各自为政，在各自的地盘经营势力、延伸触角，盘根错节地扎根在本属于大唐的土地上。而本属家奴之辈的宦官们也登堂入室，不仅参与政事，甚至可以肆无忌惮地谋杀、废立皇帝，成为了皇权的实际掌控者，连受儒家教育熏陶、以忠君爱国为道德准则的朝廷大臣们也与这些宦官们相互勾结，往往牵一发而动全身。

面对这些多年痼疾，勇如武宗、智如德宗都无法撼动分毫，更何谈这位二十出头的年轻人呢？这样的冲动和热血，得来的也只能是冷水和打击，以及一次次挫折后的绝望了。

泼到他头上的第一盆冷水来自拥立他的"盟友"宦官杨复恭。昭宗即位后，杨复恭身兼六军十二卫军容使、左神策军中尉之职，掌握着戍卫京师的禁军，而且自恃拥立有功，不仅独揽朝政大权，凌驾于宰相之上，甚至连皇帝都不放在眼里，将昭宗视为他的门生，在昭宗面前以座主自居，大失人臣之礼。但是杨复恭权大势大，刚刚登基，实力薄弱的李晔也只能忍气吞声，看着杨复恭在朝廷和后宫横行无忌，还不得不为他的拥立之功赐予丰厚奖赏，并加封金吾上将军。

为了巩固自己的地位，扩大自己的势力，杨复恭广收义子、培植党羽，任命他们为禁军将领、节度使等重要职务，例如其心腹义子杨守立被任命为天威军使，杨守信则任玉山军使，杨守贞授龙剑节度使，杨守忠为武定节度使等，这些义子遍布天下，控制着地方上的军政大权，号称"外宅郎君"。此外还有六百余义子派遣至诸藩镇为监军使，密切杨复恭与藩镇的联系，杨复恭还与河东节度使李克用关系十分密切，有了最强藩镇的守望相助，杨复恭在朝廷的地位就更加稳固了。

励精图治，力求剪除宦官势力，重振朝纲的皇帝对上实力雄厚，目中无人的大宦官，一场冲突在所难免，而这冲突由暗转明则来自于一次对话。一次昭宗召宰相入宫，商讨如何解决天下纷起的叛乱，孔纬说就陛下身边就有反叛者尚未剪除，又何谈平定四方呢？昭宗便问孔纬指的是谁。

孔纬凌厉地瞪了一眼杨复恭，平静地说："复恭陛下家奴，乃肩舆造前殿，多养壮士为假子，使典禁兵，或为方镇，非反而何！"叛乱是祸延九族的大罪，嚣张如杨复恭也承当不起，于是急忙澄清说："子壮士，欲以收士心，卫国家，岂反邪！"孔纬不再作声，只看着昭宗，于是昭宗一声冷笑，说出了一句诛心之言："卿欲卫国家，何不使姓李而姓杨乎？"

这件事就此作罢，因为昭宗毕竟还没有除掉杨复恭的实力，但是杨复恭却已怀恨在心，不过他也不敢直接对皇帝下手，于是便将矛头对准了皇帝的舅舅王镶，打算杀鸡儆猴。于是杨复恭上奏昭宗，请将王镶任命为黔南节度使，让王镶离开繁华的政治中心长安而前往荒僻贫瘠的黔南，已经是形同流放，但是慑于杨复恭的威力，昭宗也只能同意，然而杨复恭仍然不满意，于是他又派人追杀王镶，终于在吉柏江上凿沉了王镶的座船，可怜王镶和一船人就这样无辜地葬身鱼腹，成为了政治斗争的牺牲品。

痛失亲人的昭宗胸中愤懑无人可解，于是更加坚定了除去杨复恭之心，但是羽翼未丰，毕竟不可轻举妄动。日子平静地过去，突然有一天，昭宗找来杨复恭谈话说："听说你的义子中有一个名叫杨守立的十分英勇，朕想让他入皇宫来做侍卫。"有了之前在御前说过的"欲以收士心，卫国家"的大话，杨复恭无法拒绝，只好将杨守立派给了昭宗。

杨守立并不是一个普通的义子，他任职天威军使，统领禁军，兼且十分勇悍，是杨复恭的得力干将。昭宗将杨守立召到身边正是为了剪除杨复恭的羽翼，所以杨守立入宫之后，昭宗并没有真的让他做一个普通的侍卫，而是重加厚赏，并赐姓李，改名李顺节，不到一年的时间内就将他拔擢为天武都头兼镇海节度使，不久又加封同平章事，当然同平章事这样的宰相职衔只是虚授，并不是真的赋予李顺节宰相的权利，不过昭宗命他掌管六军管钥，信任有加。

聪明的李顺节自然明白皇上如此扶植自己的目的，那就是对付杨复恭，他自然不会辜负这个新靠山的期望。于是羽翼渐丰的李顺节开始与杨复恭争权夺势，并且一一揭露杨复恭以前的隐秘情报。有了李顺节的投效，昭宗不仅加强了对禁军的控制，削弱了杨复恭的势力，更为杨复恭树立了一个大敌，可谓一箭三雕。

对杨复恭来说雪上加霜的是，与他守望相助的河东节度使李克用被朱全忠、李匡威、赫连铎的联军打得大败，后来昭宗也派宰相张濬率军加入攻打李克用的联军，虽然这一次李克用反败为胜，大败官军，但是新崛起的强大藩镇节度使朱全忠却站在昭宗的一方，这样一来杨复恭在地方上的势力也遭到了打击。

到了大顺二年（公元891年），昭宗自认羽翼已丰，便断然采取行动，免去杨复恭的观军容使、神策中尉之职，贬为凤翔监军。杨复恭自然不甘心就此被赶出京城，便声称自己身染重病要求致仕归家，昭宗没有看出贬为凤翔监军与致仕回家的重大差别，便顺水推舟地同意了，这就为日后的叛乱埋下了伏笔。

杨复恭在长安的家位于昭化里，距此不远便是玉山军营，正好其义子杨守信正担任玉山军使，于是致仕回家之后，杨复恭便与杨守信密切往来，谋划发动叛乱。然而他们的阴谋很快便败露了，昭宗收到报告说杨复恭与杨守信密谋叛乱，于是命令天威都头李顺节、神策军使李守节率领手下禁军攻打杨复恭的家。

不甘束手就缚的杨复恭十分勇悍，竟然率领家丁与禁军对抗，杨守信也率玉山营兵加入战团。杨复恭和杨守信的部下不敌不断增援的禁军，很快便败溃逃散，杨守信保护杨复恭逃出京城，来到杨复恭从弟杨复光的养子杨守亮任节度使的兴元，联合一批义子公开造反。

大顺三年（公元892年），昭宗任命凤翔节度使李茂贞为招讨使，联合邠宁王行瑜、华州韩建、同州王行约等出兵攻打兴元所在的山南西道，杨复恭等人大败而逃，途经华州时落到了宿敌韩建手中，杨复恭和杨守信被韩建下令处死，其他党羽如杨守亮等则被送往京师，被昭宗下诏处死，一代权监杨复恭就此惨淡收场。

喝酒喝出仇人来

唐末农民战争虽然失败了，可唐帝国也陷入了四分五裂的境地，迁回长安的唐僖宗只能勉强直接控制长安周围的十几个州，在皇宫内苟延残喘。靠和黄巢作战发家的各路节度使，以及从黄巢军中叛变出来的野心家，纷纷拥兵自重，占据一方土地，彼此征战不休。唐失其鹿，天下共逐之。究竟谁会成为笑到最后的人呢？

这一时期，在诸军阀中势力最大的莫过于蔡州的秦宗权。秦宗权是许州人，后来进入忠武军担任牙将。如果天下太平,可能秦宗权会是个忠心耿耿的中级军官。然而造化总是弄人,身处乱世之中,秦宗权的野心膨胀得很快。

广明元年,秦宗权发动兵变,将蔡州刺史驱逐下台,占据了蔡州。随即他要面对着的是渡过淮河,进逼蔡州的黄巢大军。秦宗权先是死守城池击退了敌军的数次进攻,接着在援军的支持下又亲率精兵逆袭黄巢,大获全胜。然而好景不长,三年之后,黄巢退出长安,再次东进。这次秦宗权抵挡不住黄巢军的攻势,只得投降了起义军。或许是秦宗权的勇猛善战让黄巢也颇为敬服,他摇身一变又成了黄巢军的得力大将。

归降黄巢的秦宗权与黄巢合兵攻打陈州,虽然在陈州刺史的抵抗下,陈州始终没有沦陷,但前来救援的宣武节度使朱温、忠武军节度使周岌和感化军节度使时溥的兵马却也久战不胜,双方僵持了一年,战况极其惨烈,甚至发生了人吃人的惨剧。直到李克用出兵南下,方才解围。秦宗权所部战斗力之强,可见一斑。

黄巢败死之后,秦宗权干脆在蔡州称孤道寡,当起了皇帝,并且迅速扩张自己的势力范围。其部将秦彦东进江淮,秦贤南下江南,秦诰攻陷襄阳,孙儒则西进长安。秦宗权势力极盛之时,陕、洛、怀、孟、唐、许、汝、郑州皆归其节制。中原一带除了陈州之外,只有朱温所在的汴州没有陷落。秦宗权生性残暴,其军队所过之处,城邑残破,百姓流离。据说其部队行军,从不带粮秣,而是用车子载着用盐腌过的人尸,以吃人维生。他在中原地区迅速坐大,给野心勃勃的朱温造成了严重的威胁。

朱温也算得上是一名乱世枭雄,从参加黄巢起义成为得力大将,到摇身一变成为保唐的忠臣。朱温一直在为自己的生存发展和荣华富贵用尽手段。在残唐五代这个道德沦丧、人心叵测的时期,兄弟相残,朋友反目,甚至父子相争,都是司空见惯之事。而朱温毫无疑问把这一套用得心应手。他在坐稳了汴州刺史、宣武军节度使的位置之后,便开始将秦宗权作为自己进一步扩张自己实力的障碍,着手予以剪除了。

话虽如此,但秦宗权地盘广大,军势强盛,要如何才能取胜呢?这难不住朱温。他一方面派部将朱珍到淄州、青州等地招兵买马,充实自己的部队,另一方面又联合兖州的朱瑾、郓州的朱瑄共同攻打秦宗权。秦宗权此时兵强马壮,未免有些懈怠,其部下连连被朱温击败,得知出师不利的秦宗权亲自进攻汴州,反而被三镇联军在汴州北面打得大败,自此元气大伤,一蹶不振,秦宗权部的将领也先后向朱温投降,朱温趁机调集大军围攻蔡州。

光启四年(公元888年),蔡州陷落,秦宗权被部下郭璠擒住,砍去双足献给了朱温。秦宗权被押送到长安,在京兆尹孙揆的押解下游街示众,最后被斩首。据史料记载,此时的秦宗权丝毫没有了昔日的威风和霸气,居然对孙揆说道,我秦宗权并不是造反的人,只是不够忠诚而已。旁观的人对他这句话报以无情的嘲笑,但秦宗权这句看似可笑的话却揭示出一个残酷的事实:在天下大乱,唐帝国徒有虚名之时,谁是正义?谁又是叛逆呢?

如同秦宗权看到的那样,由于讨贼有功,被唐昭宗大加提拔,官拜检校司徒、同中书门下平章事,又被先后加封为沛郡侯、沛郡王、吴兴郡王的朱温早在击退了秦宗权对汴州的攻势之后,就立刻翻脸不认人,对曾经援助自己的朱瑄和朱瑾两兄弟下起毒手。他声称朱瑄拉拢他的部队,并故意写了一封言辞激烈的信件辱骂朱瑄,朱瑄对朱温的恩将仇报非常不满,看到这封书信更是火冒三丈,便在回信中大骂朱温。

朱温以此为借口,发兵击败朱瑄兄弟,并袭占了曹州。此后,朱温以曲阜为据点,频频向朱瑄发起进攻。乾宁元年(公元894年),朱温在鱼山之战中以火攻之计大破朱瑄、朱瑾二军,第二年又包围了兖州。面对朱温凌厉的攻势,尽管杨行密和李克用先后派兵支援，但朱瑄也只有招架之功，全无反手之力。经过两年多的围城战，兖州守将康怀英开城投降，而郓州也被朱温攻破，朱瑄被擒杀。

朱温向江淮地区的渗透引起了占据淮南的杨行密和驻扎在徐州的感化节度使时溥的不满，双方关系日趋紧张。大顺元年（公元890年），宿州发生兵变，唐将张筠将刺史驱逐，宣誓效忠时溥。朱温趁此良机，迅速出兵讨伐，而时溥也发兵宋州，牵制朱温的兵力。

不料此时的朱温早已不是与秦宗权作战时兵少将乏的光景，朱温长子朱友裕率军击败了时溥，而朱温手下大将丁会也以水攻之策顺利攻下了宿州。见此情景，时溥手下将官纷纷投向朱温，从此时溥再也无力与朱温对抗。而朱温则步步进逼，景福二年（公元893年），在朱温的亲自指挥下，大将庞师古攻克徐州城，时溥率全家在燕子楼自焚而死。

将黄淮一带控制在手中之后，朱温将目光转向了河北地区。早在唐昭宗初年，魏博镇发生兵变时，朱温就积极参与此事，试图从中渔利。由于之前朱温派去魏博与时任节度使乐彦祯商量军粮问题的雷邺在兵变中被反对派所杀，朱温军本来是支持乐彦祯之子乐从训的；可是当朱温得知乐从训在突围时已经被发动兵变的罗弘信部下袭杀时，便改变了主意，转而支持兵变。接管魏博的罗弘信自然对朱温感激不尽，愿意效忠，而朱温也借此在河北安插了自己的势力。随后，朱温又发兵救援在李罕之和李克用联合攻击下危在旦夕的张全义并收服之，从此洛阳一带也为朱温所有。

朱温这么做，当然是为了和占据河东的李克用一较高下。其实朱温和李克用并不陌生，正是李克用带兵南下，解了陈州之围；后来黄巢兵发汴州，朱温向李克用告急，李克用再次率沙陀骑兵将黄巢杀得大败，可谓是朱温的救命恩人。可是寡情薄义的朱温见李克用只有二十八岁就如此骁勇，深感假以时日，此人必是劲敌。

正好在庆功宴会上，年轻气盛的李克用多喝了几杯酒，借着酒力说了几句不恭敬的话，朱温便以此为理由，当夜就派人放火围攻李克用下榻的驿馆，想趁其不备斩草除根。谁知也许是老天都看不过去朱温的恶行，当夜狂风暴雨，火攻没有起到作用，又加上李克用的部下拼死相救，李克用狼狈突围，仅以身免。从此双方结下了天大的怨仇。

到光化元年（公元898年），朱温自觉周边形势稳定，便发兵攻打李克用。一开始，战事相当顺利，朱温大将葛从周先后攻克太行山以东的邢、洺、磁三州，随后驻守潞州的李罕之也开城投降。到第二年，朱温已经打下了榆次，进逼太原。不料在其后两战中，李克用以地道之法击败朱温手下大将，又兼之兵粮不继，士气低落，朱温只得撤兵。虽然最终朱温一生，也没有攻下太原，但这并不妨碍朱温在河东地区取得了决定性的优势。

从二十五岁开始参加黄巢军的朱温，在这场天下大乱的混战中不断沉浮，率领着一支普通人马，东征西战，南讨北伐，期间有胜有败，胜多败少，经过二十余年的苦心经营，到光化二年（公元899年），四十七岁的朱全忠已经成为天下最强大的军阀。河南、淮北一带已尽归他所有，淮南的杨行密无意北上；河北的罗弘信已经与之结为同盟，幽州的刘仁恭也不足为惧；而李克用这个朱温的一生之敌，在后者两次围攻太原的压力下，也堪堪仅能自保而已。

羽翼丰满的朱温野心被撩拨得更加膨胀了，他的志向绝对不仅仅是做一个久居他人位下的节度使。下一步，他的眼睛盯上了长安皇宫里那张金碧辉煌的龙椅。

被宦官囚禁的皇帝

朱温在中原大杀四方之时，唐昭宗却在长安城内过着朝不保夕的日子。和每日花天酒地不理朝政的兄长唐僖宗相比，唐昭宗对国事政要上心得多。可是在军阀混战不休，中央政府名存实亡的残唐，唐昭宗的这种性格反而使他的处境更加危险。此时的唐帝国，甚至连长安附近的地区都无法控制。凤翔、邠宁和华州三镇，就像达摩克利斯之剑一样悬在唐昭宗的头上，让他日夜坐卧不安；而各节度使的骄横自大，更让他气愤难忍。

为了解除藩镇对自己的威胁，唐昭宗曾经组织宗室诸亲王建立军队用以自保，甚至直接派禁军攻打日益强大的藩镇。可是久疏战阵的禁军根本不是从修罗场里杀出来的藩镇军的对手。唐昭宗一次次的努力换来的只是无数次的出奔和被囚。长此以往，唐昭宗终于放弃了无谓的努力。

如果说他之前还有些重振大唐的伟大志向，那么如今也早已被残酷的现实击得粉碎。地方上的藩镇争斗丝毫没有停止的趋势，反而战火越烧越大，蔓延整个中原地区；而在中央，尽管朝廷的威权已经消失殆尽，但南衙北司之间的斗争却依然如故，甚至有愈演愈烈之势。为了在政治斗争中获胜，朝臣和宦官都借助藩镇的力量，说到底，朝廷也不过是藩镇的傀儡而已。

光化三年（公元900年），依附于凤翔节度使李茂贞的宦官宋道弼、景务修和宰相王抟勾结，声称宰相崔胤与朱温内外联络，把持朝政，唐昭宗闻听此言勃然大怒，当即将崔胤贬为清海节度使，命其即日离开长安。谁知崔胤即刻给朱温修书一封要他帮忙。

果然，崔胤前脚刚走，后脚朱温的奏折就送来了，声称崔胤是值得信赖的重臣，决不能离开长安，否则将危及朝廷，宰相王抟勾结宦官，祸乱朝廷，理应处死云云。见到这封语带威胁的信，唐昭宗无计可施，只得将崔胤又追回来，重新任命为宰相，同时免去王抟、宋道弼和景务修的职务并流放外地，不久干脆又处死三人。在这场闹剧中，宦官与朝臣攻讦不休，只可怜唐昭宗就像玩偶一样，被藩镇玩得团团转。

外有藩镇不时作乱犯上，内有朝臣钩心斗角。唐昭宗看着这一切，深知李唐皇室的天下就要完了。无可奈何之际，只得整日以醇酒妇人聊以遣怀，对国事不闻不问，听凭官员们胡闹。右拾遗张道古忠心耿耿，见唐昭宗这样，甚为痛心，毅然上书，耿介直言，不料唐昭宗闻言大怒，立刻将张道古贬职并流放到蜀中。朝臣尚且如此，那些宫内的小宦官和宫女就更是倒霉，经常被喝得酩酊大醉而性情大变，喜怒无常的唐昭宗因为丁点儿大的小事处罚甚至处死。一时间，宫中人心惶惶，人人自危。

唐昭宗如此行事，未免没有韬光养晦，借以避祸的想法，可是他毕竟还是棋差一着，唐昭宗没想到，他在宫内大开杀戒，引起了高级宦官们的疑虑和担心。虽然受罚的只是些底层宦官，但谁知道哪一天唐昭宗会不会忽然拿他们出气呢？而且，景务修、宋道弼之死，也让他们大有兔死狐悲之感。于是，以枢密使、神策军左中尉刘季述为首，一个阴谋集团逐渐形成了。

刘季述原本出身低微，后来做了左神策护军中尉刘行深的养子，在唐僖宗时接替父职，逐渐成为在朝中颇有影响的人物。唐昭宗的即位，就是他和杨复恭合谋的结果。在杨复恭、宋道弼、景务修等人死后，他成为了宦官集团的首领。此人素与李茂贞关系密切，又对唐昭宗打击宦官的政策十分不满。

此外，在依靠朱温的崔胤掌握大权之后，朝臣的势力明显见长，而宦官的地位则日渐动摇。刘季述眼见日益危险，便决定先下手为强，打算趁唐昭宗不备，发动兵变，拥立太子李裕为皇帝，逼迫唐昭宗逊位，并联合李茂贞和匡国节度使韩建等藩镇，对付可能有所动作的朱温。在刘季述的串联下，右军中尉王仲先，枢密使王彦范、薛齐偓等宦官都参加了密谋。

　　光化三年十一月初四，唐昭宗到城北的皇家苑囿狩猎，收获颇丰；兴高采烈的唐昭宗当晚大宴群臣，觥筹交错，甚是开心。直到夜半时分，酒足饭饱，酩酊大醉的唐昭宗跌跌撞撞回到寝宫，顺手又杀了几个躲闪不及的小宦官和宫女，然后沉沉睡去。沉浸在梦乡中的唐昭宗并不知道，多灾多难的李唐皇室，又面临着一场劫难。

　　由于唐昭宗喝得烂醉，一直到第二天天光大亮，他还在呼呼大睡，自然，皇宫的大门也就没有开启。这本是十分正常之事，但在刘季述看来，这却是个天大的好机会。于是，他假作关切地对正在中书省的崔胤表示，宫门紧闭，万一出事，做臣下的当如何自处？不如我们进去看看如何？崔胤不疑有他，便同意了刘季述的要求。没想到，刘季述却趁机调集千名禁军，裹挟着崔胤，打破宫门，长驱而入，将皇宫围了个水泄不通。

　　刘季述同崔胤进得宫来，自然看到了昨夜殒命的几个宦官宫女尸横满地的惨状。崔胤正在皱眉心想解决之法，早有准备的刘季述却缓缓地发话了："眼看皇上如此荒唐，如何君临天下，治理国政？倒不如废了这昏君，另立太子为善。为了国家社稷，你我也顾不得许多了。"

　　崔胤也不是笨蛋，他立刻明白了这一切都是刘季述早就安排好的，故意叫原本与其不睦的自己进宫当个唐昭宗"荒淫无道"的见证人。原本崔胤还打算反驳两句，可是当他看到四周弓上弦剑出鞘杀气腾腾的禁军时，就一下子什么都说不出来了，只好唯唯诺诺地附和刘季述的意见。

　　拿住了崔胤的刘季述迅速以崔胤等朝臣的名义写了一份联名状，要求唐昭宗逊位，请太子监国，此时崔胤已是身不由己，只好联合百官在上面一一签名。得到这份联名状的刘季述胆子更大、底气更足了。于是，已经做好万全准备的刘季述一面召集了文武百官入宫见驾，一面授意禁军在进入皇宫后大声鼓噪。唐昭宗在思政殿甫一坐定，耳边听到的却都是士兵的喊杀之声，唐昭宗当即吓得面无人色，从龙床上直跌下来，手脚并用地就想逃走。

　　刘季述看着狼狈至极的唐昭宗以及闻讯赶来的皇后，脸上泛起一丝冷笑。他拿出那张联名状，对唐昭宗说道："陛下不必惊慌，这是群臣看陛下每天喝酒作乐，似乎不想做皇上了，因此百官一致建议陛下退位，请太子殿下监国呢！"唐昭宗闻听此言，还想嘴硬，便道："昨天和百官喝酒，只是喝多了些，怎么就弄成这个样子！"

　　刘季述哪里还容得唐昭宗分辨，便上前一步，正言厉色道："这是南衙文武百官的一致意见，老奴也没有办法。陛下还是先避避风头，等过了这阵子再说吧！"无奈的唐昭宗只得命皇后何氏将传国玉玺取出交给刘季述，随即同何皇后及十几个内侍在小宦官和禁军的"护送"下，被软禁在了少阳院。

　　被囚禁起来的唐昭宗一行人，受到了刘季述极其严苛的对待。刘季述对唐昭宗积怨已久，好容易抓到这个机会，便像训斥小孩儿一样把唐昭宗骂个狗血喷头。据《资治通鉴》记载，刘季述用一条银手杖指着唐昭宗，声色俱厉讲道，某年某月某日，你某件事不听我的意见，这是一件……前前后后居然讲了几十条。刘季述离开之时，命令左军副使李师虔率兵把守，又亲自将少阳院关门落锁，并将锁眼以锡水封死。只是在墙上凿了一个小洞，用来递送饮食，其余物品一概不得递送。

　　由于事起仓猝，唐昭宗随身的物品携带极其有限，甚至连换洗衣服都没有。至于衣衫单薄的女眷，更是冻得发抖，每日号啕不止。唐昭宗先后想要点儿银钱布匹和笔墨纸砚，都被刘季述一口回绝，至于剪刀针线更是不许递进去。唯恐这位昔日的大唐天子一时想不开自杀了。刘季述的意思很明白——让唐昭宗求生不得，求死不能。

解决了唐昭宗的问题，刘季述接着又带兵直扑太子所在的东宫，对此事毫不知情的太子李裕还不明白是怎么回事儿，就被刘季述裹挟着来到了宫中，随即被立为皇帝，改名李缜。同时唐昭宗被"尊"为太上皇，少阳院也被改为问安宫。

政变就这样发生了。它发生的是如此之快，以至于全天下都毫无反应，似乎被这突如其来的变故惊得不知所措。整整一个月，各个藩镇都毫无动作，一片沉寂。政局似乎重新回到了宦官当政的时代，新皇帝的宝座，似乎在刘季述的扶植下也坐稳当了。然而，事情并没有这么简单，在沉默的局势底下，各方势力正在暗暗较劲，这场动乱的高潮，方才拉开帷幕。

二虎相争，朱温得利

光化三年，太子李裕在懵懵懂懂之间被扶上了皇帝的宝座，但是，这位甚至没有在历史上留下帝号的皇帝自然不可能成为真正的掌权者，在幕后策划这一切的刘季述才是那个操控一切的人。

大权在握的刘季述自然也知道自己的政变并不得人心，为了巩固政权，刘季述不得不使出了胡萝卜加大棒的政策。一方面，他大肆为百官加官晋爵，又大赦天下，妄图收买人心；另一方面，对平素和自己不睦的朝臣以及唐昭宗以前的亲信，则举起屠刀，大开杀戒。大量的方士、僧人、道士、宫人、随从被杀害，就连唐昭宗的弟弟，贵为睦王的李倚也未能幸免。

刘季述每夜杀人，白天就用车子将尸体拉出宫去，为了立威，每车只装一两具尸体，造成一种血雨腥风的气氛。刘季述杀得性起，甚至一度想要将崔胤处死，只是惧怕崔胤与朱温平素交好，一时没敢动手。正在犹豫的时候，司天监胡秀林看不过眼，痛斥刘季述滥杀无辜。刘季述也自知理亏，又实在担心朱温的势力，最终还是放了崔胤一条生路，只是免去了他的度支盐铁转运使等职务，崔胤照旧当他的宰相，只不过无权无势。

刘季述深知，光在朝廷大动干戈还是不能保证自己的地位安如磐石，要想永保荣华富贵，当今之计唯有联合藩镇，以武力作为后盾。刘季述想来想去，只有势力最为强大的朱温值得投靠。于是，刘季述派自己的义子刘希度赶赴汴州，向朱温详细说明了此次政变的原因，并许诺将政权交付给朱温；为了让朱温心甘情愿地支持自己，刘季述干脆伪造了一份唐昭宗的退位诏书，派供奉官李奉本将其送给朱温。

自从政变以来，各个藩镇并没有贸然行动，但是一些仁人志士却已经坐不住了。当时恰好住在华州的进士李愚得知政变的消息，立刻给节度使韩建上书，请他敢为天下先，出兵勤王护驾，拨乱反正。不过由于韩建平素同宦官过从甚密，并未采纳李愚的建议。其实，就算韩建与朝臣交好，他也不会率先举兵。

韩建如此，其他军阀也莫不例外。这并不是这些军阀毫无政治头脑，而是在瞬息万变的政治局势中，往往会出现枪打出头鸟的情况。所有人都在盘算着如何从这个混乱已极的情况中获得最大的政治资本，浑水摸鱼，后发制人，坐收渔翁之利。

朱温自然也是这么想的。政变发生之时，他正在河北定州指挥作战。听说了长安的情况，朱温便立刻返回汴州。他很清楚，以自己的实力，一定会有人找上门百般拉拢的。而情况也果然如他所料，不仅刘季述向他伸出了橄榄枝，就连崔胤也暗暗地给他写来一封信，请他立刻出兵，清君侧平定乱局。

朱温一时拿不定主意，便导演了一出两虎相争的把戏。他故意把崔胤的信交给了刘希度，并且说崔胤此人反复无常，是个阴险小人，应该杀之以绝后患。刘季述很快得知了这一消息，立刻找来崔胤对质此事。崔胤不愧是乱世宰相，颇有急智，对此事矢口否认，一口咬定信件是别有用心的人伪造的。

为了让刘季述放心，崔胤又和刘季述假意结成了共同抵抗朱温的同盟，这才得以全身而退。结果，崔胤一回家，立刻又写了一封信给朱温，再次恳求他发兵平乱，并且点出此时挥兵西进长安正当其时，合理合法。

朱温这一下子犯了难，朝臣和宦官的条件都很优厚，说的也似乎都有道理。置身事外固然可惜，但若作出错误的选择，后果非轻啊。犹豫不决之下，朱温召集一干谋士将领讨论此事。不少人都表示朝廷人事变动，藩镇不宜轻举妄动，不如静观其变。可是朱温的重要谋士，时任天平节度副使的李振却力劝朱温出兵勤王。

他指出，刘季述不过是一介宦官，竟敢发动政变，囚禁天子，妄行废立。将其击败，能够获得足够的政治资本，号令天下诸侯也更有底气；而且，太子年幼，朱温又带兵在外，如果同宦官合作，中央号令必然发自宦官，长此以往，仍然是个威胁。倒不如趁此机会，将天子控制在自己手中，挟天子以令诸侯。

如果说一开始朱温还茫然如在梦中，那么李振的一句"王室有难，霸者之资"则无疑使他恍然大悟。朱全忠当即作出了出兵的决定。他先扣押了刘希度和李奉本两人，接着派李振赴长安打探消息，发现长安正笼罩在一片恐慌中。

原来，天下藩镇对政变暧昧的态度已经足以让宦官们心惊肉跳；而右军中尉王仲先为了追查军中被贪墨的钱粮，天天动刑拷打相关人员，让军队中也士气浮动，人人自危，毫无战斗力。朱温得知了这些情况，更加坚定了出兵的决心。于是他又派出亲信蒋玄晖到长安秘密会见崔胤，商讨恢复唐昭宗帝位之事。并且派大将张存敬兵发河中，夺取了晋州和绛州，为西进建立了桥头堡。

得到了朱温的支援，崔胤踏实了许多，便放心大胆地开始谋划如何推翻刘季述等宦官的势力。不过，朱温虽然表示了支持，但毕竟远在汴州，而要推翻刘季述等人，非得有相当实力的武装力量不可。可是长安的军权都控制在宦官手里，这可如何是好呢？正在一筹莫展之时，老谋深算的崔胤发现了一个人：左神策指挥使孙德昭。

孙德昭虽然是赳赳武夫，但是却颇有忠君爱国的想法。他对于刘季述等人废立侮辱唐昭宗，大逞淫威的做法十分不满，但是迫于时局又不敢声张，只是时时露出愤愤不平之色。这并没有逃出崔胤的眼睛，于是他便指使亲信石戬故意接近孙德昭，进一步观察他的情况。

不久，石戬就发现孙德昭喝醉后经常痛哭流涕。石戬见有机可乘，便游说孙德昭，他痛陈刘季述的种种恶行，指出其倒行逆施已经激起了天下人的公愤，只是迫于淫威不敢有所作为。如果孙德昭能够为天下先，诛杀阉竖，迎接唐昭宗复位，一定能建功立业，名垂青史。此事不宜犹豫不决，否则被别人抢先就不好了。

这一番话句句都说到了孙德昭心坎里。原来，他虽然对刘季述等宦官颇多不满，但其地位相对较低，并不敢贸然干预国家大事。如今见有人支持，顿时生出百般勇气。石戬又将崔胤的计划告诉孙德昭，孙德昭当即表示全力与崔胤合作。他不仅与崔胤盟誓，还找来了右军将领董彦弼、周承海一起行动。

经过周密的安排，崔胤等人决定擒贼先擒王，趁刘季述等人不备突袭之。光化四年（公元901年）正月初一清晨，右军中尉王仲先在进宫途中，于安福门被早已埋伏在这里的孙德昭带兵擒杀。接着孙德昭带着王仲先的人头赶往已改名为问安宫的少阳院迎请唐昭宗。此时的唐昭宗等人受了一个多月的苦，已是惶惶然如惊弓之鸟。

孙德昭在宫殿外大声呼喊唐昭宗出来，竟然被何皇后认为是刘季述布下的陷阱。无奈之下的孙德昭只得把王仲先的人头扔到院中。这下子唐昭宗才相信宦官已经完蛋了。又惊又喜的唐昭宗连忙命宫人捣毁宫门，出外与孙德昭相见。此时，崔胤率领文武百官也赶到了。在群臣的簇拥下，唐昭宗来到长乐门楼，正式宣告复位。

紧接着，刘季述、王彦范也被周承诲擒来。支持唐昭宗的士兵们对这二人自然是切齿痛恨。还没等唐昭宗来得及问罪，二人就被士兵一顿乱棍打死。薛齐偓听说宫内的变故，吓得干脆投井自杀。至于其他党从刘季述的二十余名宦官也纷纷伏法。太子既然是被宦官胁迫，也就没必要过多追究，只是降为德王，令其仍回东宫居住。不久，囚禁在汴州的刘希度、李奉本等人也被收到消息的朱温押送回长安，随即被处死。

死里逃生，重登大宝的唐昭宗要论功行赏，幕后主使崔胤自然是首功之臣，唐昭宗坚持要封他为司徒，崔胤却坚辞不受，这让唐昭宗对他更为看重，命其辅领朝政，兼领三司诸使，相比起比政变之前的权力，有过之而无不及。唐昭宗召见崔胤时，甚至称呼他的字"昌遐"，以示尊重。至于参与此事的神策军三将也均受赐李姓，分别改名为李继昭，李继诲和李彦弼，又都提拔为同平章事，分别领静海、岭南西道和宁远三镇节度使。三人以节度使加宰相衔，被时人称之为三使相。

光化四年四月，为了庆祝复位，唐昭宗改元"天复"。然而对于李唐皇室来讲，这不啻于一个笑话，天子虽然复位，但是残唐的政局却因这次政变而更加混乱，朝臣与宦官的关系变得更加水火不容，而缓过神来的藩镇也即将把手伸进朝廷。一次新的劫难即将再次降临。

哀皇帝，很悲哀

天下再也没有能够与朱温抗衡的人了，唐昭宗完全成为了朱温手心里任意玩弄的政治傀儡。为了能够就近控制唐昭宗，防止再次出现李茂贞劫持皇帝这样的事情，朱温决定将唐昭宗迁往洛阳。他一面加紧在洛阳修造宫室，一面再次派兵进入长安，半是催促、半是威胁地要求唐昭宗尽快迁都。

虽然唐昭宗满心的不情愿，但也无可奈何，只得被迫离开长安，前往洛阳，而长安百姓也被朱温军胁迫，一同迁往洛阳。为了彻底断绝唐昭宗"回銮"的打算以及李茂贞占据长安的野心，朱温拆毁了长安的所有建筑，并将木料投入渭水顺流而下，运到洛阳修建宫室。这座十三朝古都顷刻之间化为了废墟，结束了她绵延数千年作为都城的历史。

长安从此不复存在，而大唐帝国也即将走向她的终点。

天复四年，唐昭宗在朱温的胁迫下无奈踏上了前往洛阳的旅途。坐在车上的唐昭宗，从窗口望着被迫随行，啼饥号寒的长安百姓，他心中清楚地知道，此一去再也不可能回到长安，这是一条不归之路。尽管沿路的百姓对唐昭宗的到来仍然感到荣幸，跪在道旁山呼万岁，但此情此景只能触动唐昭宗内心的伤痛。面对着围观的民众，唐昭宗泪流满面地说道："无需再喊了，朕已经不是你们的天子了。"

话虽如此，但唐昭宗仍然没有放弃最后摆脱朱温控制的努力。当他行至陕州时，便以洛阳宫室尚未完工，多有不便为由，羁留在陕州。之所以这样做，是因为唐昭宗在途中曾经秘密派人向李克用、王建、杨行密等各地藩镇求救，期望他们尽快发兵，勤王护驾。唐昭宗也知道，在路上还有逃脱的希望，在洛阳则无异于进了朱温布下的天罗地网。

唐昭宗想得到的事情，朱温怎么会想不到呢？他见唐昭宗滞留在陕州，便亲自前往陕州觐见，向唐昭宗表示将亲自至洛阳监工，尽快将宫室修建完毕。仅仅过了一个月，朱温便声称皇宫落成，请唐昭宗早日起驾。可是恰巧此时，何皇后产下一子，唐昭宗便以皇后正在休养不便动身为由，请求延迟到十月份动身。此时，各地藩镇已先后接到了唐昭宗的求援，纷纷起兵攻打朱温。

西川节度使王建与向朱温降而复叛的凤翔节度使李茂贞兵合一处，进击朱温，企图夺回唐昭宗；而河东的李克用也在河中部署兵力，从侧翼对朱温虎视眈眈，朱温不得不派兵分头迎击。在这种情况下，朱温自然要尽快将唐昭宗安置在洛阳，彻底断绝各敌对势力的念头，而唐昭宗自然也有坐待援军的打算。因此听到唐昭宗拒绝的消息，朱温甚为恼火，派出部将寇彦卿赶赴陕州，以武力催促唐昭宗动身。唐昭宗见朱温不从，又心生一计，他授意司天监禀告说夜观星象，天子东行不利。然而寇彦卿却干脆杀掉了司天监的官员。

这还有什么办法呢？唐昭宗一行人只得在寇彦卿的威胁下匆匆动身，而唐昭宗的皇子从此也消失于历史的记载中，成为后世一些家族抬高名望的来源。闻听天子驾临，朱温亲自到新安县接驾。不久，唐昭宗在洛阳正式上朝升殿，从此完全成为朱温的傀儡，被其牢牢地控制在手心。

尽管此时的唐昭宗在政治上几乎是孤家寡人，孑然一身，但朱温仍然不放心，还要大开杀戒，赶尽杀绝。之前唐昭宗从长安动身时，还有侍奉唐昭宗日常起居的少年侍从、供奉二百余人一同随行。朱温竟然在一夜之间，将这些人全部勒死，并命早已选好的相同数目，年纪相仿的自己人，换上相同的服饰，侍奉唐昭宗。可怜唐昭宗过了多天才惊觉自己周围已经遍布朱温的耳目，从此动弹不得，只有每日在后宫与皇后嫔妃喝酒取乐——其实，就是苟延残喘，等死而已。

饶是如此，朱温还是对唐昭宗加着十二万分的小心，唯恐一时不慎，落得个像崔胤和刘季述那样的下场。唐昭宗曾经在宫内设下酒宴，请朱温饮酒，可笑朱温戎马半生，历经多少腥风血雨，却担心唐昭宗设下圈套谋杀自己，于是以不胜酒力为由，拒绝前往；唐昭宗只好又请朱温手下的第一谋士敬翔赴宴，朱温同样拒绝。由此可见朱温戒备森严之一斑。

其实，唐昭宗周围都是朱温的人，上哪儿去找人行刺呢？此时的朝堂，已完全由朱温说了算。大小官员，皆出于朱温的任命，几乎都是其亲信手下，蒋玄晖担任了宣徽南院使兼枢密使，王殷担任了宣徽北院使兼皇城使，韦震担任了河南尹兼六军诸卫副使，张廷范担任了金吾卫将军，朱友恭和氏叔琮则分别担任左右龙武统军。至于朱温自己早就高居梁王之位，一人之下，万人之上，此时的他，看唐昭宗实在是有些碍眼了。

与此同时，各个藩镇再次掀起了反对朱温，匡复唐室的浪潮。李茂贞、王建、李克用、刘仁恭、杨行密、杨崇本、赵匡凝等人频频书信往来，结成同盟，并先后发布檄文，号召天下藩镇讨伐朱温——平心而论，这些藩镇也并非真心想要重建唐昭宗的权威，充其量也只是一种争权夺势的手段罢了。但尽管如此，朱温还是不得不打起精神应付眼前的战争，于是他离开洛阳回到汴州，打算亲自带兵出征。为了彻底打消其他藩镇的念想，朱温决定将唐昭宗斩草除根。

其实，朱温之所以要杀掉唐昭宗，还有另外一个原因：原来，唐昭宗的长子，也就是在刘季述发动政变时一度登上皇位的德王李裕，年纪渐长，且生得一表人才。朱温担心唐昭宗主动将皇位传给太子，不好控制，因此对德王十分厌恶，早在长安时便以其曾经在刘季述之乱中"擅自"继位为由，撺掇崔胤向唐昭宗建议处死德王。

为此，唐昭宗对朱温十分愤恨，常常在宫中念叨此事，担忧德王的安危。谁料这事被蒋玄晖报知了朱温，朱温得知此事，担心唐昭宗有所动作，终于下定了杀害唐昭宗的决心。他派李振回到洛阳，秘密与蒋玄晖、朱友恭、氏叔琮等人商量行动事宜。

公元904年八月十一日的深夜，喝得大醉的唐昭宗在椒殿院中早早就寝。突然，急促的敲门声在宫门外响起，声称有紧急军情需面见皇帝裁决。河东夫人裴贞一闻声打开宫门，看到的却是全副武装的士兵杀气腾腾劈下来的一刀。原来，正是蒋玄晖、朱友恭、氏叔琮带兵闯入内宫，打算谋杀唐昭宗。

睡得正熟的唐昭宗被宫人的惨叫声惊醒，知道事情不妙，慌忙起身，穿着睡衣就想逃命——哪里逃得掉呢？昭仪李渐荣见皇帝有难，扑在皇帝身上哀求蒋玄晖放过唐昭宗，结果二人一起被杀，只有苦苦哀求的何皇后逃过一劫。

第二天，蒋玄晖声称李渐荣、裴贞一谋害皇帝，已被处死。接着按照朱温的命令，在唐昭宗的九个儿子中挑选年纪仅有十三岁的辉王李柷继位，是为唐朝的最后一位皇帝，唐哀帝，改元天祐。

朱温不愧是一代枭雄，他得知此事后，虽然心中窃喜，却佯装大惊，倒在地上一边痛哭流涕，一边嚷嚷朱友恭等人让他背负弑主的恶名。为了堵住天下悠悠之口，朱温随即赶回洛阳，假惺惺地为唐昭宗服丧，又将朱友恭、氏叔琮两人罢官贬职，明正典刑。可怜二人为朱温卖命一生，最终却为朱温背了黑锅。临死前，朱友恭愤愤不平，大呼道："卖我以塞天下之谤，如鬼神何？行事如此，望有后乎？"

然而，诅咒已经不能阻止此时的朱温了。第二年，为唐昭宗下葬时，朱温为了斩草除根，又凶残地命蒋玄晖将唐昭宗剩余的皇子灌醉后全部杀死，将尸体投于水中。

宦官死了，朝臣死了，唐昭宗也死了，就连李唐皇族也已无子遗，只剩下一个懵懵懂懂的小皇帝。朱温已经可以随心所欲地按照他的意愿操纵朝政，一步步向九五至尊的宝座前进。唐哀帝即位不久，就将已经贵为梁王的朱温加封为魏王，又拜为宰相，统摄文武百官，此外，朱温还兼任了一大堆的职务，什么太尉、中书令、各道兵马元帅，以及宣义、天平、护国等藩镇的节度观察处置，而且还有"入朝不趋，剑履上殿，赞拜不名，兼备九锡"之命。就像历朝历代的权臣篡位一般，朱温的野心已经是昭然若揭了。

不久之后，在朱温的授意下，唐哀帝又改了一大堆的地名，将成德军改称武顺军，藁城、信都、栾城、阜城、临城几个县分别被改为藁平县、尧都县、栾氏县、汉阜县、房子县。之所以搞得这么繁琐，是因为朱温的祖父叫朱信，而父亲叫朱诚，地名需要避讳。为祖上避讳，这可是只有皇帝才能享受的待遇，由此可以看到，朱温已经等不及要称帝了。

可怜的唐哀帝根本就是个摆设，他甚至没有一件事儿能够自主决定。本来，唐哀帝打算将其乳母杨氏封为昭仪，王氏封为郡夫人，却被宰相柳璨以一通大道理否决；后来，唐哀帝又打算举行祭天仪式，可朱温认为此举是要延长大唐国祚，甚为不满，结果此事最后也不了了之。

唐帝国的灭亡已经进入了倒计时，接下来就看朱温要如何为其坟墓上填上最后一捧土了。

帝国日落

随着唐昭宗的死和唐哀帝的继位，明眼人都看得出来，处在风雨飘摇中的唐帝国已经难逃灭亡的命运，然而，大权在握的朱温还没有收起他的屠刀，他还需要更多的鲜血为自己的新王朝献祭。

早在朱温击败李茂贞，将唐昭宗夺回长安时，由于宦官势力已经被消灭，曾经和朱温结为同盟，在其中发挥重要作用的朝臣集团就已经失去了作用，反过来变成了朱温篡位路上的一块绊脚石。因此，朱温便开始有计划地清除朝臣。在唐昭宗在位时，他还不敢明目张胆地公开杀人，而是借助崔胤等人深文周纳，罗织罪名，清除政敌。如今昭宗已死，小皇帝不过是自己的政治傀儡，朱温可以放心大胆地在光天化日之下消灭异己了。

天祐二年（公元905年）五月七日，夜间忽现彗星，这一"不吉之兆"无疑让已经摇摇欲坠的唐帝国更加人心惶惶。"可怜夜半虚前席，不问苍生问鬼神"，不知如何是好的唐哀帝只求助于阴阳鬼神之道。司天监占卜的结果，自然显示大凶，然而却需要杀一批人以消灾免祸。

这时候，朱温的第二号谋士李振又发话了。在朱温为是否要西进长安解救昭宗而犯难时，此人曾经发挥了重要作用，后来又为朱温多次献计献策，因而甚得朱温信赖。虽然李振也算是个舞文弄墨的读书人，但他和朝中那些或是名门望族之后，或是进士明经出身的大臣们不一样。他虽然是潞州节度使李抱真的曾孙，也算出生于名门，但这位节度使大人却是出自昭武九姓的胡人，原本是安姓，因此李振算不得士族之后；此外，李振年轻时曾经在咸通、乾符年间多次参加科举考试却都名落孙山，他不反思自己的学问是否够好，却偏执地认为是主考官歧视他。凡此种种，都让李振对朝中文臣十分仇视，处处和他们为仇作对。而李振也因此名声不佳，得了个"猫头鹰"的外号。

当李振得知司天监的建议后，他顿时生出了一个恶毒的主意。他对朱温表示，残唐朝廷之所以混乱无能，都是被所谓的衣冠士族败坏的，这批人自恃门第高贵，又精通学问，绝对不会为新朝廷所用，不如趁此机会斩草除根。

这番话深深地说到了朱温心坎里。作为一个出身草莽的赳赳武夫，朱温其实对读书人有着天生的轻视和厌恶。据说，朱温有一次行军，在一棵柳树下休息，忽然自言自语道："好大的柳树，可以做车毂。"同在树下休息的几个书生模样的人便顺口附和他。谁知朱温突然翻脸，勃然大怒道："你们这些书生，就会顺口胡说八道。做车毂要用夹榆，怎么能用柳木？"说完，居然命手下将这几个人活活打死。朱温对书生的残酷，由此可见一斑。

如此一来，朱温自然对李振的建议十分赞同。于是在朱温的示意下，唐哀帝将朝中的左仆射裴枢、右仆射崔远、吏部尚书陆扆、工部尚书王溥、守太保致仕赵崇、兵部侍郎王赞等一批官员共三十余人统统贬职，流放到外地。当他们经过滑州白马县的白马驿时，朱温又下起毒手，将其统统杀害。

行刑前，李振又建议朱温，这帮人平常骄傲得了不得，自称为"清流"，不如把他们投入黄河，以后他们就是浊流，永世不得翻身。朱温狞笑着接受了他的建议，于是这些人的尸首都被投入了黄河，从此杳无踪影。

这场史称"白马之祸"的大屠杀从某种意义上来说宣告了唐朝的灭亡，只剩下一个光杆司令——唐哀帝，已经实在不足以被称为一个政府了。不仅如此，"白马之祸"给后世也造成了深远的影响：自汉魏以来逐渐崛起，在六朝时臻于极致，影响中国数百年的门阀贵族从此彻底烟消云散，旧时王谢堂前燕再也难寻踪迹。

"白马之祸"过后，朝堂几乎空无一人。为了装点门面，朱温又起用了一批在昭宗时不得志的士人，并强迫各地名士入朝为官。可在此乱世，稍有见识的人大多闭门不出，唯恐惹祸上身，谁会自投罗网呢？朱温新提拔的宰相杨涉，在得知升官的"喜讯"

后，居然吓得大哭起来，并对儿子杨凝式说，世道崩坏，身陷罗网，真怕有朝一日连累你们啊。于是响应者寥寥，朝堂之上，好不冷清。

不过朱温已经不在乎这个了。他已经迫不及待地想要登基做皇帝，尝尝当天子的滋味了。于是，他命令宰相柳璨和枢密使蒋玄晖策划唐哀帝禅位的有关事宜。柳璨和蒋玄晖经过仔细研究，拿出了一套按部就班，循序渐进，堪称"正统"的篡位程序。按照两人的想法，根据魏晋以来的传统，首先要裂土封王，然后再加九锡之礼，最后才能禅位。而且考虑到各个藩镇对朱温虎视眈眈，贸然称帝很可能激化矛盾，引发战争，因此建议朱温不要轻举妄动，应该缓缓图之。

柳璨和蒋玄晖自以为这个计划完美无缺，于是便怂恿唐哀帝任命朱温为相国，统摄朝政，又封为魏王，并划出二十一道作为封国，并赐予九锡，等等。谁知道这个建议却大大地触怒了朱温，对读书人不屑一顾的朱温怎么可能看得上那一套繁文缛节呢？他所要的只是结果而已。于是面对唐哀帝的封赏，朱温竟然怒不受命，经过多方劝说才勉强接受。

柳璨和蒋玄晖恐怕做梦也没想到，经过此事，朱温对他们俩产生了怀疑，认为他们是为了拖延朱温登基称帝，好与其他藩镇勾结，匡扶皇室。见此情况，素与此二人不和的宣徽副使王殷、赵殷衡趁机向朱温密奏，说柳璨和蒋玄晖以及太常卿张廷范忠于唐室，密谋恢复唐朝，蒋玄晖还与何太后有染。

朱温闻言自然大怒，于是立刻将二人先后处死，并给了蒋玄晖一个不伦不类的称号"凶逆百姓"；太后也未能幸免，在宫中被杀死，并被废为庶人。柳璨临刑前，大呼道："负国贼柳璨，死其宜矣！"一副人之将死其言也善的样子。其实唐之覆亡，并不能怪罪于柳璨等人，他们只是这场注定发生的悲剧中的悲剧角色而已。

不过，此后朱温并没有忙着从早就做好禅位准备的唐哀帝手中接过皇位。因为此时战争再次爆发，朱温亲自出兵攻打幽州刺史刘仁恭。刘仁恭在朱温的持续进攻下疲于招架，只得向李克用求援。李克用随即出兵进攻朱温的侧翼潞州。原本镇守潞州的是朱温的爱将丁会，但当丁会得知朱温弑唐昭宗企图篡位的恶行后，对其大失所望，便趁李克用出兵之际向其投降。朱温的老巢汴州一带顿时门户大开。正在全力进攻沧州的朱温只得退兵。

这场波折虽然让唐哀帝在帝位上多坐了一阵，但也没有持续太长时间。吃了败仗的朱温为了安定人心，提振士气，终于决定正式称帝。天祐四年（公元907年）正月，回到汴州的朱温趁薛贻矩前来慰劳之时，让他向唐哀帝传达了禅位的意愿。此话一出，小皇帝怎敢不从？于是在宰相张文蔚的率领之下，百官纷纷劝进，一些支持朱温的藩镇也先后上表。

虽然满心欢喜，但朱温还是假意推辞了几番，先演了一番周公吐哺天下归心的戏。接着便堂而皇之地在汴州早就建好的宫殿内，接受了百官的朝贺。四月十八日，朱温正式举行了禅位仪式，定国号为大梁，改汴州为开封府，定为国都，改元开平，并大赦天下。唐哀帝则被封为济阴王，被囚禁于曹州。第二年，年仅十七岁的末代唐皇也被朱温斩草除根。

从武德元年唐高祖李渊建立，到天祐四年唐哀帝李柷禅位，立国二百八十九年，历经二十二帝的唐朝至此覆亡。从此，中国再次进入了一个四分五裂，征战不休的战乱时期——五代十国。直到北宋建隆元年（公元960年），宋太祖建立宋朝，中国才再次进入统一时期。

唐朝，以其如日中天的国力、旺盛的生命力、八面来风的宏大气势绽放出让后世瞠目结舌的盛世牡丹。

　　梦回唐朝，一个意气风发的时代，让人放开心胸、纵马四海，无数次地感受地野苍苍所带来的血脉贲张，体验横刀仗剑四顾无敌的意气风发，领略踞东方而傲视天下的逼人气魄！

　　千年萦绕，数不尽的风流人物，说不完的盛世景象，在谈笑间一扫心中阴霾，争一个锦天绣地、满目俊才。

　　愿回到煌煌大唐，以最为宽广的眼光容纳世间的一切，以最为精当的典制安邦治国流芳百世，纵然是悲欢只身两徘徊，今生也无悔，来世更期待。